일제의 전시 조선인 노동력 동원

일제침탈사연구총서

사회

34

일제의 전시 조선인 노동력 동원

동북아역사재단 일제침탈사 편찬위원회 기획

허광무 · 정혜경 · 김미정 지음

동북아역사재단

NORTHEAST ASIAN HISTORY FOUNDATION

| 발간사 |

일본이 한국을 침탈한 지 100년이 지나고 한국이 일본의 지배로부터 벗어난 지 70년이 넘었건만, 식민 지배에 대한 청산은 이루어지지 못하고 있다. 일본의 독도영유권 주장은 도를 넘어섰다. 일본은 일본군'위안부', 강제동원 등 인적 수탈의 강제성도 인정하지 않고 있다. 일본군'위안부'와 강제동원의 피해를 해결하는 방안을 놓고 한·일 간의 갈등은 최고조에 이르고 있다. 역사문제를 벗어나 무역분쟁, 안보위기 등 현실문제가 위기국면을 맞고 있다.

한·일 간의 갈등은 식민 지배의 역사를 어떻게 볼 것인가 하는 역사인식에서 기인한다. 역사는 현재와 과거의 대화이며 이를 기반으로 미래로 나아갈 수 있다. 과거 침략의 역사를 미화하면서 평화로운 미래를 말하는 것은 불가능하다. 식민 지배와 전쟁발발의 책임을 인정하지 않고 반성하지 않으면 다시 군국주의가 부활할 수 있고 전쟁이 일어날 위험성도 배제할 수 없다. 미래지향적 한일관계를 형성하고 나아가 동아시아의 평화와 번영의 기틀을 조성하기 위해 일본은 식민 지배의 책임을 인정하고 그 청산을 위해 노력해야 할 것이다.

식민 지배의 역사를 청산하기 위해서는 식민 지배는 어떻게 이루어졌는지 그 실상을 명확하게 규명하는 일이 긴요하다. 그동안 일본제국주의에 맞서 조국의 독립을 위해 헌신한 독립운동가들의 활동을 찾아내고

역사적으로 평가하는 일에는 상당한 성과를 거두었다. 반면 일제 식민침탈의 구체적인 실상을 규명하는 일에는 충분한 노력을 기울이지 못했다. 제국주의가 식민지를 침탈했다는 것은 너무나 당연한 사실로 여겨졌기 때문에, 굳이 식민 지배에서 비롯된 수탈과 억압, 인권유린을 낱낱이 확인할 필요가 없었는지도 모른다. 그러는 사이 일본은 식민 지배가 오히려 한국에 은혜를 베푼 것이라고 미화하고, 참혹한 인권유린을 부인하는 역사부정의 인식을 보이는 데까지 이르고 있다. 일제의 통치와 침탈, 그리고 그 피해를 종합적으로 조사하고 편찬할 필요성이 여기에 있다.

일제침탈사를 체계적으로 정리하는 일은 개인이 감당하기 어렵다. 이에 우리 재단은 한국학계의 힘을 모아 일제침탈사 편찬위원회를 꾸렸다. 편찬위원회가 중심이 되어 일제의 식민지 침탈사를 정치·경제·사회·문화 모든 방면에 걸쳐 체계적으로 집대성하기로 했다. 일제 식민침탈의 실체를 파악하기 위해 2020년부터 세 가지 방면으로 사업을 추진하고 있다. 하나는 일제침탈의 실상을 구체적이고 생생한 자료를 통해서 제공하는 일로서 〈일제침탈사 자료총서〉로 편찬한다. 다른 하나는 이들 자료들을 바탕으로 연구한 결과물을 〈일제침탈사 연구총서〉로 간행한다. 그리고 연구의 결과를 대중들이 이해하기 쉽게 〈일제침탈사 교양총서〉를 바로알기 시리즈로 간행한다. 자료총서 100권, 연구총서 50권,

교양총서 70권을 기본 목표로 삼아 진행하고 있다.

〈일제침탈사 연구총서〉는 일제침탈의 실태를 정치·경제·사회·문화 분야로 대별한 뒤 50여 개 세부 주제로 구성했다. 국내외 학계 전문가들이 현재까지 축적된 연구 성과를 반영하면서 풍부한 자료를 활용하여 집필했다. 연구자뿐만 아니라 교육 현장에서도 활용되고 일반 독자들도 이해할 수 있도록 집필하기 위해 노력했다. 연구총서 시리즈가 일제침탈의 역사적 실상을 규명하고 은폐된 역사적 사실을 기억하고 왜곡된 과거사에 대한 인식을 바로 잡음으로써 역사인식의 차이로 인한 논란과 갈등을 극복하는데 기여하는 디딤돌이 되기를 바란다.

2021년

동북아역사재단 이사장

| 편찬사 |

1945년 한국이 일제 지배로부터 해방된 지 76년의 세월이 지났다. 그럼에도 불구하고 일본 사회 일각에서는 여전히 일제의 한국 지배를 합리화하고 미화하는 주장이 나오고 있으며, 최근에는 한국 사회 일각에서도 일제 지배를 왜곡하고 옹호하는 주장이 나오고 있다. 이는 한국과 일본 사회, 한일 관계와 동아시아 국제관계의 미래를 위해서도 결코 바람직하지 않은 일이다.

이에 동북아역사재단은 일제의 한국 침략과 식민 지배에 대한 학계의 연구 성과를 총정리한 〈일제침탈사 연구총서〉를 발간하기로 하였다. 이에 따라 2019년 9월 학계의 전문가를 중심으로 편찬위원회를 구성하였으며, 편찬위원회는 학계의 연구 성과를 토대로 정치 · 경제 · 사회 · 문화 부문에서 일제의 침탈이 어떻게 이루어졌는지 정리하여 연구총서 50권을 발간하기로 하였다.

주지하듯이 1905년 일제는 러일전쟁에서 승리한 뒤, 한국에 군대를 주둔시키면서 한국의 외교권을 빼앗고 통감부를 두어 내정에 간섭하였다. 1910년 일제는 군사력으로 한국 정부를 강압하여 마침내 한국을 강제 병합하였다. 이후 35년간 한국은 일제의 식민 통치를 받았다.

일제는 한국의 영토와 주권을 침탈하였을 뿐만 아니라, 군사력과 경찰력으로 한국을 지배하면서, 정치 · 경제 · 사회 · 문화의 모든 부문에서 한국인의 권리와 자유, 기회와 이익을 박탈하거나 제한하였다. 정치적으로는 군사력과 경찰력, 각종 악법을 동원하여 독립운동을 탄압하고, 한국인의 정치활동을 억압하고 참정권을 박탈하였으며, 집회와 결사의 자유를 억압하였다. 경제적으로는 일본자본이 경제의 주도권을 장악하고, 일본인 위주의 경제정책을 수행했으며, 식량과 공업원료, 지하자원 등을 헐값으로 빼앗아 갔고, 농민과 노동자 등 대다수 한국인의 경제생활을 어렵게 하였다. 사회적으로는 한국인들을 차별적으로 대우하고, 한국인의 교육의 기회를 제한하고, 한국인으로서의 정체성을 박탈하여 결국은 일본의 2등 국민으로 만들고자 하였다. 문화적으로는 표현과 창작의 자유, 종교와 사상의 자유를 억압하고, 한글 대신 일본어를 주로 가르치고, 언론과 대중문화를 통제하였다. 중일전쟁, 아시아태평양전쟁을 도발한 뒤에는 인적·물적 자원을 전쟁에 강제동원하고, 많은 이들을 전장에 징집하여 생명까지 희생시켰다.

〈일제침탈사 연구총서〉는 침탈, 억압, 차별, 동화, 수탈, 통제, 동원 등의 단어로 요약되는 일제의 침략과 식민 지배의 실상과 그 기제를 명확히 밝히고자 하였다. 이를 통해 일제의 강제 병합을 정당화하거나 식민 지배를 미화하는 논리들을 비판 극복하고, 더 나아가 일제 식민 지배의 특성이 무엇이었는지, 식민 통치의 부정적 유산이 해방 이후에 어떤 영향을 미쳤는지를 밝히고자 하였다.

편찬위원회는 연구총서와 함께 침탈사와 관련된 중요한 주제들에 관하여 각종 법령과 신문·잡지 기사 등 자료들을 정리하여 〈일제침탈사 자료총서〉도 발간하기로 하였다. 아울러 일반인과 학생들이 보다 쉽게 읽을 수 있는 〈일제침탈사 교양총서〉를 바로알기로 발간하기로 하였다.

일제의 한국 침략과 식민 지배의 역사는 광복 후 서둘러 정리해냈어야 했지만, 학계의 연구가 미흡하여 엄두를 내기 어려웠다. 이제 학계의 연구가 어느 정도 축적되어 광복 80주년을 맞기 전에 이와 같은 작업을 할 수 있게 된 것을 다행으로 생각한다. 한일 양국 국민이 과거사에 대한 올바른 역사인식을 갖고 성찰을 통해 미래를 향해 함께 나아갈 수 있기를 기대하면서 삼가 이 책들을 펴낸다.

2021년

동북아역사재단 일제침탈사 편찬위원회

차례

총설

1. 강제동원 피해 돌아보기

우리 사회에서 요즘처럼 강제동원 문제에 관심이 많았던 적이 과연 얼마나 있었을까? 해마다 찾아오는 3월이나 8월이 되면 방송국이 앞다투어 독립운동과 강제동원을 보도하지만 그뿐이다. 정치가들은 선거철이 되면 일본의 역사 왜곡을 바로잡겠다, 정의를 실현하겠다며 피해자를 방문하여 주름진 손을 부여잡고 약속하지만 사진 촬영이 끝나면 그만이다. 이럴 때마다 정혜경 박사의 말을 빌리자면 그저 정치적으로 사회적으로 '소비'되고 있다는 느낌을 지울 수 없다. 이 점은 이웃 나라 일본도 마찬가지다.

강제동원이란 무엇인지, 강제동원 피해에는 어떤 것들이 있었는지, 피해자는 어떤 분들이며 그 심경은 어떠한지, 우리는 정작 강제동원에 대한 이해를 심화시키는 일에 소홀하지 않았는지 묻고 싶다. 누가 어디서 어떤 목적으로 강제동원 문제를 '소비'하든 간에 우리는 부단히 걸어온 길을 돌아보며 진지하게 피해자의 목소리에 귀 기울일 필요가 있다. 그리하여야 비로소 강제동원 피해의 실상이, 피해자·유족의 고통이, 가해자의 민낯이 드러날 것으로 생각한다.

이 책을 집필한 세 사람은 한국 정부가 설립한 강제동원피해진상규명위원회에 몸 담았을 때, 강원도부터 제주도에 이르기까지 전국 방방곡곡을 다니며 수많은 피해자와 마주하였다. 일본을 비롯하여 사할린, 중국, 남태평양(옛 남양군도)을 방문하여 그 옛날 탄광·광산과 군수공장, 비행장 등 강제동원 작업현장으로도 발걸음을 옮겼다. 위원회가 해산된 뒤에도 기회가 있을 때마다 현장 답사는 계속되었다. 일본 현장 방문 시에는 현지 연구자, 활동가들과 인식을 공유하는 일도 잊지 않았다.

피해자 증언-문서 열람-현장 답사가 수없이 반복되는 가운데 강제동원에 대한 이해가 깊어짐과 동시에 다양한 피해를 접할 수 있었다. 동원된 사람 중에는 아버지를 대신한 아들, 형님을 대신한 아우, 손자를 대신한 할아버지가 있었다는 사실에서 할당의 실태를 접할 수가 있었다. 모집이 "돈 없고 빽 없는 놈이 끌려가는" 성격의 것으로 피해자가 인식한다는 사실과 실태도 알았다. 일본으로 동원한 노무자를 다음 날 징병해 가는 전시 말기 인력 동원의 심각성도 확인할 수 있었다. 이런 사실을 접하면서 무엇보다 안타까웠던 것은 혈육이 남사할린으로 동원되는 바람에 생이별의 아픔을 겪어야만 했던 피해자와 가족이 있었다는 사실이었다. 지금은 자유로운 왕래와 영주귀국이 가능해졌지만, 한국과 러시아 간 국교가 수립되기 전까지는 이산의 아픔을 겪어야 했다.

강제동원의 다양한 피해실태가 차곡차곡 쌓여 가던 무렵, 조사를 담당하던 한국 정부 위원회가 해산되었다. 신청받은 피해자의 지원업무가 완료됐다는 이유에서였다. 피해자가 연인원 780만 명인데, 신청하지 못한 사람은 어찌하란 말인가? 한반도 내 군수회사에 징용된 국내동원 피해자에 대한 지원은 어찌할 것인가? 칠순을 훌쩍 넘은 피해자의 아들은 원통한 마음에 피켓을 들고 비 오는 거리에 나섰다. 위원회가 문을 닫는다고 하자 사할린에 남겨진 아버지의 유해는 누가 찾아주냐며 물끄러미 바라보던 유족의 얼굴을 잊을 수가 없다. 제2차 세계대전 종전 직후 지금까지도 피해자를 조사하는 이스라엘의 국가기관 야드바셈과는 대조적인 모습이다.

이 같은 한국 정부의 자세는 강제동원 부정론자들에게 빌미를 주었다. 그들은 강제동원의 아픔을 생생하게 기억하는 피해자가 피해를 호소하고 있음에도 거짓이라는 주장을 서슴지 않는다. 그로 인해 피해자와 유가족들이 감당해야 하는 마음의 고통은 얼마나 클까. 이런 어이없는 역사 왜곡이 횡행하는 상황에서도 한발한발 진실을 향해 가야 하겠기에, 세 명의 필자들이 나섰다.

2. 이 책의 구성

이 책은 크게 두 부분으로 나누어 구성하였다. 제1부는 전시체제와 노무동원이고, 제2부는 끝나지 않은 역사 청산이다. 제1부에서는 아시아·태평양전쟁 시기 일본 '제국'과 점령 지역으로 노무동원된 역사적 사실을 동원 방식, 동원 유형, 지역별로 나누어 살펴보았다. 제2부에서는 해결되지 않은 과제에 대해 다루었다. 대표적으로는 돌아오지 못하는 사람들, 강제동원 희생자와 유골 문제, 지급되지 않은 미불금 문제, 강제동원 역사 왜곡 문제에 대해 정리했다. 크게 두 개의 주제로 나누어 정리한 각 장의 내용은 다음과 같다.

먼저 제1부 전시체제와 노무동원은 총 5개 장으로 구성하였다.

제1장에서는 제1차 세계대전을 거치면서 정립한 새로운 전쟁 양태인 '총력전'에 대해 다루었다. 일본에서는 이를 '국가총동원'이라는 용어로 사용하였는데, 그 개념과 내용은 '총력전'과 다를 바 없다. 일본이 말하는 '국가총동원'이란 "일시 또는 영구적(永久的)으로 국가 권내에 파악되는 일체의 자원·기능을 전쟁 수행상 가장 유효하게 이용하도록 통제·안배하는 것"이며, '국가총동원체제'는 '국가총동원'이 그 목적을 달성할 수 있도록 획일적으로 구상·구축된 체제를 의미한다. '국가총동원체제'

를 통제·운용하는 데 중요한 것은 물적·인적 자원 등 가용할 만한 모든 자원에 대한 조사와 계획이었다. 일본은 이를 획일적으로 통제하기 위한 법과 제도를 마련하였는데, 조선에도 동시에 시행되었다. 조선에서는 '국가총동원' 업무를 효율적으로 수행하기 위한 행정기구 정비를 시행했다. 노무동원 관련 행정조직은 조선총독부와 지방 부·군·도 및 읍·면 단위까지 설치하여 담당하게 하였다. 중앙에서 지방에 이르는 촘촘한 행정망이 정비되면서 '국가총동원'의 전제가 되는 자원 조사가 가능했던 것이며, 조선총독부의 통제하에 모집, 관 알선, 징용 방식의 인력 공출이 가능했던 것이다. 행정조직 외에도 행정 보조단체, 관련 단체, 여행사 등이 동원과 송출에 관여하였다.

제2장에서는 노무동원의 세 가지 방식(당시 용어로는 '입소 경로')에 대해서 풀이하고 각 방식 간의 관계를 설명하였다. 그동안 학계에서는 동원 방식의 상이함을 강제성의 심화로 이해하는 경향이 강했다. 먼저 조선인의 동원에 대한 저항이 적은 '모집'에서 시작하여 조선총독부를 매개로 한 '관 알선'으로 심화하다가 종국에는 법적 강제를 동반한 '징용'으로 점점 바뀌어 갔다고 이해한 것이다. 이와 같은 강제성의 단계적 심화는 아시아·태평양전쟁에서의 일본의 패퇴와 궤를 같이하며 설득력을 얻었고, 그러다 보니 모집은 강제가 아니라는 잘못된 인식의 확산을 가져오기도 했다. 동원 방식, 즉 모집, 관 알선, 징용은 책임 주체가 각각 기업, 총독부·기업, 일본 정부인 점이 다를 뿐 본인의 의사를 무시한 강제동원·강제노동이었다는 본질은 같다.

이 장에서는 모집→관 알선→징용 단계로 이해하는 동원 방식의 고정된 틀을 깨뜨리고, 실제 동원 방식의 시행 시기를 기준으로 모집→징용→관 알선으로 재배치하여 각각의 특징을 살펴보았다. 특히, 동원 방식이 한 단계에서 다음 단계로, 마치 진화를 거듭하듯 바뀌어 간 것으로 이해하기에 십상인 점을 바로잡고자, 규슈 지역의 대표적인 탄광 중 하나인 미쓰이[三井] 미이케[三池]탄광 동원 사례를 제시하였다. 이를 통해 동원 방식이 단계별로 바뀌어 간 것이 아니라 동시에 병행하여 적용되고 있었음을 밝혀냈다. 미쓰이 미이케 사례는 동원 방식에 대한 고정된 인식을 바꿔 줄 뿐만 아니라 징용령 적용에 대한 그간의 이해에 대해서도 흥미로운 실태를 보여 준다. 자세한 내용은 본문에서 직접 확인해 보기 바란다.

제3장에서는 근로보국대 제도에 대해 설명하였다. 당초 근로보국대는 한반도 내 노무동원의 수단으로 만들어진 조직이었다는 점, 한반도에서 예전부터 있었던 부역의 역사를 교묘하게 활용한 방식으로 이해되었으나 노무동원의 수단으로 전격적으로 도입된 것이라는 점이 확인되었다. 즉, 1941년 12월「근로보국협력령」시행으로 법적 체계화를 구축했고, 1943년 확대 강화의 시기를 거치면서 동원 규모가 매년 증가하여 한반도 내 노무동원의 중추적인 역할을 수행했다. 가령, 1944년 도내 노무동원의 방식을 보면 근로보국대가 77.7%로 절대적인 비중을 차지하며, 관 알선(20.0%)과 모집(1.5%)을 압도했다는 점에서도 확인할 수 있다.

1939년부터는 보국대 또는 근로대의 이름으로 도외를 넘어 일본, 만주, 남사할린 등지로 송출이 확대되었다. 남사할린으로는 경기도 안산군민들이 화태개척근로대로, 만주로는 흥아청년근로보국대, 만주건설근로봉사대, 만주개척여자근로봉사단 등의 이름으로 송출이 이루어졌다. 일본 본토로 송출된 대표적인 것으로는 농업보국청년대가 있었다. 이것은 소지주 정도의 경제력과 초등학교 정도 교육수준의 농촌 청년들을 일본 농가와 토목건설 현장에 투입하려고 구상한 조직이었다.

노무동원에는 수형자들도 예외일 수 없었다. 조선총독부는 1943년 8월 26일 자 법무국장 통첩과 31일 자 내무경찰부장 통첩으로 조선 내외에서 수인 노동의 활용을 본격화했다. 수형자로 편성된 보국대로는 홍남 제1·제2·제3보국대, 강선보국대, 안주보국대, 여수보국대 등이 있었으며, 멀리 중국 하이난섬[海南島] 비행장·도로 건설공사와 광산 채광작업에 동원한 남방파견보국대가 있었다. 남방파견보국대에는 경성과 평양 등 17개 형무소에 수감 중이던 수형자 중 2,000명을 선발하여 파견하였는데, 조선 전체 수감자의 1/10에 해당하였다. 이 중 1,000여 명은 노동현장에서의 가혹행위와 전염병으로 사망한 것으로 확인되었다.

제4장에서는 노무동원의 지역별·직종별 피해실태를 다루었다. 지역별로는 일본, 한반도, 중국, 남사할린, 남양 등 일본 '제국' 및 점령 지역 전체를 대상으로 하였다. 〈그림 1〉에서 보는 바와 같이 일본 '제국'의 식민지와 점령 지역은 중국·동남아시아를 거쳐 남태평양 지역까지 방대하였다. 조선인은 이들 지역 어느 한 곳도 빠짐없이 군인·군무원(군속), 노무자, 일본군'위안부' 등으로 끌려가지 않은 곳이 없었다.

한반도 내 노무동원을 제외한 다른 지역, 특히 육로로는 도저히 갈 수 없는 지역, 즉 일본, 남사할린, 남양군도 등으로의 동원은 공통적인 특징이 있다. 해상 도항이라는 점인데, 동원 당시에는 미군에 의한 선박 공격으로 생명을 위협당했지만[1] 귀환 시에는 해상 조난으로 또다시 위험

1 1944년 7월 9일 강원도·황해도 일대에서 동원된 조선인 노무자를 태운 타이헤이마

〈그림 1〉 아시아·태평양전쟁 당시 일본 최대영역도

출처: 국무총리 소속 일제강점하강제동원피해진상규명위원회, 2009, 『강제동원명부해제집 I』

에 놓였다. 지역별 피해실태와 특징을 보면 다음과 같다.

일본은 한반도 외로 동원한 노무동원 중에서 가장 많은 인력이 동원된 지역이다. 통계자료에 따르면 총 102만 125명에 이른다. 한국 정부 대일항쟁기 강제동원 피해조사 및 국외 강제동원 희생자 등 지원위원회에 따르면 국외 피해자로 인정된 13만 2,877명 중 일본 지역 피해자로 인정된 사람은 11만 9,600명으로 90.0%를 차지한다. 동원된 작업장

루가 쿠릴열도 북단을 지나던 중 미 잠수함 선피시호에서 발사한 어뢰로 침몰하여 많은 수의 조선인이 희생당했다. '피징용사망자연명부'로 확인된 조선인 수만 171명가량이다. 이 사건에 대해서는 국무총리 소속 일제강점하강제동원피해진상규명위원회 진상조사보고서, 2006, 『타이헤이마루사건 진상조사』가 유익하다.

은 탄광·광산을 중심으로 도로, 댐, 터널, 철도부설 등 토목건축의 업종이 주를 이루었다. 전황에 따른 자원의 재배분, 그에 따른 노무공급원 확충과 적정배치 차원에서 작업장을 교체하는 전환배치가 빈번하게 일어났다. 그로 인해 낯선 환경에서 사고를 당하는 일도 발생했다. 전쟁 말기에는 징용령에 따른 군수회사로의 동원이 본격화되기도 하는데 군수회사가 군수도시에 집중된 바람에 공습 피해에 노출되기도 했다. 히로시마시와 나가사키시 소재 군수공장, 조선소 등에 동원된 사람들은 원자폭탄에 피폭되는 초유의 사태까지 일어났다. 이들 지역에 동원된 사람들은 한반도 전역에서 공출되었기에 귀환 후 한반도 전체에 걸쳐 분포하고 있다.

중국 지역으로의 동원은 주로 만주에 집중되었으며 한국 정부 위원회 조사에 따르면 한인 노무동원 관련 작업장은 315개소로 그중 만주 지역이 297개소였다. 중국 지역 노무동원 중 특징적인 것은 하이난섬에 동원된 수형자 노무동원이다. 앞에서도 말한 바 있는 남방파견조선보국대라는 이름의 노무동원이다. 조선 각지에 수감 중이던 수형자 중 형기가 1년 6개월 이상 3년 미만인 자, 그리고 20세 이상 40세 미만의 신체 건강한 사람이 대상이었다. 작업장은 비행장, 해군 시설공사, 광산 등이었다. 중노동과 가혹행위로 수많은 사람이 현장에서 사망했으며, 가매장된 유해의 발굴과 국내 봉환이 시급한 현안으로 남아 있다.[2]

남사할린은 러일전쟁으로 북위 50도 이남을 일본이 할양받아 통치하는 일본 영토였다. 1943년 1월 20일의 각의 결정으로 일본 본토에 편입

2 이와 관련하여 한국 정부에서 진상조사를 개시한 바 있다. 국무총리 소속 일제강점하 강제동원피해진상규명위원회, 2007, 「남방파견보국대 진상조사보고서」, 미공개.

되었으나 그 전까지는 조선과 마찬가지로 일본 '제국'의 '외지(外地)'에 속했다. 남사할린으로의 노무동원은 1940~1943년간 1만 9,500명의 동원계획 중 1만 6,113명에 달했다. 주된 작업장은 석탄광산(65.2%), 금속광산(1.2%), 토목건축(33.6%)이었다. 동원 규모에 대해서는 현재 이를 입증해 줄 수 있는 자료가 없어서 정확하게는 알 수 없지만, 기초적인 수치를 토대로 추산하면 최대 약 3만명에 이를 것으로 판단된다. 1944년 8월 11일 각의 결정 「가라후토[樺太] 및 구시로[釧路]탄광 근로자, 자재 등의 급속 전환에 관한 건」에 따라 남사할린 탄광부의 전환배치가 실시되었다. 조선인들은 1944년 8월 19일부터 3일간 징용령서를 받고 8월 25일~9월 16일까지 일본 본토 탄광으로 전환배치되었다. 전환배치된 탄광은 후쿠오카현 17개소, 후쿠시마현 1개소, 나가사키현 4개소, 이바라키현 4개소로 총 26개소였다. 전환배치된 탄광 중에는 지옥섬으로 알려진 '군함도'의 하시마[端島]탄광도 있었다.[3] 그러나 일본의 패전과 함께 전환배치된 조선인들은 남사할린으로 돌아갈 수가 없었다. 그리하여 남사할린에 두고 온 가족들과 생이별한 이산(離散)의 아픔이 남아 있다. 국무총리 소속 일제강점하강제동원피해진상규명위원회에서는 사할린 강제동원 피해자들이 겪은 고통을 『지독한 이별』(2007)이라는 제목의 구술자료집으로 편찬하기도 했다.[4]

남양군도는 중서부 태평양 지역의 623개 섬으로 구성되었다. 구

---

3 전라남도 무안군 출신의 김형석은 1943년에 사할린에 동원된 후 하시마탄광에 전환배치된 피해자이다. 김형석의 하시마탄광 체험이 지난 2015년 MBC 예능프로그램인 '무한도전'에 소개된 바 있다.

4 남편을 남사할린에 강제동원으로 떠나보낸 후 영영 이산이 된 가족의 아픔도 있다. 남겨진 아내의 이야기를 담은 서적으로 정혜경, 2015, 『화태에서 온 편지1』(도서출판 선인)이 있다.

독일령이었던 것을 일본이 제1차 세계대전에 참전하면서 점령하였고, 이후 국제연맹으로부터 위임통치국의 지위를 받아 통치하였다. 사이판(Saipan), 팔라우(Palau), 추크(Chuuk), 폰페이(Pohnpei), 콰절레인(Kwajalcin) 등이 주로 알려졌다. 남양군도에 진출한 기업으로는 니시무라[西村]척식, 난요[南洋]시산, 난요[南洋]흥발, 난요[南洋]척식 등이 있다. 1939년 이후 조선인의 노무동원을 주도한 것은 난요흥발과 난요척식이었다. 한국 정부의 조사에 따르면 중서부 태평양 지역 강제동원 관련 작업장은 112개소(광산, 군공사장, 항만운수, 토목건축, 공장, 농장)이다. 지역별로는 북마리아나 군도(사이판, 티니언, 로타 등)와 팔라우제도 그리고 당시 트럭이라고 불렀던 추크제도에 집중되었다. 이곳은 모두 사탕수수와 카사바 농장 밀집 지역이었다. 직종별로는 군사시설이 가장 많았고, 다음으로 농장이 많았다. 초기에 조선인을 노무동원한 곳은 농장이었고, 전쟁 말기에는 군사시설이었다. 남양군도 노무동원의 기점은 1939년 2월 팔라우로 출발한 농민 500명(경남 거창, 남해, 경북, 전남북 출신)이었다. 국가기록원이 소장한 3종의 문서철(「남양행노동자 명부철」, 「남양농업이민관계철」, 「남양행농업이민관계철」)에 의하면 남양행 조선인 수는 가족을 포함하여 1,463명이다. 그중에는 성인 여성(296명)과 어린이도 포함되어 있었다.

그런데 가장 많은 사람이 노무동원된 지역이 한반도라는 점을 간과해서는 안 된다. 여러 차례 동원된 사례를 포함하여 연인원 648만 8,467명이나 된다. 노무동원 전체 인원이 연인원으로 753만 4,429명이라고 하니 노무동원 전체의 86.1%를 차지한다. 피해자 수가 너무 많다는 것을 이유로 한국 정부 지원에서도 제외될 정도이다. 국가재정을 감안한 조치라는 단서가 붙었다. 작업장 수는 7,541개소이며, 그중 탄광·광산이

73%인 5,504개소나 된다. 현해탄 건너 일본 탄광·광산 등의 체험이 널리 알려져 노동환경의 열악함에 경악했지만, 한반도 내가 더욱 열악했다는 연구도 있다. 더욱이 한반도 내 작업장에는 조선인 청장년층의 한반도 외 동원으로 빈 자리를 어린 아동들과 소녀들로 채웠다는 충격적인 연구도 있다.[5] 일본군 군사시설도 우리 마을 속 곳곳에 남아 있다. 강제동원이 현해탄 넘어 남의 이야기가 아닌 바로 우리 주위의 이야기이자 역사임을 다시금 돌아보게 하는 주제이다.

제5장에서는 여성동원과 아동동원을 다루었다. 이 주제는 강제동원 연구에서 오랫동안 크게 주목되지 않은 분야이다. 여성동원 문제로 연구되거나 알려진 것은 일본군'위안부' 또는 이와 자주 혼동되는 여자근로정신대 문제였다. 이 장에서는 여성의 노무동원에 초점을 맞추어 다루고 있다는 데 특징이 있으며, 주요 내용을 정리하자면 다음과 같다.

첫째, 여성동원은 여성을 전면에 내세운 정책과 제도보다는 기존의 정책과 제도의 강화 속에서 여성동원 내용이 추가·확대되는 경향이 있었다는 점이다. 여성동원과 관련한 법제로는 「국가총동원법(1938)」, 「여자광부갱내취업허가제(1941)」, 「국민근로보국협력령(1941)」, 「생산증강노무강화대책요강(1943)」, 「여자정신근로령(1944)」 등을 들 수 있는데, 여성동원을 점차 확대·강화하는 법제였다. 여성동원의 확대·강화는 최

5 정혜경은 2020년 8월13일 동북아역사재단과 국립중앙도서관, 국가기록원 공동주최의 학술회의에서 일본이 가입한 국제노동기구가 정한 기준에도 못 미치는 어린아이들의 노동 착취가 있었음을 엄중히 지적했다. 아동의 노무동원에 대해서는 정혜경, 2019, 『아시아태평양전쟁에 동원된 조선의 아이들』(섬앤섬)에서 자세히 다루고 있으므로 일독의 가치가 있다.

소 연령이 20→16→14→12세로 하향화하는 방향에서 이루어졌다.

둘째, 위와 관련되는 내용으로 여성동원이자 아동동원이었다는 점이다. 일본 제국의회가 제정한 「공장법」에서 금지한 14세 미만 아동의 취로 금지가 조선에는 적용되지 않아 14세 미만의 소녀들이 공장에 동원된 사례가 다수 발견되었다. 10세 소녀가 비행장 건설현장이나 사탕수수 농장에서 중노동을 감내해야 했던 실태도 확인되었다.

셋째, 여성동원이 지역단위 혹은 학교단위로 집단적으로 행해졌다는 점이다. 한반도 내 작업장으로 동원되는 경우에는 한반도 외 공출을 피할 수 있다는 판단하에 동원에 응하는 경우가 있었고, 학교 단위의 동원은 교내 집단농장 경영, 군수물자 위문품 제작 등을 목적으로 여학생들이 투입되었다. 특히 조선여자근로정신대의 형태로 일본 본토에 동원된 노무동원이 학교를 매개로 모집되었다는 점이 주목된다. 학교가 노무동원의 수단으로 이용되었던 것이다. 여성동원은 1944년 8월 23일 「여자정신근로령」 제정으로 노무동원의 법적 강제성이 확립되어 여성노동이 전시 노무동원의 중요한 한 축을 형성하기에 이르렀다.

여성동원과 함께 주목해야 할 점은 아동동원이 불법적으로 횡행하고 있었다는 점이다. 아동동원은 국무총리 소속 대일항쟁기 강제동원 피해조사 및 국외 강제동원 희생자 등 지원위원회가 조사를 개시하면서 그 실태가 드러나다가 정혜경의 연구로 그 비윤리성과 폭력성, 불법성이 밝혀졌다. 이는 특히 일본이 비준한 국제노동기구의 「강제노동에 관한 조약」을 위반하는 행위로 조선의 아동은 전시 노무동원의 대상일지언정 보호의 대상은 아니었다.

제2부는 남겨진 과제를 다루는 부분으로, 여전히 해결되지 않은 강

제동원 문제를 설명하였다. 여기서는 세 가지 주제를 다루었다. 첫 번째로 미귀환 상태에 있는 피해자들, 즉 유골 문제, 두 번째로 돌려받지 못한 노동의 대가(代價), 즉 미불금 문제, 세 번째로 전시 노무동원의 강제성 문제에 초점을 맞추었다.

강제동원 피해 중 가장 큰 피해라 하면 단연 고귀한 목숨을 잃은 희생자이다. 희생자의 주검이라도 고국으로 모셔 오면 좋으련만 행방을 알 수 없는 경우가 많다. 오랜 기간 가족으로부터, 한국 정부로부터 잊혀진 경우도 많다. 또한 살아 있으면서도 돌아올 수 없었던 미귀환 피해자들도 있다. 사할린에 남겨진 강제동원 한인들이다. 강제동원이 가져온 비극적인 피해, 오랜 세월 방치된 채 돌보지 않았던 역사를 미귀환 문제에서 살펴보았다.

노동의 대가인 임금 문제는 수많은 생존자의 가슴속에 담아뒀던 미해결 과제이다. "마치 노예와 같이 혹사당했다"며 내뱉는 피해자의 말은 "돈 벌게 해 주겠다"는 감언에 속은 자신을 한탄하는 표현과 같았다. 그 임금을 돌려받을 수 있다면 여한이 없겠다던 피해자는 할아버지와 할머니가 되어 법정에 호소하고 있다. 피해자에게 돌려줘야 할 미불금(피해자 입장에서는 미수금)이 어떻게 처리됐는지, 기만에 넘친 그 역사적 경과를 살펴보았다.

마지막으로 노무동원의 강제성을 부정하는 최근 일련의 동향을 돌아보며, 『반일종족주의』에 나타난 강제동원 부정론자들의 논리와 문제점들을 조목조목 살펴보았다.[6]

6 정혜경 외, 2019, 『반대를 논하다–'반일종족주의'의 역사부정을 넘어』(도서출판 선인)에서 더욱 자세하게 다루고 있으므로 일독을 권한다.

이상 이 책을 구성하는 각 주제에 대해서는 세 사람의 전문 연구자가 집필하였다. 각 연구자가 담당한 집필 부분은 다음 표와 같다. 이 책을 일독하는 데 참고하기 바란다.

담당	집필 부분
허광무	총설, 제1장 제1절, 제2장, 제4장 제1절, 제6장 제2절
정혜경	제1장 제2절, 제3장, 제4장 제2절 · 제3절, 제6장 제1절 · 제3절, 연표
김미정	제5장

이 책은 강제동원 피해 중 노무동원에 대한 이해를 돕기 위해 집필되었으며, 그동안 한·일의 여러 연구자가 현장을 방문하거나 자료를 수집하여 연구한 결과가 있어서 가능했다. 특히 '일제 강제동원 & 평화연구회' 연구위원들의 노력으로 매년 다양한 주제로 발간되는 『강제동원&평화총서』가 도움이 되었다. 하지만 여전히 산적한 과제가 많다. 한국 정부 위원회가 추려 낸 과제만 해도 300여 개를 훌쩍 넘는다. 그만큼 밝혀낸 것보다 밝혀내야 할 것이 많다는 의미이다. 이 책은 그동안 밝혀낸 것을 정리한 것이니 밝혀낼 과제가 많은 상황에서 연구의 끝이 아니라 시작인 셈이다. 미력하나마 이 책이 강제동원 문제에 관심이 있는 사람들에게 길라잡이가 되어 더욱 풍성한 연구성과와 관심의 확산으로 이어지길 기대해 본다.

제1부
전시체제와 노무동원

제1장
국가총동원체제와 노무동원

제1절 국가총동원체제와 국민동원

1. 중일전쟁의 장기화와 국가총동원체제 수립

1) '국가총동원'과 '국가총동원체제'

'국가총동원'이란 "일시 또는 영구적(永久的)으로 국가 권내에 파악되는 일체의 자원·기능을 전쟁 수행상 가장 유효하게 이용하도록 통제·안배하는 것"이며,[1] '국가총동원체제'는 '국가총동원'이 그 목적을 달성할 수 있도록 획일적으로 구상·구축된 체제를 의미한다. 안자코 유카[庵逧由香]는 이를 "일본제국주의가 침략전쟁 수행을 배타적 궁극 목표로 하여 공업, 상업, 노동력, 농업, 정신, 문화 등 모든 분야의 정책을 유기적으로 통합 및 조정하고, 대규모의 효율적인 군수동원을 실시하는 것을 목적으로 형성된 구체적이고 역사적인 기제"라고 정의하였다.[2] '총동원체제'는 제1차 세계대전의 경험에서 비롯된 대량살상과 장기지구전을 전제로 한 '총력전' 개념과 같은 의미로 일본식 표현이라고 할 수 있다.

'총력전' 사상은 제1차 세계대전을 경험하면서 유럽에서 시작되어 일본까지 전해진 세계적으로 일반화된 근대 전쟁관이다. '총력전'이라는 용어가 개념으로 정착하기 시작한 것은 1935년 독일의 루덴도르프

---

1 臨時軍事調査委員會, 1920, 『国家総動員に関する意見』; 纐纈 厚, 2018, 『總力戰體制研究(增補版)』, 社會評論社, 225쪽.

2 안자코 유카, 2006, 「조선총독부의 '총동원체제(1937~1945)' 형성 정책」, 고려대학교 박사논문, 1쪽.

(Ludendorff, Erich) 장군의 『Der Totale Krieg(국가총력전)』가 발표되면서부터였다.[3] 1937년 영국에서는 이를 'Total war'라는 용어로 처음 사용하였고, 이후 국제적인 용어로 정착하였다.

일본에서는 '총력전'이라는 용어를 사용하지 않았지만 이에 해당하는 새로운 전쟁관을 제1차 세계대전부터 인식하고 있었다. 일본이 이를 '국가총동원'이라는 용어로서 공식적으로 사용하기 시작한 것은 1918년 12월 육군 임시군사조사위원회 제2반이 간행한 「교전 제국의 육군에 대하여」라는 문서에서였다.[4] 당시만 해도 '국가총동원'은 '국민동원'과 '공업동원'만을 포함하는 개념이었는데, 1929년 이후 실제로 총동원계획을 설정하면서 그 개념과 범위가 확정되었다. 가령 '국가총동원'상 통제·운용할 필요가 있다고 상정한 범주를 육군의 구상을 통해 보면 〈표 1-1〉과 같은 것이었다. 전체 5개 분야로, 인원 배분 및 통제, 생산 배분 및 소비 조정, 교통 통제, 재정 및 금융에 관한 조치, 정보선전 통제 등으로 나누는데, 1939년 이후 구체적인 계획 수립 시에도 기본적인 범주는 거의 동일하였다.

〈표 1-1〉 '국가총동원'상 통제 운용에 필요한 분야와 사항[5]

① 사람의 안배통제(군요원의 완전충족, 능력에 따라 적시적소에의 배분)	1. 군수·민수 생산요원의 충족 및 보충 2. 개전 시에 필연적으로 일어나는 실업자 발생 방지 및 그 처리 3. 부인, 고령자, 유년자, 신체장애자의 적정한 이용 4. 군부 내외 인원의 유용 5. 직업소개기관의 체형정비, 필요가 있다면 노역의무제를 채용

3 纐纈 厚, 2018, 『總力戰體制研究(增補版)』, 社會評論社, 22쪽.

4 纐纈 厚, 2018, 위의 책, 48쪽.

5 안자코 유카, 2006, 앞의 글, 27쪽 〈표 1-1〉에 의함.

② 생산 분배, 소비의 조정 (군수와 민수의 충족 국민생활안정을 위한 생산, 배분, 소비, 수출입조정)	1. 개전에 의한 산업계의 급격한 변동 방지, 회부를 위한 조치 2. 전시 필수의 원료, 연료, 동력의 급원 확보, 수송배급의 적정 3. 대량생산을 위해 필요한 산업조직의 개조, 수공업·가내공업의 통일적 이용 4. 필요한 공장의 신설, 증설, 그 관리, 사용, 수용 5. 필요한 규격, 제식, 양식, 방식을 통일 6. 미이용 자원의 개척 7. 토지이용의 전환, 공장의 전환, 생산기능의 전환 8. 부족품의 대용보급, 원료부족을 보충하기 위한 기존 제품과 폐품의 재용이용책 강구 9. 점령지에서의 원료 취득, 산업 이용 10. 전시필수성품의 원활한 배급을 위한 조치 11. 필요에 따라 전시 필수품 기타 소비제한, 불요품의 생산제한 12. 필요에 따라 물가와 임금의 공정, 폭리를 단속 13. 수출입 규정 14. 중요한 산업 시설의 충분한 정비
③ 교통의 통제 (공로·수로·육로 모든 수송기관과 통신기관을 전시의 요구에 적합하게 통제)	1. 각종 수송설비의 증보 신설 변경 2. 필요에 따라 수송기관의 소유권 이동과 국적 변경을 금지 3. 전 수송력의 최대능력을 발휘하기 위해 각종 수송기관의 능력융통 또는 용도전환 4. 공·수·륙의 수송 연락과 육지수송의 수로, 철로, 노상 연락을 원활하게 하기 위한 조치 5. 필요한 수송에 지장이 일어나지 않도록 운수 제 능력의 배분과 수송을 규정 6. 수송력 증가를 위해 임기수송에 관한 제한의 완화, 수송품의 포장, 적재법 등의 정리 개선 7. 수송력 절약을 위한 조치 8. 수송능력의 최대한 유지를 위해 교통선과 수송기관의 수호, 보전, 수선 9. 필요에 따른 수송물건의 품종, 용도, 수요를 고려해 수송 우선순위를 규정 10. 수출력과 수송력과의 관계 조정 11. 각종 통신기관의 신설 증보 12. 각종 통신기관의 통제, 통신능력의 경제적 이용, 검열의 용이화·확실화 13. 기밀 유지를 위해 교통 단속 14. 교통기관의 충분한 정비, 무장
④ 재정과 금융에 관한 조치 (전비와 전쟁수행자금의 신속, 적확한 조달, 금융시장의 교란 방지를 위한 조치)	1. 개전 직전·직후의 일반 경제시장의 변동을 피해, 응급자금 조달 2. 전비 재원의 종목·내외채의 구분을 적당히 결정, 유리한 방법에 조달 3. 정화준비의 옹호와 확대를 위한 수단 강구 4. 국민경제 중 전실 필요산업에 대한 자금 공급을 풍성히 하고 전시에 필요한 금융제도를 설정해 금융의 원활을 기함 5. 전시 공황에 대한 방책을 강구 6. 전지에 사용할 군용화폐에 관한 조치 강구 7. 외국 지불에 대한 적당한 규정을 실시

⑤ 정보선전의 통일	구성원의 정신력을 유지 배양, 유효한 대외 선전을 위해 정보 선전의 통일을 필요로 하는 조치
⑥ 기타	1. 교육, 훈련의 전시 적응에 필요한 시설 2. 학술, 기예 국방 목적으로의 통합 이용 3. 노동쟁의의 방지, 해결, 각종 구호, 부조의 시설에 대한 처리 4. 국민 보험, 위생 상 전시에 필요한 수단

'국가총동원체제'가 기왕의 전쟁동원 시스템과 다른 것은 다음의 두 가지에 있다. 첫째, 유사시 신속하게 전시체제로 이행할 수 있도록 평시에 준비·구축하는 일이다. 이 경우, 전시체제는 물론이거니와 평시부터 준비된 체제를 포함하여 '국가총동원체제'를 구상할 필요가 있다. 둘째, 계획성이다. 평시부터 광범위한 조사에 기초한 군수·민수 및 모든 인적·물적·자금 자원의 동원 가능한 공급량을 파악하여 그것에 기초하여 필요한 분야 간의 수급 조정·배분, 각 분야의 생산력 확충, 실제의 동원 등을 계획하여야만 평시체제에서 전시체제로의 신속한 이행이 가능하다고 생각한 것이다. 그리하여 '국가총동원체제'하에서는 일정 기간마다 총동원계획 등 제 동원계획을 수립하여, 이 계획을 바탕으로 동원·통제·배분을 시행하는 것으로 했다.[6]

2) '국가총동원체제'의 운영: 자원 조사와 총동원계획 수립

일본 군부가 '국가총동원'에 대해 조사·연구를 개시한 것은 1910년대 후반부터였다. 일본의 '국가총동원체제'에 대한 구체적인 구상으로

6 안자코 유카, 2006, 앞의 글, 32쪽.

대표적인 것은 고이소 구니아키[小磯國昭][7]가 중심이 되어 작성한 「제국국방자원」(1917.8)과 참모본부 총무부 제1과(편성·동원과)에서 작성한 「전국 동원계획 필요의 의(全国動員計画必要ノ議)」(1917.9)를 들 수 있다.

참모본부 총무부 제1과가 작성한 보고서는, 먼저 '동원'이라 함을 "군사상은 물론 국가 전반의 조직을 평시 태세에서 전시 태세로 전환하는 사업 전부를 총칭하는 것"이라고 정의하고, 제1차 세계대전의 경험에 비추어 장기지구전의 관점에서 전쟁 준비를 검토해야 할 것을 주문하였다. 아울러 전쟁의 승패가 "평시에 축적된 국력 총량의 다과(多寡)와 그 조직이 전시 운용에 적합한지의 여부"에 달렸다고 보고, 평시에 교전 병력을 충실하게 확보할 것, 풍부한 군수품 축적과 그 수요에 대응 가능한 국력 배양이 중요하다고 보았다. 그리하여 전쟁이 개시되면 전국 동원계획 실현에 따르는 군 동원과 동시에 전국 동원을 실현하여 평시체제를 신속하고 원활하게 전시체제로 전환시키는 것을 목표로 하였다.[8]

고이소를 중심으로 작성된 보고서는 전시 군수품의 보급체제를 강화하기 위해서는 평시에 부족 물자 수량을 파악하여 부족분을 어느 지역에서 어떤 방식으로 수송할지를 검토할 필요가 있다는 판단에서 시작한 보고서이다. 고이소 또한 새로운 전쟁양태(장기 지구전·장기 소모전)를 목도하고 전쟁의 승패가 경제력에 달려 있음을 통감하여 평소에 전시경제를 준비해야 함을 강조하였다. 그리하여 경제공업동원에 기반이 되는 자원 확보를 당면한 최대 과제로 판단하고, 이를 위해서 "지나(支那)의 공급

---

7 고이소가 제안을 작성할 당시 참모본부 제2부 제5과 병요지지(兵要地誌) 반장이었다. 고이소는 후일 조선총독부 총독(1942.5~1944.7)을 거쳐 일본 내각 총리대신(1944.7~1945.4)을 역임했다.

8 纐纈 厚, 2018, 앞의 책, 39~40쪽.

력에 기대는 바가 앞으로 더욱 많아질 것"이라며 중국대륙에 대한 외교 정책이 기본이 되어야 함을 강조했다.[9] 주목할 점은 유사시에 평시 공업의 전시 공업으로의 전환이 지장 없이 이루어지도록 ① 민간공업 설립 권유와 보호, ② 민간 각 공장의 능력에 맞는 평시 수요품의 제조 위탁 및 전시 확장의 계약, ③ 전시 공업 확장에 필요한 기간(基幹) 기계 및 직공의 배치, ④ 직공 교양소의 관영, ⑤ 전시 수요의 정도와 민간공장 능력을 기초로 한 관설공장의 평시 및 전시 능력의 규정(規整), ⑥ 공업동원계획 입안 등을 제안한 점이다. 고이소가 강조하고 싶었던 것은 장기소모전에 대비한 군수품 생산능력의 유지와 이를 지탱하는 자원의 안정적인 확보였다.[10]

군부의 구상은 예정대로 실천에 옮겨졌다. 1925년 4월 국가총동원의 업무를 전담하기 위한 조직 구성을 위해 국가총동원기관설치위원회가 설립되었다. 설립 목적은 국가총동원준비기관의 조직, 권한, 서무방법 등을 연구·심의하기 위함이었다. 이 위원회의 심의 결과 1927년 5월 국가총동원준비기관으로 설치한 것이 자원국이다.

'국가총동원체제' 운영은 먼저 자원 조사에 의한 현상 파악→수요 결정→계획 수립(동원 및 배분의 범위·규모의 결정)→자원 동원→자원 배분 순으로 수행되었다. 여기서 자원이라 함은 직접적인 군수물자 외에 사람, 물건, 자금, 정신 등에 이르는 모든 것을 포함하고 있었다.

이상의 흐름을 통해 알 수 있는 것은 총동원체제 구축의 대전제가 **자원에 대한 조사**와 체제 운영을 위한 **총동원계획의 수립**에 있음을 알 수 있다.

---

9 纐纈 厚, 2018, 앞의 책, 42~43쪽.

10 纐纈 厚, 2018, 앞의 책, 44~45쪽.

총동원계획은 일정 기간의 계획을 설정하는 '기간계획'과 매년의 계획을 설정하는 '연차계획'으로 구분되었다. 이에 따라 1930년부터 1945년까지 총 4차에 걸친 기간계획을 수립하였고, 1939년도 이후부터 매년 연차계획을 수립하였다. 총동원계획에 포함되는 내용은 먼저 전체 지침을 제시한 '총동원계획(방침)'을 시작으로 '물자동원계획', '노무동원계획', '교통전력동원계획', '자금계획', '무역계획', '생산력확충계획' 등이었다. 이 책에서 다루는 노무동원, 인력 공출은 '노무동원계획'에 따른 것이었다. 총동원계획 중에서 가장 중요시한 것은 '물자동원계획'이었다. 왜냐하면 '물자동원계획'은 생산이나 수입이 한정된 중요 물자에 대해 군수(軍需)와 민수(民需) 간 배분을 결정하는 것이고, 나머지는 이에 맞추어 계획을 수립하게 되어 있었기 때문이다.

〈표 1-2〉 총동원기간계획 및 총동원 연차계획 일람표[11]

기간계획	연차계획	책정 연도	적용 연도	담당 기관	비고
잠정 총동원기간계획	(없음)	1930~1932	1934, 1935	자원국	미실시
응급총동원계획	(없음)	1932~1933		자원국	만주사변에 대응
제2차 총동원기간계획	(없음)	1934~1935	1936, 1937	자원국	미실시
제3차 총동원기간계획	-	1936~1937	1938, 1939	자원국	중일전쟁 발발 당시 일부실시
	1939년(昭和14) 총동원실시계획	1938	1939, 1940	기획원	실시

11 안자코 유카, 2006, 앞의 글, 34쪽 〈표 Ⅰ-2〉에 의함. 일부 오타 등 수정함.

제4차 총동원기간계획	-	1940~1941	1942, 1943	기획원	
	1941년(昭和16) 국가총동원실시계획	-	1941	기획원	실시
	1942년(昭和17) 국가총동원실시계획	-	-	기획원	실시
	1943년(昭和18) 국가총동원실시계획	-	1943	기획원	실시
	1944년(昭和19) 국가총동원실시계획	1943	1944	군수성	실시

위의 〈표 1-2〉에서 보는 바와 같이 국가총동원기간계획이 처음으로 책정된 것은 1930년이었다. 국가총동원기간계획은 잠정총동원계획(제1차 계획)을 시작으로 제4차 계획까지 수립되었다. 그러나 제1·2차 기간계획은 연차계획 수립으로 구체화되지 않았고, 실제로 실시하지도 않았다. 총동원기간계획과 그에 따른 연차계획을 수립하여 실천에 옮긴 것은 1938년이며, 그 후 1940년부터는 총동원기간계획과 연차계획이 모두 수립되었다.

자원에 대한 조사는 1929년 4월 1일 「자원조사법(법률 제53호)」 제정으로 법적 근거가 마련된 후 '총자원의 통제운용계획에 필요한 자원 조사'를 개시할 수 있었다. 「자원조사법」은 앞서 설명한 자원국이 2년간 조사·연구한 끝에 고안한 법률이었다. 이 법은 인적·물적 자원을 조사할 필요가 있는 경우 정부가 개인이나 법인에 이에 대해 보고 또는 신고하도록 명령할 수 있게 한 것이다(제1조). 「자원조사법」은 11월 8일 공포되어 12월 1일부터 시행되었는데, 같은 날짜로 조선에서도 시행되었다. 「자원조사법」의 구체적인 시행 요령은 「자원조사령(칙령 제329호)」

에 의해 정해졌다. 시행령에 따르면 「자원조사법」 시행은 내각 총리대신이 총괄하며(제1조), 각 성 대신은 정기적으로 인적·물적 자원의 통제운용계획 설정과 수행에 필요한 자원조사를 실시하여 내각 총리대신에게 보고하도록 하였다(제3조). 또한 내각 총리대신은 인적·물적 자원의 통제운용계획 설정과 수행을 위해 필요하다고 생각할 때는 임시로 관계 각 청에 자원조사를 보고하도록 요청할 수 있었다(제6조). 제9조에는 '각 성 대신'이, 조선의 경우 조선총독임을 명시하여 시행령이 조선에도 적용되는 것임을 명확히 하였다(1929년 12월 1일 시행). 통상 일본 제국의회에서 제정한 법을 조선에 적용할 경우 별도로 이를 규정한 칙령을 발령하는 것이 일반적이었는데, 총동원 관련법은 처음부터 법 조문에 조선 적용을 명시하여 일본 본토와 식민지 조선 사이의 법적 장벽을 낮추었다.

인력 동원을 위한 대상자 조사도 실시하였다. 1940년 3월 12일 조선총독부 내무국은 노무자원조사(勞務資源調査)를 요청하는 「노무자원조사에 관한 건」을 각 도에 통첩하여 노무자원조사표를 군별·성별로 작성하도록 하였다.[12] 조사 목적은 "관청의 주선에 의하지 않으면 도저히 그 충족의 원활을 기할 수 없는 실정에 이르러, 군수(軍需)와 생산력 확충에 유감이 없도록 농촌 과잉 노력(勞力)의 소재 및 양을 항상 조사하여 노무의 적정한 배치에 이바지"하기 위함이었다. 이를 통해 "조선 내 노동력의 수요와 공급을 원활히 하고 군수산업을 비롯한 시국산업의 강화"를 꾀하고자 한 것이다. '노무자원조사표'는 세대주의 본적, 주소, 직업

12 당초 내무국은 노무자원조사를 1939년 7월 24일과 1940년 2월 7일 두 차례에 걸쳐 검토하였으나 재가를 받지 못해 시행에 옮기지는 못했다고 한다. 노영종, 2016, 「일제강점기 노무자원 조사와 충남지역 강제연행」, 『한국근현대사연구』 제78집, 196쪽.

등을 비롯하여 가족의 성명, 나이, 세대주와의 관계, 건강상태, 노동출가(出稼, 원정 노동) 또는 노동전업(轉業) 가능성 유무, 노동출가 또는 노동전업 희망 유무, 경지면적, 생활상황, 적요 등을 기재하도록 되어 있었다. 조사 대상자는 남녀별로 상이하여, 남성의 경우 20~30세, 31~40세, 41~45세였고, 여성은 12~19세만 대상으로 하였다.[13] 노무자원조사의 특이한 점은 부와 읍을 제외하고 면을 대상으로 한 것과 노동출가 또는 전업 가능자 수 및 희망자 수를 조사한 것이다.[14]

조선 전역 2,271개 면에 대해 1만 1,355명의 조사원이 조사한 결과, 〈표 1-3〉과 같이 노동 가능자 수는 116만 177명이었고, 노동 희망자는 26만 3,083명이었다. 여성의 경우 12~19세 미혼여성 중 노동출가·노동 전업이 가능한 '유휴노동력'은 23만 2,641명이었다.

〈표 1-3〉 노동출가·노동전업 가능자 수 및 희망자 수

	노동출가·노동전업 가능자 수					노동출가·노동전업 희망자 수				
	여자	남자				여자	남자			
	12~19	20~30	31~40	41~45	계	12~19	20~30	31~40	41~45	계
합계	232,641	534,068	274,887	118,581	927,536	20,767	158,919	61,502	21,893	242,316

출처: 朝鮮總督府, 1940, 『昭和15年勞務資源調査に關する件』, 국가기록원 소장.

'국가총동원체제'는 1938년 4월 1일 「국가총동원법」 제정(법률 제55호)

13 이 책 제5장 여성과 아동동원을 참조. 아울러 김미정, 2019, 「일제강점기 조선여성에 대한 노동력 동원 양상: 1937~1945년을 중심으로」, 『아세아연구』 통권177호도 참조 바란다.

14 노영종, 2016, 「일제강점기 노무자원 조사와 충남지역 강제연행」, 『한국근현대사연구』 제78집, 196쪽.

으로 법적 근거를 부여받았다. 전문 50조에 달하는 이 법은 국가총동원을 위한 물자의 통제·운용, 국민징용, 노동조건의 규제, 언론 통제 등 사회 전 분야에 걸쳐 국가통제를 가능케 하는 것으로 구체적인 세목 시행을 칙령에 의하도록 하였다. 그로 인해 의회의 권한은 축소되었고, 정부에 백지위임하는 결과를 가져왔다. 동법 제1조에 법의 목적이 명시되어 있는데 소개하면 다음과 같다.

〈그림 1-1〉「국가총동원법」 제정 재가 문서

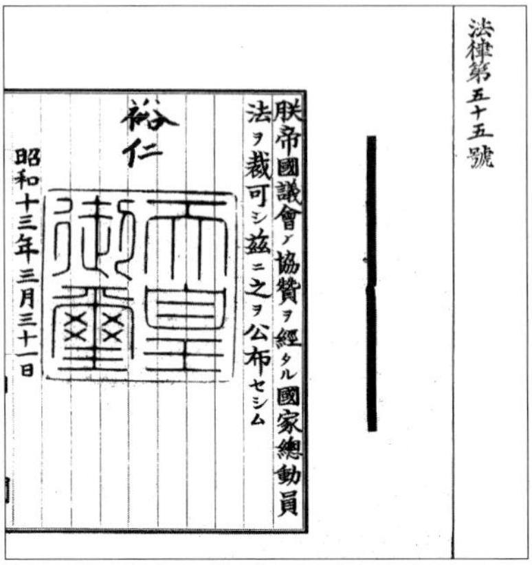
法律第五十五號

朕帝國議會ノ協賛ヲ經タル國家總動員法ヲ裁可シ茲ニ之ヲ公布セシム

裕仁

天皇御璽

昭和十三年三月三十一日

출처: 아시아역사자료센터

> 전시(전쟁에 준하는 사변의 경우를 포함)에 있어서 국방 목적 달성을 위해 국가의 전력을 가장 유효하게 발휘할 수 있도록 인적 및 물적 자원을 통제·운용한다.

「국가총동원법」의 목적을 달성하기 위한 구체적인 행동강령은 칙령으로 이를 정하도록 하였다. 그것은 국민징용, 단체 협력, 고용 제한, 노동쟁의 방지(노사협조), 물자 수급 조정, 수출입 통제, 물자 사용·수용(收用)자금 수급 조정, 공장시설 등 수용, 광업권 제한, 물가통제, 출판 제한·금지 등 모든 분야에 걸쳐 있었다.[15]

「국가총동원법」이 5월 1일부터 시행(조선은 5월 5일)됨에 따라 인적·

15 北河賢三, 1989,『国民総動員の時代』, 岩波書店, 21쪽.

물적 자원의 통제와 동원이 본격화하였다. 1939년에 들어서자 「국민징용령」, 「가격 등 통제령」 등 주요 칙령이 연속하여 발령되면서 경제생활의 세부까지 침투해 가기 시작했다. 전시경제 통제가 기능하기 시작한 것이다. 이에 앞서 1937년 9월에 일본 정부는 임시의회를 긴급 소집하여 막대한 전비(戰費)를 조달하기 위해 임시군사비 특별회계를 설정하였다. 임시군사비 특별회계는 전쟁이 종료될 때까지를 단일 회계연도로 삼는 것으로서 일반회계와는 달랐다.

총동원이라고 할 때 이는 군부가 직접 관리하는 '군수동원'을 제외한 국가의 모든 자원을 동원한다는 의미로 사용되었다. 따라서 총동원에 의한 동원계획 책정에는 군부가 작성하는 '군수동원'을 제외한 모든 물자와 인력이 대상이 된다는 점에 유의할 필요가 있다.

2. '총후(銃後, 후방)'의 국민총동원

1) 국민정신총동원운동

'국가총동원'이 일사불란하게 획일적으로 기능하려면 무엇보다도 국민적인 공감대와 호응이 있어야 한다. 이를 위해 인적·물적 동원뿐만 아니라 '정신'의 총동원까지 요구되었다. 1937년 7월 7일 중일전쟁이 발발하기가 무섭게 당시 고노에 후미마로[近衛文磨] 수상은 '거국일치(擧國一致)'의 슬로건을 내세우며 정신적 동원, 통제에 나섰다.

내무성은 1937년 7월 13일 「시국에 관한 기사 취급방법에 관한 건」을 통달하여 신문·통신사에 대한 경찰 단속을 주문했다. 이 통달에 따라 일본군의 군사행동에 관한 기사는 ① 반전·반군사적 언론이나 군민 이간을 초래하는 사항, ② 일본 국민을 호전적으로 묘사하여 일본의 국책이 침략주의적으로 비칠 우려가 있는 사항, ③ 일본을 비방하여 일본에 불리한 외국 신문의 기사를 전재하는 일 등이 통제와 단속의 기준으로 제시되었다.[16]

'거국일치'라는 관념을 국민에게 주입시키기 위해서는 항구적인 조직이 필요하였다. 그리하여 1937년 8월 24일 각의 결정 「국민정신총동원운동실시요강」을 발표하여 국민정신총동원운동을 개시하였다. 같은 해 10월 12일 운동을 추진할 단체로 국민정신총동원중앙연맹이 결성되어 각종 단체가 이에 합류하였다. 참가 단체는 재향군인회 등 군인단체, 애국부인회·국방부인회 등 부인단체, 대일본연합청년단·장년단중앙협회 등 청장년단체, 전국신직회·불교연합회 등의 교화단체 등 74개 단체들이었다. 국민정신총동원중앙연맹은 국민정신총동원강조주간, 국민정신작흥주간, 조국(肇國)정신강조주간 등을 설정하여 신사·황릉 참배, 칙어봉독식, 전몰자 위령제, 유가족 위문, 출정 병사·영령·상이군인 송영, 청소 등 근로봉사, 국방헌금 등의 행사를 통해 천황제이데올로기 주입과 국민통합을 꾀했다. 1938년부터는 농업생산증강운동, 애국공채구입운동, 저축보국운동 등 전시경제 국책에 대한 협력이 추가되었다. 이와 같은 운동이 민중에 깊숙이 침투하기 위해서는 전국적인 조직망, 특히 말단의 실행 단위까지 조직이 정비될 필요가 있었다. 그리하여 다음과 같이 말단 조직까지 포섭하는 국민지배체제가 정비되었다.

---

16 北河賢三, 앞의 책, 1989, 5~6쪽.

2) 조직 정비

종래의 정치구조를 일소하여 강력한 권한을 수반한 정치구조로 재편하려는 '신체제운동'이 고개를 들기 시작했다. 중일전쟁이 장기화될 조짐을 보이면서 일상생활에 통제가 가해지자 국민적인 피로감이 '거국일치'의 기조를 흔들기 시작했기 때문이다. 더욱 안정적이며 강력한 정치구조를 구축하는 일이 긴요해지자 기존의 정당을 해체하고 새로운 조직으로 결집하려는 움직임이 일어났다. 신체제는 대정익찬회라고 하는 거대 국민통합조직으로 결집하였다. 총재에는 수상이 취임하였고, 지부장에는 각 도·부·현 지사가 임명되었다. 익찬회 조직은 당초 시·정·촌까지로 하였다가 나중에는 부락회·정내회를 말단조직으로 하였다. 신체제운동은 한마디로 자유주의적·민주주의적 '구체제'를 일소하여 천황제를 중심으로 하는 일본식 전체주의를 수립하는 삭종 운동을 의미하였다. 이리하여 식량, 복장 등을 비롯하여 결혼, 장례 등에 이르기까지 신체제에 어울리는 생활양식의 획일화가 추진되었다. 도달하려는 목표점은 국민 생활의 낮은 수준에서의 평준화와 부담의 평등화였다.

대정익찬회가 성립할 무렵 내무성은 1940년 9월 11일 부락회·정내회 등 정비요령의 훈령을 내려 전국의 부락회·정내회·'도나리구미[隣組]'를 정비하고 상례회를 개설하도록 하였다. 그 결과 1940년 12월 현재 부락회·정내회 약 19만 9,000개, '도나리구미' 114만 개가 정비되었다.[17] 전국적으로 인보(隣保) 조직이 정비되자 이를 통해 획일적인 통제와 결속을 실천에 옮겼다. 군비 조달을 위한 국채 매입, 저축 장려, 금

17 北河賢三, 앞의 책, 1989, 34쪽.

속 회수, 근로봉사, 방공 연습. 장병식과 유골봉환, 생활물자 배급 등 일상생활의 모든 업무가 인보 조직을 통해 집행되었다. 특히 일상생활에 필요한 물자가 인보 조직을 통해 배급되는 단계에 이르자 민중은 인보 조직에 의존하지 않을 수 없게 되었다.

한편, 노동계에서도 새로운 체제에 부응하는 조직재편이 일어났다. '산업보국', '노사일체'를 표방하며 전시경제하에서 생산증강운동을 펼쳐 왔던 산업보국연맹이 대일본산업보국회로 거듭났다. 총재에는 후생대신이 취임했고, 회장, 이사장 등 임원에는 관료, 실업가, 우익노동운동가 등이 취임했다. 1939년 말 현재 산업보국회 결성 사무소 2만 7,000개소, 회원 299만 명(조직률 43%)이던 것이, 1941년 말 현재 16만 4,000개소, 547만 명에 이르렀다.[18] 전시통제가 개시되자 쌀·보리·술 등의 노무자 추가배급, 장갑·수건·작업복 등 배급이 산업보국회를 통해 시행되어 노동자들의 산업보국회로의 종속이 더욱 심화되었다.

1942년 1월에는 군부의 주도하에 익찬회 외곽단체로 대일본익찬장년단이 조직되었다. 이 조직은 '자발적 의지에 의한' 적극적인 분자들을 선발하여 구성하였으며, 조직은 각 도·부·현 이하 군·시에 820개, 정·촌에 1만 594개, 단원 수 130만 명에 달했다.[19] 주요 임무는 암거래 단속, 중소상공업자 전·폐업 촉진, 식량 증산, 금속 회수, 공출미운동 등 국책을 촉진하는 일이었다.

이처럼 익찬회를 정점으로 말단에서는 인보 조직을 포섭한 '거국일치'의 획일적인 국민지배체제가 정비되었으며, 이러한 체제 속에서 국민

18 北河賢三, 앞의 책, 1989, 38쪽.

19 北河賢三, 앞의 책, 1989, 40쪽.

총동원이 실시된 것이다.

신체제하의 강제된 자발과 더불어 국민정신총동원운동에서 일탈하는 행위라고 판단될 경우 경찰의 가차 없는 단속과 탄압이 뒤따랐다. 전쟁과 군부에 비판적인 언론과 학자들에 대한 단속이 있는가 하면, 특정 사상을 갖는 것만으로도 '예방구속'당하는 사태까지 발생했다. 중일전쟁이 태평양전쟁으로 확전된 1941년 12월 9일, '비상조치'라는 이름으로 사회주의자 등 216명이 검거되어 이 중 150명은 '예방구속'되고, 30명은 '예방구금'되었다.[20]

20 北河賢三, 앞의 책, 1989, 45쪽.

제2절 조선의 노무동원 시스템(행정조직)

1. 노무동원 관련 조선총독부 중앙 행정조직

1) 조선총독부 조직 속의 노무동원 관련 부서

한국 정부의 통계(국무총리 소속 일제강점하강제동원피해조사 및 국외 강제동원 희생자 등 지원위원회, 이하 위원회)에 따르면 한인의 강제동원 노무자 피해 규모는 753만 4,429명(중복 인원)이다.[21]

그런데 이렇게 많은 이들을 끌고 간 사람은 누구일까. 피해자들은 한결같이 '노무가가리가 끌고 갔다'고 회상한다. 노무가가리란 면의 노무계(勞務係)를 의미한다. 그렇다면 '노무가가리'는 왜 마을 사람들을 동원했을까. 누군가의 지시 때문일 것이다. 지시자는 면의 상위기관인 군(郡)이고, 그 위에는 도(道)와 조선총독부·일본 정부가 있었을 것이다. 군과 도, 그리고 조선총독부의 노무동원 관련 부서는 어디였을까.

일본 국가총동원체제하 행정기구의 변화는 크게 네 시기로 나눌 수 있다. 제1기(1936년 8월 15일~1941년 11월 18일)는 총동원체제와 전시행정기구를 성립하는 시기이고, 제2기(1941년 11월 19일~1942년 10월 30일)는 1941년 개혁으로 임전체제를 확립하는 시기이며, 제3기(1942년 11월 1일~1943년 11월 30일)는 행정 간소화와 '내외지행정일원화(內外地行政一元

21 국무총리 소속 대일항쟁기 강제동원 피해조사 및 국외 강제동원 희생자 등 지원위원회, 2016, 『위원회 활동결과보고서』, 128쪽.

化)'를 추진하는 시기이며, 제4기(1943년 12월 1일~1945년 8월 15일)는 '결전행정(決戰行政)'의 시기다.[22]

노무동원 관련 행정조직은 중앙과 지방자치단체로 나눌 수 있다. 이 가운데 중앙행정조직을 보면, 조선총독부는 국가총동원체제를 운영하기 위해 여러 조직을 설치했다. 국가총동원계획의 수립 및 총동원운동·노무자 단속·국민 연성 및 근로 교육·노무동원 업무 담당 부서이다.

- 국가총동원계획 수립 및 총동원 업무 담당: 총독관방 자원과(1937.9)→기획부(1939.11)→총독관방 국민총력과(1940.10.16)→사정국 국민총력과(1941.11.19)→총무국 기획실, 국민총력과(1942.11.1)→총독관방 지방과(1943.12.1)→광공국 근로조정과(1944.10.15)→총독관방 총무과(1944.11.22)→광공국 근로부 조정과(1945.1.27)→총독관방 정보과·광공국 동원과(1945.4.17)
- 노무자 단속 업무 담당(경제경찰): 경무국 경무과 경제경찰계(1938.11.12 설치)→경무국 경제경찰과(1940.2.3). 조선총독부 훈령 제67호(1938.11.12)에 따르면, 경기도는 경제경찰과를 신설하고 그 외 도는 보안과에 경제경찰관을 배치[23]
- 국민 연성 및 근로 교육 업무 담당: 학무국 연성과(1943.12.1 설치)
- 내무국 사회과 노무계(1939)→내무국 노무과(1941)→후생국 노무과(1941)→사정국 노무과(1942)→광공국 노무과(1943)→광공국 근로조정과·광공국 근로동원과·광공국 근로지도과·근로동원본부(1944)→광공국 근로부 조정과·광공국 근로부 동원과·광공국 근로부 지도과(1945)→광공국 동원과·광공국 근로부 근로제1과·광공국 근로부 근로제2과(1945)

22 김민철, 2003, 「전시체제하(1937~1945) 식민지 행정기구의 변화」, 『한국사학보』 제14호, 288쪽.

23 朝鮮總督府, 1941, 『施政 三十 年史』, 508쪽.

이 외에 중부 태평양과 만주 지역을 담당한 조선총독부 이민위원회(1939.2.22 설치)·외사부 척무과(1939.8.3)·만주개척민지원자훈련소(1940.4.10)·사정국 척무과(1941.11.19)·외무과(1942.12.1)·농상국 농무과(1943.12.1)·농상국 농상과(1944.11.20)도 있었다.[24]

노무동원 관련 행정기구는 경제경찰과 내무국 사회과 노무계라는 이름으로 시작하는 부서다. 1939년 2월 노무계에서 출발해 노무과로 승격한 후 여러 번 명칭과 소속이 바뀌었다. 총 8차례에 걸친 조직 변천도 다양하지만, 업무와 정원의 변화는 더 복잡하다.[25]

〈표 1-4〉 노무동원 관련 중앙 행정기구 업무분장과 정원의 변화

부서 및 일시*	업무분장 내용	정원**	업무 변천
내무국 사회과 (1939.2.7)	1. 구호 및 구료 2. 이재구조 3. 모성과 아동의 보호 **4. 공익 질옥(質屋), 주택의 공급개선 기타 사회복리시설 5. 군사부조 기타 군사원호** 6. 노동보호 **7. 직업의 소개 기타 노무수급** 8. 실업구제 및 방지 **9. 국민등록** 10. 제생원 및 감화원 11. 기타 사회사업	※사회과 정원(직원록 1939년, 27명): 사무관2, 속19, 촉탁6	※굵은 표시: 사회과 노무계 신설 업무
내무국 사회과 노무계 (1939.9.10)	1. 노무수급의 기본조사 2. 일반노무의 수급조절 3. 노동자의 이동소개 4. 노동자원의 함양 5. 노동자의 양성훈련 6. 노동자의 이산 및 쟁탈방지 7. 노동사정의 조사개선, 기타 노동자의 실업지도 8. 실업대책의 기획 9. 실업조사 10. 실업대책사무의 지도감독 11. 전직(轉職) 지도 및 알선 12. 직업보도 및 재교육 13. 수산(授産) 및 내직(內職) 14. 기타 실업 구제 및 방지 15. 노동자조사 및 등록 16. 직업소개소 17. 부산도항보호사무소 18. 기타 노무조정, 노동자 보호 19. 국민등록에 필요한 기술 통할 20. 국민직업능력신고령 21. 국민등록관계 제조사	※노무계 정원: 이사관1, 속9(임시6), 기사1, 기수4(임시)	※부산도항보호사무소 인원(공문유취 64편): 속 2명

24 정혜경, 2011, 『일본제국과 조선인 노무자 공출』, 도서출판 선인, 145~153쪽.

25 정혜경, 2011, 앞의 책, 115~118쪽.

	22. 국민등록통계 23. 국민등록사무의 지도감독 24. 국민등록에 필요한 기술 25. 임금 조사 및 통계 26. 임금규칙 27. 초급임금의 결정 28. 임금통제령 피적용자 조사 29. 임금 **공장, 사업장 임검 및 지도감독 30. 임금통제사무의 지도감독 31. 임금위원히 32. 취업시간조사, 통계 33. 공장취업시간제한령 피적용자 조사 34. **시간이 없는 공장의 임검 및 지도감독 35. **사무의 지도감독 36. 임금통제가 필요한 기술 37. 취업시간제한이 필요한 기술		
내무국 사회과 노무계 (1940.9.1)	1. 직업소개업무의 지도 감독 2. 직업소개 3. 전직지도 4. 부산도항보호사무소 5. 노무수급조사 6. 노동의 내지공출 7. 노동자양성 훈련 8. 노동자의 이산 및 쟁투방지 9. 노동사정조사 및 노동자의 보호지도 10. 이직자의 취업알선 및 지도 11. 직업보도 및 재교육 12. 수산(授産) 및 내직(內職) 14. 실업 구제 및 방지	※6명: 이사관1, 속5 **※사회과 정원(38명, 공문유취)**: 사무관 2명(과장1, 총동원계 임시1), 이사관 2명(임시1), 기사1명, 속 27명(임시17), 기수 6명 **※ 사회과 정원, 190, 직원록(45명)**: 사무관3, 이사관1, 기수2, 기사1, 촉탁8, 속 30명	※1939.9.10 당시 노무계 업무를 기획계, 총동원계, 노무계가 분담 ※노무계 업무 축소: 37항→14항 ※ 노무계 인원 축소: 14→6명 ※사회과: 과장1, 사회계9, 군사원호계5, 기획계4, 총동원계10, 노무계6, 부산도항보호사무소3명
내무국 노무과 (1941.3.13)	1. 직업소개 기타노무의 수급조정 2. 실업대책 3. 노동력의 보지증강(保持增强) 4. 노동조건 5. 노동보호 6. 국민직업능력의 등록 및 국민징용 7. 기타 노무	※ 1941.11 현재(총31명): 사무관3(임시3), 이사관1, 기사1(임시1), 속23(임시17), 기수3(임시3) ※1941년 직원록(32명): 사무관2, 이사관1, 속21, 촉탁5, 기사1, 기수2	※노무과 신설 ※ 1941.11 현재 업무:서무계 · 업무제1계(9항), 규제계(20항), 업무제2계(15항), 조사계(1항), 부산도항보호사무소(2항), 여수도항보호사무소(2항)
후생국 노무과 (1941.11.19)	위와 동일	※1941.12.1 현재(28명): 사무관2명(임시2), 이사관1, 기사1(임시1), 속22(임시16), 기수2(임시)	※내무국에서 이관 ※후생국 1942년 직원록(20명): 국장1, 사무관6, 이사관3, 체육관1, 기사9

사정국 노무과 (1942.11.1)	1. 직업소개 기타노무의 수급조정 2. 실업대책 3. 노동력의 보지증강(保持增强) 4. 노동조건 5. 노동보호 **6. 기술자의 할당** 7. 국민직업능력의 등록 및 국민징용 8. 기타 노무	※ 사정국 1942년 직원록(51명): 국장1, 사무관20, 토목사무관2, 제무관1, 통역관1, 이사관3, 기사 23 ※ 사정국 1943년 직원록(46명): 국장1, 서기관7, 사무관8, 토목사무관1, 제무관1, 통역관1, 기사28	※1942년 11월 1일자 칙령 제729호에 의거하여 총독부 관제 개정 ※후생국에서 이관 ※굵은 표시: 신설 업무
광공국 노무과 (1943.12.1)	1. 노무의 수급 2. 노무관리 3. 임금 기타 노무조건 4. 기술자의 할당 5. 국민직업능력 등록 및 국민징용 6. 기타 노무관련 사항		※소관 업무 통폐합(1~5항이 1~3항으로 통폐합) ※사정국에서 이관
광공국 근로조정과 (1944.10.15)	1. 국민동원계획 및 기술자동원계획의 책정 2. 국민등록, 기술자등록 및 과학기술자 등록 3. 근로자 배치 규제 4. 이공과계 학교졸업자의 사용제한 5. 근로 급원(給源)의 조사 개척 6. 근로동원 조사 7. 기타 다른 과의 주관에 속하지 않는 근로행정		※노무과를 근로조정과, 근로동원과, 근로지도과로 개정. ※업무 범위 확대
광공국 근로동원과 (1944.10.15)	1. 국민징용, 국민근로협력 기타 근로동원의 실시 2. 근로자의 기동배치 및 배치전환 3. 근로자의 선외(鮮外) 송출 및 도항보호 4. 일용근로자의 통제 5. 직업소개 6. 입영자의 직업보호 7. 근로자의 모집허가 8. 근로동원예정자의 훈련 9. 조선노무협회 및 조선송출근로자연성협회의 지도		
광공국 근로지도과 (1944.10.15)	1. 근로관리 2. 근로자의 표창 및 징계 3. 근로자의 교양 훈련 4. 기능자의 양성 5. 기능검사 6. 임금, 급여 기타 급여 7. 근로자용 물자, 근로자용 주택 기타 근로자의 후생시설 8. 근로자의 부조 및 원호 9. 조선근로동원원호회의 지도		
근로동원본부 (1944.10.15)	〈 근로동원본부 규정 〉 총무부와 지도부를 두고, 총무부 아래 조정반·동원반·관리원호반을, 지도부 아래 지도반·동원추진반·선전반을 설치. ※총무부 조정반: 1. 국민동원에 관한 종합 기획 2. 근로자의 배치 규제 ※총무부 동원반: 1. 국민동원의 실시 2. 근로자의 기동배치 및 배치전환	*본부장(1명, 정무총감) *차장(1명, 광공국장) *부장(2명) *반장 및 반원(약간명) *참여 및 참사(약간명)	※조선총독부 직속

	※총무부 관리원호반: 1. 근로관리 2. 근로자의 표창 및 징계 3. 근로자의 부조원호 4. 근로자용 물자의 배급 ※지도부 지도반: 근로자의 사상지도 2. 외국인 노동자의 지도 ※지도부 동원추진반: 1. 근로통제의 위반방지 2. 근로동원의 추진협력 ※지도부 선전반: 1. 근로정책의 보급선전 2. 근로에 관한 국민운동의 지도 3. 근로자의 위안오락		
광공국 근로부 조정과 (1945.1.27)	1. 국민동원계획 및 기술자동원계획의 책정 2. 국민등록, 기술자등록 및 과학기술자 등록 3. 근로자 배치 규제 4. 이공과계 학교졸업자의 사용제한 5. 근로 급원의 조사 개척 6. 근로동원에 관한 조사 7. 기타 다른 과의 주관에 속하지 않는 근로행정		※칙령제35호 1945년 1월 26일자로 각국을 '각국 부'로 개정하고(10조), 9조 1항을 추가하여 광공국에 근로부를 설치. 광공국 근로부에 조정과, 동원과, 지도과를 설치 ※광공국 근로조정과 업무와 동일
광공국 근로부 동원과 (1945.1.27)	1. 국민징용, 국민근로협력 기타 근로동원의 실시 2. 근로자의 기동배치 및 배치전환 3. 근로자의 선외 송출 및 도항보호 4. 일용근로자의 통제 5. 직업소개 6. 입영자의 직업보호 7. 근로자의 모집허가 8. 근로동원예정자의 훈련 9. 조선노무협회 및 조선송출근로자연성협회의 지도		※광공국 근로동원과 업무와 동일
광공국 근로부 지도과 (1945.1.27)	1. 근로관리 2. 근로자의 표창 및 징계 3. 근로자의 교양 훈련 4. 기능자의 양성 5. 기능검사 6. 임금, 급여 기타 급여 7. 근로자용 물자, 근로자용 주택 기타 근로자의 후생시설 8. 근로자의 부조 및 원호 9. 조선근로동원원호회의 지도		※광공국 근로지도과 업무와 동일
광공국 동원과 (1945.4.17)	1. 국가총동원계획의 설정 및 수행의 종합 2. 철강, 비철금속, 석탄, 시멘트 및 목재의 배급 3. 연료 4. 석유의 전매 5. 생산방공 6. 군수회사법의 시행 7. 공무관(工務官) 및 공무관보 8. 중요 공장, 광산에서 토목건축공사의 지도 및 촉진 9. 토목 10. 자원조사 11. 국내 다른 과의 주관에 속하지 않는 사항		※업무의 분산 배정

광공국 근로부 근로제1과 (1945.4.17)	1. 국민동원계획 및 기술자동원계획의 책정 2. 국민등록, 기술자등록 및 과학기술자 등록 3. 근로자 배치 규제 4. 이공과계 학교졸업자의 사용제한 5. 근로 급원의 조사 개척 6. 근로동원에 관한 조사 7. 기타 다른 과의 주관에 속하지 않는 근로행정		※조정과에서 근로제1과로 명칭 변경 ※광공국 근로조정과 및 광공국 근로부 조정과 업무와 동일
광공국 근로부 근로제2과 (1945.4.17)	1. 근로사상의 보급 선전 2. 근로관리 3. 근로자의 표창 및 징계 4. 기능자의 양성 5. 근로자의 교양 훈련 6. 임금, 급여 기타 급여 7. 근로자용 물자, 근로자용 주택, 기타 근로자의 후생시설 8. 근로자의 부조 및 원호		※지도과에서 근로제2과로 명칭 변경 ※업무 축소 - 기존 지도과 5항과 9항 업무 삭제, 1항 업무 신설

출처: 조선총독부 관보, 조선총독부 소속 직원록, 아시아역사자료센터 소장 공문유취 해당 항목

비고: * 법령 공포일을 기준으로 하며, 확인할 수 없을 경우에는 관보 게재일을 기재

** 별도 표기가 없는 경우는 공문유취를 근거로 작성. 직원록과 공문유취의 정원 차이는 임시직 포함 여부와 관련이 있을 것으로 추정

2) 시기별로 본 노무동원 관련 조선총독부 행정조직의 변화

1939년 9월에 37개였던 노무계의 업무 단위(직원 14명)는 1940년 9월(조선총독부 사회과 직원 사무분담별 정원배치표 1940.9.1 현재)에 39개 단위(기획계 6개, 총동원계 19개)에 20명으로 늘었다. 1941년 3월 13일에는 노무과의 설치로 계 단위에서 과 단위로 승격했다. 노무과는 31명(직원록 32명)이 49개 업무 단위를 담당하는 부서(4계, 2사무소)가 되었다.[26]

노무과 설치에 대해 『매일신보』는 '노무자 조정의 복음'이라 보도할 정도로 의미를 부여했다. 노무과 설립 의미는 크게 두 가지다. 하나는 1939년 초 중국 전선의 고착과 전쟁의 장기화로 인한 중국 전선의 병참기

26 公文類聚 64편, 1940년, 29권, 관직27, 관제27, 조선총독부1; 公文類聚 65편, 1941년, 40권, 관직37, 관제37, 조선총독부1; 公文類聚 66편, 1942년, 38권, 관직34, 관제34, 조선총독부3(아시아역사자료센터소장)

〈그림 1-2〉 1940년 9월에 노무과를 신설한다고 보도한 기사

本府에勞務課를新設

勞力總動員에萬全

國策事業에人的資源을供給

國家總動員法의運用範圍擴大

勞務者調整에福音

출처: 『매일신보』, 1940.7.29.

〈그림 1-3〉 본부 행정 간소화 안 발표

本府行政簡素化案發表

機構改革

厚生局, 企畫部廢止

一部局(企畫, 情報, 法制 監察事務綜合)을 新設

來十月一日부터實施

減員一萬二千餘名

機構改革 減員內容

출처: 『매일신보』, 1942.8.22.

지로서 한반도의 역할이 중요해진 점이다. 육군은 1937년 중일전쟁 발발 후 3개월 만에 승리를 장담했으나 전황은 나빠졌다. 이러한 상황에서 한반도의 민중 동원 확대를 위한 조직 정비의 결과는 노무과 승격이었다.

두 번째, '국민 직업능력 등록 및 국민징용에 관한 사항'이라는 항목은 '국민징용' 업무가 개시되었음을 의미했다. 그간 일본과 국내 학계에서는 한반도에서 '국민징용'은 1944년의 일이라 파악하고 있었다. 그러나 1941년 3월에 노무과가 국민징용 업무를 신설했다는 점은 국민징용이 1944년 말 시작된 것이 아님을 입증하고 있다.[27]

1941년 11월 19일 후생국 신설과 함께 노무과는 후생국 소속이 되

27 국민징용의 성격과 적용 시기에 대해서는 이 책의 제2장 참조

었다. 후생국의 모델은 1938년 발족한 일본 후생성이었다. 일본이 후생성을 설치한 목적은 만주사변 이후 나타난 국민의 체력강화와 위생 문제를 해결하고, 동원체제의 또 다른 축인 원호 문제 때문이었다. 이같이 후생국 설치 목적은 전쟁 동원을 위한 장기 대책 실시였다. 오노 로쿠이치로[大野綠一郎] 정무총감은 후생국 신설 목적을 '시국이 긴박해짐에 따라 강화·확대되는 노무동원을 위해 복잡한 노무 행정이 아무런 지장 없이 실시됨과 동시에 보건위생, 체력증진의 여러 대책, 각종 사회시설, 편리시설 등에 인적 자원의 기초배양을 위해 응급적·항구적 대책을 실시'하려는 것이라 발표했다.

그러나 후생국은 1년 후인 1942년 11월 1일에 '행정간소화(합리화)'를 내세운 기구 개편과정에서 폐지되었다. 행정간소화 정책은 1942년 6월 19일 일본 각의가 "행정정리를 단행해 남은 관리를 남방 건설 요원으로 보내고, 이에 따라 발생하는 인건비의 여유는 관리를 우대해 사무능률을 증가시켜 관계 신체제를 수립"하고자 결정한 사항이다. 일본 정부는 이 방안을 식민지에도 적용하기로 했으므로 조선총독부도 일본 정부와 협의를 통해 8월 22일에 행정간소화안을 발표했다.[28]

후생국 폐지로 후생국 소속 사회과와 노무과는 사정국으로 개편되었다. 이 과정에서 노무과에 '기술자 할당에 관한 사항, 국민 직업능력 등록 및 국민징용에 관한 사항, 기타 노무 관련 사항'을 추가했다. 사정국 소속 노무과는 1943년 12월 1일 광공국 소속이 되었다. 조선총독부가 광공국을 신설한 이유는 그해 11월 일본이 설치한 군수성에 맞춘 동

---

28 「관계에 청신한 선풍」, 『매일신보』, 1942.6.21; 「본부 행정간소화안 발표」, 『매일신보』, 1942.8.22.

원 관련 행정기구의 일원적 통합체제 운영을 위해서였다. 이를 위해 조선총독부는 광공국에 7개 과(기획과, 광산과, 전기과, 임산과, 토목과, 경금속화학과, 노무과)를 설치한 후 군수물자를 비롯한 중요 물자의 생산을 증강하고, 인적·물적 자원을 신속히 총동원할 수 있도록 했다.

1943년 12월 1일 관제 개정에서 '국민 근로'가 처음 등장했다. 학무국 연성과의 업무에 '국민연성 및 국민 근로 교육'에 관한 사항을 명시한 것이다. 그 후 1944년 10월 15일 관제 개정에서 경무국을 제외한 모든 관련 부서명과 업무 내용에서 '노무'가 사라지고 '근로'가 등장했다. 행정부서의 명칭과 업무분장에 '근로'가 정착한 것은 황국근로관과 관련이 있었다.

노동은 일본이 침략전쟁을 수행하는 기간에 변질해 개인을 넘어선 신민(臣民)의 의무가 되었다. 국가총동원법 발효 후 당국은 '노동' 대신 '노무'를 사용했다. 노동이 '노동자가 자신의 노동력을 상품으로 제시하고 그에 따른 대가를 요구하는 권리'임에 비해 노무는 의무만을 강조한 용어였기 때문이다. 그리고 다시 근로가 나타났다. 근로는 노무에 '봉사' 개념을 추가한 용어인데, 황국근로관에서 출발했다. 황국근로관의 핵심은 근로(노동)가 권리가 아니라 '황국민의 봉사활동'이나 '천황'을 위한 '환희'라는 것이다. '서양 사람들은 돈을 받아야 일을 하지만 일본 국민은 천황 폐하에 대한 충성심으로 일한다'며 도덕적으로 유럽보다 우월하다고 주장했다.[29]

조선총독부는 1944년 10월 15일 자로 노무과를 근로조정과·근로동원과·근로지도과 등 3개 과로 확대·개편하고, 업무 단위 수를 25개로

29 佐佐木 啓, 2006,「徵用制度下の勞資關係問題」,『大原社會問題硏究所雜誌』568(法政大學), 28쪽.

확대했다. 같은 날 광공국 외에 조선총독부 직속으로 근로동원본부를 설치하면서 총 업무 단위는 32개로 늘어났다. 근로동원본부는 정무총감이 본부장, 광공국장이 차장으로 업무를 지휘하도록 한 총괄기구였다. 그러므로 노무동원 업무를 담당하는 부서의 비중과 역할은 조선총독부 전체 부서 가운데 매우 커졌다.

3) 패배의 종착역에서

1945년 4월 17일 당국은 노무동원과 관련한 마지막 조직 개편을 단행하면서 근로부 동원과 업무를 없앴다. 이는 조선총독부가 인력 동원 업무를 하지 않는다는 의미였다.

4월 17일 자 조직 개편은 단순한 행정 효율화 차원을 넘어 전황 악화와 본토 결전 대비라는 전국(戰局)의 배경에서 단행한 행정 개편이었다. 일본의 대본영(大本營)은 1945년 1월 20일 '제국육해군작전계획대강'을 제정하고, 오키나와[沖繩]를 제외한 본토를 중심으로 본토 결전에 대비하기 시작했다.[30] 그 후 이오지마[硫黃島, 2. 19 연합군 상륙]·오키나와(4. 1 연합군 상륙) 함락을 통해 본토 결전 방침은 현실이 되었다.

한반도도 결전체제에 들어갔다. 2월 11일 대본영은 한반도에 주둔하던 제17방면군에 미군의 공격에서 조선을 확보하는 임무를 하달했다. 한반도 통치기구 결전체제에 대한 방침에 따라 4월부터 한반도의 모든 병력은 물론이고 중국 본토와 만주의 병력까지 제주도로 집결했다. 그 결

30 방위청방위연구소 전사실, 2003, 『대본영육군본부(10)』, 9~13쪽(신주백, 2003, 「1945년 한반도에서 일본군의 본토 결전 준비」, 『역사와현실』 49, 186쪽 재인용)

과 1천여 명 정도였던 제주도의 조선군은 1945년 8월에 7만 5천여 명으로 급증했다.

> 구술자: 극비(極秘)가 뭐냐 하면, 국토계획 변경에 대한 그것이 극비여. 뭐냐 허면, 9월 초순에는 서해안에 함포사격을 하고서 상륙을 할 것이다. 함포사격에 대한 거리는 12키로 이상에 소개(疏開)를 해라. 가령 서천에 무슨 마서면에 있는 것은 어떤 루트를 통해 가지고서 어디로 해서 강원도 어디로 가고, 또 서산 안면면에 있는 사람은 어떤 루트를 통해서 어디로 해서 어디를 가고 이렇게 하는데, 사흘 먹을 양식을 짊어지고 3백 미터 정도에서 군경이 지키고 있다. 길을. 그래서 국토방위계획을 극비회의로다가 읍면장하고 지서주임회의를 연석을 해가지고서 군수하고 내무과장하고 실무자하고 [참석하고] 외부를 차단해가지고 회의를 한 게 있어요.
>
> 면담자: 도청에서 보낸 건가요?
>
> 구술자: 아니여. 군부(軍部)에서 보냈는데, 도를 경유해서 도지사 명의로다가 군부 명의로 나와서 우리가 [회의] 소집하는 것도 지서주임하고 면장 연석회의를 해가지고서.[31]

충남 논산 군청에서 근무했던 김영한의 구술을 통해 본 당시 지방의 실정이다. 이같이 한반도의 통치기구는 긴박했고, 노무인력의 해외 송출은 의미가 없었다.

---

31 국사편찬위원회, 2006, 『구술사료선집3-지방을 살다』, 171~172쪽.

그렇다면 1945년 4월 17일 이후 한반도 민중의 노무동원은 끝난 것인가. 그렇지 않다. 한반도 내 동원은 여전했고, 일본이나 국외로 데려가기 위한 수송 업무도 7월까지 계속됐다. 니가타(新潟)현의 사도(佐渡)광산은 1945년 7월까지 조선인을 수송했다. 문제는 수송선의 출항 여부였다. 1941년 12월 아시아·태평양전쟁 발발 후 연합군이 일본 본토와 한반도 해상을 봉쇄하기 시작해 1945년 초에는 조선에서도 출항은 불가능하게 되었다. 노무자 수송선도 예외일 수 없었다. 수송선에 탄 한인들은 미처 일본에 도착하기 전에 부산과 제주 앞바다에서 격침되거나 기총소사로 사망하곤 했다. 1945년 5월에만 서남해안(5일)과 제주~목포 간 해상(7일), 경기도 인천 앞바다(8일), 다대포만 해상(9일), 동남해안(24일)에서 수송선에 탔던 한인들이 연합군 공격으로 사망했다. 6월에도 연합군의 노무자 수송선 공격은 계속되어 부산 앞바다(9일)와 가덕도 해상·인천 앞바다(20일)에서 수송선이 격침당하고 승선객이 목숨을 잃었다. 억지로 끌고 가려는 당국의 무리수에 희생된 이들이다.

1945년 3월 6일 일본 정부가 「국민근로동원령」을 공포하자, 조선총독부도 3월 31일에 시행규칙을 공포(4월 1일부터 시행)했다. 「국민근로동원령」은 본토 결전에 대비한 비상대책이다. 「국민징용령」·「학교졸업자사용제한령」·「노무조정령」·「국민근로보국협력령」·「여자정신근로령」을 폐지하고, 「국민근로동원령」에 정비·통합했다.

그러나 패배의 종착역은 다가왔다. 조선총독부는 7월 7일 국민의용대 조선총사령부를 결성하며 결전을 위해 한반도 민중을 내몰았으나 패전을 막지 못했다.[32]

---

32 국민의용대는 아시아·태평양전쟁 말기에 일본 본토 결전 과정에서 방공(防空)과 공습

〈그림 1-4〉 국민의용대 총사령에 엔도 류사쿠가 임명된 신문기사

義勇隊總司令部進發

總司令에 遠藤總監

次長 淸水範益、渡邊豐日子兩氏

七日、總督府서 結成式

출처: 『매일신보』, 1945.7.8.

4) 조선총독부에서 노무동원을 담당했던 이들

조선총독부가 운영한 노무동원 행정조직에서 업무를 담당한 이들은 어떤 경력을 가진 이들이었을까. 이들은 대개 조선에서 5~10년의 행정 경력이 있었고, 다수는 내무국 사회과에서 근무한 경험을 지닌 전문 직

피해복구 등에 전 국민을 동원하기 위해 만든 국민조직이다. 1945년 3월 23일 일본 각의 결정 「국민의용대 조직에 관한 건」(1945년 3월 23일 결정, 3월 24일 발표)을 근거로 탄생했다. http://rnavi.ndl.go.jp/politics/entry/bib00615.php; 정혜경, 2017, 『1945년 국민의용대 제도』, 도서출판 선인.

원이었다. 이 외에 경찰서나 지방 경찰부 경무과, 식산국 광산과, 지방 산업부 산업과에서 근무했던 사람도 있었다.

구체적인 사례를 살펴보자. 1940년 사회과에는 2명의 사무관이 있었는데, 이 가운데 등급이 높은 사무관은 하야시 가쓰토시[林勝壽, 3등 4급]였다. 그는 1903년 일본 요코하마[橫浜]에서 태어나 부친과 함께 조선에 와서 평양중학교와 제3고등학교를 거쳐 동경제국대학 법과를 졸업한 후 1929년 경기도 내무부 농무과 직원[屬]으로 공직 생활을 시작했다. 일본 엘리트 중에 최고 과정을 거쳤다고 할 수 있다. 1933년 전남 지방과장(도이사관)으로 근무했고, 1937년에 내무국 지방과 사무관으로 승진한 후 내무국 지방과(1938), 사회과(1940), 노무과(1941)를 거쳐 1942년에는 후생국에서 근무를 했으며, 1943년에는 서기관으로 승진해 사정국에서 근무했다. 하야시는 농무과장으로 근무하던 중 패전으로 일본으로 돌아간 후 후생성에 복귀해 국장까지 지냈다. 이후 퇴직하고 1980년대에는 간사이[關西]텔레비전 회장으로 일했다. 해방 이후 조선총독부 출신 고위 관료들이 만든 우방협회(友邦協會)·중앙일한협회(中央日韓協會)에서 4대 회장을 지냈다.

또 다른 사무관인 다하라 미노루[田原實, 6등 8급]는 1939년 전남 내무부 지방과 이사관(7등 7급)을 거쳐 내무국 사회과(1940. 사무관), 내무국 노무과(1941)를 거쳐 후생국(1942)과 사정국(1943)에서 사무관으로 근무했다.[33]

---

33 한국역사정보통합시스템(www.koreanhistory.or.kr) 수록 자료.

2. 지방 행정단위의 노무동원 수행 조직

1) 도(道) 단위의 노무동원 관련 조직

일제강점기 지방 행정체계는 도-부·군·도-읍-면(道府郡島邑面) 단위였고, 지방 행정기구의 업무분장은 1910년 10월 도사무분장 제정 후 이를 바탕으로 개정했다. 행정기구를 설치·개편하면서 사무분장과 처무규정도 제·개정하는 식이었다. 조선총독부 사무분장의 제·개정 일시와 관련한 소속 관서, 지방 행정기구의 사무분장 제·개정 일시는 같거나 큰 차이가 없다. 1910년 10월 1일 사례를 보면, 조선총독부 사무분장 규정을 공포하면서 18건의 소속 관서와 지방 행정기구의 사무분장규정도 함께 공포했다.

조선총독부 사무분장 규정 (조선총독부 훈령 제2호)		
	⇒	도(道) 사무분장규정(조선총독부 훈령 제3호) 조선총독부 경무총감부사무분장규정(조선총독부 훈령 제4호) 조선총독부 철도국사무분장규정(조선총독부 훈령 제5호) 조선총독부 체신국사무분장규정(조선총독부 훈령 제6호) 조선총독부 항로표식관리소사무분장규정(조선총독부 훈령 제9호) 조선총독부 임시토지조사국사무분장규정(조선총독부 훈령 제11호) 조선총독부 세관사무분장규정(조선총독부 훈령 제12호) 조선총독부 전매국사무분장규정(조선총독부 훈령 제13호) 조선총독부 인쇄국사무분장규정(조선총독부 훈령 제14호) 조선총독부 영림창사무분장규정(조선총독부 훈령 제15호) 조선총독부 의원사무분장규정(조선총독부 훈령 제16호) 조선총독부 자혜의원사무분장규정(조선총독부 훈령 제17호) 조선평양영업소사무분장규정(조선총독부 훈령 제18호) 조선권업모범장사무분장규정(조선총독부 훈령 제19호) 조선권업모범장사무분장규정(충남도 훈령 제1호) 조선총독부 우편위체저금관리소사무분장규정(조선총독부 훈령 제7호) 조선총독부 우편국사무분장규정(조선총독부 훈령 제8호)

그러므로 지방 행정기구의 노무동원 관련 업무를 살펴보기 위해서는 1938년 이전 시기의 사무분장 및 처무규정 등 업무분장과 관련한 내용을 이해할 필요가 있다.[34]

정혜경의 연구에 따르면, 1910년 10월 조선총독부는 도사무분장을 만든 후 지방 행정기구의 업무분장은 기본 틀을 유지하면서 일부 내용을 추가했다. 노무동원 관련 업무를 담당하는 행정기구도 마찬가지였다. 1938년 6월 23일 자 도사무분장규정 개정에 '국가총동원에 관한 사항'이 처음 등장하는데, 이는 1930년 12월 3일 자 도사무분장규정 중 개정에서 규정한 내무부 소관업무(지방 개량 및 사회사업)에 추가한 정도였다.[35]

1938년 6월 현재 도사무분장에 따르면, 도의 노무 관련 업무 담당 부서는 지사관방과 내무부가 해당한다. 지사관방(또는 장관관방)은 문서관리와 보고 업무가 전담 업무이므로 시기를 막론한 관련 부서이다. 도에 따라서는 산업부가 담당한 지역도 있었다.

이보다 이른 시기에 관련 부서를 만든 지역이 있었다. 조선총독부 기관지 『경성일보』에 따르면, 1938년 7월 7일 인천부회는 '사회과'를 독립 설치하기로 결정했다. 7월 21일 경성부도 '시국총동원과'를 신설했다.[36]

당국은 1943년에 2개 부서가 담당하던 도의 노무동원 관련 업무 수행의 행정조직을 1943년에 지사관방, 내무부, 광공부로 확대했다.

---

34 상세한 노무동원 관련 사무분장과 처무규정과 노무문서 생산 관련 중앙 행정기구 업무에 대해서는 정혜경, 2011, 『일본제국과 조선인 노무자 공출』, 도서출판 선인, 145~158쪽 「부록 1: 노무동원 생산 관련 중앙 행정기구」, 「부록 2: 노무동원 관련 지방 행정기구 업무 변천: 사무분장 및 처무규정 개정 내용을 중심으로」 참조.

35 정혜경, 2011, 앞의 책, 128쪽.

36 「社會課獨立, 仁川府會無事可決」, 「時局總動員課新設, 京城府の非常市對策成る」, 『경성일보』, 1938.7.7(조간)

1943년 12월 조선총독부가 광공국을 신설할 때 도에 광공부를 신설하고, 산하에 노무과를 두었다.[37]

2) 부·군·도의 노무동원 관련 조직

그렇다면 도 이하의 부 · 군 · 도 단위에서는 어떤 부서가 노무동원 관련 업무를 담당했을까. 1934년 전북과 경남의 부군사무분장규정(개정)을 보면, 부에는 서무과 · 내무과 · 재무과를, 군에는 서무계와 내무계를 설치했다. 서무과는 도의 지사관방과 같은 업무를 담당했고, 내무과는 도의 내무부에, 재무과는 도의 재무부(또는 산업부) 해당 업무를 담당했다. 도(島)에서도 서무계와 내무계가 도의 지사관방과 내무부 및 재무부(산업부)에 해당하는 업무를 담당했다. 인천부는 사회과가 담당부서였다.

경성부(京城府)의 노무동원 담당 조직은 어떠했을까. 경성부는 한인 외에 다수의 일본인이 거주하고 있었으므로 다른 도와 달리 일본인과 한인 거주 지역을 구분해 이원적으로 운영했다. 한일강제병합 직후인 1910년 9월 30일 조선총독부는 한성부(漢城府)를 경성부로 개칭하고 경기도에 소속하도록 했다. 경성부를 도에 속한 일개 군(郡)으로 격하하고, 수백 년간 이어진 수도로서의 지위도 박탈했다.[38]

1938년 경성부에서 국가총동원 관련 업무를 담당한 부서는 총무부, 재무부, 공영부 등 세 군데였고, 총무부 아래에 국민총력과, 호적과, 사회과

37 이상의, 2006, 『일제하 조선의 노동정책 연구』, 혜안, 247쪽.

38 김영미, 2005, 「일제시기~한국전쟁기 주민 동원 · 통제 연구 -서울지역 町 · 洞會조직의 변화를 중심으로」, 서울대학교 국사학과 박사학위논문, 22~23쪽.

등이 있었다. 이 가운데 국민총력과가 시국 관련 업무를 담당했고, 노무동원은 사회과가 담당했다. 호적과도 노무자원조사나 노무자 송출에 관한 서류를 발급해야 했으므로 노무동원 업무에 관여했다. 다른 도에서 내무과가 담당한 업무를 경성부에서는 총무부 사회과와 호적과가 담당한 것이다. 이후 1943년 구제(區制)를 실시하며, 경성부는 사회과 노무계↔구역소 간 행정망을 통한 노무동원 관련 업무를 수행하였다. 총무부 사회과·호적과와 경성부 소속 7개 구역소(구의 행정기관)는 노무동원 전반을 포함해 국민징용 대상자 조사, 징용장 발부, 소집 등의 업무를 담당했다.[39]

3) 읍·면 단위의 노무동원 관련 조직

읍·면의 행정체계 속에서 노무동원 관련 업무 담당 부서의 현황을 파악해 보자.

조선총독부의 행정사무는 도사무분장규정(「조선총독부 훈령」)을 기준으로 지역별 훈령과 규정에 따라 수행하도록 했다. 읍과 면에서 수행하는 업무의 관련 규정은 읍·면규칙이나 처무규정 등이다.[40]

현재 확인할 수 있는 규정은 1936년 10월 24일에 제정한 경북 읍·면 처무규정(경상북도, 1942, 『읍·면행정예규』 수록)이다. 1940년 11월 27일에

---

39 이병례, 2005, 「일제하 전시체제기 경성부의 노동력 동원구조」, 『사림』 24, 성균관대 수선사학회, 51쪽.

40 이 규정은 지방별 행정예규집에 수록하므로 구체적인 읍과 면의 행정업무 내용 및 변천 과정은 행정예규집을 통해 알 수 있다. 예규란 '상급행정청이 하급행정청에 대해 그 감독권의 발동으로 발하는 행정규칙의 한 형식'이다. 예규는 법규의 집행적 성질을 가지는 것과 실질적으로 법규의 보충적 성질을 가지는 것이 있는데, 행정조직 내부 또는 기타 특별권력 관계의 내부에서만 효력을 갖는다.

개정한 읍·면처무규정에 따르면, 읍면에는 4개(서무계, 호적계, 권업계, 재무계)의 계를 설치하고, 읍면장의 재량에 따라 추가로 설치하도록 했다. 경북 읍·면처무규정을 통해 관내 읍면의 계별 업무분장을 살펴보자.

〈표 1-5〉 경북 관내 읍면 계별 업무분장

경북 읍·면처무규정(1940년)		경북 읍·면처무규정(1944년)	
계(係)	업무분장	계(係)	업무분장
서무계	1. 전례의식 2. 인사 **3. 문서의 수수 발송** 4. 문서 및 부책(簿冊)의 보관 5. 선거 및 의사(議事) 6. 예산 7. 위생 8. 경비 9. 토목 10. 사사(社寺), 종교, 향사 **11. 국민총력운동 12. 국민총력읍면연맹** 13. 지방개량 및 사회사업 14. 소액생업자금 대부 15. 통계 16. 소중(所中) 취체(단속) 17. 다른 주관에 속하지 않는 사항	내무계	1. 신사신사(神社神祠) 2. 인사 3. 전례의식 4. 공인관수(公印官守) **5. 문서의 수수 발송** 6. 문서 및 부책(簿冊)의 보관 7. 선거 및 의사(議事) 8. 예산 9. 통계 10. 국도읍면세 학교비 부과 징수 11. 사용료 수수료 기타 세외 수입 12. 공사청부물건 매매임차노력공급계약 13. 금전물품출납보관회계 14. 결산 15. 재산관리처분 16. 소중(所中) 단속 17. 사사(社寺), 종교, 향사 **18. 국민총력운동 19. 국민총력읍면연맹** 20. 지방개량 및 사회사업 21. 국민저축 22. 광공업 23. 물가물자수급조정 24. 기업정비기업허가 25. 자원조사자원회수 26. 임업 27. 토목 **28. 노무 조정** 29. 기타 다른 주관에 속하지 않는 사항
호적계	**1. 호적 2. 거주 3. 제 증명 및 인감** 4. 매화장인가 5. 범죄자 및 파산자	호적병사계	**1. 호적 2. 기류 3. 제 증명 및 인감** 4. 매화장인가 5. 위생 6. 범죄자 및 파산자 7. 병사(兵事) 8. 군사부조 파산자 9. 경방(警防) 10. 청년훈련 11. 청년특별연성소 **12. 여자청년대연성소**
권업계	1. 보통농사 2. 임업 3. 잠업 4. 면작 5. 제지 6. 축산 7. 상공업 8. 수산 9. 시장 10. 기타 산업 11. 농촌지도 12. 농량인(農糧籾) 대부	농산계	1. 농업상업수산업 기타 산업 2. 식량 관리 3. 토지개량 4. 농촌지도 및 중견 인물 양성 5. 자작농 창설 및 유지 6. 소작 **7. 만주 개척민** 8. 도량형 9. 기상
재무계	1. 국세, 도세, 읍면세, 학교비 부과금의 부과(賦課)징수 2. 사용료, 수수료 기타 세 재외 수입 3. 공사청부물건의 매매 대차 및 노력(勞力) 공급, 기타 계약 4. 금전 및 물품의 출납 보관 기타 회계 5. 결산 6. 재산관리 및 처분		

출처: 경상북도, 1942, 『邑面行政例規』; 『慶尙北道報』, 1944.4.21(樋口雄一, 2013, 「戰時末期朝鮮邑面の機能と朝鮮人民衆との乖離について」, 『地域社會から見る帝 國日本と植民地』, 思文閣出版, 791~792쪽 재인용)

비고: * 굵은 표시: 노무동원 관련 업무

* 밑줄 굵은 표시: 신설한 노무동원 관련 업무

〈표 1-5〉에 따르면, 1940년 경북 관내 읍·면의 노무동원 관련 업무 부서는 서무계(국민총력운동)와 호적계(호적·거주·증명 발급)이다. 1944년에는 노무동원 관련 업무 부서가 3개이고, '노무 조정(내무계)'과 '만주개척민(농산계)', '여자청년대연성소(호적병사계)' 업무를 추가했다.

한인의 한반도 외 노무동원은 1939년부터 실시되었다. 그러나 〈표 1-5〉에서는 조선총독부 행정조직의 사무분장(〈표 1-4〉)에 있던 '노무 수급'이나 '노무자 송출', '국민징용' 등은 찾아볼 수 없다. 도사무규정에서도 마찬가지다. 이는 조선총독부가 읍·면사무를 검열하기 위한 「읍·면사무지도감독규정」(1944년 9월 22일 자 경기도보에 실린 경기도 훈령 제59호에 수록)에서 찾을 수 있다. 이 규정은 군수가 연 1회 이상 검열한 결과를 매년 4월 말까지 도지사에게 보고하도록 규정했다. 검열대상 12개 항 가운데 노무동원 관련 사항은 '노무동원에 관한 사항(제4항)'이다. 구체적으로 '노무동원계획 수립 및 실시상황'과 '노무동원에 대한 민중 지도·계몽 상황', '출두자 및 유가족 원호 상황' 등 3개 내용을 담고 있다.[41]

「경기도 읍·면사무지도감독규정」을 보면, 1944년 9월에 경기도 관내 읍면은 국민징용 업무를 시행하고 있었다. 1944년의 노무동원 경로

41 樋口雄一, 2013, 「戰時末期朝鮮邑面の機能と朝鮮人民衆との乖離について」, 『地域社會から見る帝 國日本と植民地』, 思文閣出版, 795~796쪽.

는 국민징용이 중심이었다. 「경기도 읍·면사무지도감독규정」에 나오는 '원호'는 「국민징용령」과 「국민징용부조규칙」에 근거한 징용 원호를 의미하므로 여기에서 언급한 노무동원은 국민징용을 의미하기 때문이다.[42] 그런데 「경북 읍·면처무규정」에서는 국민징용 업무를 찾아볼 수 없다. 이유는 읍면의 사무 수행 실태에서 찾을 수 있다.

조선총독부는 1930년 12월 읍·면제와 읍면제시행규칙을 발포하고, 이듬해 3월부터 시행했다. 이로써 읍·면은 읍·면규칙을 자체적으로 제정·시행할 수 있게 되었고, 법령의 범위 내에서 공공사무 및 법령에 따라 조선총독부가 읍·면에 위임한 '위임사무'와 읍·면이 자체적으로 수행하는 '고유사무'를 수행했다. 위임사무란 인력 동원과 물자 동원 등 '시국 사무'였으므로 노무동원 관련 업무도 위임사무에 포함되었다.[43]

충북 단양군 영춘면에 거주하던 우창한은 '넷째 형이 일제 말기에 권업계장으로 각종 배급물품 취급, 징용 전담, 기피자 색출 등 전쟁수행업무를 수행해서 해방과 동시에 군중의 습격을 받았다'고 회상했다. 당시 영춘면에서는 권업계가 '각종 물자보급, 징용 영장 등 중요한 업무를 담당하는 권위 있는 부서'로서 '징용 영장도 군수 명의로 인원이 통보되면 면사무소 권업계 주임이 발행'했다.[44] 이같이 노무동원 관련 업무는 읍·면처무규칙에 없다 해도 각 읍·면이 제정한 읍·면규칙에 따라 이루어지고 있었다.

---

42 징용원호에 대해서는 정혜경, 2011, 「노무원호제도와 조선인 노무동원」, 『일본 제국과 조선인 노무자 공출』 참조.

43 한긍희, 2000, 「일제하 전시체제기 지방행정 강화 정책」, 『국사관논총』88, 국사편찬위원회, 214~215쪽.

44 우창한·김인호, 2006, 『역사의 경계를 넘는 격정의 기억』, 국학자료원, 49, 93쪽.

경성부의 경우는 어떠했을까. 노무동원 관련 업무는 정회가 담당했다. 경성부는 1916년 정·동총대(町·洞 總代)를 마련했다. 일본인 거주 지역인 정(町)과 한인 거주 지역인 동(洞)에 각각 주민 대표를 두어 행정을 보조하고 동리 고유의 사무도 담당도록 한 제도였다. 경성부의 하부 행정단위였던 정·동총대는 일제 말기에 정회제도가 되었다. 경성부는 그간 정과 동을 통해 민족별로 거주자를 구분했다. 그러나 1938년에 민족별 구분을 그룹별 구분(출장소와 경찰관 구별)으로 바꾸었고, 1943년 구제를 통해 정과 동의 민족별 구분을 무의미하게 만들었다. 그리고 1944년 10월 15일 「조선총독부령」으로 「정회에 관한 규정」을 개정해 정회를 공인했다. 정회는 공인을 통해 관치행정체계로 전환한 후 배급·저축·방공 등 전시 생활의 모든 측면을 관장하며 전시행정의 중심적 역할을 담당했다. 이전 시기부터 정회가 담당하던 노무동원 송출을 위한 주민 조사도 계속 담당했다.[45]

〈표 1-6〉 규정에 나타난 지방 행정단위의 노무동원 관련 부서

행정단위별	노무동원 관련 부서
도(道)	지사관방, 내무부, 재무부(산업부), 광공부 및 노무과
부	서무과, 내무과, 재무과
군·도(島)	서무계, 내무계
읍면	권업계, 사회계, 내무계, 호적계(호적병사계)
경성부	총무부(호적과, 사회과), 구역소, 정회

45 서현주, 2002, 「조선말 일제하 서울의 하부 행정제도 연구-町·洞제와 총대를 중심으로」, 서울대학교 국사학과 박사학위논문, 172~177쪽.

강제동원 피해자들은 마을의 '노무가가리(노무계)'가 동원했다고 특정했다. 그러나 이상에서 언급한 지방 행정단위의 노무동원 관련 부서에서 노무계는 찾을 수 없다. 홋카이도[北海道] 스미토모[住友] 고노마이[鴻之舞]광산 자료에서도 충남 예산군 관할 읍·면의 노무송출 업무 담당 부서는 노무계가 아닌 사회계였다.[46]

그렇다면 노무계는 어디에서 찾을 수 있을까. 1944년 전남 해남군 산이면에서 서무계장과 부면장을 역임했던 박호배의 구술에서 실마리를 찾아보자.

> "이것이 가령 해남군으로 배정이 오거든요. '몇백 명 해라' 하면 군에서 산이면 몇, 황산면 몇, 각 배정을 합니다. 군에는 **노무계**가 있어. 면에도 **노무계**가 있어. 그런 그 놈 배정하죠. 그 배정수는 기어이 채워야 써. 기어이 채울랑께."(굵은 표시 - 인용자)[47]

박호배는 군과 면에 모두 노무계가 있다고 했다. 박호배의 구술에 따라 산이면의 조직도를 그려 보면, 계(係)가 두 단계에 걸쳐 나오는 것을 볼 수 있다. 면장, 부면장, 서무계와 산업계 아래에 있는 또 다른 계이다. 박호배는 서무계와 산업계 업무를 크게 3~4개로 나누어 면서기들이 담당했는데, 이것도 계로 불렀다고 했다. 이 '계'는 계장을 필두로 하는 행정조직이 아니라 계 소속 담당 업무를 다시 세분한 직원용 호칭이었던

---

46 守屋敬彦 편, 1991, 『戰時外國人强制連行關係史料集-朝鮮人2, 下』, 明石書店, 1289~1326, 1507~1509쪽.

47 국사편찬위원회, 2006, 『구술사료선집 3 - 지방을 살다』, 255~256쪽.

셈이다. 이 조직도에 의하면, 산이면의 노무가가리는 서무계 산하의 '노무병사계'가 된다.

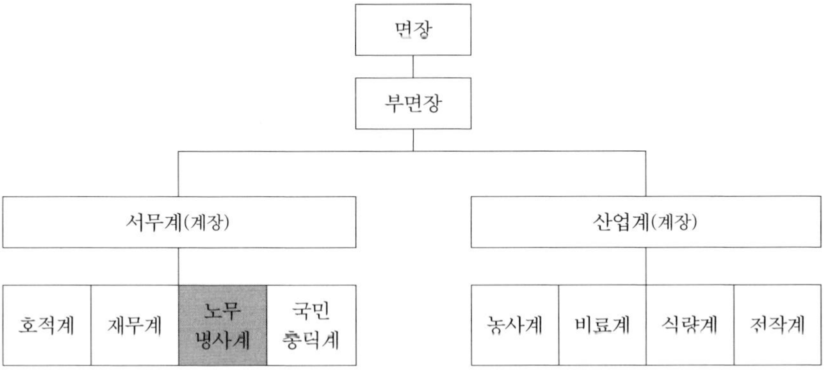

박호배가 구술한 산이면 사례를 모든 읍면에 적용할 수는 없다. 그러나 「경북의 읍·면처무규정」과 박호배·우창한의 구술 내용을 통해 명확히 알 수 있는 것은, 각 읍·면은 실정에 따라 자율적으로 계를 설치하고 융통성 있게 운영했다는 점이다. 강제동원 경험자들이 회상한 '노무계'도 이런 과정을 통해 나타났을 것이다.

3. 기타 기구 및 단체의 노무송출 수행

1) 정부 단위 관련 부서

조선총독부 중앙 행정조직과 지방 행정조직 외에 관련 부서나 단체(행정 보조단체, 관변단체)도 노무동원 관련 업무 보조와 지원 역할을 했다.

〈그림 1-5〉 부산 수미르공원이 된 부관연락선 출발 항구

출처: 정혜경 촬영(2018.10)

〈그림 1-6〉 부관연락선의 종착지인 일본 시모노세키항

출처: 정혜경 촬영(2018.10)

대표 사례는 수송 담당 부서(철도국 영업과와 여수·부산 도항보호사무소, 시모노세키 도항자보호알선소 등)다.

노무자 수송에 필요한 교통수단은 주로 철도(육송)와 선박(해송)이었다. 한인 노무자 송출에 사용한 항구는 1905년 부산-시모노세키 간 정기항로인 부관(釜關)연락선을 취항한 부산항과 1931년 여수-시모노세키 간 여관(麗關)연락선이 취항한 여수항이었다. 일제 말기에는 원산항을 통해 한반도 북부지방에서 일본 니가타[新潟]현과 중서부 사할린으로 노무자들을 수송했다.

철도국 영업과는 육상 수송 업무를, 여수와 부산의 도항(해항)보호사무소는 수송선을 타기 직전에 필요한 행정 업무를 담당했다. 조선총독부는 부산과 여수항구에 행정 담당 부서를 운영했는데, 1937년 12월 15일 개청식을 가진 부산도항보호사무소(조선총독부 내무국 사회과 소속)는 부산수상서장이 겸직했다. 1939년 9월 10일 자 부산도항보호사무소의 업무는 '서무·회계 기타 단속'과 '보고·지도' 등 2개 항이었다. '도항자보호알선시설'이라는 명목의 기구였으나 노무자 수송을 관리하고 통제하는 기능을 담당했음을 알 수 있다.

노무자들이 바다를 건넌 후에 노무자 통제와 관리는 시모노세키 도항자보호알선소의 몫이었다. 시모노세키 도항자보호알선소는 1939년 11월 28일, 일본 정부의 보조금으로 설치하도록 결정한 후 1940년 6월 24일 시모노세키시청 내 사회과 출장소에 설치했다. 한인 왕래 감시, 도망 방지, 전염병 유입 저지 등에 주력했다.

2) 노무동원에 관여했던 다양한 관련 단체

조선국민총력연맹이 조선총독부의 국가총동원체제 운영 전반에 관여했다면, 직업소개소와 조선노무협회는 노무동원에 관여한 대표적 단체다.

직업소개소는 「조선직업소개소령과 시행규칙(1940년 1월 20일 공포)」에 따라 발족했다. 법령에 '노무 수급사업 및 노무자모집 등을 인가하거나 허가제로 하는 외, 이들의 사업 또는 행위를 감독해 노무의 배치를 국가목적에 합치시키는 일'을 담당하도록 규정했다. 조선총독부는 조선총독부 직업소개소 관제(1940.1.24)를 공포하고, 대전·광주·청진·경성·대구·부산·평양·신의주·함흥 등 주요 도시에 국영직업소개소를 설치했다.[48]

직업소개소는 1939년 한반도 외 노무자 송출을 위해 기존 제도를 정비해야 할 필요성을 절감하면서 탄생했다. 기존 제도란 1918년 일본이 경제 호황을 누리던 시절에 한인을 노동자로 데려가기 위해 만든 「노동자모집취제규칙」이다. 이 규칙은 한인 상대의 사기행위 등을 방지하는 목적으로 만들었는데 1939년 한반도 외 지역으로 강제동원을 하려다 보니 맞지 않았다. 일본 당국자의 표현을 빌리자면 "조선 쪽에는 이렇다

---

48 朝鮮總督府, 1941, 『施政三十年史』, 885쪽.

할 노무기관, 노무통계 같은 것이 거의 없었기"에 난감한 상황이었다. 그래서 생각해 낸 것이 국영직업소개소를 통해 노무인력을 조달하는 일본의 직업소개소 제도(1938년 4월 1일 직업소개소법 개정)였다.

조선총독부는 일본 직업소개소 제도를 준용해 국영직업소개소를 설치했으나 실제로는 무용지물이었다. 법만 있었을 뿐 조직을 제대로 갖추지 못했기 때문이다. 한인의 저항과 동원 기피 상황 속에서 총 174명의 전국 국영직업소개소 인력으로 전국 각지에서 대상자를 찾아내고, 인솔·수송하는 일은 불가능했다. 법령에 따르면 부·읍·면에도 직업소개소를 설치할 수 있었으나 설치한 지역은 없었다. 인력을 동원하고 인솔해서 수송하는 일은 부·읍·면 등 지방 행정조직과 관할 경찰서의 몫이 되었다.

이름에 그쳤던 직업소개소와 달리 조선노무협회는 적극적으로 활동했다. 당시 신문은 "노무자들 동원 관리 지도의 총본영"이라 보도했다. 1941년 6월 28일 발족한 조선노무협회는 조선총독부 후생국 노무과가 설립한 행정 보조단체로서 한반도 외 노무동원 송출 업무를 담당했다. 본부 사무실은 조선총독부 후생국 노무과에 두고 국고보조와 도비로 운영했다.

중앙에는 회장(정무총감)과 부회장(내무국장, 경무국장), 상무이사(노무과장, 경무국 보안과장), 이사(위촉직), 참여(임명직)를 두었는데, 건축업자와 조선상공회의소, 기업 대표 등을 제외하면 모두 조선총독부 소속 직원이었다. 전국 13도에 지부를 두고 산하에 분회를 설치했다. 지방조직도 도지사(지부장)를 비롯해 부윤·군수·도사 등 지방 행정조직의 장이 맡았다.[49]

---

49 조선노무협회에 대해서는 안자코 유카 편, 2000, 『朝鮮勞務』 총 4권, 綠陰書房(복각판) 참조.

조선노무협회는 회칙 제3조에 사업을 '노무자의 교양훈련·노동 사정 및 직업문제에 관한 조사연구 및 보급선전·노무 자원의 개척·노무관리의 지도·노무자 및 가족의 보호 지도·관청 및 민간과의 연락·기타 필요한 사항'으로 규정했다. 이에 따라 동원과 수송에서 지방 행정조직을 보조하는 역할은 물론, 전남노무지도원훈련소 개설(광주, 1942.2), 노무관리강습회 개최(경성·평양·함흥, 1942.9), 노무훈련도장 개소(경기도 지부, 1942.10) 등 적극적인 역할도 수행했다.

노무동원에 관여했던 단체의 역할은 크게 노무자 동원과 수송으로 나눌 수 있다. 수송은 노무동원의 최종 단계로 조선총독부·일본 정부·기업의 공통 현안이었다. 1942년 5월 11~12일 4개 통제단체(석탄통제회·광산통제회·철강통제회·토목공업회)는 원활한 계획수송을 위해 시모노세키에서 기획원·상공성·후생성·철도성·내무성·해무원·조선총독부 노무 담당자와 함께 수송협의회를 개최하고, '계획수송'의 방법을 결정했다.[50]

이들이 결정한 수송 방법은 동아여행사를 전문기관으로 지정한 후 조선-일본을 일원화하는 단체 수송을 계획적·조직적으로 실시하는 일관체계였다. 이를 위해 4개 통제단체는 동아여행사와 '이입조선인노무자단체수송취급수속요강'을 체결하고 수송 사무 일체를 일임했다. 동아여행사는 1912년 일본교통안내소라는 이름으로 창립해 1942년 동아여행사와 1944년 동아여행공사를 거쳐 일본 패전 후에는 일본교통공사로

50 4개 통제단체는 조선에도 경성사업소를 설치·운영했다. 김민영, 2003, 「식민지시대 노무동원 노동자의 송출과 철도·연락선」, 『한일민족문제연구』 4, 한일민족문제학회, 57~58쪽. 동아여행사가 담당한 구체적인 수송 과정은 모리야의 연구에 상세히 정리되어 있다. 守屋敬彦, 1995, 「朝鮮人强制連行における募集·官斡旋·徵用方式の一貫性」, 『道都大學紀要』 14.

〈그림 1-7〉 노무자들 동원 관리 지도의 총본영, 조선노무협회

敎養과 訓練을 强化코

勞務者들 動員管理

指導의 總本營 勞務協會結成

출처: 『매일신보』, 1941.6.29.

이름을 바꾼 후 지금까지 운영하고 있다. 일제강점기에는 도쿄에 본사를 두고 용산에 조선내지부(경성부 용산철도국 운수과 사무실)를 설치·운영했다. 동아여행사는 노무동원을 담당하던 조선총독부 후생국 노무과와 논의해 노무자들의 숙박과 도시락, 수송 등을 전담했다. 단체수송신고서를 철도국에 보낸 후 '단체수송계획표'를 작성해 각 사업장이 수송하는 노무자 인원수별로 관리하는 방식이었다.

현재 국가기록원이 소장한 「고 김광열(金光烈) 기록」에는 1943년 12월 후쿠오카[福岡]현 다가와[田川]군에 있는 가와사키[川崎]탄광이 1943년 8월(38명분 영수증, 명부 없음)과 12월(49명분 영수증, 명부 없음), 1944년 1월과 5월, 7월(8명, 이 중 5명은 5월 동원 조선인과 중복)에 충남 홍성군 출신 한인 노무자를 동원하고 가족을 인솔(1944년 1월, 가족 2명)하는 과정에서 생산한 증빙자료가 있다.[51]

1943년에 가와사키 탄광 동원 업무를 담당한 기관은 석탄통제회 노무부 경성사무소였고, 1944년의 조선인 동원 업무를 주관한 기관은 다가와 국민근로동원서(田川國民勤勞動員署)이다. 국민근로동원서는 1938년 일본의 직업소개법 개정에 따라 설치한 국영단체로, 1942년 이후에는 내무성의 위탁을 받아 동원업무를 수행한 전시노무대책의 실시기관이었다. 1941년에는 국민직업지도소로, 1944년에는 국민근로동원서로 각각 불렀다. 일본 패전 후에는 근로서로 이름을 바꾸었다가 1947년에 공공직업안정소가 출범하면서 사라졌다. 일본 각지의 탄광회사는 국민근로동원서에 필요한 노무자 인원을 요청하고 국민근로동원서의 지시에 따라 조선에서 조선인 노무자를 동원했다. 영수증 기재 내용에 따르면, 석탄통제회 노무부 경성사무소는 1943년 8월에 동원한 38명을 '근로보국대'라는 이름으로 동원했다.

총 98매의 영수증 가운데 일부를 통해 홍성을 출발해 시모노세키에 도착할 때까지 3일간의 모습을 살펴보면 다음과 같다.

---

51 국가기록원 소장 가와사키(川崎)탄광주식회사(1)(DTA0015985), 가와사키(川崎)탄광주식회사(2) 관련문서철 (DTA0015987)

- 1943년 12월 19일: 한인 49명과 인솔자(보도원) 2명 등 총 51명이 기차로 충남 홍성역을 출발해서 천안역에 도착. 가와사키 탄광이 보도원 오무라[大村岩夫]를 통해 비용 79원 15전을 동아여행사에 지불→천안역에서 가와사키역까지 노무자 49명과 인솔자 2명의 수송비용 367원 30전(기차, 부관연락선 승선비)을 가와사키 탄광이 보도원 오무라를 통해 동아여행사에 지불→천안 야마시로야 식당에서 50명의 식사. 석탄통제회 노무부 경성사무소가 보도원 오무라를 통해 비용 20원을 식당(야마시로야)에 지불→천안역 출발하여 부산역에 도착
- 12월 20일: 조선인 49명이 부산의 경성여관에 숙박하고, 총 4끼의 식사를 함. 식비는 21일 석탄통제회 노무부 경성사무소가 보도원 오무라를 통해 117원 60전을 지불
- 12월 21일: 시모노세키항에 도착해 숙박하고, 석탄통제회 노무부 경성사무소가 보도원 오무라를 통해 98원을 지불

1943년 12월 19일 충남 홍성을 출발한 한인 49명은 천안역에 도착해 야마시로야 식당에서 식사한 후 부산역에 도착해 경성여관에서 1박을 했으며, 20일 연락선을 타고 부산항을 출발해 21일 시모노세키에 도착했음을 알 수 있다. 이 과정에서 들어간 비용(기찻삯, 식비, 승선비, 여관비)은 가와사키 탄광·석탄통제회 노무부 경성사무소가 동아여행사에 지불했다. 석탄통제회가 동아여행사를 통해 수행한 일관체계였다. 다른 통제단체의 연락 체계도 이와 큰 차이가 없었으므로 철강·토목·광산 등 작업장으로 동원된 한인 노무자도 동일했다.

〈그림 1-8〉 1943년 12월 19일 자 영수증

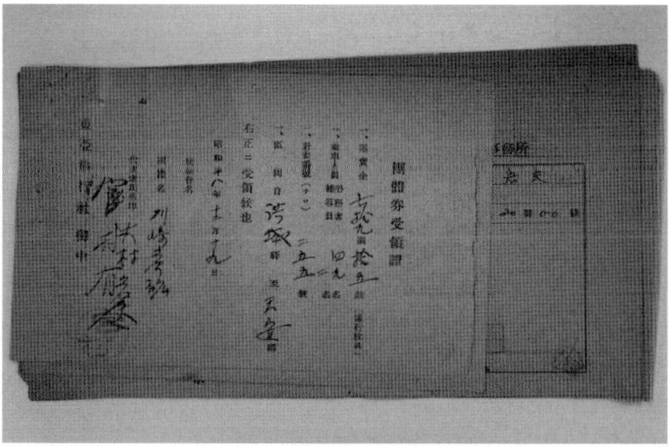
團體券受領證

〈그림 1-9〉 1943년 12월 21일 자 숙박(식비) 영수증

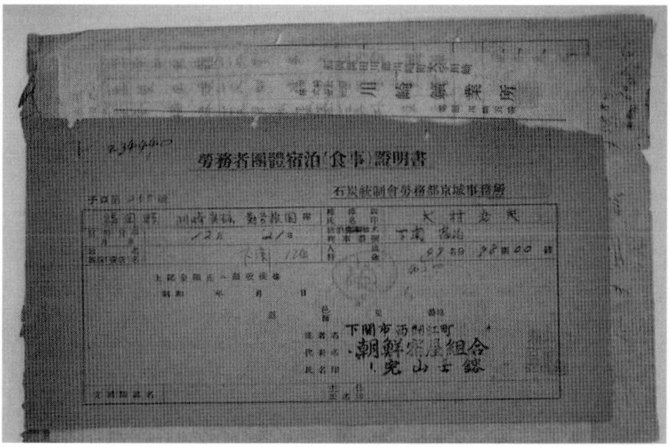
勞務者團體宿泊(食事)證明書

〈그림 1-10〉 동아여행사가 작성한 1943년 8월분 운임전표

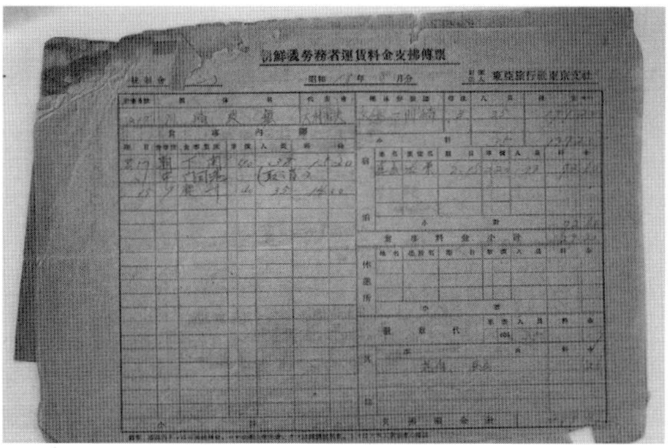

출처: 「고 김광열 기증 자료」, 국가기록원 소장.

4. 각 행정조직의 노무동원 송출 업무

일제강점기 노무자의 한반도 외 송출 과정은 4단계다.

〈표 1-7〉 한반도 외 노무동원 송출 4단계

단계		내용		담당 주체
노동력 조사 및 등록	=	노동력 조사를 하고 직종별로 등록 ※ 그 결과를 매년 노무동원계획에 반영	=	일본 정부, 조선총독부
⇩		⇩		⇩
요청(要請)	=	일본 기업, 사업주와 신청 수를 결정하여 부, 현 장관을 통해 모집 신청→후생성이 사정(査定) 후 인원 조정, 조선총독부에 요청→조선총독부, 일본 후생성과 인원을 조정하고 지역별로 할당	=	일본 기업(사업주), 일본 후생성, 조선총독부, 남양청
⇩		⇩		⇩
동원(動員)	=	조선총독부, 해당 도에 업무 하달→읍과 면의 담당자(면서기,구장,경찰서,주재소,읍면 유력자), 관련 단체(총력연맹, 직업소개소, 조선노무협회, 조선토목건축협회 등) 하달→노무자 선정 업무 수행[각 읍,면]→선정 결과를 조선총독부에 보고→수송 일정에 따라 송출 준비 완료[각 읍,면] ※송출 수속: 호적등본 확인, 공출자명단 작성, 도항증 발급	=	조선총독부(경찰), 지방 행정기관, 국민정신총력연맹, 직업소개소, 조선노무협회, 사업주
⇩		⇩		⇩
수송(輸送)		조선총독부, 수송 업무 지휘: 수송 관련 부서, 조선노무협회가 수송 담당→조선총독부, 수송 완료 직후 해당 지역 관련자(사업주, 부 및 현의 장관, 후생성)에게 통보→현지 도착		조선총독부(경찰), 지방 행정기관, 조선노무협회, 사업주

출처: 허광무 외, 2015, 『일제 강제동원 Q&A①』, 도서출판 선인, 46쪽

이상에서 언급한 모든 노무동원 관련 부서와 단체가 수행한 업무 내용을 노무동원의 4단계 송출 과정과 연결해 정리하면 〈표 1-8〉이 된다.

〈표 1-8〉송출 단계별 노무동원 담당 부서의 역할

업무 내용	업무 주체(담당 부서)	참고
노동력 조사(노무 수급조사) 및 등록(국민등록제)	내무국 사회과 노무계(1939)→노무과(1941)→후생국 노무과(1941)→사정국 노무과(1942)→광공국 노무과(1943)→광공국 근로조정과(1944)→광공국 근로부 조정과→광공국 근로부 근로제1과(1945)	○노무 자원조사 관련 각종 지침에 따라 조사하고, 노무 수급조사 결과를 매년 노무동원계획에 반영 * 노무 수급조사(노동 가능자 조사); 1938년부터 전국 각 리·동에 1명씩 조사원을 두고 일정 면적 미만을 경작하는 소작농과 농업노동자 각 호에 대해 동원 가능자와 희망자를 조사 ○노무 수급조사의 결과를 각 도·부·읍·면에 배포하여 노동력 배급을 조정하도록 조치 * 국민등록제; 1939년 1월 국가총동원법 제21조 규정에 의한 국민직업능력신고령에 따라 6월 1일부터 국민등록제 실시
문서과로부터 인력 요청 관련 문서 접수→해당 도에 하달	내무국 사회과 노무계(1939)→노무과(1941)→후생국 노무과(1941)→사정국 노무과(1942)→광공국 노무과(1943)→광공국 근로동원과, 근로동원본부 총무부 동원반(1944)→광공국 근로부 동원과(~1945.4.16)	
문서 담당 부서로부터 관련 문서 접수→각 읍·면에 하달. 지역별 할당	각 도 내무부, 부의 내무과, 군(도)의 내무계(서무계), 직업소개소(~1943.12)	○모집: 기업 모집원의 지방 활동 ○관 알선: 직업소개소(~1943. 12.)
문서 담당 부서로부터 관련 문서 접수→지역할당에 따른 동원업무 수행(총력연맹, 주재소, 소방서, 직업소개소와 합동)→확보 인원에 대한 상부 보고(군과 부, 도의 순서) 및 행정절차 수행	읍·면 담당 계(서기) 구장(이장, 국민총력연맹 이사장 겸직), 조선노무협회, 직업소개소	○모집: 기업 모집원의 관여 ○관 알선: 조선노무협회, 직업소개소(~1943.12)가 노무자 선정 및 동원에 관여

읍과 면에서 상신한 내용을 취합해 총독부에 보고→수송 일정에 따라 송출	각 도 내무부, 부의 내무과, 군(도)의 내무계(서무계)	○관 알선: 조선노무협회 담당
문서 접수→수송 관련 부서(철도국 영업과, 부산·여수도항보호사무소)에 협조 요청→후생성 및 일본 관련 부서에 보고(통보)	내무국 사회과 노무계(1939)→노무과(1941)→후생국 노무과(1941)→사정국 노무과(1942)→광공국 노무과(1943)→근로동원본부 총무부 동원반, 광공국 근로동원과(1944)→광공국 근로부 동원과(~1945.4.16)	○관 알선: 조선노무협회 담당
수송 업무 수행→총독부에 보고	내무국 사회과 노무계(1939)→노무과(1941)→후생국 노무과(1941)→사정국 노무과(1942)→광공국 노무과(1943)→근로동원본부 총무부 동원반, 광공국 근로동원과(1944)→광공국 근로부 동원과(~1945. 4. 16.), 철도국 영업과, 부산·여수도항보호사무소, 관련 여행사	○모집: 지역 단위의 집결 장소(읍·면)에서 일본인 인도자가 인계. 승선항(부산·여수·원산)까지 지역 부·군·도·읍·면청 관계자 및 경찰관이 동행 ○관 알선: 부군도(府郡島)까지 조선 측(군청의 담당자)이 인솔, 이후는 기업 '연송인(連送人)'이 담당. 조선노무협회, 통제단체 및 동아여행사 개입 * 동아여행사: 노무 담당 부서와 단체수송신고서(단체명, 출발일, 발착역, 인원, 숙박, 식사 등 기재)를 작성해 철도국에 송달→단체수송계획표를 작성해 각 회사 노무보도원에 송부→출발 당일까지 인솔자와 연락을 취하고 사업장·인솔자명 기입한 단체승차권(목적지까지 사용 가능) 발행 ○국민징용: 항구까지 조선 측(군청 담당자)이 인솔, 이후는 기업 '연송인'이 담당
현지 도착	시모노세키 도항자보호알선소(일본)	○목적지 상륙 후 각 기업의 직원이 동행. 작업장까지 경찰·열차 차장·관계기관 임원이 동행

이처럼 노무동원의 인력 송출 과정은 중앙 행정조직과 지방 행정조직, 행정 보조단체, 관련 단체, 여행사 등의 유기적인 관련성 속에서 이루어졌다.

제2장
노무동원의 경로: 모집, 국민징용, 관 알선

제1절 모집에 의한 노무동원

전시기 조선인 강제동원의 큰 축을 이루고 있는 것은 노무동원이다. 1937년에 발발한 중일전쟁이 장기화의 조짐으로 돌아섰고, 1941년 12월에는 진주만 기습공격으로 전역이 태평양 지역으로까지 확대되자 군 인력에 대한 수요가 증가하였다. 그로 인해 군수공장에서 가용할 노동력의 부족은 피할 도리가 없었다. 그리하여 식민지 조선의 노동력이 군으로 차출된 일본인 노동자를 대체하는 형태로 투입되었다. 한국 정부의 조사보고에 따르면 아시아·태평양전쟁 시기에 동원된 조선인 노무자는 연인원 약 750여만 명으로, 이 중 한반도 내 동원자는 연인원 650여만 명에 육박한다. 대개 노무동원이라고 하면 일본 혹은 남양군도, 사할린 등 한반도 외 지역을 쉽게 상상하는데, 노무동원은 한반도 외 지역에 국한된 것이 아니다. 오히려 그 수에 있어서는 한반도 내 동원이 압도적으로 많았다. 한반도 외 지역으로는 100여만 명이 동원되었으며, 그중 압도적 다수가 일본에 집중되었다. 그 내용을 정리한 것이 아래 〈표 2-1〉이다.

〈표 2-1〉 노무동원의 규모

국민징용			할당모집, 관 알선					총계
일본	한반도	남방	일본	한반도	남사할린	남양군도	만주	7,534,429
222,082	303,824	135	798,043	6,184,643	16,113	5,931	3,658	

출처: 대일항쟁기 강제동원 피해조사 및 국외 강제동원 희생자 등 지원위원회, 2016, 『위원회 활동결과보고서』, 128쪽.

조선인 노무동원은 일본 정부와 조선총독부 간 긴밀한 협의하에 계획적으로 진행되었는데 〈표 2-1〉에서 보는 바와 같이 모집, 관 알선, 징용 등 세 가지 방식이 사용되었다. 이하 이 장에서는 노무동원의 세 가지 경로를 각각 검토하여 계획적·조직적·집단적·정책적·폭력적인 조선인 강제동원의 실태를 소개하고자 한다. 동시에 조선인 노무동원의 경로를 둘러싼 학계의 일반적인 인식을 소개한 후 실태를 중심으로 오해와 진실을 풀어 보고자 한다. 이때 독자의 이해를 돕기 위해, 특히 한·일 간의 문제가 된 한반도에서 일본으로 동원된 노무자 문제를 중심으로 살펴보기로 한다.

1. 노무동원계획의 실시

1939년 7월 4일 일본 정부는 각의 결정으로 「쇼와(昭和)14년도 노무동원실시계획 강령」을 결정하여 조선인 노무자의 '집단이입' 목표를 설정하였다. 1939년도 '집단이입'의 노무동원계획 수는 8만 5,000명이었다. 모집 방식으로 동원이 개시된 것이다. 각의 결정을 구체화하기 위하여 1939년 7월 29일 내무성·후생성 차관 연명의 통첩인 「조선인 노무자 내지 이주에 관한 방침」과 「조선인 노동자 모집 요강」이 각 지방 장관 앞으로 통달되었다. 이어서 같은 해 7월 31일 「조선인 노동자 내지 이주에 관한 건」이 후생성 직업부장, 사회국장 및 내무성 경보국장 명의로 각 지방 장관에게 통달되었다. 동시에 조선에서는 그해 9월 1일 「조선인 노동자 모집 및 도항 취급 요강」이 조선총독부 정무총감으로부터 각 도지사에게, 그리고 총독부 경무국장으로부터 각 도 경찰부장에게 하달되었다.

〈표 2-2〉에서 보는 바와 같이 1939년도 노무동원계획에 의한 8만 5,000명 중 실제 '집단이입' 조선인 수는 5만 3,120명이었다. 당초 목표

한 인원수의 62.5%만 충족할 수 있었다. 이듬해인 1940년에는 목표 9만 7,300명에 대해 5만 9,398명 동원으로 61.0% 충족률을 기록하였다. 충족률은 그 후 1941년도에 67.1%를 기록하다가 1942년도에 접어들면서 92.2%로 최고치를 기록하며 목표한 동원계획 수에 육박하였다. 이 시기는 제3절에서 검토하는 바와 같이 조선총독부 주도의 관 알선에 의한 노무동원이 개시된 시기로, 조선총독부의 '강력한 지도'가 충족률을 순식간에 끌어올리는 데 기여한 것으로 판단된다.

〈표 2-2〉 노무동원계획에 의한 연도별 '집단이입' 조선인 수와 실적

	동원지		계획(명)	실제 이입(명)
1939	합계		**85,000**	**53,120**
		일본 본토	-	49,819
		화태	-	3,301
		남양군도	-	-
1940	합계		**97,300**	**59,398**
		일본 본토	88,800	55,979
		화태	8,500	2,605
		남양군도	-	814
1941	합계		**100,000**	**67,098**
		일본 본토	81,000	63,866
		화태	1,200	1,451
		남양군도	17,800	1,781
1942	합계		**130,000**	**119,851**
		일본 본토	120,000	111,823
		화태	6,500	5,945
		남양군도	3,500	2,083

1943	합계		**155,000**	**128,350**
		일본 본토	150,000	124,286
		화태	3,300	2,811
		남양군도	1,700	1,253
1944	합계		**290,000**	**228,320**
		일본 본토	290,000	228,320
		화태	-	-
		남양군도	-	-
1945		-	-	-
합계			857,300	656,137

출처: 金英達, 2003,『朝鮮人強制連行の研究』, 明石書店, 34쪽에서 인용.
비고: *원전은 朝鮮総督府財務局,「第86回帝国議会説明資料」1944.12.
**군무원은 포함되지 않음.

한편,「조선인 노동자 내지 이주에 관한 건」에서는 조선인을 모집할 수 있는 분야를 '시국산업' 중 광업과 토목건설업에 한정하고, 그 외 '시국산업'에서 "모집 고용의 신청이 있을 때는 그것이 불가피한 경우를 제외하고 이를 삼가게" 하고 모집을 허용하더라도 최소한도로 한정하였다. 조선인의 대량 유입에 따른 각종 분쟁과 사회문제 등을 염려한 것으로 보인다. 실제「조선인 노동자 모집 요강」을 보면 제출된 신청서에 대해 "청(廳)·부·현에 있어서 학무부에서는 노무 수급 조정 및 협화사업의 견지에서, 경찰부에서는 보안의 견지에서 각각 심사"하도록 하고 있었다.

조선총독부는 1939년 9월부터 홋카이도[北海道], 지쿠호[筑豊], 사가[佐賀], 조반[常磐] 지역 탄광에 대해 조선인 노무자 모집을 허가하였다. 이에 따라 11개 탄광회사가 총 2,002명의 조선인 노무자를 모집하여 일본으로 향했다.

2. '집단이입'의 내용과 의미

모집에는 지원, 연고, 청부, 직접 모집 등 네 종류가 있었다.[1] 그런데 노무동원계획에 따른 모집 방식의 동원은 일본 기업이 파견한 모집 담당자가 조선총독부가 할당한 지역에 가서 인솔하는 방식이다. 따라서 할당모집이라고 한다. 할당모집에 의한 조선인 노무동원은 '집단이입'이라는 표현으로 함축되었다. 다시 말해서 본인 희망이나 연고자 경유, 혹은 직업소개소 소개 등을 통해 개별적으로 모집한 것이 아니라 지역적으로 할당받아 집중적으로 동원하였다는 사실을 적시하고 있다. 할당모집 및 송출 방법은 다음과 같았다.

> 사업장에서 신청자 수 결정→부·현 장관에게 모집 신청→후생성 심사→총독부가 모집할 지역을 할당→후생성→부·현 장관→사업장 허가서를 수령→모집원을 조선에 파견→총독부→지정 도청→지정 군청→지정 면사무소→면 사무당국, 구장, 경찰서 또는 주재소, 면 유력자의 협력하에 모집[2]

위에서 보듯이 일본 정부와 조선총독부의 관리와 통제하에 모집이 가능했다. 1918년 1월 부령 제6호의 「노동자모집취체규칙(労働者募集取締規則)」에 따라 조선에서는 사전에 총독 또는 도지사의 허가가 있어야

---

1 前田一, 1943,『特殊労働者の労務管理』, 山海堂出版部.

2 労働科学研究所, 1943,『炭鉱における半島人労務者』.(朴慶植,『朝鮮人関係資料集成』, 第5巻, 1976), 761쪽.

만 모집이 가능했던 것이다.[3] 그렇다고 하여 조선 내 모든 지역에 대해 총독부의 허가가 있었던 것은 아니며, "한해지(旱害地: 경기, 충청 남·북, 전라 남·북, 경상 남·북) 이재민을 우선 모집"하도록 했다.

모집한 노무자를 이동시키기 위해서는 관할 경찰서의 확인과 허가가 필요했다. 먼저 모집지 관할 경찰서에 "응모자 명부 및 응모자 수송 방법"을 기재한 신고서 2통을 제출하여 응모자와 당초 모집 신청상 문제가 없는지 확인하고 명부와 신고서 각 1통을 승선지 관할 경찰서에 송부했다. 그 후 집단 송출 3일 전까지 "수송 방법 및 승선지명, 승선 인원, 출발기일·시간 등을 예정하여 응모자 명단 2통 및 모집허가서를 첨부하여" 승선지 관할 경찰서에 신고하였다.

모집한 조선인의 거주지부터 최종 사업장에 도착하기까지 소요된 도항 비용은 모두 고용주가 부담하는 것으로 하였다. 고용주는 하선장 관할 경찰서와 직업소개소, 협화사업단체 등에 각각 조선인 명부를 제출하도록 하였다. 또한 매월 말 현재를 기준으로 조선인 노무자의 노동 상황, 임금 상황, 생활 상황 등을 지방 장관에게 보고하도록 하였다. 조선인 모집에 관련한 모집 요강을 준수하지 않은 경우, 해당 고용주에게는 신규 모집을 허용하지 않도록 하고 있었다.

모집에 응한 노무자에 대해 신체검사를 실시할 경우에는 경찰관의 입회하에 실시하도록 하여 모집에서 이동에 이르기까지 경찰의 관리하에 실시하도록 규정하고 있었다.

조선인을 모집할 수 있는 분야는 '시국산업(노무동원실시계획에 의한 산

---

3 外村 大, 「朝鮮人労働者内地移住問題」, 『高等外事月報』, [http://www.sumquick.com/tonomura/]에 의함.

업)'으로 제한하였는데, 그것은 주로 탄광·광산, 토목공사장으로 노무자가 업종을 선택할 자유가 없었다.[4] 다시 말해서 국가가 중요시하는 특정 산업 분야에 조선인을 강제적으로 배치한 것이었다.[5]

〈표 2-3〉 '집단이입' 조선인 노무자의 산업별 내역

		이입자 수	도주자 수	사망자 수
총계		113,061	58,471	711
내역	석탄산	105,784	54,244	688
	공장	3,477	1,681	8
	토건	3,630	2,389	14
	금속산	170	157	1

출처: 横川輝雄, 2006,『日本国福岡県地域への朝鮮人強制動員に関する基礎調査』에 의함.

〈표 2-3〉은 후쿠오카현 1944년 1월 말 현재 '집단이입' 조선인 노무자의 산업별 배치현황을 정리한 것인데, 전체 동원자 중 '석탄산'이 93.6%로 가장 높다. 여기에 금속광산과 토건을 합하면 96.9%에 육박한다. 대부분이 탄광·광산 등 일부 산업에 집중적으로 투입되고 있었음이 확인된다. 이와 같이 당시 조선에서의 모집은 일본 정부와 조선총독부 그리고 경찰이 조직적·유기적으로 움직이는 시스템 속에서 실시된 것으로, 노무자의 자유의사에 의한 응모와 채용이라는 형태가 아니었다.

그런데 모집이 가능했던 '시국산업'의 탄광, 광산은 조선인이 기피하

4 정혜경, 2006,『조선인 강제연행 강제노동 1: 일본편』, 도서출판 선인, 104쪽.

5 山田昭次·古庄正·樋口雄一, 2005,『朝鮮人戦時労働動員』, 岩波書店, 85쪽.

는 직종인 까닭에 인원 모집이 쉽지 않았다.

탄광에서 모집하러 가서, 면사무소와 경찰에게 '탄광 직원이' 가는 것을 보고서 모집이 온 걸 알게 되면 부락의 남자들이 사라지고 없습니다. 가족들은 우리 집 아들이 어딘가에 도망갔다고 시내 주재소에 보고하러 갑니다. 참으로 난감했습니다.[6]

전시 중 석탄은 모두 조선인이 캤어요. 조선인이 없었다면 아마 할 수 없었을 겁니다. 그래서 절대적으로 필요했던 것입니다. 그런데 이것도 뜻이 있어서 가는 사람은 한 명도 없습니다. 일본에 가면 어찌 될지 모른다며 결국 가기 싫어해서… 그래서 트럭을 몰고 가서 마을에서 강제로 끌고 온 것입니다.[7]

모집이 어려웠기에 관 알선으로 바꾼 경우도 있었다.

처음에는 각 공장 담당자가 (조선인 노무자를 - 인용자) 모았습니다만, 그게 잘되지 않아서 관 알선으로 바꿨습니다. 그런데 관 알선이 되면 석탄산에서 일하려는 사람이 거의 없습니다. 그래서 애국심에 호소하기 위해 행정상 조치를 강구했습니다만, 현장에서는 머릿수만 채우면 된다며 적당치 않은 사람도 포함하는 폐단이 많아졌습니다. 이래서는 안 되겠다. 역시 스스로 나서서 정말로 일하려는 자를 모아

6 北海道立労働科学研究所, 1958,『石炭鉱業の鉱員充足事情の変遷』.

7 조선총독부 재무국장 미즈타[水田直昌]의 증언, 1954.3.6,『終戦前後の朝鮮経済事情』.

야겠다. 그런데 모집절차가 까다롭고, 이 절차를 멈춰 줬으면 했는데 모집절차는 필요 없지만 마음대로 모집을 허락하지 않겠다. 그래서 관 알선이란 형태로 특별알선제도라는 것을 만들어서 올해 봄부터 실시하고 있습니다.[8]

조선의 직업소개소는 각 도에 하나 정도밖에 없고, 조직도, 진용도 극히 빈약합니다. 그래서 일반 행정기관인 부·군·도(島)가 제일선 기관으로 해 왔습니다만, 그 역할을 생각대로 하지 못해 하는 수 없이 반강제적으로 하고 있습니다. 그 까닭에 수송 도중 도망가기도 하고, 우여곡절 끝에 산(탄광, 광산)에 데리고 가도 도주하기도 하고 혹은 분쟁을 일으키는 등의 사례가 너무 많아 애를 먹고 있습니다. 그렇다고 해서 징용을 당장 실시할 수 없는 사정도 있어서 반강제적인 공출은 금후에도 더욱 강화해 가지 않으면 안 되리라 생각합니다.[9]

징용은 별개로 치더라도 기타 어떠한 방법에 의하더라도 출동은 완전히 납치와 같은 상태다. 만일 사전에 이를 알리면 모두 도망치기 때문이다. 그리하여 야습(夜襲), 유혹, 기타 각종 방책 등을 강구하여 약탈, 납치하는 사례가 많아지고 있다.[10]

미쓰이 아시베쓰 탄광에 최근 이입한 조선인 노무자는 거의 노인

8 조선총독부 노무과 다하라[田原 實] 사무관, 1943.12.1, 「座談会 朝鮮労務の決戦寄与力」, 『大陸東洋経済』. 도노무라 홈페이지에서 재인용.

9 조선총독부 노무과 다하라 사무관, 1943.12.1, 앞의 책, 도노무라 홈페이지에서 재인용.

10 小暮泰用, 1944.7.31, 「内務省管理局長宛復命書」.

(50~60세)이나 연소자(15~16세)로 중노동을 당해 내지 못하는 자가 많은데, 이들 말을 종합해 보면 농경에 종사하던 중 강제적으로 끌려온 것이라는 뜻을 전달[11]

그렇다 보니 영문도 모른 채 일본으로 '모집당해' 오는 경우가 많아졌다. 당시를 기억하고 있는 강제동원 피해자들은 모집에 응해서 일본으로 건너갔다는 말보다는 "모집당해서" 또는 "모집에 걸려서" 하는 수 없이 출두명령에 따랐다고 한다. 그렇기에 자신이 응모한 기업이 무엇을 하는 곳인지, 자신의 역할이 무엇인지 모르는 경우가 많았다.

"그래서 별안간 면으로 오라고 해서 갔더니 그 면가가리(면 담당자)가 박구○이라는 사람이 있어요. 그 양반이 지금은 돌아갔지만, 박구○ 씨가 담당이에요. 그 사람은 우리 면담당이지요. 그래가지고 그때 가서 거기서 일본에서 온 사람이 50명을 모두 소집했어요. … 〈중략〉 … 그땐 뭐 가라면, 무조건 가라면 갔지, 안 가지는 못했죠. 왜놈 시대니까. 그러니까 일본 어디로 가는지도 모르고, 그냥 일본 간다고 해서 갔어요."[12]

강원도 춘천 출신의 박태준은 면에서 공출한 50명의 명단에 들어 영문도 모른 채 니가타현[新潟縣]으로 보내졌다. 전쟁 중의 엄중한 시기인

---

11 「内地北部方面に於ける朝鮮人労務者の動向並労務管理の欠陥状況」, 『朝鮮検察要報』 제9호, 1944.11, 도노무라 홈페이지에서 재인용.

12 국무총리 소속 일제강점하강제동원피해진상규명위원회, 2005, 『구술기록집1-당꼬라고요?』, 310쪽, 박태준 구술.

지라 면의 출두명령에 따라야만 했다. 도착해 보니 철광산이었다. 부도(葡萄)광산이라고 거기서 알았는데 광산명을 지금도 기억한다. 이러한 상황은 당시 실태 보고서에도 기록되어 있다.

> B탄광의 노무과 조사에 의하면 취업처 및 탄광에 대해 완전히 이해하고 도항한 자는 약 10% 정도이고, 50% 이상이 행선지는 물론 근무처와 업무에 대해 알지 못하고 왔다고 한다.[13]

> "조선인 노무자는 남선(南鮮)밖에 없습니다. 북선(北鮮)은 공업지대라서 거의 없습니다. 남선에서는 각 도 도청으로 죠반탄광에서 몇 명 필요하니 보내 달라며 찾아 갑니다. 그러면 도청에서는 어느 군에 노는 사람이 제일 많은지 알고 있으니까 군으로 갑니다. 군에서는 또 촌(면을 말합니다)으로 각각 너희 마을에서 몇 명 하는 식으로 명령합니다. 그러면 면장이 대개 일본인입니다만, 면장이 책임을 지고 강제로 몇 날 며칠까지 그 인원을 모아놓습니다. 그 집 장남이건 뭐건 상관없이. 그래서 이쪽에서 모집인이 인제 모집서류를 갖고 가면 절대적입니다. 모집계는 이걸 인솔만 하면 됩니다. 근데 도중에 기차에서 뛰어내리는 자가 많아서 영. 아무튼 그런 식으로 모집하는 것입니다."[14]

---

13 労働科学研究所, 1943, 『炭鉱における半島人労務者』(朴慶植, 1976, 『朝鮮人関係資料集成』 第5巻, 三一書房), 761쪽.

14 朴慶植, 1965, 『朝鮮人強制連行の記録』, 未来社, 69~70쪽. 원전은 日本炭鉱労働組合運動史編纂委員会, 1958, 「戦前から昭和二四年までの常磐地方並びに全国的な炭鉱労働運動」.

당국도 탄광·광산이 종래와 같은 작업이나 노무관리 방식으로는 "사람이 모이지 않는다"며 노동시장에서 "노동력흡입경쟁에서 패퇴"한 것이라고 보았다. 그러니 "여기서 일할 의지가 없는 자(즉, 그저 도항 목적으로 온 자)가 60%리 상당히 강제적으로 취급하고 있는데, 어쩔 수 없다고 하지만 대승적으로 독려할 필요가 있다"는 상황이 연출되는 것이었다.

모집이라고 하여 고용주와 노동자가 자유롭게 의사를 교환하며 결정한 것처럼 보이지만 실상은 조선총독부가 지정한 지역에서 말단 면장이나 구장이 관할 경찰의 협조로 인원을 할당하고 있었던 것이다. 더욱이 할당 지역의 인원 선발부터 승선지 출발에 이르는 전 과정에 경찰이 직접 입회 혹은 관여하고 있었음에 주목할 필요가 있다. 조선인은 나중에 보는 바와 같이 경찰의 관리·단속 대상이었다.

모집에 의한 노무동원이 노동력 수급의 유효한 대책으로 정착하기 위해서는 더욱 확실한 도항 규제가 필요하였다. 한반도와 일본 본토를 자유롭게 오갈 수 있게 되면 '집단이입'의 노무동원에 차질을 가져오기 때문이다. 따라서 일반 조선인의 일본 도항은 '노무통제의 강화와 조선인 보호의 견지'에서 여전히 억제 방침을 견지하고, 가능한 한 "노무동원계획에 의한 노무통제하에서 행하도록 지도"하였다. 그런데도 '어쩔 수 없는 사정'으로 도항을 허락하는 경우에는 '어쩔 수 없는 사정'을 "종래보다 엄중하게 해석"할 것을 주문했다.[15]

조선인 선정과 이동 교통편, 숙박과 식사 등 모든 비용은 일단 기업이 부담했다. 그러나 이 비용은 고스란히 조선인 노무자가 스스로 변제

15 内務省警保局, 1942, 『社会運動の状況』(朴慶植, 1976, 『在日朝鮮人関係資料集成』 第4卷, 三一書房), 792쪽.

해야 할 비용으로 일종의 선대금이었다. 따라서 일본에 도착하는 순간, 이미 기업에 빚을 지고 있는 채무자 입장이었다고 볼 수 있다. 이 비용은 매달 노무자의 수입에서 공제되는데, 가령 홋카이도 탄광에 동원된 조선인 노무자의 급여명세서를 보면 공제란에 '모집 대부금품대(貸付金品代)'라는 것이 있었다. 모집에 소요한 금품대금을 공제한다는 뜻이다.[16] 참고로 소득에서 공제되는 항목은 실로 다양했다. 후생연금, 건강보험, 단체생명보험 등 각종 보험료와 산업보국회비, 근로소득세, 주민세 등 세금, 물품 대금, 약값, 기숙사비, 심지어 충령탑 기부금도 있었다. 20여 개가 넘는 공제 항목에서 해당 항목을 매달 공제하면 수입보다 공제가 더 많아 수중에는 남는 게 없는 경우도 있었다. 모집에 응해 소득을 얻은 게 아니라 노동의 대가가 도리어 부채를 떠안는 상황이었음을 보여 준다.

〈그림 2-1〉 탄광 노무자의 급여명세서
(임금에서 각종 공제항목을 제한 결과 수입이 오히려 마이너스였다.)

출처: 국무총리 소속 일제강점하강제동원피해진상규명위원회, 2009, 『사진으로 보는 강제동원 이야기-일본 홋카이도[北海道]편』, 59쪽

---

16 국무총리 소속 일제강점하강제동원피해진상규명위원회, 2009, 『사진으로 보는 강제동원 이야기-일본 홋카이도[北海道]편』, 58~59쪽. 홋카이도 소재 가모이[神威]탄광에 강제동원된 유병렬의 급여명세서 자료.

제2절 「국민징용령」 제정과 적용

1. 「국민징용령」의 내용

「국가총동원법」은 강력한 전시수권법(戰時授權法) 또는 백지위임법이었다. 「국가총동원법」은 제4조~제26조에 이르는 전시 또는 평시 조항에 있어서 제25조의 시험연구명령을 제외하고 전체가 "칙령이 정하는 바에 따른다"고 하여 구체적인 내용을 칙령에 위임한 "포괄적인 위임입법"이었다.[17] 「국민징용령」은 제1조에 "국가총동원법 제4조의 규정에 의거 제국 신민의 징용 및 국가총동원법 제6조의 규정에 의거 피징용자의 사용 또는 임금, 급료, 기타 종업 조건에 관한 명령은 별도로 정하는 것을 제외하고 본령이 정하는 바에 의한다"고 규정하여 「국가총동원법」 제4조에 따라 국민징용을 칙령으로 정한 것임을 밝히고 있다. 「국가총동원법」 제4조에 따르면 "정부는 전시에 있어서 국가총동원상 필요할 때는 칙령이 정하는 바에 따라 제국 신민을 징용하여 총동원 업무에 종사시킬 수 있다. 단 병역법 적용을 방해하지 않는다"고 되어 있다.

「국민징용령」은 1939년 7월 8일 제정(1939년 칙령 제451호)되어 같은 해 7월 15일부터 시행하였으며, 부칙에 따라 조선과 대만은 같은 해 10월 1일부터 시행하였다. 징용에 의한 노무동원은 "특별한 사유가 있는 경우 외에 국민직업지도소의 직업소개, 기타 모집 방법으로 소요 인

---

17 川口學, 2008, 『전시기(戰時期) 「군수회사법」에 의한 노무동원 기초연구』, 국무총리소속일제강점하강제동원피해진상규명위원회 연구용역보고서, 7~8쪽.

원을 얻을 수 없는 경우에 한하여" 시행하도록 제한하고(제2조), 적용대상자를 "국민직업능력신고령에 의한 요(要)신고자에 한해 시행한다. 단, 징용 중 요신고자가 되지 않은 자를 계속 징용할 필요가 있을 경우는 이에 구애되지 않는다"고 규정하였으며(제3조), 징용령 발동과 해제의 권한이 후생성 장관에게 있음을 밝혔다(제5조).[18] 이 외에도 「국가총동원법」 제4조에 따라 총동원 업무에 종사시킬 목적으로 제정한 법령으로는 「선원징용령(1940년 10월 21일, 1940년 칙령 687호)」과 「의료관계자 징용령(1941년 12월 16일 공포·시행, 1941년 칙령 제1131호)」 등이 있다. 전자는 선박 운항에 종사하는 사람을 대상으로 하고, 후자는 의사, 치과의사, 약제사, 간호사 등 의료종사자를 대상으로 한 징용령이다. 인력 동원을 위해 조선에서 시행한 법령을 정리하자면 다음과 같다.

- 국민징용령(제4조 적용)
- 국민근로보국협력령(제5조 적용)
- 학교졸업자사용제한령·종업자고입제한령·공장취업시간제한령·임금통제령·임금임시조치령·청소년고입제한령·종업자이동방지령·노무조정령 시행·공장취업시간제한령 폐지(제6조 적용)
- 학도근로령·여자정신근로령(제5조, 제6조 적용)
- 선원징용령·의료관계자징용령·국민근로동원령(제4조, 제6조 적용)
- 의료관계자직업능력신고령·선원직업능력신고령·수의사직업능력신고령·국민직업능력신고령(제21조 적용)

18 조선에서의 징용령 발동과 해제의 권한은 조선총독에 있다. 朝鮮総力朝鮮聯盟, 1944, 『国民徵用の解説』, 14쪽.

한편, 「국민징용령」에 따른 노무동원은 총동원 업무를 수행하기 위한 것인데, 총동원 업무란 「국가총동원법」 제3조에 의하면 다음과 같은 것이었다.

> ① 총동원 물자의 생산, 수리, 배급, 수출, 수입 또는 보관에 관한 업무
> ② 국가총동원상 필요한 운수 또는 통신에 관한 업무
> ③ 국가총동원상 필요한 금융에 관한 업무
> ④ 국가총동원상 필요한 위생, 가축위생 또는 구호에 관한 업무
> ⑤ 국가총동원상 필요한 교육 훈련에 관한 업무
> ⑥ 국가총동원상 필요한 시험 연구에 관한 업무
> ⑦ 국가총동원상 필요한 정보 또는 계발 선전에 관한 업무
> ⑧ 국가총동원상 필요한 경비에 관한 사항
> ⑨ 전 각 호에 게재한 것을 제외한 것 외에 칙령으로 지정하는 국가총동원상 필요한 업무

「국민징용령」에 의한 징용은 크게 '신규징용'과 '현원징용'으로 나눌 수 있다. 『조선징용문답』을 통해 그 내용을 보면 다음과 같다.

> 신규징용에는 특수한 기능을 가진 자의 징용(특수징용)과 일반인을 대상으로 하는 일반징용이 있다. 일정 연령층의 징용은 바로 일반징용의 방법 가운데 한 가지이다. 현원징용은 신규징용과 달리 '징용으로 사람을 채울 필요가 있는 공장에서 현재 그 공장에서 일하는 사람을 전부 징용해버리는 제도'인데, 현재 종업하고 있는 자 가운데 여자와 기타 일부를 제외하고 공장장 이하 전 종업원을 응징사로서

국가를 위해 충분히 일할 체제를 갖추기 위해 실시했다. 이미 조선에서는 1944년 2월부터 수차례에 걸쳐 노무관리가 비교적 양호한 민간 공장과 광산에 대해 현원징용을 실시해 왔다.[19]

이는 피징용자의 이전 직업 상황을 기준으로 이해할 수 있다. '신규징용'은 피징용자가 기존에 종사하던 업종과 다른 새로운 업종에 동원되는 경우를 말하는 것으로, 가령 농업에 종사하던 사람이 탄광산의 광부로 동원되는 경우가 이에 해당한다. 직업이 없던 사람이 동원되는 경우도 마찬가지다. 반면에 '현원징용'은 현재 근무하고 있는 그 직장에 징용령이 발동되는 것으로 동일 작업장에서 동일 업무를 계속하는 것으로 이해할 수 있다.[20] 단, 국가가 지정한 공장, 회사 등 사업장에서 국가가 지정한 총동원 업무에 종사하도록 명령을 받은 것이므로, 피징용자의 의지로 퇴사하거나 혹은 회사 사정으로 해고할 수 없다. 이를 위반할 경우 「국가총동원법」에 의거하여 법적인 처벌이 가능했다. 「국가총동원법」 제35조에 따르면 "앞의 세 조항의 죄를 범한 자에게는 정상(情狀)에 따라 징용 및 벌금을 병과할 수 있다"고 하고, 제36조에서 "좌측 각 호의 1에 해당하는 자는 1년 이하의 징역 또는 1천 엔 이하의 벌금에 처한다"고 하였다. 각 호라 함은 "제4조의 규정에 의한 징용에 응하지 않거나 또는 동조 규정에 의한 업무에 종사하지 않은 자"와 "제6조 규정에 의한 명령을 위반한 자"를 말한다.

일본에서 징용제도가 확대되기 시작한 것은 1940년 후반의 일로,

---

19 宮孝一 저 · 上田龍男 역, 1944, 『朝鮮徵用問答』, 毎日新報社.

20 外村 大, 2018.11.13, 「軍需会社法等で『徴用とみなす』ことについて」.

1940년 10월의 제1차 개정(칙령 제674호, 10월 16일 공포), 1941년 12월 제2차 개정을 거치면서 대상자가 기능자를 넘어 확대되었다. 1941년 8월에는 민간사업장에도 징용이 적용되었다.[21] 제1차 개정에서는 제3조에 "군사상 필요한 경우에는 전항 규정에도 불구하고 명령이 정하는 바에 따라 요신고자 이외의 자를 징용할 수 있다"는 항목을 추가하여 기능자에 국한하지 않고 널리 대상을 확대할 수 있도록 하였다. 제13조는 "후생대신 전 조 규정에 의한 청구 또는 신청이 있을 경우 필요하다고 인정할 때는 피징용자를 사용하는 관아 또는 관리공장, 피징용자가 종사하는 총동원 업무, 직업 혹은 장소 또는 징용의 기간을 변경할 수 있다"고 규정하여 업무 범위를 확대했다. 1939년에 제정된 징용령이 1940년 후반에 들어서면서 본격화된 배경에는 총동원체제의 운용 전략이 있었다. 징용에 의한 인력 동원을 위해서는 전제조건인 국민등록제도의 완성을 기다려야 했고, 그때까지는 실행 가능한 방식(직업소개, 기타 모집 방법)을 적극 활용하는 것이 효과적이었다. 이는 또한 피동원자로 하여금 강제성을 인지하지 못하게 하면서도 인력 수급 측면에서 효율성이 높았다. 이 점은 「국민징용령」 제2조를 보면 명백한데 당초 인력 동원의 핵심은 "국민직업소개소의 직업소개, 기타 모집 방법에 의해 소요 인원을 충당"하는 것이었다.

전선이 중국에서 태평양 지역으로 확대되자 인력 동원은 1941년 12월에 제2차 개정을 통해 징용대상자와 징용작업장을 확대하는 데 중점을 두었다. 주요 내용으로는 피징용자의 종사 업무를 확대하는 내용과 후생대신이 지정하는 지정공장을 추가하여 민간공장에서도 징용을 실시

21 佐々木啓, 2006, 「徴用制度下の労資関係問題」, 『大原社会問題研究所雑誌』, 568호, 25쪽. 동, 2019, 『「産業戦士」の時代ー戦時期日本の労働力動員と支配秩序』, 大月書店, 제1장.

할 수 있게 한 점(제4조 2항), 피징용자 및 가족에 대한 부조 규정 신설(제19조 제3항, 제4항) 등이다. 이와 같이 제2차 개정을 통해 직업소개소와 기업이 주관해 온 '자유 모집'이라는 노무동원의 틀이 수정되었다. 그리고 국민징용제도에 대한 저항과 기피를 무마시키기 위한 당근책으로 부조 규정을 처음으로 마련하게 되었는데, 그만큼 대가 없는 노동력 제공이 여의치 않은 상황에 있었음을 의미하기도 한다. 또한 그동안 당연시되어 온 병력 동원에 대한 원호제도의 범주가 피징용자에게 확대된 것으로 평가되며, 이로써 국민징용에 대한 정부 책임의 소재가 더욱 명확해졌다고 할 수 있다.

1943년 7월의 제3차 개정은 이전 것과는 다른 「국민징용령」의 전기(轉機)를 가져온 것이었다. 제3차 개정의 특징은 세 가지로 정리할 수 있다.

첫째, "징용은 국가의 요청에 따라 제국 신민으로 하여금 긴요한 총동원 업무에 종사시킬 필요가 있는 경우에 이를 시행하는 것으로 한다"고 하여 국가적 성격이라는 적극적인 의의를 강조했다는 점이다. 그동안 징용은 "직업소개 기타 모집의 방법으로 소요 인원을 얻을 수 없는 경우에 한하여" 실시한다는 자유 모집의 보완적인 성격의 것이었으나, 이 개정을 통해 "국가의 요청"에 의한 것이라는 국가성을 전면에 내세워 더 이상 '모집의 보충제도'가 아님을 명백히 하고 있었다.

둘째, 피징용자의 호칭으로 '응징사(應徵士, 징용에 응한 산업 전사)'를 채택했다는 점이다. 제16조 5항에 의하면 "피징용자로서 관리공장 또는 지정공장에서 시행하는 총동원 업무에 종사하는 자를 응징사라 칭한다. 응징사의 징계, 복제, 기타 응징사의 복무에 관해 필요한 사항은 명령으로 이를 정한다"고 규정하였다. 이에 따라 신상필벌제도를 확립하기 위해 1943년 8월 「응징사복무규율」을 제정하고 응징사에게는 가슴에 휘장을 부착하도록 하였다. 이는 민간 군수공장에 동원된 피징용자 신분에 국가

〈그림 2-2〉 왼쪽 가슴에 응징사 휘장이 부착된 노무 복장의 조선인 피징용자

출처: 대일항쟁기 강제동원 피해조사 및 국외 강제동원 희생자 등 지원 위원회, 2012, 『조각난 그날의 기억』, 95쪽

성을 명확히 부여하고, 동시에 명예를 세우기 위한 의도에서 나온 것이었다.

셋째, '사장징용'의 규정을 추가했다는 점이다. 피징용자는 국가의 명령에 따라 지정된 사업장에서 총동원 업무에 복무할 수밖에 없는데 이를 이용하여 사업주가 사익 확대에 급급하다는 불만이 거세지자 피징용자의 불만을 잠재우고 '황국근로관을 구현'하기 위한 목적으로 추가된 규정이라고 풀이된다. 사실 제3차 개정의 토대가 되는 각의 결정 「생산증강 근로 대책 긴급요강(1943년 1월 20일)」에서도 "피징용자 전원 일체의 태세로 생산증강에 매진하기 위해 사장의 징용 조치"를 강구할 것을 강조했던 바 있다.[22]

이와 같이 앞의 두 차례의 개정이 주로 대상자와 범위 확대에 주안점을 두었다면, 제3차 개정은 징용의 국가성과 명예를 전면에 내세웠다는 점이 최대 특징이었다. 다시 말해서 이전까지의 개정이 징용의 '양적인' 문제를 과제로 삼았다면, 3차 개정은 '질적인' 전환을 꾀한 것이라고 평

---

22 다만 '사장 징용'이라 해도 이는 일반 징용공과 신분을 같게 하여 동질감을 연출한 것에 지나지 않았다. 사장의 징용은 사장으로 재임하는 기간에 한정되어 있었고, 그 사장의 임면은 어디까지나 주주총회의 결정에 의하지 국가의 명령에 의한 것이 아니었다. 따라서 일반 징용공의 해제가 후생대신의 명령에 의하므로 자유롭지 않았던 것과 달리 사장은 그 직에서 물러남과 동시에 징용에서 해제되었다. 佐々木啓, 2019, 『「産業戦士」の時代ー戦時期日本の労働力動員と支配秩序』, 大月書店, 54~55쪽.

가할 수 있다.[23]

이후 「국민징용령」은 1944년 2월 「국민직업능력신고령」 개정에 따른 조치로 개정되었다가 1945년 3월 5일 「국민근로동원령(칙령 제94호)」 공포로 폐지된다.

〈표2-4〉「국민징용령」 개정의 주요 내용

개정	주요 내용	비고
제1차 개정 (1940.10.19) 칙령 제674호	제3조 군사상 특히 필요한 경우에는 전항 규정에도 불구하고 명령이 정하는 바에 따라 **요신고자 이외의 자**를 **징용**할 수 있다. 제13조 후생대신 전 조 규정에 의한 청구 또는 신청이 있을 경우 필요하다고 인정할 때는 피징용자를 사용하는 관아 또는 관리공장, 피징용자가 종사하는 총동원 업무, 직업 혹은 장소 또는 징용의 기간을 변경할 수 있다.	
제2차 개정 (1941.12.16) 칙령 제1129호	제3조 '군사상 특히 필요한 경우'를 '**특별히 필요한 경우**'로 개정 제4조에 1항 추가 "특별히 필요한 경우에는 전항의 규정에도 불구하고 **후생대신이 지정하는 공장사업장 기타 시설**(이하 지정공장이라 함)에서 시행하는 총동원 업무에 종사시킬 수 있다." 제19조 3항 "피징용자가 징용됨으로 인해 그 가족과 세대를 달리하게 될 경우, 기타 특별한 사정이 있는 경우, 또는 피징용자가 고의 혹은 중대한 과실로 인하지 않고 업무상 상이를 입어 혹은 질병에 걸려 그 때문에 징용이 해제될 경우 **본인 또는 가족이 생활하기 곤란할 때** 명령이 정하는 바에 따라 이에 대해 **부조**할 수 있다." "피징용자가 징용되어 총동원 업무에 종사 중 고의 또는 중대한 과실에 의하지 않고 업무상 상이를 입고 또는 질병에 걸려 그 때문에 **사망할 경우**에 유족이 생활하기 곤란할 때는 명령이 정하는 바에 따라 이에 대해 **부조**할 수 있다." 전 2항의 가족 또는 유족의 범위 및 부조에 관해 필요한 사항은 명령으로 이를 정함.	

23 佐々木啓, 2019, 앞의 책, 32쪽.

<table>
<tr>
<td>第3차 개정
(1943.7.21)
칙령
第600호</td>
<td>제2조 징용은 국가의 요청에 따라 제국 신민으로서 긴요한 총동원 업무에 종사할 필요가 있을 경우 이를 시행하도록 한다.
제7조 4항 후생대신 관리공장 또는 지정공장의 사업주(사업주 법인인 경우에는 그 대표자)를 징용하여 해당 공장에서 시행하는 총동원 업무에 종사시킴에 있어서 제6조 내지 전조 규정에도 불구하고 명령이 정하는 바에 따라 징용 명령을 내려 해당 공장 소재지를 관할하는 지방 장관에게 이를 통달하고 지방 장관으로 하여금 징용령서를 발급하여 징용되어야 할 자에게 이를 교부하거나 또는 징용령서를 발급하여 징용되어야 할 자에게 이를 교부한다.
제16조 5항 피징용자로서 관리공장 또는 지정공장에서 시행하는 총동원 업무에 종사하는 자는 이를 응징사라 칭한다. 응징사의 징계, 복제, 기타 응징사 복무에 관해 필요한 사항은 명령으로 이를 정한다.</td>
<td>본령은 1943년 8월 1일부터 이를 시행한다. 단 조선, 대만, 화태 및 남양군도에서는 1943년 9월 1일부터 시행한다.

〈응징사 휘장〉</td>
</tr>
</table>

2. 「국민징용령」에 의한 조선인 동원

「국민징용령」 부칙에 의하면 조선과 대만, 화태(남사할린), 남양군도는 1939년 10월 1일부터 시행하는 것으로 되어 있다. 그러나 학계에서는 조선인의 「국민징용령」 적용은 1944년 9월부터라는 것이 통설처럼 되어 있다. 왜 그런 것일까?

조선인에게 「국민징용령」을 적용한 것이 1944년부터라고 인식하게 된 것은 1944년 8월 8일의 각의 결정 「반도인 노무자의 이입에 관한 건」에 의한다. 그 내용은 다음과 같다.

① 이입 노무자에 대해 신규징용을 실시할 것.

이와 관련하여 필요하다면 국민징용령을 개정할 것.

② 신규 피징용자에 대해 원호에 철저히 할 것.

한편, 기타 이입 노무자에 대해서도 신규 피징용자에 준해 원호를 실시할 것.

위 각의 결정에 따라 9월에 '집단이입'하는 조선인 노무자에게 징용령을 발동했다는 것이 일반적인 인식이다. 조선인 강제동원에 선구적인 업적을 남긴 박경식은 그의 저서에서 "8월의 각의 결정인 「반도인 노무자의 이입에 관한 건」 등이 연이어 발표되면서 9월부터 연행 조선인 노무자에게 일반징용령이 적용되게 되었다"고 한 것이 큰 영향을 끼쳤다. 그 이전 시기에 '징용'을 적용하지 못한 이유에 대해서는 '민족적 저항'이 있었기 때문에 어려웠다는 인식이 있었다.[24]

그러나 〈표 2-5〉에서 보는 바와 같이, 1941년에 일본에서 이미 일부 조선인을 신규징용하고 있었고, 조선 내에서는 이듬해인 1942년에 신규징용을 발동하였다. 1944년 2월부터는 "수차례에 걸쳐 노무관리가 비교적 양호한 민간 공장과 광산에 대해 현원징용을 해 왔다"고 전해진다.[25] 이와 같은 내용은 '북선(北鮮)에서도 징용령서(徵用令書) 거행'이라는 표제로 대대적으로 보도되기까지 했다.

24 박경식을 비롯한 학계의 잘못된 인식에 대해 정혜경은 무비판적인 답습에 원인이 있었다고 지적한다. 정혜경 외, 2019, 『반대를 논하다-'반일종족주의'의 역사 부정을 넘어』, 도서출판 선인, 205~206쪽.

25 제85회 제국의회 설명자료, 朴慶植, 1965, 『朝鮮人強制連行の研究』, 未来社, 55쪽.

〈표 2-5〉 '징용'에 의해 동원된 조선인 피징용자

	조선 내		일본 본토(신규징용)	남양(신규징용)	합계
	신규징용	현원징용			
1941년	-		4,895		4,895
1942년	90	-	3,871	135	4,096
1943년	648	-	2,341	-	2,989
1944년	19,655	153,850	201,189	-	374,694
1945년	23,286	106,295	9,786	-	139,367
	43,679	260,145	222,082	135	526,041

출처: 大蔵省管理局 『日本人の海外活動に関する歴史的調査』 朝鮮編 第9分冊

〈그림 2-3〉 '생산 증강 거듭 맹서'라는 제목하에 징용령서 전달식을 보도한 기사

生産增强거듭盟誓
北鮮에서도徵用令書傳達式擧行

출처: 『매일신보』, 1944.2.11.

〈표 2-5〉를 보면, '징용'에 의한 동원은 각의 결정이 있었던 1944년에 급격하게 증가하여 전년도 대비 125배의 증가세를 나타냈다. 1944년에 발동되었다고 보아도 의심치 않을 정도의 수치이다. 이렇게 보면 1944년 9월부터 '징용'이 적용되었다고 이해하기보다는 그간 제한적으로 발동했던 조선인에 대한 '징용'을 1944년 8월의 각의 결정으로 본격적으로 시행하기 시작했다고 이해할 수 있겠다.

그렇다면, 「국민징용령」이 제정된 것이 1939년인데 실적이 저조했던 이유는 무엇인가.

그 이유는 대략 세 가지 정도로 정리된다. ① 징용을 발동하는 데는 사무절차가 수반되는데 이를 처리하기 위한 관리관청의 정비가 부족했다는 점, ② 징용이 국가책임하에 국가성을 강하게 띠고 시행되는 한 징용된 공장사업장의 작업환경이 일정 정도 수준을 갖추어야 하는데 조선인 노무자가 주로 동원된 탄광, 광산 등의 노동조건이나 노동환경이 열악하여 징용 가능한 사업장으로 인정받기 어려웠다는 점, ③ 징용으로 남겨진 가족을 부조하고 원호하기 위한 체계가 조선에서는 미비했다는 점 등이다.[26] 물론 앞서 본 바와 같이 당초 「국민징용령」에 의한 징용은 직업소개소를 통한 모집이나 알선을 우선시하고, 그렇지 못한 경우에 실시하도록 제한한 측면과 총동원체제의 운용 전략을 간과할 수 없다.

조선 내에서의 '징용'은 총 30만 3,824명으로 '신규징용'보다 '현원징용'이 압도적으로 많다. 한편 일본 본토에서의 징용은 22만 2,082명으로 조선 내에서의 '징용'이 더 많았던 게 주목된다. 강제동원이라고 하면 대개 조선 외 지역으로의 송출에 방점을 두고 이해해 온 경향이 있는데,[27]

---

26 文京洙 · 水野直樹, 2015,『在日朝鮮人ー歴史と現在』, 岩波新書, 69쪽.

27 현행법인 '대일항쟁기 강제동원 피해조사 및 국외 강제동원 희생자 등 지원에 관한 법

〈그림 2-4〉 조선 내 회사에 징용을 명령한 '징용령서'

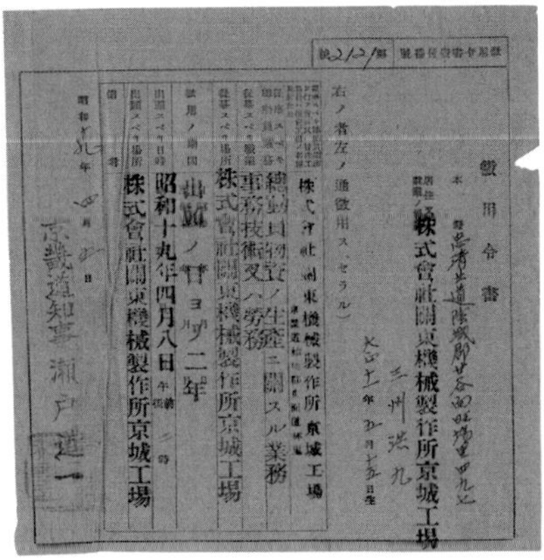
徵用令書

右ノ者左ノ通徵用ス、(セラル)

株式會社關東機械製作所京城工場

株式會社關東機械製作所京城工場

總動員物資ノ生産ニ關スル業務

事務技術又ハ勞務

株式會社關東機械製作所京城工場

出頭ノ日ヨリ二年

昭和十九年四月八日

株式會社關東機械製作所京城工場

京畿道知事 瀬戸道一

출처: 대일항쟁기 강제동원 피해조사 및 국외 강제동원 희생자 등 지원위원회, 2012, 『조각난 그날의 기억』, 125쪽

〈그림 2-5〉 동원중인 일본 회사에 징용을 명령한 '징용고지서'

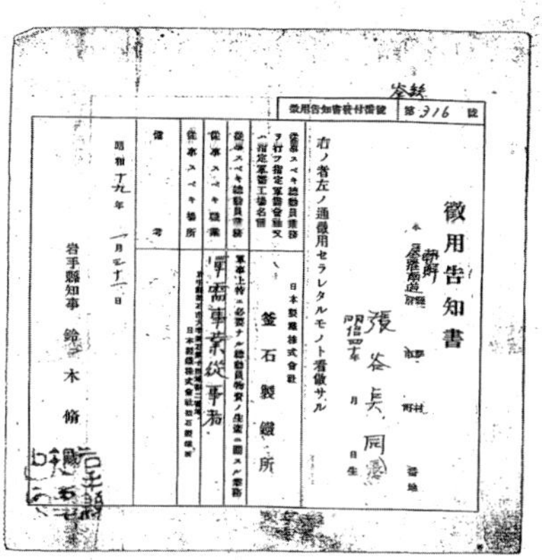
徵用告知書

徵用告知書發付番號 第316號

右ノ者左ノ通徵用セラレタルモノト看做サル

日本製鐵株式會社 釜石製鐵所

軍需上特ニ必要ナル總動員物資ノ生産ニ關スル業務

昭和十九年

岩手縣知事

출처: 대일항쟁기 강제동원 피해조사 및 국외 강제동원 희생자 등 지원위원회, 2011, 『히로시마·나가사키 조선인 원폭피해에 대한 진상조사』, 19쪽

조선 외 지역 못지않게 조선 내에서도 강제동원의 피해가 확산되고 있었음에 주목할 필요가 있다. 또한 신규징용만 본다면 일본 본토에서의 징용이 조선 내에서의 징용보다 5.1배나 많아, 일본 본토에 징용된 피징용자의 경우가 새로운 직종의 공장사업장에 동원된 것이었음을 알 수 있다.

'징용'은 후생성 장관의 명령에 의하며 피징용자에게는 행정명령서인 '징용령서'가 교부되었다. '징용령서'에는 '징용령서 발부번호', '본적', '거주지 또는 취업장', '씨명', '생년월일', '총동원 업무 담당 관청, 관리공장 혹은 지정공장', '종사해야 하는 총동원 업무', '종사해야 하는

률'에 의하면, 지원대상이 되는 피해자는 법률명에서도 보듯이 국외 지역, 즉 한반도 외 지역으로 제한하고 있다.

직업', '종사해야 하는 장소', '징용 기간', '출두 일시', '출두 장소', '발급 연월일', '발급자' 등이 적시되었다. '징용령서'는 「국민징용령」 제7조 제1항과 제3항에 따라 피징용자의 거주지 관할 지방 장관이 발급하였다. 〈그림 2-4〉, 〈그림 2-5〉와 같이 조선에서는 지방 장관인 도지사가, 일본에서는 현 지사가 각각 '징용령서'와 '징용고지서'를 발급하였다.

3. 「군수회사법」에 의한 지정과 '몽땅동원'

1) 「군수회사법」 제정과 특징

앞서 말한 「국민징용령」 제3차 개정의 '사장 징용'에 대한 비판과 군수생산으로의 중점 배분이 중요시되는 시점에서 1943년 10월 31일 일본 정부는 「군수회사법」을 제정하였다(법률 제108호, 1943년 12월 17일 시행). 「군수회사법」 제정 배경으로는 세 가지를 들 수 있다. 첫째로 기업의 국가성을 운영상 명확히 한다는 것, 두 번째로 생산책임제를 확립한다는 것, 세 번째로 기업에 대한 행정 운영 방법의 쇄신이었다.[28] 다시 말해서 정부가 민간사업장을 '군수회사'로 지정하면, 그 회사의 '생산책임자'가 대표해서 정부에 대해 책임을 지도록 한 것이다.

일본 정부는 「군수회사법」 제정에 앞서 1943년 9월 21일 「현 정세하에서의 국정 운영 요강」을 각의 결정하였다. 국정 운영 요강 중 「군수회사

28 「군수회사법」 제정 배경에 대한 도죠 히데키[東條英機]의 법안 제안 설명에 의함. 佐々木啓, 2019, 『「産業戦士」の時代ー戦時期日本の労働力動員と支配秩序』, 56쪽.

법」 제정과 관련된 중요사항을 보면 다음과 같다.

1. 군수생산력의 급속한 증강, 특히 항공기 생산력의 비약적 확충을 도모한다.
2. 행정기구를 재편성한다.
   1) 관청 사무를 간소화하여 인허가 사항을 정리한다. 특히 중요 기업에 대한 서류 감독제를 폐지하고 감독 계통을 간소화한다.
   2) 중요 생산에 대한 발주 통일을 도모한다.
3. 국민동원의 철저를 도모한다. 그 방책의 하나로 징집·징용의 범위를 확대·보편화한다.
4. 중요 기업의 국가성을 명확히 하여 생산책임제를 확립한다.[29]

위 사항 중 '3'은 「군수회사법」 및 후생성령 「군수회사징용규칙(1943년 후생성령 52호, 1943년 12월 17일 공포·시행)」 제정으로 결실되었고, '4'는 「군수회사법」의 기본이 되어 동 법 제1조에 나타난다. 1943년 11월 1일에는 기획원과 상공성이 폐지되고, 군수성이 설치되었다. 군수성 설립으로 ① 기획원이 수행하던 '생산확충계획'이나 '물동계획' 등 기초계획의 기획·입안·책정 ② 상공·농림·체신·철도 등 각 성(省)이 수행하던 통제·감독 등 행정권의 집행 ③ '통제회'가 수행하던 원자료 자재 배당·할당 업무 등 세 가지 기능이 군수성에 집중되었다.

「군수회사법」의 요점 중 하나인 군수회사의 경영상 '국가성 명확화'란 공장설비·경리·노무 등 기업 경영의 모든 방면에서 '생산제일주의'

29 川口学, 2008, 앞의 책, 27쪽.

를 내세워 군수생산력의 비약적 증강에 공헌할 책임을 져야 한다는 것을 의미하였다. 이를 위해 기업은 '이윤제일주의'에서 '생산제일주의'로, 기업조직과 통제조직은 '사익'에서 '공익'을 우선시하도록 요구받았다.

「군수회사법」의 또 다른 요점인 '생산책임제' 확립은 군수회사로 지정하면 생산책임자를 정하여 국가적 책무인 군수생산의 책임 소재를 명확히 하고, 대신 생산책임자에게는 군수회사에 있어서 생산수행의 전권을 부여하는 것이다(제4조). 뿐만 아니라 군수사업을 수행함에 있어서 상법 등에 대한 특례조치를 받을 수 있었다.

한편, 생산책임자는 공장사업장 현장에 '생산담당자'를 배치하고, 광범위한 직무권한을 위임하여 현장에서 발생하는 문제를 즉시 해결하는 '현장 즉결 체제' 확립을 도모하였다.

군수회사에 대한 행정 쇄신도 중요한 요점이었다. 「군수회사법」 제15조에 따라 "군수회사에 관해서는 필요할 때 칙령이 정하는 바에 의해 통제, 단속 등에 관한 법률 규정에 대해 그 적용을 배제 또는 특례를 마련"할 수 있었다. 또한 군수감리관이 공장사업장에 파견되어 생산현장에서 발생하는 문제를 해결함과 동시에 현장 처리가 적절하다고 판단되는 사항에 대해서는 감독관청의 인허가 없이 '현장 즉결'로 해결할 수 있게 하였다.[30]

군수회사의 '국가성 명확화'와 함께 '근로의 국가성'도 명확하게 되

30 第15조에 근거한 통제·감독에 관한 법률 적용 배제나 특례 적용에 대해서는 「군사회사법시행령」 및 「군수회사법시행규칙」에 규정되어 있는데 광범위하며 다방면에 걸쳐 있다. 가령 「군수회사법시행령」 第25조·第26조에 의해 군수회사에 대한 적용 배제가 인정된 법률과 칙령 중에는 각 「제조사업법」, 「광업법」, 「공장법」, 「임금통제령」, 「중요사업장 노무관리령」, 「회사경리 통제령」, 「가격 등 통제령」 등이 있다(川口学, 앞의 책, 37쪽).

었다. 「군수회사법」에 의해 지정된 군수회사는 제6조에 의해 생산책임자, 생산담당자뿐만 아니라 군수사업에 종사하는 모든 종업원(임원, 직원, 기술자, 노무자)이 「국가총동원법」에 의해 전원 "징용되는 것으로 간주"되었다. 다시 말해서 중요 기업의 공장사업장에 근무하는 직원과 노무자는 그 기업이 군수회사로 지정되는 순간 공장사업장 통째로 '현원징용'되는 것이었다. 「군수회사법」에 의한 '현원징용'은 「국민징용령」에 의한 징용과 다르기 때문에 "징용되는 것으로 간주한다"고 규정하고 있다. 그 이유는 앞서 말한 「국가총동원법」 제4조 규정 때문이다. 「국가총동원법」 제4조에 따르면 징용에 관한 구체적인 사항은 "칙령이 정하는 바에 따라" 시행하도록 하였는데, 「군수회사법(법률 제108호)」은 칙령이 아니므로 '징용령서'를 발급할 수 없는 것이다. 그 대신 "징용되는 것으로 간주"하여 '징용고지서'를 발급하였던 것이다(〈그림 2-5〉 참고). '현원징용'은 동일 사업장에서 같은 업무를 수행하도록 '징용=국가의 명령'을 받은 것이므로, 당초 자유의사로 취업한 것이라 하더라도 이후에는 마음대로 직장을 옮기거나 그만둘 수 없었고, 사업주도 해고할 수 없었다.[31]

2) 「군수회사법」에 의한 '현원징용'과 「국민징용령」에 의한 징용의 차이

「군수회사법」·「군수회사징용규칙」에 따른 '현원징용'은 '징용 기간'

31 당시 조선총독부가 '현원징용'을 노무자의 이동 방지로 활용하고 있었던 사실도 확인된다. 1944년 제85회 제국의회에서 국민징용 실시 상황에 대한 질문에 "중요 공장, 광산에 대한 일반 징용 실시의 전제 조치로써 그리고 노무 이동을 방지할 목적으로 금년 2월 이후 조선 내 중요 공장 ○○장에 현원징용을 실시했는데"라고 답변한 바 있었다. 「昭和19年 第85回 帝國議會 說明資料」

에서 「국민징용령」에 따른 징용보다도 강화된 성격의 것이었다. 「국민징용령」은 제8조 4항에 따라 '징용령서'에 기간이 명시되었으며, 통상 1~2년이었다.[32] 그러나 「군수회사법」에 의해 '현원징용'된 군수피징용자에게 교부되는 '징용고지서'에는 기간이 명시되지 않았다. 이는 〈그림 2-4〉와 〈그림 2-5〉를 비교하면 알 수 있는데, '징용령서'에는 '징용 기간'란에 "출두한 날부터 2년"이라고 기간이 명시되어 있는 반면, '징용고지서'에는 '징용 기간'이 아예 없다. 이는 일본 정부가 피징용자를 원하는 기간만큼 총동원 업무에 종사시킬 수 있음을 의미한다. 또한 「군수회사법」에 의해 지정된 군수회사도 「국민징용령」에 의해 '신규징용'을 할 수 있었다. '신규징용'된 피징용자의 경우 징용 기간이 정해져 있지만, 그 '신규징용'의 만기는 다시금 「군수회사징용규칙」이 정하는 '현원징용'으로 바뀌면서 무기한이 되는 것이다(「군수회사징용규칙」 제5조).[33] 참고로 '징용고지서'에는 피징용자의 본적 · 이름 · 생년월일, 종사해야 하는 총동원 업무의 지정군수회사 또는 지정군수공장 명칭, 종사해야 하는 총동원 업무, 종사해야 하는 직업, 종사해야 하는 장소 등이 명시되어 지방장관 명의로 발급되었다.

'현원징용'의 대상도 확대하였다. 「군수회사징용규칙」이 제정된 당

---

32 朝鮮総力朝鮮聯盟, 1944, 『国民徵用の解説』, 16쪽.

33 「군수회사징용규칙」 제5조에 의하면, "지정 군수회사의 생산책임자 및 생산담당자 그리고 해당 군수회사의 군수사업에 종사하는 자로서 국민징용령에 따라 현재 징용 중인 자 및 국민징용령에 따라 징용되어 해당 군수회사에서 총동원 업무에 종사시킬 자의 징용 변경 · 해제 또는 업무종사 등에 관해서는 국민징용령 규정에 구애받지 않고 본령이 정하는 바에 따라 지정 군수공장이 속하는 군수회사의 생산책임자 및 해당 지정 군수공장의 생산담당자 그리고 해당 지정 군수공장에서 군수사업에 종사할 자로서 국민징용령에 따라 현재 징용 중인 자 및 국민징용령에 따라 징용되어 해당 지정 군수공장에서 총동원 업무에 종사시킬 자에 대해서도 마찬가지다"로 규정하고 있다.

초에는 여자는 대상에서 제외되었다.[34] 그런데 1944년 11월 10일 개정(1944년 후생성령 제38호)에서 이 제외 항목이 삭제되었다. 다시 말해서 지정 군수회사의 군수사업에 종사하던 여자도 징용으로 간주되었던 것이다.

징용을 통해 인력 동원을 꾀하는 사용자 측에서는 「군수회사법」에 의한 징용이 「국민징용령」에 의한 징용보다도 훨씬 간결하고 편리했다. 「국민징용령」에 의한 징용은 후생대신이 명령하면 지방 장관이 출두명령을 내려 피징용자를 출두시켜 지방 장관 명의의 '징용령서'를 교부하는 절차를 거쳐야 했다. 그러나 「군수회사법」과 「군수회사징용규칙」에 따른 징용은 이미 근무 중인 직원에게 '징용고지서'를 교부하는 것으로 끝난다. 피징용자를 출두시켜 교부하는 절차 없이 간결하게 징용할 수 있는 것이다.

그렇다면, 모집이나 관 알선으로 강제동원된 사람이 징용되는 경우도 있지 않을까?

그렇다. 실제 사례를 소개하면 후쿠오카현[福岡縣] 소재 가이지마[貝島]탄광주식회사 오노우라[大之浦]탄광에 동원된 경우가 그러하다. 강원도 춘천 출신의 할아버지는 고향 친구 3명과 함께 '모집에 걸려서' 집결지인 도청 앞 광장에 모여 서울로 이동, 열차로 부산으로 향했다. 1943년 10월의 일이었다. 부산에서 하룻밤을 보낸 뒤 연락선을 타고 도착한 곳이 일본의 한 탄광이었으며, 배정받은 숙소가 '제6훈련소'였다. 오노우라

---

34 「군수회사징용규칙」 제4조에는 징용 제외 대상자가 규정되어 있다. ① 육·해군 군인과 소집 중인 자 ② 육·해군 학생생도 ③ 육·해군 군속 ④ 의료관계자 직업능력 신고령에 따른 신고대상자 ⑤ 수의사 등 직업능력 신고령에 따른 신고대상자 ⑥ 선원법의 선원 ⑦ 법령으로 구금 중인 자 ⑧ 14세 미만인 자 ⑨ 일일 고용자 ⑩ 6개월 이내의 기간을 정해 군수회사의 군수사업에 종사하는 자 ⑪ 기한 없이 노무공급계약 또는 사업 청부계약에 의거 군수회사의 군수사업에 종사하는 자 ⑫ 총동원 업무에 종사하지 않는 자 ⑬ 여자 ⑭ 기타 후생대신이 지정하는 자

탄광 제6광의 숙소를 의미한다.

"가다가 부산서도 도망가고, 뭐 저 일본 가서도 똑똑헌 놈들 다 (도망)가더라고. 나같이 일본말도 몰르고 그런 사람만 몇이 거기서 있었지."

할아버지는 목숨을 앗아 갈 수도 있는 위험천만한 막장 작업과 굶주림을 견디다 못해 동료 네댓 명과 함께 탈출을 시도했다. 동원된 지 약 1년 정도 지난 무렵이었다. 밤새도록 도망쳤지만 곧바로 붙잡혀 탄광으로 되돌아왔다. 탈출했다는 이유로 매질을 당한 후 정신교육을 받는 특별훈련소로 보내졌다. 할아버지가 탄광 노동에서 벗어날 수 있었던 것은 광복을 맞이한 다음의 일이었다.

할아버지의 기억을 확인할 수 있는 문서가 발견되었다. 오노우라탄광이 조선인에게 지불해야 할 미불금을 일본 법무국에 공탁한 공탁금명부에 할아버지가 있었다. 강원도 춘천 출신 조선인 421명분의 명부였다. 할아버지의 증언대로 1943년 10월부터 1945년 10월까지 오노우라탄광에 소속되었던 것을 확인할 수 있었다. 중요한 것은 이 가이지마탄광주식회사가 1944년 4월에 군수회사로 지정되었다는 점이다.[35] 할아버지는 모집, 관 알선 등 동원 방식과 상관없이 1944년 군수회사 지정과 함께 '현원징용'된 것이다.[36]

---

35 정혜경 외, 2019, 『반대를 논하다-'반일종족주의'의 역사부정을 넘어』, 도서출판 선인, 73~84쪽.

36 「국민징용령」으로 징용된 사람도 해당 기업이 「군수회사법」에 따라 지정 군수회사가 되면 '현원징용'되는 것처럼, 당초 그것이 모집이더라도 '현원징용'될 수 있다. 도노무

〈그림 2-6〉 홋카이도 탄광기선주식회사 만지(萬字)탄광 광부를 '현원징용'한 사례

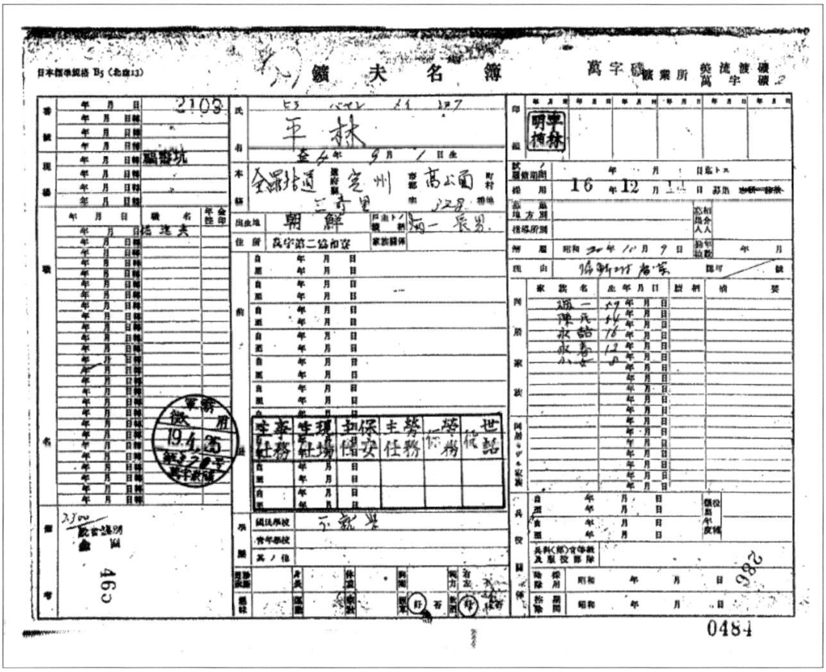

출처: 국가기록원, 「소위 조선인 징용자 등에 관한 명부」

〈그림 2-6〉은 1944년 4월 25일 「군수회사법」에 의해 군수회사로 지정된 홋카이도[北海道]탄광기선주식회사 만지[萬字]탄광의 광부 명부로, 해당 명부의 조선인 광부가 '현원징용'된 사실을 고무인에서 확인할 수 있다. 고무인 내용을 보면 '19.4.25' 즉 1944년 4월 25일 자로 '군수징용' 다시 말해서 '현원징용'되어 군수피징용자가 되었다는 사실을 적시하고 있다. 광부 명부의 조선인은 전북 완주 출신으로 1941년 12월 14일에 모

라 마사루는 "모집으로 온 노동자들도 군수회사법 규정으로 도중에 '징용'으로 바뀔 가능성이 있다"는 점을 지적한다(「日韓『元徴用工』問題とは。戦時中に何があったのか？第一人者が語った歴史と経緯」 허핑턴포스트, 2019.10.29).

집으로 동원되었다가 '현원징용'으로 피징용자가 된 것이다.

「군수회사법」에 따른 군수회사 지정은 「군수회사법」이 제정된 이듬해인 1944년 1월부터 시작되었다. 1944년 1월 17일에 제1차로 총 149개사가 군수회사로 지정되고, 같은 해 4월 25일에 제2차로 총 424개사가 지정되었다. 제1회 지정에는 항공기 생산 관련 기업들이 중점적으로 지정되었으며, 제2회에는 항공기 관련 기업 외, 금속광업·탄광·가스·전력사업 등의 기업이 지정되었다. 이후 같은 해 12월에 109개사가 추가로 지정되었고, 1945년에 6개사가 지정되는 등 패전시까지 총 688개사가 지정되었다.[37] 이 외에 1944년 10월 24일에 조선과 대만의 기업 94개사도 지정되었다.[38]

3) '군수충족회사'로 적용 확대

「군수회사법」·「군수회사징용규칙」에 따른 징용은 이후 더욱 확대되었다. 가령 1945년 1월 27일 「군수충족회사령(1945년 칙령 제36호)」의 공포·시행을 들 수 있다. 이 법령은 주무대신이 지정하는 군수충족회사에 대해 「군수회사법」의 규정을 준용한다는 점이 핵심이다.

군수충족회사란, 군수회사가 군이 사용할 물자를 생산하거나 그에 필요한 각종 소재, 원료 등을 생산하는 기업이라고 한다면, 그러한 군수회사의 운영상 불가결한 부분을 담당하는 회사라고 할 수 있다. 「군수충

37 『商工政策史 第11巻』, 600쪽.

38 川口学, 2008, 앞의 책, 34쪽. 원전은 J·B·コーヘン, 1950, 『戦時戦後の日本経済 上巻』, 岩波書店, 112쪽.

족회사령」 제1조의 군수충족회사가 운영하는 군수충족사업을 보면 명확한데, 지방 철도사업, 궤도사업, 자동차 운송사업, 소운송업, 항만운송업, 창고영업, 전기·통신 설비사업, 토목·건축사업, 금속류 회수사업, 선박구조·인양 및 해체 사업 등이다. 다시 말하자면 군수회사에서 군수물자를 생산하는 데 필요한 각종 지원 업무를 의미한다고 할 수 있겠다. 아시아·태평양전쟁에서 패색이 짙어지는 가운데 취해진 이 조치로 "무기를 생산하는 공장 등 군사에 직결하는 사업뿐 아니라 탄광부나 항만 노동자 혹은 시민 중 누구라도 일상적으로 접하는 철도회사 직원 등과 같은 사람들도 징용되는 것으로 간주"되어 갔던 것이다.[39]

39 外村 大, 2019, 「軍需会社等で『徴用とみなす』ことについて」, 3쪽.

제3절 관 알선에 의한 노무동원

1. 전선의 확대와 조선인 활용 방안에 대한 각의 결정

"당초 자유 모집의 방법으로 (노무동원을 - 인용자) 실시했습니다. 처음에는 내지 취업조건이 상당히 좋았고, 내지가 신기하기도 하다는 점이 있어서 모집 인원의 수배에 달하는 응모자가 있었습니다. 그러다가 내지에서나 조선 내에서나 노무동원이 계속되다 보니까 과도적 현상이지만 농촌노동력에 영향을 미치게 되어 농촌임금이 올라 외지로 나가지 않아도 농촌에서도 충분히 생활할 수 있게 되었습니다. 그 결과 자유 모집으로는 노무자를 충분히 획득하기 곤란하게 되었기에 쇼와 17년(1942년 - 인용자) 1월부터 관 알선 방법에 의하기로 한 것입니다."[40]

1937년 중일전쟁이 장기화 조짐을 보이는 가운데 1941년 12월 7일 일본의 진주만 공격으로 전선은 태평양 지역까지 확대되었다. 전선의 확대는 인력 수급계획에 전기를 가져왔다. 노무동원계획에 따른 조선인 노무자의 '집단이입'이 성과를 거두도록 견지해 왔던 1934년 10월 30일의 각의 결정인 「조선인 이주대책의 건」에 의한 조선인 도항 억제정책을 폐지하였던 것이다. 대신 1942년 2월 13일 「조선인 노무자 활용에 관한 방책」을 각의 결정하여 조선인의 노무동원에 박차를 가하였다. 조선인 노

---

40 朝鮮総力朝鮮聯盟, 1944, 『国民徵用の解說』, 13쪽.

무자의 동원은 이제 '불가결'한 상황에 이르렀던 것이다. 이 점은 각의 결정의 취지에서도 명확하게 확인할 수 있다.

> 군 요원 확대에 따라 내지에서는 기초 산업의 노동자 부족이 현격해져, 종래 이 분야 노동자 공급원이었던 농업노동력도 핍박해진 결과 응소자 보충조차 곤란한 실정에 이르렀다. 이참에 이 분야 노무자의 공급원으로 아직 탄력이 남아 있는 조선에서 공급원을 구하여 긴급히 생산력을 확보하는 것이 초미의 급무이다. 그리하여 종전부터 조선인 노무자에게 의존하는 일이 적지 않았던 토건, 운수 등 사업에 있어서도 최근 기대하는 바가 점점 커지고 있다.
>
> 그런데 조선인 노무자의 내지 송출 및 그 사용에 관해서는 복잡한 사정이 교차하여 내선의 지도가 반드시 일치하지 않아 그로 인한 폐해가 적지 않았다. 지금은 내지 노무자의 자질에 비추어 소요의 조선인 노무자를 내지에서 활용하는 것이 불가결한 요청이므로, 이 기회에 기왕의 경험을 성찰하여 그 시책에 통일과 쇄신을 가미하여 내선 모두 진정 지도성 있는 방책을 확립하고, 신속하게 이를 실행하는 것이 가장 필요하다. 그리하여 그 핵심은 노무 활용과 동시에 교화를 중시하여 조선 통치의 대방침을 추진함과 함께, 이들 육성된 노무자는 이를 조선에 환원하여 조선이 우리 대륙전진기지로서의 지위 강화에 기여하는 데 있다.[41]

중일전쟁 이후 군수물자 수요 증가로 조선의 공업계는 숙련공 부족

---

41 閣議決定, 「朝鮮人労務者活用に関する方策」(朴慶植, 1976, 『在日朝鮮人関係資料集成』 第4巻, 三一書房), 793쪽.

에 시달리고 있었다. 당시 조선총독부는 숙련공 육성정책의 일환으로 조선인 소년을 일본 본토 공장에 위탁하여 기술양성을 꾀하던 차에 일방적인 조선인의 노무동원에는 불만이 있었던 것이다. 이와 같이 "내선(內鮮-일본 본토와 조선)의 지도가 반드시 일치하지 않아" 일본 본토의 노동력 수급이 원만하지 않았던 것이 타결되어 비로소 활용방책이 발표되기에 이른 것이다. 그 내용은 일본 본토는 조선인 노무자를 일본 본토 공장에서 숙련공으로 양성해 주는 대신, 조선총독부는 "강력한 지도에 따라" 노무자 송출에 책임을 지고 관리하는 것이었다. 조선총독부와 일본 본토 간 숙련공 양성과 노무자 공출이 합의된 것이다. 그리하여 2년을 기한으로 하는 공출이 예정되었고, 활용방침에도 이를 명시하였다. 방침은 다음과 같다.

1. 본 방책은 군 요원 확대에 따른 내지 노무동원의 실정을 감안하여 조선의 적재(適材)를 내지 총동원 업무에 활용함으로써 국력의 종합 발휘에 유감없게 한다는 기본관념하에 이를 실시하는 것으로 한다.
2. 본 방책에 의거한 조선인 노무자는 재능 있는 청소년을 선발하여 필요한 훈련을 가하여 이를 공출하는 것으로 한다.
3. 오른쪽의 조선인 노무자는 국가의 충분한 지도와 보호 아래 사용하고, 우수한 황국의 노무자로 육성하여 일정 기간(대개 2년)에 이를 보충·교대함으로써 조선에서의 인적 국방자원 강화에 기여하는 것으로 한다.
4. 본 방책에 의거한 노무자 송출은 조선총독부의 강력한 지도에 따라 이를 시행하는 것으로 하고, 필요에 따라 국민징용령을 발동하여 요원 확보를 기하는 것으로 한다.

5. 본 방책에 따른 것 외 조선인 노무자의 내지 취업은 내지 및 조선의 노무 통제 강화에 따라 그 통제하에서 행해지는 것과 같이 종래 방침을 통일하는 것으로 한다.
6. 본 방책 실시에 수반하여 현재 내지에 거주하는 조선인에 대해 징용 또는 국민근로보국대 참가 등 노무동원 강화를 꾀하는 것으로 한다.

위의 방침에 따라 구체적인 행동요령으로 조선에서는 ① 연령 17세 내지 25세의 남자로서 심신이 건강한 자를 선발하고, ② 청년시설 등을 활용하여 정신교육·국어교육 외, 특히 단체행동, 공동생활 등에 필요한 기초 훈련을 실시하며, ③ 군대조직을 편성하여 각 단위에 국어가 가능한 자를 배치하도록 했다.

한편, 일본 본토에서는 ① 본 요원을 사용할 공장 사업장은 특히 중노동자를 필요로 하고 이를 사용하는 데 적합한 시설을 구비하는 곳에 중점적으로 이를 선정하며 점차 그 범위를 확대한다. ② 징용에 따른 요원 배치의 경우를 고려하여 관계 공장사업장에 신속히 적응할 태세를 갖추게 하고, ③ 처우에 있어서 형이상하에 걸쳐 내지인과 동등하게 하도록 했다. 다시 말하자면 조선인 노무자의 송출을 담당한 조선총독부는 '집단이입'에 대비한 조직과 훈련에 만전을 기하고, 조선인 노무자를 수용하는 일본 본토 기업들은 수용시설을 구비하는 등 처우에 중점을 두었다고 볼 수 있다.

각의 결정이 내려지자 조선총독부는 1942년 2월 20일 「조선인 내지이입 알선 요강」을 발표하여 시행에 들어갔다. 이것이 이른바 '관 알선'의 노무동원계획인데, 종래의 「조선총독부직업소개소령」에 의한 방법을 바꾼 것으로 조선인 노무자의 "공출과 수송 사무를 일원화"한 것이었다.[42] 조선 내 직업소개소 설치가 미흡한 상황에서 일본 본토와 같이 직업소개소를 통한 인력 동원은 기대하기 어려워 조선총독부 관제단체인 조선노무협회를 설립하여 공출 업무를 담당하게 했다.

조선총독부는 알선 요강 4대 원칙을 수립한 후,[43] 다음과 같은 절차로 공출대상자를 선정하였다.

①기업주	②조선총독부	③각 도
일본 본토 도·부·현으로부터 조선인 노무자 고용의 승인을 받은 후 신청서를 조선총독부에 제출 〈구비서류〉 *조선인노무자알선신청서 *도·부·현 조선인 노무자 이입고용 승인서 ⇨	심사를 거쳐 **'선출 도별 알선 인원'**과 **'알선 기간'**을 정해 관련 **도에 통보** ⇨	5일 이내 **'부·군·도(島)별 선출 인원'**을 정해 해당 직업소개소 또는 **부·군·도에 통보** ⇨
④직업소개소 및 부·군·도	**⑤각 도**	**⑥기업주 또는 대리인**
*5일 이내 **'읍·면별 선출인원'**을 정해 읍·면에 통보 ***부·군·읍·면**은 **할당 노무자를 종합**하여 관청에 보고 ⇨	할당 노무자의 보고를 받는 즉시 인계지를 사업주에게 통보 ⇨	지정한 날짜에 기업주 본인 또는 대리인은 관련 도 직업소개소 또는 부·군·도에 출두·인계

42 朴慶植, 1965, 『朝鮮人強制連行の記錄』, 未來社, 54쪽.

43 알선 요강의 원칙은 ① 내지 이입 조선인 노무자는 전원 노무동원사업에 사용할 것, ② 내지 이입 조선인 노무자 수는 매년도 노무동원실시계획에 따라 정해진 수를 한도로 할 것, ③ 알선 조선인 노무자 처우에 관해서는 가능한 한 내지인 노무자와 차별을 두지 말 것, ④ 조선인 노무자의 출동 기간은 원칙적으로 2년으로 할 것 등이었다. 朝鮮総督府, 1942, 「朝鮮人内地移入斡旋要綱」(朴慶植, 『在日朝鮮人関係資料集成』 第4卷, 三一書房, 1976), 1254쪽.

특히 '④'의 직업소개소와 읍·면에서 노무자를 선정할 때는 "항상 관내 노동사정의 추이에 유의 정통하여 공출 가능한 노무의 소재 및 공출 시기의 완급을 고려하여 경찰 관헌, 조선노무협회, 국민총력단체, 기타 관계기관과 밀접하게 연락하여 노무보도원과 협력한 다음 할당 노무자의 선정을 마치는 것"으로 하였다.[44] 그런데 실제로 노동사정에 대한 조사와 노무자 선정의 과업은 부락연맹에 맡겨졌다. 가령 1942년 4월 21일 자 경상남도 내무경찰부장이 부윤·군수·경찰서장 앞으로 보낸 통첩 「노무동원실시계획에 따른 조선인 노무자의 내지 이입에 관한 건」에 따르면 "공출할 노무자는 경찰 관헌과 협의한 다음, 국민총력부락연맹마다 왼쪽과 같이 사전에 선정하여 등록해 둘 것"을 요청하였다. 선정 기준은 광산 등 중요 산업 종사자와 자작농 설정자를 제외한 '내지' 이주 희망자, 무직자, 1호당 2인 이상 일손이 있는 자, 경지가 과소한 자 등이었다.[45] 실제 동원된 피해자들은 이구동성으로 이른바 '빽 없고 돈 없는 자'가 공출되었다고 증언하였다. 일본 기후현[岐阜縣] 소재 미쓰이[三井] 광산 가미오카[神岡]광산에 동원된 김득중은 국내 탄광에 공출된 후 일본으로 다시 동원되었다.

> "그때만 혀도 농사 젤 적게 하는 가난한 사람이 징용은 먼저 갔어. 가난한 것도 절통(切痛)헌디, 그런 모집을 먼저 가게 됐당게."[46]

---

44 朝鮮総督府, 1942, 「朝鮮人内地移入斡旋要綱」(朴慶植, 『在日朝鮮人関係資料集成』 第4巻, 三一書房, 1976), 1254쪽.

45 樋口雄一編, 2000, 『戦時下朝鮮人労務動員基礎資料集』 V, 緑蔭書房, 746쪽.

46 국무총리 소속 일제강점하강제동원피해진상규명위원회, 2005, 『구술기록집1-당꼬라고요?』, 284쪽.

이렇게 선정한 공출대상자는 군대와 같은 조직으로 편성하여 통제·관리하였다. 규모를 보면, 한 조를 5~10명으로 하고, 2~4개 조가 반(班)이 되며, 5개 반 내외로 1개 부대를 형성하였다. 대장으로는 초등학교 졸업 이상의 학력이며, 일본어에 능통하고, 사상인 견실한 자를 임명하였는데, "가능한 한 연령 30세 이상"의 연장자가 임명되었다.

기업측은 "관청의 노무자 공출 알선에 협력"할 목적으로 '노무보도원'을 두었으며, 주된 업무는 "관청의 지도와 감독을 받으며, 예의 노무자 선정에 협력"하는 일이었다. '노무보도원'의 경비는 기업이 부담했으며, 알선에 필요한 선전비, 부대 편성비, 인솔 수송비, 잡비 등의 경비도 기업 부담으로 조선노무협회에 사전 납부되었다.

이상과 같이 조선총독부 알선에 의한 노무동원계획은 공출대상자 선정에서 기업에 인계하기까지의 전 과정을 조선총독부의 지휘하에 말단 조직이 담당하였고, 기업은 이에 필요한 경비를 부담하는 방식이었다.

> "왜정 적에 조태○ 씨라고 바로 우리 동네, 이웃에 사는 분인디. 조태○씨, 그 분이 말하자면 소원면 사람 다섯을 알선하더라고. 그러니까 서산서 집결시키고서. 서산서는, 또 구미서 사람이 부산까지 데리고 가는 사람을, 말하자면 알선자들을 뽑는디, 조태○ 씨가 가더라고. 또 부산(釜山)까지 인솔해서 부산까지 데려다 줬어. 그러니까 서산군 사람을 다 데리고 가더라고. 그러니까 그 사람이 면장이었어요, 부면장도 하고. 왜정 적에 그런 걸 다 했죠."[47]

---

47 국무총리 소속 일제강점하강제동원피해진상규명위원회, 2005, 『구술기록집1-당꼬라고요?』, 151쪽, 이수철 구술.

관 알선에 의한 노무동원이 이전 단계와 달리 강화된 것은 수송 방식에 있었다. 수송 업무는 어렵게 동원한 인력을 이탈자 없이 최종 목적지까지 무사히 이송하는 업무인 만큼, 일본 정부나 기업 모두 중시한 부분이었다. 이를 위해 1942년 5월 11일과 12일, 이틀에 걸쳐 시모노세키(下關)에서 석탄통제회·광산통제회·철강통제회·토목통제회 등 4개 통제단체가 주최하여 기획원·상공성·후생성·철도성·내무성·해무원·조선총독부 노무담당자 등이 모인 가운데 1942년 7월 1일부터 실시할 '계획수송' 방법을 논의하였다. 그 결과, 4개 통제단체와 특정 여행사 사이에 「이입조선인노무자단체수송취급수속요강」을 체결하고, 수송 사무 일체를 그 여행사에 일임하기로 하였다.[48] 수송 업무 일체를 담당한 여행사가 동아여행사였다. 이리하여 동아여행사를 전문기관으로 일원화하여 조선-일본 간 단체 수송을 계획적·조직적으로 실시하였던 것이다.

할당모집에 의한 동원은 면 단위의 말단 관청 관료와 지역 유지, 경찰 등의 협조로 인력을 모은 뒤 회사에서 파견한 모집원이 선발하는 형태인 데 반해, 조선총독부에 의한 알선은 도·군·면 단위로 할당하여 소집한 인원으로 회사가 거부할 수 없었다.[49]

---

48 김민영, 2003, 「식민지시대 노무동원 노동자의 송출과 철도·연락선」, 『한일민족문제연구』 제4호, 58쪽.

49 도노무라 마사루 저, 김철 역, 2018, 『조선인 강제연행』, 뿌리와 이파리, 127쪽.

2. 관 알선에 따른 노무동원 실태

1) 할당에 따른 무차별적 동원

모집이든 관 알선이든 할당된 지역의 말단 행정조직 관료, 지방 유지, 경찰 등의 협조하에 노무동원이 이루어졌다. 다만 할당모집의 경우 행정조직과 경찰의 협조하에 공출이 있었다고 한다면, 관 알선은 행정조직의 책임하에 이루어진 무자비한 인력 공출이었다. 당초 청소년층의 젊은 노동인력을 일본 본토 기업에 투입하여 2년간 기술 연마를 거친 뒤, 숙련공으로서 조선의 공업에 기여한다는 협약은 가용 노동인력의 고갈로 난관에 부딪혔다.

> 노동공급원은 시간이 지날수록 고갈하여 공출이 용이하지 않은데, 관계 관청에서도 공출 때문에 고생하는 상황으로 … 〈중략〉 … 50세 이상인 자까지 끌어모으는 데 노력하는 중이다.[50]

인력 수급이 어려워지자 이와 같이 노동에 적합한 연령층에 국한하지 않고 높은 연령층까지 가릴 것 없이 '공출'하고 있었던 것이다. 그중에는 손자를 대신하여 끌려 온 사람조차 있었다. 반대로 가가호호에 내려진 할당량을 채우기 위해 나이 어린 사람이 동원되는 경우도 있었다. 이무순은 1943년에 형님 대신 이와테현[岩手縣] 소재 제철소에 동원되었

---

50 山田昭次·古庄正·樋口雄一, 2005, 『朝鮮人戦時労働動員』, 岩波書店, 95쪽. 원자료는 朝鮮人強制連行実態調査報告書編纂委員会, 札幌学院大学北海道委託調査報告書編集室, 1999, 『北海道と朝鮮人労働者』, 68쪽.

는데, 당시 그의 나이 15세였다. 동원되기 전 한 달간은 황해도에서 제식 훈련과 규율훈련을 받았다고 한다.

> "내기 막 안 가겠다고 그라면 큰 형님을 보낸다고 하니깐 힐 수 있어? 내가 간 거지 뭐. 난 나이가 어리니깐 안 보낼려구 그때 그랬거든."[51]

충남 부여군 출신의 송영빈은 어리기에 동원할 수 없다며 형님이 대신 동원되었다. 그로부터 1년 뒤 다시 나타난 모집 담당자에 의해 공출되어 일본에 보내졌다. 나이가 어리다며 굴속 일은 시키지 않았다. "이와데껭 일철 부석광업소" 이와테현[岩手縣] 일본제철 가마이시[釜石]제철소(광업소를 겸함). 송영빈은 편지를 쓰면서 회사명과 주소를 기억하고 있었다.

> "(형님이 끌려간 후- 인용자) 그러다가 한 1년 얼마 있다가 우리 집에서 자는데 깨워가지고는 데려가서 내가 그다음에 간 거고. … 〈중략〉 … 그냥 그때는 그냥 징용장 없이 그냥 데려가서 면에서 전부 데려다가 놓고서는. 그냥 부여(扶餘)로 싣고 가서 논산(論山)서 차 태워서 그냥 간 거지. 그래 논산 가니까 일본 회사에서 담당(擔當) 직원(職員)이 와 있더라고, 일본 놈."[52]

---

51 국무총리 소속 일제강점하강제동원피해진상규명위원회, 2005, 『구술기록집1-당꼬라고요?』, 324쪽.

52 국무총리 소속 일제강점하강제동원피해진상규명위원회, 2006, 『가긴 어딜가? 헌병이 총 들고 지키는데』, 178쪽.

장덕환은 1943년 10월, 18세의 나이로 아버지를 대신하여 후쿠오카현 야마다[山田]탄광에 동원되었다. 그는 당시 고향을 떠나 타지생활을 하고 있었는데, 할당을 채우려는 구장에 의해 호출되었다. 일본에서 온 인솔자가 학생을 탄광으로 보내기엔 아깝다고 하자, 면장은 "사람이 모자라니까…"라며 일축했다.

> "그게 인제 나는 서울 가서 저 야간학교 다니고, 남의 일도 하고 그랬어. 근데 그 시골 구장(區長)이 편지를 했어, 나한테. 아버지 앞으로 징용장이 나왔는데, 아버지가 가면 농사를 누가 짓느냐, 근까 니가 가야 되겠다. 그래서 인제 고향에 내려와서는 내가 갔죠."[53]

공출 인력을 확보해야 하는 군·면의 하부 행정에서는 면장, 구장(이장) 등이 앞장서 머릿수를 채우기에 급급했던 상황이었다.

2) 알선 요강의 형해화

무분별한 차출과 동원은 가용 노동력의 질적 하락을 가져와 생산력 확충과 역행하는 결과를 가져오지만 인력 확보를 위한 각종 비리는 끊이지 않았다. 지방의 유지, 지주, 양반 등 재력가들은 소작인이나 빈농을 매수하여 자기 자식 대신 보내는 일도 발생했다. "있는 사람은 다 빠지고, 없는 사람, 어린 거, 다 보낸 거지"라는 자조 섞인 말은 이런 상황을

53 국무총리 소속 일제강점하강제동원피해진상규명위원회, 2005, 『구술기록집1-당꼬라고요?』, 86쪽.

단적으로 보여주는 말이었다.

무차별적인 인력 송출은 송출하는 측의 문제만 있었던 것이 아니었다. 조선인 노무자를 확보하려는 기업 측에서도 가능한 한 소요 인력을 확보하는 데 총력을 기울였다. 그리하여 "관청의 노무자 공출 알선에 협력하기 위해" 파견한 노무보도원이 소요 인력을 확보하려는 속셈에서 군청, 면 직원, 경찰 등에게 접대와 뇌물공작을 펼치는 일이 벌어졌다.

"이번에는 알선이라고는 하지만, 도청 계원 말에 의하면 종전 모집과 같다고 생각하고, … 〈중략〉 … 각 면장과 군·면 담당자에게 의뢰하였기에 교통비도 종전대로 필요한 모양"이라는 감상을 털어놨다.[54] 홋카이도 닛소 데시오[天塩]광업소 노무보도원이 1942년 9월 10일 자 편지에 쓴 내용이다.

1943년 9월 울산군에 출장한 가가와현[香川県] 미쓰비시 나오시마[直島]제련소 노무보도원은 "자금 부족의 제일 큰 원인은 각 면에 대한 지불과 접대비 증액에 의한 것"이라고 기록하고 있고, 1943~1944년에 조선을 방문한 아소광업 아카사카[赤坂]탄광 담당자는 "농촌에 일주일간 체재하면서 한 명도 모집하지 못한 적도 있었다. 그럴 때는 경찰이나 면장에게 뇌물을 주던가, 가까운 마을 요리점에 초대해 술과 여자로 접대해 목적을 달성하는 수밖에 없다"고 실토했다.[55]

이와 같이 알선을 담당하는 군·면의 책임은 동시에 권한이기도 하여 공출을 당하는 측의 요청과 인력 확보에 다급한 기업 측의 부탁이 겹치

---

54 長澤秀, 1996,『戦時下強制連行極秘資料集』Ⅰ, 緑蔭書房, 260쪽.

55 林えいだい, 1989,『消された朝鮮人強制連行の記録ー関釜連絡船と火床の坑夫たち』, 明石書店, 425쪽.

면서 당초 알선 요강의 취지, 즉 일본 본토의 총동원 업무에서 기술을 연마하여 2년 기한으로 귀환한 후 조선의 공업에 기여한다는 취지를 무색하게 하고 있었다.

일본 본토의 기업이 2년간의 훈련과 경험, 기술 습득으로 숙련공이 된 노무자를 귀환시키는 일은 거의 없었다. 노무자 수급이 불투명해지는 상황에서 어렵게 확보한 숙련 노동력을 다시 충원받을 수 있다는 확신이 없었기 때문이다. 노무동원계획에 따른 '집단이입' 조선인의 73.4%를 차지하는 탄광·광산의 경우, 1944년경에는 막장에서 채탄작업을 하는 숙련 광부 중 조선인이 차지하는 비중이 60%를 넘는 상황이었다.[56] 기업 측은 2년 기한이 도래해도 무단으로 기한을 연장하거나 부양가족을 일본에 정착시키는 등 귀환을 저지하는 데 혈안이었다. 홋카이도의 탄광에서는 기한이 도래했으나 해약이 되지 않자 취로를 거부하는 사태가 벌어졌고, 후쿠오카현 탄광에서는 기한 도래 시 일시귀환을 조건으로 재계약을 하였으나 일시귀환이 늦어지자 파업을 일으키는 등 분쟁이 발생했다.[57]

조용섭은 1942년 11월경 후쿠오카현 소재 미쓰비시광업 호죠[方城] 탄광에 동원되어 2년 만기가 되었지만 귀환이 허락되지 않았다. 그는 평생 '징역살이' 같은 탄광에서 벗어날 수 없을 것 같다는 생각에 동료와 함께 탈출하였다.[58] 윤영렬은 1942년 1월 홋카이도 가모이[神威]탄광의

---

56 도노무라 마사루 저, 김철 역, 2018, 『조선인 강제연행』, 뿌리와 이파리, 161쪽.

57 『特高月報』, 1944年 6月; 朴慶植, 1976, 『在日朝鮮人朝鮮人関係資料集成』 第5巻, 三一書房, 407쪽.

58 국무총리 소속 일제강점하강제동원피해진상규명위원회, 2005, 『구술기록집1-당꼬라 고요?』, 59~60쪽.

모집에 응해 연락선에 올랐다. 징용으로 끌려가는 것보다 나을 것이라는 판단에서였다. 2년 계약이었으나 강제로 2년이 더 연장되었다.[59] 하루에 3원을 번다는 얘기도 실제와 달랐다. 취업 사기나 다름없었다. 그러나 본인의 의지로 어떻게 할 수 없는 엄혹한 시절이었다.

1944년 2월 일본 정부는 1942년 2월의 각의 결정인 「조선인 노무자 활용에 관한 방책」을 개정하는 조치에 들어갔다. "이입하는 조선인 노무자의 정착을 꾀함과 동시에 출동 기간 만료자의 계약 갱신을 촉진하기 위하여 그 가족을 불러오기 용이하도록 조치를 강구하고, 이들 노무자로 하여금 안심하여 전시 생산 증강에 매진시킬" 목적이었다. 당초 송출 노무자는 "가족을 동반하지 않는" 것이었으나, 이를 수정하여 "본 방책에 의한 내지 송출 노무자로서 2년을 넘는 고용 기간의 출동에 응한 자에 대해서는 별도로 정하는 바에 따라 가족을 불러오도록" 용인한 것이다.[60] 이는 일본 본토로 송출한 조선인 노무자의 정착과 이탈을 방지하려는 조치였는데, 일단 본토로 끌려온 조선인은 '불량'으로 송환되지 않는 한 사실상 귀환이 요원하였다.

---

59 국무총리 소속 일제강점하강제동원피해진상규명위원회, 2009, 『사진으로 보는 강제동원 이야기-일본 홋카이도[北海道]편』, 50~51쪽.

60 「朝鮮人労務者活用ニ関スル方策中改正ニ関スル件」, 昭和19年 2月 10日; 朴慶植, 1976, 『在日朝鮮人朝鮮人関係資料集成』 第5巻, 三一書房, 19쪽.

제4절 동원 방법에 대한 오해와 진실

1. 동시 병행된 모집, 관 알선, 징용

여기서는 그동안 학계에 많이 알려진 노무동원에 대한 인식을 되짚어 보면서 무엇이 잘못되어 있는지 알아보기로 하자.

일반적으로 노무동원의 방식은 모집, 관 알선, 징용 등의 순으로 이해하는 경향이 강하다. 기존의 연구를 보면 강제동원 연구의 단초를 마련한 박경식의 경우, '좀 더 강제적인 연행 정책'이라는 견해하에 모집에서 관 알선으로 수송 방법과 대상자 공출 방식이 강화된 것으로 표현했다. 김민영은 관 알선에 대해 "보다 강제적인 노무동원 정책"이라고 인식했고, 곽건홍은 "모집·알선·특별 알선·징용, 근로보국대 등 직접적인 노동력 동원 방식은 점차 강제적 성격을 노골화했다"고 인식했다.[61]

그러나 이러한 인식은 모집, 관 알선, 징용의 동원 방식 등을 강제동원의 국가성을 중심으로 검토한 결과로 보여진다. 즉, 앞의 두 유형은 법적 규제가 없는 반면에, 후자는 「국민징용령」에 의한 국가명령이었으므로 강제성이 강한 것으로 간주하고, 게다가 시기적으로도 이와 같은 순으로 강화된 것으로 이해하는 경향이 강하다.

이러한 인식을 고정시키는 설명도 있었다. 모리타 요시오[森田芳夫]의 『재일조선인 처우의 추이와 현상[在日朝鮮人処遇の推移と現状]』(1955)에 의

61 정혜경 외, 2019, 『반대를 논하다-'반일종족주의'의 역사부정을 넘어』, 도서출판 선인, 201쪽.

하면, "전시체제하에 정부는 조선인을 집단적으로 일본 내지에 강제이주시키는 정책을 채택했다. 이 노무동원은 다음의 세 단계로 나누어 볼 수 있다"며, "ⓐ 자유 모집에 의한 동원(1939년 9월부터 1942년 1월까지), ⓑ 관 알선·군대조직에 의한 동원(1942년 2월부터 1944년 8월까지), ⓒ 국민징용령에 의한 동원(1944년 9월 이후)"[62]이라고 명확하게 단계와 시기를 구분하고 있다.

정책 입안 추이로 보면 모집, 징용, 관 알선의 순으로 진행되어 왔음에 유의해야 한다.

두 번째로 징용은 조선인 노무자의 경우 1944년 8월의 각의 결정으로 적용되었고, 그해 9월부터 시행되었다는 인식이다. 징용은 1939년 7월「국민징용령」제정과 함께 같은 해 10월 조선인에게도 시행되었음에도 불구하고 조선인에게는 1944년 9월 이후에 적용되었다고 하는 인식이 모집, 관 알선, 징용 등의 순서로 강제성이 강화되는 듯한 인식에 결정적인 역할을 하였다.

이처럼 모집, 관 알선, 징용으로의 이행과 강화 등은 마치 단계적으로 적용되었던 것처럼 오해하기 쉽다. 다시 말해서 모집의 종기(終期)가 관 알선의 시작이 되고, 관 알선의 종기가 국민징용의 시작이 되는 것으로 이해되기 십상이다. 다음에 보는 바와 같이 실제로는 그렇지 않다. 모집, 관 알선, 징용 등은 모두 동시다발적으로 시행되고 있었다.

후쿠오카현 오무타시[大牟田市]의 미쓰이[三井]광산 미이케[三池] 만다[万田]광업소는 모집, 관 알선, 징용의 세 가지 방식을 모두 동원하여 조선인을 '집단이입'한 기업이다. 먼저 모집으로 동원한 조선인을 보면

62 森田芳夫, 1955,『在日朝鮮人処遇の推移と現状』, 法務研修所.

1941~1944년에 걸쳐 총 73명을 동원한 것이 확인된다. 관 알선으로는 1942~1944년간 총 1,391명을 동원하였는데, 내역은 다음과 같다.

> 1942년 2월 4일(59명), 1942년 9월 9일(82명), 1942년 11월 4일(39명), 1942년 11월 22일(77명), 1942년 12월 22일(49명), 1943년 4월 17일(99명), 1943년 4월 21일(97명), 1943년 8월 25일(92명), 1943년 9월 3일(97명), 1943년 9월 21일(92명), 1943년 11월 22일(75명), 1943년 11월 26일(54명), 1944년 1월 19일(61명), 1944년 1월 25일(43명), 1944년 2월 24일(23명), 1944년 3월 12일(54명), 1944년 4월 5일(35명), 1944년 8월 30일(202명), 1944년 12월 16일(61명).

마지막으로 징용으로는 1944~1945년에 걸쳐 총 293명을 동원하였으며, 그 내역을 보면 1944년 4월 7일(63명), 1944년 6월 9일(30명), 1944년 7월 9일(79명), 1944년 7월 16일(8명), 1945년 1월 27일(64명), 1945년 4월 19일(49명)이었다.

조선인을 일본으로 송출한 지역의 특징을 보면 모집은 거의 전국적으로 이루어졌으나, 관 알선과 징용은 특정 지역에 편중되었다는 사실을 확인할 수 있다. 주도면밀하게 계획적·조직적으로 조선인을 동원하고 있었음을 엿볼 수 있는 대목이다.

예를 들어 관 알선의 경우, 이 광산에서 1942년도에 가장 많은 인원인 82명을 동원한 9월 9일을 보면, 충북 충주, 괴산, 진천, 제천, 음성 등 5개 군이 70명에 달해 전체 85.4%를 차지했다. 같은 해 11월에는 4일과 22일에 걸쳐 총 116명을 동원하였는데, 4일에는 충남 아산군(39명 중 37명), 22일에는 충남 보령군(77명 중 70명)에 각각 집중되어 있었다.

1943년 9월에는 3일과 21일에 걸쳐 총 189명을 동원하였는데 대부분 경기도 수원군(189명 중 170명) 출신이었다. 1944년에 202명을 동원한 8월 30일의 경우 고창군, 김제군, 부안군, 순창군, 익산군, 임실군, 장수군, 정읍군 등 8개 군에 걸쳐 이루어졌으며, 전북이 178명(88.1%)으로 가장 많았다

징용의 경우는 1944년 4월 7일에 동원된 63명의 출신지를 보면 전원 경기도로 용인군 38명, 광주군 25명이었다. 1944년 6월 9일의 30명의 경우는 경기도 11명을 필두로 전국적으로 흩어져 있지만, 1944년 7월 9일의 79명의 경우는 경기도가 65명(82.3%)으로 압도적으로 많다(기타 충남 3명, 충북 8명, 전북 1명, 전남 1명, 경남 1명). 1945년 1월 27일의 64명은 충남 63명과 충북 1명이며, 대부분이 충남 대덕군(59명) 출신이다. 마지막으로 1945년 4월 19일에 동원된 49명은 전원 전남 출신으로 고흥군 20명, 진도군 15명, 해남군 13명, 보성군 1명이다.

이상 '집단이입'의 시기별·지역별 동향을 알아보았는데, 이번에는 동원 방법과 동원 시기 간의 관계를 알아보자. 이해를 돕기 위해 〈표 2-6〉을 작성하였다.

〈표 2-6〉 미쓰이 미이케 광업소 '입소 경로'별 동원 시기

	1942년	1943년	1944년	1945년
모집	3월·5월·6월·7월·8월·9월·10월·11월	1월·2월·3월·4월·5월·6월·7월·8월·9월·10월	1월·2월·6월	-
관 알선	2월·9월·11월·12월	4월·8월·9월·11월	1월·2월·3월·4월·8월·12월	-
징용	-	-	4월·6월·7월	1월·4월

비고: *모집의 1941년 내역은 4월 2명이다.

**1944년 8월 30일 동원된 202명은 입소 경로가 '관 알선(징용)'으로 표기되어 있으며, 여기서는 관 알선에 포함했다.

〈표 2-6〉을 보면 다음의 세 가지 사실을 확인할 수 있다.

첫째, 조선인 노무자의 동원에서 압도적 우위를 차지하는 것은 관 알선으로 전체의 80%에 육박하고, 징용이 16.7%로 뒤를 이으며, 모집이 4.2%로 가장 낮다는 점이다. 이를 통해 모집으로는 노무동원이 쉽지 않아 조선총독부를 통한 관 알선에 많이 의존했던 정황이 파악된다.

둘째, 모집→관 알선→징용의 형태로 점점 심화하며 옮겨 가는 것이 아니라, 동시에 병행하고 있었다는 점이다. 모집과 더불어 관 알선 방식으로도 동원이 있었으며, 심지어 1944년에는 모집, 관 알선, 징용이 모두 동시에 진행되고 있었다. 조선인을 동원하기 위한 모든 방법을 동시다발적으로 적용하고 있었다고 이해함이 옳을 것 같다.

셋째, 보통 조선인 노무자의 징용에 의한 동원은 1944년 8월 8일의 각의 결정인 「반도인 노무자의 이입에 관한 건」에 따라 같은 해 9월부터 적용되었다고 하는데, 그보다 이른 시기에 이미 시행되고 있었음을 확인할 수 있다. 물론 미쓰이 미이케 만다광업소는 조선인 명부 '부기'란에 "징용에 의한 조선인 노무자"는 '현지 징용'이라고 되어 있어 일본 현지에서 징용한 것으로 추정된다.[63] 설령 그것이 일본 현지 조선인에게 적용되었다 하더라도 징용에 의한 동원에는 변함이 없으므로 1944년 9월부터 적용되었다는 인식은 재고할 필요가 있다.

일부에서는 관 알선이 징용과 병행되었으며 1944년 이후에도 유효

63 일본 거주 조선인은 1942년 2월 13일 각의 결정 「조선인 노무자 활용에 관한 방책(朝鮮人労務者活用に関する方策)」에 의거 징용 또는 국민근로보국대로 군수공장, 탄광 등에 동원되었다. 한편, '현지 징용'이라는 설명때문에 일본 현지에서 징용된 것이라고 추정할 수는 있으나. 가령 1944년 4월과 7월에 동원된 조선인은 출신지가 경기도에 편중되어 있어 일본 현지 징용의 가능성을 의심케 한다. 이 부분은 조선의 해당지역에서 징용한 것으로 이해하는 것이 자연스럽다.

하였다는 인식의 변화가 보이기는 하지만, 이것은 마치 모집은 그렇지 않았다고 웅변하는 듯하여 부적절하다.[64]

다시 한번 강조하지만, 노무동원계획에 의한 조선인의 '집단이입'은 모집(1939), 징용(1939), 관 알선(1942) 등의 방식으로 시행되었지만, 조선인을 동원할 수 있는 유효한 방법을 총망라하고 있었던 것이지, 어느 한 단계가 지나 다음 단계로 변환하여 간 것은 아니다. 정혜경이 지적하는 바와 같이, 이것은 강제성의 강화 여부를 의미하는 것이 아니라 동원의 책임 주체에 따른 분류임에 주의해야 한다.[65]

2. 거부와 저항으로 맞선 조선인

「국민징용령」에 의한 징용 이전 시기의 모집, 관 알선 등은 강제동원이 아니라고 한다면 그것은 잘못된 이해이다. 강제성은 동원과정의 강제성에만 한정되지 않고, 동원 당시 사기와 기만, 노동현장에서의 인신 구속, 약속 불이행 등을 포함한 포괄적인 개념이다. 따라서 동원정책, 동원과정, 노동실태, 귀환과정 등을 포함하여 전 과정을 총괄적으로 파악하고 평가해야 한다. 모집은 고용주와 노동자 간의 자유로운 의사결정을 통해 계약이 성립되는 과정으로 이해하기 쉬우나, 전시기 조선인의 '집단이입'은 그렇지 못했다. 모집의 외견을 뒤집어쓴 것일 뿐 조선인의 자

64 文京洙·水野直樹, 2015, 『在日朝鮮人歴史と現在』, 岩波書店, 67쪽.

65 정혜경 외, 2019, 『반대를 논하다-'반일종족주의'의 역사부정을 넘어』, 도서출판 선인, 202쪽.

유는 철저히 무시당했다.

조선인 노무자는 일본 정부의 노무동원정책에 부응하지만은 않았다. 동원되는 과정에서 혹은 동원지에서 끊임없이 탈출을 시도하며 저항했다. 〈표 2-7〉은 일본 관헌이 '도주'로 집계한 조선인 노무자의 시기별 상황을 정리한 것이다.

〈표 2-7〉 조선인 노무자의 '도주' 상황

	동원자 수	도주자 수	도주율
1939년	19,135	429	2.2%
1940년	61,984	17,053	27.5%
1941년	44,974	24,549	54.6%
1942년	122,429	46,809	38.2%
1943년	117,943	40,550	34.4%
1944년	138,852	27,426	19.8%
총계	505,317	156,816	31.0%

출처: 内務省 警保局 保安課, 1944.10, 『(極秘)国民動員計画に伴ふ移入朝鮮人労務者並在住朝鮮人の要注意動向』, 『種村氏警察参考資料』 第107集.

조선인 노무자의 '집단이입'을 결정한 1939년을 제외하고, 매년 약 20%를 훨씬 넘는 '도주'가 있었음을 알 수 있다. 아시아·태평양전쟁으로 전선이 확대되는 1941년에는 동원자의 절반 이상이 '도주'하는 상황조차 나타났다. 전체적으로 평균 30%대의 '도주'가 있었으므로 동원한 조선인 노무자의 10명 중 3명이 '도주'한 셈이다. '도주'라는 표현은 사전적으로 "피하거나 쫓기어 달아나다"라는 의미를 담고 있는데, 조선인 노무자가 피해야 하는 상황에 있었음을 의미함과 동시에 '집단이입'이 노무자 본인의 자유로운 의사에 반한 것임을 암시한다.

그렇다면 '도주'를 감행해야 하는 절박한 상황은 무엇이었을까?

'도주' 이유를 조사한 바에 따르면, 유혹 19.8%, 공포 17.7%, 계획적인 도항 12.4%, 도회생활 동경 6.6%, 대우 및 불평 7.1%, 전직 4.9%, 기타 31.4%였다.[66] 노동력의 절대적인 부족을 호소하던 당시 일본 내 작업장의 사정을 감안하면 유혹이나 전직(24.7%) 등 노동자 '빼돌리기' 정황이 포착되는 가운데, 노동환경의 열악함을 암시하는 공포와 불평이 24.8%로 같은 수준의 비중을 차지하고 있었다.

'도주'하는 조선인이 속출했다고 하여 '도주'가 자유롭게 횡행하고 있었다고 생각하면 오산이다. '도주'하다 잡힐 경우 모두가 보는 앞에서 '본보기식'의 무자비한 린치와 학대가 가해졌다. 학대를 목격한 조선인은 당시를 다음과 같이 회고했다.

> "도망가는 사람을 붙잡아다, 문초(問招) 받는 자리가 있어. 문초하는 곳을 견학을 시켜. 매주, 매일 견학을 시킨다고. 도망병이 없을 수 없으니까. … 〈중략〉 … '이렇게 죽어야 하나, 이왕에 죽으려면 한시라도 자유 갖고 살자' 그런 마음에 인간적으로 도망이란 게 없을 수

---

66 外村 大, 『朝鮮人強制連行』, 157쪽. 내무성 경보국은 '도주자'의 원인으로 6가지를 들었다. ① 처음부터 내지 도항의 수단으로 응모한 자, ② 응모 후 내지 재주 지인, 기타로부터 도항 후 도주해 오라고 연락받은 자, ③ 취업지로 가는 도중 타인으로부터 탄광, 광산 등의 작업이 위험하다고 다른 유리한 직업으로 알선하겠다고 유혹된 자, ④ 탄광, 광산 등 작업에 공포심을 느낀 자, ⑤ 탄광, 광산 등 작업의 과로함을 혐오한 자, ⑥ 모집시의 조건과 실제 조건이 상이하다고 하는 자 등이었다. 内務省警保局, 1939, 『募集ニ依ル朝鮮人労働者ノ状況』(朴慶植, 1976, 『在日朝鮮人関係資料集成』, 三一書房) 1225쪽.

가 없는 세상이여. 그러나 그걸 일본놈들은 동조(同調) 안 혀. 아무도. 독종 중에 그런 독종이여."[67]

"도망치면 아주 절단나는 거야. 그러니까는 도망 못 가게, 도망 가다가 걸린 사람은 그저 송판때기에다가 못을 박아놓고 막 쥐어 갈기고 뭐 그렇게 한 거지. 그러니까는 그 대원들 모두 나오래가지고서 보는 앞에서 해요. 그러니까 꼼짝 못 하지. 그걸 보여 주는 거고."[68]

'도주'는 흡사 목숨을 건 탈출극과 같았다. 사할린에 동원된 충청북도 출신의 조선인은 다음과 같이 감시를 피해 화장실을 통해 탈출하였다.

함바의 변소 창문을 뜯고 도주하여 즉시 4~5명이 추적하였으나 함바 남쪽 수풀 속에서 종적을 감췄다.[69]

'도주'를 감행하는 것은 비단 조선인에만 국한된 것은 아니었다. 일본인조차도 열악한 처우와 중노동을 견디지 못해 '도주'하는 경우가 속출했다.

---

67 국무총리 소속 일제강점하강제동원피해진상규명위원회, 2005, 『구술기록집1-당꼬라 고요?』, 41쪽, 박용식 구술.

68 국무총리 소속 일제강점하강제동원피해진상규명위원회, 2005, 위의 책, 97쪽, 후쿠오카현 야마다[山田]탄광에 동원된 장덕환 구술.

69 러시아 사할린주 역사기록보존소(GAISO) 소장 문서 Д172-2, 118쪽. 충청북도 출신 金本三郎의 사례.

늑골이 아프다 하여 숙소에서 쉬게 하였는데, 본인이 희망하여 오늘 도요하라청 병원에 진료를 받으러 연행 도중 역 대합실에서 진료 시간을 기다리던 중 감시원의 눈을 피해 도주[70]

도주자는 오류일 전부터 오른쪽 발바닥에 종기가 생겨 미하시[三橋]병원에서 통원치료를 받던 중 4월 12일 오전 8시 반경 미하시병원에서 화장실에 간다고 한 뒤 뒷문으로 도주[71]

노무자들이 병원 치료를 받으러 가는 것조차 '연행'이며, 감시원이 동행하고 있었다는 정황이 주목된다.

강제동원을 거부하는 사례도 있었다. 「국가총동원법」 제4조에 따라 1939년 「국민징용령」이 제정되어 징용에 의한 노무동원이 시작되었는데, 징용을 거부할 경우 「국가총동원법」 세35조와 제36조에 의거 1년 이하의 징역 또는 1,000원 이하의 벌금을 물어야 했다. 징용이야말로 이와 같이 법적 강제력을 수반한 노무동원이었으나 순순히 응한 것만은 아니었다. 1944년 10월 16일부터 10일간 조선총독부 경무국이 일제 조사한 결과를 보면, 징용을 거부한 조선인은 무려 1만 6,440명에 달했다.[72] 이들 중에는 소년도 있었다.

1927년 9월 출생한 전남 해남 출신인 규상은 1945년 봄 일본으로 동원되던 중 탈출, 7월에 적발되어 「국가총동원법」과 「국민근로동원령」 위

---

70 러시아 사할린주 역사기록보존소(GAISO) 소장 문서 Д172-1, 『行政捜査書類綴』, 77쪽, 홋카이도[北海道] 출신 仙石國弘의 사례.

71 위의 문서철, 156, 159쪽. 효고현[兵庫縣] 출신 川岸庫一의 사례.

72 정혜경, 2019, 『아시아·태평양전쟁에 동원된 어린아이들』, 섬앤섬, 344쪽.

반 혐의로 김천소년형무소에 수감되었다. 1926년 출생한 전남 구례 출신의 소년 5명은 1944년 12월 10일 일본 오이타현 소재의 공장으로 동원되던 중 여수에서 탈출, 경남 하동으로 피신하였다가 이듬해 고향으로 귀가한 후 체포되었다. 이들은 「국가총동원법」 위반으로 정식 재판 없이 약식명령에 따라 징역 10개월을 언도받고 4월 10일 광주형무소에 수감되었다.[73]

히로시마시에 소재한 도요공업주식회사는 99식 소총을 생산하던 군수회사로 조선의 청장년층을 '징용'으로 동원하였다. 이와 관련한 조선인 피징용자의 명부가 한국 정부에 기증되어 전시기 노무동원의 일면을 살필 수 있다.

'제7차 보결'이라는 문구와 함께 작성된 『반도응징사 신상조사표』라는 명부를 보면, 경성부에서 총 93명의 조선인을 징용 대상으로 선정하고, 그중 58명을 도요공업에 공출한 것이 확인된다. 93명 중 동원되지 않은 35명의 행방은 묘연하다. 명부 내용으로 보아 징용에 응할 수 없는 중대한 결함이 있었던 것은 아니며, 징용장 수령을 거부하며 피신했을 가능성이 크다. '제7차 보결'이란 7번째로 결손 인원을 보충한다는 의미로 징용 저항으로 인한 충원의 어려움이 엿보인다. 동원한 58명도 시모노세키에 도착하자마자 인솔을 맡았던 대표자가 탈출하여 실제로는 57명이었다.

동원과정 혹은 동원된 작업장에서의 끝없는 탈출, 곧 '도주'는 노무동원이 모집, 관 알선, 징용 등 방식이 어떻든 간에 '본인의 의사에 반하는' 강제동원, 강제노동이었음을 반증하는 것임에 유의해야 한다.

마지막으로 강제동원을 기피하는 현상이 동원업무를 담당하던 관청

73 정혜경, 2019, 앞의 책, 345~347쪽.

에도 영향을 미쳐, 경성부의 경우 징용대상자를 미리 짜고 제외하는 일까지 발생했다. 이를 고발하는 기사가 보도되었다.

> 노무 징용에 관해 경성부청 관할 청사 내에서 노무 담당 관리와 부당국자 사이에 부정행위가 있었음이 당국에 의해 적발되었는데, 이 문제도 현재 긴급한 노무공급의 운용에 관계된 불상사로 그 발생한 사정과 금후 문제방지 대책이 강구되어야 한다.[74]

이에 대해 경성부윤은 "여러 가지 유혹을 뿌리치지 않고 결국 실수를 저질렀던 것 같습니다. … 〈중략〉 … 그것은 일반적으로 나쁜 기운이 감돌아 말로는 징용의 의의를 설파하면서도 일개 개인으로서는 신변에 발생한 징용을 여하튼 간에 벗어나려고 말도 안 되는 행동을 보이는 일이 없는 것은 아니다"라고 인정했다.[75]

3. '도주자' 속출과 관리·통제 강화

송출지에서 동원하는 과정이나 현지 작업장에서 작업 중에 '도주'하는 사태가 속출하자 민생 치안을 담당하던 경찰이 단속에 나섰다. 일개 노무자가 작업장을 탈출하여 행방이 묘연해졌다고 하여 경찰이 수배령을 내리는 이유는 무엇일까? 징용장을 발급받아 동원된 경우라면 「국가총동

---

74 樋口雄一, 2020,『植民地支配下の朝鮮農民』, 社会評論社, 247쪽. 원자료는『朝日新聞西部版』, 1944.2.8.

75 위의 책

원법」에 위반하는 것이므로 단속이 따른다고 하겠지만, '모집'이나 '관알선'은 법에 근거한 것은 아니었다. 그런데도 경찰이 전국에 수배령을 내리고 단속하는 이유는 '총후(銃後, 후방)' 지원과 치안 유지 때문이었다.

전선이 중국에서 아시아·태평양 지역으로 확산되면서 일본군에 소집되는 인력이 많아지고, 군수물자를 생산하는 각종 산업은 노동자 수급에 어려움을 겪고 있었다. 조선인 노무자의 강제동원은 수급 균형이 파괴된 노동시장의 공백을 채우기 위한 것으로, 집단적이고 계획적이었다. 전쟁이 심화되면 될수록 조선인 노무자에 의한 '총후' 지원은 더욱 절실해지고 긴요했다.

한편, 조선인의 '집단이입'은 일본 본토의 치안을 어지럽힐 수 있는 교란 요인이기도 했다. 당시 내무성 경보국 보안과가 작성한 극비문서에도 조선인 '집단이입'이 가져올 민생 치안의 파괴를 경계하고 있었다.

> 이 같은 정세하에 상술한 바와 같은 다수의 조선인이 급격하게 증가하지 않을 수 없음에 있어서, 총후 치안은 물론이거니와 내선협화 내지 조선인의 황민화 유액(誘掖)상에서도 이들 조선인에 대한 지도 단속을 위해, 특히 관계기구를 정비하고 협력 가능한 적절한 시책으로 임해야 할 필요성이 극히 긴요하다.[76]

더욱이 치안 당국은 '집단이입'으로 무분별하게 조선인이 동원되고, 그로 인한 노무자의 질적 하락과 각종 소요사태 발생 등을 염려하며 조

76 内務省警保局保安課, 1944.10,『(極秘)国民動員計画に伴ふ移入朝鮮人労務者並在住朝鮮人の要注意動向』,『種村氏警察参考資料』第107集.

선인 노무자를 잠재적 범죄자로 인식하고 있었다.

> 조선인 노무자의 소질적 결함은 관계방면으로부터 종종 지탄받는 바이다. 실제로 쇼와 14년(1939) 이래 국민동원계획에 의해 이입되는 노동자를 보면, 이입 후 도주자 속출, ○○○, 태업, 각종 범죄 감행, 내지인과 대립 투쟁, 내지 부녀자에 대한 부적절한 행위 등 여러 가지 경찰(관련-인용자) 사고를 극히 빈번하게 야기하고 있다. 이들 소질이 열악한 자의 격증은 내지 치안을 현저하게 위협하고 있는 바이다.[77]

'총후' 지원을 위해 조선인의 '집단이입'이 불가피하다고 하지만, 치안 당국으로서는 이것이 또한 일본 본토의 치안을 어지럽히고 나아가 '총후' 지원마저 방해하는 극도로 경계할 문제인 것으로 인식되었다.

> 즉, 일부 사상분자는 이들 노무자의 직역(職域)이 전력증강과 직접적으로 밀접하게 관계하고 있음에 착목하여 이를 지도하여 생산 저해를 가져오고, 일본의 패전과 조선의 독립을 ○책하려는 것으로 직접 노무자가 되어 잠입 또는 외지의 의식분자를 혼일시켜 교묘하게 노무자들로 하여금 불평불만을 제기하여 이를 민족적으로 계몽·선동하고 있다.[78]

---

77 内務省警保局保安課, 1944.10, 『(極秘)国民動員計画に伴ふ移入朝鮮人労務者並在住朝鮮人の要注意動向』, 『種村氏警察参考資料』 第107集.

78 内務省警保局保安課, 1944.10, 위의 책.

실제로 생산 저해를 유도하여 '총후' 지원을 방해하고, 다른 한편으로는 조선인 노무자를 계몽·선동하여 독립운동을 기도한 사건을 적발하였다.

> 홋카이도 유바리[夕張]탄갱에서 이입 조선인 노무자를 중심으로 출탄(出炭) 저해의 태업책동을 통해 독립운동을 획책한 사례가 판명되었다. 홋카이도청에서 작년 11월 이후 관계자 검거에 착수, 일부 피의자는 치안법 위반으로 송치하였으나 아직도 사건은 확대 중으로 현재까지(10월) 검거자 12명에 이른다. … 〈중략〉 … 유바리시 소재 조선요리점 민족주의 분자 손전방주와 그의 장남 손전용업, 전○○○, 평소번남 등이 이입 조선인 노무자를 선동하여 이를 독립운동의 모체로 하기에 유망하다고 착상. 쇼와 17년 9월 이후 책동하여 당시 미쓰비시 유바리광업소에 있는 이입 조선인 노무자 최원정을 계몽하여 그를 중심으로 한 수명에 대해 ① 샌프란시스코에서는 조선인은 구속받지 않을 뿐 아니라 조선영사관이 설치되어 독립운동이 전개되고 있음. ② 만주, 관동주, 조선 경성에 있어서도 독립운동이 전개되고 있음. ③ 대동아전쟁에서 일본을 패전으로 몰고 가 미국 원조하에 조선이 독립할 절호의 기회. ④ 일본을 패전으로 몰고 갈 첩경은 모든 전력(戰力)의 근간인 석탄 출탄량을 저하시키는 데 있음. 이를 위해 이입 노무자가 전면적으로 가동률 저하 내지는 태업을 실현할 필요 있음 등을 지도하고 "탄갱 지역별로 책임자를 선정할 것", "동 책임자는 자기 분담 지역에서 활용할 통역을 가급적 적확하게 획득하여 그로 하여금 이입 노무자의 계몽 획득의 책임을 부가하여 계속하여 보고하도록 할 것", "통역의 당면 임무는 출가(出稼, 원정 노동-인용자) 독려 중지, 출근율 저하, 재계약 거부, 가족 초청 반대, 도박 풍

기단속 방임, 갱내 작업 태업 등을 지도할 것" 등 구체적인 운동방책을 지시하고, 그 활동을 촉구하는 것이었다. … 〈중략〉 … 작년 2월부터 11월까지 10개월간 작업장에서의 태업을 지속한 결과, 출탄 능률이 2할 내지 4할 정도까지 감퇴한 사실이 판명되는 등 이런 책동은 지극히 위험하다.[79]

효고현[兵庫縣]에서 금년 6월 15일 검거된 아마가사키시[尼崎市] 소재 오타니[大谷]중공업 아마가사키공장 이입 조선인 노무자 황전병무(25세) 외 7명을 엄중 취조 중에 있는데, 황전은 조선에 있을 때 만주 거주의 김일성○○항일공작대원 고영석으로부터 선동되어 목적 달성을 위해 이입 노무자로 내지에 잠입, 조선인 노무자들과 집단생활을 하면서 그들을 민족적으로 결집하여 혁명 역량을 확충하려고 상기 공장에 도래한 자로, 도래 후에는 모범공을 가장하며 교묘하게 동지 획득에 분주, 검거 당시 이미 7명을 획득하고 있었다.[80]

이와 같이 전시 '총후' 지원을 위한 노무동원계획에 따른 '집단이입'이라고는 하지만, 경찰 등 치안 당국의 입장에서는 조선인 노무자는 일본 본토의 치안을 교란할 우려가 다분한 잠재적인 '요주의', '요시찰'의 단속대상이었던 것이다.

민생 치안을 담당하는 경찰 입장에서는 조선인의 '집단이입'은 달갑

79 内務省警保局保安課, 1944.10, 『(極秘)国民動員計画に伴ふ移入朝鮮人労務者並在住朝鮮人の要注意動向』, 『種村氏警察参考資料』 第107集.

80 内務省警保局保安課, 1944.10, 위의 책

지 않았지만, 생산력 확충이라는 견지에서 노무동원정책을 지원해야 하는 입장이기도 했다. 경찰이 '도주자'를 지명수배하고 적극적으로 색출했던 것은 바로 노동력 이탈로 인한 생산력 손실을 막고, 동시에 본토의 치안유지에도 직결되었기 때문이었다.

'도주자' 수배는 특별고등경찰에 의해 내려졌다. 앞서 본 바와 같이 '집단이입' 속에 체제 전복과 조선 독립을 기도하는 조선인이 잠입한 사례를 경험하였기 때문에 '도주' 조선인은 '요주의', '요시찰'의 사상범 혹은 독립운동가를 단속하는 특별고등경찰의 관할에 속한 것으로 판단된다. 다시 말해서 '도주'를 단순한 단속대상으로 본 것이 아니라 체제 전복을 기도하는 사상범과 동일시하고 있었음을 의미한다.[81]

노무동원정책을 교란하는 행위도 적발대상이었다. 다음과 같이 일본 본토에서의 노동환경을 폭로하는 서신은 검열을 통해 사전에 차단되었다. 조선 내 민심에 동요를 가져와 노동력 수급에 차질을 가져올 것을 우려한 까닭이다.

> 진나이[珍內, 남사할린] 야마시타[山下]광업소 와타나베구미[渡辺組] 채탄부 남재우가 좌측과 같이 반도 노무자의 배식 부족, 작업의 위험성 등을 과도하게 말하며 출신 지역의 민심을 동요시키는 통신을 보내고 있다는 것을 경상남도 함양경찰서 우편검열에서 발견, 관

---

81 변은진은 '집단이입'의 조선인 노동자 중 '도주'한 조선인이 비밀결사를 조직하여 활동했다는 사례를 들어 '소극적' 저항의 형태인 '도주'가 '적극적' 저항의 형태인 '비밀결사'와 상호 관련되고 운동의 주체도 학생 등 지식인에서 노동자로 이동한다는 점을 밝히고 있다(변은진, 2002, 「일제 침략전쟁기 조선인 '강제동원' 노동자의 저항과 성격: 일본 내 '도주'·'비밀결사운동'을 중심으로」, 『아세아연구』 제45권 2호).

할인 진나이 경찰서장에게 통보하였기에 실정을 조사한 바, 좌측과 같이 통신이 있었음을 인정하지 않을 수 없는데, 발신자는 금월 13일 경 도주하여 소재 불명[82]

"전략

편지를 받으시면 즉시 답신해 주세요. 이제껏 숨겨 왔지만, 무엇보다 배가 고파서 견딜 수가 없습니다. 저는 조선에서도 그다지 많이 먹는 편은 아닌데, 지금은 배가 고파서 일도 제대로 할 수가 없습니다. 노동자들이 공복을 견디지 못해 급기야 몸이 부어올라 힘도 쓰지 못하는 걸 보면 정말로 불쌍해서 견딜 수가 없습니다. 속아서 모집에 응한 것이 후회스럽기 짝이 없습니다. ○○모집에 응하는 사람이 있다면 절대로 말려 주세요."[83]

모집으로 끌려간 조선인 노무자가 고향에 부친 편지였다. 이 서신은 고향의 가족에게 전달되기 전에 경상남도 함양경찰서에 적발되어 발송처 관할인 당시의 일본명 가라후토(남사할린) 진나이 경찰서장 앞으로 주의를 요한다는 공문과 함께 발송되었다. 말할 것도 없이 일본 작업장의 사정이 조선에 전파되면 조선인 '집단이입'의 노무동원정책에 영향을 가져오니 노무관리를 철저히 해 달라는 것이었다.

'도주'는 노무동원정책과 생산력 확충의 근간을 흔드는 저항이다. 그리하여 내무성 경보국은 1942년 7월 22일 경시청과 각 부·현 지사 앞으

82 러시아 사할린주 역사기록보존소(GAISO) 소장 문서 Д154(0), 1943.5.19, 104쪽.

83 러시아 사할린주 역사기록보존소(GAISO) 소장 문서 Д154(0), 1943.5.19, 110쪽, 113쪽.

로 「조선인의 이동방지에 관한 건(경보국 保發제27호)」을 통첩하여 조선인 전문기관인 협화회 활동을 강화하는 3대 방침을 전하였다.[84] 같은 해 8월 6일에는 후생차관, 내무차관, 상공차관 연명으로 「이입 조선인 노무자 도주 방지에 관한 건(후생성 發生제81호)」을 후생성, 상공성, 경시총감, 지방 장관, 광산감독부장 등에게 통첩하여 전 7개 항목으로 구성된 「이입 조선인 노무자 도주 방지 대책 요강」에 따라 조치할 것을 요청하였다. 내용은 다음과 같다.

① 조선인 노무자의 조련을 촉진할 것
② 조선인 노무자에 대한 노무관리를 쇄신할 것
③ 업자 간 노무자 빼돌리기 방지에 철저를 기할 것
④ 일용직 노무자의 단속을 강화할 것
⑤ 노무자 브로커를 철저히 단속할 것
⑥ 노무자 단속을 강화할 것
⑦ 사업주에게 협화회 회원증을 소지하지 않은 자를 고용하지 않도록 할 것[85]

상기 요강에 의하지 않아 '도주자'가 발생하는 사업장에 대해서는 당분간 노무자 충원을 정지한다는 방침을 전해 사업주에게 노무관리 책임

84 3대 방침이란 ① 조선인 노무자 전원을 협화회에 가입시킬 것 ② 협화회 수첩은 정규 도항자 혹은 용의자를 식별하기 위한 자료로 사용할 수 있도록 교부와 이동사항 정정에 각별히 유의할 것 ③ 협화회 수첩을 소지하지 않은 자는 부정 도항자 혹은 이입 노무자 중 '도주자'이므로 사업주에게 절대 고용하지 않도록 할 것 등이었다. 朴慶植 編, 1976, 『在日朝鮮人関係資料集成』 第4卷, 三一書房, 28~29쪽.

85 朴慶植 編, 1976, 『在日朝鮮人関係資料集成』 第4卷, 三一書房, 31쪽.

을 강하게 물었다.

가이지마 오노우라탄광의 경우 이를 실천에 옮겨 '도주' 등을 꾀한 '불량 조선인'을 훈육할 목적으로 '제6광 특별훈련소'를 설치하여 400명을 강제수용하였다고 한다.[86] 다른 탄광에서도 이와 같은 시설을 설치하여 훈육하였다고 한다. 가령, 모 탄광의 '청심료(淸心寮)'라는 특별훈련소의 경우, "이입하기가 무섭게 도주자가 속출, 분쟁 남발로 노무계원도 피곤하여 비관적이었으나, 료 개설과 함께 우울했던 기분도 일소되었다"고 평가했다.[87]

'도주'에 실패해 경찰에 연행되면 즉시 "사상관계를 규명"한 후[88] 사상 문제가 아니라고 밝혀지면 "훈계하여 종전 사업장으로 복귀"시켰다.[89] 종전 사업장에 인도된 조선인에게는 '특별훈련소'의 심한 매질과 혹독한 노동이 기다리고 있었다.[90] '모집'이나 '관 알선'이 본인의 자

---

86 이는 광산감독국장 지도하에 운영된 '전시석탄확보대책협의회'에서 '불량 반도인의 특별훈련소 급설'의 필요성이 제기되어 "반도인 불량자는 이 시설에 수용하여 정신훈련과 함께 고통을 안겨 주도록 하고, 나태한 자에게는 중노동을 강제하여 응징하도록 하자"는 지침을 실행에 옮긴 것이었다. 金光烈, 『「内戦融和」美談の真実』, 133쪽. 「(秘)重役会議事録1」, 1943.7.24~1944.1.24에 의한 것임.

87 前田 一, 1943, 『特殊労務者の労務管理』, 山海堂, 123쪽. 동서에 의하면 청심료에 수용된 '불량 조선인' 299명 중 205명이 '도주'로 가장 많고, 태업 28, 도박 18, 선동 17 등이 뒤를 이었다. 여기서 말하는 '불량 조선인'이란 규칙 위반, 도주, 폭행, 태만, 도벽, 도박, 선동 등을 일삼는 조선인을 일컬었다.

88 内務省警保局, 1939, 「社会運動の状況」(朴慶植 編, 1976, 『在日朝鮮人関係資料集成』 第4巻, 三一書房, 295쪽); 警司法省刑事局, 1941, 「労務動員計画に基く内地移住朝鮮人労働者の動向に関する調査」(朴慶植 編, 『在日朝鮮人関係資料集成』 第4巻, 1235쪽).

89 朴慶植 編, 「移入朝鮮人労務者逃走防止ニ関スル件」, 『在日朝鮮人関係資料集成』 第4巻, 31쪽.

90 가이지마 오노우라탄광에 동원된 춘천의 할아버지는 동료 대여섯 명과 함께 탈출하다가 실패하여 탄광으로 돌려보내진 후 매질을 당했다고 고백했다. 할아버지도 가이지마

유의사에 의한 것처럼 보이지만, 조선인의 끊임없는 '도주'에서 나타나듯이, 그리고 '도주'한 조선인을 추적하는 기업과 치안 당국의 행태에서 보듯이 그것이 강제된 것임은 자명하다.

전시기 노무동원계획에 따라 동원된 조선인은 일차적으로는 기업의 노무관리에 의해 감시되었고, 이차적으로는 경찰의 전국적인 감시망에 의해 통제·관리되었던 것이다.

오노우라탄광이 설치한 '특별훈련소'에 수용되었다(정혜경 외, 2019, 『반대를 논하다: '반일종족주의'의 역사부정을 넘어』, 도서출판 선인, 78쪽).

제3장
근로보국대 제도

제1절 근로보국대 제도 수립

1. 통첩으로 출발한 근로보국대 제도

1) 중일전쟁 발발, 전진기지가 된 한반도

1937년 7월 7일 밤, 중국 베이징[北京] 부근 루거우차오[蘆溝橋]에서 중·일 양군이 충돌했다. 공식적인 중일전쟁 발발일이다. 중일전쟁은 우발적 사건에서 시작됐다. 일본군이 1935년 화베이[華北] 분리 공작을 통해 베이징을 포위한 후 양국 군대는 오랫동안 대치 중이었고, 그 과정에서 발생한 우발적 충돌을 일본군 상부와 내각이 중일전쟁으로 확대했다.

7월 11일, 고노에 후미마로[近衛文麿] 내각은 일본에서 3개 사단, 만주에서 2개 여단, 조선에서 1개 사단 등 병력 증강을 결정해 중국 본토 침략계획을 세우기 시작했다. 내각의 방침에 힘입은 일본 참모본부는 '속전속결로 끝낸다'는 전략 아래 7월 28일 전면적인 침공을 개시함으로써 중국 침략전쟁을 일으켰다. 내각은 8월 13일 각의 결정을 통해 육군의 상하이[上海] 파견을 결정하고, 8월 15일에 전면 전쟁 개시를 선언했다. 각의 결정과 동시에 해군항공대가 난징[南京]과 난창[南昌]을 공습해 많은 민간인에게 피해를 주었다.

중일전쟁 발발로 세상은 달라졌다. 전쟁은 일본의 국가체제를 바꾸어 놓았고, 일본은 전시(戰時)를 맞았다. 중일전쟁이 발발하자 조선총독부의 반응은 신속했다. 일본 정부가 8월 15일 전면 전쟁을 공식 선언하기 전부터 각도에 전시체제령을 내리고, 전시체제로 전환했다.

〈표 3-1〉 중일전쟁 발생 정황

1937.7.7 중국 루거우차오[蘆溝橋]에서 중·일 양군 충돌		
일본 정부와 일본군	7.11	현지 정전협정 조인. 각의 결정[루거우차오 사건 처리에 관한 건]
	7.20	고이소 구니아키[小磯國昭] 조선군사령관, 조선 주둔 제20사단에 응급동원령 하달
	7.28	일본군, 화베이에서 총공격 개시. 각의 결정(총동원계획의 일부 실시)
	8.13	각의, 육군의 상하이[上海] 파견 결정, 해군육전대와 중국군과 교전 개시(제2차 상하이 사변)
	8.14	중국군 비행기, 상하이 일본 군함 폭격
	8.15	일본 정부, 긴급 각의를 열어 전면 전쟁 개시. 해군항공대가 난징[南京]·난창[南昌] 공습
조선	7.11	조선총독부, 극비리에 국장 긴급회의 개최. 중일전쟁에 따른 인적·물적 자원 징발 문제 토의
	7.27	조선총독부, 중일전쟁 발발로 각 도에 전시체제령 통첩
	8.2	조선총독부, 일본 긴급 각의 결정에 따라 조선 재정을 전시체제로 급히 전환
독립운동 세력	7.27	대한민국임시정부, 국무회의 개최해 군무부에 군사위원회 설치 결정[중국 전장(鎭江)]
	8.1	한국광복운동단체연합회 결성. 중일전쟁 발발을 계기로 한국국민당·한국독립당·조선혁명당·한인애국당·미주 5개 단체 연합

개전 초기에 일본 육군은 3개월 만에 끝낸다며 호언장담했으나 전쟁은 1938년이 되어도 끝날 기미는 보이지 않았다. 오히려 중국 내륙으로 침략해 들어가면서 전쟁은 지구전이 되었다. 일본은 장기전을 치르기 위해 「국가총동원법」을 제정해 국가총동원 전쟁체제를 가동했다. 「국가총동원법」 제정으로 일본 정부는 제국의회 승인 없이 인적·물적·자금을 통제 운용할 수 있게 되었다.

일본의 국가총동원체제는 식민지와 점령지를 포함했으므로 조선도 전시 한복판에 들어가게 되었다. 당국이 국가총동원체제 구축 과정에서 조선에 부여한 역할 중 중점적으로 실시한 것은 첫째, 대륙의 자원을 안전하게 일본으로 수송하기 위한 육상과 해상 교통을 확보, 둘째, 식량 공급, 셋째, 노동력·병력 공급, 넷째, 천연자원 개발 및 공급이었다.[1]

특히 일본 당국은 1931년 만주 침략 직후부터 한반도의 역할에 주목하고, 1930년대 중반부터 본격적으로 노동력 재배치, 식량·천연자원 확보와 인프라 구축에 나섰다. 노동력 배치를 살펴보면, 농업 중심의 조선을 농공병진(農工竝進) 정책으로 바꾸기 위해 한반도 북부의 공장, 각종 토목공사장, 탄광 및 광산의 노동력 재분배 등을 논의했다. 이를 위해 조선총독부는 1930년부터 북부 지역 공업화에 필요한 노동력을 남부에서 알선하는 방식으로 노동력 공급을 확대했다. 그러나 조선을 전시준비체제로 편입해 공업화를 급격히 추진하면서 크고 작은 공사가 계속 증가하자 노동자가 부족하게 되었다.

한반도 남부에서도 철도, 발전소, 공장, 항만, 도로, 교량, 군(軍) 관계 기타 토목공사 등 전쟁 수행에 필요한 기반시설 공사는 계속됐다. 더욱이 1936년 8월 남부 지방에 역사상 가장 심한 풍수해·한해(가뭄) 등의 재해가 닥쳤고, 몇 해 동안 피해가 누적되면서 농작물 피해는 물론 식량 부족까지 심해졌다. 이에 조선총독부는 한해 대책공사라는 명분으로 토지 개량사업, 수리시설 확충, 사방공사, 도로공사 등 대규모 토목건축 사업을 시행하고, 생산 기반이 없어진 농민들을 노동력이 부족한 지역으로 공급하는 계획을 추진하였다.

한반도의 노동력 부족은 당국이 세 가지 방향으로 국외 노동력 동원

1 안자코 유카, 2006, 「조선총독부의 총동원체제(1937~1945) 형성 정책」, 고려대학교 사학과 박사학위논문, 12쪽.

을 확대하면서 더욱 심각해졌다. 첫째, 조선총독부가 만주 개척 5개년 계획에 따라 한인의 만주 이민을 시행한 점이다. 1936년 9월, 조선총독부는 국책회사 선만척식(鮮滿拓植)을 설립하고, 1937년부터 각 도에 통첩을 내린 후 집단이민 3천 호 모집을 한반도 남부 7개 도에 할당했다. 둘째, 중일전쟁 후 일본 내 노동력 부족 사태를 한인으로 해결하려 했다. 셋째, 1939년부터 남사할린[樺太]과 남양군도 동원도 시행하고 있었다. 당국은 이 과정에서 발생한 노동력 부족을 충당할 대상으로 도내(道內) 노동력에 주목했다. 특히 토목건축현장은 심각한 노동력 부족 상황을 겪으며 대안 마련이 시급했다.[2]

2) 전통적 동원체제(부역)에 주목하라

도내 공공사업과 국책공사에 도내의 노동력을 이용하기 위해서는 기존의 방법보다 더 체계적이고 계획적인 대안이 필요했다. 그래서 나온 것이 근로보국대 제도이다. 1938년 6월 26일 내무부장이 도지사를 상대로 통첩을 발동하고, 6월 28일 근로보국대 실시요령을 발표한 후, 7월 1일 내무부장이 각 부윤(府尹)과 군수에게 통첩(「국민정신총동원근로보국운동에 관한 건」)을 하달함으로써 근로보국대가 결성됐다.[3]

---

2 한반도 토건노동력의 상세한 내용은 廣瀨貞三, 1995, 「'官斡旋'と土建勞動者-'道外斡旋'を中心に」, 『朝鮮史硏究會論文輯』 29 참조.

3 6월 26일 통첩의 내용은 6월 28일 『동아일보』, 「통첩을 발동했다는 내용」에서 확인할 수 있다. 김윤미 제공.

"조선에는 옛날부터 부역제도에 의한 민중의 공역 봉사 습관이 있는데, 이 부역에 대한 관념을 순전한 봉사 관념으로 전환해 … 〈중략〉 … 애국심의 함양을 도모하며, 국책 증강에 힘쓸 것은 물론, 내선인이 진실로 일체가 되어 공동일치적 훈련과 근로호애의 대중을 일으켜 국책수행에 적극적 협력을 할 수 있는 황국신민으로서의 신념을 배양하기 위함이다."

6월 28일, 조선총독부가 근로보국대 실시요령을 발표하면서 밝힌 결성 목적이다. 조선총독부는 근로보국대가 조선시대 부역의 또 다른 형태임을 표방했지만, 이것은 부역과 크게 다르지 않음을 포장해 한인들의 저항을 최소화하려는 의도였다. 한인들은 오랫동안 부역을 거부할 수 없는 국가의 강요된 의무로 받아들였는데, 조선총독부 당국은 이것을 이용해 자발적인 무상의 노동력 봉사 개념인 '근로봉사' 정신을 요구한 것이다. 그러나 조선시대의 부역은 18세기에 새로운 경제적 계약 관례로 변화하면서 붕괴 단계를 밟고 있었다. 그런데도 조선총독부 당국은 이러한 변화를 다시 돌려 이전의 무상 강제노동 체계로 이용하려 했다. 결국 근로보국대는 부역의 대체가 아니라 한반도 민중을 대상으로 전시체제에 맞는 노동봉사 조직을 구성하려는 의도에서 탄생한 것이다.[4]

---

4 김윤미, 2008, 「총동원체제와 근로보국대를 통한 '국민개로'-조선에서 시행된 근로보국대의 초기 운용을 중심으로(1938~1941)」, 『한일민족문제연구』 14, 128쪽.

"그때 춘천에서 서울은 차가 못 다녔거든 제대로. 뭐 포장을 했어? 뭘 했어. 그런 거 전부 다 가서 아주 마당 모양으로 땅바닥을 쓸고 와야 해. 청소, 주로 청소, 돌 줍기, 저 길이 좀 좁은 데는 거기를 쪼아서 넓히고. 그런 나가는데 이름을 그냥 부역 간다는. 부역이라 그래 부역. 일본놈 말하는 건 근로봉사요. 그놈들이 근로봉사 나와라. 근데 우린 부역 나간다 이러는 거지. 근로라는 거는 일 부지런히 하는 게 근로 아니요? 봉사라는 건 그때도 그냥 돈 안 받고 일하는 거. 지금 봉사와 한가지지. 근로봉사라는 게 부지런히 일하는 봉사다, 이런 뜻이죠."[5]

경험자의 구술을 통해 부역과 근로보국대 출동의 관계를 알 수 있다. 부역 외에 당국이 국가적 차원의 조직을 검토하는 과정에서 참고한 것은 독일의 노동봉사단 제도였다. 1938년 2월, 조선토목건축협회[6]는 독일 노동봉사단의 성과를 언급하면서 시행을 제의했다.

---

5 국무총리 소속 일제강점하강제동원피해진상규명위원회, 2005, 『구술기록집1-당꼬라고요?』, 219쪽.

6 1918년 3월 24일 '조선토목건축협회'가 창립된 후 청부 부정 사건으로 1921년 12월 17일 사단법인이라는 새로운 형태로 설립 허가를 받아 재건했다. 사무소는 경기도 경성부 중구 회현동에 두었다. 그러나 청부 부정 사건으로 협회의 기능이 정지되었다. 1936년 9월 '사단법인 경성토목건축업협회'로 발족했다가 1940년 7월 18일 '조선토목건축협회'로 개칭했다. 자산총액이 약간 증가했을 뿐 업무는 그대로 답습했으며, 관제단체로 어용화되어 갔다. 1944년 10월 19일 사단법인 조선토목건축업협회를 해산하고, '사단법인 조선토목건축업통제회'라는 관제단체로 전환했으며, 1945년 7월 16일 '조선전시건설단'으로 다시 발족했다. 대한건설협회 서울특별시회, 2001, 『大韓建設協會 서울特別市會 四十年史』, 234~243쪽(김윤미, 2006, 44쪽 재인용).

〈그림 3-1〉「독일청년이면 삽 메고 반년간 노동봉사」라는 제목으로
독일 '노동봉사단'을 소개한 기사

獨逸靑年이면「삽」메고
半年間勞働奉仕
男女十歲부터 나치스勤務
擧國的組織을完成!

◇獨逸勞働奉仕團이삽을메고行進

출처: 『동아일보』, 1938.1.3.

"독일에서는 1935년 6월 '노동봉사단'이라는 제도를 만들어 18세 이상의 남자에게 근육 노동에 바른 인식을 하게 하고, 다시 나치즘의 정신적 훈련을 부여하기 위해 일정 기간, 일정 장소에 수용해 토지 개간, 식림, 도로 확장 등의 노동을 강제적으로 시키고 있다. 이것은 청년의 단체적 훈련을 강화하고, 일종의 재향 군사훈련의 의미를 포함해 성공을 거두고 있다."[7]

이보다 앞선 1938년 1월 『동아일보』 기사에 따르면, 독일 남녀 10~18세는 히틀러·누겐드에 소속되어 교육을 받고, 19세부터 11년간 알바스트·테이스트 근로봉사단에 입소해 제방 공사, 벌목, 농작물 경작, 탄광 등지에서 노동봉사를 한 후 11년간 병역의무를 지도록 했다. 독일은 근로봉사단을 단순한 수양단체가 아니라 소년기부터 나치스 정신으로 무장시킨 후 산업 인력으로 활용하였다.[8]

1938년 6월 29일, 조선총독부는 15개 항목을 각 도지사에게 통첩해 독일의 근로봉사단과 유사한 형태인 노동봉사단을 조직하도록 했다. 평시(平時)와 전시(戰時)에 학생, 청년 및 일반인의 집단적 노동봉사를 의무화하는 내용이었다.[9]

---

7 『朝鮮土木建築協會報』, 1938년 2월호, 13쪽(김윤미, 2007, 「근로보국대 제도의 수립과 운용」, 부경대학교 사학과 석사학위논문, 12쪽 재인용)

8 「독일청년이면 삽 메고 반년간 노동봉사」, 『동아일보』, 1938.1.3

9 「현하 정세에 즉응 노무조정을 계획」, 『동아일보』, 1938.6.29

3) 통첩으로 출발한 근로보국대 제도

조선시대 부역 전통과 독일의 노동봉사단 사례에서 착안한 근로보국대 제도는 조선총독부의 통첩에서 출발했다. 1938년 6월 26일, '만주사변 1주년을 기점으로' 조선총독부 내무부장이 도지사를 상대로 통첩을 발동하고, 6월 28일 조선총독부가 근로보국대 실시요령과 실천사항을 발표한 후, 7월 1일 내무부장이 각 부윤(府尹)과 군수에게 「국민정신총동원근로보국운동에 관한 건」을 통첩함으로써 지방 하위 단위까지 근로보국대 조직 결성 지침을 하달했다.[10]

조선총독부 본부보다 앞서 근로보국대를 조직하거나 통첩을 발령한 지역도 있었다. 경남은 1938년 5월 24일 '국민정신총동원의 구체적 실천 일익으로 일반 민중 훈련과 조직화를 도모하고, 국민운동의 근저로 삼기 위해' 성단봉사작업단 조직에 착수했다.[11] 경기도는 1938년 6월 22일 내무부장이 「근로보국단 설치에 관한 건」을 각 지역에 통첩하고, 7월 7일 중일전쟁 1주년을 기념해 출범식을 가지도록 했다. 학교 단위에서는 이보다 더 빨랐다. 6월 11일, 조선총독부 오노 정무총감이 「학생 생도의 근로봉사 작업 실시에 관한 건(통첩)」을 내리자, 21일 경기도 중등학교 교장들이 모여 근로보국대 조직을 결의하는 등 적극 호응했다.

그러나 근로보국대 제도가 출발한 기준은 6월 26일 자 조선총독부 통첩(도지사 상대)이며, 조선총독부는 이날 근로보국대 조직과 운영 방침

---

10 그간 여러 연구에서 통첩 발동일에 대한 의견이 달랐다. 8월 1일 통첩을 기준으로 근로보국대 제도의 출발 일시를 7월 1일로 파악한 연구도 있었다. 그러나 6월 26일 통첩이 도지사 상대의 통첩이므로 이를 기준으로 하는 것이 적절하다.

11 「我が道の勤勞奉仕運動」, 『朝鮮』 282호, 1938.11, 30쪽.

〈그림 3-2〉 '국민정신총동원의 실천'이라는 제목으로 근로보국대 결성을 홍보하는 보도 기사

國民精神總動員의 實踐!

勤勞報國隊를 結成

十二歲以上四十歲男女參加

一般公役奉仕의 訓練

勤勞報國隊中心 各道學務課長會議

勤勞運動要旨

天氣

출처: 『동아일보』, 1938.6.28.

을 공식화했다. 이후 근로보국대는 1945년까지 노무동원의 한 요소로서 존속했다.

근로보국대는 도(道)·부(府)·군(郡)·도(島)·읍(邑)·면(面) 행정단위로 지방조직을 결성하고, 아래로 정동회(町洞會)·부락 등을 단위로 조직됐다. 근로보국대의 구성 단체는 국민정신총동원연맹, 농촌진흥단체, 청년단, 부인회, 학교 등을 중심으로 하며 형무소 직원과 수인으로 조직한 형무소보국대, 맹아원 등도 있었다. 명칭도 청년근로봉사대·노동봉사대(이상 청년), 부인노동단·이앙단·노동봉사대(이상 여성), 학교근로보국대·아동근로보국대(이상 학생) 등 다양했다.

근로보국대 조직은 지역별로 구성된 일반근로보국대, 학생들로 구성된 학생근로보국대, 각종 단체에서 구성된 각종연맹근로보국대, 특별근로보국대 등으로 구분할 수 있다. 근로보국대 조직은 국민정신총동원연맹의 기저 조직인 애국반 반원들이 각각 소속된 연맹에서 근로보국을 실천하기 위한 방책으로 구성했으므로 국민정신총동원연맹의 조직체계와 일치했다. 국민정신총동원연맹은 단체 또는 개인 등 순위(順位)가 다른 2개 이상의 연맹에 가입해도 무방한 점을 볼 때, 근로보국대도 지역별 근로보국대와 각종 연맹의 근로보국대 등에서 중복 활동이 가능했음을 알 수 있다.[12]

근로보국단이 출동할 때에는 '근로보국단출동대'라고 불렀고, 출동대에는 대장(필요에 따라 반장)을 두었다. 리(里)에는 분단, 군에는 군연합근로보국단, 도에는 근로보국단본부를 두도록 했다. 면근로보국단은 면

---

12 민족문제연구소, 2001, 『日帝下戰時體制期政策史料叢書』, 「國民精神總動員聯盟要覽」, 51, 355~357쪽

〈그림 3-3〉 광주군 대왕면과 경성공립중학교 근로보국단기

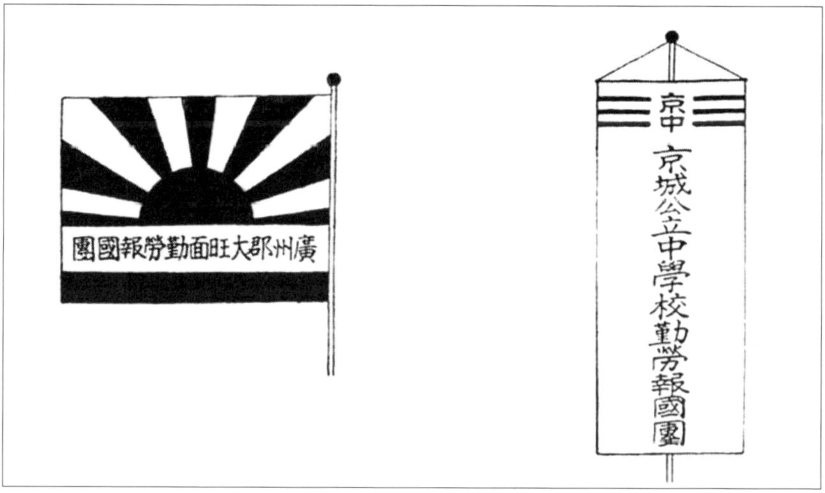

출처: 김윤미, 2006, 「근로보국대 제도의 수립과 운용(1938~1941)」, 34쪽

장, 군연합단장은 군수, 도본부장은 각 도 내무부장이 담당했다.

훈련 작업 및 인원 선정은 단장 또는 군연합단장이 정하고, 마을 부근의 간단한 작업은 단장 또는 분단장(分團長)이 정하도록 했다. 작업장 선정은 인근 지역을 우선으로 했으나 작업지가 멀 경우 상당 기간 합숙하도록 했다.

당국은 근로보국대에 4개 항의 근로보국단 신조와 단기(團旗)를 수여하고 출동 작업 중 걸도록 했는데, 크기는 폭 세 자 세 치, 높이는 두 자 세 치, 욱일(旭日) 문양이 있으며, 단기의 아랫부분에는 푸른 지평선을 그린 것에 '○○면근로보국단'이라고 새겼다.

1939년 2월, 조선총독부가 관련 기관과 관련 단체, 토목건축업자 등을 대상으로 개최한 협의회 논의 내용에 따르면, 출동 기간 중 근로보국대는 숙사에 반드시 게양대를 설비해 매일 일장기를 게양하고, 궁성요

배를 하도록 했으며, 정신수양이라는 명분으로 가미다나[神棚][13]를 설치하도록 했다. 작업현장에서는 단체생활을 기본으로 하지만, 가족 동반도 장려했다. 가족 동반이 더 안정적이고 효율성을 높일 수 있다고 판단했기 때문이다.[14]

6월 28일 자 신문기사에는 동원 대상이 '12~40세 남녀'라 했으나 통첩과 실천 요강에는 '20~40세 남녀'를 원칙으로 했다. 그러나 20세 이하를 대상으로 한 지역이 많았다. 근로보국대 조직 당시의 동원 대상 규모는 '전도(全道)에 300만 명'이었다.[15]

허수열은 1938년 근로보국대 조직에 대해 '정신 훈육적' 성격이 강했고, 노동력 동원체계의 일환이었다기보다 종래의 '공민적 자각 표현'으로 행해 온 봉사작업을 '일대보국운동(一大報國運動)'으로 전개한 것에 불과했다고 평가했다. 또 근로봉사단의 주요 작업 내용이 '봉사 성격'이었기 때문에 출동도 애국일 등 특정한 날을 전후해 일시적으로 이루어졌다고 했다.[16]

근로보국대가 본격적으로 노무동원 일환으로 자리매김한 것은 1939년 토목건축공사장 동원부터다. 이후 근로보국대는 1940년대 특수근로보국대를 거쳐, 1941년 대대적인 국민개로운동을 통해 도 내외를 망라한 상시 노무동원 인력으로 자리 잡았다.

---

13 일본 신도에서 가정이나 상점에 꾸며 놓고 참배하는 작은 제단.

14 「京畿道內主要工事勞動者斡旋打合會」, 『朝鮮土木建築協會報』, 1939.2, 43~49쪽.

15 「월 1회 정례적으로 근로보국을 항구화」, 『매일신보』, 1938.6.29

16 허수열, 1985, 「조선인 노동력의 강제동원의 실태」, 『일제의 한국식민통치』, 정음사, 334쪽.

2. 법령에 따른 근로보국대 제도

1) 일본의 잘못된 선택, 아시아·태평양전쟁

1938년 조선총독부의 통첩으로 시작된 근로보국대 제도는 1941년 법령 시기를 맞았다. 1941년은 일본이 특단의 조치로 대미 전쟁을 택한 시기였다. 1931년 만주사변을 기점으로 중국 관내를 점령하고, 동남아와 태평양을 거쳐 미국과 세계 최종 전쟁을 치르겠다는 일본 군부의 전략은 1937년 중일전쟁으로 난관에 봉착했다.

첫 번째 난관은 만주 침략 때와 달리 강해진 상대였다. 중국군은 1936년 국민당과 공산당이 국공합작을 한 후 규모와 전력이 강해졌고, 국제적 지원도 많이 받았다. 중소불가침조약(1937년 8월)을 맺은 소련은 중국에 전투기 924대, 자동차 1,516대, 대포 1,140문, 기관총 9,720정, 지원병 형태의 소련인 조종사 등을 지원했다. 미국도 1938년 12월에 2,500만 달러의 차관을 제공하며 지원했다. 영국의 지원품은 버마루트를 통해 중국에 들어왔다. 일본군은 갑자기 넓어진 전선을 감당하기 힘들었고, 중국 내륙까지 물자와 무기를 공급하기가 버거웠다.

두 번째는 보급의 문제였다. 물자와 무기 보급도 문제였지만 식사 문제는 심각했다. 야전 취사차를 도입해 병사들에게 적절한 식사를 제공한 유럽과 미국 군대와 달리 일본군 수뇌부가 정한 방침은 식량의 현지 보급이었다. 식사를 자체적으로 해결해야 하는 일본군은 연료와 식량을 민가에서 약탈하는 방식으로 취했다. 식사 문제는 전력 손실을 가져왔다. 닥치는 대로 민간인의 집을 부수고 식량을 약탈해서 밥을 지었지만, 중국 전선에서 일본 병사들의 절반은 굶어 죽었다. 일본 군사사 연구자인

〈그림 3-4〉 의류를 구매할 때 사용하는 의료(衣料)통장

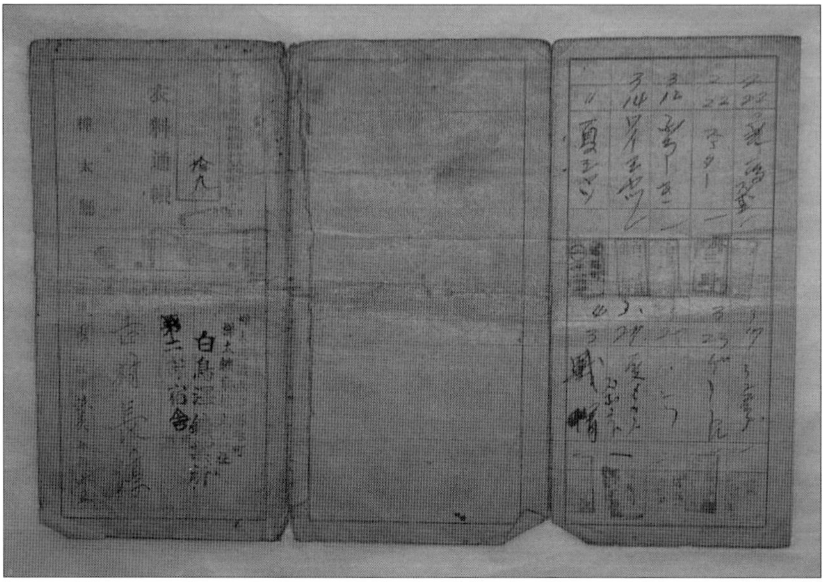

출처: 『끌려간 삶·조각난 기억』(2007년도 위원회 전시회 도록)

후지와라 아키라[藤原彰]의 『아사(餓死)하는 영령』(2001)에 따르면 '아시아·태평양전쟁에서 사망한 일본군 230만 명 가운데 반 이상은 광의의 아사자'였다.

세 번째는 일본 민중의 반응이었다. 중국 전선이 고착되면서 환호하던 민중은 돌아섰다. 길어지는 전쟁은 삶의 질을 떨어뜨리고 희생을 요구했다. 우한[武漢] 3진 점령 후 전쟁이 끝날 것이라 기대하던 민중은 실망했고, 통제 심화에 거부감을 느끼기 시작했다. 식량을 비롯한 각종 일용품 배급제도는 일상을 조이는 불편함이었다. 배급제도는 식량과 설탕, 간장 등 모든 먹거리에서 양말, 수건 등 모든 일용품으로 늘어났다. 돈이 있어도 물건을 마음대로 살 수 없는 배급제도. 매달 배급통장에 정해진

양만 살 수 있었다. 일상의 불편함이 늘자 전쟁에 대한 불만은 고조됐다.

이런 상황이라면 중국 전선을 포기해야 했지만, 일본은 기회를 잃었다. 난징 함락 후 중국 국민당 정부가 항복을 거부하고 충칭[重慶]으로 수도를 옮기면서 장기전에 들어가자 군부는 전쟁 중단을 고민하기 시작했다. 육군성은 반발했으나 소련의 동향을 우려하던 참모본부는 중일전쟁을 빨리 수습하고 소련에 대응해야 한다고 판단했다. 그러나 1938년 1월 고노에 총리는 전쟁 중단과 화평협약이 대외적으로 일본이 약해졌다는 이미지를 전파하고 일본 경제가 타격을 입을 우려가 있다며 육군성 편을 들었다.[17]

1939년 1월, 미국은 중일전쟁이 중국 전 영토로 확대되자 대일 항공기와 부품 수출을 금지했다. 특히 일본군의 지나친 공습과 폭격으로 유럽과 미국 비전투원의 살상 사건이 계속 발생하자 이루어진 조치였다. 1937년 8월 말에는 일본 전투기가 난징에 기관총을 난사해 허게슨(Hugh Knatchbull Hugessen) 주중 영국대사가 크게 다쳤고, 9월 21일에는 난징 폭격 과정에서 서구 민간인들이 피해를 보았다. 또 12월 13일에는 일본군 선도부대가 난징에 입성하는 과정에서 일본 전투기 공격으로 미국 군함 파나이(Panay)호가 침몰해 수십 명의 미국인이 사망했다.[18] 이후에도 일본 전투기의 미국이나 유럽 선박 공습 사례는 그치지 않았다.

미국이 판매한 석유가 유럽과 미국인의 인명과 재산에 피해를 주는 일이 발생하자 세계 여론은 나빠졌다. 1941년 7월 23일, 일본군이 프랑

---

17 김봉식, 2019, 『인물로 보는 일본 역사 11-고노에 후미마로』, 살림, 20쪽.

18 마이클 A. 반하트 지음, 박성진·이완범 옮김, 2016, 『일본의 총력전』, 한국학중앙연구원 출판부, 186쪽.

스령 인도차이나로 출병해 주둔하자 미국은 25일에 자국 내 일본 자산을 동결했다. 미국에 이어 영국(26일)과 네덜란드(27일)도 같은 조치를 취했다. 미국은 8월 1일을 기해 대일 수출 전면금지를 선언했다. 전쟁은 성큼 다가왔다.

1941년 10월 2일, 미국이 일본에 프랑스령 인도차이나와 중국에서의 철병을 요구하는 각서를 전달하자, 일본은 11월 5일 어전회의에서 대미 교섭 최종안을 결정하며 전쟁에 대비했다. 어전회의 결정에 따라 대본영(大本營)[19]은 미국·네덜란드·영국을 대상으로 하는 작전준비하령을 내렸다. 11월 26일, 헐 미 국무장관이 일본의 대미교섭안을 거부하자 일본은 12월 1일 어전회의를 열어 미국·네덜란드·영국과 개전을 결정했다. 12월 8일 오전 2시 15분에 육군이 영국령 말레이반도를, 오전 3시 19분에 해군이 미군의 해군기지인 진주만을 기습 공격해 동남아시아와 태평양 지역에 군사행동을 감행함으로써 미국과 영국에 선전포고했다. 아시아·태평양전쟁의 발발이었다.

2) 한반도를 공출하라

일본이 태평양과 동남아로 침공한 것은 미국의 국력과 맞선다는 것을 의미했다. 개전 당시 미국의 국민 총생산 규모는 일본의 12배 정도였

19 전시 중이나 사변 중에 설치된 일본 제국 육군 및 해군의 최고 통수기관. 천황의 명령(봉칙 명령: 奉勅命令)을 대본영 명령[대본영 육군부 명령(大陸命), 대본영 해군부 명령(大海命)]으로 발하는 최고 사령부로서의 기능을 담당. 청일전쟁과 러일전쟁 때도 설치했으나 종전 후 해산된 후 중일전쟁 때 전시 외에도 설치할 수 있도록 바뀌어 아시아·태평양전쟁 종전까지 존속.

고, 중화학공업과 군수산업의 기초가 되는 철강은 일본의 12배, 자동차 보유 수는 160배, 석유는 776배나 되었다. 누가 보아도 일본의 열세였다. 국민 총생산과 자원의 열세를 만회하기 위해서는 군수물자 생산을 늘리는 수밖에 없었다. 특히 군수물자 생산을 위한 안정적인 자원 수급과 노무인력 확보가 중요해졌다. 일본은 1938년 4월 국가총동원체제를 확립한 직후부터 양국의 군수물자 상황을 조율하며 대미전쟁에 대비했다.

일본은 인력·물자·자금 동원의 종류와 규모를 늘려 나갔다. 1940년 10월에는 「선원징용령」을 공포(1940년 10월 19일 칙령 제687호)하고, 11월 10일부터 조선에도 적용했다. 1941년 8월 29일 일본 각의는 노무긴급대책요강을 결정해 근로보국정신을 확립하고, 동원 대상을 확대했다. 특히 1941년도는 조선에 배당한 항공기와 탱크, 선박 제조에 필요한 철강(보통강 강재, 특수강), 주석, 석탄, 알루미늄, 공업용 소금, 쌀의 할당량이 전년에 비해 큰 폭으로 증가한 해였다. 이러한 과정에서 한반도 민중과 자원 공출은 갈수록 심해졌다.

매년 늘어난 물자동원 품목과 품목별 공출량 증가는 한반도 민중의 부담으로 이어졌다. 1939년 한반도 외 동원을 시작한 후 발생한 인력 공백은 근로보국대 제도가 채워야 했다. 근로보국대 제도의 대대적인 개편과 확대가 필요한 상황을 맞았다.

〈표 3-2〉 한반도 외 노무동원 규모(단위: 명, 만주는 호수)[20]

	국민징용		모집, 관 알선				연도별 인원
연도/지역	일본	남방	일본	남사할린	남양군도	만주	
1939년			38,800	3,301			42,101
1940년			54,954	2,605	814		58,373
1941년	4,895		53,492	1,451	1,781	1,058	61,619명/1,058호
1942년	3,871	135	121,320	5,945	2,083	1,554	133,354명/1,554호
1943년	2,341		149,730	2,811	1,253	1,046	156,135명/1,046호
1944년	201,189		379,747				580,936
1945년	9,786						9,786
소계	222,082	135	798,043	16,113	5,931	3,658	총계 1,042,304명/3,658호

출처: 大藏省 管理局 編, 1947, 「戰爭と朝鮮統治」, 『日本人の海外活動に關する歷史的調査』 통권 제10책 朝鮮篇 제9분책, 69·71쪽; 朝鮮總督府, 「第85回 帝國議會說明資料」; 近藤釼一 編, 1964, 「最近に於ける朝鮮の勞務事情」, 『太平洋戰下の朝鮮(5)』, 友邦協會, 170쪽; 朝鮮總督府, 『朝鮮事情』 1941~1943 각 연도 판.

3) 법령에 따른 근로보국대 제도

1941년 11월 22일 일본 정부가 「국민근로보국협력령(國民勤勞報國協力令, 칙령 제995호)」을 제정하자 조선총독부는 12월 1일 조선에 시행규칙(조선총독부령 제313호)을 공포하고 시행에 들어갔다. 「국민근로보국협력령」은 령 제1조와 시행규칙 제1조에 '국민근로보국대에 의한 협력' 업무를 구체적으로 명시해 국민근로보국대를 법적으로 규정했다.

20 국무총리 소속 대일항쟁기 강제동원 피해조사 및 국외강제동원 희생자 등 지원위원회, 2016, 『위원회 활동결과보고서』, 129쪽 수정.

「국민근로보국협력령」은 정부가 국민근로보국대를 편성해 긴급 산업 부분의 노동력 부족을 보충하는 조치로 14~40세 남성과 14~25세 미만의 미혼여성을 동원 대상으로 규정하고, 이 외의 연령자 지원을 포함하도록 했다.[21]

〈그림 3-5〉 '근로보국협력령' 실시를 알리는 기사

國民皆勞의 法令

오늘부터 勤勞報國協力令實施

출처: 『매일신보』, 1941.12.1.

"제3의 목적은 종래 각 지방에서 국민총력연맹, 학교 혹은 청년단 기타 단체 등에서 근로봉사를 실시해 왔지만, 본령으로 각종 근로봉사를 일원적(一元的)으로 종합 조정하여 노무를 한층 더 적절하게 활용하고자 합니다. 덧붙여 말하고 싶은 것은 이전에 국민개로운동을 실시하며 국민총력연맹 지도로 조직되었던 근로보국대와 본령에 따른 국민근로보국대가 연관이 있다는 것입니다. 현재 연맹의 근로보국대는 본령이 내려질 것

21 『조선총독부관보』 제4456호, 1941.12.1.

을 예상하고 그 운용을 원활히 하기 위한 목적으로 결성되었고, 본령에 근거하여 국민근로보국대가 편성된 경우 연맹의 근로보국대 조직 및 훈련을 적절하게 잘 활용하여야 합니다. (하략)"[22]

정무총감은 담화를 통해 '1938년부터 시작한 근로보국대 조직을 포섭해 그 기능을 확충하고, 근로보국대 조직과 활용 방법 등을 적극적으로 수용해 국민근로보국대 운용에 적용'한다고 밝혔다. 이로써 근로보국대가 국민근로보국대를 시행하기 위한 전초의 단계였음을 알 수 있다. 아울러 국민근로보국대 조직을 통해 기존의 국민총력연맹(國民總力聯盟), 학교, 청년단 등의 단체를 일원화한 효율적 노동력 통제체제를 구축하고자 했다는 점도 알 수 있다.

그러나 국민근로보국대가 조직된 이후에도 조선 사회는 계속 근로보국대라는 용어를 사용했다. 근로보국대 연장선에서 국민근로보국대가 확대·시행됐으므로 국민근로보국대와 근로보국대의 차이를 크게 실감하지 않은 것으로 보인다.

국민근로보국대는 1938년 시행된 근로보국대보다 동원 연령을 확대(20세에서 14세로 확대)한 것으로, 당국은 「국민근로보국협력령」에 근거한 동원 대상을 총 400만 명으로 추산했다.[23] 그러나 연령 하한을 12세로 정한 도도 있었고, 그 규정마저 지키지 않는 경우도 있었다.

---

22 朝鮮勞務協會,1942.3, 「別冊-國民勤勞報國協力令施行に就て」, 『朝鮮勞務』 제2권 제1호, 2~3쪽. 정무총감 담화.

23 김윤미, 2007, 「근로보국대 제도의 수립과 운용(1938~1941)」, 부경대학교 사학과 석사학위 논문, 19쪽.

1933년 제주읍 이도리에서 태어난 소녀(중인)는 신제주 목석원 부근에 있는 정실오름(당시 남주봉) 군사시설물 공사장에 끌려갔다. 열 살 소녀는 1944년 4월부터 10월까지 매일 도시락을 싸서 40분 넘도록 산길을 올라 군사용 토굴을 파고 흙과 돌을 날랐다. 면에서는 집마다 한 명씩은 나가야 하는 상황이라며 어린아이를 공사장에 데리고 갔다.
정실오름에는 50여 명이 넘는 군인들이 막사를 치고 주둔하고 있었다. 남자들은 전봇대만 한 통나무를 메고 굴속에 들어가 굴을 팠으나 중인은 굴 밖에서 흙과 돌을 나르는 일을 했다.[25]

정무총감 담화에 나온 바와 같이 국민총력조선연맹을 통해「국민근로보국협력령」을 바탕으로 한 국민개로운동 실시조직으로 근로보국대 제도를 운영했다. 근로보국대는 남자부와 여자부를 두도록 했고, 대장(隊長)은 연맹 이사장이나 그 외의 적임자로 했다. 근로보국대 지도명령은 국민총력연맹의 지도명령에 따르도록 했다.[25] 그야말로 국민총력연맹과 일원화된 조직이었다.

국민근로보국대 지도명령체계도에 따르면 근로보국대는 정동리부락연맹을 단위로 한 ○○정동리부락연맹근로보국대, 부읍면을 단위로 한 ○○부읍면연맹근로보국대, 학교연맹을 단위로 한 ○○학교연맹근로보국대, 각종 연맹을 단위로 한 ○○연맹근로보국대로 각각 조직됐다. 이 중 각종 연맹은 정동리부락연맹 단위의 근로보국대를 제외한 각종 연맹 단위의 근로보국대로 조직됐다.

---

24 정혜경, 2019,『아시아태평양전쟁에 동원된 조선의 아이들』, 섬앤섬, 318쪽.

25「勤勞報國隊を結成」,『總動員』 제3권 제10호, 1941.10(『戰時體制下 朝鮮總督府 外廓團體 資料集』 25 수록).

〈그림 3-6〉 국민근로보국대 지도명령체계도

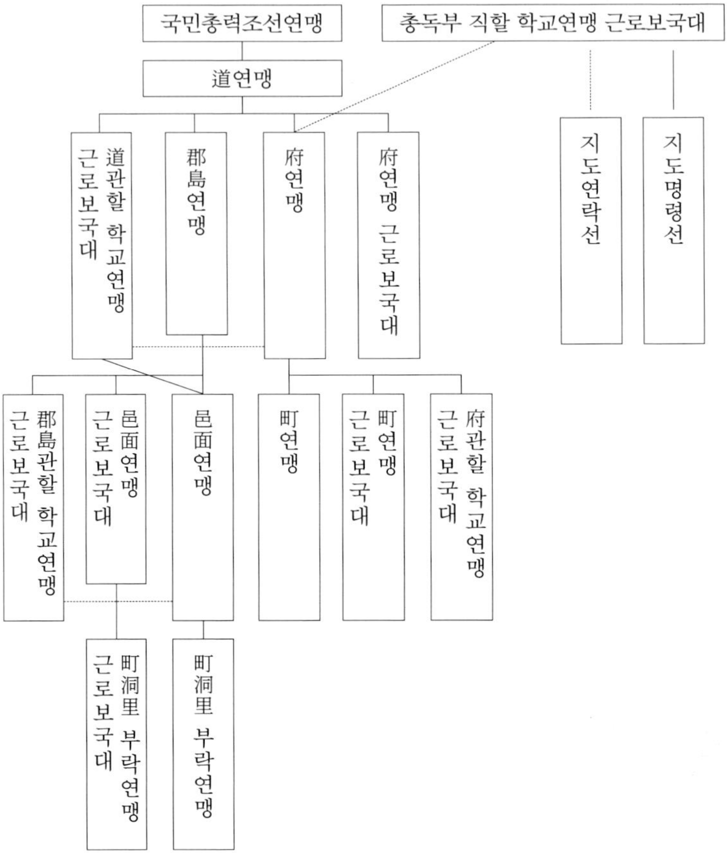

출처: 「勤勞報國隊を結成」, 『總動員』, 제3권 제10호, 1941.10; 김윤미, 2006, 「근로보국대 제도의 수립과 운용(1938~1941)」, 부경대학교 사학과 석사학위 논문, 20쪽 재인용

근로보국대의 동원 기간은 1년에 30일 이내를 원칙으로 했으나, '특별히 필요하거나 본인의 동의가 있는 경우'에는 30일을 넘길 수 있었다. 이것은 장기간 동원을 법적으로 용인하는 근거로 작용했다. 실제로 30일을 넘긴 사례는 적지 않다.

1929년 전남 보성에서 태어난 금례는 열두 살인 1942년 4월부터 1944년 4월까지 계속 공사장에서 일했다. 같은 동네 도로공사와 저수지 제방 공사장이 소녀의 일터였다. 매일 출퇴근하며 금례가 한 일은 자갈과 돌을 짊어지고 운반하는 일이었다. 특히 저수지 공사는 산속에서 하는 일이어서 위험했다.
어린 금례가 공사장에 나갔던 이유는 동원 대상자였던 부친이 연로한 데다가 몸이 불편했기 때문이다. 더구나 오빠는 일본에 징용 간지라 대신 갈 사람이 없었다. 당시 구장이라 불리던 마을 이장은 금례가 나이가 어려 미달이지만 대신 나가라 했다. 나가지 않으면 식량 배급을 끊겠다고 했다. 소작농으로 겨우 생계를 유지하고 있던 상황에서 거절할 수 없었다.
금례는 점심을 싸서 매일 두세 시간씩 걸어서 공사장에 갔다. 오전 8시부터 오후 6시까지 하루도 쉬는 날이 없었다. 눈이나 비가 오는 날은 일은 쉬었으나 대신 교육을 받았다. 공사현장은 마을 이장이 직접 관리했다. 그나마 금례의 공사장 일이 2년으로 그친 것은 부모님이 시집을 보낸다고 이장에게 사정했기 때문이었다.[27]

1938년 근로보국대와 1941년 국민근로보국대의 큰 차이점 중 하나는 국민근로보국대 동원 대상자에게 국민근로보국협력령서를 발부한 것이다. 협력령서를 받은 경우, 특별한 사유가 있는 경우를 제외하면 국민근로보국대에 참가할 의무를 지도록 하여 강제했다. 협력령서 교부는 강제성을 입증하는 근거이다.

1941년 일본에서 제정한 「국민근로보국협력령」에는 부조나 임금 관련 조항이 없다. 일방적인 동원 관련 조항만 명시하고 있다. 부조 규칙을 추상적으로나마 적시한 것은 1941년 「국민근로보국협력령」 시행규

26 정혜경, 2019, 『아시아태평양전쟁에 동원된 조선의 아이들』, 섬앤섬, 317쪽.

칙이다. 시행규칙 제17조에 '대원이 업무상 부상, 질병 또는 사망했을 때는 본인 또는 그 유족 등에게 상당하는 부조를 한다'고 규정했다. 원칙적 내용을 적시했던 부조 규칙은 1943년 「국민근로보국협력령 실시요강 제정에 관한 건」에서 구체적으로 명시됐다. 대원이 업무상 재해, 부상 질병 또는 사망한 경우 부조는 조선총독부 노무자알선요강에 준하도록 한 것이다.

부조 규칙을 반영한 것은 일상적 동원의 필요성과 함께 동원 기피와 저항이 심해졌음을 의미한다. 그러나 부조 규칙을 실행한 사례는 찾아볼 수 없다. 일본 정부의 책임을 명시한 징용원호제도를 실행한 적이 없었다는 점을 보면, 부조 규칙도 법령 조항에 그쳤을 것이다.[27]

4) 근로보국대 제도의 확대·강화(1943.5~1945.2)

> 국민개로운동 실시요강 취지에 의거해 각 지역, 각 직역(職域), 각 단체 등에 근로보국대 조직을 한층 정비하고, 또 그것을 상시조직으로 하여 통일된 종합 기획하에 동원하여 생산증강에 직접 기여해, 국민개로운동의 중핵이 발휘되도록 전 국민의 근로봉공정신을 앙양하고, 전력증강의 비약적 진전에 기하도록 하기 위함이다.[28]

1943년 5월 28일 일본의 익찬조직인 대정(大正)익찬회 사무총장은 도도부현 6대 도시 지부장에 「근로보국대 정비에 관한 건(寬厚 제137호)」

27 정혜경, 2011, 『일본제국과 조선인 노무자 공출』, 도서출판 선인, 213쪽.

28 「勤労報國隊整備ニ關スル 件」, 大正翼賛運動關係一件 第1巻(아시아역사자료센터 소장).

을 하달했다. 근로보국대를 상시조직으로 필요에 따라 적재적소에 동원할 수 있는 체제를 정비하도록 한다는 내용이다. 다음 날인 5월 29일 조선총독부 사정국장은 대정익찬회의 문건을 각 도지사에게 통첩했다.

> 근로보국대의 동원에 대해 계속 협의해 편성의 강화를 이루어 왔는데, 최근 대원들이 근로를 기피하여 다른 사람을 대신 출동시키거나, 혹은 무단 귀향하는 자들이 점점 늘어나고 있으므로, 대(隊)의 질서를 어지럽히고 다른 대원에게 영향을 끼치고 있으므로 단속을 엄중히 해 미연에 방지하는 데 힘쓰도록 하라.[29]

사정국장은 시달 내용에서 동원을 기피해 탈출하거나 이탈하는 자가 많아 국가적 차원의 대책이 필요했음을 밝혔다. 대원의 출동 기간도 방침을 바꾸어 도 내외와 군내(郡內) 등 모든 출동에 대해 고용 기간을 늘렸다. 1944년 10월 30일 「학도근로령 시행규칙(조선총독부령 제360호)」을 제정해 학생 통제도 강화했다.

1942년 6월, 미드웨이 해전 패전 후 태평양 전선에서 밀리기 시작한 일본군은 1943년 2월 과달카날 철수 등 패퇴를 거듭하고 있었다. 태평양전쟁 개전 직후부터 시작된 미군의 해상봉쇄는 군수물자 보급을 더욱 어렵게 만들었다. 이러한 상황에서 일본 당국의 정책 방향은 일본과 식민지, 점령지 민중의 숨통을 더욱 조르는 조치로 이어졌다. 동원 대상도 확대해 1941년 11월 22일 제정 당시 '남자 14~40세, 여자 14~25세

---

29 「勞務關係法令通牒-勤勞報國隊ノ出動ニ關スル件」, 『朝鮮勞務』 제3권 제4호, 1943.9, 72쪽.

미만의 미혼여성'이었던 것을 1944년 11월 17일(칙령 제642호 개정령, 1944년 12월 1일 자 『조선총독부관보』 제5348호)에는 남자 14세 이상 60세 미만, 여자 14세 이상 40세 미만(배우자 없는 여성)으로 확대했다.

당국의 노력에도 1944년 6월 마리아나 해전으로 태평양전쟁은 결판이 났다. 일본은 제1차 세계대전 당시 점령지였던 마리아나제도에 비행장을 만들었는데, 이제 이 지역은 미군이 차지하게 되었다. 그해 8월부터 미군은 일본 본토 공습을 시작했다. '제국의 하늘'은 미군 비행기 B-29의 소이탄 공격으로 매일 불바다가 되었다.

5) 「국민근로동원령」과 함께 통합된 근로보국대 제도

아시아·태평양전쟁은 무모한 전쟁이었다. 일본은 「국가총동원법」을 비롯한 각종 법령과 조치를 통해 제국의 민중과 물자, 자금 등을 수탈했으나 패배로 가는 길을 막지 못했다. 1944년부터 연합군의 공격이 일본 본토로 향하며 군수물자를 생산하거나 수송하는 노동력은 소용이 없었다. 또 미군이 일본 본토와 식민지, 점령지 해상을 봉쇄해 군수물자 원자재와 생산품을 수송할 수 없었다. 아시아·태평양전쟁 직후부터 일본과 조선의 해상을 봉쇄한 연합군은 가차 없이 일본 선박을 파괴했다. 연합군의 해상봉쇄 강화는 일본의 심각한 전력(戰力) 손실로 이어졌다. 선박 상실과 해상봉쇄는 제국 전역의 물자와 인력에 의존하던 일본의 전쟁 수행능력에 타격을 주었다.

이러한 상황에서 일본 정부가 취한 마지막 조치는 1945년 「국민근로동원령(칙령 제94호. 3월 6일 공포, 3월 10일 실시)」이었다. 이 법은 일본 당국의 본토 결전을 대비한 비상책이자 마지막 저항이었다. 제2조에 '근로

동원 완수를 위해 제국신민으로서 근로동원의 본의에 따라 국가의 요청에 응해 총동원 근로 배치를 취해 전력(全力)을 다해 전력(戰力) 증강에 힘을 다하도록' 한다는 목적을 담았다. 전 국민의 근로보국대를 표방한 셈이다. 동원 대상도 만 12세 이상 만 60세 미만 남성과 만 12세 이상 만 40세 미만 여성으로 대폭 확대했다.

「학교졸업자사용제한령」·「국민징용령」·「노무조정령」·「국민근로보국협력령」·「여자정신근로령」 등 5개 칙령을 정비·통합함에 따라 근로보국대도 통합되었다. 사라진 근로보국대 제도를 대체한 조직은 국민의용대였다. 국민의용대는 아시아·태평양전쟁 말기에 일본 본토 결전 과정에서 전 국민을 동원하기 위해 만든 국민조직이다. 1945년 3월 23일 일본 각의 결정(「국민의용대 조직에 관한 건」)을 근거로 탄생했다. 조선에서는 7월 7일 국민의용대 조선총사령부가 결성됐다.[30]

30 http://rnavi.ndl.go.jp/politics/entry/bib00615.php ; 조선에서 국민의용대에 대한 상세한 내용은 정혜경, 2017, 『1945년 국민의용대 제도』, 도서출판 선인 참조.

제2절 근로보국대 운용과 실태

1. 조직과 운영의 체계화

1) 근로보국의 이념을 적용하라

일제강점기의 모습을 담은 사진집에는 동아시아 최대 난공사로 알려진 수풍발전소 공사현장에서 하얀 두건을 쓴 여성들이 위험한 시멘트 구조물과 바위에 올라가 일하는 모습이 담긴 사진이 있다. 위원회가 수집한 사진에도 1940년 철도공사장 사진에도 앳된 모습의 아이와 금방이라도 쓰러질 것 같은 노인의 모습이 담겨 있다. 깃발도 보인다. 근로보국대, ○○정신대, ○○봉사대, 학도근로대 등 깃발에 적힌 이름은 다르지만 근로보국대 제도로 동원된 이들이다.

근로보국대는 당국이 '근로보국(勤勞報國)'을 내세워 학생, 여성, 농촌 인력 등을 일상적으로 동원했던 방법이었다.

> 노동은 신성하고, 이것은 국가봉사라고 하는 공익성을 의미하는 것이었다. … 〈중략〉 … 근로보국은 '국민개병(國民皆兵)'과 같이 신체를 앞장세워 군국(君國)을 받든다고 하는 일본 정신의 앙양이라고 해야 할 것이다. 우리의 노동력은 모두 국가에 봉사해야 하며, 이것은 병역의 의무와 함께 최고의 도덕으로써 의무와 노예(勞譽)를 지는 것이다. … 〈중략〉 … 반도에서는 병역의 의무를 부과하지 않으므로, 황국신민으로 '국민개로(國民皆勞)'로써 신민(臣民)의 도를 실

〈그림 3-7〉 1938년 10월 19일
강천면 근로보국대 모습

출처: 『조각난 그날의 기억』, 2012, 123쪽

〈그림 3-8〉 1939년 3월
경기도 수암면 근로보국대 모습

출처: 『조각난 그날의 기억』, 2012, 133쪽

〈그림 3-9〉 1940년 평안북도 정주 지역
철도공사장에 동원된 광양산업보국대 모습
(앞줄에 어린이들이 앉아 있다.)

출처: 『조각난 그날의 기억』, 2012, 135쪽

〈그림 3-10〉 1940년 10월 중앙선
철도공사장에 동원된 광양근로보국대
(노인과 아이의 모습이 보인다.)

출처: 『조각난 그날의 기억』, 2012, 132쪽

천하는 호기가 도래했다.[31]

당국이 강조한 근로보국은 병역의 의무를 지지 않는 한인들이 해야 하는 가장 최선의 애국이자, 명예이며, 반드시 해야 하는 의무다. 한인은

31 「勞動の國家的意義」, 『朝鮮勞務』 제1권 제1호, 1941.10, 31쪽.

집단적 노동이라는 희생을 통해서만 황국신민으로서 신념을 발휘할 수 있다는 논리이다. 실상 '자발적' 형태를 가장한 동원이었다. 당국은 근로보국을 근로보국대라는 조직을 통해 표출하도록 했다.

> 보은 감사의 마음은 일본 정신의 신수(神髓)입니다. 궁성요배나 신사참배나 모두 보은 감사의 마음으로부터 발하는 것입니다. 보은 감사의 마음이 공익을 위한 형식으로 나타날 때 그것은 근로보국이 되고, 다수의 사람이 모이면 그것이 근로보국대가 되는 것입니다. 근로보국대에 특히 필요한 것은 대장의 명령에 복종하는 것, 전원이 협력일치하는 것, 질서를 바로 하여 일을 하는 것입니다. 한 사람이라도 불평을 말한다든가, 게을리하는 사람이 있으면 근로보국의 정신을 몰각하고 맙니다.[32]

『총동원』에 실린 글에 따르면, 근로보국은 생활 속에서 천황에게 복종하고, 감사의 마음을 가지고, 근로를 생활화하는 것을 뜻하며, 이를 조직적이고 체계적으로 운용하기 위해서는 근로보국대라는 조직이 필요하므로 근로보국대는 정신과 육체의 동원이 결합한 산물이라고 주장한다. 그렇다면 당국은 근로보국의 이념을 어떤 방식을 통해 동원으로 이어 갔는가.

---

32 「愛國班の皆さん!此の事をしつかりやりませう」, 『總動員』 제1권 제2호, 1939.7.

2) 근로보국대 관련 행정기구

당국은 근로보국대를 노무와 관련한 행정체계 속에서 운용했고, 노무관리는 행정기구의 변화와 함께 체계화를 거쳐 강화했다. 1938년 근로보국대와 관련된 조선총독부의 부서는 학무국 사회교육과와 내무국 사회과였다. 1938년 6월 11일 정무총감의 통첩으로 학교근로보국대를 조직했을 때 지도 총본부는 학무국이었다. 그리고 6월 26일 통첩으로 결성한 일반인의 근로보국대 담당 부서는 내무국 사회과였다. 이후 관련 부서는 여러 차례 변천을 거쳤다.

〈표 3-3〉 조선총독부 근로보국대 담당 부서의 변화

	제정·공포	관련 법령	조선총독부 담당 조직
학생	1938.6.11	학생 생도의 근로봉사 작업 실시에 관한 건	학무국 사회교육과
	1941.6	학생 생도의 집단근로 작업 실시에 관한 건	후생국 노무과
	1943.7.22	학도전시동원체제확립요강	사정국 노무과
	1944.10.30	학도근로령 시행세칙	광공국 근로조정과, 근로동원과, 근로지도과
일반인	1938.6.26	국민정신총동원 근로보국운동에 관한 건	내무국 사회과(1941. 노무과)
	1941.11.2	국민근로보국협력령	후생국 노무과
	1943.5.28	근로보국대 출동에 관한 건	사정국 노무과
	1945.3.6	국민근로동원령	광공국 근로조정과, 근로동원과, 근로지도과

출처: 김윤미, 2007, 「근로보국대 제도의 수립과 운용(1938~1941)」, 부경대학교 사학과 석사학위 논문, 26쪽 〈표-2〉 수정.

학무국이 담당하던 학생근로보국대 업무는 1941년 6월부터 노무과가 담당하다가 1941년 11월 22일 「국민근로보국협력령」이 공포된 후 일반인과 학생의 근로보국대 관련 업무는 후생국 노무과와 사회과에서 담당하였다. 이후 1942년 11월 후생국이 폐지되고, 총무국이 신설되면서 사회과와 노무과는 사정국 소속이 되었다. 1943년 5월 29일 사정국장은 각 도지사에게 통첩(「근로보국대 출동에 관한 건」)을 내리는 등 근로보국대 강화방침을 세웠다.

1943년 12월, 조선총독부는 또다시 행정기구 개혁을 단행해 6국(총무·사정·식산·농림·철도·전매)을 폐지하고, 3국(광공·농상·교통)을 신설했다. 이에 따라 사정국 소속이었던 노무과는 광공국으로, 사회과는 학무국으로 소속됐다. 또 1944년 10월에는 정무총감을 본부장으로 근로동원을 통한 생산전력 증강에 목적을 둔 「조선총독부 근로동원본부규정」을 제정·공포했다. 이에 따라 1945년 1월 27일 광공국에 근로부가 설치되면서 근로조정과·근로동원과·근로지도과를 흡수한 조정과·동원과·지도과로 개편되었다. 3월 6일에는 일본 정부가 「국민근로동원령」을 공포하자 국민근로동원 계획과 실행 업무는 광공국이 담당했다.[33]

이 외에 〈표 3-4〉에는 포함하지 않았으나 근로보국대를 관리한 부서에는 경제경찰도 있었다. 1938년 11월 12일, 조선총독부 경무국 경무과에 경제경찰계가 신설되면서 경제경찰제도가 탄생했다. 경제경찰계 신설에 즈음해 1938년 11월 경무국장은 담화를 통해 '전쟁 목적 달성을 위한 관계 법령의 실효를 거두기 위해' 경제경찰을 설치한다고 발표했다. 『매일신보』가 「3천 인의 감시원 동원」이라는 기사를 보도한 것으로 볼

33 노무동원 관련 행정부서에 대해서는 이 책 제1장 제2절 참조.

때 전국의 경제경찰 규모는 수천명 규모였던 것으로 보인다.

계 단위로 출발한 경제경찰은 1940년 2월 경무국 경제경찰과로 승격됐다. 처음에 경제경찰의 주요 업무는 물자 통제였으나 1943년 12월 1일 자 경무국 경제경찰과 업무분장을 통해 노무동원 관련 업무가 추가됐다. 조선총독부 훈령 제88호에 따르면 '경제경찰에 관한 사항'과 '노무자 모집 취체에 관한 사항'을 명시했다. 노무동원 전반의 단속과 통제 업무의 중요성을 인정한 결과였다.[34]

3) 지역별 근로보국대

지역별 근로보국대의 실태를 살펴보자. 경기도는 근로보국대 운용을 가장 빨리 시행해 다른 지역의 선전 사례가 된 지역이다. 1938년 6월 22일 내무부장 이름으로 통첩을 발동한 후 7월 7일 인천, 개성 등 각 부(府)는 물론 전 군에 237개의 근로보국대를 결성하고, 230개 읍·면에도 근로보국단을 발족했다.[35]

경기도 내무부장은 지역별 조직을 마친 후 1938년 10월 11일 통첩(「근로보국단지도자강습회개최에 관한 건」)을 통해 근로보국단 지도자들을 육성할 강습회(경기도 근로보국단 지도자 강습회)를 개최했다. '근로정신을 강조해 생산보국에 전력하고 시국 극복의 급무를 맞아, 군 및 읍·면 직원 등에게 지도상 귀감이 되도록 하기 위한 목적'의 강습회였다. 광주군(廣

34 정혜경, 2011, 『일본제국과 조선인 노무자 공출』, 도서출판 선인, 149쪽.

35 京畿道社會課, 2001, 「起ち上る力 勤勞報國運動概況(昭和 14年 1月)」; 近現代資料刊行會, 『植民地社會事業關係資料集 朝鮮編 36』, (株)平河工業社, 32~37쪽.

〈그림 3-11〉 경기도 내 근로보국단 체계

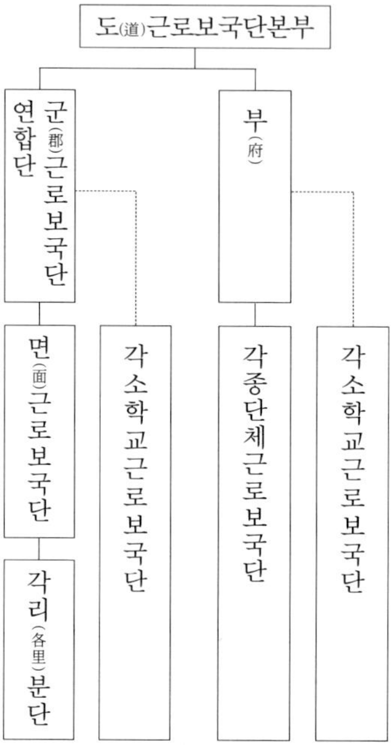

〈그림 3-12〉 경기도 내 학교근로보국대 체계

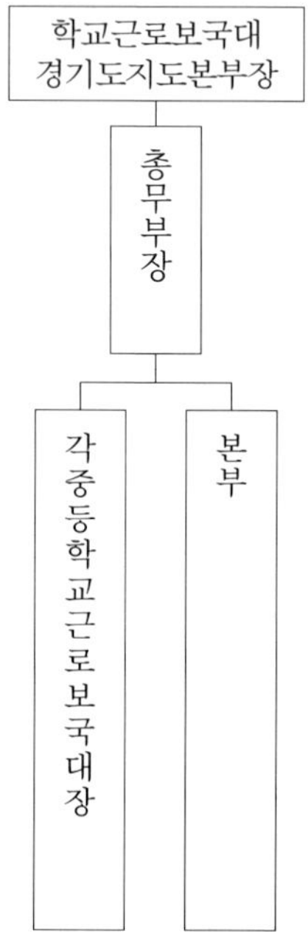

출처: 「起ち上る力勤勞報國運動概況」, 『植民地社會事業關係資料集 朝鮮編 36』, 2001

州郡) 봉은사(奉恩寺, 10월 24~26일), 수원군 용주사(龍珠寺, 10월 27~29일), 경기도청 제1회의실(10월 31일~11월 2일)에서 총 3회 개최했다. 참가자는 군·면 직원이었고, 소요 비용은 도비(道費)에서 지출했는데, 식사비 462원 60전, 여비 185원, 임시강사 촉탁 수당 200원, 잡비 223원 40전 등 총 1,071원이었다.[36] 강습회 강사는 조선총독부 경기도 소속 직원들이 담당했고, 강좌 내용은 총후보국을 위한 정신 교육이었다.

36 「지도자강습회를 개최」, 『매일신보』, 1938.10.16.

<표 3-4> 경기도 근로보국대 강습회의 강습 과목 및 강사

과 목	강 사
1. 근로보국단에 대해서	神谷 내무부장
2. 국민정신총동원에 대해서	□野 사회과장
3. 지나사변 시국에 대해서	阿部 촉탁(육군 보병 대좌)
4. 전시체제하에 있어서 경제문제에 대하여	松村 理財과장
5. 자원애호에 대하여	李 산업과장
6. 시국하에 있어서 국제정세에 대하여	阿部 외사경찰 과장

출처:「起ち上る力 勤勞報國運動概況」『植民地社會事業關係資料集 朝鮮編 36』2001.

경기도에서도 가장 먼저 근로보국대를 조직하고 출동한 곳은 여주군이었다. 『매일신보』에 따르면, 여주군은 근로보국대가 전 조선에 결성되기 이전인 5월 하순에 근로보국단을 조직·동원해 1개월간 중앙선 철도 공사장에서 숙박하며 공사했다. 조선총독부가 근로보국대 관련 정책을 공식적으로 통첩하기 이전에 근로보국대를 결성해 운영한 사례였다. 김윤미는 이 사례를 조선에서의 근로보국대의 출발선으로 평가했다.[37]

경기도에 이어 1938년 7월에는 전국적으로 조직되었는데, 강원도가 농촌진흥회 중심으로 근로보국대를 조직하고, 각 부락에 12~40세의 사람들로 근로보국대를 편성했다. 농어촌에서는 매월 1일 애국일에 황무지 개간, 식림식수(植林植樹), 도로·하천 개수, 용·배수로 준설, 신원(神苑) 청소 등을 하고, 농번기와 어번기에는 협동반을 편성해 모내기, 갯바

37 김윤미, 2007,「근로보국대 제도의 수립과 운용(1938~1941)」, 부경대학교 사학과 석사학위 논문, 30쪽.

위 닦기 작업 등을 했다.[38]

충북에서는 국민정신총동원근로보국대라는 명칭으로 12~40세의 남녀로 조직해 부락·단체를 단위로, 각 관공서 근로보국대와 각 부락 근로보국대를 조직했다. 다른 지역과 마찬가지로 매월 1일을 작업일로 정하고, 생업보국 일이나 부락 공동의 도로 수리 등에 동원했다.[39]

공식적인 근로보국대 대상 연령 하한은 20세였으나 두 지역의 대상자는 12세였다. 이 외에도 근로보국대 조직은 지역별 사정에 따라 다양했다. 『매일신보』에서 확인한 강원도와 경기도의 사례를 보면 다음과 같다.[40]

〈표 3-5〉『매일신보』에 나타난 강원도와 경기도의 근로보국대 출동 사례

형태	지역	구성원	작업	시기
초예(草刈)부대	강원도	3만 소학생	퇴비증산. 여름방학 동안 매일 생초(生草) 5관	1938.8
청년근로보국대	강원도 평창군	평창 명덕(明德)청년단(19~25세)	각 학교장을 대장으로	1938.6
근로보국단	강원도 평창군	250여 대		1938.7
노동봉사대	강원도 원주군	청년단	중앙선 철도공사	1938.7
	강원도 원주군	노인, 아동, 여성	노인·아동: 풀베기(草刈班) 여성: 도로 보수	1938.9
부인노동단	강원도 양구군	부인		1938.7

38 「勤労報國運動概況」, 『매일신보』, 1938.7.1; 1938.7.9

39 「我が道の勤労奉仕運動」, 『朝鮮』 39, 1938.11, 22~35쪽.

40 김윤미, 2008, 「총동원체제와 근로보국대를 통한 '국민개로'-조선에서 시행된 근로보국대의 초기 운용을 중심으로(1938~1941)」, 『한일민족문제연구』 14, 140~141쪽.

성단봉사작업단	강원도 고성군	고성군민 9만여 명		1938.9.18
근로보국대	경기도	18~35세	공공 토목공사	1938.6.26
아동근로보국대	경기도 개성부	소학생		1938.7.21
이앙단	〃	여성	이앙(1만여 명)	1938.5
부인노동단	〃	〃	모내기(293개 단체, 2987명)	1938.6
청년근로보국대	〃	청장년(40개면)		1938.7
가정보국단	경기도 인천부	26개소	도로 개수, 마초(馬草)채취	1938.7
광업보국단	〃 영종면		임금 20원 국방헌금	1938.7.19
공동작업단	〃 영종면	영종면 남도 진흥회		1938.8

그렇다면 얼마나 많은 이들을 동원했는가.

자료의 한계로 전체 규모는 알 수 없다. 1940년 지역별 근로보국대 출동 인원이 65만 명(연인원)이라는 통계가 있다. 이후에는 더 늘어 1944년에는 도내에서 필요한 노동력의 78.4%를 근로보국대가 감당했다.[41]

인원 규모보다 중요한 것은 구성 내용이었다. 시기가 지나면서 한반도 외 노무동원 규모가 늘어나 한반도 내의 노동력은 청장년이 아닌 어린이와 노인, 여성이 담당하게 되었다. 현재 이를 증명할 수 있는 통계 자료는 없으나 사진과 구술기록을 통해 알 수 있다.

41 김윤미, 2007, 「근로보국대 제도의 수립과 운용(1938~1941)」, 부경대학교 사학과 석사학위 논문, 64쪽.

〈표 3-6〉 1940년 근로보국대 출동 인원(연인원)

지역별	출동 인원	지역별	출동 인원
경기도	32,446	평안남도	17,380
충청북도	3,561	평안북도	256,480
전라남도	64,078	강원도	116,362
경상북도	16,583	함경남도	1,054
황해도	67,797	함경북도	76,740
합계		652,481	

출처: 「朝鮮の皆勞運動」, 『朝鮮勞務』 제2권 제1호, 1942.2, 16쪽.

4) 각종 단체별(연맹) 근로보국대

근로보국대는 지역 사정에 따라 청년단, 진흥회, 부인회, 관공서 등 기존 단체를 중심으로 결성됐다. 그러므로 지역에 속한 개인은 다시 직역과 단체별로 중복 구성됐다.

대표 사례는 관공서였다. 1938년 6월 3일 조선총독부 주최 전조선 토목과장회의에서 관청에서 일하는 관리들에게 근로보국 동원을 제안했다. 일본의 각 성(省)과 현(縣)에서 매주 일요일 근로보국일을 실시해 관리들이 농사는 물론 토목공사에서 실적을 거두고 있다는 일본 기획원의 제안 때문이었다. 토목과 소속의 공사인 토목공사, 하천공사, 항만공사는 물론 여러 국책사업에 토목과원의 관계(官界)가 솔선해 근로봉사해야 한다는 제안도 있었다.[42]

42 「토목관리가 솔선하야 근로보국운동 제창」, 『매일신보』, 1938.6.14

강원도에서는 관공서마다 20~40세를 단위로 남자부와 여자부로 나누어 50만 명의 관민으로 도청근로보국대를 조직했다. 도청보국대는 8월 27일부터 매주 토요일을 봉사작업일로 정하고, 특별히 지장이 없는 한 전원 총출동하도록 했다. 경기도에서는 인천부 토목업자 13개 단체에서 7월 7일 성인 933명이 7일 오후 3시에 신사참배를 하고, 경인산업도로 청소 작업과 화정(花町) 제1산업도로부터 제2산업도로를 연결하는 신도로 연장 공사를 했다. 체신국에서는 7월 24일 여의도비행장 공사를 하고, 총독부 내 관리들도 민중의 활동을 유도한다는 목적으로 매주 토요일마다 실시했다.[43]

이 외에 대표적인 단체별 근로보국대는 청장년층 대상의 근로보국대이다. 조선총독부 청년단 정책으로 결성한 지역 단위의 연합청년단을 마중물 삼아 청년근로보국대가 결성됐다. 당국은 중일전쟁 이전부터 부·군·도 단위의 청년단을 결성하기 시작했는데, 해당 행정단체의 장을 단장으로 삼아 관리했다. 충북 청년단근로봉사단은 군 단위로 조직되어, 군연합청년단장이 단장을, 군연합회청년단부단장이 부단장을, 도 관계 직원이나 지방교화주사를 지도자로 삼았다. 청년단근로봉사단은 7월 21일~8월 20일 동안 5일간 합숙하는 방식으로 청년들을 1개월간 사방공사(제천, 단양 제외), 철도공사(제천, 단양) 작업에 투입했다.[44]

---

43 「각 관공서에도 근로보국대」, 『매일신보』, 1938.7.3; 「인천토목업자들이 근로작업으로 봉사」, 『매일신보』, 1938.7.9; 「체신국원 삼백여명이 솔선! 근로보국」, 『매일신보, 1938.7.26.

44 「我が道の勤勞奉仕運動」, 『朝鮮』 39 282호, 1938.11, 22~35쪽.

〈표 3-7〉 충북 청년근로봉사단 현황(1938년 11월 현재) (단위: 명)

지역	작업 기간	참가 인원	작업장	합숙소
청주	8월 3~7일	57	청주군 오창면 사방현장	오창소학교
보은	8월 5~9일	51	보은군 수한면 사방현장	수한소학교
옥천	8월 6~10일	47	옥천군 옥천면 사방현장	옥천제2소학교
영동	8월 2~6일	45	영동군 황간면 사방현장	황간제2소학교
진천	8월 15~17일	49	진천군 이원면 사방현장	이원소학교
괴산	8월 15~19일	45	괴산군 괴산면 사방현장	괴산제2소학교
음성	8월 13~17일	53	음성군 소이면 사방현장	소이소학교
충주	8월 8~12일	48	충주군 주덕면 사방현장	대태원소학교
제천	-	-	제천군 제천면 철도공사장	제천제2소학교
단양	8월 9~13일	52	단양군 대강면 철도공사장	대강소학교

출처: 「我が道の勤勞奉仕運動」, 『朝鮮』 39-282호, 1938.11, 22~35쪽.(김윤미, 2006, 앞의 글 36쪽 재인용)

당국이 청년단과 함께 중요하게 생각한 직역 구성은 여성이었다. 조선총독부는 여성을 총동원체제를 운영하는 총후보국의 중요한 대상으로 삼고 '전가(全家)노동, 불로(不勞)노동력 폐지'라는 차원에서 동원 단위로 설정했다. 여성에게 강습회와 지도를 통해 시국 인식을 깊게 하고, 근로보국대 참가를 장려했다. '부인노동단', '이앙단'이라는 명칭에서도 알 수 있듯이 여성들은 주로 농업 관련 작업이나 도로 수선에 동원했다. 당국은 전시 식량 대책 차원에서 농촌 노동력을 담당하던 농촌의 남성 노동력을 탄광산·토목건축 현장, 기타 산업부문으로 유출하면서 수요와 공급에 한계를 맞았다. 농번기에 집약적으로 투입해야 할 인원이 부족해진 것이다. 이 공백을 채울 대상으로 여성을 상정했다.[45]

45 근로보국대를 포함한 여성동원에 대해서는 이 책 제5장 참조.

5) 학교근로보국대

학생 대상의 학교근로보국대 조직 논의는 일반 근로보국대에 비해 앞서 시작되었다. 1938년 6월 11일, 정무총감은 일본 문부성이 결정한 실천사항을 참고로 조선에서 학도근로대를 조직하는 통첩(「학생생도의 근로봉사작업실시에 관한 건」)을 내고, 매년 여름방학 때 도로, 사방, 매립, 수로공사 등에 학생들을 동원하도록 했다.

통첩에 따라 학무국은 각 지역의 중등학교와 전문학교 학생을 대상으로 학교별로 학교근로보국대를 결성하고 노동체제를 수립했다. 학교근로보국대를 지도할 총본부는 학무국에 두고 각 도에는 학무과(또는 지도본부)를 설치하고, 도내 각 학교의 보국대를 지도했다. 각 학교는 근로보국대를 조직해 교장을 대장으로 하고, 대원은 1대 20명씩으로 하며, 총 3대에 교직원 1인을 배치해, 단체생활을 통한 규율을 강조하고, 엄격한 군대식 노동체제를 만들어 갔다.[46]

정무총감이 통첩을 내리자 21일 경기도 중등학교장들은 6천여 명에 달하는 중학생을 대상으로 근로보국대 조직을 결의했다. 이 결의에 따라 경기도 관내 학교는 1938년 7월 21일 오전 7시 반, 경성에 있는 조선신궁에서 경기도학교근로보국대 결성식을 개최한 후 7월 21일부터 30일까지 10일간 공·사립중등학교 남자중등학교 20개교와 여자중등학교 12개교의 4·5학년을 대상으로 근로보국운동을 실시했다. 남학생은 조선신궁 옥석 청소, 용산 연병장 배수구 만들기, 동소문(東小門)~돈암정(敦岩町) 간 도로 수리, 용산 육군병원 운동장 시설 공사 등에, 여학생은

46 「조국애에 총동원되는 한교근로보국대」, 『매일신보』, 1938.6.14.

〈그림 3-13〉 춘천 본정소학교 재학생들이 근로보국에 동원되었음을 전하는 신문기사

春川本町小學校서도
兒童이 勤勞作業
京春鐵道工事場에서

【春川】춘천본정소학교(春川本町小學校)에서는 아동들로하야금근로보국(勤勞報國)인고단련(忍苦鍛鍊)의정신을함양케하고저 국책에순응하야 지난번근로보국대(勤勞報國隊)를조직하엿섯는바 첫번사업으로 지난二十二일오전八시부터三학년이상아동전부가 전평리(前坪里)강변에나아가 경춘철도공사에 사용할자갈을줍는 작업을하엿는데폭염을무릅쓰고 오후一시까지 땀을흘려가며 작업하고잇는광경은보는사람으로하야금 재삼스러운감격을늣기게하엿다

출처: 『매일신보』, 1938.7.24.

남산 일대 청소 작업, 개성의 신역(神域) 청소 작업, 군용품 보조 작업(겨울옷 6,060매 재봉) 등에 동원됐다.

> 춘천 본정 소학교에서는 아동들로 하야금 근로보국 인고단련의 정신을 함양케 하고자 국책에 순응하야 지난번 근로보국대를 조직하였는 바. 첫 번 사업으로 지난 22일 오전 8시부터 3학년 이상 아동 전부가 전평리 강변에 나아가 경춘철도공사에 사용할 자갈을 줍는 작업을 하였는데, 폭염을 무릅쓰고 오후 1시까지 땀을 흘려가며 작업하는 광경은 보는 사람으로 하야금 새삼스러운 감격을 느끼게 하였다.

1937년에 시작해 1939년 7월에 완공한 경춘선 철도공사에 학교근로보국대를 동원한 사례다. 이 철도는 강원도 내 금속광물과 지하자원을 반출·수송하기 위한 철도였다. 이때 부설한 청량리~춘천 간 철도는 해방 후에도 각 지역 개발과 지하자원 개발을 위해 건설된 영동선·충북선·경전선 등 횡단철도의 중간 지점으로 자리했다.

방학을 이용해 일시적으로 실시했던 학생 근로보국운동은 1939년 2월 수시 동원으로 바뀌었다. 당국은 1939년 남녀 중등학교 3학년 이상의 학생 가운데 학교근로보국대원을 약 10만 명으로 추계하고, 이들을 일반근로보국대와 더불어 '국책적인 공사(토목공사)'에 보내 부족한 노동력을 보충하도록 했다. 각 학교에서는 근로봉사를 정규 과목으로 지정해 근로 작업을 강화했다. 그리고 일반청년단과 청년훈련소는 물론 기타 소학교를 졸업한 청년이면 누구든지 의무제로 근로 작업을 병역의무와 같이 일정 시간 동원하는 방안도 적극적으로 검토했다.[47]

이러한 계획은 전황의 악화로 강화되었다. 1944년 10월 30일 제정한「학도근로령 시행규칙(조선총독부령 제360호)」을 통해 동원 업무를 확대했다. 학도근로는 교직원 및 학도로서 학교근로보국대 조직에 따르고, 학생들을 총동원물자의 생산, 수리, 보관 또는 배급에 관한 업무, 국가총동원상 필요한 연락 또는 통신, 위생 또는 구호, 시험연구에 관한 업무, 군사상 특히 필요한 토목건축에 관한 업무 등에 동원했다. 경험자 중에는 언론인 리영희(李泳禧, 1929~2010)가 있다.

평북 삭주에서 어린 시절을 보낸 리영희는 대방동에 있는 경성공업

---

47 「전선학생10만명동원」,『매일신보』, 1939.6.4:「땀의 봉사에 매진」,『매일신보』, 1939.7.15;「일정한 시간에 동원 근로봉사에 의무제」,『매일신보, 1939.7.23

학교에 유학을 왔다. 경성공업학교에서 전기학을 전공하던 리영희는 4학년 때 경성공립고등학교 진학을 위해 입학 시험을 준비하려 했으나 할 수 없게 되었다. 3학년 3학기부터 수업을 오전으로 줄이고, 오후에는 육군용 건전지와 건전지용 야전 등을 생산했는데, 그나마 4학년이 되자 오전 수업마저 사라진 것이다. 개학한 첫날 조회 시간에 교장은 4학년생 전원에게 1년간 학교에 나올 필요 없이 지정된 현장에서 노동하라고 훈시했다. 학생들은 전공에 따라 총포탄 생산, 비행기 제조, 토목설계, 군수 주물공장, 화학공장 등으로 흩어졌는데, 리영희는 현재 한국전력공사의 전신인 경성전기(주)[48]에 배정받아 자재창고에서 전시용 건물의 전기 가설, 소개된 빈집의 전기용품 회수 작업을 했다.

> "아침에 봉래동 다리 옆에 있는 경성전기 자재창고에 나가, 5명씩 한 조가 되어 무거운 자재를 리어카에 싣고 목적지까지 끌고 가서 작업한다. 모두가 죽만 먹고 나온 처지라 힘이 나올 곳이 없고, 작업 능률이 오를 까닭이 없다. 작업 책임량을 달성치 못하여 저녁 늦게까지 남는 날도 적지 않았다. 먼 거리를 전차에 흔들리고 컴컴한 흑석동 고갯길을 걸어 넘어 하숙에 닿으면 하숙방에서 기다리는 것은 몇 시간 전에 들여다 놓아 다 식어버린 멀건 죽 한 그릇뿐이다. 그것을 물 마시듯이 몇 모금으로 삼키고는 그대로 쓰러져 잔다.

48 현재 서울 중구 남대문로 92번지 소재 한국전력공사 서울지역본부 사옥(근대문화유산 1호 건축물). 경성전기㈜의 전신은 1898년 1월 설립한 한성전기회사이다. 1915년 9월 경성전기로 상호를 변경하였고, 1917년 4월 개성전기㈜를 설립했다. 1943년 8월 조선전업㈜를 설립했다. 대표 주주는 제일생명과 조선신탁이었다. 1961년 7월 한국전력㈜(현 한국전력공사)에 흡수 통합되었다.

학교를 집어치우고 고향에 돌아갈 생각을 하루에도 몇 번씩 했는지 모른다. 그러나 퇴학도 휴학도 용납되지 않는 군국주의 제도인 데야 어떡하랴. 그러니 모든 학생이 한 사람도 빠지지 않고 아침이면 꼬박꼬박 자재창고에 나왔다."[49]

6) 토목건축공사장의 근로보국대

1941년 제정한 법령은 근로보국대 동원 작업을 "국가적 봉사작업, 공공적 봉사작업, 노무인적 자원 보급, 그 외 봉사"라고 규정했다. 구체적으로 물자공출, 군사원호, 군사 혹은 국가에서 필요한 토목건축 및 운반 작업, 방호를 위한 작업, 물자증식, 농산어촌과 광산공장의 경비, 기타 각종 작업이다. 그 외 다양한 공공사업도 명시했다. 이러한 다양한 작업 가운데 높은 비중을 차지한 것은 토목건축공사였다. 근로보국대의 토목건축공사 동원은 중요한 의미가 있다. 허수열이 지적한 바와 같이 근로보국대가 본격적으로 노무동원의 일환으로 자리하게 된 기점이기 때문이다.

토건공사장 동원 사례는 경기도가 대표적이다. 경기도 여주군은 7월 7일 전 조선에 근로보국대가 조직되기 이전인 5월에 근로보국단을 조직해 1개월간 공사현장에서 숙박하며 작업했다. 그 후에도 비행장 및 철도 복선공사에 시흥, 김포, 장단, 파주 각 군에서 근로보국단을 동원했는데, 2만 2,000명 동원에 출동 횟수 668일, 연일수 4,800일을 기록했다.

조선토목건축협회는 1939년의 토건노동자 수요를 1938년 이상으로 예측하고 근로보국대 동원을 조선총독부에 건의했다. 조선총독부

49 리영희, 1983, 『역정-나의 청년시대』, 창작과비평사, 81쪽.

도 적극적으로 대응해 근로보국대의 토건공사장 동원 준비를 시작했다. 1939년 2월, 조선토목건축협회 관계자, 경기도청, 경성부청, 도내 각 군 관계자(총독부 사회과장, 경기도 사회과장), 토목회사 관계자(鹿島組, 朝鮮有馬組, 大林組, 谷口組, 大倉組, 松本組) 등이 협의회를 열고, 토목공사장 인력 부족 문제를 논의했다. 이 자리에서 '근로보국대는 정신수양의 봉사활동이라는 점을 인식하도록 해 일반 노동자와 엄격히 구분'하고, '전년보다 노동 기간을 연장하며, 가까운 작업장으로 동원해 이동 경비가 들지 않도록 하는' 등 구체적인 동원 방안을 논의했다.[50]

그 외 근로보국대 단원 구성과 도내 노동력 공급에 대한 논의도 있었다. 한 개 면(面)에서 동원할 수 있는 근로단 규모는 상황에 따라 조정하도록 하고, 도내 근로보국단의 도외(道外) 동원을 엄금했다. 그러나 이 원칙은 1943년 조선총독부 사정국장 통첩으로 도외로 확장하게 되었다. 이 자리에서 조선총독부 히노[日野] 사회과장은 경과보고를 통해 1938년 근로보국대 동원 성적이 좋았다고 평가하면서 문제점도 지적했다.

> "종종 희망하는 경우가 있기는 하지만, 근로단은 누군가 특종의 사명을 지니고 있다고 생각하지 못하거나 노동이 본위(本位)로 되지 않는 경향이 있다. 심할 경우 '우리들은 일해서 돈을 저축할 필요가 없다', '나가라고 하니까 어쩔 수 없이 나가는 것이다', '노동으로 고생할 필요가 없다' 등의 생각을 하고 있다. … 〈중략〉 … 노동에 대한 이러한 생각은 다른 노동자와 조화를 어렵게 한다."

---

50 「京畿道內主要工事勞動者斡旋打合會」, 『朝鮮土木建築協會報』, 1939.2, 43~49쪽.

이 내용을 보면, 근로보국대원들은 여전히 당국의 기대에 부응하지 않고 있었고, 근로보국대에 대한 조선 사회의 인식도 좋지 않았다. 당시 당국이 한인의 언동을 조사한 자료에 따르면, "근로보국대로 나간 자는 절대 귀가하지 못하고 겨우 도망치거나 관리인이 때려 죽인다", "특별근로보국대로 선발되고 징용된 경우 점령지나 먼 곳으로 보내져서 가족들에게 편지도 못 쓰고 귀가도 못 하기에 청년들은 보국대원 선발이 끝날 때까지 도망하는 것이 좋다", "우리 근로보국대 금천군반의 출가지(出稼地)는 배급 식량이 나쁘고 반원이 잇따라 도망해서 큰일이다. 우리 반은 아니지만 회사 감시원이 때리고… 자살자가 있다는 이야기다" 등 부정적인 인식 일색이었다.

이러한 상황에 대해 당국은 개선보다 동원 강화로 해결하고자 했다. 참석자들은 토목회사의 입장을 받아들여 출동 기간을 당초 30일에서 50일~2개월로 연장하는 방안을 논의했다. 토목회사에서는 근로보국대원 대부분이 농민이어서 공사장 노동에 익숙하지 않으므로 1개월 남짓한 노동 기간으로는 효율성이 없다는 점을 들어 기간 연장을 주장했다. 기간 연장에 대해서는 5월에 열린 협의회에서 '농번기에는 1개월, 기타는 40일'로 결정하고 시달했다. 그러나 8월 협의회에서 기간은 더 길어졌다. 근로보국대원을 3개월간 토건공사장으로 보내서 추수철인 가을에 귀가하도록 했다. 이 기간 중 농촌 노동은 여성들의 몫이 되었다.

이후 당국은 동원 기간을 다시 연장했다. 1943년 5월 29일 조선총독부 사정국장은 각 도지사에게 보낸 통첩(「근로보국대 출동에 관한 건」)을 통해 일반알선노동자 기준(「조선총독부 노동자 알선요강 제20조」)에 준하도록 했다. 이에 따르면 도 외 토목공사는 고용한 날부터 그해 12월 말까지, 기타 사업은 1년 이상 2년 이내로 하고 고용 기간 만료 후 노동자와 합의할 경우는 갱신할 수 있었다. 도내 동원은 2개월 이상, 군내 동원은 1개월 이상으로 연장했다. 이 통첩은 동원 기간 연장 외에 근로보국대 동원 지역을 도 외까지 확장했음을 알 수 있다.

〈표 3-8〉 1937~1939년 5월 총독부 토목공사장 알선노동자 수(단위: 명)

출신도	알선도	1937년 인원	1938년 인원	1939년 5월 말 인원
충청북도	평안북도	214		0
	함경남도	51		433
	함경북도	27		100
	계	292	606	533
충청남도	평안북도	330		177
	평안남도	0		661
	함경남도	335		212
	함경북도	110		135
	계	775	713	1,185
전라북도	경기도	745		0
	평안남도	627		0
	평안북도	3,184		390
	함경남도	677		5,661
	함경북도	1,549		3,958
	계	6,782	7,266	10,009
전라남도	경기도	814		265
	황해도	0		200
	강원도	0		300
	평안남도	1,121		1,843

	평안북도	2,204		0
	함경남도	2,992		2,815
	함경북도	1,776		6,226
	계	8,907	8,275	11,651
경상북도	경기도	206		0
	평안남도	0		617
	평안북도	550		463
	함경남도	0		1,186
	함경북도	0		847
	계	856	1,075	3,113
경상남도	경기도	215		0
	평안남도	0		332
	함경남도	190		789
	함경북도	1,316		3,615
	계	1,721	360	4,736

출처: 『朝鮮土木建築協會報』, 1938.7, 76~79쪽; 1939.7, 23~39쪽; 『매일신보』, 1938.12.25
(참고: 김윤미, 2006, 「근로보국대 제도의 수립과 운용(1938~1941)」, 부경대학교 사학과 석사학위 논문, 54쪽 〈표 8〉 재인용).

전쟁이 장기화됨에 따라 조선 각지에서는 군수물자를 수송하고 전력을 생산하기 위한 토목공사가 빈번해지고, 필요한 노동력도 급증했다. 당국은 부족한 노동력을 근로보국대를 이용해 해결하기 위해 각 지역에 근로보국대 조직 확대를 독려했다.

그러나 각 지역에서 근로보국대 조직을 완결하지 못하자, 1940년 5월에 근로보국대 조직 독려를 위해 다양한 방안을 도입했다. 경기도에서는 작업은 공사 형편에 따라 적당히 선택하고, 되도록 단체 행동에 편리한 장소를 선정하며, 작업에 종사하는 사람을 출동대(出動隊)라는 이름으로 조직 운영하도록 했다. 1대(隊)를 15명으로 정해 각 대에 대장을 한 사람씩 두어 통제·감독하도록 하고, 가능한 한 장기 작업을 할 것을 시달했다. 1940년 8월에도 경기도는 각 부국 내무과장과 사무담임 속관을 모아 놓고, 도내 18만 명 근로보국대원 중 각 군에서 350여 명씩 총 7,000명을 선발해 서북선 각 공사장과 도내의 수색(水色)을 비롯한 21개소 공사장으로 배치했다.[51]

〈표 3-9〉에서 1939년 5월 말까지 3,453명을 할당받은 평안도는 1939년 초 도내 각 군에서 알선받은 노동자 약 400명과 조선 남부의 조선총독부 알선노동자 약 3,500명 이입으로 토건공사 노동력 부족을 보충했다. 그러나 계속되는 공사로 1939년 후반기에 1만여 명이 넘는 노동자가 필요하게 되었다. 그러자 부윤군수회의를 열고 '부(府)내 사업은 부내 근로보국대의 손으로, 군(郡)내의 사업은 군내 근로보국대의 손으로'라는 기치 아래 도로 개수 기타 노동력은 국민정신총동원 도연맹 중심으로 확보하도록 했다. 도내의 국민정신총동원연맹원 남자 40만, 여자 38만 명을 대상으로 남자 연맹원은 근로보국대원으로 동원해 도내 부족을 완화하고, 호령(號令)을 발동해 여자근로보국대 활동도 독려했다.[52]

---

51 「농촌근로보국대 정신철저와 작업 방법」, 『매일신보』, 1940.5.5; 「근로대원과 노동자 7000명 서북에 알선」, 『매일신보』, 1940.8.1.

52 「평남도 노무조정 도내에 위원회 결성」, 『동아일보』, 1939.1.29; 「평양의 노무조정 보국부대에 동원령」, 『매일신보』, 1939.6.7.

〈표 3-9〉 1937~1940년 토목공사장의 도별 알선 할당 인원(단위: 명)

도	1937년	1938년	1939년 5월 말 현재	1940년
경기도	2,080		265	0
강원도	0		300	0
황해도	0		200	566
평안남도	1,748		3,453	6,862
평안북도	6,482		1,030	4,737
함경남도	4,245		10,996	18,174
함경북도	4,778		14,881	13,015
계	16,492	18,295	18,183	9,368

출처: 1938년은 합계만 확인, 『매일신보』, 1938.12.25, 1940년은 「朝鮮土木勞務界の昨今」, 『朝鮮勞務』 2권 2호, 1942.4(참고: 곽건홍, 2001, 『일제의 노동정책과 조선노동자』, 신서원, 97쪽 재인용).

시기가 지남에 따라 토건공사장 노동력 가운데 근로보국대원의 비율이 높아졌다. 그러나 토건공사장의 소요 노동력이 증가했으므로 근로보국대 동원 요구는 강해질 수밖에 없었다. 이를 해결하는 방법은 근로의 일상화를 통해 일시적 동원을 상시화하는 것이었다.

〈표 3-10〉 1941년 토건공사장의 노동자 규모(단위: 명)

<table>
<tr><th colspan="2">조선총독부 알선</th><th>2,123,426</th></tr>
<tr><td rowspan="2">도(道) 보국대</td><td>산업보국대(産業報國隊)
근로보국대(勤勞報國隊)</td><td rowspan="2">890,449</td></tr>
<tr><td>도(道) 알선</td></tr>
<tr><td rowspan="3">기타</td><td>수기인부(手技人夫)</td><td rowspan="3">2,885,959</td></tr>
<tr><td>한산인부(閑散人夫)</td></tr>
<tr><td>기타</td></tr>
</table>

출처: 岩永生, 1942.3, 「朝鮮土木勞務界の昨今」, 『朝鮮勞務』 2권 2호, 75~76쪽.

2. 근로의 일상화를 통해 한반도 노동력 수급의 중심으로

1) 근로보국운동에서 국민개로운동으로: 국민정신총동원운동과 근로보국대

근로보국대는 국민정신총동원운동 및 국민정신총동원운동 조직과 불가분의 관계에 있다. 국민정신총동원운동 조직과 근로보국대 조직을 발족한 시기도 같고, 국민정신총동원연맹의 기저 조직인 애국반을 단위로 근로보국대를 조직하고 민중을 동원했기 때문이다.

국민정신총동원운동은 중일전쟁 직후인 1937년 8월 24일 일본 각의에서 국민정신총동원 실시요강을 결정하면서 시작했다. 이날 척무차관은 조선총독부 정무총감 앞으로 통첩(「국민정신총동원 실시에 관한 건」)을 보내 조선에서도 운동을 개시하도록 했다. 이에 따라 조선총독부는 9월 12일 국민정신총동원 실시요강을 발표하고, 11월 7일에는 국민정신작흥운동을 개시했다. 그러나 조선에서 운동조직을 발족한 것은 약 1년 후였다. 1938년 6월 26일 정무총감의 통첩(「국민정신총동원 근로보국운동에 관한 통첩」)에 이어 7월 1일 조선총독부 내무부장 명의의 통첩(「국민정신총동원근로보국운동에 관한 건」)을 발령하고, 이에 따라 국민정신총동원조선연맹을 결성했다. 조선총독부는 국민정신총동원 관련 통첩을 근로보국대 관련 통첩과 같은 날 하달했다.[53]

국민정신총동원운동은 국가총동원체제 운영을 위해 민중의 정신과 사상을 통제하려는 목적이 있었으며, 당국의 동원 시스템을 지원하는 역

53 정혜경, 2018, 『일제강점기 조선인 강제동원 연표』, 도서출판 선인, 84쪽.

할(익찬)을 통해 구현하고자 했다. 황국신민화를 통한 내선일체화 실현, 전시 국책사업 협력으로 경제적인 전쟁 수행 뒷받침, 조직과 훈련을 통한 일상생활의 전시체제 확립 등이다. 이러한 목적과 역할을 위해 애국반원을 중심으로 국민정신총동원조선연맹 실천 요목 21개 항목을 지침으로 국민정신총동원운동을 실시했다. 21개 실천 요목은 근로보국대라는 실천 조직을 통해 정례적으로 실시했다.

국민정신총동원조선연맹 21개 실천 요목	
1. 매일 아침 황거요배	13. 근로보국대의 생활 강화
2. 신사참배 여행(勵行)	14. 1일 1시간 이상 근로 증가 여행
3. 선조(先祖)의 제사 여행	15. 농산어촌갱생5개년계획 완전 여행
4. 기회가 있을 때마다 황국신민서사 낭독	16. 전가(全家) 근로
5. 국기 존중, 게양 여행	17. 응소군인의 환송영(歡送迎), 상이병(傷病兵) 위문
6. 국어생활 여행	18. 출정군인 및 순국자 귀가시 위문 위령, 가업(家業) 방조(幇助)
7. 비상시 국민생활 기준양식 실행	19. 기회가 있을 때마다 순국자 영령에 대한 묵도
8. 국산품 애용	20. 유언비어 삼가, 간첩 경계
9. 철저한 소비절약과 저금 여행	21. 방공방첩 협력
10. 국채 응모 장려	
11. 생산증가 및 군수품 공출	
12. 자원 애호(愛護)	

1939년 1월 29일, 조선연맹은 충청남도연맹에 일본정신발양주간 실시요강을 시달하고, '중일전쟁 3주년 기원절(紀元節)'을 맞아 2월 8~14일까지 1주일간 행사를 하도록 했다. 행사는 크게 정신운동과 노동동원으로 나눌 수 있다. 정신운동은 정동부락연맹 및 각종 연맹별로 궁성요배와 신사참배를 하고, 기원절 봉축식을 거행하며, 내선일체 정신, 동아신질서 건설 등에 관한 강연회, 좌담회, 전람회 개최 등이었다. 노동동원은 애국반원을 중심으로 구성된 국민정신총동원근로보국대 및 학교근로보

국대를 동원한 폐품 회수 및 근로봉사였다. 이 지침에 따라 충남은 근로보국대 6,232개 단체가 30만 6,956명의 대원을 동원했다.[54]

2) 상시 조직화: 특별근로보국대

발족 당시 근로보국대는 농번기나 방학 등 일시 동원체제를 표명했다. 그러나 일시 동원으로는 필요한 노동력을 확보할 수 없으므로 상시 동원을 위한 조직으로 설치한 것이 특별근로보국대다. 특별근로보국대를 통한 근로보국대의 상시화는 도 외 동원으로 확장하는 계기가 되었다.

특별근로보국대는 1940년 경기도의 근로특선대를 시작으로 각지에서 결성됐다. 1940년 8월 6~7일, 경기도는 노무조정사무타합회를 개최하고 근로특선대를 설치해 근로보국운동을 철저히 하고, 추진 대원의 활동을 강화와 도내 근로단 출동에 따른 각 군의 할당 등을 논의했다. 이 결정에 따라 경기도 관내에서 근로보국특선대가 설치되기 시작했다.[55]

다른 지역의 경우 충북과 경남, 평북, 함남, 전북, 경성부 등에서 사례를 볼 수 있다. 충북은 각 읍·면에 약 80명 규모의 특수근로보국대를 조직하도록 했고, 8월 23일 진천부대 40명과 괴산부대 40명을 함남 원산 소재의 차(茶)공장으로 보냈다. 도내를 넘어선 도 외 동원이었다. 경남은 1941년 8월 1일 국민총력부락연맹을 단위로 도내 7천여 마을에 근로보국대를 조직하도록 한 후 남자부(18~45세 미만) 회원으로 특별근

---

54 「日本精神發揚週間中ノ諸行事實施狀況」,『國民精神總動員聯盟要覽』, (『日帝下戰時體制期政策史料叢書』 51).

55 김윤미, 2007, 「근로보국대 제도의 수립과 운용」, 부경대학교 사학과 석사학위논문, 56쪽.

로보국대를 편성했다. 같은 달 평북에서도 국민총력읍면연맹을 분대로 18~30세의 남자로 근로보국정신대를 편성했다.[56]

경성부에서는 1941년 9월 4일, 부내 12만 청년대원 가운데 우수 대원 350명을 선발해 경성운동장에서 경성근로보국단 결성식을 거행한 후 곧바로 7일까지 4일간 부내 재향군인 간부를 지도자로 매일 7시간씩 군사교련을 실시했다. 그러고 정기적으로 소집해 기초훈련을 쌓은 후 공공사업의 근로작업단체로 동원했다.[57]

함남은 1941년 5월 산업보국단을 개조해 국민총력읍면산업보국단을 조직했다. 보국단은 학교와 경찰서 및 재향군인회 등이 수시로 지도하고, 읍·면의 14~60세 애국반 남녀로 경작봉사대를 조직해 경작대(각 부락 농경작업장)·정신대(도지사가 지정하는 국책공사장)·봉사대(도로하천 등 공사장)로 구분한 후 동원했다. 함남은 1942년 1월 24만 6,154명과 각종 연맹 2천 대(21만 8,800명) 총 46만 4,262명을 산업보국단으로 조직했다.[58]

전북은 1942년 4월 근로보국대 강화 방침에 따라 특별근로보국대를 편성한 후 매년 1월 1일부터 12월 말까지를 동원 기간으로 하고, 이후 갱신하는 방식으로 해서 상시 동원이 가능하도록 했다.[59]

이같이 1940년부터 조직한 특별근로보국대는 근로보국대원 일부를

---

56 「읍면마다 특근보국대」, 『매일신보』, 1940.8.28; 「땀에 동원지령」, 『매일신보』, 1941.8.28.

57 「근로보국단을 결성」, 『매일신보』, 1941.9.3.

58 「노력의 증강 거도적 단합에」, 『매일신보』, 1941.5.9; 「남선 알선노동자 예정의 3분지1에 불과」, 『매일신보』, 1941.10.6; 「46만명 대기 함남의 개로전사」, 『매일신보』, 1942.1.29

59 「勤勞報國隊强化方針-全羅北道」, 『戰時下朝鮮人勞務動員基礎資料集 II』, 1942, 綠蔭書房(2000년 복간), 205~245쪽.

선정해 편성하는 방식을 취했다.

'특별'이라는 명칭은 부여하지 않았으나 특별근로보국대의 성격을 띤 보국대로는 남방파견보국대, 흥남 제1·2·3보국대, 강선보국대, 안주보국대, 여수보국대 등 형무소 수형자들을 동원한 보국대를 들 수 있다. 조선총독부는 1943년 8월 26일 자 법무국장 통첩과 31일 자 내무경찰부장 통첩(「부로(俘虜) 사용에 관한 건」)에 따라 조선 내외에 걸쳐 수인 노동을 본격화했다. 여기서 포로란 '신체가 건전하고 노동을 감내할 수 있는 사법 보호 대상자 중 유예자', 즉 수형자라는 의미다. 8월 31일 법무국장은 평양·부산·광주·함흥·군산 형무소에 작업대와 보국대라는 이름의 파견대를 설치하고 각지에 파견했다.[60]

3) 한반도를 넘어

1938년 도내 동원을 위한 노동력으로 출발한 근로보국대는 도 외와 한반도 외로 동원 지역을 넓혀 나갔다. 이 가운데 한반도 외 동원은 조선총독부의 통첩이나 법령 규정, 노무동원 등 세 가지 경로(모집·국민징용·관 알선)의 확장이 아니라 '보국대'라는 용어의 확산이자 '근로보국'의 의미를 적용하는 조치이기도 했다. 당국은 1939년부터 일본, 만주, 남사할린 등으로 노무 송출을 시작했다. 이 과정에서 사용한 명칭이 보국대 또는 근로대였다. 단기간 동원이라는 의미로 사용한 용어였다.[61]

---

60 이종민, 2017, 「태평양전쟁 말기의 수인 동원 연구(1943~1945)-형무소 보국대를 중심으로」, 『한일민족문제연구』 33, 87쪽.

61 만주와 남사할린, 중국 하이난섬에 대해서는 이 책 제4장 제3절 참조.

11월 11일 경기도 안성 군민들은 화태개척근로대라는 이름으로 남사할린으로 출발했다. 한발 피해를 입은 이재민들을 대상으로 근로대를 구성했다. 만주에서는 흥아청년근로보국대, 만주건설근로봉사대, 만주개척여자근로봉사단이라는 명칭을 사용했다. 일본으로 간 보국대의 대표적인 사례는 농업보국청년대다. 소지주 정도의 경제력과 국민학교 정도의 교육을 받은 농촌 청년들을 '내선일체'와 '선진 영농법 습득을 통한 조선 농촌 갱생'이라는 미명하에 일본 농가와 토목 현장에 파견해 단기간 무임금 노동에 동원했다.[62]

〈그림 3-14〉 1943년 4월 20일 자 내갑(內甲) 제341호 각의 결정 「조선총독부 수형자 하이난섬 출역에 동반할 감독 직원 등 증원에 관한 건」

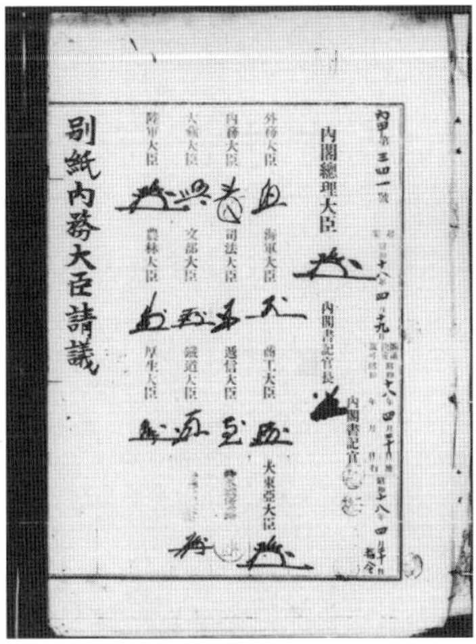

출처: 아시아역사자료센터

한반도 외 수형자 동원 사례는 중국 하이난섬[海南島] 비행장·도로 건설공사와 광산 채광작업에 동원한 남방파견보국대가 대표적이다. 남방파견보국대는 1943년 4월 내갑(內甲) 제341호 각의 결정 「조선총독부 수형자 하이난섬 출역에 동반할 감독 직원 등 증원에 관한 건」에 따라 경성과 평양 등 17개 형무소 수감자 2,000명을 파견한 사례다. 2,000명이라는 수는 당시 조선에 수용된 수감자의 10%에 해당하는 수치다.[63] 이

62 정혜경, 2003, 「일제 말기 강제연행 노동력 동원의 사례: '조선농업보국청년대'」, 『조선인 강제연행의 역사』, 참조.

63 조선총독부 통계연보에 따르면, 1942년 당시 수형자는 총 2만 2,722명(남 2만 1,976명, 여 746명).

들은 이시하라[石原] 산업·닛치쓰(주) 소속 스루[石碌]광산·텐두[田獨]광산·해안 군사시설물 공사장 등지에서 노역했고, 약 1,000여 명은 현장의 가혹행위와 전염병 등으로 사망했다.[64]

4) 한반도 민중에게 근로보국대란

일반적으로 노무동원의 경로는 세 가지(모집, 국민징용, 관 알선)로 구분하지만 당시 한반도 민중은 '징용 갔다'로, 광복 직후에는 '강제징용'이라는 표현을 많이 사용했다. 『경성일보』 1945년 12월 8일 자 2면에 실린 그림(〈그림 3-15〉)에 '강제징용'이라는 네 글자가 있다. 『경성일보』는 1906년 통감부 기관지로 출발해 일제강점기 내내 조선총독부 기관지(일본어 신문)였는데, 1945년 10월까지 발행하다가 한인이 편집권을 장악해 얼마간 『경성일보』라는 이름으로 발행됐다.

징용은 강제동원의 총칭이기도 했다. 노무동원 외 군인이나 군무원 동원도 모두 '징용'으로 표현했다. 제주 4·3사건을 다룬 영화 〈지슬〉의 첫 장면에 장총을 하나 구해 온 마을 청년이 나온다. "총 쏠 줄 아냐"는 마을 형님의 비웃음 섞인 한마디에 청년은 "그럼 그것도 모릅니까. 징용 갔다 왔는데…."라고 답한다. 총을 언급한 것을 보면, 청년은 노무자가 아닌 군인으로 동원되었을 것이다. 그러나 감독은 군인을 의미하는 '징병'이나 '지원병'이 아닌 '징용'이라는 대사를 넣었다. 한국 사회에서 징용이 주는 의미를 보여 주는 장면이다.

---

64 정혜경, 2010, 『조선 청년이여 황국신민이 되어라』, 서해문집, 212, 216쪽.

“보국대 갔다 왔어!”

〈그림 3-15〉 신문삽화에 새겨진 ‘강제징용’이라는 표현(우측 아래)

출처: 『경성일보』, 1945.12.8.

1940년대에 어린 시절을 보냈던 이들이 흔히 하는 말이다. 한반도 내로 동원된 경험자들이 많이 하는 표현은 ‘보국대’, 근로보국대를 의미하는 용어다.

그렇다면 당시 민중에게 보국대란 무엇을 의미하는가.

한반도 외로 동원된 이들이 표현한 ‘징용’ 같은 개념일 것이다. 한반도 민중은 부락 단위까지 조직한 근로보국대라는 체계에 포함되어야 했고, 일상생활에서 ‘근로봉사‘를 강요받으며 지냈다. 1942년 함경남도가 청진~나진 간 철도공사 및 함경선 철도 개량공사를 위한 신청 노동자 1만 3,000명을 배분한 계획을 보면, 도내 관 알선 2,697명과 근로보국대 3,507명을 노동력으로 배당하고자 했다. 1942년에 함남에서는 근로보국대 동원 규모가 도내 관 알선을 능가한 것이다.[65]

이러한 추세는 시기가 지남에 따라 점차 늘어났다. 1944년 한반도 도내 동원에서 근로보국대 동원이 차지하는 비율은 78%에 달했다. 1938년

---

65 咸鏡北道, 「昭和 17年 5月 5日. 勞務動員實施狀況」(김윤미, 2006, 「근로보국대 제도의 수립과 운용(1938~1941)」, 부경대학교 사학과 석사학위 논문, 65쪽 재인용).

근로보국대가 처음 조직될 당시에는 도내 관 알선의 부족을 채워 나가는 정도였다가 점차 근로보국대 방식을 이용해 동원을 확대한 결과이다.

〈표 3-11〉 1944년 도내(道內) 동원 내역(단위: 명)

구분	인원수	비율
도내 관 알선	492,131	20.0%
근로보국대	1,925,272	78.4%
모집	37,321	1.5%
합계	2,454,724	

출처: 大藏省 管理局, 1952,『日本人の海外活動に關する歷史的調査』, 朝鮮篇 第9分冊, 72쪽

근로보국대 방식의 동원은 선험적 단계를 거쳐 1941년 12월「근로보국협력령」시행으로 법적 체계화를 구축했고, 1943년 확대·강화 시기를 거치면서 동원 규모가 매년 증가해 한반도 내 노동력 수급의 원천이 되었다. 당국은 근로보국대를 상비군처럼 총동원체제 속에서 언제든지 노동현장에 투입할 수 있는 준비된 노동부대로 운용하고자 했고, 노동력 동원의 기저 조직 역할을 했다.

제4장
동원 지역별 직종별 노무동원 실태

제1절 일본

1. 주요 직종과 노동 실태

1) 일본 전역의 탄광산과 군수공장으로

조선인이 주로 노무동원된 직종은 탄광·광산, 토목건축, 운송 등으로 일명 단순 근육노동으로 분류되는 직종이었다. 노무동원계획에 따른 조선인의 일본 본토 '집단이입'이 개시된 1939년 이후의 동향을 〈표 4-1〉에서 보면 광산업이 압도적인 비중을 차지하고 있음을 알 수 있다.

〈표 4-1〉 노무동원계획에 의한 조선인 노무동원의 직종별 분포(단위: 명, %)

	석탄광산	금속광산	토목건축	공장 기타	계
1939년	32,081 (64.4)	5,597 (11.2)	12,141 (24.4)		49,819
1940년	36,865 (65.9)	9,081 (16.2)	7,955 (14.2)	2,078 (3.7)	55,979
1941년	39,019 (64.1)	9,416 (15.5)	10,314 (16.9)	5,117 (3.5)	63,866
1942년	74,098 (66.3)	7,632 (6.8)	16,969 (15.2)	13,124 (11.7)	111,823
1943년	66,535 (53.5)	13,763 (11.1)	30,635 (24.7)	13,353 (10.7)	124,286
1944년	71,550	15,920	51,650	89,200	228,320

	(31.3)	(7.0)	(22.6)	(39.1)	
1945년	797 (7.5)	229 (2.2)	836 (7.9)	8,760 (82.5)	10,622
계	320,945 (50.0)	61,638 (9.6)	130,500 (20.3)	128,632 (20.1)	641,715

출처: 제85회 '제국의회' 설명자료

조선인 노무자가 집중적으로 투입된 직종은 석탄광산이 50.0%로 전체의 절반을 차지하고, 토목건축이 20.3%, 공장 기타가 20.1%, 금속광산이 9.6%였다. 이처럼 탄광산과 토목건축만으로 전체의 80%를 차지하는 상황이 확인되는데, 노무동원계획에 의한 '집단이입'이 시행된 당초에는 이보다도 비중이 더 높았다. 1939년도의 경우, 조선인을 동원하였던 직종은 모두 탄광산 및 토목건축에 집중되어 있었음을 알 수 있다. 이에 대해 일본 정부는 "국민동원계획의 산업인 광공업, 토목건축업 방면에 취로하여 내지 노무자와 비교해도 손색이 없고, 특히 중근(重筋), 내열(耐熱), 지하노동에 있어서는 그 체격이 월등하여 좋은 성적을 내고 있다"고 평가했다.[1]

국무총리 소속 대일항쟁기 강제동원 피해조사 및 국외 강제동원 희생자 등 지원위원회(이하 '위원회')가 2005~ 2015년까지 피해자와 유족들을 조사한 결과에 따르면, 신고한 피해자 가운데 피해자로 결정된 21만 6,973명 중 노무자가 14만 7,870명인 68.2%로 비중이 가장 컸다.

1 제85회 '제국의회' 설명자료, 1944년.

〈표 4-2〉 위원회 조사 결과 노무동원 피해자의 지역별 내역

총계	한반도 외						한반도 내
	일본	중국	러시아	남양군도	기타	계	
147,870	119,600	2,004	6,451	4,524	298	132,877	14,993
	(90.0%)	(1.5%)	(4.9%)	(3.4%)	(0.2%)	(100.0%)	

출처: 대일항쟁기 강제동원 피해조사 및 국외 강제동원 희생자 등 지원위원회 2016년 2월 현재 수치

위원회의 조사 결과에 따르면 노무동원 피해자 수는 한반도 내가 가장 많으며, 수차례 동원된 수치까지 합산하면 연인원이 650여만 명에 육박했다. 그럼에도 신고자 수는 고작 1만 4천여 명에 지나지 않았다. 그 이유는 무엇인가?

그것은 한반도 내 작업장으로 노무동원된 것을 부역(賦役)과 착종하여 피해로 인식하지 않았다는 점, 강제동원이라 하면 이역만리로 끌려간 것을 의미한다는 인식 등에서 비롯된 결과로 판단된다. 그리하여 피해자 중에는 한반도 외 지역으로 동원된 사례 신고가 가장 많았고, 그중에서도 일본 본토가 전체의 90.0%라는 압도적인 비중을 차지했다.

일본 본토에서는 군인으로 징집된 일본인 노무자를 대신할 노동력으로 조선인 노무자 수요가 급증하였고, 그 결과 조선인 노무자를 사용하지 않은 지역이 없을 정도였다.

조선인 노무자를 강제동원한 일본 전역의 작업장 분포를 알아보자. 〈표 4-3〉은 위원회가 조사한 일본 내 지역별 작업장 분포이다.

〈표 4-3〉 일본 도도부현별 강제동원 작업장 분포

홋카이도 [北海道]	아오모리현 [青森県]	이와테현 [岩手県]	미야기현 [宮城県]	아키타현 [秋田県]	야마가타현 [山形県]	후쿠시마현 [福島県]
381	55	39	71	1	33	87
도쿄도 [東京都]	가나가와현 [神奈川県]	사이타마현 [埼玉県]	지바현 [千葉県]	이바라키현 [茨城県]	도치기현 [栃木県]	군마현 [群馬県]
200	228	52	52	65	63	41
니가타현 [新潟県]	나가노현 [長野県]	도야마현 [富山県]	이시카와현 [石川県]	후쿠이현 [福井県]	아이치현 [愛知県]	기후현 [岐阜県]
72	113	58	26	37	137	59
시즈오카현 [静岡県]	미에현 [三重県]	오사카부 [大阪府]	효고현 [兵庫県]	교토부 [京都府]	시가현 [滋賀県]	나라현 [奈良県]
116	47	187	252	51	19	52
와카야마현 [和歌山県]	돗토리현 [鳥取県]	시마네현 [島根県]	오카야마현 [岡山県]	히로시마현 [広島県]	야마구치현 [山口県]	도쿠시마현 [徳島県]
32	21	34	53	176	159	26
가가와현 [香川県]	에히메현 [愛媛県]	고치현 [高知県]	후쿠오카현 [福岡県]	사가현 [佐賀県]	나가사키현 [長崎県]	구마모토현 [熊本県]
14	50	42	248	75	155	54
오이타현 [大分県]	미야자키현 [宮崎県]	가고시마현 [鹿児島県]	오키나와현 [沖縄県]			
53	42	71	58			

출처: 대일항쟁기 강제동원 피해조사 및 국외 강제동원 희생자 등 지원위원회, 2016, 『위원회 활동결과보고서』.

100개 이상의 작업장이 분포한 지역을 보면, 홋카이도가 381개소로 가장 많고, 이어서 후쿠오카현 248개소, 효고현 252개소, 가나가와현 228개소, 도쿄도 200개소, 오사카부 187개소, 히로시마현 176개소, 야마구치현 159개소, 나가사키현 155개소, 아이치현 137개소, 시즈오카현

116개소, 나가노현 113개소 순이다. 전체 작업장 수는 4,049개소이다. 지역별 작업장 외에도 선박회사까지 합하면 조선인 노무자가 동원된 곳은 총 4,119개에 이른다.

작업장 분포가 시사하는 점이 몇 가지 있다. 첫째, 4천여 개에 달하는 작업장은 최소한의 수치로 봐야 한다는 점이다. 다시 말해서 포함되지 않은 누락된 작업장이 상당히 많다고 봐야 한다는 것이다. 가령 아키타현의 경우, 중국인 강제동원과 학살로 유명한 하나오카광산이 있고, 고사카광산이나 후로쿠라광업소 등이 있지만 작업장 분포에는 1개소만 명시되었다.[2]

둘째, 현존하는 조선인 관련 명부 자체의 문제점 내지는 결함을 확인할 수 있다는 점이다. 현존하는 조선인 노무동원 관련 자료로는 일본 후생성이 생산한 「조선인 노동자에 관한 조사 결과」가 가장 중요하다. 왜냐하면 이 자료에는 1부(오사카부) 15현 6만 8,000여 명의 명부가 수록되어 있고, 또 일본 정부와 일본에서 확보한 노무동원 관련 자료로 「소위 조선인 징용자 등에 관한 명부」나 「일제하 피징용자 명부」 등의 자료들보다 수록 규모가 훨씬 크기 때문이다.

〈표 4-4〉 1990년대 초에 확보한 강제동원 관련 조선인 명부

	조선인 노동자에 관한 조사 결과	소위 조선인 징용자 등에 관한 명부	일제하 피징용자 명부
입수 시기	1991. 3.	1991. 3.	1991. 12.
수량	15권	6권	3권

2 일본 후생성 근로국의 「조선인 노동자에 관한 조사 결과」에 따르면 아키타현 소재 조선인 관련 작업장은 25개소로, 동원된 조선인은 총 5,719명이었다.

수록 인원	69,766명	27,949명	14,410명

출처: 국가기록원, 「일제강점기 피해자 명부」에 의함.
(http://theme.archives.go.kr/next/collection/viewJapaneseIntro.do)

비고: 제주대학교, 2020, 『국가기록원 소장 강제동원 명부 현황 조사분석 연구용역 결과보고서』에 의하면 「조선인 노동자에 관한 조사 결과」 6만 8,042명, 「소위 조선인 징용자 등에 관한 명부」 2만 7,814명, 「일제하 피징용자 명부」 1만 4,752명이다.

그런데 가장 많은 조선인 관련 정보를 담고 있음에도 작업장이 많았던 주요 지역이 누락된 사실을 지적할 수 있다. 후쿠오카현과 함께 대규모 탄전에 조선인을 동원한 홋카이도는 위원회 조사 결과 1위를 점하는 작업장 수가 있음에도 명부에는 없다. 게이힌[京浜]공업지대를 형성하는 도쿄도(5위)와 가나가와현(4위), 육군조병창과 미쓰비시항공기제작소가 있었던 아이치현(10위), 해군공창과 미쓰비시조선소, 도요공업 등 군수공장이 즐비했던 히로시마현(7위), 무수히 많은 해저 탄광이 있던 야마구치현(8위) 등도 명부에 없다. 명부 자료의 부실함을 위원회 조사 결과가 지적해 준 셈이다.

명부 부실에 대해서는 조선인의 빈번한 이동을 이유로 삼는 경우가 많았다. 특히 토목건축, 건설업의 경우 '함바[飯場]'라고 하는 노동 숙소를 단위로 노동 관리와 생활이 이루어지는데, 작업이 완료되면 다른 작업장으로 이동해야 하는 업무 성격상 떠돌이 노동으로 비치기 쉬웠다. 이는 조선인이어서가 아니라 업종의 성격상 불가피한 측면이 있다. 그런데도 일본 정부와 기업은 조선인 노동자의 습성인 것으로 치부하여 명부 부재의 책임을 조선인에게 전가하였다. 더욱이 전시기(戰時期) 조선인 노무자의 이동은 본 절 전환배치에서 살펴보는 바와 같이 기업과 일본 정부의 철저한 통제하에 진행된 것으로 조선인의 의지나 습성과는 무관했다. 아울러 패전 직후의 유언비어, 공습에 의한 조선인 관련 자료의 소실, 인수인계 중 분실 등의 상황이 더해져 자료의 부실을 더욱 키웠다. 다음은 이와 같은 상황에 대한 나가노현[長野縣] 지사의 설명이다.

1. 본 현에 조선인 노무자가 취로하는 것은 주로 토목건축 등 토목운반 작업으로 공사 종료, 완성, 기타 공사 사업의 사정에 따라 항상 노무자의 이동이 있다. … 〈중략〉 … 종전(終戰)과 동시에 혹은 종전 후 그 공사가 중지되면 자연히 그만두고 그에 따라 소속 노무자 해산, 계획수송에 의한 조선인 노무자 귀국 등으로 사업장 사무소는 남아 있다고 해도 책임자를 위시한 조선인 노무자 관계 사무담당자 등 관계자 전원이 타소로 이동하여 없고, 이동 장소도 불명하여 상세 조사가 불가능했다.
2. 종전과 동시에 일부 공장 사업장에서는 어떤 유언비어를 관계 관청이 전하는 것으로 오해하여 조선인 노무자에 관한 서류 전부 또는 일부를 일방적으로 소각하는 바람에 상세 조사가 불가능했다.
3. 또 일부 공장 사업장의 경우는 그 공장 사업장만의 규칙에 따라 각각 공사, 사업 종료·완성과 동시에 소속된 노무자에 관한 서류 전부를 본부에 일괄 송부하는데, 해당 본부가 전재(戰災)를 입는 바람에 앞서 말한 서류 전부를 소실하여 상세 조사가 불가능했다.
4. 한편, 일부 공장 사업장의 경우 책임자 혹은 조선인 노무자에 관한 사무담당자, 관계자 등이 수차례 교대 중 불완전한 사무인계로 관계 서류를 분실해 상세 조사가 불가능했다. … 〈후략〉 …

노무자 입장에서 작업장 이동은 고역이 아닐 수 없었다. 낯선 환경과 낯선 작업은 심할 경우 생명을 앗아 가는 원인이 될 수 있기 때문이다.

〈그림 4-1〉 나가노현[長野縣] 지사의 자료 제출 설명 중 일부

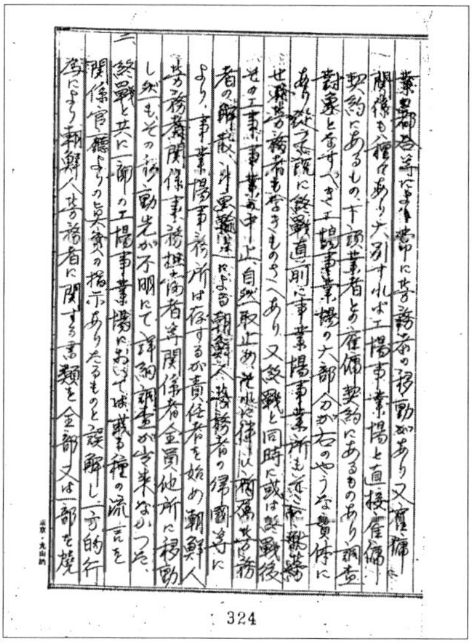

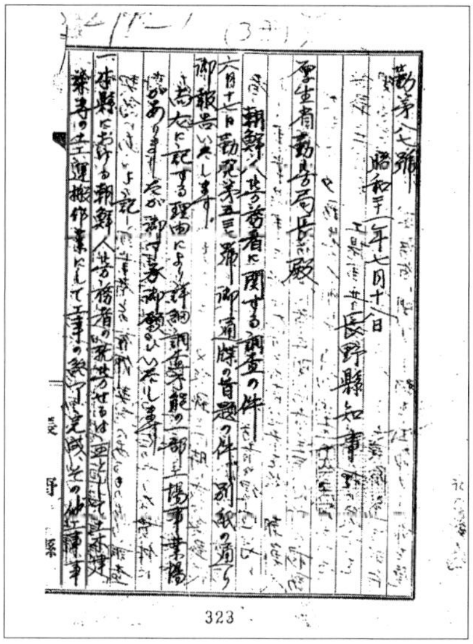

출처: 일본 후생성, 「조선인 노동자에 관한 조사 결과」

미군의 일본 본토 공습이 본격화하던 1945년경에는 공습 대상이 되는 주요 도시에서의 작업 자체가 또 다른 위협이었다. 실제로 군항으로 알려진 대도시에서 터널공사에 투입되었다가 큰 화를 입는 경우도 발생했다.

전라남도 고흥 출신의 박홍규는 1944년 8월 고흥, 장흥, 보성 등에서 동원된 120명과 함께 후쿠오카현으로 동원되었다. 조선인 노무자를 대표하여 대장으로 지명된 박홍규는 당초 후쿠오카현의 비행장 건설현장에 투입되었다가 1개월 후 다시 구마모토현 비행장 건설현장에 투입되었다. 노무동원 당시 같은 마을의 서양석도 박홍규와 같은 작업장으로 동원되었는데 구마모토현에서 방공호도 만들다가 3~4개월 뒤 또다시 다른 작업장으로 이동했다고 한다.

"후쿠오카 비행장에서 거기 일 끝나고 우리 40명만이 저 구마모토로 가고, 구마모토서 한 3개월, 4개월이나 있었을까? 그래가지고 거기서 인자 비행장, 그 활주로 다 끝나고 그런께는 또 히로시마로 갔지."[3]

박홍규, 서양석 등이 히로시마시로 다시 끌려가서 한 작업은 군 지하 시설 축조였다. 히로시마역 앞에 주둔하던 일본 육군 연병장 뒤편으로 후타바야마[二葉山]라는 산이 있고, 그곳에 무기고로 사용할 지하터널을 파는 일이었다. 이곳은 미군의 본토 공격에 대비하여 미에현[三重縣] 서쪽을 총괄하는 '제2총군' 사령부가 있던 곳이다.[4] 두 사람이 작업에 투입된 지 한두 달 지난 8월 6일 아침, 히로시마시 중심부에 원자폭탄이 투하되었다. 두 사람이 있었던 히로시마역 근처는 폭심지로부터 약 2.5km 떨어진 곳으로 폭발 당시 열선(熱線)에 의한 직접 화상을 입는 위치였다. 결국 두 사람은 새로 투입된 작업장이 군수도시 중심부에 위치한 까닭에 원자폭탄에 피폭당하는 피해까지 입게 된 것이다. 원자폭탄 투하 당일, 그들보다 작업장이 폭심지에 더 가까워 사망한 동료들도 있었다.[5]

이상과 같이 일본 전 지역, 최북단으로는 홋카이도에서 최남단으로는 오키나와현에 이르기까지 47개 도(都)·도(道)·부(府)·현(縣) 어느 한 곳 빠짐없이 조선인 노무자들이 동원되었음을 알 수 있다. 철도부설 토

3 국무총리 소속 일제강점하강제동원피해진상규명위원회, 2008, 『내 몸에 새겨진 8월』, 243쪽.

4 広島の強制連行を調査する会, 1992, 『地下壕に埋もれた朝鮮人強制労働』, 明石書店, 108쪽.

5 박홍규에 의하면 원폭에 피폭되어 사망한 12명의 유골함을 귀환 당시 고향으로 갖고 왔다고 한다. 희생자 중 고흥군 출신은 8명이었고, 나머지 4명은 장흥군 출신이었다.

목공사의 경우, 험준한 산의 경사면을 다지고, 터널을 뚫는 작업 중 사망하는 조선인이 수없이 발생하여 "침목 하나에 조선인 한 명"이라는 말이 나돌 정도였다. 조선인의 고귀한 생명을 희생시키면서 강행된 전시 '총후'지원, 군수지원이었던 것이다.

조선인을 동원한 기업들 중 근대 일본의 3대 재벌로 알려진 미쓰이[三井], 미쓰비시[三菱], 스미토모[住友] 등을 중심으로 살펴보면 〈표 4-5〉와 같다. 일본 제국과 점령 지역 등에 분포한 기업 수를 보면 미쓰비시 계열이 281개로 가장 많고, 이어서 미쓰이 계열이 219개, 스미토모 계열이 91개소이다. 2018년 한국대법원의 징용공판결로 알려진 일본제철 계열도 100개소 있었다. 이 중 일본 본토 내 기업 수도 미쓰비시 계열이 140개소로 가장 많다.

〈표 4-5〉 조선인 강제동원과 관련된 주요 기업들

구분	한반도	일본	사할린	동남아·태평양	중국·만주	합계
미쓰이계	129	62	4	20	4	219
미쓰비시계	110	140	4	19	8	281
스미토모계	32	50	1	3	5	91
일본제철계	25	68	2	2	3	100
니시마쓰계	23	33	-	-	3	59

출처: 국무총리 소속 대일항쟁기 강제동원 피해조사 및 국외 강제동원 희생자 등 지원위원회, 2016, 『위원회 활동 결과보고서』, 143쪽.

미쓰비시는 도사[土佐] 출신의 하급 사족(士族)인 이와사키 야타로[岩崎彌太郎]가 나가사키현 나가사키시 다카시마[高島]에서 탄광을 경영하

〈그림 4-2〉 미쓰비시 창설자 이와사키 야타로 동상

출처: 허광무 촬영(2005.12)

〈그림 4-3〉 '군함도'로 알려진 하시마[端島]탄광 (2015년 유네스코 세계유산에 등재됨.)

출처: 김선정 촬영

며 급속하게 부를 축적한 재벌이었다. 규슈 지역 특유의 반봉건적인 노예노동으로 악명 높은 '나야[納屋]제도'가 장시간의 중노동으로 다카시마탄광을 지탱한 것으로 알려져 있다. 미쓰비시는 다카시마탄광과 함께 인접한 섬 하시마[端島]에서도 채탄 작업을 개시했는데, 섬 모양이 군함을 닮아 일명 '군함도'라고도 불렀다. 이곳은 2015년에 일본의 '메이지[明治] 일본의 산업혁명 유산' 23개 시설 중 하나로 유네스코 세계유산에 등재되면서 한국인들의 공분을 샀다. 다카시마탄광과 하시마탄광은 모두 미쓰비시광업주식회사 산하 탄광으로 아시아·태평양전쟁 당시 수많은 조선인을 강제동원한 곳이었기 때문이다.[6]

6 하시마탄광을 배경으로 강제동원의 역사를 류승완 감독이 영화 〈군함도〉(2017)로 제작했으며, MBC 예능프로그램 〈무한도전〉도 다카시마섬의 조선인 희생자 공양탑을 방문하고 생존자 김형석과 최창섭의 인터뷰도 넣어 방송했다. 한국 정부의 조사보고서로는 『사망기록을 통해 본 하시마[端島]탄광 강제동원 조선인 사망자 피해실태 기초조사』(2012)가 있고, 2013년 윤지현이 펴낸 『파도가 지키는 감옥섬』(도서출판 선인)도 있다. 아울러 2019년 허광무가 다카시마탄광과 하시마탄광을 포함한 나가사키시의 강제동원 현장을

이 밖에도 미쓰비시는 미쓰비시중공업 나가사키조선소와 히로시마조선소에 조선인을 징용으로 동원했고, 아이치현[愛知縣] 나고야시[名古屋市]의 미쓰비시 항공기제작소에는 해상 함재기 '제로센[戰]' 생산을 위해 초등학교를 갓 졸업한 어린 소녀들을 조선여자근로정신대로 동원했다.[7]

2) 중노동과 장시간 작업

탄광·광산의 경우, 조선인은 위험을 수반하는 채굴현장에 곧바로 투입되었다. 농업 외 특별한 기술이 없었던 농가 출신의 노무자들로서는 미숙련으로 인한 사고의 위험을 감내해야 했는데, 1944년 현재 위험한 채굴현장을 담당하는 조선인의 비율이 전체의 6할에 육박했다고 전해진다.[8]

후쿠오카현 지쿠호[筑豊]탄전의 대표적인 탄광인 가이지마[貝島] 오노우라[大之浦]탄광에 동원된 할아버지도 당시를 회상하며 탄광 경험이 일천한 조선인을 곧바로 막장 채탄작업에 투입하는 바람에 탄에 묻혀 죽을 고비를 경험했다고 증언하였다.[9]

답사한 기록집인 『일본지역 강제동원 현장을 가다』(도서출판 선인)도 참고 바란다.

7 최근 인천 부평구에 소재한 구 '인천육군조병창'(현 캠프마켓)에 방탄용 강판을 납품했던 미쓰비시제강소와 미쓰비시 사택이 주목받고 있다. 미쓰비시제강소는 2002년에 모두 철거되어 부평공원이 되었지만, 직원용 사택으로 사용하던 주거는 일부가 남아 있다. 현재 미쓰비시의 한자어 발음으로 삼릉마을로 불리던 이곳 삼릉 줄사택도 개발 열풍에 밀려 철거될 예정이나 보존과 개발의 여론이 여전히 뜨겁다. 이와 관련한 내용은 부평역사박물관 학술총서(3), 2016, 『미쓰비시를 품은 여백, 사택마을 부평삼릉』에 자세하며, 특히 제2장 '일제강점기 한반도 강제동원과 미쓰비시'(정혜경)가 유익하다.

8 外村 大저, 김철 역, 2018, 『조선인 강제연행』, 뿌리와 이파리, 161쪽. 『東洋經濟新報』, 1944년 2월 26일호에 의함.

9 정혜경 외, 2019, 『반대를 논하다-'반일종족주의'의 역사 부정을 넘어』, 도서출판 선인, 77쪽.

〈그림 4-4〉 사망사고를 보고한 변재보고서(좌측)와 사고 현장을 설명한 도면 보고서(우측)

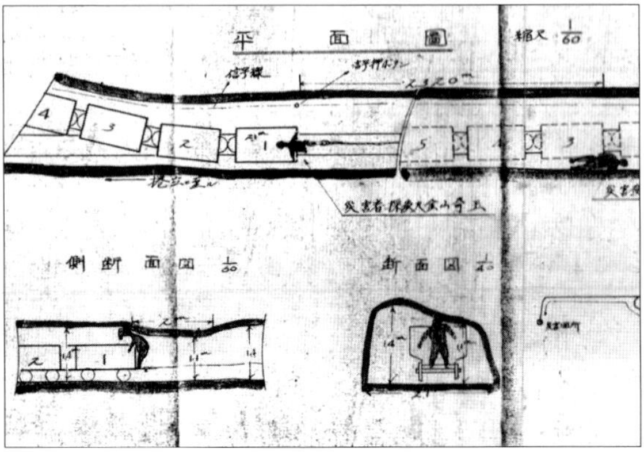

출처: 「고 김광열 기증 자료」, 국가기록원 소장.

이렇듯 익숙하지 않은 탄광의 작업환경은 조선인 노무자들의 생명을 위협하였다. 1945년 4월 메이지[明治]광업에 동원된 지 2개월 남짓밖에 되지 않은 한 조선인은 채굴장의 천장 높이를 가늠하지 못해 탄차와 천장 사이에 끼여 사망하는 참사를 당했다. 이에 관리책임을 담당하는 광산감독국은 "경험자 양성에 노력하고, 미숙자를 사용하는 일이 없게" 되기를 희망한다는 감상과 함께 사건을 마무리했다.[10] 같은 지역의 탄광에 동원되었던 박용식은 고역스러웠던 작업환경을 다음과 같이 기억하고 있었다.

"일곱 시에 시작하고 일곱 시까지 12시간 해야 해. 7시부터 7시까지 꼭 12시간 쳐야 나와. 하도 오래됐어도 어려우니까 그때 일은 안 잊어버려. 그렇게 하고서 나온다고. 나오면. 나올 때 성해 가지고 나온 사람이 몇 명 안 돼. '다리가 잘라졌다' '손이 잘라졌다' '어디를 깨졌다' 뭐

10 「災害報告書」, 1945년 4월 17일.

부상자(負傷者)가 삼분지 이는 돼. 성해 가지고 나온 사람이 불과 몇 명 안 돼. 그러면 그렇게 나왔으면은 애석한 마음으로 '너 고생했다. 죽지 않아서 다행이다' 하는 마음이 아니여. 성해 갖고 나온 놈은 욕을 안 먹어두, 팔 다리가 짤라진 놈은 주게 맞고 욕을 먹어야 한다고. 왜 그러냐 하면 '너! 더듬해서(어리숙해서-인용자) 다쳤다' 이거여."[11]

언제, 누가, 무슨 일을 당할지 모르는 상황에서 작업은 공포 그 자체였다.

"거기(막장) 들어가는 사람은 밥을 세 덩어리 줬지만은, 이것을 다 먹을라나 한 덩어리 먹고 목숨이 끝날라나 모르는 거요. 그걸 다 먹는다는 보장도 없어, 없는 거여."[12]

"근데 죽고 그런 사람 본 게, 만약 굴속에 들이갈 맘이 없어. 그런게 내가 아까 얘기 했잖여? 이 벤또를 싸가지고 가서나 내가 이 벤또를 잘 먹고 일하고 나올 것인가. 거기서 죽을 것인가. 그런 생각이 들어간당게."[13]

박용식은 하루에 12시간의 노동을 강요당한 것으로 기억하는데, 보통 12시간 2교대로 탄광은 쉬는 일 없이 가동되었다. 근무시간은 작업내용에 따라 하루 3교대인 경우도 있었다. 가령 야마구치현[山口縣] 우베시[宇

11 국무총리 소속 일제강점하강제동원피해진상규명위원회, 2005, 『구술기록집1-당꼬라고요?』, 38쪽, 박용식 구술.

12 국무총리 소속 일제강점하강제동원피해진상규명위원회, 2005, 위의 책, 39쪽, 박용식 구술.

13 국무총리 소속 일제강점하강제동원피해진상규명위원회, 2005, 『구술기록집1-당꼬라고요?』, 300쪽, 김득중 구술. 미쓰이(三井)광산주식회사 가미오카(神岡)광산에 동원됨.

部市] 조세이[長生]탄광의 경우 탄을 캐는 채탄부는 오전과 오후로 나누어 2교대로 투입되었으나 막장을 개척해 가는 '굴진부'는 하루 3교대였다.[14]

조세이탄광은 해저 탄광이 대부분인(전체의 9할) 우베탄전에서 한때 3위의 출탄량을 기록했던 탄광이었다. 특기할 점은 전시기 노무동원계획에 따른 조선인 노무자 동원을 적극적으로 활용하여 성장 동력으로 삼았던 탄광이었다는 점이다. 그 때문에 조세이탄광을 일명 '조선 탄광'이라고도 불렀다. 조선인 노동자에 대한 의존도가 높은 만큼 조선인을 회유하여 채탄량을 확보하려는 의도 또한 높았다. 노무동원된 조선인을 향한 광무과장(鑛務課長)의 훈시에서도 이와 같은 의도를 엿볼 수 있는데, 그 내용을 소개하면 다음과 같다.

> "여러분 잘 오셨습니다. 여러분도 잘 아시는 바와 같이 지금 일본은 전쟁을 하고 있습니다. 저희들은 전지(戰地)에 있지는 않지만 제1선에 있다는 마음가짐으로 총후(銃後, 후방)를 지켜야 할 중대한 책임이 있습니다. 전지에서는 총포나 대포, 탄환, 군함 등 여러 가지 기계들을 대량으로 만들지 않으면 안 됩니다. 그런 자재들을 만들기 위해서는 우선 첫째로 석탄이 필요합니다. 그 석탄을 캐는 여러분 한 명 한 명이 전쟁을 한다는 마음가짐으로 열심히 작업에 정진하지 않으면 안 됩니다.
>
> 그것이 곧 산업보국이요, 충의입니다. 출탄상여금을 받는다던가 혹은 의외로 돈을 잔뜩 벌어서 가족을 '내지'로 불러 행복하게 산다던가, 또는 송금하여 (가족들을-인용자) 기쁘게 한다던가 하게 되는

14 국무총리 소속 일제강점하강제동원피해진상규명위원회, 2006, 『죠세이(長生)탄광 수몰사고 진상조사』, 26쪽.

것입니다. … 〈중략〉 …

탄광은 주의만 잘 하면 참으로 안심하고 작업할 수 있는 곳입니다. 게다가 갱내에는 갱내계장과 계원이 있습니다. 여러분 신체에 문제가 발생하지 않도록 갱내에서의 일체를 보살펴줄 것입니다. 여러분과 가장 가까운 곳에서 보살펴줄 계원들은 여러분의 어머니입니다. 계장은 여러분의 아버지입니다. 어떤 일이라도 상의해 주십시오.

여러분, 먼 곳을 작심하고 오시게 된 것은 총후를 지킨다던가 가정의 안전 혹은 장래를 위해 자본을 만들기 위해서던가 하는 훌륭한 목적이 있어서 온 것이라고 생각합니다. 그 목적을 달성하기 위해서는 협동일치, 사이좋게, 명랑하게 매일의 일과에 정진하기만 하면 됩니다. 이상 말씀드린 것을 잘 지키셔서 분투해 주시길 바라마지 않습니다."[15]

그러나 현실에서는 감금상태의 가혹한 노동이 기다리고 있었다. 감금이라 함은 '모집'이라고는 하나 사실 상 자유의지에 의한 취업이 아니기 때문에 '도주자'가 속출하여 이를 단속하기 위함이었다. 조선인은 대개 위의 훈시와 같이 돈을 벌게 해 주겠다는 감언과 기만에 속아 응한 사람들이었다. 조선인 노무자들을 수용한 숙소는 출입구를 단 한 개만 설치하여 철저하게 출입을 통제하였고, '도주'를 적발했을 때는 재발방지라는 명목으로 무차별적 구타를 가하였다. 이와 같은 비인도적인 사태로 조선인 노무자들이 집단항의하는 소요사태까지 발생했다. 그 경위를 특별고등경찰이 다음과 같이 기록하였다.

---

15 국무총리 소속 일제강점하강제동원피해진상규명위원회, 2006, 앞의 책, 24~25쪽. 충청남도 당진군에서 집단 동원한 조선인을 대상으로 실시한 훈시 내용. 원자료는 長生炭鑛鑛務課, 『昭和 15年 4月 起 集團渡航鮮人有付記錄』.

본 탄광에서 238명의 조선인 노동자를 고용한 바, 17명의 도주자가 발생하여 경계하던 중 10월 28일 추가로 2명이 도주하려던 것을 노무계원이 발견하여 사무소로 연행하여 구타. 이들 두 명이 숙소에 돌아와서 위의 사실을 과장하여 전달하자 (조선인 노동자들이) 일제히 사무소에 난입하여 유리창과 전화 등을 파괴하였는데, 이들 중 회사에 호의를 갖는 사람이 있어서 두 파로 나뉘어 난투극을 벌이다가 중상 1명, 경상 3명을 내기에 이르렀다.[16]

조세이탄광 간부의 훈시에서는 계원이 광부의 어머니와 같은 존재라고 비유했으나 실상은 노무관리자에 지나지 않았다. 조세이탄광은 출탄량 확대에만 집중한 나머지 안전수칙을 무시한 채탄을 강행, 조선인 노무자 136명을 포함한 183명이 수몰사고로 사망하는 대참사를 가져왔다. 1942년 2월 3일의 일이었다. 바닷물이 갱도내로 새는 일이 수시로 발생했지만 감독자의 허가 없이 함부로 나갈 수도 없었다.

"…그래서 점심을 먹고 앉아 있었더니 졸려서 졸려서 견딜 수가 없었어요. 공기가 나빠서, 공기가 없어서. 그리구서 밥 먹을 때 보니까, 옆에 서 있는 이런 커다란 기둥이 부러져 있었어요. 깜짝 놀라서 천장이 무너지는 것은 아닌가 싶어서 도망가려고 하자 고참자가 '괜찮아, 위가 무거워서 자연 그렇게 되는 법'이라고 했어요. 저도 1년 근무했습니다만 적응이 되니까 아무렇지도 않았습니다.

---

16 국무총리 소속 일제강점하강제동원피해진상규명위원회, 2006, 앞의 책, 31쪽. 원자료는 內務省警保局, 『特高月報』 昭和14年 11 · 12월호.

〈그림 4-5〉 조세이탄광 내부에 공기를 공급했던 환기구
('피야(Pier)'라 불린 두 개의 환기구 해저에 희생자들이 수몰된 채 있다.)

〈그림 4-6〉 조세이탄광 부근의 서광사(西光寺)에 안치된 183명의 희생자 위패

출처: 허광무 촬영

간혹 '물이 터졌다'며 안쪽에서 사람들이 본선(本線) 쪽으로 왕창 도망쳐 오는 거예요. '천장이 무너져서 물이 터졌다'며 도구고 뭐고 내팽개치고서. 저도 영문을 모르니 함께 도망칠 수밖에요. 그러고서 갱 밖으로 나왔더니요 세상에, 마구 때리는 기예요. '너 이 녀석, 무슨 말을 듣고 도망쳤냐'구요. '물이 콸콸 넘친다고 하니까'라고 대답하면, '그걸 네가 봤어?' 하는 거예요. '아뇨, 보지는 못했어요' 하고 대답했더니, '남 말만 듣고서 도망치는 놈이 어딨어'라는 거예요. 그러고는 '이 집 한번 봐라. 이 천장보다도 훨씬 튼튼하게 만들었으니 절대 걱정 마'라고 하더군요. 그런 식으로 몇 번을 당했어요. 뭐 도망쳐 갱 밖으로 나와도 매만 맞아버리니."[17]

출갱은 광부가 스스로 결정할 수 없음을 여실하게 보여 주는 대목

17 국무총리 소속 일제강점하강제동원피해진상규명위원회, 2006, 앞의 책, 33쪽. 원자료는 가지무라 히데키[梶村秀樹], 1982,「海がほけた！ー山口県長生炭坑遭難の記録」,『在日朝鮮人史研究』제10호, 6~7쪽.

이다. 그러면 작업시간 동안 채탄작업을 하면 출갱이 허락되는가 하면 그것도 아니었다. 하루에 정해진 분량을 채우지 못하면 작업시간을 마쳤더라도 출갱이 허락되지 않았다.

> "그럼 조선 사람들은 옆에서 탄 담아서, 담아서 저만치 끌어서 실어다 주는 목이 있어, 정거장이 있다고. 거기까지 끌어다 줘야 해. 근력이 쎈 사람은 그걸 밀고 가기 수월하지만은, 약한 사람은 쐣대 물어야 대. 밤중에라도 그 숫자 내야 하니까(할당량을 해야 하니까), 그 숫자 해야 하니까. … 〈중략〉 … 그 시간에는 그걸 해야 돼. 한 시간에 몇 개 지정(指定)이 되어 있는데, 그때는 지정이 되었었지. 그러니까는 '오늘은 일감이 한 시간에 두 개를 해라' 이렇게 매일 지정을 해요. 그러믄 오늘은 일감이 수월하니까는 몇 개 지정을, 그 사람에게다 메워. 감독이 메운다고(부담시킨다). 그럼 그걸 해야지, 그놈들이 지시하면 조선 사람은 죽는 시늉까지 해야 하는 거야."[18]

> "하루 기본이 6톤이 따질 것 없이 이게 여섯 구루마야. 여섯 구루마 시켜. 한 (사람)앞에. 그런데 그거 여섯 구루마 실으면 시간이 안 됐어도 놀아도 아무 말도 안 하더만 그래. … 〈중략〉 … 그 전량(全量) 못 채우면 어두워도 소용없어. 그 전량 채우도록 일을 시키지."[19]

---

18 국무총리 소속 일제강점하강제동원피해진상규명위원회, 2005, 『구술기록집1-당꼬라고요?』, 39쪽, 박용식 구술.

19 국무총리 소속 일제강점하강제동원피해진상규명위원회, 2006, 『가긴 어딜가? 헌병이 총 들고 지키는데』, 283쪽, 김청송 구술, 니가타현[新潟縣] 소재 전기화학공업 오우미[青海]공장에 동원됨.

그뿐만이 아니다. 몸이 아프다고 하여 작업에 투입되지 않는 것이 아니었다. 아파도 작업에 투입되는 일이 비일비재했다.

"그때는요, 그 모집 온 사람들이 좀 아파도요, 누워서 쉬지 못해요. 어간한 아프면은 그냥 나가서 일을 하고, 막 말부려 먹듯기(말을 부리듯) 그렇게 부려 먹었습니다."[20]

"아이고, 배가 아픈 게 못 살아 고마. 그러면 집에 와서 드러누워 있으면 막 그 관리자가 와서 '아이, 이 새끼 왜 드러눕냐'고, 신고 들어오고 그래. 아이고 죽겠다고 난 간다고 일 간다고. 아, 배를 쥐고도 일 갔었어. 아이, 그걸 다 말로 못해."[21]

"아버지 같은 사람이 아파도 뭣을 못하고(쉬게 못하고), 일을 내보내고, 이래 놓으니 나이 많은 사람들이 눈물을 흘리고 울고 그랬어요."[22]

군수공장의 경우도 위험은 늘 상주하고 있었다. 특히 조선소의 경우 두꺼운 철판과 절단기, 용접, 볼트 접합 등 안전사고를 예고하는 작업이

---

20 국무총리 소속 일제강점하강제동원피해진상규명위원회, 2006, 『검은 대륙으로 끌려간 사람들』, 144쪽, 강순예 구술.

21 국무총리 소속 일제강점하강제동원피해진상규명위원회, 2009, 『아홉머리 넘어 홋카이도에』, 38쪽, 박수철 구술, 홋카이도탄광기선(주) 소라치[空知]광업소 아카마[赤間]탄광으로 동원됨.

22 국무총리 소속 일제강점하강제동원피해진상규명위원회, 2009, 『아홉머리 넘어 홋카이도에』 307쪽, 황태만 구술, 스미토모[住友]광업(주) 고노마이[鴻之舞]광산 이나우시[伊奈牛]갱에 동원됨.

많아 주의가 필요했다. 작업이 진행됨에 따라 선체가 높아지기 시작해 추락사하는 일도 다반사였다.

"이렇게 가 가지고 발판 타고 이렇게 올라가서 거기서 발판에서 떨어지면 생명(生命)이 없어. 그 담에 옆에서 사고가 나. 늘 이렇게 큰 나무를 가지고 쇠를 가지고 왔다 갔다 할 것 아닙니까? 그것 끄트머리를 갖다 살짝만 밀기만 해도 그 사람은 간 곳이 없어."[23]

"나가 본 것만 해도 여러 사람 죽는 거를 봤습니다. 일하다가 저것이 밀고 가면은, 이렇게 못을 박다가 '타타타타닥' 박다가 저쪽에선 이렇게 밀고 와요. 사람이 점검해야 할텐데, 점검 안 하고 고대로 밀고 가다 그 사람 건드려 버린단 말예요. 자빠져 가지고 밑으로 떨어져 버려요. 그 사람이 떨어져 죽는 걸 보니 내가 어떻게 가 있을 만하것소?"[24]

조선인 노무자가 집중적으로 동원된 탄광·광산은 물론 심지어 군수회사조차도 목숨을 위협하는 환경이 함께 하고 있었던 것이다. 군수회사의 경우 조선소의 예는 극단적으로 보일지 모르겠지만 다른 업종, 가령 군화라던가 양말, 통조림 등 다른 업종의 군수회사는 안전했는가 하면 그렇지도 않았다. 작업환경은 조선소보다는 나았을지 모르지만 생명을 위협하는 다른 변수, 즉 미군의 도시 공습과 해상 함대의 함포사격이 있

---

23 국무총리 소속 일제강점하강제동원피해진상규명위원회, 2005,『구술기록집1-당꼬라고요?』, 118~119쪽 장순배 구술.

24 국무총리 소속 일제강점하강제동원피해진상규명위원회, 2005, 위의 책, 135쪽. 장순배 구술

었다. 연합군의 일본 본토 공격은 전쟁 말기 조선인 노무동원을 어렵게 하는 요인으로도 작용하였다.[25]

3) 강제저축과 임금 수탈

장시간 노동으로 할당량을 달성했다 해도 노동의 대가는 제대로 지급되지 않았다. 강제동원된 조선인에게 주어지는 것은 용돈 정도로 지급되는 약간의 돈이었다. 홋카이도의 미쓰비시광업 오유바리[大夕張]탄광에 동원된 서정만은 임금을 거의 받지 못한 것으로 기억하고 있다.

> "월급은 처음에는 줬는데, 나중엔 뭐 줬는지 안 줬는지 모르지. 안 줘, 돈 안 줘. 한 달 일하면 3원. … 〈중략〉 … 돈 많이 주면 그 돈 가지고 노름한다고. 그래 돈을 안 줘."[26]

또한 임금에서 저축이라는 명목으로 일정 금액이 공제되었다. 강제저축이 시행되고 있었던 것이다. 메이지광업주식회사 히라야마[平山]광업소의 경우 애국저금, 강제저금, 보통저금 등 세 종류가 있었는데, 애국저금은 임금에서 한 달에 8엔 75전(독신자)을 공제하여 '사변공채' 혹은 '저축채권'을 구입하고, 그 채권을 본인 명의로 보관하였으나 퇴직 시까지 지급하지 않았다. 강제저금은 애국저금과 별도로 임금에서 매월 10엔을 적립

---

25 정혜경, 2019, 『아시아태평양전쟁에 동원된 조선의 아이들』, 섬앤섬, 345~350쪽.

26 국무총리 소속 일제강점하강제동원피해진상규명위원회, 2009, 『아흡머리 넘어 북해도로』, 145쪽.

하여 회사가 보관하는 것으로 재일본 조선인을 통제·관리하던 '협화회' 허락 없이는 퇴직 시까지 인출할 수 없었다. 보통저금도 본인 희망에 의해 자발적으로 가입하는 것으로 되어 있으나 회사가 허가하지 않으면 인출이 불가능한 사실상 강제저축이었다.[27] 이와 같이 조선인에게는 자신의 의사와 무관하게 자유롭게 인출할 수 없는 저금이 강제되었다. 사실상 수탈이었다. 당시 후쿠오카현 소재 미쓰비시광업 호죠[方城]탄광에 동원된 조용섭도 강제저축을 명확하게 기억하고 있었다.

> "품삯은 줘요. 그것도 즈그들 주구 싶은 대로야. … 〈중략〉 … 저금을 ○○○적금, 노무적금, 사무실 적금, 이렇게 세 군데 떼고 나면 용돈도 모지래요. 용돈도, 자유가 없어가지고, … 〈중략〉 … 자유가 있어야 돈을 쓰지."[28]

강제저축은 조선총독부와 일본 당국의 지시하에 시행된 것이었다. 조선총독부의 「조선인 내지이입 알선요강(1942)」에 따르면 '제3, 부대 편성과 지도'에서 "임금은 생활비에 필요한 액수 이외는 저축시킬 것"으로 하였다. 일본 후생성 근로국장·생활국장 연명으로 통첩된 「출근노무자 훈련복무 심득준칙(出勤勞務者訓練服務心得準則)(勤勞 제194호)」에 따르면 "노무자는 저축보국의 결실을 맺도록 저축조합에 가입, 필요한 송금 및 생활비 이외는 가능한 한 저금할 것이며, 저금통장은 당 공장 사업장에서 보관하는 것으로 한다"고 하였다.

---

27 山田昭次·古庄正·樋口雄一, 2005, 『朝鮮人戦時労働動員』, 岩波書店, 199~200쪽.

28 국무총리 소속 일제강점하강제동원피해진상규명위원회, 2005, 『구술기록집1-당꼬라고요?』, 58쪽.

강제저축은 일본인에게도 시행되고 있었다. 그러나 조선인과 일본인 사이에는 본질적인 차이가 있었다. 첫째, 일본인은 조선인에 비해 강제저축률이 저율로 책정되었다. 월수입·저금·송금액수가 확인되는 33개 광업소의 저축률을 보면, 조선인은 송금·저축률이 월수입의 55.6%이거나 저축률만 22.1%였다. 그러나 일본인의 저축률은 가령 가마이시[釜石]제철소 2.0%, 가마이시광업소 1.5%에 지나지 않았다.[29] 둘째, 일본인도 강제저축 외에 임의저축에 가입하고 있었지만 조선인과 달리 회사의 허락 없이도 자유롭게 인출할 수 있었다. 강제저축으로 축적한 자금은 전비조달을 위해 사용되거나 조선인의 경우, 탈출을 방지하는 수단으로도 활용되었다.

지급되는 약간의 돈은 주로 공복을 채우는 데 사용되었다. 나가사키현에 소재한 미쓰비시광업 다카시마[高島]탄광에 동원된 김○봉은 월급이 용돈도 되지 않을 정도로 적어 간식을 사 먹고 나면 집으로 송금한다는 것은 아예 생각조차 할 수 없었다.

> "품삯은 뭐 그런 걸 시방같이 이렇게 같이 줬나? 그때 몇 푼씩 줬어. 몇 푼씩 주기는 줬어. 그런데 배가 고프니까 이제 콩 볶아 놓은 거 사 먹고, 고구마도 찌어 놓은 거 사 먹고 그랬지. 용돈도 안 돼."[30]

이 책 제2장에서 언급했던 홋카이도탄광기선주식회사 가모이탄광에 동원된 피해자는 선대금과 각종 보험료를 공제하면 오히려 부채를 떠안는 경우에 해당된다. 엎친 데 덮친 격으로 여기에 강제저축까지 추가되

29 山田昭次·古庄正·樋口雄一, 2005, 『朝鮮人戦時労働動員』, 岩波書店, 202쪽.

30 최영호 외, 2015, 『강제동원을 말한다: 일제강점기 조선인 피징용 노무자 미수금 문제』, 도서출판 선인, 67쪽.

면 가계는 거의 파탄에 이를 정도라고 할 수 있다. 노예처럼 노동의 대가 없이 일만 해야 하는 처지가 되는 셈이다. 용돈 정도라도 지급되는 임금이 있다면 다행이다 보니 고향에 남겨 둔 가족들에게 송금한다는 것은 생각조차 할 수 없었다.

노무동원의 실상을 파악하고자 조선을 방문했던 내무성 관료도 조선인이 도일을 거부하는 첫 번째 이유로 "가족에게 송금할 수 있는 금액이 아주 적거나 전혀 없다"는 점을 들었다. "도주방지책으로 반강제적인 저금을 실시하는 한편 사실상 인출을 금지하는 등"의 처사로 남겨진 가족들의 가계수입이 정지된 상태였던 것이다.[31] 조세이[長生]탄광 광무과장이 충남 당진군에서 공출한 노무자를 상대로 한 연설, "출탄상여금을 받는다던가 혹은 의외로 돈을 잔뜩 벌어서 가족을 '내지'로 불러 행복하게 산다던가, 또는 송금하여 기쁘게 한다던가" 할 수 있다는 말이 얼마나 현실과 다른 감언에 지나지 않았는지를 여실하게 보여준다.

2. 전환배치와 다중동원

1) 전환배치에 의한 노무동원

앞서 토목건축에 동원된 사람들은 작업이 완료되거나 진척되면 다른 지역으로 계속 이동하면서 사역을 당한다는 점을 설명한 바 있다. 탄광

31 정혜경 · 허광무 · 조건 · 이상호, 2019, 『반대를 논하다– '반일종족주의'의 역사부정을 넘어』, 도서출판 선인, 168쪽. 원자료는 小暮泰用, 「内務省管理局長宛復命書」, 1944.7. 31.

이나 광산도 이와 별반 다를 바가 없었다. 이를 당시에는 전환배치라고 불렀다. 불요불급, 다시 말해서 군수물자 생산에 당장 급하지 않은 산업에서 시급한 산업으로의 선택과 집중이 따르고, 그에 따른 노무자의 근무처를 전환한다는 의미이다. 한국의 피해자 사회에서는 이를 두고 '이중징용'이라는 용어를 사용해 왔다.

전환배치 사례를 자료로 알아보자. 우선, 대표적으로 남사할린 조선인 탄광부가 일본 본토로 전환배치된 사례를 꼽을 수 있다. 사할린 노무동원은 이 장 제3절에서 자세하게 다루겠지만 사할린에서도 일본 본토와 마찬가지로 주로 탄광에 동원되었다. 가령 1939~1943년 '집단이입'으로 동원된 조선인 1만 6,113명 중 석탄산으로 동원된 인원은 1만 509명으로 전체의 65.2%를 차지했다. 1945년까지 남사할린에서 가동 중이었던 탄광은 56개소였으며, 이 중 1940~1945년 조선인이 동원된 곳은 35개소였다.[32]

남사할린에 동원된 조선인의 전환배치는 1944년 8월 11일의 각의 결정 「화태(樺太) 및 쿠시로[釧路]탄광 근로자 자재 등의 급속 전환에 관한 건」을 근거로 실시되었다. 구체적인 내용을 「화태 및 쿠시로 탄광 근로자, 자재 등의 급속 전환 실시요강」에서 보면 다음과 같다.

- 휴·폐지, 보갱(생산 보류) 탄광은 사할린 14개소, 쿠시로 8개소.
- 전환대상자는 사할린 9,000명(반도 노무자 3,000명), 쿠시로 6,000명 (반도 노무자 3,000명).
- 전환 지역: 사할린→후쿠시마현, 이바라키현, 규슈(이상 조선인 포

32 35개 탄광명은 이 장 제3절 〈표 4-29〉를 참조하기 바람.

함), 홋카이도(일본인)/ 쿠시로→규슈(조선인 포함), 후쿠시마현, 이바라키현(이상 일본인). 전환배치 지역에 대해서는 변동이 가능함.

- 전출 근로자는 여자를 제외한 전원(사무 및 기술직원 포함)으로 함.
- 휴·폐광, 보갱 탄광의 광업원·설비·자재는 화태(樺太)석탄주식회사와 일본석탄주식회사(쿠시로)가 매수하며, 매수비를 포함한 감가상각비 등의 소요비용은 정부가 보상함.[33]

각의 결정에 따라 1944년 9월 남사할린에 가동 중이던 26개 탄광 가운데 서해안 탄전지구의 14개소 탄광이 정리되었고, 해당 탄광에서 근무하던 조선인 3,000명과 일본인 6,000명 및 생산 자재가 긴급히 일본 본토로 재배치되었다. 전환배치된 곳은 일본 본토의 4개현 26개 탄광이었다. 후쿠오카현이 17개 탄광으로 가장 많았고, 나가사키현 4개 탄광, 이바라키현 4개 탄광, 후쿠시마현 1개 탄광이었다.[34] 전환배치의 특징은 동일한 직종의 작업장으로 전환되거나 또는 전환배치된 작업장이 동일 계열의 회사라는 점이다. 대부분 동일 계열 작업장으로 배치하는 것을 원칙으로 하였다. 이와 같은 조치에 따라 1944년 8월 19일부터 3일간 징용장을 받아 같은 해 8월 25일~9월 16일 일본 본토에 입항했다. 당초 3,022명이 징용장을 받았으나 실제로 투입된 조선인은 3,191명이었다.[35]

남사할린에 동원된 조선인의 전환배치는 여러 지역에 걸친 강제동원의 피해와 더불어 이산(離散)의 상처를 가져왔다. 징용령으로 일본 본토로

---

33 국무총리 소속 일제강점하강제동원피해진상규명위원회, 2006, 『사할린 '이중징용' 피해 진상조사』, 29쪽.

34 국무총리 소속 일제강점하강제동원피해진상규명위원회, 2006, 위의 책, 94쪽.

35 국무총리 소속 일제강점하강제동원피해진상규명위원회, 2006, 위의 책, 5쪽.

전환배치된 조선인 중에는 사할린에 가족이 있는 경우가 많았다. 갑작스러운 작업장 변경과 연합군의 일본 본토 해상을 압박하던 전황 등으로 가족을 이주시킬 수 있는 상황이 아니었다. 또 회사 측과 일본 당국이 나중에 가족을 데려다 주겠다는 약속도 있었다.[36]

〈그림 4-7〉 사할린 강제동원 한인 이산(離散)의 아픔을 수록한 구술기록집 『지독한 이별』

출처: 국무총리 소속 일제강점하강제동원피해진상규명위원회, 2007, 『지독한 이별』

새로운 작업장에서 일을 마치면 돌아갈 수 있을 것으로 생각했던 노무자들은 해방이 되자 남사할린이 아닌 귀환의 길에 들어섰다. 그 이유는 첫째, 남사할린으로 돌아갈 수 있는 여건이 되지 아니었다는 점, 둘째, 사할린 상황에 대한 정보가 어두웠다는 점이다. 전자의 경우, 일본 패전에 따른 일본 사회의 혼란과 교통 마비로 남사할린 귀환이 극히 어려웠다. 사할린 한인 정성태는 그의 부친이 후쿠오카현에서 남사할린으로 돌아오는 데

36 『사할린 '이중징용' 피해 진상조사』, 81쪽. 최재홍에 의하면 "'남자들은 15세 이상 50세까지만 현지 징용을 하니 여자분들하고 노인 양반들은 여기에(남사할린-인용자) 계시고, 당신들은 남편이 가서 거기 가서 그 회사에 가서 일을 하고, 만 1년 만에 내년 4월까지 전 가족을 이 회사에서 담당(擔當)해서 이전(이사)시켜 준다'. 그러니까 그런 줄 알고 준비들 하라고. 하고 2월 달에 그렇게 나오는데, 그 낙심천만(落心千萬)이지."라고 회상했다(국무총리 소속 일제강점하강제동원피해진상규명위원회, 2007, 『지독한 이별』, 117쪽).

〈그림 4-8〉 일본광업주식회사 가와즈[河津]광산이 동원한 조선인을 '전근'의 이름으로 동일 계열의 다른 광산으로 전환배치한 기록

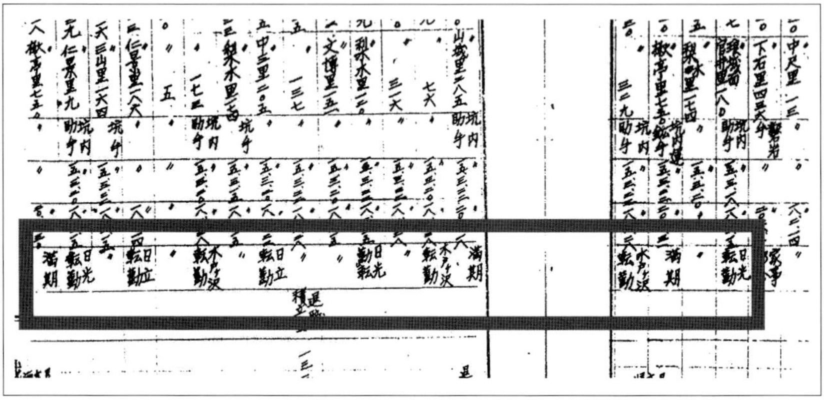

출처: 일본 후생성, 「조선인 노동자에 관한 조사 결과」 시즈오카현(1946)

2개월 하고도 28일이 소요되었다고 한다.[37] 그는 부친과 함께 후쿠오카현 소재 미쓰이[三井]광산 야마노[山野]탄광에 동원되었다가 부친만 사할린으로 가고 혼자 고향으로 귀환하였다가 두 번 다시 가족들과 만날 수 없었다. 후자의 경우, 일본 본토에 있었던 조선인들이 귀환길에 올랐듯이 사할린 가족들도 귀국선을 탔을 것으로 생각한 경우였다. 사할린이 폭격으로 초토화되어 대부분 목숨을 잃었다는 소문도 횡행하였다.

그 밖에도 동일 계열 회사 내에서 이루어진 전환배치도 있었다. 예를 들어서 일본광업주식회사는 시즈오카현[静岡縣] 소재 가와즈[河津]광산에 관 알선으로 동원한 조선인 162명을 동일 계열의 광산으로 다시 배치하였다. 이는 2년 계약기간이 만료되는 시점에서의 재배치로 이로 인해 조선인 노무자의 귀환은 요원해졌다. 가와즈광산에 동원된 조선인이 재

37 국무총리 소속 일제강점하강제동원피해진상규명위원회, 2007, 『지독한 이별』, 476쪽.

〈그림 4-9〉 후루카와[古河]광업 아시오[足尾]광산으로
스미토모(住友)광업 "고노마이(鴻之舞)에서 전입"했음이 명기된 자료

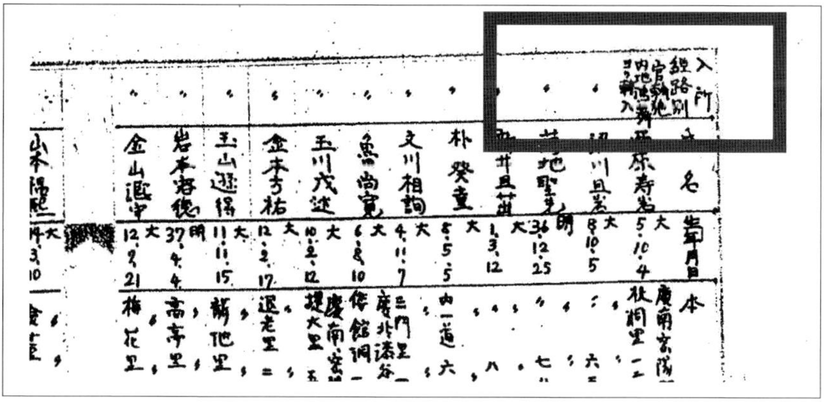

출처: 일본 후생성, 「조선인 노동자에 관한 조사 결과」 도치기현(1946)

배치된 곳은 이바라키현[茨城縣] 히타치[日立]광산, 도치기현[栃木縣] 닛코[日光]광산, 기도가사와[木戶澤]광산, 야마가타현[山形縣] 요시노[吉野]광산 등이었다. 전환배치된 날짜는, 닛코광산 1943년 2월 14일 또는 3월 15일, 히타치광산 1943년 3월 22일, 기도가사와광산 1943년 3월 28일, 요시노광산 1944년 5월 20~21일이었다.

동일 계열은 아니지만 홋카이도 소재 스미토모[住友]광업주식회사 고노마이[鴻之舞]광산에서 도치기현 소재 후루카와[古河]광업주식회사 아시오[足尾]광산으로 전환배치한 사례도 있었다. 위의 〈그림 4-9〉의 명부에서 보면 관 알선에 의해 스미토모광업 고노마이광산에서 전환배치된 내용을 알 수 있다.

고노마이광산에서 아시오광산으로 전환배치된 인원은 1943년 4월 20일부로 370명이었다.

스미토모광업주식회사 고노마이광산에서 아키타현[秋田縣] 소재의

하나오카[花岡]광산에 전환배치된 사례도 있다. 이는 고노마이광산에서 하나오카광업소로 전환배치된 조선인 노무자의 '국민노무수첩'을 별송한다는 문서에서 밝혀졌다.[38] 그중 일부는 전환배치된 지 채 한 달도 안 되어 붕괴사고로 사망한 사건도 발생했다. 이에 관해 '나나쓰다테 갱 함몰 재해 보고서'에서 그 전말을 살펴볼 수 있으나, 일본에서 악명 높은 일명 '하나오카 사건'에 이 사고가 배경이 되었다는 사실은 그다지 알려져 있지 않다. '하나오카 사건'이란 함몰사고의 원인이 된 하나오카강의 수로를 변경하는 토목공사에 중국인 노무자 986명이 투입되었는데, 열악한 노동환경에 봉기하여 탈출을 시도하다 실패, 주도자 색출과정에서 고문과 학대로 중국인 418명이 목숨을 잃는 대참사를 말한다.

그 밖에 생존자들의 증언에 따르면 홋카이도 유베쓰[雄別]탄광에서 후쿠오카현 소재 미쓰비시광업주식회사 이즈카[飯塚]탄광과 같은 회사의 가미야마다[上山田]탄광으로 전환배치된 사례도 있다.

이상의 내용을 정리하면, 조선인 노무자는 당초 의도하지 않았던 지역과 작업장에 동원되었을 뿐만 아니라 전황과 산업계 방침에 따라 극단적으로는 일본 본토의 최북단에서 최남단으로 강제배치되는 상황을 감수해야 했다. 앞서 조선인 노무자들의 이동을 조선인의 습성으로 적시하며 관련 자료(명부) 부재의 책임을 조선인 노무자에게 전가하려 한 일본 기업과 정부의 행태를 지적했는데, 실은 전환배치에서 보듯이 조선인의 이동은 철저하게 기업과 정부의 계획하에 이루어진 것으로 조선인의 의도에 따른 것이 아니었음을 새삼 확인해 둘 필요가 있다. 그것이 노무

38 이 외에도 고노마이광산에서 벳시[別子]광산과 폰베쓰[奔別]광산으로 '국민노무수첩'을 이관한다는 내용의 문서도 확인된다. 국가기록원 소장 「소위 조선인 징용공 등에 관한 명부」 CTA0000049에 수록됨.

동원계획(국민동원계획)에 의한 조선인 노무동원의 실태였다.

2) 다중동원의 피해

노무동원은 위와 같은 작업장 간 이동을 의미하는 전환배치도 있지만, 동원 지역 간의 이동, 동원 유형 간의 이동 등도 수반하였다. 가령 한반도 내 작업장에 노무동원을 당한 후 한반도 외 지역으로, 예를 들어서 일본 본토나 남사할린, 중국, 남양군도 등지로 재차 동원되는 경우도 있었고, 노무자로 동원된 다음 다시 군인으로 동원되는 사례도 있었다.

오사카부[大阪府]의 오사카특수제강주식회사는 전라남도 장흥군과 고흥군에서 1945년 당시 23세의 청년들만 선별하여 동원한 군수회사였다. 2020년 현재 확인된 조선인 명부에 따르면 1945년 3월 5일에 동원한 청년은 29명으로 장흥군이 5명, 고흥군이 24명이었다. 그런데 이들 중 3명은 동원된 며칠 후 '응소(應召)', 다시 말해서 군에 소집되어 '퇴소'한 것으로 기록되었다. '퇴소' 날짜는 각각 1945년 3월 6일, 3월 27일, 4월 28일이었다. 3월 6일 자로 '퇴소'한 사람은 오사카특수제강에 '입소'한 날짜가 3월 5일이었으니, '입소'가 무색하게 다음 날 '퇴소'한 사례이다. 이 경우 단 하루만 노무자 신분이었다가 군인으로 징병된 셈이 된 것이다.[39]

시가현[滋賀縣] 소재 스미토모[住友]금속주식회사 가타타[堅田]신동소는 조선인 61명을 1945년 3월 3일, 4월 11일, 5월 15일 등 세 차례에 걸쳐 징용으로 동원하였다. 그런데 이들 중 8명은 4월 11일 동원되자마자 곧바로 소집되어 '퇴소'한 것으로 기록되어 있다. 1923년생이 1명이고,

---

39 일본 후생성, 「조선인 노동자에 관한 조사 결과」 오사카부(1946).

나머지는 모두 1924년생이었다.[40]

두 사례에서 보듯이 당초 군수공장으로 노무동원되었다가 다시 군인으로 동원되는, 즉 노무자와 군인의 피해를 동시에 입는 경우가 발생했다. 위의 사례는 문서로서 이를 직접 확인할 수 있는 흔치 않은 사례에 해당한다. 특히 노무동원된 직후 곧바로 소집되었다는 점이 주목된다. 다시 말해서 징병으로 곧 소집될 대상임을 알면서도 노무자로 동원해야 했던 전쟁 말기 일본의 다급했던 상황이 엿보이기 때문이다. 또한 노무동원과 징병의 행정체계가 긴밀하게 연결되지 못한 채 각각 독립적으로 작동하고 있었음을 간취할 수 있다.

지역을 넘나들며 동원된 사례도 있다. 일단 한반도 내 작업장에 동원된 후 재차 일본 본토로 동원된 사례이다. 한국 정부 위원회 조사에 의하면, 1945년 2월경부터 해방 시까지 경상남도 고성군 출신의 광산 경험자들이 쓰시마섬[對馬島] 다케시키[竹敷] 일대에서 군사시설인 동굴 진지 조성에 집단으로 동원된 사실을 확인하였다. 동굴 진지는 본토 결전에 대비하여 '가이텐[回天]', '신요[震洋]' 등 자살특공정을 엄폐하기 위한 시설의 일종으로, 작업 중 붕괴사고가 발생하여 조선인 노무자 6명이 사망하였다.[41] 이들 중에는 노무동원을 피해 광부 생활을 한 사람도 있어 다중동원으로 판단하기 어려운 사람도 있으나, 특정 업무에 숙련된 사람들을 활용한 노무동원 사례로서 향후 추가 연구가 필요하다.[42]

---

40 일본 후생성, 「조선인 노동자에 관한 조사 결과」 시가현(1946).

41 사망자의 사망기록에 의하면, "昭和貳拾年六月拾貳日 日本 長崎縣 下縣郡 鷄知町 大字竹敷 鎭海海軍施設部 對島分遣隊 緊急工事場에서 死亡"한 것으로 기록되어 있어 군시설물 조성에 동원된 것을 입증하고 있다.

42 이 내용은 심재욱 박사의 현지 생존자 면담 조사에 의한 것으로 자료제공에 협조한 심

이상 살펴본 바와 같이 노무동원 피해는 여러 유형이 복합적으로 결합되어 있다는 점을 알 수 있다. 그 피해가 단순히 일본 본토 작업장에 끌려가 노동을 강요당하는 정도에 그치지 않는다. 토목공사와 같이 작업장을 이동하면서 바꾸는 경우가 있는가 하면, 인력 재배치라는 내각의 방침에 따라 작업장을 변경한 경우도 있다. 한반도와 그 외 지역을 번갈아 가며 동원된 사례가 있는가 하면, 노무자와 군인 혹은 군속으로 신분이 바뀌면서 동원된 경우도 나타난다. 이런 다양한 사례와 피해를 체계적으로 연구하고 규명하는 치밀한 작업이 필요한데, 이와 같은 필요성에서 한국 정부 위원회는 진상조사를 실시했다.

한국 정부 위원회는 크게 두 가지 방법으로 피해 진상조사를 실시했다. 하나는 피해 사실을 알고 있는 사람이 진상조사를 신청하여 조사에 착수하는 방법이고, 다른 하나는 위원회가 직권으로 조사를 결정하는 방법이다. 위원회가 진상조사를 추진한 결과는 다음과 같다.

〈표 4-6〉 강제동원 피해에 대한 진상조사 결과 현황

		조사 개시			각하	취하	보류	검토
		소계	완료	판정 불능				
계	57	33	32	1	4	20	-	-
신청 접수	52	28	27	1	4	20	-	-
직권 조사	5	5	5	-	-	-	-	-

출처: 대일항쟁기 강제동원 피해조사 및 국외 강제동원 희생자 등 지원위원회, 2016, 『위원회 활동결과보고서』, 187쪽에 의함.

재욱 박사에게 감사드린다. 숙련 기술이 있는 조선인을 집단으로 동원한 사례조사로 국무총리 소속 일제강점하강제동원피해진상규명위원회, 2007, 『제주도 군사시설 구축을 위한 노무·병력 동원에 관한 조사』(이병례)가 있다.

진상조사는 강제동원에 따른 사건·사고 52건을 접수받아 그중 20개는 취하, 4개는 각하되어 28건이 조사 개시되었다. 조사한 결과 1건은 피해를 판정할 수 없어 사실상 결과를 유보한 판정 불능으로 결정했고, 나머지 27건만이 조사를 완료하였다. 이와는 별도로 위원회가 자체적으로 필요하다고 판단한 사건·사고 5건에 대해 조사를 개시하여, 결국 총 32건의 조사를 완결하였다.

〈표 4-7〉 강제동원 피해 유형별 진상조사

총계	군인·군무원 동원	노무동원	위안부 동원	유해 및 기타
32	7	16	3	6

진상조사 대상으로는 노무동원 피해가 가장 많았고, 이어서 군인·군무원 동원, 유해 및 기타, 위안부 동원 순인데, 강제동원 피해 중 노무동원이 차지하는 비중이 가장 큰 만큼 진상조사 대상 건수 또한 많았다. 정부가 추진한 노무동원 16건의 진상조사 중 일본 지역 동원피해 8건, 사할린 지역 동원피해 4건, 한반도 내 동원피해 3건, 남양군도 동원피해 1건 등으로 일본 지역에 대한 진상조사가 가장 많았다.

〈표 4-8〉 노무동원 관련 진상조사 내역

구분	제목	개시일	완료일
국내	소록도 한센병 환자의 강제노역 진상조사	2005.04.15.	2006.09.29
국내	거문도 군사 시설 구축을 위한 주민 강제동원 진상조사	2005.09.02.	2006.09.29
국내	제주도 군사 시설 구축을 위한 노무·병력 동원 진상조사	2005.12.06.	2007.10.26
일본	일본 나가사키현 사키토정 매화장인허증 기재 조선인 사망자 문제 진상조사	2005.04.15.	2010.09.30

일본	우토로 지역 주민의 도일 배경 진상조사	2005.04.15.	2006.09.29
일본	일본 조세이탄광 수몰사고 진상조사	2005.04.15.	2007.01.26
일본	히로시마, 나가사키 조선인 원폭피해에 대한 진상조사	2005.04.15.	2010.12.23
일본	북해도 가야누마탄광 진상조사	2005.09.02.	2010.08.27
일본	전시체제기 규슈 지역 아소광업(주) 강제동원 피해자 진상조사	2006.06.22.	2011.01.27
일본	홋카이도 히가시카와초 에오로시 발전소 강제동원 진상조사	2006.06.22.	2010.10.29
일본	조선여자근로정신대 방식에 의한 노무동원 진상조사	2006.03.31.	2008.07.25
사할린	사할린 강제연행 조선인들의 실태 및 귀환 진상조사	2005.04.15.	2011.01.27
사할린	사할린 가미시스카 조선인 학살 사건 진상조사	2005.05.13.	2007.01.26
사할린	사할린 '이중징용' 피해 진상조사	2005.07.29.	2007.01.26
사할린	사할린 미즈호 조선인 학살 사건 진상조사	2005.09.02.	2008.10.31
남양	남양군도 지역 조선인 노무동원 진상조사	2006.12.28.	2009.11.19

출처: 대일항쟁기 강제동원 피해조사 및 국외 강제동원 희생자 등 지원위원회, 2016, 『위원회 활동결과보고서』, 191~201쪽에 의해 작성.

이 외에도 위원회는 강제동원 피해 4건에 대해 기초조사를 실시하여 보고서를 출간하였다.[43] 앞서 설명한 32건과 합하면 36건인데, 과연 이 정도로 피해실태가 규명되었다고 할 수 있는지 의문이다. 사실 한국 정부도 이 점을 인정하고 이미 완료한 과제를 포함하여 향후 반드시 규명해야 할 필수 과제만 304건에 이른다고 공표했다.[44] 32건의 진상조사와

43 기초조사로는 『일본 하시마탄광 동원 조선인 사망자 피해 실태 기초조사』, 『1944년도 남양청 동원 조선인 노무자 피해 실태조사』, 『전남 해남 옥매광산 노무자의 강제동원 실태 기초조사』, 『이오지마 조선인 군인·군무원 강제동원 실태조사』가 실시되었다.

44 대일항쟁기 강제동원 피해조사 및 국외 강제동원 희생자 등 지원위원회, 2016, 『위원회

4건의 기초조사 완료 이후 정부 차원에서 자료조사, 발굴, 연구 축적 등이 있기를 기대해 본다.[45]

3. 목숨을 건 귀환

일본 본토 작업장에 동원된다는 것은 현해탄을 건너 한반도에서 일본으로 이동한다는 것을 의미하는데, 동원되는 과정도 위험하고 힘들지만, 동원에서 해방되어 고향으로 돌아오는 과정 또한 힘들었다. 목숨을 위협하는 위험이 곳곳에 도사렸다.

먼저, 일본 내 작업장으로 이동하는 과정에서 겪는 어려움과 위험에 대해 알아보자. 전시기 이전부터 일본으로 도항하는 것은 엄격하게 규제되었기 때문에 도항 항로가 정해져 있었다. 가장 많이 이용하는 항로는 부산과 시모노세키를 연결하는 항로이고, 여수와 시모노세키를 연결하는 항로도 있었다. 이 밖에 오사카에 거주하던 제주도 출신 조선인들이 제주도와 오사카를 연결하는 항로를 개통하기도 했다. 이리하여 개설된 항로는 총 세 개이며, 전시기에도 이와 같은 항로를 이용하였음은 말할 것도 없다. 특히, 조선인의 일본 본토 도항은 통제가 엄격할수록 노무동원계획에 따른 '집단이입'이 효과가 발휘되므로 기존 항로를 이용한 도

활동결과보고서』, 208쪽.

45 국무총리 소속 위원회가 법이 정한 활동 기한 도래로 폐지된 후 업무를 승계한 행정안전부 과거사 관련 업무 지원단과 일제강제동원피해자지원재단은 필수 과제 중 일부에 대해 실태조사를 개시했다. 그 내용은 일제강제동원피해자지원재단 홈페이지(https://www.ilje.or.kr)를 통해 열람할 수 있다. 단, 진상조사가 단기간의 연구용역사업으로 추진되어 체계적인 실태 파악으로 연결되는지 염려된다.

항이 철저히 관리되었다.

"우끼부끄로[浮袋, 구명의]라고 있죠? 그걸 다 입으라고 그러더라고요. 입구선 전부 다 이 '간빤(甲板)' 위에 전부 다 올라와서, 쭉 다 누워있으라고 그러더라구요. …죽일라고 했으면 구명의를 입으라고 할 리는 없는데 왜 그러나 그랬더니, 거기가 이렇게 '교라이(機雷)'라고 호박같이 이렇게 생겼는데 뿔이 삐죽삐죽 나온 거, 그 받히면 터지는 거. 그게 아마 미군들이 바다로 많이 흘려내려 보낸 모양이에요. 그것 땜에 속도를 늦춰 가지고 찬찬히 가는데, 보니깐 역시 그게 떠있는 거예요. 그러니깐 긴 나무를 갖다가 접근하지 못하도록 살살, 그걸 피해가면서 가더라구요."[46]

"7월 10일에 관부(關釜)연락선을 타면 8시간이면 간단 말이야. 그때 그거 하관을. 그런데 공습 때문에 못 가게 됐어. 그래서 여수에 가서 하룻밤 묵은 거라. … 〈중략〉 … 공습이 많으니까 여수에서도 못 뜨고 사흘을 묵은 거라."[47]

연합군이 일본열도 해상을 포위하여 수송선을 공격하는 일이 잦아지자 한반도에서 일본 본토로 물자와 인력을 운송하는 일도 쉽지 않았다.[48]

---

46 국무총리 소속 일제강점하강제동원피해진상규명위원회, 2008, 『내 몸에 새겨진 8월』, 326쪽.

47 국무총리 소속 일제강점하강제동원피해진상규명위원회, 2008, 위의 책, 439쪽.

48 도쿄 소재 미쓰비시제강소에 동원된 이사형은 연락선을 타고 동원되는 과정을 다음과 같이 기억하고 있었다. "그때는 대동아전쟁(大東亞戰爭) 때 아니요? 미군 비행기가 막

한밤에 어둠을 이용하여 이동하는 경우도 있어서 뱃멀미로 갑판에 나왔다가 간첩으로 몰려 구타를 당하는 사람들도 있었다.[49]

일본 본토에 동원되는 여정이 녹록하지 않았음을 알 수 있는 대목인데 농사일만 하던 청년들이 배를 타는 일이 처음이어서 도항하는 일 자체가 힘들었다. 그렇지만 해방 후 귀환하는 과정에 비하면 동원 당시의 어려움은 나은 편이었다. 사천에서 부산을 거쳐 시모노세키에 도착한 후 기차로 혼슈[本州]를 종단해 홋카이도 와니시[輪西]제철소에 동원된 이필우는 귀환하는 과정의 어려움을 다음과 같이 설명했다.

> "올 때는 인제 고생을 한게, 배가 없으니까 올 수가 없다 이거야. … 〈중략〉 … 우리 탈 자리가 얼마나 될지 모르니까 하관까지 내려가 있어라, 그래 인제 하관 가는데, 우리가 짐 챙기고 보따리 싸 짊어지고 이래가지고 인자 그래 지도자라고 하는 이 사람들이 아오모리가, 아오모리는 본토 끄트머리거든, 거기까지 보내주고, 그래 인제 본주(本州, 혼슈-인용자) 내려오는데 며칠을 걸리느냐면, 갈 때도 열하

가서 폭격해댕께, 긍게 어디 섬에 가 붙었다가 인자, 그 가는, 해제된 시간을 이용해서 가니까 그 이튿날 새벽에서 하관(下關: 시모노세키)에 도착해. 하관에 도착했지. 긍게 사람이 다 죽어서 갔어요. 느닷없는 놈을 배에다 싣고 간 게 멀미 나가지고, 다 죽어 똥물까지 다 토하고, 다 죽어서 갔어." 국무총리 소속 일제강점하강제동원피해진상규명위원회, 2005, 『구술기록집1-당꼬라고요?』, 184~185쪽.

49 국무총리 소속 일제강점하강제동원피해진상규명위원회, 2006, 『똑딱선 타고 오다가 바다 귀신 될 뻔 했네』, 142~143쪽. 뱃멀미 때문에 참을 수 없었던 김규형이 갑판에 나왔을 때 같은 처지의 사람들이 갑판으로 올라왔다. "아, 조금 있으니께 또 한 사람 나와서 여럿이 쉬어. 뒤에 어떤 놈이 또 나오더니 '고노 히또와, 나마이키쟈 나이까' 그러면서 귀싸대기를 막 두드려 치더라고, 응 밖에 나왔다고. '스파이쟈 나이까' 간첩 아니냐고 말이여. 나도 얻어터질까 봐 말이야."

루 걸리고, 갈 때. 올 때도 그 모양이라. … 〈중략〉 … 그래 인제 시모노세키, 하관에 왔단 말이야. 배를 못 타지. 왜 못 타느냐 하면 기뢰라 하는 게, 적, 적선을 부수려고 한 건데 해방되다 보니께네 그게 터지는 기야. 그러니께 배가 못 들어온다 이거라. 그래 어디로 가나 하카다[博多], 구주 하카다. 그런데 하카다 가니까 거기도 그 모양이라. 거기도 배 못 댄다 이거다. … 〈중략〉 … 그래서 야마구치껭[山口縣] 센자키 하는 데인데, 거기를 가라 이거라."[50]

일본에서 귀환하는 해방 민족과 일본 제국의 식민지, 점령지에서 철수하는 일본인들로 시모노세키와 하카타항이 포화상태에 이르러 연락선을 찾아 우왕좌왕하는 상황이 연출됐던 것이다. 통상 한반도와 일본 본토를 연결하던 연락선이 운행 정지된 것도 모른 채 선착장으로 몰려드는 바람에 혼란은 더욱 가중되었다.[51] 귀환을 서두르던 조선인은 연락선에만 의존하지 않고, 귀환의 수단이 될 수 있다면 작은 어선도 개의치 않았다.

"어디로 가냐 하면은 히로시마에 '우지나[宇品]'라는 데가 있어요, 우지나. 조그마한 항구 도신데, 거기서 배들을 타고서 한국도 나오고 그러는데. 거기 큰 배 연락선은 못 댕기는 데고 조그마한 밀선. 그

50 국무총리 소속 일제강점하강제동원피해진상규명위원회, 2009, 『아홉머리 넘어 북해도에』, 364쪽.

51 내무성 경보국 보안과장은 경찰부장 앞으로 "관부연락선 운행 정지에 따라 귀환 희망자의 도선(渡鮮)은 당분간 불가능하므로 가능한 시기까지 냉정하게 현지에서 대기하도록 요망"한다는 취지를 발신하였다. 국무총리 소속 일제강점하강제동원피해진상규명위원회, 2017, 『우키시마호 사건 소송자료집』, 160쪽. 원자료는 『引揚援護の記録』.

런데 이상하게 배표를 끊었는디 뭘 끊었냐 하면은, 배가 크지도 않아요. 목선인데 2층밖에 없어. 그런데 그 배에 탄 사람이 몇 명이 탔냐면 104명이 탔단 말이야."[52]

어렵게 수배한 목선에 탑승한 조선인 노무자들, 귀도에 오른다는 안도감과 귀환의 기쁨에 여기저기서 탄성이 터져 나왔다. 그들은 잠시 뒤 몰아닥칠 위기를 상상조차 하지 못했다.

1) 조난사고 등에 의한 희생

해방을 맞이하여 귀환하던 시점인 8월~10월은 태풍이 집중적으로 발생하는 시기였다. 이 무렵 귀환길에 오른 사람만 약 80만 명이었다. 1945년 8월 20일 현재 일본 본토의 조선인 인구는 196만 8,807명으로 추산되는데 동년 11월 1일 현재 인구는 115만 5,594명으로 80여만 명이 귀환길에 올랐다는 의미다.[53] 이는 해방 후 72일 만에 전체의 41.3%가 귀환한 것으로 하루 1만 천여 명이 이동한 셈이다, 히로시마에서 귀환했

---

52 국무총리 소속 일제강점하강제동원피해진상규명위원회, 2008,『내 몸에 새겨진 8월』, 62쪽, 김민경 구술.

53 8월 20일 현재 조선인 인구는 田村紀之, 1981,「内務省警保局調査による朝鮮人人口(Ⅰ)」,『経済と経済学』第46号에 의하며, 동년 11월 1일 현재 조선인 인구는 森田芳夫, 1996,『数字が語る在日韓国·朝鮮人の歴史』, 明石書店, 176쪽에 의한다. 동 시기의 귀환자 수를 90만 명으로 추산하는 연구도 있다[국무총리 소속 일제강점하강제동원피해진상규명위원회, 2009,『해방 직후 이끼·대마도 지역의 귀국 조선인 해난사고 및 희생자 유골 문제 진상조사』(정애영 작성), 4쪽]. 동 보고서에 의하면 조선인의 귀환은 일본 정부의 원호조직 정비를 기준으로, 제1기 조직정비 시기(1945.8.~11), 제2기 계획준비 시기(1945.12~1946.3), 제3기 계획송출 시기(1946.4.~12)로 보았다.

던 사람들의 귀환 시기는 초기에 더욱 집중되어 해방 후 4개월 이내에 돌아온 사람이 77.7%에 육박했다.[54] 이들에게는 돌아오는 과정에서 큰 풍랑을 만나거나 태풍에 휘말려 조난당할 위험이 도사리고 있었다. 귀환자들이 집중된 시기인 만큼 희생자도 속출할 수 있는 상황이었다.

"근데 이제 오다가 거 나중에 풍파(風波)를 만나서 바람, 바람 불고 비가 오더만그려. 한데(바깥) 갔다 안으로 전부 뛰어 들어갔는디. 내가 2층에 가 있는디, 이런데 어디가 있었던 모양이여. 그런데 그, 그 뭐지. 장막(帳幕)이 빠진 바람에 거기에 치여가지고선, 머리를 지지는데. 여기 못 오고 팔 떨어지고. 그때 반은 팔이 안 떨어졌는데, 이게 이렇게 해서 치였는디. 정신(精神)이 나가서 죽었는데. … 〈중략〉 … 거기선 한 사람은 아예 즉사하고, 가만 보니께, 한 광진 사람은 허리 부러지고, 나는 다치고, 두 사람 부상하고, 한 사람은 황해도 사람인데, 죽고 그랬어. 옹진, 그 사람은 죽고. … 〈중략〉 … 대마도에 들어가서. 도대체 대마도에 배를 대지를 못혀. 풍파(風波)에 얽혀가지고. 대마도에 들어가서 치료했죠."[55]

"그런데 중간에 오다가 배가 고장이 나가지고 어떻게 갈 바를 모르니까, 그냥 조래미질(조리질)을 하는 거야, 노냥. 그래가지고 기관

---

54 허광무, 2004, 「한국인 원폭피해자에 대한 제연구와 문제점」, 『한일민족문제연구』 제4호, 101쪽. 전체 귀환자 중 동 시기에 70%가 집중했다는 실태연구도 있다(강만길·안자코 유카, 2002, 「해방 직후 '강제동원' 노동자의 귀환 과정과 실태」, 『아세아연구』 45권 2호).

55 국무총리 소속 일제강점하강제동원피해진상규명위원회, 2006, 『똑딱선 타고 오다가 바다 귀신될 뻔 했네』, 131~132쪽 김현구 구술.

고장이 나가지고서 2층이 홀랑, 휘떡허는 바람에 부서져가지고 바다로 다 들어가 버리고, 인제 걸루배(거룻배) 아래층 하나만 남았단 말이야. 그때 당시에 우리는 아주 그냥 죽을 각오를 한 거야. 파주군 사람하고, 이렇게 수건으로 얼굴을 싸매 안고, 배짱 안에서 그냥 들어누었다고. 어쩌다 이렇게 쳐다보면은 이쪽으로 기우뚱 헐 적에는 이쪽 바다가 싹 뵈고, 또 이쪽으로 기우뚱하면 이쪽 바다가 뵈고, 만 사흘 동안을 그 짓을 했어요."[56]

"여기 구레시[吳市] 위에 아가[阿賀]라고, 거기 가서 배 타고. 그래갖고 거기서 배 타고 올라고 하는데 비바람이 그렇게 불어가지고. … 〈중략〉 … 바람이 불어서 배를 못 타불고, 인자 거기 저 일본놈 선장이 뭐라고 하냐면, 한국 나가면 배 뺏어불고 사람도 쥑이고 한다고 안 나올라고 그러네. 그래가지고 한 며칠 기다려가지고 사정사정 해가지고 그때 돈으로 250원씩 주기로 하고. 인자 한국 와서는 우리가 책임을 져서 도로 보내주기로 그래갖고 타고 오다가, 여기 대마도 오니까 또 비바람이 내려쳐가지고 거기서 또 하루저녁 앉았다고. 대마도에 들어가서. … 〈중략〉 … 그때 한 200명 탔나, 200명 못 탔을 거여. 저 운반선, 뭐 석탄 같은 거 실어 나르고. 그래갖고 타고 오면서 이 바닥 까는 데를 보니께로, 배가 나무배라 실룩셀룩하는시롬 쓰러질 것 같은데."[57]

---

56 국무총리 소속 일제강점하강제동원피해진상규명위원회, 2008, 『내 몸에 새겨진 8월』, 63쪽, 김민경 구술.

57 국무총리 소속 일제강점하강제동원피해진상규명위원회, 2008, 『내 몸에 새겨진 8월』, 253쪽, 서양석 구술.

• 이키[壱岐]·쓰시마[対馬] 해난사고 희생자

작은 목선에 100여 명 혹은 수백 명에 이르는 귀환자를 태우고 현해탄을 건너는 일은 쉽지 않았다. 급기야 풍랑에 조난당한 것으로 추정되는 희생자들이 뭍으로 떠오르는 일이 발생했다. 나가사키현 이키섬과 쓰시마섬 해안가에 수많은 조선인 희생자가 표착한 것도 그 무렵이었다. 일명 이키·쓰시마 조난자로 알려진 조선인들이다.

이키·쓰시마의 조난사고로는 미쓰비시중공업 히로시마조선소에 동원된 징용공 귀환이 주목된다. 귀환길에 오른 것이 확인된 징용공 241명이 사라진 채 현재까지 소식이 없기 때문이다. 사건의 전말은 전시기 당시 히로시마조선소에 동원된 조선인 징용공을 감독했던 일본인 관리자 후카가와 무네토시[深川宗俊]에 의해 알려졌다.[58] 징용공 241명과 가족 5명을 배웅한 후카가와는 한국의 징용공 가족들로부터 징용공들이 돌아오지 않았다는 전갈을 받고 행방을 찾아 나섰다. 그는 1973년부터 조선인 귀환자들이 출항하던 기타규슈[北九州]지역을 탐문하던 중 나가사키현 이키섬에 수많은 조선인 희생자가 표착했다는 사실을 접하고 주민들의 증언 수집과 유골 발굴에 나섰다. 이키섬에서는 1945년 10월 11일의 아쿠네[阿久根] 태풍으로 아시베[芦辺]만에 정박했던 기범선이 침몰하는 일이 발생했다. 그 후 주민들이 해안가에 표착한 조선인 희생자 168명을 수습하여 매장했다는 사실을 확인하였다. 유해는 1967년 발굴되어 화장한 뒤 위령비 밑에 안치되었다.

후카가와를 중심으로 1976년 8월 10일 이키섬 아시베만 구요시하마[清石浜]에서 유골발굴이 시작되었다. 발굴 결과 86구의 희생자를 확

58 深川宗俊, 1974,『鎮魂の海峡』, 現代史出版會.

인할 수 있었으나 마을 사람들의 증언으로 마쿠라자키 태풍이 아닌 아쿠네 태풍 때 발생한 희생자로 확인되었다. 이것이 계기가 되어 일본 후생성·외무성이 합동조사단을 꾸려 쓰시마섬에서 유골발굴 조사에 돌입했다. 조사단은 1983년 5월 16~22일 이키섬 조사를 마치고 5월 22~24일까지 쓰시마지역의 유골조사에 들어갔다. 주민들의 증언을 통해 표착한 한국인 희생자를 가매장한 지역을 특정한 후 24~26일 실지조사를 실시했다. 조사 결과, 쓰시마섬에서는 마쿠라자키 태풍(1945년 9월 17일) 직후 표착한 희생자를 수습한 것이고, 이키섬에서는 아쿠네 태풍(1945년 10월 10일) 직후 표착한 희생자를 수습한 것으로 확인되었다. 안타깝게도 실종된 미쓰비시 징용공 246명과의 관련성은 밝혀낼 수 없었다.[59]

그 후 후생성·외무성 합동조사는 1984년에 재개되었으나 246명의 행방을 찾을 수는 없었다. 유골발굴 조사로 수습한 한국인 유골은 사이타마현 곤죠인[金乘院]이라는 사찰에 안치되었다(이키섬 86위, 쓰시마섬 45위).[60]

1945년 9월 17일 마쿠라자키태풍으로 조난된 희생자 중 100여 명이 기타큐슈시 와카마쓰에서 발견되는 일도 있었다. 해안가 마을주민들이 수습한 조선인 희생자들은 현재 오다야마[小田山] 영원에 안치되어 있다.

59 국무총리 소속 일제강점하강제동원피해진상규명위원회, 2009, 『해방 직후 이끼·대마도 지역의 귀국 조선인 해난사고 및 희생자 유골 문제 진상조사』, 73쪽.

60 사이타마현 곤죠인의 131위는 지난 2018년 5월 31일 이키섬 덴토쿠지[天德寺]에 안치되었다. 희생자 유골은 한일 정부 간 외교교섭 난항으로 아직 봉환되지 않고 있다. 양국 간 교섭 과정에 대해서는 한국인 희생자 유골봉환에 힘써 온 고바야시 도모코[小林知子], 2008, 「日韓外交交渉にみる壱岐朝鮮人海難事故」, 『在日朝鮮人史研究』 38을 참조하기 바람.

• 우키시마[浮島]호 폭침(爆枕)사건

귀환선이 원인 불명의 폭발로 침몰하는 사고도 있었다. 우키시마호 사건이 그것이다. 우키시마호는 일본 해군의 특별운송선으로 해방 직후인 1945년 8월 18일 조선인을 귀환시키기 위해 아오모리현[青森縣] 오미나토[大湊]항에 입항하였다. 이튿날인 8월 19일, 우키시마호는 귀환자를 승선시켜 부산항으로 출항하라는 명령을 하달받고 승선을 준비하였다. 오미나토 지구에는 일본 해군 오미나토 경비부가 있었는데, 이 지역의 대규모 방공호, 지하창고, 비행장, 철도 건설 등을 건설하기 위해 동원한 수천 명에 달하는 조선인 군무원(군속), 노무자 등이 있었다.

귀환을 위해 승선한 사람들은 일본 해군 255명, 조선인 3,735명(징용공 2,838명, 부녀자와 어린이를 포함한 민간인 897명)이었다. 8월 22일 오후 10시, 귀환자를 태운 우키시마호는 오미나토항을 출항하였다. 전날 8월 21일에는 "8월 24일 18시 이후 특별히 지정한 선박과 항행 중인 함선을 제외하고 항행을 금지"한다는 대해령이 내려진 상태였다. 이에 따라 출항 당일 운수본부장으로부터 우키시마호 함장에게 "8월 24일 18시 이후 100톤 이상의 선박은 항행을 금지함. 이 시각까지 목적지에 도착하도록 노력하라. 만일 도착할 가능성이 없는 선박은 이 시간까지 가장 가까운 군항 혹은 항만에 입항하라"는 전보가 전달되었다.[61] 이 명령에 따르자면 8월 24일 18시까지 부산항에 도착하는 것은 불가능했다. 최종 목적지가 부산항이 아니라는 의미인 것이다.

시속 12노트로 동해를 따라 남하하던 우키시마호는 1945년 8월

61 국무총리 소속 일제강점하강제동원피해진상규명위원회, 2007, 『우키시마호 사건 소송자료집 Ⅰ』, 162쪽. 221935번 전보.

24일 오후 5시경 돌연 항로를 바꿔 교토부[京都府] 마이즈루[舞鶴]항으로 향했다. 운수본부도 예상하지 못했던 항로였다. 마이즈루만에 접어든 우키시마호가 도지마[戶島]를 지나 감속하던 순간 의문의 폭발이 일어났다. 우키시마호는 중앙부가 두 동강이 나며 솟구치는가 싶더니 잠시 후 중앙부부터 가라앉기 시작했다. 침몰 지점에서 가까운 시모사바가[下佐波賀] 어부들(대부분 여성)이 조난자들을 구조했다. 그러나 524명의 무고한 조선인들이 목숨을 잃고 말았다.[62]

사건 이후 1950년 3월에 우키시마호 인양작업이 진행되어 선체 뒷부분이 인양되었다. 이 과정에서 103위로 추정되는 희생자가 수습되었다. 1954년 1월, 두 번째 인양작업이 진행되어 선체 앞부분이 인양되었으며, 역시 다수의 희생자가 수습되었다.

사건 당시 해안으로 떠밀려온 희생자와 제1·2차 인양작업 당시 수습한 희생자들은 모두 마이즈루 지방 복원국에 안치되었다. 이후 1955년 1월 구레[吳] 지방 복원부, 1958년 후생성 인양원호국을 거쳐, 1971년 11월에 도쿄 메구로구[目黑區] 소재 유텐지[祐天寺]에 안치되었다. 한국인 희생자 중 일부는 1974년 12월과 1976년 10월에 일본 외무성을 거쳐 한국으로 봉환되었으나 아직 280위가 유텐지에 안치된 상태로 있다.[63]

---

62 희생당한 조선인 524명에 대해서는 창씨명, 본적 등이 기재된 '우키시마호 사몰자 명부'로 작성되었다.

63 국무총리 소속 일제강점하강제동원피해진상규명위원회, 2007, 『우키시마호 사건 소송 자료집 Ⅰ』, 119~120쪽.

2) 한국인 원자폭탄 피폭자

강제동원의 피해를 이해할 때 중요한 것은 모집이냐 징용이냐와 같이 강제동원 피해 과정의 한 부분에만 한정하여 근시안적으로 보는 것이 아니라 동원 방식에서 귀환에 이르기까지 전 과정을 총체적으로 파악해야 한다는 점이다. 그리하여 비로소 본인의 의사에 따른 '자발적인' 취업이었다고 주장하는 궤변의 외피가 벗겨지고, 피해의 실상과 진실이 드러난다. 그런 의미에서 앞서 살펴본 귀환은 강제동원 피해의 마지막 과정이었다고 볼 수 있으며, 강제동원 피해의 완결성을 담보해 주는, 빠뜨려서는 안 되는 검토대상이다.

그런데 귀환할 수 없었던 사람들이 있다. 다음 절 이하에서도 언급되는 바와 같이 강제동원된 작업현장에서 사망한 사람들이다. 작업현장에서 사망했던 까닭에 우리 기억에서도 잠시 잊히고 있었던 사람들이다. 여기서는 도시 공습으로 피해를 입었던 사람들, 그중에서도 가공할 위력의 무차별 살상무기에 노출되었던 사람들, 즉 원자폭탄 피폭자에 대해 언급하기로 한다.

앞서 〈표 4-1〉에서 일본으로 노무동원된 조선인이 주로 투입된 산업이 탄광산과 토목건축업이었다고 지적한 바 있다. '집단이입'이 시작된 당초부터 1943년경까지는 전체 조선인 노무자의 90%대를 유지하다 1944년에는 60%로 떨어졌다. 대신 군수공장 등 군수 관련 제조업 비중이 40%에 육박하다 패전을 맞는 1945년에는 80%대로 비중이 역전되었다. 다시 말해서 전쟁이 태평양 지역으로 확산되기 전까지는 탄광산과 토목건축이 중심이 되었다가 패전 무렵에는 군수공장이 동원의 중심이 된 것이다. 군수공장은 인프라가 조성된 태평양 연안의 대도시에 집중되어 있었는데, 그로 인해 미군의 폭격, 공습의 대상이 되었다.

> "한 번은 보니깐, '간사이기' 거 조그만 비행기 뿌로뻴라(프로펠러) 하나 달린 거여. 그놈이 날래잖어. … 〈중략〉 … '간사이기'가 네 척이 들어왔는데 막 고사포로 쏘잖어, 그런데 난 떨어지는 줄 알았거던. 공장 안에서 그냥 하두 '게이까이 게이호' (하기에). 비행기 들어오면 일 안 해요. 방공실에 들어가서 숨지."[64]

> "이 '간사이기[艦載機]'라고 함재기. 조그마한 비행기가 가끔 와서 그냥 기관총만 몇 방 '꽝, 꽝, 꽝, 꽝!' 쏘고 가고 그랬어. … 〈중략〉 … 구레군꼬는 거기서 한 얼마 안 된대. 거리가 80리라고 그러던가? 거기 내려칠 때는 이 우리 기숙사까지 울리는 거야. '꽝, 꽝, 꽝, 꽝!' 하고. 거기는 자주 와서 때렸어."[65]

함포사격도 있었다. 패전을 한 달 앞둔 1945년 7월 15일, 홋카이도 무로란시[室蘭市] 소재 일본제강 무로란제작소와 일본제철주식회사 와니시[輪西]제철소를 겨냥하여 순양함 2척, 구축함 9척에서 함포가 발사되었다. 함포사격은 오전 9시 36분부터 10시 30분까지 약 1시간 동안 계속되었다. 일본 정부에 의하면 함포사격에 의한 희생자는 사망 427명, 중경상 109명이었다.[66] 비슷한 시기인 1945년 7월 14일과 8월 9일, 2회

---

64 국무총리 소속 일제강점하강제동원피해진상규명위원회, 2008, 『내 몸에 새겨진 8월』, 47쪽.

65 국무총리 소속 일제강점하강제동원피해진상규명위원회, 2008, 위의 책, 195~196쪽.

66 함포사격에 의한 희생자 수는 미국 전략폭격조사단에 의한 수치이며, 일본 정부 총무

에 걸쳐 이와테현 가마이시시[釜石市]에서도 함포사격이 있었다. 주된 공격지점은 일본제철주식회사 가마이시제철소로 첫 번째 공격인 7월 14일에는 424명, 두 번째인 8월 9일에는 281명의 사망자가 발생했다. 군 관계와 포로 중에서도 68명의 사망자가 있었다. 그중에는 노무동원으로 해당 공장에서 사역당하던 조선인도 있었다.[67]

주지하는 바와 같이 미군에 의한 도시 공격 중 히로시마시와 나가사키시에 투하된 원자폭탄을 빼놓을 수 없다. 인류를 향해 실제로 사용된 원자폭탄은 상상을 초월하는 파괴력으로 양 도시를 초토화시켰다.

1945년 8월 6일 월요일 미명, 우라늄으로 제작된 원자폭탄 '리틀보이'를 실은 B-29 폭격기 '에놀라게이(Enola Gay)'가 히로시마시를 향해 티니언섬을 이륙했다. 히로시마시 상공에 도달한 폭격기는 목표지점으로 삼은 'T'자형 다리 '아이오이바시[相生橋]'를 육안으로 확인하고 원자폭탄을 투하하였다. 오전 8시 15분, 투하된 원자폭탄은 목표지점에서 동남쪽으로 약 300m 떨어진 시마[島]병원 상공 580m 지점에 작렬하였다. 거리에는 군수공장과 건물 소개(疏開)작업현장으로 출근을 서두르던 노무자, 학생들로 북적이고 있었다.

그로부터 사흘 뒤 8월 9일 미명, 이번에는 플루토늄으로 제작된 원자폭탄 '팻맨'을 실은 B-29 폭격기 '박스카(Bockscar)'가 두 번째 목표지인 후쿠오카현 고쿠라[小倉]를 향해 이륙했다. 목표지점은 고쿠라육군조병창으로 미국 본토를 폭격하겠다며 '풍선폭탄'을 고안해 낸 무기공장이

성 홈페이지(https://www.soumu.go.jp/main_sosiki/daijinkanbou/sensai/situation/state/hokkaido_03.html)에 의함.

67 가마이시[釜石]시 함포사격에 관한 홈페이지 참조.
(https://www.city.kamaishi.iwate.jp/kyoudo/kamaishi/kanpou_top.html)

었다. 공교롭게도 당일 고쿠라는 연기와 구름에 가려 시야 확보가 어려운 상태였다. 폭격기는 육안으로 목표지점을 확인하지 못하자 목표지를 나가사키시로 변경하여 남하했다. 폭격기가 목표지점인 도키와바시[常盤橋]와 니기와이바시[賑橋] 사이에 도달한 시각은 오전 10시 58분. 그러나 구름 때문에 육안 확인이 어려워지자 결국 북서쪽으로 3.4km 떨어진 군수공장에 투하하였다. 오전 11시 2분, 나가사키시 마쓰야마마치[松山町] 171번지 상공 500m 지점에서 두 번째 원자폭탄이 작렬하였다.

원자폭탄으로 두 도시는 인적·물적으로 심각한 피해를 보았다. 히로시마시는 당시 시내에 있던 7만 6,327호의 건물 중 5만 1,787호가 전파(全破) 또는 전소(全燒)하였고, 42만 명이 피폭당해 16만 명에 육박하는 사람이 그해 사망하였다.[68] 나가사키시는 전체의 3분의 1에 해당하는 1만 1,574호가 전소하는 한편, 폭심지 반경 1km 이내 1,326호가 전파하고 27만여 명이 피폭하여 7만 3천여 명이 그해 사망하였다.[69]

〈표 4-9〉 1945년 히로시마·나가사키시 원자폭탄에 의한 피폭자 수

	전체		조선인	
	총 피폭자 수	사망자 수	총 피폭자 수	사망자 수
히로시마시	420,000	159,283	50,000	30,000
나가사키시	271,500	73,884	20,000	10,000
합계	691,500	233,167	70,000	40,000

출처: 국무총리 소속 대일항쟁기 강제동원 피해조사 및 국외 강제동원 희생자 등 지원위원회, 2011, 『히로시마·나가사키 조선인 원폭 피해에 관한 진상조사』에 의함.

68 히로시마시 홈페이지(https://www.city.hiroshima.lg.jp/site/atomicbomb-peace/) 참조.

69 나가사키시 홈페이지(https://nagasakipeace.jp/index.html) 참조.

두 도시에는 식민지 조선 지배를 피해 일본에 건너온 조선인 가족들이 있었고, 전시기 노무동원으로 각종 군수공장에 끌려온 조선인들이 있었다. 〈표 4-9〉를 보면 조선인은 히로시마시에서 5만 명, 나가사키시에서 2만 명, 총 7만 명이 피폭되어 그중 4만 명이 사망하고 생존한 3만 명 중 2만 3,000여 명이 귀환하였다. 조선인은 피폭자 중 사망자 비중이 57.1%를 차지해 전체 피폭자 중 사망률 33.7%보다 높았다. 히로시마시의 경우 전체 피폭자 중 사망자가 차지하는 사망률이 37.9%인 데 비해 조선인 사망률은 60.0%였고, 나가사키시의 경우 전체 피폭자 중 사망자가 차지하는 사망률이 27.2%인 데 비해 조선인 사망률은 50.0%였다. 조선인은 높은 사망률뿐만 아니라 일본인 다음으로 가장 많이 희생당했음에도 그 사실조차 많이 알려져 있지 않았다.[70]

조선인 노무자가 강제동원된 군수공장을 정리해 보면 〈표 4-10〉과 같다. 당시 군수공장이 피폭 지역으로 분류된 시역 내에 주로 분포해 있었음을 알 수 있다. 군수공장과 폭심지와의 거리를 보면 히로시마시의 경우 대략 2~5km 내외에 위치해 있었으며, 나가사키시의 경우는 1~3km 내에 위치해 있었던 것으로 보인다. 히로시마시에 투하된 원자폭탄은 TNT 약 1.5만 톤의 위력을 갖는 것으로 작렬하는 순간 방출되는 열선(熱線)에 의해 반경 3.5km 이내는 노출된 피부가 화상으로 녹아내렸다. 나가사키시에 투하된 원자폭탄은 이보다 더 강해 TNT 약 2만

70 버락 오바마 미 대통령이 2016년 5월 27일 아시아·태평양전쟁 이후 최초로 피폭지 히로시마를 방문하여 히로시마평화공원에 헌화한 후 행한 연설에서 한국인 피폭자에 대해 언급하였다. 현직 대통령이 한국인 피폭자를 언급한 일은 처음이었기에 한국 사회가 크게 주목하였다. 「오바마, 히로시마 한국인 원폭 희생자 첫 언급 '성의 표시'」, 『연합뉴스』, 2016.5.28.

톤의 위력이었으며, 반경 4km 이내에서 노출된 피부가 열선 화상을 입었다.

〈표 4-10〉 1945년 히로시마·나가사키 시내 및 근교 주요 작업장

피폭 정도	히로시마시		나가사키시	
	작업장명	폭심지와의 거리(㎞)	작업장명	폭심지와의 거리(㎞)
피폭 지역	미쓰비시중공업 히로시마조선소*	4.3	미쓰비시중공업 나가사키조선소*	3.2
	미쓰비시중공업 히로시마기계제작소	3.7	미쓰비시중공업 나가사키제강소*	1.0
피폭 지역	히로시마항운주식회사	4.5	일본통운 나가사키지점*	3.0
	일본통운 히로시마지점*	2.0	미쓰비시兵器 住吉터널공사	2.3
	미쓰비시중공업 祇園공장	5.5	미쓰비시兵器 大橋공장	1.4
	이치바[市場]중공업	1.5	나가사키항운주식회사*	3.0
	유타니[油谷]중공업 祇園공장*	5.5		
	다마모구미[玉藻組]	2.5		
	우지나[宇品]조선소	5.7		
근교 지역	도요공업주식회사*	5.3	川南공업 고야기[香燒]조선소*	8~12
	일본제강 히로시마제작소	6.2	川南공업 후카호리[深堀]조선소*	10

출처: 국무총리 소속 대일항쟁기 강제동원 피해조사 및 국외 강제동원 희생자 등 지원위원회, 2011, 『히로시마·나가사키 조선인 원폭피해에 관한 진상조사』에 의함.71

나가사키시 소재 미쓰비시병기 스미요시[住吉] 지하공장을 위해 터널작업에 투입된 박영남은 주야간 2교대 근무 중 야간근무를 마치고 식

71 단, 작업장별 '폭심지까지의 거리'와 위치는 일본어판(2015년)의 표를 참조하였다.

당에서 휴식 중이었다.

"'우루루루' 하더니 '쾅!' 하는디 그냥 번갯불 마냥 반짝혀. 반짝하더니 이렇게 옆에 앉은 사람도 안 보여. 캄캄히 안 보여. 이렇게 안개처럼. 근디 나중에 거기서 나갔는데 보니까는 이 문, 이렇게 인제 문을 열어놨어, 창문을 이렇게 열어놨거든… 근데 이렇게 마주쳐 있는 사람은 여기 데였어. … 〈중략〉 … 또 이 창문 안 열고 구석 쪽에 이렇게 돌아앉은 사람들은 하나도 안 데었어. 왜냐면 그게 막아가지고, 공기가 막아가지고. 저기는 문 열어논 께 공기가 통하니께 마주쳐서 데이고 그랬어. 그때 뭐 한 대여섯 명 앉아 있었지. 난 그때 이렇게 앉아가지고 이렇게 해가지고 얼굴 여기 살짝 데였지. 왼쪽편 얼굴만 살짝. 하여튼 번쩍만 하면, 지금 말하자면 그냥 나오니까 물이 질질 흐르니까. … 〈중략〉 … 한 30분 있으니까 나도 여기 이렇게 되고, 물이 이렇게 해서 물이 질질 흐르더라니까."[72]

박영남은 열어 놓은 문으로 화염이 들어와서 화상을 입은 것으로 이해하고 있는 것 같다. 박영남이 동원된 미쓰비시병기 스미요시터널 공사장은 폭심지 반경 2.3km에 포함되어 열선 화상 피해 범위 내에 있었다.

히로시마역 북단 후타바야마[二葉山] 산허리에서 터널 작업에 동원된 서양석은 구사일생으로 살아남은 경험을 또렷하게 기억하고 있었다.

---

72 국무총리 소속 일제강점하강제동원피해진상규명위원회, 2008, 『내 몸에 새겨진 8월』, 388~389쪽, 박영남 구술.

"그 이튿날 아침에 인제 굴 안으로 일을 하러 왔거든. 가서 그놈, 딱 돌을 깨놓은 놈 고놈 딱 실어 내고는, 밖에 나와서 담배를 한 대 딱 태워 먹고 있는데. 이 비행기가 확~ 높은 데서 소리가 나. 그래서 쳐다본께로 비행기 한 대 와서는 공습을 못하거든? 뭐 쳐다보고 있고, 인제 경고 방송을 하고 막 싸이렌 울리고 한단 말여. 그런데 아니 이렇게 쳐다보니까는 이렇게 큰 돔 같은 것이 공중에서 내려와요. 이렇게 기다란 둥글둥글하니 기다란 놈이 내려온다 말여. 그래 아침을 8시경 되는께 해가 딱 비친다 말여. 비치니까, 이놈의 것이 확 트이는 거여. 훅 하니 내려와. 내려오는 것이 아, 인제 느닷없이 빵! 하더니만 전부 싹 쓸어내. 침소를 보고는 요런 자그마한 집을 딱 지어놓고 가운데 이렇게 통로를 내어놓고, 여기다 담뱃불이라고 땅에다가 담뱃불이라고 딱 해 놨두고, 그래 뭐 쳐다본께는 떨어진단 말여. 빵! 하더니만은 그렇게 크게 소리도 안 나. 바람이 팍 밀어버려, 바람이. 그래갖고는 반짝 하니께는 그냥 불이 싹 붙어. 딱 번개한 것처럼. … 〈중략〉 … 그래갖고 발이 여기 데어버렸지. 옷을 이렇게 딱 여름이라, 이렇게 딱 짬매고(묶고) 걷고 일을 하는데, 여기 거시기 한 데는(피부가 노출된 곳은) 다 데어 가지고 흉터가 다 있고 그런디. 여기도 시방 머리가 한쪽은 더 나고 한쪽은 덜 나고, 요 싹 모가지 있는데 싹 탔어요."[73]

서양석을 동원한 회사는 가가와현[香川縣]에 기반을 둔 다마모구미

73 국무총리 소속 일제강점하강제동원피해진상규명위원회, 2008, 『내 몸에 새겨진 8월』, 245쪽, 서양석 구술.

[玉藻組]였다. 다마모구미 작업장은 〈표 4-10〉에서 보듯이 폭심지에서 2.5km에 위치한 곳으로 열선 화상을 입을 수 있는 거리에 있었다.

이와 같이 한인의 피해는 강제동원 피해자의 경험을 토대로 피폭 상황을 엿볼 수 있는데, 히로시마시와 니가시키시 모두 군수공장이 폭심지 인근에 위치해 한인의 피해, 즉 사망률도 높았던 것으로 추정된다. 그뿐만 아니라 원폭투하 당시 히로시마시에서는 공습으로 인한 화재에 대비하여 대대적인 건물 소개작업, 즉 소방도로를 확보하는 건물 철거작업이 시내 중심지에서 진행되고 있었다. 이 건물 소개작업에도 강제동원된 피해자들이 투입되고 있었음이 한국 정부 조사에 의해 밝혀졌다.

> "그 회사 측에서 차출을 보내고 그랬어. 그 건물 소개하는데, 우리 한국사람들 차출해서 보냈어. 그 '도네'라고 그러는 사람은 분명히 거기 갔다가 다쳐가지고 거기서 앓다 죽었어."[74]

99식 소총을 생산하던 도요공업주식회사에 동원된 이남순은 원자폭탄이 투하된 당일에도 건물 철거작업을 하기 위해 시내에 들어간 조선인이 있었음을 기억하고 있었다. 미쓰비시중공업 히로시마조선소는 '직역(職域) 의용대'를 편성하여 7월부터 철거작업에 인원을 투입하고 있었는데, 원폭투하 당일 히로시마조선소에 동원된 박상재도 철거 현장에 투입될 예정이었다.

---

74 국무총리 소속 일제강점하강제동원피해진상규명위원회, 2008, 『내 몸에 새겨진 8월』, 196쪽, 이남순 구술.

"7시부터 작업배당을 받거든요? 그래 7시가 되면 마당에 싹 모여요. 공장 앞에. 딱 거기서 배당을 받아요. 일을. 근데 우린 또 시내 나가는 거예요. 집 헐은 거 치우라 그래요. … 〈중략〉 … 근데 그날은 가기가 싫어요. … 〈중략〉 … 그래서 '가지 말자! 왜 한 번도 안 간 반도 있는데, 왜 우리 반만 계속 나가냐? 그 반 하는 거 우리가 교대해. 교대해서 우리가 해주면 되잖아? 안 간 반 나가라 그래. 난 안 나갈테니까.'"[75]

박상재가 철거작업 투입에 항의하며 옥신각신하는 사이에 시간이 지나 결국 박상재를 제외한 나머지만 현장에 투입되었다. 그 후 원자폭탄이 히로시마시 중심에서 작렬하였고, 시내에서 철거작업 중이던 수많은 의용대와 학생들이 희생되었다. 다행히 박상재 동료들은 살아 돌아왔다.

"나보고 '가미사마'래요. 신이래요. '가미사마' 때문에 살았다 이거에요. 우리가 나갔으면 다 죽었을 텐데, 내가 싸우는 바람에 늦게 나가서 공장을 벗어나지 않아서 살았다 이거에요."[76]

박상재는 기적처럼 살아남을 수가 있었지만, 예정대로 철거작업에 투입된 조선인들은 현장에서 사망한 것으로 추정된다.

---

75 국무총리 소속 일제강점하강제동원피해진상규명위원회, 2008, 위의 책, 99~100쪽, 박상재 구술.

76 국무총리 소속 일제강점하강제동원피해진상규명위원회, 2008, 앞의 책, 104쪽, 박상재 구술.

원폭 피폭의 피해 양상은 두 지역이 서로 달랐다. 히로시마시의 경우는 군수공장들이 폭심지에서 비교적 떨어진 곳에 있었지만 건물 철거작업에 동원되어 직접 피폭으로 사망한 사례가 다수 관찰되었고, 나가사키시의 경우는 군수공장이 폭심지 지근거리에 위치하고 있었으니 원폭투하 당일 공장을 벗어나 있거나 장애물에 가려 직접 피폭을 피할 수 있었던 것으로 판단된다. 이 밖에 나가사키시에서는 원폭투하 후 건물 잔해처리 등에 투입된 사례가 다수 나타나 방사능에 노출되는 '입시(入市) 피폭'을 입었을 것으로 판단된다.[77]

인류 초유의 원자폭탄에 피폭되어 돌아온 사람들은 생환의 기쁨도 잠시뿐 이후의 생활이 문제였다. 원폭 피폭에 대한 사회적 편견과 차별, 피폭자 원호에 대한 한국 정부와 사회의 무관심, 피폭 후유증 등으로 병고와 생활고에 시달려야 했다.[78] 한국인이 원폭에 피폭된 원인이 조선인 강제동원, 강제노동에 있었음을 돌이켜 보면, 강제동원의 피해가 귀환으로 마무리되는 것이 아니라 이후에도 오랫동안 피해자들을 괴롭혀 왔다고 할 수 있다.[79] 한국 정부 위원회가 〈표 4-10〉에 게재한 군수회사에 동원된 것으로 확인한 피해자만 2010년 11월 1일 현재 490명(나가사키시 163명, 히로시마시 327명)이었다.[80]

---

77 국무총리 소속 대일항쟁기 강제동원 피해조사 및 국외 강제동원 희생자 등 지원위원회, 2011, 『히로시마·나가사키 조선인 원폭 피해에 대한 진상조사』, 44쪽.

78 한국인 피폭자의 삶에 대해서는 이치바 준코, 2003, 『한국의 히로시마』, 역사비평사를 참고하기 바람.

79 한국 정부가 한국인 원폭 피해자를 돌아보기 시작한 것은 지난 2016년 원폭 피해자 지원을 위한 특별법을 제정하면서부터였다. 법률 제14225호, 「한국인 원자폭탄 피해자 지원을 위한 특별법」 제정(2016.5.29).

80 국무총리 소속 대일항쟁기 강제동원 피해조사 및 국외 강제동원 희생자 등 지원위원

끝으로, 귀환하지 못한 사람들의 이야기 또한 중요함을 지적하고 싶다. 사건·사고에 휘말려 부득이하게 돌아올 수 없었던 미귀환(未歸還)의 사람들과 대비하여, 자의에 의해 귀환을 포기했다는 의미에서 비귀환(非歸還)으로 분류하는 사람들이다. 이들은 왜 비귀환을 선택했는지, 그 후의 삶은 어떠했는지, 일본을 비롯하여 남사할린, 남양군도, 중국 등 동원 지역에서의 궤적을 기록하는 일은 강제동원 문제의 또 다른 과제이다.

회, 2011, 『히로시마·나가사키 조선인 원폭 피해에 대한 진상조사』, 24쪽.

제2절 한반도

1. 동원 경로를 통해 본 한반도 노무동원

1) 한반도 내 동원은 강제동원이 아니다?

히구치 유이치[樋口雄一]는 『한겨레신문』 기고문(2011.3.4)을 통해 "일본의 노무동원 정책을 지리적 조건에 따라 이해해서는 안 된다"고 강조했다. 최근 집필 중인 「식민지 지배하 조선인 강제노동 동원 개요-시론으로서 작업」 초고에서 한국과 일본 학계의 한인 노무동원 규모의 통계 차이를 동원 지역 차이라고 평가했다. 그는 정혜경이 2019년에 인용한 통계인 780만 4,376명을 인급하며, 일본 학계의 70~80만 명과 큰 차이를 보이는 이유는 일본 학계가 한반도 동원을 포함하지 않기 때문이라고 했다. "일본에서는 조선에서 노동동원이 일본 국내에서만 있었던 것처럼 언급하는 경우가 많은데", "조선인 전체의 노동동원 정책 속에서 자리매김한다는 관점이 부족하기 때문"이라는 것이다.

일본 학계는 1960년대부터 한인 강제동원 연구를 시작했는데 히구치 유이치가 지적한 것처럼 동원 지역은 일본 중심이었다. 1980년대 한반도 지역을 시작으로 1990년대와 2000년대 초부터 남사할린과 중서부 태평양의 노무동원에 대한 연구성과가 나오면서 동원 지역에 대한 관심이 다양해졌다. 그러나 여전히 강제성과 관련한 논의에서 중심 지역으로 꼽히는 곳은 일본이고, '강제성 부정론자'들은 한반도 동원 자체를 인정

하지 않고 있다.[81]

그러나 1938년부터 일본 정부가 제정한 강제동원 관련 법령에 명시한 동원 지역은 일본과 남사할린, 식민지(조선, 타이완), 점령지(중국 관동주, 중서부 태평양, 만주)였다. 더구나 한반도는 일본이 중국과 전쟁을 치르는데 필요한 물자와 무기를 보급하는 전진기지였다. 육군은 무기생산공장인 인천육군조병창을 설치하고, 무기를 일본 본토와 중국 전선으로 실어 날랐으며, 한반도에서 7천 개가 넘는 작업장을 운영했다.

이러한 객관적 사실에도 불구하고 연구성과가 일본에만 편중된 이유는 동원 지역에 대한 인식이 균형을 이루지 못했기 때문이다. 흔히 강제동원 지역을 국내와 국외(또는 한반도 내와 한반도 외)로 구분하는데, 적절하다고 보기 어렵다. 당시 조선은 일본의 식민지였으므로 국내외 구분은 무의미하며, 국가총동원체제였으므로 스스로 동원 지역을 선택할 수도 없었다. 조선의 민중은 가능하면 조선 땅을 벗어나지 않으려 했다.

역설적이게도 한반도 동원의 편견을 한국 사회에 강하게 뿌리내리게 하는 데 큰 역할을 한 것은 바로 한국 정부였다. 정부 당국자의 편중된 인식이 1960년대 한일회담 논의에 반영되면서 한국 사회 전반에 영향을 미쳤다. 회담 진행 과정에서, '조선 내 피징용자'에 대한 논의는 두 차례 있었다.

- **제5차 회담 일반청구권 소위원회 제13차 회의록 요지**(1961년 5월 10일)

  [일본] 피징용자 중에는 한국 내에서 징용된 자를 포함하는가?

  [한국] 포함하지 않는다.

---

81 이영훈 등이 출간한 『반일종족주의』(2019)에서는 1944년 하반기에 일본으로 징용된 노무자의 강제성만을 인정하고 있다. 이에 대한 반론은 정혜경 외, 2019, 『반대를 논하다-'반일종족주의'의 역사부정을 넘어』, 도서출판 선인 참조.

• **제6차 회담 일반청구권 소위원회 제7차 회의록 요지**(1961년 12월 15일)

[한국] 전번 회담 때에도 이야기했지만 이 피징용자에는 노무자 외 군인, 군속을 포함한다. 보상금은 생존자에 대하여 1인당 200불, 사망자에 대하여 1인당 1,650불, 부상자에 대하여 1인당 2,000불로 하여 그 금액은 각각 생존자가 1억 8,600만여 불, 사망자가 1억 2,800만여 불, 부상자가 5,000만 불이다.

[일본] 피징용자에는 군인, 군속을 포함한다고 말했는데, 전호(앞)의 피징용자에서도 그런가?

[한국] 그렇다.

[일본] 조선 내에서 징용된 자도 포함하는가?

[한국] 포함되어 있지 않다.

[일본] 군인, 군속도 그런가?

[한국] 그렇다.

[일본] 조선에서 징용된 자를 포함하지 않은 것은 무슨 이유인가?

[한국] 한국 내에는 실제 그 수가 그리 많지 않았고, 또 자료도 불충분하여 포함하지 않았다.

두 차례 회의에서 한국 측 입장은 '포함하지 않는다'였다. '실제 수가 그리 많지 않았고, 자료도 불충분'하기 때문이라고 답했다. 그러나 이 입장은 2007년 위로금 등 지원금 지급을 위한 입법 과정에서는 정반대로 바뀌었다.

2005년 한국 정부는 한일청구권회담 관련 자료를 공개하는 과정에서 협정 논의에 포함되지 않은 주제에 대해 '일본에 책임이 있다'는 공식 입장을 발표했다. 국무총리 소속 한일수교회담 문서공개 등 대책기획단은 제3차(2005년 8월 26일)와 제4차 민관공동위원회(2006년 3월 8일)에서 "1965년 한일청구권 협정에서 우리 정부가 요구한 8개 항목에 국내 강제동원, 일본군군위안부, 원폭, 사할린 한인 등은 협의 대상에 포함되지 않아 위로금 지원 대상에서 제외"하며, "한일협정에서 제외된 한인 등 피해문제에 대해서는 일본 정부의 법적 책임이 남아 있다"고 발표했다.

그러나 이 결정에 근거한 「특별법(아시아·태평양전쟁 전후 국외 강제동원희생자 등 지원에 관한 법률, 2007년 12월 10일 제정)」에서는 다른 결과를 적용했다. 4개 주제 가운데 정부가 생활 지원을 시행하고 있는 일본군 '위안부'를 제외한 2개 주제(원폭 피해자, 사할린 한인)는 위로금 지급 대상에 포함했으나 한반도 동원은 제외했다. '동원 피해자 수가 많아서 재정에 부담이 된다'는 것이 이유였다. 한일회담에서 한국 측 답변인 '실제 그 수가 많지 않고'와 모순되는 내용이다.[82]

일본 정부나 기업이 한반도 동원 관련 명부를 공개한 적은 없었으므로 중요한 사료는 피해자의 발화(發話), 구술이다. 그러나 2007년 위로금 등 지급 이후 한반도 동원 피해자의 구술은 현격히 줄었고, 스스로 '징용 간 것이 아니'라고 부정하는 내용도 적지 않다. '조선으로 간 것은 강제동원이 아니라'는 사회적 인식의 확산으로 피해자 스스로 피해자성을 유지하지 못하게 된 것이다. 강제동원 피해자가 정부 지원금을 못 받는 점은 보상의 대상 문제로 끝나지 않는다. 정부로부터 인정받지 못한 피해는 사회적으로도 인정받기 어렵기 때문에 말문을 닫은 것이다.

'조선으로 간 것은 징용이 아니'라거나 '조선으로 갔으니 편했을 것'이라는 생각, 당시의 사실(事實)에 근거한 생각인지 노무동원의 경로를 통해 살펴보자.

---

82 정혜경, 2017, 『터널의 끝을 찾아』, 도서출판 선인, 104~106쪽.

2) 동원 경로를 통해 본 한반도 노무동원

일제 말기 민중이 불렀던 신판(新版) 신고산타령 노랫말에 따르면, 한반도는 공출의 현장이었다. 사람도 나가고, 금붙이도 나가고, 가족을 잃은 민중의 울음소리만 남은 땅이었다.

한반도가 공출의 현장이라는 근거는 무엇인가. 일본 정부의 두 가지 자료를 통해 알 수 있다. 첫 번째는 물자동원 관련 자료다. 제1차 세계대전 후 일본이 채택한 총력전체제 운영에 필요한 국가적 과제는 국민동원과 군수 생산능력의 질적·양적 충실화를 동시에 높이는 것이었다. 이를 위해 일본 정부는 1918년 「물자동원 관련법(4월 17일 「군수공업동원법」 제정, 조선과 타이완 적용)」을 제정하고, 1929년 자원통제운용계획을 수립했다. 중일전쟁 개전 후에는 물자동원 제도를 정비해 국가총동원법안준비위원회를 설치(1937년 11월)했으며, 1938년 1월에 최초의 물자동원계획을 수립했다.

당국은 이 정책을 조선에도 적용해 1930년부터 조선총독부 차원의 제도를 수립하고 운용했다. 「조선자원조사위원회 규정」을 만들고(1930년 6월 9일), 1937년부터 관련법 14건을 제정·공포했으며, 전담 기구를 설치해 업무에 들어갔다. 1938년 「국가총동원법」을 제정할 때 동원해야 할 물자의 종류를 규정하고, 생산력 확충계획 등에 따라 한반도에 물자공출 대상 품목과 규모를 부과했다.

<표 4-11> 일본정부가 한반도에 부과한 물자동원 내역

근거	내용
국가총동원법(1938.4 공포) 총동원물자 법조문	① 군용물자(병기·함정·탄약 기타) ② 피복·식량·음료·사료 ③ 위생용 물자(의료품·의료 기계·기구 등) ④ 운수용 물자[선박·항공기·차륜(車輪) 등] ⑤ 통신용 물자 ⑥ 토목건축용 물자 ⑦ 조명용 물자 ⑧ 연료 및 전력
제1차 생산력 확충계획 (1938~1941)	• 조선의 광물자원(일본에서 거의 생산되지 않는 철광석과 특수광물 등의 군수자원) 획득에 주목 * 조선총독부 식산국(광산과·수산과·상공과), 농림국(농무과·축산과·임업과) 담당 • 조선의 생산력 확충계획의 주된 산업은 경금속, 비철금속 등의 금속공업과 철강이라 분류된 광공업, 석탄, 철도차량, 전력, 석유 및 대용품 산업
제2차 생산력 확충계획 (1942~1943)	• 1941년 7월 이후 선박 부족으로 인한 선박수송력이 물자동원 계획의 큰 틀을 결정했고, 배선(配船) 계획화도 동시에 검토했으나 1942년 10월 물동계획 실행이 선박 부족으로 차질을 빚자 육상수송에 주력해 대륙 물자의 중계수송, 조선철도를 이용한 육송 등으로 계획을 수정 • 조선은 생산확충 품목의 22%를 담당
제3차 생산력 확충계획 (1944~1945)	• 조선의 생산력 확충계획은 1943년 90% 달성, 1944년 상반기 109%의 성과를 올림 * 1944년 4월부터 실시한 군수생산책임제와 중요 광물 중점증산 정책, 군수회사법 시행(조선에서는 1944년 10월 시행)의 결과
생산책임제요강 (1944.3.31)	• 전매 분야(소금·간수·연초·아편·인삼) 추가

조선은 곡물을 비롯해 철광석·망간강·코발트·전기동·형석·알루미늄·석면·운모·마그네슘·면화·양모·시멘트·카바이트·공업염·석탄·고무·소다·링거액 등 수십 종의 물자를 공출했다. 한강 이북 지역 공장에서 생산한 군수물자는 주로 중국과 만주 전선으로, 이남에서 만든 군수물자는 일본으로 가져갔다. 일본이 전쟁을 치르기 위해 식민지 조선에 부과한 의무는 무거웠다.

물자공출을 감당하기 위해 한반도 민중의 노동력도 동원했다. 두 번째 자료인 일본 정부의 노무동원 통계를 보면, 한반도 내 노무동원 피해자(648만 8,467명)는 한반도 외 노무동원 피해자(104만 5,962명)의 4배가 넘는다. 중복 동원이라 해도 큰 규모다. 당시 조선 땅에서 펼쳐진 가혹한 수탈을 짐작할 수 있다.

〈표 4-12〉 조선인 노무동원 경로별 규모

국민징용			모집, 관 알선				
일본	한반도	남방	일본	한반도	남사할린	남양군도	만주
222,082	303,824	135	798,043	6,184,643	16,113	5,931	3,658
526,041			7,008,388				
총계: 7,534,429							

〈표 4-13〉은 방대한 노무동원 규모와 함께 동원 경로를 보여 준다. 한반도 노무동원을 경로별로 보면, 근로보국대 · 모집(578만 2,581명)이 압도적 다수이지만, 국민징용(30만 3,824명)과 관 알선(40만 2,062명)도 있었다. 동원 경로에서 한반도도 다른 동원 지역과 마찬가지로 '모집과 국민징용, 관 알선' 적용 지역이었음을 알 수 있다.

〈표 4-13〉 한반도 내 조선인 노무동원 경로별 규모

연도	국민징용	관 알선						근로보국대·모집
		군수	광업	교통	공업	토건	합계	
1938년		-	41	34		19,441	19,516	74,194
1939년		-	2,735	647		41,907	45,289	113,096
1940년		-	2,714	901		57,912	61,527	170,644

1941년		1,085	1,494	646		43,662	46,887	313,731
1942년	90	1,723	4,943	287		42,086	49,039	333,976
1943년	648	1,328	11,944	186	5,316	40,150	58,924	685,733
1944년	173,505	4,020	14,989	-	3,214	54,394	76,617	2,454,724
1945년	129,581	4,312	2,071	252	-	37,628	44,263	**1,636,483***
소계	303,824	12,468	40,931	2,953	8,530	337,180	**402,062**	**5,782,581**
계	**6,488,467**							

출처: 大藏省 管理局 編, 1947, 『日本人の海外活動に關する歷史的調査』 통권 제10책, 朝鮮篇 제9분책, 69·71쪽, * 일본 정부 추정치

2. 직종별 한반도 노무동원 실태

1) 작업장 현황을 통해 본 한반도 노무동원

일본 정부와 기업 자료 가운데 한반도 노무동원의 직종별 실태를 파악할 수 있는 자료는 없다. 자료의 한계를 보완하는 방법은 노무동원 작업장 현황 자료를 통해 추이를 파악하는 것이다. 2015년 말 위원회 조사결과에 따르면, 모든 동원 지역의 한인 노무동원 작업장은 총 1만 2,095개소이고, 이 가운데 한반도는 7,467개소(탄광, 광산, 항만운수, 군수공장, 군공사장, 토목건축공사장, 농장과 삼림벌채장 등)에 달한다. 이를 토대로 추가 조사를 한 결과, 2020년 6월 기준 한반도의 노무동원 작업장은 7,541개소(정혜경 목록)로 판단된다. 개인 작업 결과물이어서 검증이 필요하지만 유용한 자료이다.[83] 목록 작성과정 및 기준은 다음과 같다.

83 한반도 노무동원 작업장을 포함한 아시아·태평양전쟁 유적 현황에 대해서는 현재 작

〈노무동원 작업장 목록 작성과정 및 기준〉

- 1단계: 기초자료 작성

  총 78종의 일본 공식 발간물 및 자료집·연구서, 당시 신문기사, 위원회 진상·실태조사 보고서 등을 대상으로 아시아·태평양전쟁 당시 한반도에서 한인을 강제동원한 기업 및 작업장 목록 추출

- 2단계: 심층 분석 작업

  1단계 기초자료를 대상으로 피해 조사결과 및 홈페이지 검색, 주요 현장 조사결과 등을 통한 분석·검증 작업

- 3단계: 목록 보완 작업

  현지답사 결과와 추가자료 비교 분석을 통해 목록 보완

<작업장 추출 기준>

1. 군수회사법에 근거한 군수공장 및 사업체
2. 해당 시기 조선총독부 발간 자료에서 확인된 탄광산
3. 해당 시기 가동한 사업장 가운데 공출 품목을 제조하는 사업장(법령 근거)
4. 강제동원 시기 군사시설물 구축 공사장(내부 기준 근거)
5. 강제동원 시기 철도와 항만 등 관영 공사장
6. 연구성과를 통해 학계에 공개된 작업장
7. 조선총독부 지정 운송업체가 운영한 하역작업장
8. 각종 통제법령에 근거해 설립·운영한 사업체
9. 당시 일간지 기사에 근거한 관련 작업장
10. 애국반 및 근로보국대 형식 등 법령에 근거한 노동력이 투입된 작업장
11. 문헌자료는 확인할 수 없으나 피해 신고 내용 조사를 거쳐 인정한 작업장
12. 위원회가 진행한 진상·직권조사 결과 확인한 작업장
13. 군의 요청에 따라 운영한 작업장, 군부대 납품업체

업이 진행 중이며, 일제강제동원&평화연구회 카페(https://cafe.naver.com/gangje#)에서 반년마다 수정한 현황을 공개하고 있다.

〈그림 4-10〉 직종별 분포(2020년 6월 조사 기준)

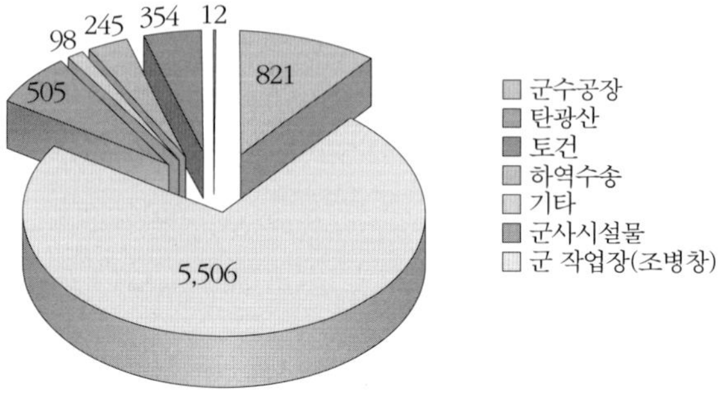

〈그림 4-11〉 지역별 분포(1945년 당시 행정구역)

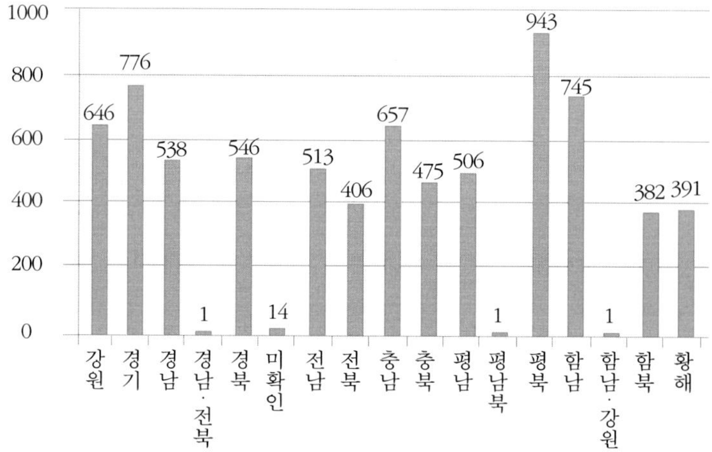

출처: 국무총리 소속 대일항쟁기 강제동원피해조사 및 국외 강제동원 희생자 등 지원위원회 자료

7,541개소를 대상으로 직종별·지역별로 분포 상황을 살펴보자. 직종별 분포에서는 탄광산이 5,506개소(73%)로 압도적이며, 군수공장, 토건(철도와 도로, 공장건설), 군사시설물, 기타, 하역수송, 군 작업장(조병창 등) 순이다. 군사시설물은 지하시설물 등 군 토건 공사장과 비행장 공사장으로 분류했다. 기타는 염전, 농장, 삼림벌채장, 채석장, 형무소 작업장, 한

센병 환자 작업장(전남 고흥 소록도),[84] 근로보국대 도내 작업장(송탄유 채취장, 퇴비 증산장 등)이다. 지역별로 보면, 평북, 경기(경성 포함), 함남, 충남, 강원, 경북, 경남(부산), 전남(제주), 평남(평양), 충북, 전북, 황해, 함북 순이다.

〈표 4-14〉 한반도 내 노무동원 작업장 도별 · 직종별 현황(단위: 개)

도별	군수공장	군 작업장**	기타	탄광산	토건	군사시설물	하역수송	계
평북	46		23	838	26	6	4	943
경기	290	3	34	328	71	32	18	776
함남	69	1	23	573	59	14	6	745
충남	21		13	592	18	8	5	657
강원	12		13	588	26	5	2	646
경북	41		11	420	40	23	11	546
경남	99	2	27	265	71	59	15	538
전남	38	1	26	270	27	143	9	513
평남	89	3	14	344	41	11	4	506
충북	3		7	435	26	3	1	475
전북	22		19	315	13	30	7	406
황해	29	1	7	332	12	5	5	391
함북	53	1	27	203	73	15	10	382
미확인*	10			2	1		1	14

84 한센병 환자의 동원은 1933~1939년 9월까지 실시한 수용시설 확장공사와 일상적 동원으로 공동노동(운반, 제찬, 송진유 채취)과 개별 노동(벽돌 제조 등)이 있었다. 국무총리 소속 일제강점하강제동원피해진상규명위원회, 2006, 『소록도 한센병 환자의 강제노역에 관한 조사』 참조.

평남북			1					1
경남 · 전북				1				1
함남 · 강원					1			1
총계								7,541

출처: 국무총리 소속 대일항쟁기 강제동원피해조사 및 국외 강제동원 희생자 등 지원위원회 자료
비고: 1945년 행정구역 기준 *구체 도를 특정할 수 없는 경우, **조병창, 항공창, 병기창 등 무기생산작업장

탄광산은 전국 13개도에 분포하지만, 밀집 지역(평북, 충남, 강원, 함남, 충북, 경북의 순서)은 한반도 노무동원 작업장과 일치한다. 군수공장 밀집 지역인 경기와 경남은 기술력 조달과 수송 인프라를 갖춘 대도시 중심임을 알 수 있다. 군사시설물도 군 주둔지인 대도시 중심이지만, 전남과 경남처럼 1945년 일본 본토 결전을 앞두고 포대나 방공요새를 한반도 남해안에 집중적으로 설치하여 밀집한 결과다.

7,541개 작업장 가운데 기업이나 조선총독부·육해군 등이 운영한 작업장은 2,415개소이며, 116개소는 조선총독부나 해군성, 조선군(조선에 주둔한 일본군) 등이 직접 운영하거나 토건 작업을 발주했다. 미쓰이[三井]계 111개소, 미쓰비시[三菱]계 95개소, 닛치쓰(주) 86개소, 스미토모계 56개소, 하자마구미[間組] 35개소, 아소[麻生]계 22개소 등 현재 일본 유수 기업이 직접 작업장을 운영하거나 자본을 투자해 기업을 설립 운영했다. 2,415개소 가운데 1944~1945년 군수공장으로 지정된 작업장은 520개소이다.

한반도 노무동원은 다른 지역과 달리 통계 외에 일본 정부나 기업이 생산한 자료를 찾을 수 없다. 한반도에서 노무동원 작업장을 운영한 일본 기업은 많았으나 일본 패전 후 '조선사업자회'를 구성해 자신들의 자

산을 지킬 궁리만 했을 뿐, 동원한 한인의 기록은 남기지 않았다. 조선사업자회는 1946년 2월 21일 도쿄에서 설립한 기업연합회다. 동양척식주식회사, 미쓰이, 미쓰비시, 아소, 일본제철, 스미토모 등을 비롯해 노무동원과 물자동원을 주도한 모든 기업과 식민지 시기 조선에서 기업을 경영했던 기업들이 재산과 보상, 종업원 귀환을 위해 설립했다.[85]

3) 직종별 노무동원 실태

(1) 탄광·광산

① 탄광산의 주요 현황

탄광과 광산의 현황을 보면, 5,506개소 가운데 탄광은 146개소, 광산은 5,360개소로 광산이 압도적이다. 탄광은 전국적으로 분포되어 있었으나 주로 평남과 함남·북에 밀집했고, 강원과 전남에도 다수의 탄광이 있었다.

전봉관의 책, 『황금광시대』는 한반도에 불어닥친 '한국판 골드러시'를 담았다. 금광 열풍과 관련한 책은 일제강점기에 차고 넘쳤다. 사업가들은 물론이고 독립운동가도 출옥하자마자 금광으로 달려가 노다지의 맛을 보려 했고, 사회주의 여성운동가와 소설가도 금광으로 몰려들었다. 이같이 조선은 금의 땅이었다. 그런데 한반도에서 가장 많은 금을 생산한 시기는 1939년, 즉 일본이 아시아·태평양전쟁을 일으키고 국가총동

85 학습원대학 동양문화연구소 소장 우방협회·중앙일한협회 문고 자료 중 조선사업자회 관련 자료(M3-36~38, 총 604쪽)에 명부와 회칙, 회의록 등이 수록되어 있다. 이 자료를 통해 일본 기업들이 전후 한반도에 남겨 둔 재산과 인력 상황, 기업이 재산을 보상받기 위해 활동한 내용 등을 파악할 수 있다.

〈그림 4-12〉일제시기 한반도 내 탄광·광산의 지역별 분포

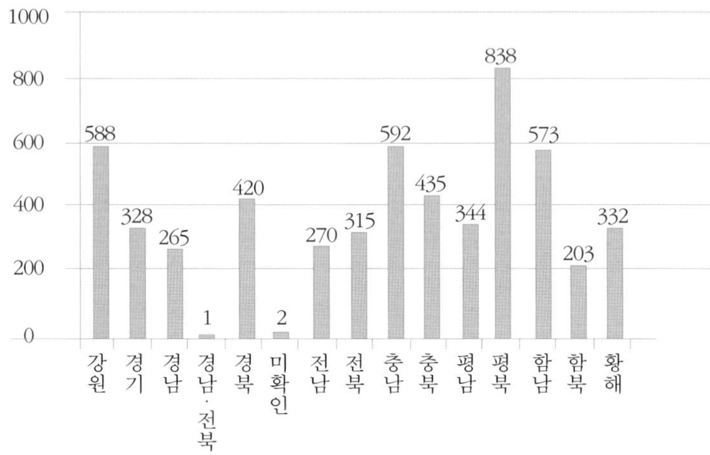

출처: 국무총리 소속 대일항쟁기 강제동원피해조사 및 국외 강제동원 희생자 등 지원위원회 자료

원체제를 선포한 후였다. 일본은 금을 전쟁자금으로 충당했다. 조선팔도에 금광이 없는 곳이 없었으나 이득은 일본 국가 권력이 취했다.

조선은 무기 재료인 광물자원이 풍부한 땅이었다. 작업장 수만 비교하면 일본의 탄광산 892개소의 6배에 달했다. 한반도의 탄광산은 숫자와 규모도 크지만 광물 종류도 일본과 비교할 수 없었다. 일본의 광종이 석탄, 철광, 구리 중심이라면 한반도는 다양했다. 명반석(明礬石), 텅스텐, 아연, 니켈, 마그네사이트, 모나즈 등은 모두 군수품과 특수기계의 원료였다.

당국은 일찍부터 한반도의 특수광물에 주목하고 현황을 파악했다. 일본이 1929년 4월 1일 「자원조사법」 공포 후 「자원조사령」 등 관련 법령을 공포하자, 조선도 1929년 4월 11일 「자원조사령」을 적용하고, 1933년 「조선광업령(개정)」과 「금탐광장려금 교부규칙」 등을 공포하며 대대적인 조사와 개광에 착수했다. 매년 지역별로 묻힌 광물의 종류와

규모를 파악하고, 연도별·지역별 보고서를 발간했다.

조사 대상 가운데 대표적 광물은 알루미늄의 원광인 명반석이었다. 알루미늄은 비행기·자동차의 몸체, 엔진 부품, 특수기계의 재료 등을 생산하는 데 중요한 금속이었다. 일본은 일찍부터 알루미늄의 원광인 보크사이트와 명반석 광산에 주목했으나 일본과 조선에 보크사이트광산이 없자 명반석 광산 조사에 나섰다. 그러다가 1930년대 경남과 전남 해안 일대에서 명반석 광산을 발견하고 언론에 대서특필했다. 당국이 채광한 명반광은 총 11개소(경남 5개소, 전남 6개소)로 중심 광산은 해남의 옥매광산이다.

옥매광산은 1916년 채굴허가를 받아 1921년과 1929년에 등록하고 납석(蠟石)과 명반석, 고령토(高嶺土)를 채굴하기 시작했다. 이때 광업권자는 아사다[淺田]화학공업(주)이었다. 아사다화학공업(주)는 1901년 효고현에서 황산알루미늄 제조를 개시해, 1905년 합자회사 아사다명반소를 설립했으며, 1917년에는 자회사로 시카마화학공업(주)를 설립한 후 1937년에 합병해 아사다화학공업(주)가 되었다. 아사다화학공업(주)는 1944년 4월 25일 「군수회사법」에 따라 군수회사로 지정되어 소속 광부와 직원들은 징용자 신분이 되었다.[86]

1932년 기사에 따르면, 당국은 '향후 금수 조치가 단행'되어 수입이 막힐 경우를 염두에 두고 알루미늄 확보에 노력하던 중 2,000만 톤 이상 매장된 명반광을 발견했다. 이 매장량이 "일본 소비량을 표준으로 채광하면 150년을 지속할 수 있는 보고(寶庫)"라고 높이 평가했다(『동아일보』, 1932년 9월 22일). 옥매광산은 이미 1920년대에 명반광으로 등록하고 채

---

86 국무총리 소속 대일항쟁기 강제동원피해조사 및 국외 강제동원 희생자 등 지원위원회, 2012, 『전라남도 해남 옥매광산 노무자들의 강제동원 및 피해실태 기초조사보고서』, 9쪽.

굴을 하고 있던 광산이었는데, 당국이 1930년대 초에 파악하게 된 과정은 다음과 같다.

> 전남 해남군 옥매산은 명반 산지로 이름이 나 있고 유망하다는 점에 착안해 효고현 시카마군의 부호 아사다 요조[淺田養藏], 아사다 헤이조[淺田平藏] 두 사람이 약 10년 전부터 채광에 종사했다. 그러고 채광한 명반을 효고현으로 운반해 자신들이 운영하는 화학공업회사에서 알루미늄을 제조해왔다. 이번에는 스미토모[住友]와 협력해 경영하게 되었다. 스미토모에서는 약 1년에 걸쳐 옥매산으로 기사를 파견해 조사했으며, 옥매광산의 명반석이 기대 이상으로 질이 좋고 매장량이 무진장하다는 사실이 판명되었다. 이에 스미토모에서는 독일에서 기사를 고용하고 70만 원을 투입하여 명반에서 알루미늄을 제조하게 되었고, 현재 전력이 싼 곳을 물색 중이다. 알루미늄은 중요한 군수품으로 종래 대부분을 수입에 의존했지만, 이번 일로 국내 자급을 확신하게 되었으므로 경금속 시대에 참으로 기쁘기 그지없는 소식이다.[87]

② 탄광산의 한인 노무자

아시아·태평양전쟁 발발 전부터 조선총독부는 일본 기업들이 조선 각지에서 광산을 경영하도록 했다. 토지매입에 혜택을 주고, 자금을 지원해주고, 수송철도를 마련해 주는 등 좋은 조건을 제공했다. 중일전쟁이 일어나자 「조선산금령(1937년 9월 7일 제정)」과 「조선중요광물증산령(1938년 5월 12일 공포)」, 「광부노무부조규칙(1938년 5월 12일 제정 공포)」 등

87 「輕金屬時代 寵兒」, 『경성일보』, 1934.2.21.

〈그림 4-13〉 전남 옥매광산의 발파용 다이나마이트 보관 창고

출처: 정혜경 촬영(2013.6)

〈그림 4-15〉 선착장 바로 앞의 노천광산에서 광물을 운반하기 위해 만든 광석운반시설

출처: 『전라남도 해남 옥매광산 노무자들의 강제동원 및 피해실태기초조사보고서』, 2012

〈그림 4-17〉 돌과 콘크리트 사이에 보이는 레일의 잔재

출처: 정혜경 촬영(2013.6)

〈그림 4-14〉 노천광산 정상

출처: 정혜경 촬영(2013.6)

〈그림 4-16〉 상층 구멍을 통해 광물을 적재하도록 한 시설물 내부

출처: 정혜경 촬영(2013.6)

법과 제도를 마련해 인력을 제공했다.

철광석과 특수광물은 빠지지 않는 중요한 조선의 공출 품목이었으므로 당국은 광물자원 증산을 위해 동원 대상을 확대했다. 1938년 「광부노무부조규칙」을 통해 14세 소년의 갱내 투입을 규정했고, 1941년에는 16세 이상 여성으로 확대했다.

> 종래 광산의 갱내 취로는 원칙적으로 14세 이상의 남자로 한해 허가했고, 여자의 갱내 취로는 금지되었다. 작금의 정세와 업계의 요망에 따라 특별한 사정이 있는 광산에 대해서는 조선총독의 허가를 받아 만 16세 이상의 여자도 갱내에서 일을 할 수 있도록 함에 따라 19일부로 부령으로 이를 발표하고 즉일부터 시행하기로 되었다. … 〈중략〉 … 하여간 이 제도를 실시함으로써 광산 노무 정세는 상당히 완화될 것으로 믿는 바이다.[88]

「광부노무부조규칙 특례 규정」 제정에 즈음한 조선총독부 식산국장과 내무국장의 담화 내용이다. 이 법을 통해 당국은 「여자광부갱내취업허가제」를 운영했다. 조선총독부 조사결과에 따르면 1941년 10월~1942년 3월까지 여성을 갱내에 투입한 광산은 37개소로 황해도와 평안도, 함경도 등 북부 지역에 집중되었다. 허가 인원은 4천 명이었고, 선탄부(선광부)나 잡부, 운반부, 지주부 등으로 투입했다.[89]

---

88 『매일신보』, 1941.4.19.

89 佐藤 漸, 1942.8, 「鉱山に於ける女子の坑内就業に就て」, 『朝鮮労務』 第2巻 第4号, 47~49쪽.

1941년은 여성의 갱내 투입 외에도 당국이 광물자원 확보를 위해 적극적으로 나서기 시작한 해였다. 1941년 3월, 국민총력조선연맹이 광산연맹을 결성해 지하자원 개발과 광물 증산을 강조하는 등 조선 민중을 상대로 광물자원 증신 운동을 벌였다. 일본은 대미전쟁을 준비하며 군수물자 생산에 필요한 조선의 광물자원 확보에 주력했다.

〈표 4-15〉 1944년 9월 말 조선 탄광산 노무자의 내부 구성(단위: 명)

	동·연·아연	중석	제련소	철	제철소	무연탄	유연탄	조선총독부 소관				
								광산과	철강과	연료과	경금속회학과	합계
광산수	418	115	7	48	2	28	47	1,231	85	75	60	1,451
갱내 노무자	30,278	9,296		10,386		17,692	18,248	74,202	11,002	39,940	573	125,717
갱외 노무자	22,279	9,294	7,808	26,280	10,863	21,339	12,459	83,506	42,199	33,768	2,881	162,354
계	52,557	18,590	7,808	36,666	10,863	39,031	30,707	157,708	53,201	73,708	3,454	288,071

출처: 국민총력조선광산연맹, 1944, 『鑛山從業員調』(곽건홍, 2001, 『일제의 노동정책과 조선노동자』, 신서원, 283쪽 재인용)

비고: 사무직과 일본인 등을 포함한 전체 탄광산 종업원수는 32만 8,230명이다.

조선의 탄광산에서는 갱외 노무자가 갱내 노무자보다 많은 편이었으나 노천광산이 다수 포함되어 있어 갱 내외를 구분하는 것은 의미가 없다.

당국의 증산 노력에도 한인 탄광산 노무자의 수는 늘지 않았다. 1940년 22만 6,000명, 1941년 21만 1,930명, 1942년 6월 21만 2,424명, 1943년 6월 18만 3,296명, 1944년 9월 28만 8,071명으로 1944년 이전에는 감소하기도 했다.[90] 당국의 통계는 조사일 기준과 조사기관이 달랐으므로 단일 기준으로 분석하기 어렵지만, 일본 등 다른 지역 노무동원 규모의 증가가 영향을 미친 것으로 볼 수 있다. 인원수와 함께 성별·연령별 구성도 노동실태에서 중요한 분석대상이다. 조선의 노무동원은 다른 동원 지역보다 여성·노인·아동의 비율이 높은 것으로 알려져 있다. 위원회 피해조사 결과와 구술기록을 통해 몇몇 사례를 살펴보자.[91]

• 동래군 장안면 출신 ○종원(1930년생)

종원은 13세 때인 1944년 4월부터 일광광산 선광장에서 일했다. 갱 속에서 광부들이 채취한 철과 아연을 골라내고, 기계에 집어넣는 일이었다. 매일 새벽에 광산으로 출퇴근했는데, 주야 2교대로 일했다. 쉬는 날은 없었고, 1주일에 두세 번은 장안청년훈련소에서 훈련받았다.

선광장에서 일한 지 몇 달 지난 12월 초, 작업 도중 사고로 오른쪽 발가락 3개를 절단했다. 기계가 발에 떨어져 입은 부상이었다. 이듬해 1월 중순까지 광산병원에서 통원 치료를 받았다. 서 있기도 힘들었으나 일을 면하게 해 주지는 않았다. 제대로 걷지 못하는 발을 가지고도 해방될 때까지 일했다.

• 동래군 일광면 출신 ○복득(1929년 12월생, 여성)

일광면 부면장을 하던 이모부의 권유로 12세가 된 1942년 초부터 일광광산에서 일했다. 이모부는 일광광산에서 일하면 일본이나 만주로 가지 않아도 된다고 했다.

광산까지 10리 길이었는데, 아침 7시에 출발해 걸어가면 40분 정도 걸렸다.

90 곽건홍, 2001,『일제의 노동정책과 조선노동자』, 신서원, 281쪽.

91 여성과 아동동원에 대해서는 이 책 제5장 참조.

도착하면 제일 먼저 체조를 하고 주의사항을 들었다. 광산은 엄청나게 넓고 일하는 사람도 많았다. 얼마나 사람이 많은지 다 헤아릴 수도 없었다. 소녀는 선광장에서 돌 고르는 일을 했다. 선광장에는 남자들도 있었는데, 남자들은 주로 기계에 돌을 넣고 곱게 가는 사람이 많았고, 기계 수리하는 사람들도 있었다. 여자들은 남자들이 날라놓은 돌을 골라 밀차에 담아 다른 곳에 옮기는 작업을 했다. 반짝거리는 것은 남겨두고 반짝거리지 않는 것을 주워 운반하는 일이었다. 간혹 사다리를 타고 지하실에 내려가 펄을 퍼내는 삽질을 하기도 했다. 일본인 감독은 남자든 여자든 발길질이 기본이었다. 점심은 집에서 가져온 도시락을 먹었고, 저녁 6시쯤 되면 일을 마치고 집으로 돌아갔다. 선광장의 남자들은 저녁 10시가 넘어서까지 일을 했는데, 여자들은 저녁이 되면 집에 갈 수 있었다. 일한 대가는 전혀 없었다. 해방될 때까지 계속 다녔다.

• 동래군 일광면 출신 ○규환(1926년 5월생)

1942년 일광광산에 동원되었다가 1945년 오천비행장공사장으로 동원되었다. 광산에 갔을 때 열다섯 살이었다. 마을에서 열 명 정도 같이 갔다. 광산은 마을에서 가까웠으므로 점심 도시락을 싸서 출근했다. 광산 측에서는 월급도 주지 않으면서 식사도 주지 않았다. 처음에는 식당에서 점심으로 콩과 옥수수 섞은 밥을 주었는데, 그것도 몇 달 주다 말았다.

새벽 5시 광산에 가서 밤 10시나 12시에 퇴근했다. 하루 열두 시간도 넘게 일했다. 가깝다고는 하지만 걸어서 30분은 가야 하는 거리였다. 규환은 갱에서 채굴했다. 감독관은 일본인이었는데, 매일 출근표에 도장을 찍어주었다. 광산 입구는 하나인데, 들어가면 여러 통로가 있어 길을 잃지 않으려고 앞뒤 사람과 줄을 묶어 들어갔다. 물이 많이 고여서 물을 퍼 내가면서 채굴했다.

잠깐이라도 졸았다가는 바로 채찍이 날아왔다. 휴일은 없었고, 1년에 몇 번 있는 국경일에 쉬었다. 일이 힘들고 매질이 무서웠지만, 광산에 나오지 않으면 다른 곳으로 끌려간다는 소리가 무서워 새벽마다 빠지지 않고 나갔다.

3년 넘게 다니다가 해방되던 해, 광부들 200명과 함께 감독관 인솔 아래 오천비행장에 가서 활주로 공사장 닦는 일을 했다. 솔밭 안에 비행장이 있었는데,

비행기는 산속에 숨겨 놓았다. 비행장은 광산보다 힘들었고, 매질도 더 심했다. 같이 갔던 친구 토용이는 심한 매질에 오른쪽 다리가 부러졌다. 쉬는 날은 없었고, 외출도 금지였다. 1개 반이 10명씩인데 반장은 일본인이었다. 숙소에서 지냈는데, 식당도 없어서 직접 밥을 해 먹어가며 일했다. 다시 광산으로 돌아온 후 얼마 되지 않아 해방을 맞았다.

동래군 일광면의 스미토모 소속 일광광산 사례다. 일광광산은 1931년부터 금·은·구리·철·텅스텐을 채굴했는데, 구리광산으로 알려져 있다. 1944년 군수공장으로 지정되어 광산 종사자는 사장부터 경비원까지 모두 피징용자가 되었다. 광부들 가운데에는 광산에서 일하다가 오천비행장공사장(포항비행장)에서 일한 사람들이 많다. 비행장에는 비행기 격납고가 필요했으므로 군의 요청에 따라 굴진 기술을 가지고 있었던 광부들을 차출한 것이다.[92]

경남과 전남 등 한반도 이남 지역의 일부 광산은 일광광산과 같이 1945년 초에 제주도로 광부들을 전환배치해 군사시설물 구축에 동원했다. 한반도 이남 지역의 탄광산은 주로 인근 지역에서 동원했는데, 한반도 이북 지역 탄광산은 한반도 이남 지역 한인을 동원한 사례가 많았다.

일광광산은 폐광 후 갱구를 바위로 막았으나 광폐수가 흘러나와 2017년까지 인근 토양과 도랑을 황토색으로 물들이기도 했다. 현재 갱구와 광산 사무소, 사택 등이 남아 있다.

---

92 정혜경, 2019, 『아시아태평양전쟁에 동원된 조선의 아이들』, 섬앤섬, 286~290쪽.

〈그림 4-18〉 일광광산 갱구의 광폐수

출처: 정혜경 촬영(2016.7)

〈그림 4-19〉 광산 사무소

출처: 정혜경 촬영(2018.10)

〈그림 4-20〉 광산 사택 중 일부

출처: 정혜경 촬영(2018.10)

(2) 군수공장과 군 작업장(조병창 등)

① 군수공장 등 현황

민간 군수공장 821개소와 군 작업장(조병창 등) 12개소를 합하면 한반도의 군수공장은 총 833개소인데, 기계기기 · 섬유방적 · 화학공업이 다수를 차지하고 있다. 기타 공장은 성냥이나 치약, 담배, 군화 등 일용품 생산 공장이며, 식품 가공품과 일용품은 군부대에 납품했다.

〈표 4-16〉 군수공장과 군 작업장(조병창 등) 세부 직종 현황(단위: 개소)

직종	작업장 수	직종	작업장 수
기계기기	236	요업	35
섬유방적	149	정미	21
화학공업	101	제약	16
기타공장	60	조병창 · 병기창 · 항공창	13
식품가공	56	시멘트	9
전기	47	연탄	7
자재	38	제지	7
정련제련제철소	36	정유	2

군수공장과 군 작업장(조병창 등)은 경기와 경남, 평남, 함남, 함북에 집중되어 있다. 이 가운데 경기 · 경남 · 평남은 경성 · 부산 · 평양 등 대도시를 포함하고 있으므로 군수공장 분포 비율이 높고, 당국이 정책적으로 조성한 군수공장 지대이기도 하다. 대표 지역은 한반도 이남의 경기도 인천(현재 부평구)과 함남의 흥남이다.[93]

---

93 일본은 중일전쟁 발발 직후 「임시자금조정법」과 「수출입품등임시조치법」(1937년 9월)

당시 당국은 부평을 남선 최대의 군수창으로, 흥남을 북선 최대의 군수창으로 불렀다. 모두 군수창이지만 내용에서 차이를 보인다. 부평이 무기생산과 관련한 공장 중심이었다면 흥남은 비료나 화학공업 중심이었다. 두 지역을 군수기지로 조성한 이유는 식민통치정책 때문이었다. 1930년대 조선총독부가 공업 도시로 조성한 흥남[94]은 함흥부 소속 운전사(또는 운전면) 시절에는 동해의 조그만 어촌에 지나지 않았다. 흥남이 속한 함흥부는 원래 관북의 행정중심지였으나 교통이 불편해 도시로서 발전은 더뎠다. 이후 조선군 주둔지가 되었고, 1927년 조선질소비료(주)[닛치쓰(주) 소속. 현재 칫소(주)]의 공장이 들어선 후 1929년 부전강 수력발전소 완공과 함께 함남 공업지대의 중심이 되었다. 인구도 1927년 5만 8,077명에서 1943년에는 16만 5,211명으로 급증했다. 당시 함흥부 인구가 12만 2,760명이었으니 흥남의 인구 증가 정도를 알 수 있다.

〈표 4-17〉 1945년 8월 기준 함남 흥남부의 군수공장 현황[95]

직종	명칭	당시 주소 (최종)	주요 내용	기업(최종)	자본 계통
기계기기	서호조선 철공소㈜	흥남읍 작도리 53-4	1937년 닛치쓰㈜ 자본 투자로 설립. 당국의 목선 양산계획에 참여	서호조선 철공소㈜	닛치쓰㈜

을 공포하고, 제1차 세계대전 중 공포했던 「군사공업동원법(10월)」을 발효했다. 1938년 4월 「국가총동원법」을 제정·공포하면서 국가총동원체제로 접어들었다. 총동원 전쟁을 위해서는 기존 공업의 재편성이 필요했으므로 조선총독부는 식민지 조선공업화 과정에서 한반도 여러 곳에 공업지대를 조성했다. 함경남북도의 조선 북부 공업지대와 경인 공업지대가 대표적이다.

94 흥남은 흥남읍을 거쳐 1944년 12월 함주군 서호면 일부와 운남면·삼평면 일부를 병합해 흥남부로 승격했다.

95 정혜경 조사자료

기계기기	홍남금속	홍남읍		홍남금속	
기타공장	동양성냥		1942년 1월 설립	동양성냥㈜	
식품가공	홍남음료㈜	홍남읍 구룡리 249	1937년 3월 30일 설립	홍남음료㈜	
요업	본궁(本宮) 작업장/ 일본내화재료	홍남읍	1937년 설립. 샤모트벽돌공장	일본 내화재료	철강증권/ 닛치쓰(주)/ 일본강관
정련 제련소	홍남제련소/ 닛치쓰[日窒]광업개발㈜		1937년 닛치쓰(주)가 제선전로(製銑電爐) 개설(15만 톤 선철 생산 목표). 1939년 재가동하면서 닛치쓰광업개발로 상호 변경. 1944년 알루미나 제조로 전환, 시멘트 생산 병행	닛치쓰 광업개발㈜	닛치쓰(주)
정련 제련소	홍남제련소/ 닛테쓰[日鐵]광업개발㈜	홍남읍	1933년 건설. 조선광업개발㈜ 소속이었으나 1939년 닛테쓰광업개발㈜로 변경	닛테쓰 광업개발㈜	日本製鐵㈜
제약	본궁(本宮)공장/ 닛치쓰시오노기[鹽野義]제약㈜	홍남읍	1942년 닛치쓰 시오노기제약㈜이 닛치쓰(주)와 제휴해 설립. 군납품용 소독약과 군용 숙면제 생산	닛치쓰 시오노기 제약㈜	닛치쓰㈜/ 닛치쓰시오노기제약㈜
화학	일본마그네슘금속㈜	홍남읍 유정리	1934년 설립. 일본마그네슘금속㈜)소속. 1944년에 일본마그네사이트화학공업(주) 소속으로 변경	일본마그네사이트 화학공업㈜	닛치쓰(주)
화학	구룡리제련소/ 닛치쓰(주)	홍남읍 구룡리	1937년 설립. 아연제련공장. 1944년 가동 중단	닛치쓰(주)	닛치쓰(주)
화학	본궁(本宮)공장/ 닛치쓰(주)	홍남읍 궁서리	1936년 대두 가공 목적으로 조업 시작. 석회질소공장 완성, 이후 비료공장으로 전환. 비료·가성소다·카바이트·아세틸렌 등 생산. 종업원이 약 5천 명에 달했음. 1941년 닛치쓰(주)에 합병됨에 따라 소속 변경	닛치쓰(주)	닛치쓰(주)

화학	흥남공작공장/ 닛치쓰(주)	흥남읍	1928년 흥남비료공장과 함께 설립. 화학기계 제작, 개선, 수리 담당. 일본 패전 당시 종업원 2,500명과 하청 직원 1천 명 규모. 흥남지구, 본궁지구, 용성(龍城)지구에 공장 3개소 운영	닛치쓰(주)	닛치쓰(주)
화학	흥남비료공장/ 닛치쓰(주)	흥남읍 신기리	1927년 일본질소 설립자인 노구치 시타가우[野口遵] 조선질소를 설립. 1941년 닛치쓰(주)에 합병. 본점은 흥남읍 호남리 1	닛치쓰(주)	닛치쓰(주)
화학	흥남알루미늄공장/ 닛치쓰(주)	흥남읍	1937년 설립	닛치쓰(주)	닛치쓰(주)
화학	흥남유지(油脂)공장/ 닛치쓰(주)		1931년 글리세린(화약원료) 자급목적으로 설립	닛치쓰(주)	닛치쓰(주)
화학	흥남카본공장/ 닛치쓰(주)	흥남읍		닛치쓰(주)	닛치쓰(주)
화학	닛치쓰고무공업	흥남읍	1942년 닛치쓰(주)가 해군의 요청으로 설립하고 본격 생산	닛치쓰 고무공업	닛치쓰(주)
화학	용흥(龍興)공장/ 닛치쓰연료공업㈜	흥남읍	1938년 공장 건설공사 착공. 1941년 닛치쓰(주)의 출자금으로 설립. 해군 요청에 따라 이소옥탄을 제조하기 위해 설립. 1941년 제1기 공사 완료 후 1945년 초반 인근 산으로 공장 이전을 추진했으나 실현하지 못함	닛치쓰 연료공업㈜	닛치쓰(주)
화학	흥남알루미나공장/ 닛치쓰(주)	흥남읍	1943년 설립. 일명 조선알루미	조선 알루미	닛치쓰(주)
화학	조선석탄공업㈜	흥남읍	1941년 조선인조석유㈜로 개칭	조선 인조석유㈜	닛치쓰(주)
화학	조선질소화약㈜	흥남읍 운성리 300	1935년 설립. 종업원 2,500명 규모. 1939년 뇌관 공장 완성. 1944년 다이너마이트 제4공장(해군전용 무연화약 제조) 가동	조선 질소화약㈜	닛치쓰(주)

1945년 8월 당시 흥남의 군수공장 21개소는 화학공업 중심이었다. 해군의 요청에 따라 설립하거나 운영한 공장이 많았는데, 자본 계열에서는 닛치쓰(주)가 압도적이었다. 1908년 설립한 닛치쓰(주)의 설립자인 노구치 시타가우[野口遵]는 1905년 소기[曾木]전기와 1906년 일본카바이트상회를 설립한 후 닛치쓰(주)로 합병하고 석회질소와 유안을 생산했다. 1926년 조선수전(주)를 설립해 조선총독부의 부전강 사업권을 획득했고, 1927년에 조선질소비료(주)를 설립했다. 1930년 흥남공장 건설을 시작으로 흥남지구는 총인구 18만 명(종업원 4만 5천 명)의 화학콤비나트로 성장했다. 노구치 그룹은 1937년 조선압록강수력발전(주)와 만주압록강수력발전(주)를 설립해 부전강과 장전강의 수력발전소 사업을 통해 전원개발에 성공하고 이를 토대로 흥남에 비료와 화학회사를 운영했다.[96]

흥남이 공업 도시로 변모한 배경에는 철도와 항만 개설·확충이 있었다. 1914년 경원선 개통에 이어 1928년 함경선, 1936년 평원선 완공에 따라 원산·서울·평양·함북까지 수송망을 갖추었고, 1933년에는 함흥~장풍(長豐) 간 함남선 개통으로 장진군·신흥군 고지대와 물자 반·출입이 활발해졌다. 흥남항은 부전강 수력발전소 완공 당시 이미 길이 115m의 방파제와 1만 톤급 2척, 3,000톤급 4척, 1,500톤급 7척을 동시에 접안할 수 있는 동해안 제1의 항구가 되었고, 항구를 통해 공장에 필요한 원료와 생산품을 운송했다.

당국이 부평(당시 인천부 부천군)을 군수기지로 조성하게 된 배경에도

---

96 노구치로 대표되는 신흥재벌의 한반도 경제 침탈에 대해서는 김웅기, 2010, 「일본질소에 의한 압록강 본류 전원개발과 조선총독부·만주국 간의 공조」, 『근대 열강의 식민지 통치와 국민통합』, 동북아역사재단 참조.

지리적 여건과 인프라가 있었다. 부평은 공업이 발달한 경성과 인천의 중간에 위치해 인천항과 경인선을 통해 물자를 수송할 수 있었고, 영등포 공업지대와 연결되었으므로 우수한 기술력과 노동력을 조달할 수 있었다. 부평평야를 통해 대단위 면적의 부지를 확보할 수 있었다는 점과 전력 확보도 유리한 조건이었다. 1939년 설립한 한강수력전기(주)가 북한강 상류에 댐을 축조해 12만 kW를 발전해 전력을 확보했다.[97]

경인선 철도는 부평의 핵심 인프라였다. 경인선 철도 개설은 지역의 공간 구조를 바꾼 배경 중 하나였다. 1896년 기공식을 한 후 1899년 완공한 경인선은 인천, 우각, 주안, 부평, 소사, 오류동, 노량진, 용산, 경성 등에 정거장(역)을 설치했다. 이로써 부평은 수도권에 속하면서 경성으로 흡인력을 갖게 되었고, 부평의 물산을 경성과 인천으로 운송할 수 있게 되었다.

자료에 따르면, 1930년 인천 지역 제조업 공장은 88개소(기계금속 8개소, 화학 5개소)였는데 1940년에는 159개소(기계금속공업 54개소, 화학 8개소)가 되었다.[98] 1945년 8월 일본 패전 당시 한인을 동원했던 인천의 군수공장은 총 61개소였는데 15개소가 부평에 있었다. 15개소에 1945년 이전에 있었던 히로나카[弘中]상공을 제외하고 오사카철사공장을 더하면 부평의 군수공장은 총 16개소가 된다. 이 가운데 당국이 군수회사로 지정한 공장은 미쓰비시제강(주) 인천제작소를 포함해 5개소였다.

97 부평사편찬위원회, 2007, 『부평사』, 292쪽.

98 오미일, 2017, 『제국의 관문 개항장 도시의 식민지 근대』, 도서출판 선인, 90쪽.

〈표 4-18〉 1945년 8월 인천부 부평의 군수공장 현황[99]

구분	직종	군수공장 명칭	현재 주소	설립일	생산품목	자본 계열
1945년	기계 기기	경성공작㈜	부평구 산곡동	1939년	수도용 강관	
	기계 기기	고요[光洋]정공㈜ 부평공장	부평구 산곡동	1942년	공구류	
	기계 기기	미쓰비시[三菱]제강㈜ 인천제작소	부평구 부평동(현 부평공원)	1942년 9월 미쓰비시중공업이 히로나카[弘中]상공㈜ 부평공장을 매수	소형공작 기계, 강판, 포탄 생산	미쓰비시
	기계 기기	도쿄자동차공업㈜	부평구	1939년	자동차, 자전거 제조, 기타부품 제조	닛산(日産)
	기계 기기	도쿄제강	부평구	인천육군조병창의 민간 하청 공장		
	기계 기기	디젤자동차공업㈜	부평구 (부평고)	1937년	자동차 수리 및 조립	닛산
	기계 기기	국산자동차공업㈜ 부평공장	부평구(미산초등교)	1939년		조선식산은행
	기계 기기	조선베아링공장	부평구	인천육군조병창의 민간 하청 공장	자동차, 자전거 제조, 기타 부품 제조	
	섬유/방적	오사카섬유공장	부평구	1939년		
	요업	부평요업㈜	부평구 부평동	1939년	연와, 기와	

99 2007년에 발간한 『부평사』 294쪽에는 1997년에 출간한 『부평사』를 근거로 총 22개소를 공장 목록에 수록했으나 이 가운데 5개소는 일제강점기 자료에서 확인할 수 없고, 1949년 이후 자료에서만 확인하거나 자료를 확인할 수 없는 공장이어서 도표에는 제외했다.

	조병창	인천육군조병창 제1제조소	부평구 산곡동	1939년 조선군관구부대 육군병기행정본부 소속	소총 탄환, 총검 등 각종 무기류	
	조병창	인천육군조병창 평양병기제조소 (평양병기보급창) 부평분창	부평구 일신동	1939년 조선군관구부대 육군병기행정본부 소속	소총 탄환, 총검 등 각종 무기류	
	화학	일본고주파중공업㈜	부평구	1939년	각종 금속제품	
	화학	부평가스공장	부평구 청천동		가스	경성전기주식회사
	식품	조선아미노산장유(유)	부평구 부평동[99]		장유	
1945년 이전		오사카철사공장	부평구	1938년		
	기계기기	히로나카상공㈜ 부평공장	부평구 부평동	1938년 부평공장 설립. 1939년 부평공장 가동. 1942년 미쓰비시중공업에 매각	광산용 기계, 화차 생산	

부평 군수공장의 특징은 무기를 생산한 공장(인천육군조병창)이 있다는 점이다. 인천육군조병창 소속의 제조소와 미쓰비시제강(주) 인천제작소에서 무기를 생산했다. 인천육군조병창은 조선군관구부대 육군병기행정본부(정리번호-다6399. 1940년 12월 2일 편성) 소속의 무기생산공장이다.[101]

---

100 2007년에 발간한 『부평사』 294쪽에는 1997년에 출간한 『부평사』를 근거로 소재지를 부평동으로 기재했다. 그러나 『1949년도 경제연감』에는 소재지가 '인천부 소화동'으로 기재되어 있다.

101 김현석, 2019, 『우리 마을 속의 아시아태평양전쟁유적-인천광역시 부평구』, 도서출판 선인, 24쪽.

육군조병창은 육군에서 사용하는 각종 무기를 생산하는 기관이고, 인천육군조병창은 일본이 외지에 설치한 유일한 조병창이다. 조병창은 무기를 생산하는 곳이므로 대본영(大本營)이 있는 일본 본토에 두는 것이 일반적이었다. 그러나 육군은 예외적으로 한반도의 부평과 평양에 조병창을 설치하고 각종 무기를 생산했다. 당국은 인천육군조병창 설립을 1939년 중반부터 추진했다. 1937년 중일전쟁 발발 후 1939년에 전쟁은 교착상태가 되었고, 200만 명이 넘는 일본군은 전선에 발이 묶였다. 이러한 상황에서 시급한 것은 원활한 보급이었는데, 일본 본토에서 무기를 조달하기에는 어려움이 있으므로 한반도에 무기공장이 필요했다.

1939년 8월 9일, 일본의 육군조병창 장관인 고스다[小須田勝造]는 제조소 건설 목적으로 육군대신에게 '조선공창(朝鮮工廠)' 신설을 위한 토지매입 예산을 신청했다. 고스다 장관은 '만선(滿鮮, 만주와 조선), 북지(北支, 중국 관내) 수송의 신속·안전과 조선 병기공업 능력의 비약적 발전을 꾀하기 위해 경성 부근에 총기류 생산을 주 임무로 하는 일(一)제조소를 설치'한다고 밝혔다. 중국 전선에 필요한 무기 보급을 위해 한반도에 제조소가 필요하다는 점을 명확히 한 것이다.[102]

관리 책임은 고쿠라[小倉]공창의 장이 맡도록 하고, 1940년부터는 평양병기제조소와 함께 설치할 '조선공창(인천육군조병창)' 예하에 둔다고 구상했다. 평양병기제조소는 1918년 도쿄포병공창 소속 조선병기제조소로 출발했다. 1923년 일본 육군의 무기생산은 조병창 산하에 설치한 각종 공창(도쿄공창, 화공창, 나고야공창, 오사카공창)과 제조소(고쿠라병기제조소, 평양병기제조소)가 담당했다. 1940년에는 육군병기창과 함께 육군병

102 戰備課 近藤少佐, 1941.5, 「朝鮮視察報告」(아시아역사자료센터 소장).

기행정본부로 통합됐고, 이 과정에서 무기생산을 담당했던 '공창'들은 '조병창'으로 변경됐다.[103]

9월 1일, 토지매입 허가를 받은 고스다 장관은 공장건설에 들어가 2년 후인 1941년 초 총검공장과 건습공 연습공장 등을 완공하면서 일부 완료했고, 1941년 5월 5일 인천육군조병창이라는 이름으로 공식 발족했다.[104]

〈표 4-19〉 인천육군조병창과 평양병기보급창 관할 대상

인천육군조병창		평양병기보급창	
관할 대상	당시 위치	관할 대상	당시 위치
본부	경기도 부천군 부내면 대정리	본창	평안남도 평양부 평천리
제1제조소	경기도 부천군 부내면 대정리	부평본창	경기도 인천부 부평군 항취정
평양제조소	평안남도 평양부	겸이포분창	황해도 황주군 송리면
경성감독반	경성부 광화문통 경기도청 내	진남포상주반	평안남도 진남포부 부두
부산감독반	경상남도 부산부 수정가	원산상주반	함경남도 덕원군 북성면
성진감독반	함경북도 성진부 상포정 일본 고주파공업 성진공장 내	부산현장사무소	부산부 청학동 330

출처: 김현석, 2019, 『우리 마을 속의 아시아태평양전쟁유적-인천광역시 부평구』, 27쪽

인천육군조병창 제1제조소의 초기 생산목표는 소총 2만 정, 경기관

---

103 심재욱, 2011, 「'공원명표'를 통해 본 전시체제기 구일본육군조병창의 조선인 군속동원」, 『한국민족운동사연구』 66, 233~234쪽.

104 第1復員局, 「陸軍兵器行政本部直轄出張所竝造兵部常置員現況表(1944.4.22)」, 『中央直轄補給諸廠調査表』(일본 방위청 방위연구소 도서관 소장 자료). 인천육군조병창의 연혁과 광복 후 변천 등 상세한 내용은 부평사편찬위원회, 2021, 『부평사』 총 8권 중 『제4권-인천육군조병창과 애스컴시티』 참조

〈그림 4-21〉 현재 남은 인천육군조병창 모습(인근 아파트 단지도 조병창 부지였음)

출처: 안해룡 촬영

〈그림 4-22〉 도쿄육군 제1조병창 이전을 위해 조성하던 지하시설 중 일부

출처: 정혜경 촬영(2018.12)

〈그림 4-23〉 부평 지하시설 7번 동굴 내부

출처: 정혜경 촬영(2018.12)

〈그림 4-24〉 문서(별책 제6 이설 분산 및 방호 등 진척상황)에 수록된 시설지 도면

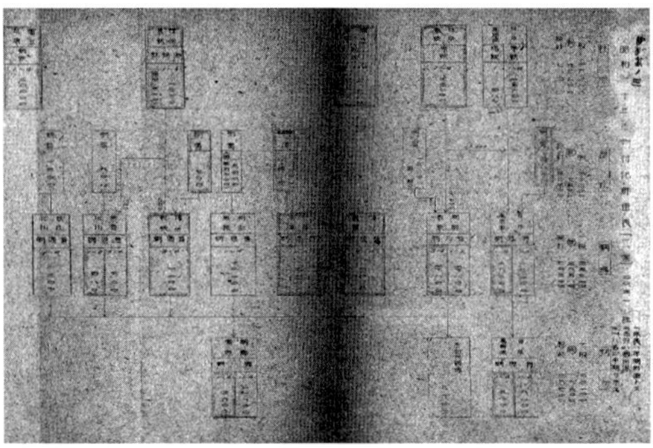

〈그림 4-25〉 병기생산 상황보고 문서 표지

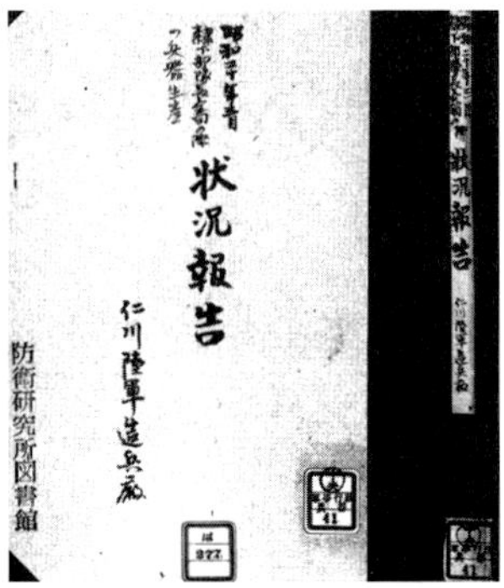

출처: 仁川陸軍造兵廠, 1945,『昭和二十年三月隷下部隊長会同の 際の兵器生産状況報告』

총과 중기관총 각 100정, 총검 2만 개, 군도 1천 자루 제조였다. 1941년 12월 아시아·태평양전쟁 후 인천육군조병창은 생산목표 달성을 위해 일부 공정을 인천, 신의주, 평양, 경성, 대구, 부산, 원산 등지의 조합 등 각지 민간 하청 공장에 위임했다.[105]

아시아역사자료센터 소장 문서철 『쇼와 20년 3월 예하 부대장 회동시 병기생산 상황보고』 극비문서(별책 제6 이설 분산 및 방호 등 진척상황)에 의하면, 1945년 군부는 도쿄육군 제1조병창을 조선의 부평으로 이전하기로 했다. 인천육군조병창 인근 함봉산에 지하공장(가칭 제2제조소)을 마련하고자 학도근로대 등을 동원해 시설공사에 들어갔으나 공사 도중 패전을 맞았다. 현재 부평구가 확인한 지하시설은 26개소인데, 계속 발굴 중이어서 규모는 늘어날 것으로 보인다. 도쿄육군 제1조병창의 이전 배경은 미군의 공습이었다. 1944년 6월 15일, 미군은 사이판 상륙 다음날, B-29 폭격기로 기타큐슈[北九州] 지역을 폭격함으로써 일본 본토 공습의 막을 올렸다. 미군이 8월 10일부터 거의 매일 일본 본토를 공습하자 일본 정부는 1945년 2월 23일 「공장긴급소개요강」을 각의 결정했다. 조병창과 주요 무기공장을 공습의 위험이 적다고 예상되는 일본의 야산이나 조선의 지하공장으로 이전하는 방안이었다. 부평의 지하시설도 그 일환이었다. 군부가 이전계획을 수립한 직후 도쿄육군 제1조병창은 4월 14일 미군의 공습으로 기능이 정지되었다.[106]

---

105 기무라 미쓰히코·아베 게이지, 2009, 『전쟁이 만든 나라, 북한의 군사 공업화』, 미지북스, 91, 205쪽; 이완희, 2014, 『한반도는 일제의 군사요새였다』, 나남, 421쪽.

106 인천육군조병창 지하화에 대해서는 조건, 2021, 「일제말기 인천육군조병창의 지하화와 강제동원 피해」, 『한국근현대사연구』 98 참조.

②군수공장 등에 동원된 한인의 노동실태

조선의 공장에 동원된 노무자들의 특징은 아동 비율이 높고, 여성·아동을 동원한 직종이 다양했다는 점이다. 화학공장이나 무기생산에도 아동과 학생을 동원한 사례를 볼 수 있다.

조선총독부와 조선상공회의소 자료를 통해 공장노무자의 업종별 구성 현황을 보면, 1936년 14만 8,799명이었던 공장노무자는 1940년 23만 688명을 넘어 1943년에는 33만 7,269명으로 증가했다. 방직과 화학, 식료품에서 여성이 다수를 차지했다.

〈표 4-20〉 일제 말 업종별 공장노무자 구성 현황(단위: 명)

연도	방직	금속	기계	요업	화학	제재·목재품	인쇄	식료품	가스전기	기타	총계
1936	33,830	6,787	7,939	8,269	41,972	4,906	6,273	32,617	812	5,394	148,799
1939	47,384	13,672	24,745	11,310	52,293	9,465	6,491	35,547		13,118	212,459
1940	46,278	14,319	28,971	13,739	63,229	10,058	6,828	30,466	5,275	16,800	230.688
1942	74,202	31,297	36,678	30,270	50,823	26,263	9,430	36,542	5,333	11,339	312,174
1943	78,190	36,161	43,657	35,961	54,690	26,841	9,832	30,595	5,871	15,471	337,269

출처: 곽건홍, 2001, 『일제의 노동정책과 조선노동자』, 276쪽 재인용

여성 노무자는 매년 증가했으나 성비에서는 감소 추세를 보였다. 1936년 5만 550명(33.9%)이었는데, 1939년 6만 8,054명(32.3%), 1940년 7만 3,202명(31,73%), 1942년 8만 2,190명(26.32%), 1943년 8만 6,313명(25.6%)이다. 그러나 유년 여성 노무자의 경우 급증했다. 유년 노무자(15~16세) 비율은 1937년 9.7%에서 1939년 11.2%, 1940년 13%, 1942년 16.4%, 1943년 15.8%로 매년 증가 추세를 보였다. 1942년 통계를 연령

대별로 보면, 11세 이하의 어린이가 1,847명이었는데, 이 가운데 여성이 1,528명이었다. 방직이 다수였으나 화학과 제재·목재업 등 위험한 분야에도 11세 이하의 아동을 동원했다.[107]

이 통계는 노무자 30인을 고용하는 공장을 대상으로 한 조사결과였으므로 영세업체에서는 더 많은 소녀가 동원되었을 것으로 보인다. 당시 조선은 「공장법」 적용을 받지 않았으므로 일본과 달리 유년 노무자를 동원할 수 있었고, 노무동원 관련 법령 기준을 지키지 않는 경우가 많았다.

조선의 군수공장 현황을 파악할 수 있는 연구는 있으나 노무자 실태에 대한 연구성과는 드문 편이어서 방직공장 외 직종에 대해서는 찾아보기 어렵다. 최근 서울 영등포 지역과 인천육군조병창 구술기록이 공개되었다.[108] 군수공장은 탄광산·토건 작업장보다 노동실태가 나은 것으로 알려져 있다. 그러나 기술직이 아닌 경우에는 다른 직종보다 편하다고 보기 어렵다. 한인 기술직은 소수였으므로 대다수 공장노무자가 처한 실태는 열악했다. 미쓰비시제강(주) 인천제작소에서 제철 용광로 제작을 했던 송백진 같은 '최고의 기술자'는 드물었다. 그는 피징용자였으나 '기술자여서 징용 가지 않았다'는 점을 강조했다.[109]

기술직으로 일했던 피징용자의 구술에서 일관된 발화는 '자신과 같은 처지의 숙련공이 아닌 한인 노무자의 비참한 상황'이었다. 경성공업학교 출신으로 1944년 경성방직에서 실습생으로 있었던 민석기는 동료

---

107 곽건홍, 2001, 『일제의 노동정책과 조선노동자』, 신서원, 277~278쪽.

108 서울특별시 시사편찬위원회, 2013, 『영등포 공장지대의 25시』; 국사편찬위원회, 2019, 『일제의 강제동원과 인천육군조병창 사람들』, 역사비평사.

109 부평역사박물관, 2016, 『학술총서3-미쓰비시를 품은 여백, 사택마을 부평삼릉』, 256~263쪽.

여공의 일상을 '감옥 생활'로 표현했다.[110]

인천육군조병창도 군이 운영한 무기공장이었고, 기술력이 필요한 일이 많았으나, 비숙련공인 학생을 동원한 것으로 알려져 있다.[111] 1944년 3월 당국이 「학도동원비상조치요강」을 발표한 후 5월 8일 제1차로 경성공업·인천중학·인천상업·인천공업·인천고녀·소화고녀 등 6개 학교 360명을 동원해 조병창 생산 공정에 투입했다. 『매일신보』 기사(1944.5.10)에 따르면, 숙소 상황이 좋지 않아 경성공업 학생 44명은 조병창 내 기숙사인 아오바료[靑葉寮]에 묵도록 했고, 인천 지역 학생들은 통근했으며, 여학생들은 학교에 돌아가 군수품을 만들어 오기도 했다. 이후에도 조병창의 학생 동원은 계속되었다. 학생들 가운데 일부는 작업 도중 입영하거나 1944년 8월 여자정신근로령 공포 후에는 일본의 군수공장으로 동원된 여학생도 있었다.[112]

닛치쓰(주) 소속 흥남비료공장은 소설가 이북명(李北鳴)이 1932년 발표한 소설 『질소비료공장』의 주 무대였다. 함흥에서 태어나 함흥고등보통학교를 졸업하고 흥남비료공장에서 3년 정도 일했던 이북명의 공장 경험은 참혹함 그 자체였다. 이북명이 경험한 공장의 참혹함은 1932년으로 끝나지 않았고, 흥남비료공장에 국한한 일도 아니었다.

110 서울특별시 시사편찬위원회, 2013, 『영등포 공장지대의 25시』, 144~146쪽.

111 인천 지역 학생동원 사례에 대해서는 김미현, 2010, 「전시체제기 인천 지역 학생 노동력 동원」, 『인천학연구』 12, 158~173쪽 참조.

112 김현석, 2019, 『우리 마을 속의 아시아태평양전쟁유적-인천광역시 부평구』, 도서출판 선인, 31쪽.

• ○재덕(1930년 11월 경북 출생)

1944년 3월 국민학교 졸업 후 면의 지시로 흥남으로 가게 되었다. 부모님은 흥남이 먼 곳이지만 군청에서 차를 준비해 데려가고 기숙사도 있다니 마음이 놓인다고 했다. 더구나 면서기가 흥남에 가면 일본 탄광에 가지 않아도 되고, 기술을 배워두면 나중에 좋을 것이라고 하니 다행이라 여겼다. 대구역에서 기차를 타고 경성역에서 한 번 갈아타고 원산에서 다시 갈아타고 함흥까지 가서 트럭을 타고 갔다.

재덕이 들어간 닛치쓰연료공업㈜ 용흥공장은 해군 요청에 따라 이소옥탄(isooctane, 일종의 휘발유)을 제조하는 공장이다. 1944년 군수회사로 지정되었으니 재덕도 공장에 들어간 지 얼마 되지 않아 '징용 간 사람'이 되었다. 자동차나 비행기용 기름이 부족했으므로 연료를 생산하는 중요한 공장이었다. 용흥공장은 철근콘크리트를 땅속에 깊이 박아 높이 올린 건물인데, 온종일 있어도 햇빛이라고는 구경할 수 없는 막힌 공간이었다. 엄청나게 큰 공장에는 수를 헤아리기 힘들 정도로 많은 사람이 일했고, 재덕 또래의 소년들도 있었다. 공장 안은 황산과 여러 가스가 가득해 악취가 진동했고, 숨쉬기 힘들었다. 견습공이 하는 일은 탱크를 청소하고, 탱크에 들어갈 용제를 운반하는 일이었다.

재덕은 공장에 들어간 지 4개월 만에 늑막염에 걸렸는데 공장에서는 약을 좀 주더니 그냥 일을 시켰다. 폐가 감염된 후 염증이 늑막으로 퍼지는 병인데, 그대로 두면 염증이 몸 전체로 번진다. 염증이 번지지 않게 하려면 공장을 나가는 방법밖에 없으나 그럴 수 없었다.

1945년 봄이 되자 회사에서는 군의 지시라며 공장을 주변에 있는 산으로 옮긴다며 노무자들을 몰아댔다. 미군이 공습을 해오면 흥남 복판에 있는 공장이 위험하다는 것이다. 용흥공장은 해군에 납품하는 물자를 만드는 곳이어서 군의 결정에 따라야 했다. 그러나 미처 산으로 옮기기도 전에 해방이 되었다. 해방은 되었으나 돌아오는 길은 힘들었다. 이미 소련군이 들어와 일본 군부대를 접수했다. 나남이나 함흥의 일본군은 무장해제를 당하고 남쪽으로 이동했다. 함경도에 살던 일본 사람들도 모두 남쪽으로 내려가야 하니 기차고 트

> 럭이고 구할 수 없었다. 데려갈 때는 군청에서 한꺼번에 기차를 태워 데려가더니 전쟁이 끝나니 공장 감독이고 뭐고 찾을 수가 없다. 각자 알아서 고향을 찾아가야 했다.
> 간신히 고향으로 돌아왔으나 병은 계속되었다. 6·25 전쟁이 일어났을 때 숨을 제대로 쉬지 못한다해서 군대에도 가지 않았다. 나중에 병원에 가보니 이미 흉부기형 상태였다. 간신히 결혼했으나 평생 환자로 생업을 하지 못하니 집안 형편은 말이 아니었고, 가족들의 고생이 자심했다. 2010년 세상을 뜰 때까지 농촌의 빈민 상태를 벗어나지 못했다.[113]

(3) 군사시설물 공사장과 토건작업장

① 군사시설물 공사장과 토건작업장 현황 및 특징

〈표 4-21〉에 따르면, 한반도의 토건·군사시설물 공사장은 각각 505개소와 354개소이다. 도별 현황을 보면, 전남, 경남, 경기, 함북, 함남 순으로 많다. 이를 토건과 군사시설물 공사장으로 나누어 보면, 토건은 함북, 경기·경남, 함남, 평남 순이고, 군사시설물 공사장은 전남, 경남, 경기 순이다.

〈표 4-21〉 1945년 8월 기준 한반도 토건·군사시설물 작업장 도별 현황(단위: 개)

도	토건	군사시설물	계	도	토건	군사시설물	계
평북	26	6	32	평남	41	11	52
경기	71	32	103	충북	26	3	29

113 정혜경, 2019, 『아시아태평양전쟁에 동원된 조선의 아이들』, 섬앤섬, 89~92쪽.

함남	59	14	73	전북	13	30	43
충남	18	8	26	황해	12	5	17
강원	26	5	31	함북	73	15	88
경북	40	23	63	함남·강원	1		1
경남	71	59	130	미확인	1		1
전남	27	143	170	계	505	354	859

출처: 정혜경 조사자료

토건은 한반도 이남 294개소·이북 211개소이고, 군사시설물 공사장은 한반도 이남 303개소·이북 51개소로 한반도 이남이 다수임을 알 수 있다. 특히 군사시설물 공사장은 한반도 이남에 밀집했다. 1945년 1월 20일 대본영이 일본 본토 결전에 대비한 제국육해군작전계획대강을 수립하고, 3월 20일 결7호 작전을 하달해 조선군 병력을 한반도 이남 지역으로 집결하면서 제주를 포함한 남해안에 군사시설물 공사를 집중했기 때문이다. 경북과 충북도 연합군 상륙에 대비한 대공·상륙작전 방어(경북)와 군수물자 저장(충북) 목적으로 군사시설물 공사를 했으나 49개소에 그쳤다.[114]

대본영은 태평양-일본 본토-중국 전선을 연결하는 핵심 거점으로 부산을 설정하고, 1942년 7월 진해만요새사령부를 부산요새사령부로 바꾸어 부산으로 옮긴 후 부대를 보강해 부산 자체의 경비를 강화했다. 1945년 4월 오키나와 본섬에 미군이 상륙하자, 대본영은 오키나와 작전 이후 미군의 공격 과정에서 부산을 공략할 가능성이 크다고 추정하고, 부산과 진

114 한반도 이남 지역 군사시설물 현황에 대해서는 문화재청, 2013, 『태평양전쟁유적(부산·경남·전남지역) 일제조사 연구용역 보고서』; 문화재청, 2014, 『태평양전쟁유적(대구·경북·충북지역) 일제조사 연구용역 보고서』 참조.

〈그림 4-26〉 여수 신월동 한화화약(주) 공장의 항공기지시설물 중 비행기 격납고

출처: 정혜경 촬영(2013.6)

〈그림 4-27〉 여수 신월동의 수상비행

출처: 정혜경 촬영(2013.6)

〈그림 4-28〉 부산 가덕도 포진지

출처: 정혜경 촬영(2020.2)

〈그림 4-29〉 남해 선구리 암벽동굴

출처: 정혜경 촬영(2013.6)

해를 잇는 지역에 많은 해안포대와 탄약고, 대공포 진지를 구축했다.

조선군은 대외진출지로 전남 동부 지역(여수)과 서부 지역(목포)으로 구분해 군사시설물 공사를 시작했다. 1941년 여수항을 지키기 위해 여수요새사령부와 여수요새중포병연대를 편성하고, 돌산도와 경남 남해에 포병 진지를 배치했다. 수상비행장을 건설해 물자 수송로를 확보했고, 1944년 10월 수립한 조선군 축성계획에 따라 임시포대도 구축했다. 목포는 제주도로 부대와 물자를 수송하는 전진기지였으므로 야음에 상륙용 주정을 이용해 물자를 수송하고자 인근 자은도와 비금도, 고하도 등지에

전파경계기진지, 포진지, 동굴 진지, 물자은닉용 지하호 등을 굴착했다.[115]

제주도는 군사시설물 공사장 가운데 다른 지역의 광부를 전환배치한 특징을 가진 곳으로 1945년 2월부터 102개소의 방어진지와 비행장, 해군용 특공기지가 구축됐다. 이 과정에서 제주 도민을 포함해 경기, 경남, 경북, 전남, 전북, 충남, 충북 등 한반도 이남의 한인들이 동원됐다. 위원회 조사결과에서 제주도 외 출신으로 제주도 군사시설물 구축공사장에 동원된 피해 신고자는 232명인데, 다수가 광부였다.[116]

광부가 다수인 이유는 광산 굴착 경험 때문이었다. 제주도로 전환배치된 광부들은 아사다화학공업(주) 소속 옥매광산(전남 해남군), 스미토모 소속 금주광산(경기도 포천군), 닛치쓰광업 소속 다덕(경북 봉화군)·광양광산(전남 광양), 조선형석(주) 소속 형석광산(전북 금산군), 조선광업진흥(주) 소속 단제광산(충북 옥천군), 중촌(경남 함안군)·내동(전북 금산군)·청성광산(충북 옥천군) 소속이었다. 이들은 현재 어승생악, 알뜨르비행장, 한경면, 대정읍, 안덕면, 서귀포시 등지의 군사시설물 공사장으로 동원되었고, 일부는 일본 쓰시마 다케시키[竹敷] 특공기지로 동원되었다.[117]

토건과 군사시설물 공사장에 동원된 인력은 어느 정도였을까.

〈표 4-13〉의 '한반도 한인 노무동원 경로별 규모'에 따르면 관 알선 토건의 동원 규모는 3만 7,628명이다. 그러나 1941년 토건공사장에 동

---

115 문화재청, 2013, 『태평양전쟁유적(부산·경남·전남지역)일제조사 연구용역 보고서』, 20, 210, 286쪽.

116 『제주도 군사시설 구축을 위한 노무병력동원에 관한 조사』, 61쪽; 『전라남도 해남 옥매광산 노무자들의 강제동원 및 피해실태 기초조사보고서』, 33쪽.

117 『제주도 군사시설 구축을 위한 노무병력동원에 관한 조사』, 65쪽; 『전라남도 해남 옥매광산 노무자들의 강제동원 및 피해실태 기초조사보고서』, 34쪽.

원된 근로보국대원은 89만 449명이고, 1942년 토건공사장 노동력 규모는 589만 9,834명이다. 일본 대장성 관리국 자료에 따르면, 토건 노무자가 대부분인 1944년 도내 동원 통계는 245만 4,724명이다.[118] 토건공사장의 특성상 연인원이라 해도 실제 인원 규모도 적지 않았을 것이다. 여기에 1945년 초에 급증한 군사시설물 공사장 투입 인원을 포함하면, 1945년 광복 당시 토건과 군사시설물 공사장 동원 인력은 최소 연인원 250만 명이 넘을 것으로 추정한다.

②군사시설물 공사장과 토건작업장의 한인 노무자 실태

군사시설물·토건작업장의 한인 노무자 실태에 관해 정리된 자료는 찾을 수 없고, 관련 구술기록집은 제주도나 부평 등 특정 지역에 치우쳐 있다. 관련 연구도 제한적이다.[119] 구술기록 가운데 제주도 군사시설물 공사장으로 광부들을 전환배치한 사례는 4건이다. 4명 가운데 장한종을 제외하면 모두 16세 이하의 유년 노동자였다. 이들은 광산에서 일하던 중 1945년 초에 '징용'되어 제주도로 떠났다.

---

118 허수열, 1985, 「조선인 노동력의 강제동원의 실태」, 『일제의 한국 식민통치』, 정음사, 323쪽; 곽건홍, 2001, 『일제의 노동정책과 조선노동자』, 97쪽; 大藏省 管理局, 1952, 『日本人の海外活動に關する歷史的調査』, 朝鮮篇 第9分冊, 72쪽.

119 구술기록집은 조성윤·지영임·허호준, 2007, 『빼앗긴 시대 빼앗긴 시절』, 도서출판 선인; 국무총리 소속 일제강점하강제동원피해진상규명위원회, 2008, 『구술기록집: 일하지 않는 자는 황국신민이 아니다-제주도 군사시설구축에 동원된 민중의 기억』; 국사편찬위원회, 2019, 『일제의 강제동원과 인천육군조병창 사람들』, 역사비평사 등이고, 관련 연구는 제주대학교 탐라문화연구소·한라일보사, 2008, 『일제하 제주도 주둔 일본군 군사유적지 현장조사보고서1』, 제주대학교 탐라문화연구소; 조성윤 편, 2008, 『일제말기 제주도의 일본군 연구』, 보고사; 정혜경, 2018, 「일제 말기 제주도 군사시설공사에 전환배치된 조선인 광부의 경험 세계-한반도 내 강제동원 피해에 대한 인식과 배경을 중심으로」, 『한일민족문제연구』 35.

• **장한종**(1922년 1월 전남 광양 출생)

1940년 닛치쓰광업개발㈜ 소속 광양(光陽)광산에서 화약출납업무(광원부장)를 담당하다가 1945년 1월경 제주도 성산포 군사시설물 구축 공사장(해안동굴 구축공사장, 특공기지)에 동원됨.

• **주덕만**(1928년 전남 광양 출생)

1944년 2월경 닛치쓰광업개발㈜ 소속 광양광산에 동원되었다가 1944년 12월 당국의 결정으로 광산 채광이 중지되어 폐쇄된 후 1945년 2월 말경 제주도 성산포 군사시설물 구축 공사장(해안동굴 구축공사장, 특공기지)에 동원됨.

• **문봉주**(1928년 경남 함안 출생)

1943년경 함안 소재 군북(郡北)금산에 동원되었다가 1945년 3월 제주도 한라산 관음사 부근 갱도 구축 공사장에 동원됨. 광산 동원 일자 불상.

• **김백운**(1928년 전남 해남 출생)

1944년 12월경 해남 소재 아사다화학공업㈜ 소속 옥매광산에 동원되었다가 1945년 3월 하순 제주도 한림 부근(대정리 군사시설물 구축 공사장)에서 갱도를 지탱하는 갱목 이음쇠 만드는 일에 동원됨.

출처: 정혜경, 2018,「일제말기 제주도 군사시설공사에 전환배치된 조선인 광부의 경험 세계 -한반도 내 강제동원 피해에 대한 인식과 배경을 중심으로」,『한일민족문제연구』35, 11~12쪽.

"광산에서 첨에 동원될 적에 우선, 회사 광장으로 집합하라고 했어요. 자기들 얘기로 어디 제주도로 간다는 말은 안 하고, 그러니까 종업원들한테 회사에서 본사에서 무슨 일이 있다 모이라고 하니까 모일 거 아니에요. 모여 놓고 보니까는 주위를 경찰하고 헌병이 포위한 거예요. 그래가지고 배 타는 데로 이제 끌려간 거지."

“일체 뭐 서류도 뭣도 없고, 아무것도 없고, 그냥 무조건 짐승 잡아다가 그렇게 된 거예요. 뭐 어디 간다, 뭣도 없어. 그러니까 그때 그 일본놈들이 상황이 제주도가 이렇게 되니까 너그 광산 전부 동원시켜라. 뭐 이렇게 지령을 내렸던 모양이에요.”

“아무래도, 그래도 노동을 할 줄 아는 사람이라 낫죠. 그리고 그 일일이 가가호호 다니면서 잡으러 다니기는 힘들잖아요. 그러니까 집단으로 있으니까 너그 전부 모이라 해놓고, 딱 모이니까, 포위되니까 못 가잖아요. 그러니까 쉽지, 잡아가기가….”

“일본놈 회사. 그러니까 군인이여. 군인이 인솔해서 간 거여. 그 5명(일본놈 회사 사람-인용자)이 간 것은 전직 그 인부들. 소위 광산 종업원을 인제 관리하기 위해서 자기네들이 따라간 거지. 군인들이 몇 명인지는 모르고 헌병들 한 여나믄 명 더 될 걸. 아마 그때 우리 인제 도망가지 못하게끔 헌병들, 군인이 아니라 헌병이 왔어. 헌병.”

“그래, 인제 뭐 일본 헌병이 총 칼 들고, 이라고 서 있는데, 그렇게 완전히 짐승 취급된 거이지. 우리 한국 사람이 그렇게 힘이 없어서. 그래 억울하게 인제 끌려가가지고. 그때 배가 2척인가 3척인가 나눠 타 가지고 갔어요. 옛날 그 배가 뭐 속력이 있나? 속력도 없이 가는데. 가다가 밤에 인제 제주도로 간다 말도 안 하고 무조건 내려가는데 밤에 댄데가 어디냐면은 추자도야. 추자도에서 잠깐 멈춰 가지고 가는데, 거기서 한 사람이 수영을 잘한 사람이 도망을 간 거야. … 〈중략〉 … 그 물에 빠진 소리를 듣고 일본 헌병이 보트를 내려가지고 쫓아갔어요."[120]

당국은 "화산 줄기라서 돌도 깨기 쉽고, 타지도 아니고 우리나라 땅인 제주도"로 보내는 것을 특혜인 양 강조했다. 그 과정은 당국의 일방적 통보나 강압이었다. 4명의 구술자는 광부 시절은 강제동원이라 생각하지 않았으나 제주도로 간 이후부터는 '강제동원'이라 인식했다.[121]

"여기 사방에 제주도 굴이여. 여기가 이게 한라산 부근, 여기 해변, 해변 근처에 굴을 파고. 그래, 왜 그러냐, 왜 굴을 파냐 그랬더니. 그 때 정세가 어떻게 되냐면 오키나와 그러니까 일본 그쪽이, 그 점령이 다 되고, 미군이, 그 연합군이 인제 다음 목표가 제주도가. 정보가 이렇게 돼가지고 제주도를 방어해야 한다. 이래가지고 굴을 파는데, 굴을 안 파면은 일본이 견디지를 못해요. 왜 그러냐 그랬더니, 미군이 제주도를 상륙할 때는 공격할 때는 무조건 그 군인들이 먼저 올라오는 것이 아니고, 한 며칠간 비행기 폭격을 한대요. 폭격을 하게 되면은 B-29가 폭탄을 부어버린다 이거에요. 그러면은 굴속에 안 있으면 견디질, 살아나질 못하니까 그때까지 살기 위해 굴을 판다 이거야."[122]

---

120 국무총리 소속 일제강점하강제동원피해진상규명위원회, 2008, 『구술기록집: 일하지 않는 자는 황국신민이 아니다-제주도 군사시설 구축에 동원된 민중의 기억』, 98~99쪽, 237쪽, 248쪽, 257~258쪽, 259쪽.

121 정혜경, 2018, 「일제말기 제주도 군사시설공사에 전환배치된 조선인 광부의 경험 세계-한반도 내 강제동원 피해에 대한 인식과 배경을 중심으로」, 『한일민족문제연구』 35, 29쪽.

122 『구술기록집: 일하지 않는 자는 황국신민이 아니다-제주도 군사시설 구축에 동원된 민

이들은 "군대에서 굴 파는 공사를 하는데, 광산 사람들이라야 굴을 뚫을 수 있다"고 해서 제주도에 갔으나 제주도에서는 통역·보급품 수송(문봉주), 잡일·하역(주덕만), 포탄 운반·꺽쇠 제조(김백운), 화약·광부 관리(장한종)를 했다. 나이가 어린 탓에, 또는 '굴 뚫는 기술이 없어서', 일본어를 능숙하게 하거나 화약 관리를 담당했던 경력 덕분에 지하시설 굴착공사를 하지 않았다. 현지에서 숙소는 엉망(천막이나 노천)이었으나 식사는 광산보다 좋은 편이었다. 그러나 옥매광산 소속 광부들은 해방을 맞아 돌아오는 과정에서 선박 화재사고로 수백 명이 사망하는 지옥을 경험했다.[123]

토건작업장은 근로보국대 의존도가 매우 높았다. 1944년 한반도 도 내 동원에서 근로보국대가 차지하는 비율은 78%에 달했다. 근로보국대원의 여성·학생·노인 비율이 높다는 점을 감안하면, 조선의 토건·군사시설물 작업장에 동원된 여성·학생·노인 비율이 높을 것으로 추정한다.

토건·군사시설물 공사장은 탄광산 만큼이나 위험하고, 노동강도가 센 직종이어서 여성이나 아동, 노인 등에게는 적합하지 않았다. 그러므로 노동재해도 빈번했고, 사망자도 많았다. 통계를 제시할 수는 없으나 구술기록으로 실태를 일부 알 수 있다.[124]

중의 기억』, 256쪽.

123 옥매광산 광부 선박 화재사고 사례는 국무총리 소속 일제강점하강제동원피해진상규명위원회, 2007, 『제주도 군사시설 구축을 위한 노무·병력동원에 관한 조사』; 2012, 『전라남도 해남 옥매광산 노무자들의 강제동원 및 피해실태 기초조사보고서』 참조.

124 정혜경, 2019, 『아시아태평양전쟁에 동원된 조선의 아이들』, 섬앤섬, 320~322쪽.

• ○명주(1927년 9월 경남 진주 출생)

1944년 8월 소년정신대 일원으로 사천군 정동면 구암리에 있는 사천육군비행장(현재 진주비행장)에 동원되었다. 소년정신대는 근로보국대의 일종이었고, 대원은 청년훈련소에서 훈련을 받으며 대기 중이었다. 명주도 친구 10명과 함께 청년훈련소 교육을 받던 중 비행장에 배치받았다.

사천비행장에서는 오전에 군사훈련과 언어훈련을 받고, 오후에는 비행장 건설작업현장에서 일했다. 사천비행장 공사장에 간 지 5일 만에 진주부 초전리에 있었던 진주육군비행장으로 배정받아 격납고 공사를 했다. 비행장 옆에 흐르는 진양호라는 강 옆의 부흥대라는 바위 밑을 파서 비행기 격납고를 만드는 작업이었다. 공사장 일을 하면서 목총으로 군사훈련도 받았다. 공사장 감독관은 현역 군인인 오상[伍長, 1899년 일본 육군이 만든 부사관의 최하위 계급인 2등 군조(軍曹). 1945년 일본 패망과 함께 폐지됨]이었다.

사천비행장에서 받은 신체검사의 결과, 명주와 친구 두 명이 자살특공대원 대상자가 되었다. 이 사실을 안 친구 두 명은 탈출했으나 탈출하지 않은 명주는 오상의 폭행으로 고막이 파열되어 청력을 잃었다. 오장은 명주가 자살특공병 차출 대상자이므로 진주도립병원에 데려갔으나 청각 장애로 소년병으로 입영하지 않고, 비행장에서 해방을 맞았다.

출처: 정혜경, 2019, 『아시아태평양전쟁에 동원된 조선의 아이들』, 섬앤섬, 320~322쪽.

(4) 형무소 작업장

1943년 6월부터 조선총독부가 조선농지개발영단을 통해 발주한 평안남·북도에 걸친 청천강 유역 간척사업을 벌이기 시작했는데 인력 부족이 심각했다. 인근 학교 학생들을 동원했으나 어린 학생들에게는 무리였다. 여학생들은 돌 몇 개를 들고 비척거렸다. 당국은 작업성과를 내기 위해 신의주 형무소 수인 400명을 동원하기로 했다. 안주 산기슭에 임시 형무소를 짓고, 간수가 수인을 데려와 감시하며 작업을 시켰다. 군대식으로 엄중하게 통제했으므로 탈출자는 없었고, 식량도 형무소에서 조달해 회사의 부담은 전혀 없었다.[125]

일본 건설회사 다나카구미[中村組]의 중역으로 18년간 조선 전역에서 토목사업을 주관했던 마쓰오 시게루[松尾武]는 1943년부터 시작한 평남 안주의 공사가 중요한 긴급 공사여서 당국이 공사장에 수인을 제공했다고 남겼다. 이는 신의주 형무소에서 보낸 안주보국대(500명)를 의미한다. 총 5천 명 정도의 간척사업장 노무자 가운데 수인 500명은 10%에 해당했고, 힘 약한 학생들에 비하면 우수한 노동력이었다.

일본 수인 노동의 역사는 19세기 말 미쓰이미이케[三井三池, 세계근대산업유산]탄광으로 거슬러 올라간다. 발목에 커다란 족쇄를 찬 수인들이 채탄하는 사진은 탄광의 초기 모습으로 남아 있다. 여러 탄광으로 확산한 수인 노동은 탄부에 대한 가혹행위의 원인이 되었다. 이후 일반인으로 대체됐지만 탄부를 수인처럼 취급하는 문화가 정착한 것이다.

수인을 감옥에 가두는 목적은 '수형 생활을 통해 국민이 될 자격을 얻고, 노동으로 국가에 봉공'하려는 것으로, 제국주의 국가들은 수인 노동을 널리 활용했다. 조선에서도 '근검역행의 습관을 들여 석방 후 생활능력을 갖추도록' 한다는 명분 아래 수인을 작업에 투입했다. 통감부 시기 노역에 동원한 조선 전체 수형자는 27%였는데, 1930년대 말에는 98%에 이르렀다. 조선총독부는 1943년 8월 31일 자 내무경찰부장 통첩(「부로(俘虜) 사

125 松尾武, 2002, 『私が朝鮮半島でしたこと』, 草思社, 140~142쪽.

〈그림 4-30〉 미이케탄광 터에 남은 형무소

출처: 2020.2 촬영

〈그림 4-31〉 경성감옥 터인 서부지방법원

출처: 2019.8 촬영

용에 관한 건」)을 통해 포로(수형자)를 사용할 수 있도록 했다. 이 정책에 따라 1943년부터 수인을 군수공장과 토목건축공사장에 동원했다.

1943년 남조선과도정부가 펴낸 『조선통계연감』(1948)에 따르면, 총 2만 3,532명의 수인 가운데 60%를 보국대나 작업대라는 이름으로 조선(50%)과 해외(10%)의 현장에 강제동원했다. 해외 동원 수인은 중국 하이난섬에 동원한 남방파견보국대가 대표적이다.[126] 대다수는 조선에 동원했다. 1942년(2만 2,722명)과 1943년 수인 통계를 기준으로 보면 약 1만 2,000명 정도를 동원한 것으로 보인다. 이를 볼 때 수인 노동은 한반도 노무동원의 특징이라고 할 수 있다. 국가총동원체제기 수인 동원 실태에 대해서는 이종민의 연구가 유일하다.[127] '정혜경 목록'에 따르면, 당시 노무동원에 수인을 투입한 형무소는 16개소였다. 서대문·해주·청진형무소를 제외하면 모두 토건작업장이었다.

---

126 이 책 제4장 제3절 참조.

127 이종민, 2017, 「태평양전쟁 말기의 수인 동원 연구(1943~1945)-형무소 보국대를 중심으로」, 『한일민족문제연구』 33.

〈표 4-22〉 1945년 8월 기준 형무소 작업장 운영 상황

이름	당시 주소(최종)	현재 주소	동원 현황
신의주 형무소			은곡(銀谷)보국대, 안주(安州)보국대 운영: 평북 구성읍에 500명(1944년 종료. 탄타륨이라는 군사물질 채광작업에 동원), 안주읍 수도시설을 위한 굴삭작업을 위해 안주보국대 400~500명 동원, 평남 수리 제3공구 공사(1943년 착공, 미완)에 400명 동원. 임시 형무소를 설치하고, 간수를 통해 노역을 감시.
인천소년 형무소	문학산	인천시 남구 문학동	1936년 설치. 18세 미만 소년수 가운데 소학교 3년 정도의 학력을 갖춘 소년을 수용. 흥남 제1보국대로 편성.
개성소년 형무소	원정 208번지		1923년 설치. 소년수 가운데 학력이 소학교 3년 정도에 미치지 못하는 소년수를 수용. 진남포보국대 운영: 제방 축조 공사장에서 노역. 평남 진남포제련소에 600명 동원(진남포보국대)했다가 1945년 평양형무소로 이감.
경성형무소	공덕정	마포구 공덕동 105	1944년부터 의정부의 농경 축산 업무, 저수지 공사장에 동원. 남방파견보국대 동원.
서대문 형무소[127]	서대문구	서대문구 현저동 101	수원작업대 운영: 해군 관계공사와 부평 지역의 기와 굽기 등 작업에 동원.
부산형무소			낙동보국대, 진해보국대 운영: 남천산(南天山) 기슭 지균(地均) 공사에 동원(1943).
김천소년 형무소	김천읍 대화정 245		1924년 설치. 18세 이상 준소년수 수용. 흥남 제2보국대를 편성해 옥구에 파견.
대구형무소			
안동지소/ 대구형무소			
광주형무소			여수보국대 운영: 잠수함 기지와 군항 축항 공사에 수백 명 동원(1942).
군산지소/ 전주형무소			옥구보국대 운영.

128 구 서울구치소이며, 현재는 서대문형무소 역사관이다. 1908년 경성감옥으로 시작해, 1912년 서대문감옥, 1923년 서대문형무소로 불렸으며, 1946년 경성형무소, 1950년 서울형무소로 개칭되었다. 1961년 개정된 「행형법(行刑法)」에 따라 서울교도소가 되었고, 1967년 7월 7일부터 1987년 옥사를 경기도 의왕시로 이전할 때까지 서울구치소로 불렸다. 서울특별시는 1987년 3월부터 사적(제324호)으로 지정하고, 서대문 독립공원으로 조성했다.

대전형무소			진천작업대(보국대) 운영: 진천면 소재 댐 건설공사(150명), 남방파견보국대 보충 파견(300명).
평양형무소			재동(梓洞)작업대, 강선(降仙)보국대, 개천(价川)보국대, 겸이포보국대 운영: 각 작업대와 보국대에 수백 명씩 총 1,500명을 동원, 군비행장(100명)과 가네가후치방적공장(50명), 매일신문사 공사(50명), 장진동(奬進洞) 지영농장(200명) 등에 추가 동인.
함흥형무소			단천작업대, 흥남 제1보국대(인천소년), 흥남 제2보국대(김천소년), 흥남 제3보국대(함흥성인형무소) 운영: 흥남보국대는 21개 부대를 구성하고, 1943년부터 함남 일본질소흥남공장에 총 1027명 동원.
청진형무소			일질제철소(100명), 등포조선소(20명), 벌채 작업소(35명): 방공호 작업.
해주형무소			작업대로 금산포지소 운영: 철광석 굴삭 작업. 남방파견보국대에 토목공사 기능인 25명 동원.

출처: 정혜경 조사자료

이 가운데에는 18세 미만 수형자들을 수용한 소년형무소도 있었다. 조선총독부는 소년수를 18세 미만과 20세 미만으로 구분하고 소년형무소에 수감했다. 소년형무소는 독일이 1937년에 만든 「소년행형령」을 본떠 설치했다. 나치 독일은 법을 통해 범죄소년을 민족공동체에 재편성하고자 했는데, 일본 행형관계자들이 이를 참고해 준소년행형제도를 마련한 것이다. 이러한 배경으로 1923년 5월 개성소년형무소 설립을 기점으로, 김천소년형무소(1924), 인천소년형무소, 개성소년형무소 서흥지소, 김천소년형무소 안동지소(1936년) 등이 개설되고 보국대로 편성했다.[129]

그러나 실제 사례는 당국의 자료와 일치하지 않는다. 함흥형무소 흥남 제3보국대는 성인이 동원된 것으로 알려져 있으나 18세 소년이 동원된 사례도 있다. 인천소년형무소 수용자 중에도 흥남비료공장으로 가지

129 이종민, 2017, 「태평양전쟁 말기의 수인 동원 연구(1943~1945)-형무소 보국대를 중심으로」, 『한일민족문제연구』 33, 77~79쪽.

않고 인천부 학익동에 있는 인천조병창 하청공장인 다나카[田中]공업 소속 공장에 동원한 사례도 있다. 이를 통해 알려지지 않은 사례가 많을 것으로 추정한다.

수형자 중에는 '징용거부자'가 적지 않았다. 1944년 10월 16일부터 10일간 경무국이 실시한 일제조사기간에 잡아낸 징용거부자는 무려 1만 6,440명에 달했다. 징용출두명령서를 받고 출두하지 않은 사람들이었다. 조선의 노무동원 탈출 비율은 1940년 18.7%, 1941년 34.1%, 1942년 38.3%, 1943년에 39.9%였다. 당국은 강력한 처벌로 한인들의 저항에 대응했다. 징용거부자들에게 실형을 부과하고, 사상범으로 취급해 강력하게 탄압했다. 강경한 분위기 속에서 행정 착오나 실수 또는 적극적으로 징용을 거부한 소년들은 소년수가 되었다.[130]

• ○춘만(1927년 7월 경기도 출생)

1945년 1월 6일, 경기도 김포의 집을 나선 후, 군청에 가서 기차를 타고 부산으로 와서 신체검사를 받고, 여관에서 일본으로 갈 연락선을 기다리던 중, 19일 새벽 동료들과 같이 여관을 빠져나와 집으로 갔다. 자신이 갈 곳이 일본 탄광이라는 소문을 들었기 때문이었다. 같은 방에서 잠을 자던 동네 사람들이 탄광 가서 죽을 바에 달아나는 게 상책이라고 하자 춘만도 따라나섰다. 탄광에 동원된 동네 어른 중 한 사람이 탄광이 무너져 죽었기 때문이다.

집에 돌아와 숨어 있었으나 1주일 만에 김포경찰서에서 나온 순사에게 잡혀 인천경찰서로 이송되어 약식명령으로 징역 1년 형을 선고받고 개성소년형무소에 복역했다. 형무소에는 징용기피자가 37명이나 있었다. 징용기피자를 사상범으로 취급했으므로 춘만은 포승줄에 묶여 독방에 갇혔다. 먹는 것도 부실한데 매질은 멈추지 않았다. 그러다가 형무소에 번진 장티푸스에 걸려 죽

130 정혜경, 2019, 『아시아태평양전쟁에 동원된 조선의 아이들』, 섬앤섬, 348~352쪽.

을 지경이 되자 간수가 시체를 찾아가라고 집에 통보했다. 간수들은 아직 사망하지 않았으나 사망을 예상하고 시신 처리 일손을 덜려고 한 것이다. 부모님이 시신을 덮을 생각에 광목 다섯 마를 가지고 왔다가 다행히 살아 있으니 둘러메고 집으로 왔다. 얼마나 쇠약했는지 기차에 올라가지도 못할 정도였다. 집에 온 며칠 후 해방을 맞았다.

• ○재덕(1927년 11월 경북 의성 출생)

재덕은 1944년 일본 규슈 지역 탄광으로 징용 가라는 명령을 어기고, 출발하는 날 집결 장소에 나타나지 않고 마을 사람과 달아났다. 재덕은 심각하게 여기지 않고 마을 사람 중서와 함께 의성군 여기저기를 다니며 지내다가 집으로 돌아왔는데, 주재소에서 붙잡아갔다. 함께 탈출한 마을 사람(중서)은 대구형무소로, 재덕은 김천소년형무소 안동지소로 갔다. 징용을 기피했다고 경찰서와 형무소에서 심한 고문을 당해 1년간은 걷지도 못할 지경이었다. 심하게 앓고 있으니 형무소에서 일도 내보내지 못했다. 해방이 되어 형무소를 출감할 때에도 걷지 못해 아버지 등에 업혀 집으로 돌아왔다.

• ○강춘(1927년 3월 충북 청주 출생)

1943년 4월 징용을 나오라는 지시를 어기고 숨었다 집에 돌아오니 청안주재소에서 순사가 나와 있었다. 괴산경찰서를 거쳐 청주교도소에서 확정판결을 받고, 김천소년형무소에 수감되었다. 1944년 6월 함흥형무소 제1보국대 소속으로 흥남에 있는 비료공장으로 끌려갔다. 비료공장은 형무소보다 더 힘든 곳이었다. 굶주림은 기본이었고, 매질은 멈추지 않았다. 그곳에서 소년은 고막이 파열되고, 발톱이 빠지도록 매질을 당했다. 이런 매질에 죽어 나가는 아이들이 헤아릴 수 없었으나 다행히 살아서 형무소를 나왔다.

• ○양환(1927년 3월 경기도 출생)

1943년 2월 소학교 4학년을 다니던 중 일본 후쿠오카로 끌려갔다가 1945년 3월 갑자기 귀가했다. 현장을 탈출한 것이다. 어렵게 고향으로 돌아왔으나 「국가총동원법 국민근로동원령」 위반 혐의로 곧바로 체포되어 인천소년형무소에 수감되었다. 복역 중 고문을 받아 오른쪽 다리를 절게 되었으나 함흥형무소 흥남 제1보국대 소속으로 흥남비료공장에 가서 일했다.

출처: 정혜경, 2019, 『아시아태평양전쟁에 동원된 조선의 아이들』, 섬앤섬, 348~352쪽

위 사례는 송출 직전에, 또는 일본 현장을 탈출한 대가로 수인이 된 소년수들이다. 장티푸스에 걸렸거나 운신할 수 없을 정도가 아니면 작업장에 동원되었음을 알 수 있다.

징용기피자에 대한 당국의 강한 조치는 재소자들의 사망으로 이어졌다. 1935년 185명이었던 재소자 사망은 1943년에 2,121명으로 늘었다. 1942년 당시 수형자는 총 2만 2,722명(남 21,976명, 여 746명)이었고, 1943년 수형자는 2만 3,532명이었으므로 10%에 달하는 수형자가 사망하였다. 위원회 피해조사 결과 가운데 소년수 사망자는 8명이다. 이들의 사망 시기는 주로 1945년 4월과 5월에 집중되어 있었는데, 8명 가운데 5명의 사망 원인은 폭력이었고, 3명은 알 수 없다.[131]

- **○봉발**(1928년 4월 경북 칠곡 출생)

조선의 강제동원 현장을 탈출했다가 검거되어 1944년 개성군 원정 개성소년형무소에 수감(당시 15세). 1944년 12월 16일, 형무소 수감 중 원인 미상의 이유로 사망. 유골은 봉환되지 않음. 사망 당시 15세.

- **○진원**(1927년 10월 전남 해남 출생)

징용 기피 혐의로 징역 1년 형을 받고, 1944년 10월 경북 김천소년형무소에 수감(당시 16세). 투옥 6개월만인 1945년 4월 28일 수감 중이던 동료 이봉찬, 최학모

131 정혜경, 2019, 앞의 책, 354~355쪽.

등과 함께 심한 구타를 당해 사망. 유골은 봉환되지 않음. 사망 당시 17세.

- ○**칠남**(1926년 8월 충남 부여 출생)

징용 기피 혐의로 1943년 경북 김천소년형무소에 수감(당시 16세). 1945년 4월 28일 수감 중 심한 구타로 사망. 유골은 봉환됨. 사망 당시 18세.

- ○**금열**(1926년 5월 전남 해남 출생)

징용 기피 혐의로 1944년 경북 김천소년형무소에 수감(당시 17세). 1945년 4월 12일 수감 중 당한 심한 구타로 사망. 유골은 봉환되지 않음. 사망 당시 18세

- ○**종영**(1926년 2월 경북 청도 출생)

징용영장을 받고 탈출했다가 면서기 김○노와 김○조에게 잡혀 청도경찰서와 대구법원을 거쳐 1944년 경북 안동소년형무소에 수감(당시 17세). 1945년 5월 13일 사망. 사망 원인은 알 수 없으며, 유골은 봉환됨. 사망 당시 18세.

- ○**성표**(1926년 2월 전남 해남 출생)

징용 기피 혐의로 해남경찰서와 장흥형무소를 거쳐 1945년 경북 김천소년형무소에 수감(당시 18세). 1945년 5월 4일 수감 중 심한 구타로 사망. 유골은 봉환되지 않음. 사망 당시 18세.

- ○**수균**(1926년 3월 전남 해남 출생)

징용 기피 혐의로 1945년 1월 경북 김천소년형무소에 수감(당시 18세). 1945년 4월 20일 수감 중 당한 심한 구타로 사망. 유골은 봉환되지 않음. 사망 당시 18세.

- ○**용준**(1926년 9월 경북 청도 출생)

1945년 3월 징용 기피 혐의로 함남 흥남부 함흥형무소에 수감(당시 18세). 제3보국대 소속으로 닛치쓰(주) 흥남비료공장에서 노역 중 1945년 8월 7일 제3보국대 숙소에서 사망. 사망 원인은 알 수 없으며, 유골은 봉환되지 않음. 사망 당시 18세.

출처: 정혜경, 2019, 『아시아태평양전쟁에 동원된 조선의 아이들』, 섬앤섬, 354~355쪽

3. 위원회 피해조사 결과를 통해 본 사망실태

위원회가 피해자로 판정한 21만 8,639건[132] 가운데 동원지가 '조선'인 피해자는 2만 3,490명이다.

〈그림 4-32〉 피해 인정 건 분포

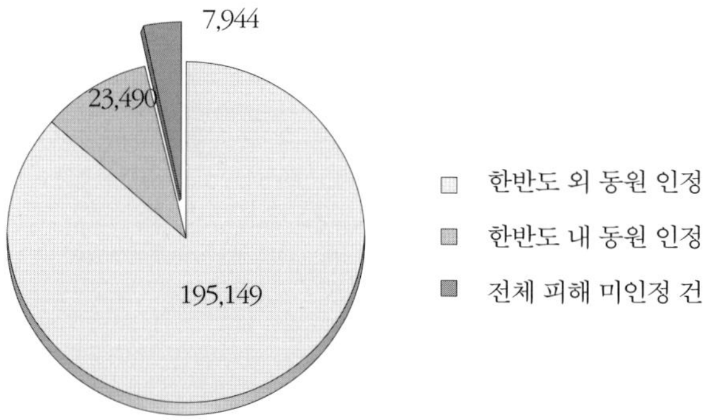

출처: 국무총리 소속 대일항쟁기 강제동원 피해조사 및 국외 강제동원 희생자 등 지원위원회, 2013, 『학술연구용역보고서-일제강제동원 동원규모 등에 관한 연구』, 16쪽.

위원회는 '조선에 동원된 노무자(노무자 성격의 군속 포함)'의 피해판정을 위해 다섯 가지 기준을 마련했다.[133]

① 시기: 1938년 4월 ~ 1945년 해방

② 원칙적으로 도외(道外) 동원만 인정. 다만, 근로보국대 및 근로정

---

132 다중동원 피해자가 있으므로 건으로 표시함.

133 '노무자 성격의 군속'이란 노무자로 동원되었으나 군속으로 신고해 최종 의결서에 군속으로 분류된 사례를 포함한다. 피해신고 과정에서 군속으로 분류된 과정에 대해서는 정혜경·오일환·허광무, 2020, 『일제강제동원, 정부가 중단한 진상규명』, 도서출판 선인 참조.

신대 단위는 인정

③ 도내(道內) 및 단기간 노역의 경우도 일제가 침략전쟁을 수행하기 위한 목적으로 동원한 경우는 공간과 기간에 관계 없이 강제동원에 해당하는 것으로 간주[예: 군사시설(지하호, 격납고, 비행장 등), 군수물자 하역(부두, 역, 조선운송주식회사 소속), 공출 품목 및 군수물자 생산과 관계된 각종 공장, 탄·광산, 군수시설 가동을 위한 발전소 건설, 물자수송을 위한 각종 공사(도로, 철도) 등]

④ 일제가 침략전쟁을 수행하기 위한 목적으로 동원한 경우: 군사시설(지하호, 격납고, 비행장 등), 군수물자 하역(부두, 역, 조선운송주식회사 소속)

⑤ 기타 위원회 내부 작성 작업장 목록에 근거한 경우 인정(문서번호: 조사2과-88. 2010년 6월 30일)

조선 동원 피해자 가운데 사망자는 1,073명이고, 군인을 제외한 '노무자 성격의 사망자'는 882명(군속으로 의결된 15명 포함)이다. 강제동원 피해자의 일부가 위원회에 피해신고를 했으므로 882명은 조선 동원 피해사망자의 일부다. 현재 일본 정부나 기업이 생산한 조선 노무동원자의 사망실태를 파악할 수 있는 자료가 없으므로 위원회 피해조사 결과(사망자 882명)가 유일한 자료다.

성별로는 남성이 압도적(98.75%)이고, 여성은 1.25%이다. 본적지별 분포를 보면 전남, 전북, 경북 순으로 많다. 국가통계포털사이트 수록 자료에 따르면, 전남의 농업 호수는 1941년 425,434호(전국 대비 13.85%), 1942년 426,268호(전국 대비 13.96%)로 전국 으뜸이다. 농업 인구를 포함한 도별 인구 추이(1935~1940년간)에서도 전남은 5.2%의 증가율을 보

〈그림 4-33〉 사망자 본적지 분포
(위원회 피해조사 결과)

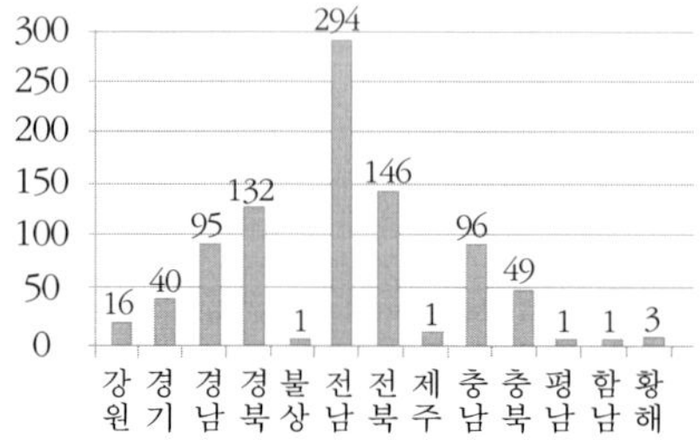

〈그림 4-34〉 도 내외 구분
(위원회 피해조사 결과)

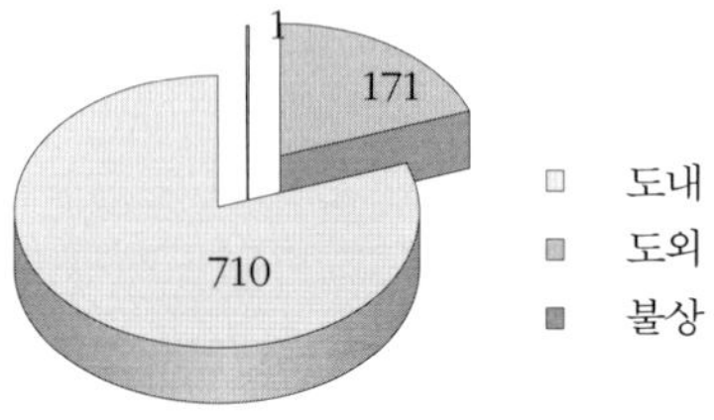

〈그림 4-35〉 사망 지역 분포(위원회 피해조사 결과)

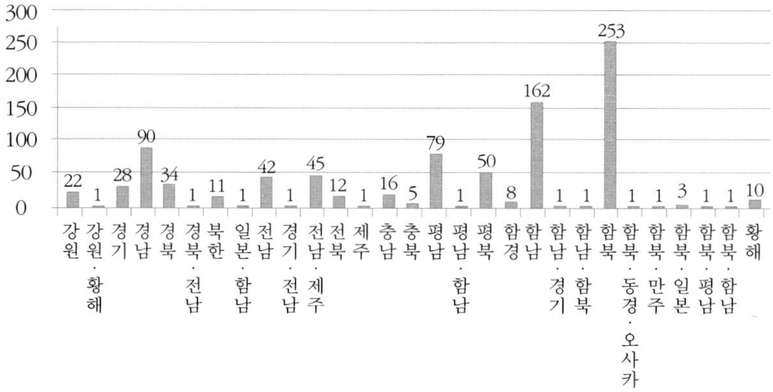

출처: 국무총리 소속 대일항쟁기 강제동원 피해조사 및 국외 강제동원 희생자 등 지원위원회, 2013, 『학술연구용역보고서-일제강제동원 동원규모 등에 관한 연구』

였다. 이에 비해 경북과 경남, 전북은 마이너스를 기록했다. 이를 통해 전남은 조선 최대의 곡창지대이자 미곡 공출 지역으로서 인구 대비 한반도 외 송출 비율은 비교적 낮지만, 단기간 동원이 가능한 한반도 내 동원의 중요 대상지였을 것으로 추정된다.

사망자의 본적과 사망지를 비교해 보면, 다른 지역(도외) 사망자가 710명으로 압도적이며, 도내 사망자도 171명(19.38%)에 달했다. 사망 지역도 한반도 이북이 585명(66.32%)으로 높은 비율을 나타낸다. '도내 동원은 피해

〈그림 4-36〉 직종별 분포(위원회 피해조사 결과)

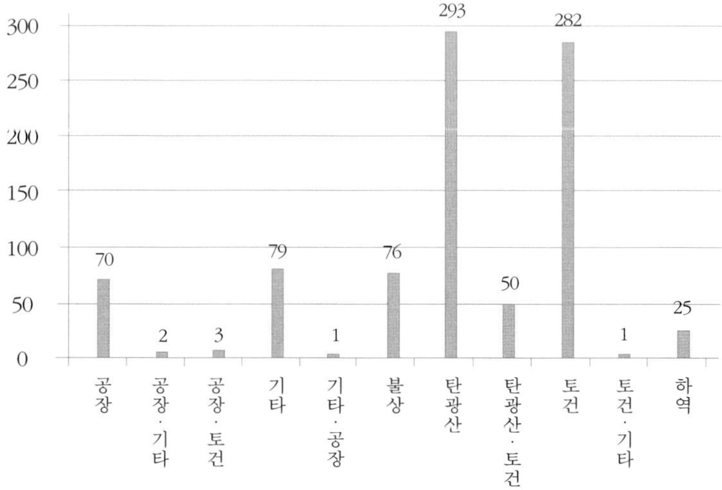

출처: 국무총리 소속 대일항쟁기 강제동원 피해조사 및 국외 강제동원 희생자 등 지원위원회, 2013, 『학술연구용역보고서-일제강제동원 동원규모 등에 관한 연구』

가 미약할 것'이라는 기존 인식이 바르지 않음을 알 수 있는 근거이다.

직종(다른 직종과 중복 건수 포함)을 보면, 탄광산이 343건으로 가장 많고, 토건 336건, 기타 79건, 공장이 76건, 하역이 25건 순이다. 기타 가운데 69건은 수형자들이다. 수형자들은 직종을 파악하기 어려운 경우가 많아 기타로 분류했다. 직종별 노무자 규모에서 토건이 가장 많았으므로 위원회의 사망자 현황에서도 두 직종은 높은 비율을 보였다.

882명 가운데 864명은 사망 당시 연령이 11세(탄광, 토건, 공장 동원)부터 75세(작업장 불상, 공습으로 사망)였으며, 평균 사망 연령은 31.6세이다. 16세 이하가 96명(11.11%)으로 유년 노동자 비율이 높다. 연령대별 분포를 보면, 30대를 정점으로 10~40대에 집중되어 있는데, 10대 사망자 비율(20.48%)이 높음을 알 수 있다.

직종 가운데 많은 사망자가 발생한 직종(탄광산과 토건)의 사망 연령대를 살펴보면, 평균 연령은 토건 사망자가 31세이고, 탄광산 사망자가 31.69세로 864명의 평균 연령과 차이가 없다. 토건 최연소 사망자는 11세, 최고령자는 61세였으며, 탄광산 최연소 사망자는 11세, 최고령자는 58세였다. 10대 사망자 비율(19.94%와 19.27%)도 864명의 10대 비율(20.48%)과 거의 일치한다.

탄광산과 토건의 동원 연령대를 비교해 보면, 탄광산은 토건에 비해 20대 사망자 비율이 높고, 토건은 탄광산에 비해 40대 사망자 비율이 높음을 알 수 있다.

〈표 4-23〉 탄광과 토건 사망자 사망 연령대 분포 현황(위원회 피해조사 결과)(단위: 명, %)

탄광			토건		
	인원수	비율		인원수	비율
10대	67	19.94	10대	64	19.27
20대	83	24.7	20대	62	18.67
30대	88	26.19	30대	81	24.39
40대	78	23.21	40대	100	30.12
50대	20	5.95	50대	22	6.62
			60대	3	0.9
소계	336			332	

864명의 사망 시기 분포를 보면, 1939~1942년까지는 완만한 곡선을 그리다가 1943년부터 급증해 1945년에 가장 많은 사망자를 발생했음을 볼 수 있다. 8월까지 발생했음을 감안하면 1945년에 사망자가 폭증했다고 볼 수 있다. 이를 일본 조반[常磐]탄전 사망자(305명)와 비교해 보면,

〈그림 4-37〉 사망 당시 연령대 분포

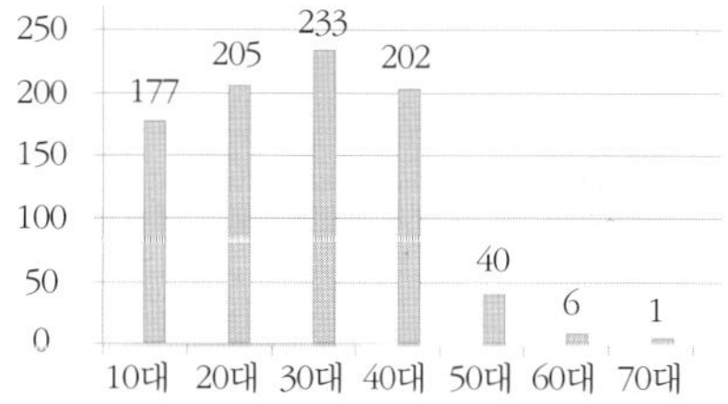

〈그림 4-38〉 사망 연도 분포

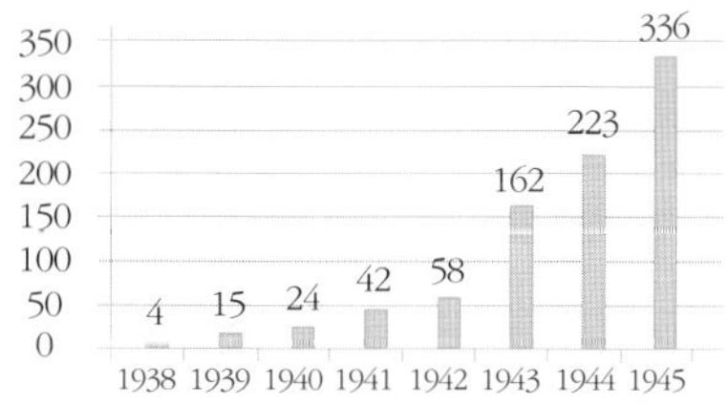

출처: 국무총리 소속 대일항쟁기 강제동원 피해조사 및 국외 강제동원 희생자 등 지원위원회, 2013, 『학술연구용역보고서-일제강제동원 동원규모 등에 관한 연구』

1944년이 28.52%로 가장 많고, 1945년은 26.88%이다.[134] 실제 동원 기간이 8개월이라는 점을 감안하면 1945년의 비율이 가장 높지만, 조선의 사망자 발생 연도보다는 월등히 낮다.

여기서 주목할 점은 사망자가 다수 발생한 날이다. 사망자가 3명 이상 발생한 날은 22건이다. 수형자만을 대상으로 살펴보면, 2명 이상 사망한 날은 12건이다. 특히, 보국대로 출동한 함흥형무소 수형자들은 5월 10일(2명), 15일(2명), 21일(2명), 6월 2일(2명), 14일(3명), 7월 10일(2명), 25일(3명) 등 총 7건에 걸쳐서 사망자가 집중되어 있다. 864건의 자료는 최소치이므로, 특정일에 집단사망이 발생했을 가능성을 추측할 수 있다. 더구나 수형자 74명 가운데 71명의 사망 원인이 옥사(투옥 중 폭행치사 포함)이고, 2명이 불상, 1명이 후유증이라는 점을 볼 때, 집단사망의 원인으로 가혹행위를 상정할 수 있다.

조선의 작업장에서 사망한 882명의 유해는 어떻게 되었을까. 이들 중 601명(68.14%)의 유해만 봉환됐을 뿐이다.

---

134 정혜경, 2009, 「전시체제기 조반탄전 관련 명부자료를 통해 본 조선인 노무자의 사망 실태」, 『한국민족운동사연구』 59, 239쪽

제3절 기타

1. 남사할린

1) 사할린(Sakhalin, Сахалин), 가라후토[樺太], 화태

(1) 검은 강으로 들어가는 바위, 악마의 섬, 사할린[135]

사할린은 러시아의 유일한 섬이자 세계에서 열아홉 번째로 큰 섬이다. 한국사에 기록된 명칭은 사할린과 가라후토[樺太], 화태다. 사할린(Sakhalin, Сахалин)은 몽골·타타르인이 지은 이름이다. 13~14세기 연해주와 사할린 지역에 들어온 몽골·타타르인은 아무르강을 '사할랸-울라'라 하고, 강 하구의 땅을 '검은 강으로 들어가는 바위'라 불렀다. 이 타타르식 지명은 1849년 사할린이 섬이라는 사실을 입증한 러시아 탐험가 네벨스키(Г. И. Невельский) 대위가 공식 채택해 오늘날까지 사용하고 있다. 가라후토는 러일전쟁 후 일본이 남사할린을 부르는 명칭이다. 일본은 사할린을 가라후토(아이누식 명칭을 차용, '자작나무 섬'이란 의미)나 북에조[北蝦夷]로 불렀다.[136] 화태란 '樺太'의 독음을 차용한 명칭으로 일제강점기 당시 조선에서 불렀던 명칭이다.

---

135 지리와 연혁에 대해서는 뷔소코프 저서 참조(ミハイル·スタニスラヴォヴィチ·ヴィソーコフ他著, 板橋政樹 訳, 2000,『サハリンの歴史: サハリンとクリル諸島の先史から現代まで』, 北海道撮影社).

136 방일권, 2006,「해제」,『강제동원구술기록집 2-검은 대륙으로 끌려간 조선인들』, 국무총리 소속 일제강점하강제동원피해진상규명위원회, 307쪽.

〈그림 4-39〉 일본 제국과 화태

출처: 국무총리 소속 일제강점하 강제동원진상규명위원회, 2009, 『강제동원명부해제집』 1

러시아연방 사할린주는 사할린(Sakhalin), 모네론(Moneron), 츄레니(Tyuleniy), 쿠릴열도(Kuril Is.) 등으로 총면적 87,100㎢ 가운데 사할린은 약 78,000㎢이다. 사할린은 북위 46~54도에 걸쳐 있으며, 남북으로 긴 형태이다. 섬 동쪽과 북쪽은 오호츠크해와 접해 있고, 남쪽은 라페루즈해협(소야 해협)을 사이에 두고 일본 홋카이도[北海道]와 마주 보고 있다. 서쪽은 타타르 해협(마미야 해협)을 너머 러시아 연해주와 닿는다.

사할린 선주민의 역사는 약 5,000~6,000년 전으로 거슬러 올라간다. 이 시기 아무르강 유역에 거주하던 니브히(Nivkhi)의 조상이 사할린으로 이주한 것으로 추정하는데, 고대 동북아시아사에서 이들의 흔적은 찾기 어렵다. 사할린이 역사 기록에 나타난 것은 몽골이 동북아를 평정하면서부터다. 러시아와 일본은 19세기 초 이 지역의 지정학적 중요성과 천연자원의 가치에 대해 눈뜨면서 영토 문제를 둘러싸고 본격적 대치를 시작했고, 그 갈등은 형태와 지역을 달리한 채 오늘날까지 이어지고 있다.

제정러시아는 일본이 사할린에 관심을 보이자 19세기 중반 자국민 이주 지원정책을 폈지만, 자발적 이민을 통한 식민 활동의 한계를 인식하고 유형민(죄수)과 가족을 매년 수백 명씩 정착시키는 정책으로 전환했다. 1869년 사할린을 공식 유배지[도형(徒刑)과 유형(流刑)의 땅]로 공포하면서 유형자의 가족 동반을 허용했고, 형기를 마친 유형자(정치범과 형사범)도 섬에 남도록 했다.

그 결과, 러시아인들에게 사할린은 낭만적인 '자작나무의 섬'이 아니라 '악마의 섬'으로 각인되었다. 당대 러시아 최고의 단편 작가로 꼽힌 안톤 체호프가 경험한 사할린도 마찬가지였다. 1890년 4월, 체호프는 3개월간 사할린을 여행하면서 하루에 18시간씩 수천 명의 죄수를 관찰·기록한 면담자료를 카드에 정리해 두었다가 『사할린섬』(1893년 출간)에 담았다. "유럽화된 러시아에서 온 우리는 외국인들처럼 보이는 듯했다." 체호프가 받은 사할린의 첫인상은 생경함이었다.[137] 이러한 점은 이후에도 계속되어 현재까지도 본토의 러시아인이 사할린섬 거주 러시아인을 보는 시각은 편향되어 있다. 한인 사회에서도 사할린 거주 한인은 '까레이스키(고려인)'가 아닌 '사할린 동포'로 불린다.

(2) 여러 주인을 거쳐 일본의 영토로

1263년, 몽골군은 아무르강 하류까지 진출한 후 니브히와 여러 종족

137 방일권, 2006, 「해제」, 『강제동원구술기록집2-검은 대륙으로 끌려간 조선인들』, 국무총리 소속 일제강점하강제동원피해진상규명위원회, 305쪽.

을 평정하고 지배했다. 1368년 원이 멸망한 뒤에는 명(明)이 1409년 아무르강 하류와 사할린을 장악했다. 16세기 말에는 대륙으로부터 퉁구스와 울타가 섬에 들어왔으나 국가 없이 여러 민족이 혼재된 상태가 이어졌다. 17세기 이후에는 청(淸)과 러시아, 일본 등이 사할린과 쿠릴을 놓고 각축을 벌였다.

일본은 1635년 마쓰마에번[松前藩][138] 중심으로 탐험대를 파견하고, 이듬해 가신을 1년 이상 체류시켰다. 1644년에는 1630년대의 정보를 토대로 사할린과 쿠릴의 지도를 제작했다.

청은 1636년 러시아의 코사크(Cossack) 부대가 오호츠크까지 진출하자 반발하였고 1658년 러시아와의 전투에서 승리하며 아무르 하류 지역을 장악했다. 이후 1689년에는 러시아와 네르친스크조약을 체결하고, 1709년에는 강희제(康熙帝)가 파견한 탐험대가 아무르 하류 지역에 진출하며 사할린까지 지배권을 확장했다.

러시아는 캄차카로 진출하여 1711년 쿠릴열도의 슘슈(Shumshu, 占守島)에 상륙한 후 1778~1779년에 쿠릴열도를 장악했다. 19세기 초에는 일본과 상트페테르부르크조약[樺太千島交換條約, 1875년 4월 25일 조인]을 맺으며 사할린을 완전히 장악했다. 일본도 쿠릴열도(북방 4도: 에토로후, 구나시리, 시코탄, 하보마이)에 대한 권리를 확보했다. 러시아는 사할린에서 석탄이 발견되며 주요 산업으로 등장하자 1852년부터 이주를 시작했다.

---

138 홋카이도 남부 마쓰마에(松前) 반도 최남단에 거소를 두고 있던 번. 번주는 에도(江戶)시대를 통틀어 마쓰마에(松前)씨였다. 마쓰마에씨의 가격(家格)은 도자마다이묘(外樣大名)의 1만석 격(格)으로, 막부 말기에는 3만석 격이 되었다. 국무총리 소속 대일항쟁기 강제동원 피해조사 및 국외 강제동원 희생자 등 지원위원회, 2011, 『사할린 강제동원 조선인들의 실태 및 귀환』, 12쪽.

1879년부터 이루어진 본격적인 이주로 1895년에는 147개의 러시아 촌락이 건설됐고, 러일전쟁 이전까지 4만 명이 넘는 러시아인이 거주했다. 당시 아이누 등 선주민은 전체 인구의 15%(1897년)에 불과했다.

남사할린이 일본 영토가 된 것은 1905년 러일전쟁 및 포츠머스 러·일강화조약의 결과였다. 조약에 따라 1906년 4월 1일 러시아는 북위 50도 이남의 사할린과 인근 도서(면적 3만 6,090㎢. 남북 길이 455.6km)를 일본에게 양도하고, 남부에 거주하던 러시아인들을 철수시켰다. 남사할린을 장악한 일본은 지명을 가라후토로 명명했다. 이후 1917년 러시아에서 볼셰비키 혁명이 발생하자 1920년 북사할린을 점령하고, 알렉산드로프스크[亞港]에 석탄회사(북화태광업주식회사)와 오하에 석유회사(북화태석유주식회사) 등을 설립했다. 이후 1925년 북사할린에서 철수했으나 기업에 대한 기득권은 1944년까지 이어 갔다.[139]

일본은 1917년 러시아 소비에트로 권력을 이양하는 과정에서 사할린 지역에 개입해 1920년 4월 21일 권력 이양을 중단시켰다. 중단된 권력 이양은 1925년 1월 중국 베이징에서 조약(소련과 일본의 상호관계에 관한 기본 원칙들에 대한 조약)이 체결되며 재개됐다. 이 조약에 따라 1925년 5월 14일 정오 소련과 일본 정부 전권대표들이 최종 문서에 서명하며 일본 점령군 참모부에 게양되었던 일장기가 내려지고 일본군은 북사할린에서 철수했다.[140]

---

139 국립민속박물관, 2001, 『러시아 사할린·연해주 한인동포의 생활문화』, 30, 44쪽.

140 아나톨리 쿠진 지음, 문준일·강정하 옮김, 2014, 『사할린한인사』, 한국외국어대학교 지식출판원, 21쪽.

2) 사할린에 이주한 한인

(1) 러시아 제국 시기 사할린의 한인

쿠진은 제정러시아 시기 사할린 한인의 역사를 세 시기로 구분했다. 첫 번째(1870년대~1895년)는 가난에 내몰린 한인들이 러시아 연해주를 거쳐 사할린으로 이주해 러시아법의 관리를 받았던 시기다. 이들은 해상으로 국경을 넘었고, 어업, 광산, 농업, 도로공사, 장작 채취, 화물 운반 등에 종사했다.

두 번째 시기(1985~1905년)는 일본이 청일전쟁 후 한반도에 대한 영향력을 확대하고, 러시아가 러일전쟁에 패배했던 시기다. 한인 이주가 두드러지게 증가하지는 않았으나 민족집단을 형성했다. 당시 한인들은 시민권이 없었으므로 사회적으로 불안정한 상태에서 러시아 사회의 질서를 받아들이며 민족문화를 유지해 경제적 결속을 강화하는 방식으로 정착했다.

세 번째 시기(1905~1920년)는 한인의 이주가 새로운 현상으로 특징지어지는 시기다. 이 시기에는 정치적 망명자들이 한인 이주의 중심이 되었다. 남사할린에서 북사할린으로, 또는 반대로 이동하는 경향도 나타났다.[141]

사할린섬에 이주한 한인의 역사를 남과 북으로 나누어 살펴보면 다음과 같다.

---

141 아나톨리 쿠진 지음, 문준일·강정하 옮김, 2014, 『사할린한인사』, 한국외국어대학교 지식출판원, 19~20쪽.

〈표 4-24〉 주요 연도별 한인의 사할린 이주 현황

한인 이주 과정(북사할린)	한인 이주 과정(남사할린)
1870년대, 1880년대 한인 어부 수십 명이 정착한 후 한인들이 들어와 다양한 업종의 노동자로 정착	
1905년 이후, 한인 정치망명자들 이주	
1910년, 이주한 한인 정치망명자들이 '상호부조협회'를 조직하고 토지를 구입. 도우에 광산에서 한인과 중국인 노동자 500명이 파업을 일으켰으나 군부대에 의해 진압. 이후 한인 광부들의 활동(파업 등)이 조직적으로 이루어짐	1919년, 한인 광부 500명이 취로
1920년, 일본의 북사할린 점령 후 남사할린 지역의 한인들이 북사할린으로 이주해 광산과 유전에서 노동자, 어부 등으로 작업(1920년 609명/ 1923년 1,431명/ 1931년 1,767명)	1920년대 중반 이후, 연해주나 북사할린에서 온 한인들이 거주
1937년, 소련 정부에 의해 북사할린 거주 한인 1,155명이 소련의 여러 지역으로 강제이주	1938년 이후, 「국가총동원법」에 의한 한인 강제동원 개시
	1941~1943년, 탄광개발을 위해 한인 성인 남자 16,113명 동원
	1944년 9~12월, 주요 탄광(12개소)을 폐산하고, 한인 탄부 3,191명을 일본으로 이동(전환배치)

일반적으로 사할린이라고 하면 남사할린을 생각하지만, 최초의 사할린 한인은 북사할린에서 생활했고, 1937년 소련이 강제이주 정책을 발동할 때까지 한인의 생활 터전으로 존재했다. 가장 이른 시기에 나타난 사할린 한인은 수인이었다. 블라디보스토크 관구의 1890년 3월 15일 자 판결에 따르면 한인 우스니(우순) 김(김진천)은 살인은닉으로 징역 5년 형을 받고, 연해주 당국의 1893년 2월 8일 자 결정으로 5월 8일 도형지 사할린에 입도(入島)했다. 1897년 러시아 제1회 국세조사 자료에 따르면 사할린 인구는 약 2만 8,000명인데, 한인은 67명이었다. 당시 한인들은

대부분 연해주를 거쳐 사할린으로 갔다.[142]

1905년 이후 한반도의 정치적 변동은 한인들의 국외 탈출을 가속했다. 1910년 북사할린의 알렉산드로프스크에서 한인 망명자들은 상호부조협회를 조직하고 자금을 모아 토지를 구매했다. 이를 기반으로 뒷날 25가구의 한인 마을을 건설했다. 한인들이 공장이나 광산에서 일한 정황도 확인된다. 1910년 도우에 광산에서 한인과 중국인을 포함한 500명의 노동자가 파업을 일으켜 군부대가 진압했다. 이러한 정황들은 사할린 한인의 활동이 조직적으로 이루어지고 있었음을 보여 준다.[143]

(2) 소비에트 연방 시기 북사할린의 한인

1920년 10월 당시 알렉산드로프스크의 한인은 609명인데, 대부분 원동과 연해주에서 이주한 사람들이다. 1923년 북사할린 거주 한인은 1,431명이다. 당시 북사할린의 유전 및 탄광개발을 위해 많은 노동자를 모집한 것에서 연유했다.[144]

소련 통계에 따르면, 1925년 일본군이 사할린에서 철수할 당시 북사할린의 총 주민은 1만 152명(러시아인 6,892명, 중국인 996명, 일본인 170명)이었고, 이 가운데 71명이 한인이었다. 그러나 실제 거주자는 이를 능가했다. 한인들은 주로 리브노프스키 지역에 밀집해 살았다. 1925년경 북

142 アナトーリー・チモフェーエヴィチ・クージン 著, 岡奈津子・田中水絵 共訳, 1998,『沿海州・サハリン近い昔の話: 翻弄された朝鮮人の歴史』, 凱風社, 171~172쪽.

143 정혜경, 2007,「1920~30년대 식민지 조선 사회의 화태(樺太)인식」; 수요역사연구회,『식민지 동화정책과 협력 그리고 인식』, 두리미디어, 269쪽.

144 アナトーリー・チモフェーエヴィチ・クージン 著, 岡奈津子・田中水絵 共訳, 1998,『沿海州・サハリン近い昔の話: 翻弄された朝鮮人の歴史』, 凱風社, 173쪽.

사할린 한인들은 주로 어업과 수산업에 종사했다. 1925년 9월, 오하의 일본계 석유회사에는 46명의 한인이 일했는데, 1929년에는 124명으로 증가했다. 이들은 일본인·러시아인 노동자에 비해 임금 차별을 받았고, 작업복도 지급되지 않아 노동환경도 열악했다. 당시 일본인 노동자의 평균 월급은 90루블이었고, 러시아인은 82루블이었는데, 한인은 62루블을 넘지 않았다. 차별은 일본계 회사에서만 나타난 것은 아니었다.

1925년, 한인들은 소련 초기부터 있었던 '상호부조회'를 중심으로 결속했다. 알렉산드로프스크시에 자리한 일본 영사관이 북사할린의 한인들을 회유하거나 통제하려 했으나 오히려 강한 거부감을 표출했다. 1925년 10월, 알렉산드로프스크 거주 한인들은 집회를 열어 일본의 식민정책을 비판하고 "전 세계 제국주의자들과 투쟁"하자는 구호를 외치며, 영사관의 일장기를 찢기도 했다. 한인들은 일본 영사가 한인의 소련 노동조합 가입을 막고, 한인을 멸시했다고 주장했다.[145]

1930년대에 들어 북사할린에 거주하는 한인은 세 그룹을 형성했다. 하나는 소련 국적을 취득한 한인과 러시아의 전권대표 사증을 받은 조선 신분증을 가진 외국 국적자다. 거주증을 확보한 합법적 체류자들이다. 두 번째는 러시아 땅에 불법적으로 들어와 조선 신분증이나 거주증명서 없이 체류하는 사람들, 즉 무국적자들로서 행정 탄압과 추방의 대상이었다. 세 번째는 '일본 국적'을 가진 한인으로 1925년 중반부터 북사할린의 석유회사나 석탄회사에 고용된 노동자다.

---

145 쿠진은 일본 영사관이 통제하려던 한인들을 '일본 국적의 조선인 거주민'이라고 표현했다. 한인은 대내적으로는 「호적법」에 따라 일본 국민과 구별되었으나 대외적으로는 '일본 신민'이었으므로 일본 국적자로 이해한 것이다. 아나톨리 쿠진 지음, 문준일·강정하 옮김, 2014, 『사할린한인사』, 한국외국어대학교 지식출판원, 25쪽.

소련 당국은 남·북사할린의 한인들이 북위 50도의 국경을 넘나들고 있다는 점을 우려했다. 1930년대 중반 남사할린의 한인이 7천 명이 넘었고, 남사할린과 북사할린의 한인 교류가 적지 않았기 때문이다. 이러한 우려는 북사할린의 한인 간첩 사건과 1937년 강제이주의 원인이 되었고, 패전 직후 일본 당국이 남사할린 한인 지도자들을 체포·학살하는 가미시스카[上敷香] 사건의 배경도 되었다.[146] 소련 당국은 근거도 없이 석유회사 한인 노동자나 무국적자들을 일본 간첩으로 기소해 총살형이나 수용소형, 추방형 등을 언도했다. 단지 조선으로 안부 편지를 보냈다는 이유로 총살형을 당한 한인도 있었다. 이들은 1980년대 후반에 간첩혐의를 벗고 복권됐다. 1937년 강제이주는 8월 21일 소련 인민위원소비에트와 전연맹공산당(볼셰비키) 중앙위원회 결의로 결정했는데, 이주 이유는 '일본을 위한 간첩행위'였다.[147]

(3) 일본의 남사할린 통치

1905년 포츠머스강화조약 이후 일본은 1907년 도요하라[豊原, 원래 지명은 블라디미로프카, 현재 사할린주의 주도인 유즈노사할린스크][148]에 화태

---

146 가미시스카[上敷香. 현재 레오니도보] 경찰서 학살 사건: 대일 선전포고 후 8월 11일 소련군이 북위 50도선을 넘어 남하하기 시작하자 8월 17일, 일본군은 화태 북동부의 가미시스카와 인근 지역을 포기하기로 결정하고 인근에 거주하던 한인 중 유력자 18명을 '스파이'라는 이유로 가미시스카 경찰서에 연행한 후 17~18일에 수십 명을 사살했다. 일본 헌병과 경찰은 18일 아침 9시경, 학살 증거를 없애기 위해 가솔린으로 유치장 건물과 함께 주검을 불태웠다. 국무총리 소속 일제강점하강제동원피해진상규명위원회, 2007, 『사할린 가미시스카(上敷香) 조선인 학살 사건 진상조사』 참조.

147 아나톨리 쿠진 지음, 문준일·강정하 옮김, 2014, 『사할린한인사』, 한국외국어대학교 지식출판원, 65쪽.

148 이 지명은 러일전쟁 당시 일본군 사령관 하라구치[原口] 중장의 이름과 그의 출신지인

〈그림 4-40〉 화태(남사할린) 주요 지역 지명

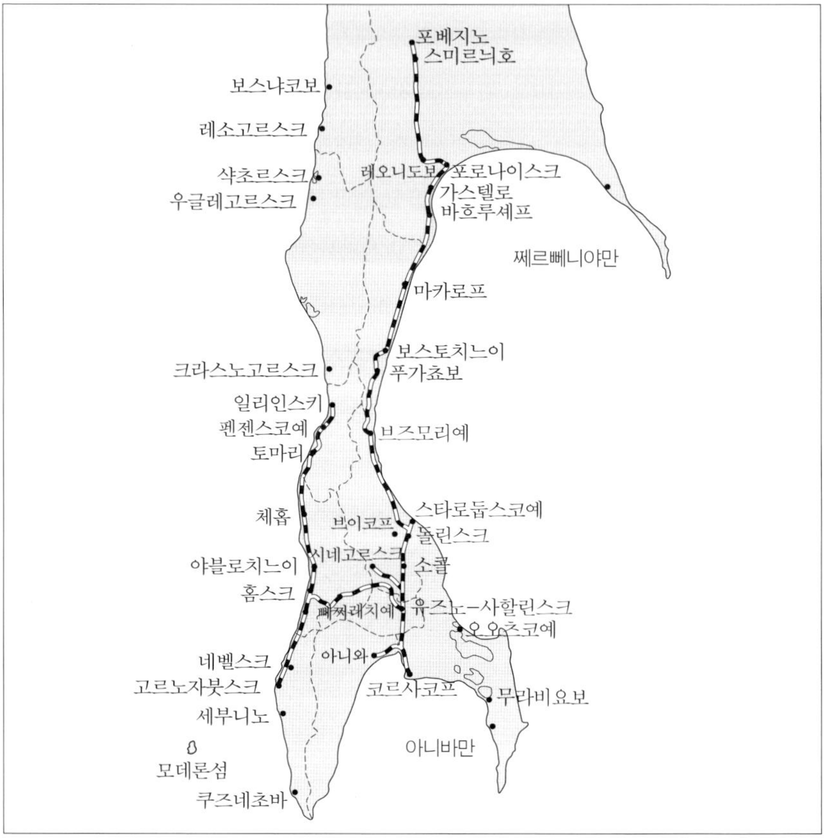

출처: 방일권 작성

청(樺太廳)을 설치하고, 남사할린 통치에 들어갔다. 이전까지 사할린의 중심지로 기능하던 코르사코프(Korsakov)를 오도마리[大泊]로 고치고, 홋카이도와 남사할린을 연결하는 중계지로 삼았다. 일본 정부는 남사할린

분고[豊後]에서 비롯되었다. 전경수, 2001, 「러시아화 과정의 식민지 역사」, 『러시아 사할린·연해주 한인동포의 생활문화』, 27쪽.

을 일본 내지가 아닌 외지로 규정했다가 1944년에 내지로 편입했다. 일본의 남사할린 통치는 크게 네 단계로 구분한다.

일본의 남사할린 통치

- 여명 시대(1907~1912): 둔전병 체제를 시발점으로 하는 개척. 농업자 이주 중심(토지 대부)
- 자유이민 시대(1912~1926): 일반인을 대상으로 이민 모집
- 집단이민 시대(1926~1935): 계획적인 자원개발을 위한 이민. 홋카이도로부터 입식(入植) 중심
- 전쟁 동원 시기(1937년 이후): 1938년부터 한인 강제동원 개시, 1939년부터 집단이입 시작

일본이 사할린을 영유한 초기의 목적은 러시아 대응책이라는 군사 전략상의 필요 때문이었으나 영유를 확정한 후에는 어업, 임업, 펄프공업, 석탄채굴 등 산업적 측면을 주목했다. 이에 따라 분야별 척식사업을 진행하고, 이를 위해 이주민 입식사업을 본격화했다. 일본 정부가 남사할린 자원개발의 효율성을 인정하고, 각종 자원 확보에 노력을 기울이면서 한인 노동력에 대한 필요성도 높아졌다. 초기에는 중국인 노동자들이 철도공사와 제지공장, 탄광 등지에서 일했으나 1920년대에 들어서는 한인들이 대체했다.

〈표 4-25〉 남사할린 거주 인구(단위: 명)

연도	총인구	일본인	원주민	외국인	중국인	한인		
						남	여	총수
1906	12,361	10,806	1,986	227	13	17	7	24

1921	103,630	101,329	1,724	96	19	434	28	462
1925	189,036	183,742	1,724	161	203	2,324	882	3,206
1930	284,930	277,279	1,933	184	175	3,703	1,656	5,359
1935	322,475	313,115	1,955	249	103	4,521	2,532	7,053
1936	321,765	312,926	1,876	237	122	4,231	2,373	6,604
1937	326,946	318,321	1,746	218	69	4,153	2,439	6,592
1938	339,357	329,743	1,648	233	108	4,803	2,822	7,625
1939	355,330	344,342	1,666	225	101	5,915	3,081	8,996
1940	398,838	380,803	1,660	213	106	11,661	4,395	16,056
1941	406,557	386,058*	425	202	104	13,603	6,165	19,768
1943*	-	-	-	-	-	18,213	7,552	25,765
1944*	-	-	-	-	-	-	-	26,825

출처: 『樺太要覽』, 『樺太廳統計書』, 『樺太廳治一斑』(朝鮮人强制連行眞相調査團編, 1975, 『朝鮮人强制連行强制勞働の記錄-北海道 · 千島 · 樺太編』, 現代史出版會, 352쪽 재구성).

비고: *1941년 일본인 통계에는 아이누인 포함

**1943 · 1944년 통계: 長澤秀, 1986, 「戰時下南樺太の被强制連行朝鮮人炭礦夫について」, 『在日朝鮮人史研究』 16, 24쪽, 〈표 3〉 재인용.

일본은 남사할린 장악 후 농업개발을 위해 사할린의 농업경영 상태를 조사하고, 이를 근거로 각종 법규를 정비하는 등 유인정책을 취했다. 그러나 농민 수는 당국의 기대만큼 증가하지 않았고, 경작지 개척도 순조롭지 못했다. 수산업은 인근 해역에 어종이 풍부해 가장 유망한 업종이었으나 무계획적인 식민정책과 남획으로 1920년대 중반에는 자원이 고갈되고 말았다. 그러자 남사할린 전체 면적의 70~80%인 삼림자원을 이용하는 임업에 중점을 두고 1914년부터 오지제지[王子製紙]가 조업을 개시했다.[149]

149 국무총리 소속 대일항쟁기 강제동원 피해조사 및 국외 강제동원 희생자 등 지원위원

〈그림 4-41〉 오지제지 샥조로스크 공장

〈그림 4-42〉 일제강점기 오지제지 도요하라 공장(유즈노사할린스크)

출처: 국무총리 소속 대일항쟁기 강제동원 피해조사 및 국외 강제동원 희생자 등 지원위원회, 2011, 『사할린 강제동원 조선인들의 실태 및 귀환』

남사할린 탄광 운영은 19세기 중엽으로 거슬러 올라간다. 1860년대에 오다스[小田洲]탄광이 단기간 채굴한 기록이 있고, 이후 사루쓰[猿津]탄광과 오치호[落帆]탄광도 운영했으나 폐광했다. 1913년에는 가와카미[川上]탄광이, 1914년에는 시라우라[白浦]탄광이 개광(開鑛)했고, 1920년대에는 에스토루[惠須取, 현 우글레고르스크] 지역에서 탄광을 개발했다.[150]

일본이 탄광개발에 주력하기 시작한 것은 1933년 이후였다. 당국은 사할린 탄광지대를 조사한 결과, 탄전 면적이 전도(全島)의 20%에 달하는 것으로 확인했다. 1935년 당시까지 조사 지역의 매장 추정량은 약 15억 7천만 톤으로 미조사 구역을 가산하면 약 26억 톤이 매장되어 있는 것으로 나타났다. 이것은 일본 규슈 지쿠호[筑豊]탄전의 24억 톤을 넘

회, 2011, 『사할린 강제동원 조선인들의 실태 및 귀환』, 16쪽.

150 정혜경, 2008, 「1944년에 일본 본토로 '전환배치'된 사할린(樺太)의 조선인 광부」, 『한일민족문제연구』 14, 11~12쪽.

는 규모였다. 중요한 것은 탄질인데, 대부분 역청탄이며, 서해안 북부의 탄전은 점결성이 강하고 열량도 높아 제철용 코크스로 적절했다.[151]

하지만 탄전 자체의 양호한 부존 상황에도 탄광개발은 적극적으로 이루어지지 못했다. 엄혹한 기후 조건으로 개발이 쉽지 않았고, 수송 기반 시설인 철도·도로가 제대로 갖춰지지 않았을 뿐 아니라 다른 지역보다 높은 임금도 노동력 수급을 여의치 않게 했다. 가장 큰 문제는 군령(軍令) 및 가라후토광업령[樺太鑛業令, 칙령]에 따른 탄전봉쇄정책이었다.[152]

탄광업이 궤도에 오르기 시작한 것은 1930년대 중반부터였다. 이 시기에 미쓰이[三井], 미쓰비시[三菱], 닛테쓰[日鐵], 가네보[鐘紡], 오지제지 계열의 가라후토[樺太]광업 등 대기업이 남사할린에 진출했고, 1935년 출탄량은 150만 톤에 달했다. 1937년 7월, 중일전쟁 발발 후 석탄 수요가 증가하자 탄광봉쇄정책을 완화하기 시작했다. 군수산업의 발달로 1941년 출탄량은 650만 톤으로 증가했다. 국내외적 영향으로 남사할린 탄광업이 발전한 것이다.

그러나 이러한 발전에도 당시 남사할린 탄광은 수송과 노동자 임금 등의 문제로 적정한 수익 창출이 어려웠다. 이러한 상황을 타개하기 위해 화태청은 1940년부터 거대 기업의 진출에 따른 정책적 지원(석탄증산장려금, 석탄신갱개발조성금, 석탄매입가격보상금)을 실시했다. 증산을 위해서는 어떠한 방법이든 적정이윤을 보장할 필요가 있었다.[153]

---

151 김민영, 2000, 「사할린 한인의 이주와 노동, 1939~1945」, 『국제지역연구』 4-1, 34~35쪽.

152 長澤秀, 1986, 「戰時下南樺太の被强制連行朝鮮人炭礦夫について」, 『在日朝鮮人史研究』 16, 1~2쪽.

153 정혜경, 2008, 「1944년에 일본 본토로 '전환배치'된 사할린(樺太)의 조선인 광부」, 『한

(4) 남사할린의 한인

남사할린의 한인에 대한 첫 기록은 탄광이다. 한인 탄부의 존재는 1905년 이전부터 나타나는데, 기록상으로는 미쓰이광산(주) 가와카미탄광[154]이 최초다. 가와카미탄광의 한인 모집은 1917년 9월부터 시작됐는데, 한반도 및 홋카이도 지역을 대상으로 했다. 1917~1920년까지 536명이 입산해 1921년에는 173명이 남았다.[155]

1920년대 초반에는 남사할린에 거주하는 한인이 큰 폭으로 증가했다. 〈표 4-25〉에 따르면, 1925년 한인 인구는 3,000명을 넘어섰고, 1930년에는 5,000명이 넘었다. 1920년대 중반 남사할린 거주 한인의 다수는 연해주나 북사할린 이주자들이었을 것으로 추측한다. 1925년 일본이 북사할린에서 철병할 때 북부에 거주하던 한인 중 일부도 남하했기 때문이다.

1930~1940년대 남사할린 한인의 일터는 탄광이나 제지공장이었다. 이 시기 남사할린은 유인 요소가 컸다. 큰돈을 벌 수 있다는 꼬임에 사할린으로 갔다는 구술도 있다. 사할린이 상대적으로 노동임금이 높았다는 점[156]에서 가능성이 있다. 1929년 9월에는 당국도 조선총독부 주최

일민족문제연구』 14, 13쪽.

154 당국은 봉쇄탄전이었던 가와카미탄광을 1913년 처음 개봉했다. 1929년에는 석탄을 사할린 내 자급자족의 수준을 넘어 사할린 외부로 이출하기 위해 가와카미탄광 외에 나이호로[内幌]탄광, 나이카와[内川]탄광 등 봉쇄탄전도 개봉했다. 久保山雄三, 1942, 『日本石炭鑛業發達史』, 公論社, 282~286쪽.

155 「樺太에 在한 조선인의 생활상태(상)(하)」, 『매일신보』, 1921.12.16~17

156 사할린에서 탄광산업 발달이 지체된 원인으로 봉쇄탄전정책 시행, 혹독한 기후 조건, 수송 수단 미발달, 비교적 높은 노동임금 등을 지적했다. 長澤秀, 「戰時下南樺太の被强制連行朝鮮人炭礦夫について」, 1쪽.

조선박람회에 화태특설관을 설치하는 등 여러 형태의 홍보와 선전을 했다.[157]

1925년 이후 「국가총동원법」 공포 이전까지 남사할린에 거주한 한인들의 이동 경로는 세 가지로 정리할 수 있다. 첫째, 연해주·북사할린을 거쳐 남사할린으로 이동한 경로다. 둘째, 조선에서 직접 남사할린으로 이동한 경로다. 셋째, 일본 내 기주 한인의 남사할린 이동이다. 지리적 근접성으로 볼 때 홋카이도에 거주한 한인들의 사할린 입도가 두드러졌을 것으로 보인다.

〈표 4-26〉 1934년 말 남사할린 거주 종족별 인구(단위: 명)

종족	호수	인구			전년 인구 대비 증감		천분비
		총수	남	여	전년 인구	증감	
총수	61,009	313,130	175,194	137,936	300,298	12,832	1,000.00
일본인	59,237	304,995	170,188	134,807	293,168	11,827	974.02
조선인	1,233	5,878	3,825	2,053	5,043	835	18.77
아이누	358	1,512	761	751	1,354	158	4.83
오록크	58	302	166	136	338	-36	0.96
니크분	25	115	66	49	116	-1	0.37
야쿠츠	1	3	1	2	3	-	0.01
키린	3	16	9	7	16	-	0.05
산다	2	10	5	5	10	-	0.03
중국인	36	72	65	7	59	13	0.23

157 전경수, 2001, 「한인동포 사회의 이주역사와 정착배경: 모든 것이 강제된 삶의 현장」, 『러시아 사할린·연해주 한인동포의 생활문화』, 53~54쪽.

러시아인	44	193	84	109	173	20	0.62
폴란드인	9	26	18	8	16	10	0.08
독일인	2	6	5	1	2	4	0.02
체코인	1	2	1	1	-	2	0.01

출처: 樺太廳, 1936, 『樺太廳施政30年史』, 90쪽.

1934년 당시 남사할린에 거주하는 인구 중 일본인 비율은 97.4%로 다른 민족에 비해 압도적이며, 한인의 점유율은 약 1.9%이지만 다른 민족에 비해서는 높다. 한인 다음으로 높은 비율을 보인 민족은 아이누인데, 점유율은 0.5%에도 미치지 못했다.[158]

조선에서 남사할린까지는 선박을 이용했다. 당시 사할린과 일본 본토를 연결하는 항로는 여러 갈래였다. 1935년 당시 명령항로는 모두 20개 노선이 운영됐다. 일본 본토-남사할린 간 내지항로, 조선 함북 웅기(雄基)-에스토루 간 북선항로, 홋카이도-남사할린 간 홋카이도항로, 남사할린 각지를 연결하는 연안항로 등이다. 20개 항로 중 내지항로인 오사카-오토마리 항로를 제외한 나머지는 하계항로로 명령 기간은 4월부터 11월까지였다. 명령항로 외에도 정기 자유항로가 48개나 개설돼 남사할린과 일본 각지를 연결했다.[159]

158 국무총리 소속 대일항쟁기 강제동원 피해조사 및 국외 강제동원 희생자 등 지원위원회, 2011, 『사할린 강제동원 조선인들의 실태 및 귀환』, 20~21쪽.

159 樺太廳, 1936, 『樺太廳施政三十年史』, 1172~1189쪽.

남사할린으로 가는 주요 4개 항로

• 내지항로(6개 노선)

오사카[大阪] - 에스토루 선, 오사카 - 시스카[敷香] 선, 오사카 - 마오카[眞岡] 선, 오사카 - 오토마리[大泊] 선, 쓰루가[敦賀] - 오도마리 선, 후시키[伏木] - 시스카 선

• 북선항로(1개 노선)

함북 웅기 - 나진(羅津) - 청진(淸津) - 나메리카와[滑川] - 우오즈[魚津] - 니가타[新潟] - 오타루[小樽] - 오토마리 - 혼도[本斗] - 마오카 - 노다[野田] - 도마리오루[泊居] - 구슌나이[久春內] - 에스토루

• 홋카이도항로(6개 노선)

하코다테[函館] - 안베쓰[安別] 선, 하코다테 - 노토[能登] 선, 오타루 - 에스토루 선(다른 회사가 운영하는 노선 2종), 오타루 - 시스카 선, 혼토 - 왓카나이[稚內] 선

• 연안항로(7개 노선)

마오카 - 안베쓰[安別] 선, 에스토루 - 안베쓰 선, 혼토 - 시라누시[白主] - 가이바도[海馬島] 선, 오토마리 - 시스카 선, 시스카 - 엔나이[遠內] 선, 시스카 - 노토 선, 완나이[灣內] 선

조선과 남사할린을 연결하는 조선총독부 명령항로도 운영했다. 인천을 기점으로 하여 조선 각지를 경유해 오타루까지 운항하는 항로로 연중 25회 이상이었다. 이 항로는 일본이 전쟁을 일으키기 전까지 이용할 수 있었다. 대미전쟁 후 연합군의 일본과 한반도 해상 봉쇄로 인해 사할린 강제동원 한인 수송은 주로 일본을 거치는 육송에 의지했다.

3) 일본의 아시아·태평양전쟁과 사할린 한인

(1) 동원 규모

1930년대 중반 이후 중일전쟁 발발로 석탄 수요가 증가하자 남사할린의 탄전도 본격적으로 개발되었고, 한인의 강제동원도 시작되었다. 한인 동원 규모를 알아보기 위해 조선총독부 재무국이 작성한 자료에서 남사할린 해당 내용(~1943년)을 살펴보자.

〈표 4-27〉 1939~1945년 동원 지역별 한인 노무자 송출 상황(단위: 명)

연도	지역	'국민동원계획'에 따른 계획 수	동원자 수				
			석탄광산	금속광산	토목건축	공장 기타	계
1939	日本	85,000	32,081	5,597	12,141		49,819
	樺太		2,578	190	533		3,301
	계	85,000	34,659	5,787	12,674		53,120
1940	日本	88,800	36,865	9,081	7,955	2,078	55,979
	樺太	8,500	1,311		1,294		2,605
	南洋					814	814
	계	97,300	38,176	9,081	9,249	2,892	53,398
1941	日本	81,000	39,019	9,416	10,314	2,117	63,866
	樺太	1,200	800		651		1,451
	南洋	17,800				1,781	1,781
	계	100,000	39,819	9,416	10,965	6,898	67,098
1942	日本	120,000	74,098	7,632	16,969	13,124	111,823
	樺太	6,500	3,985		1,960		5,945
	南洋	3,500				2,083	2,083
	계	130,000	78,083	7,632	18,929	13,207	119,851

1943	日本	150,000	66,535	13,763	30,635	13,353	124,286
	樺太	3,300	1,835		976		2,811
	南洋	1,700				1,253	1,253
	계	155,000	68,370	13,763	31,611	14,606	128,350
1944		290,000	71,550	15,920	51,650	89,200	228,320
1945		50,000	797	229	836	8,760	10,622
계		907,300	342,620	67,350	108,644	206,073	724,787
일본 패전 시			121,574	22,430	34,584	86,794	365,382

출처: 朝鮮總督府, 「第85回帝國議會說明資料」(朝鮮史料研究會, 『朝鮮近代史料研究集成』 第4號) 및 『昭和15年公文別錄』(物資動員計劃等關係書類)

당국이 남사할린으로 한인 송출을 계획한 것은 1940년이다. 그러나 이미 1939년에 3,301명을 동원했다. 1940~1943년간 계획 인원은 19,500명이었으나 실제 동원된 수는 16,113명으로 목표에 이르지 못했다. 1939~1943년간 동원 인원을 직종별로 보면 석탄광산이 10,509명(65.22%), 금속광산이 190명(1.17%), 토목건축이 5,414명(33.6%) 등이었다.

동원노무자의 직종과 관련해 재무국 자료는 탄광 동원이 많았음을 보여 준다. 탄광업이 당시 사할린의 주요 산업이었기 때문이었다. 다음으로 토목건축이 상당수를 차지했다. 이것은 당시 사할린의 기반시설이 미비하였던 점과 연관지어 생각해 볼 수 있다. 탄광개발을 위한 기반시설 공사 등에 많은 수요가 있었기 때문에 나타난 결과로 보인다. 그러나 재무국 자료에는 공장으로 동원된 한인은 찾을 수 없다.

그렇다면 재무국 자료에 나타난 남사할린 동원 한인 규모를 신뢰할 수 있는가?

실제로 동원된 규모는 재무국 자료보다 많았을 것으로 추정한다. 첫 번째 근거는 재무국 자료에서 언급하지 않은 직종으로 동원된 사례 때문이다. 일찍부터 오지제지가 진출해 주요 도시마다 공장을 설립했고, 각지에서 산림 벌목이 성행했다. 한인들은 벌목뿐만 아니라 운송 및 공장 노동에도 동원되었다. 수산업(고래잡이 중심)에서도 한인 노무자의 동원 사례를 알 수 있다. 사할린 기주 한인 가운데 현원징용이나 현지 동원 등의 방식으로 동원되었을 개연성도 있다. 공식 통계에 잡히지 않은 동원도 추정할 수 있다. 이러한 점을 감안할 때 재무국 자료인 1만 6,113명(1939~1943)은 동원 규모의 하한이라는 의미로 해석해야 한다.

그러면 한인 동원 규모는 몇 명으로 추산할 수 있을까?

먼저 〈표 4-26〉의 인구 추이를 분석해 보면 일본인 인구는 1930년대 중반 31만 명 수준으로 증감이 두드러지지 않았다. 그러다가 1938년도에 약 1만 1,000명 증가한 것을 기점으로 1939년도 약 1만 5,000명, 1940년도 3만 6,000명 이상 증가했다. 1930년대 말~1940년대 초까지 일본인 유입이 증가했음을 알 수 있다. 한인도 시기별로 일본인과 유사한 추세를 보였다.

남사할린의 탄광업은 1930년대 중반 이후 본격적으로 개발되었다. 1938년 이후 일본인과 한인 인구의 증가는 이것과 연관이 있어 보인다. 탄광산업의 호황으로 노동자 수요가 증가했고, 이에 따라 일본인과 한인의 남사할린 유입이 증가한 것으로 볼 수 있다.

1940년대 남사할린의 인구 구성은 1930년대와 차이가 있다. 전체 인구에서 한인의 비중이 증가한 것이다. 1934년 당시 한인의 비중은 1.9%에 불과했으나 1939년에는 2.5%, 1940년에는 4.0%, 1941년에는 4.9%로 해마다 높아졌다. 원주민이나 외국인의 숫자가 큰 변동을 보이지 않은 측면에서 1939년 이후 한인의 비율이 상대적으로 상승했음을 알 수 있다. 이 수치를 통해 당시 일본인보다 한인의 증가 추세가 높았음을 확인할 수 있다.

당국은 효율적인 동원노무자 관리 측면에서 탄광 노무자들의 이탈 방지 및 생산성 증대를 목적으로 1943년부터 가족동반정책(가족 불러오기)을 추진했다. 노무자들의 가족 불러오기는 당국의 권장 사항이었다. 내무성 경보국 보안과장은 1941년 2월 27일 자로 한인 노무관리의 효율성을 기하기 위해 가족을 불러오는 방법을 촉진할 것을 명했는데, 기업은 이전부터 적극 시행하고 있었다. 후쿠오카현[福岡縣] 메이지[明治]광업 히라야마[平山]광업소의 『이주반도노동자호기가족명부(移住半島勞働者呼寄家族名簿)』(1940년 4월 작성)와 홋카이도[北海道] 스미토모[住友] 고노마이[鴻之舞]광업소의 「반도노무원통리요강(半島勞務員統理要綱)(1941년 1월)」 등을 보면, 1940년부터 시행하고 있었음을 알 수 있다. 고노마이 광업소 자료에는 가족 불러오기가 조선인 노무자의 성적 문제를 해결하는 방법이자 심리적 안정을 도모하는 방법으로 채용한다는 취지를 밝혔다.[160] 남사할린에서도 같은 방식으로 가족 불러오기를 시행했다.

〈표 4-26〉의 인구 추이를 패전 당시의 한인 인구와 비교해 강제동원 규모를 산출해 보자. 해방 당시 남사할린 거주 한인 인구는 연구자에 따라 편차를 보인다. 7,800명 설, 약 15,000명 설, 23,498명 설, 약 4만 3,000명 설, 약 4만 6,000명 설 등이다. 소련 공문서 기록에서도 약 5만 명에서 2만 3,000명 등 수치가 다양하다. 현재 학계는 약 4만 3,000명 설을 채택하고 있다.[161]

---

160 朴慶植 編, 1976,『在日朝鮮人關係資料集成』 제4권, 三一書房, 14~15쪽.

161 김민영, 2000,「사할린 한인의 이주와 노동, 1939~1945」,『국제지역연구』 4-1, 30쪽.

정확한 통계자료나 근거자료가 없어 한계는 있으나 기초적인 수치를 토대로 해방 당시 남사할린의 한인 노무자 동원 규모를 산출해 보자.

여성 탄부를 동원한 사례도 있으나 여성 및 아동노동력은 소수였을 것으로 추정한다. 이에 따라 남성 인구 중심으로 〈표 4-26〉의 한인 인구를 살펴보면 1939년 남성의 비율은 65.8%, 1940년 72.6%, 1941년 68.8%, 1943년 70.7% 등으로 나타난다. 이를 통해 일제 말기 남사할린 거주 한인의 약 70%는 남성이었을 것으로 추정한다. 이 비율을 4만 3,000명에 대비하면 1945년 8월 해방 당시 남성은 약 3만명이다.

1944년과 1945년에 당국이 한인을 집중적으로 동원했다는 점에서 남성의 비율이 1943년보다 높아졌을 가능성이 있다. 최대 80%로 계산하면 약 3만 4,000명이 된다. 여기에서 유소년이나 노년층은 제외해야 한다. 구술을 통해 아동동원도 이루어졌음을 알 수 있으나 현재 노동이 불가능한 유소년이나 노년층의 비율을 추정할 수 있는 자료는 없다. 그러므로 1939년 이후 당국의 공식 동원 연령(16~40세)을 적용해 남성 인구 가운데 연소자를 25%로 상정하면, 2,700~3,100명이다. 약 3만 4,000명에서 제외해야 하는 수이다.

그런데 합산해야 할 대상이 남아 있다. 국가총동원체제 이전에 사할린에 거주하던 한인(기주)이다. 1938년 현재 남사할린 거주 한인은 7,625명이고, 이 가운데 남성은 4,803명이다. 이들 중 상당수는 현원징용이나 현지 동원 형태로 동원되었을 것으로 보인다. 남사할린에서 군수산업화할 수 있는 분야는 탄광업과 제지업이다. 1944년 군수회사 지정에 따라 미쓰비시 등 대기업 탄광과 제지공장이 군수회사로 지정되었으므로 공장과 탄광에 근무한 기주 한인도 군수징용에 해당한다. 이와 같은 추산을 통해 해방 당시 남사할린 거주 한인의 노무동원 대상자는 최대

약 3만명에 이르렀을 것으로 추산할 수 있다.[162]

(2) 강제동원 가는 길

아시아·태평양전쟁 발발 후 한인은 두 가지 방식으로 남사할린에 동원되었다. 하나는 한반도에서 직접 동원된 경우이고, 다른 하나는 일본 본토와 홋카이도에서 이동된 경우이다.

〈그림 4-43〉 일본을 거쳐 화태로 가는 이동 경로

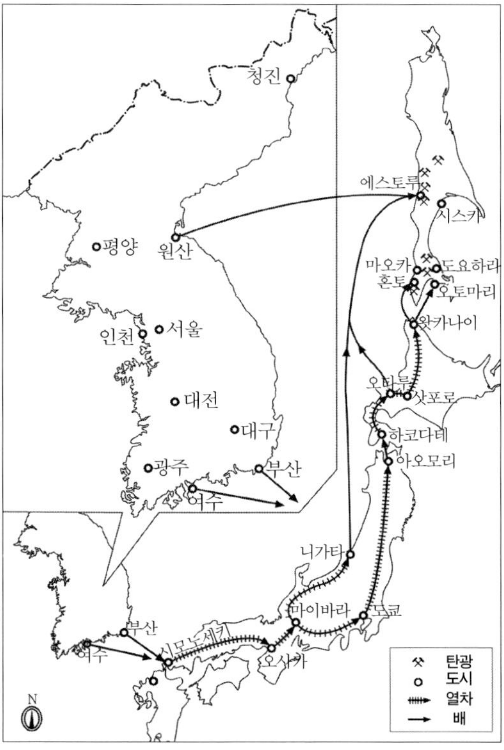

출처: 김명환 작성

162 국무총리 소속 대일항쟁기 강제동원 피해조사 및 국외 강제동원 희생자 등 지원위원회, 2011, 『사할린 강제동원 조선인들의 실태 및 귀환』, 22~28쪽.

조선에서 남사할린으로 직접 가는 경로를 살펴보자. 부산과 여수를 통해 일본을 거쳐 가는 길이 대표적인데, 중서부 지역 탄광으로 가는 한인들은 원산을 통해 곧바로 가기도 했다. 구술을 통해 일본을 경유한 경로를 계산해 보면, 엿새 이상 걸렸다. 유유원(1916년생)은 고향을 떠난 후 부산, 도쿄, 홋카이도 등을 거쳐 남사할린으로 갔다. 8~9일가량 걸렸다.[163]

면담자: 떠나시던 때가 언제였습니까?

구술자: 8월 그게 초하루 날인가. 초여드레 날인가 잘 모르겠네. 양력으로.

면담자: 부산에서 도착하셨을 때는 저녁이던가요?

구술자: 밤에 부산, 뭐시 여관에 가서 하룻저녁 자고 그 이튿날 연락선에 올랐지. 그래 일본 하관(시모노세키) 가 내려가지고랑 전부 기찻칸에서 잤지. 어, 거기서 자고 동경 가 가지고 하루 쉬었다 아이가. 하루 시고 그 이튿날은 이제 북해도 연락을, 북해도 연락(연락선)한 뒤에는 북해도 가서도 뭐 기찻칸에서 자고 기차에서 만날 어디 가고. … 〈중략〉 …

면담자: 집에서 화태까지 얼마만큼 걸렸습니까?

구술자: 어, 1주일, 조금 더 걸렸어. 여드레만인가? 아흐레만인가.

이렇게 오랜 시간이 걸리는 이유는 수송수단의 연계가 원활하지 않았기 때문이다. 1941년 경남 거창 출신의 한인이 고향을 출발해 에스토루에 도착한 경로를 살펴보자.[164]

---

163 국무총리 소속 일제강점하강제동원피해진상규명위원회, 2006, 『검은 대륙으로 끌려간 조선인들』, 15~16쪽.

164 정혜경, 2011, 『지독한 이별』, 도서출판 선인, 87~89쪽.

〈표 4-28〉 구술로 복원한 남사할린 이동 경로

<table>
<tr><th>소요일</th><th>이동 내용</th><th>교통편</th><th>누적 거리</th><th>지역</th></tr>
<tr><td>첫째 날</td><td>부산 출발(저녁 11시 30분)</td><td>선박(관부연락선 제8편)</td><td></td><td>조선</td></tr>
<tr><td rowspan="4">둘째 날</td><td>시모노세키[下關] 도착(오전 7시 15분)</td><td></td><td>240km</td><td>일본</td></tr>
<tr><td>시모노세키 출발(오전 8시 25분)</td><td>기차(급행 1026열차)</td><td></td><td></td></tr>
<tr><td>오사카[大阪] 도착(오후 6시 25분)</td><td></td><td>780.7km</td><td></td></tr>
<tr><td>오사카 출발(오후 8시 40분)</td><td>기차(보통 503호 열차)</td><td></td><td></td></tr>
<tr><td>셋째 날</td><td>아오모리[青森] 도착(오후 11시 45분)</td><td></td><td>1836.3km</td><td></td></tr>
<tr><td rowspan="3">넷째 날</td><td>아오모리 출발(새벽 12시 30분)</td><td>선박[청함(青函)연락선]</td><td></td><td></td></tr>
<tr><td>하코다테[函館] 도착(새벽 5시)</td><td></td><td>1996.3km</td><td></td></tr>
<tr><td>하코다테 출발(오후 1시 25분)</td><td>기차(급행 1열차)</td><td></td><td></td></tr>
<tr><td rowspan="5">다섯째 날</td><td>와카나이[稚内] 도착(오전 6시 42분)</td><td></td><td>2675.0km</td><td></td></tr>
<tr><td>와카나이 출발(오전 8시 50분)</td><td>선박[치박(稚泊)연락선]</td><td></td><td></td></tr>
<tr><td>오토마리[大泊] 도착(오후 4시 50분)</td><td></td><td>2885.8km</td><td>남사할린</td></tr>
<tr><td>오토마리 출발(오후 6시)</td><td>기차(1열차)</td><td></td><td></td></tr>
<tr><td>오치아이[落合] 도착(오후 9시 19분)</td><td></td><td>2969.8km</td><td></td></tr>
<tr><td rowspan="4">여섯째 날</td><td>오치아이 출발(오전 6시 45분)</td><td>기차(51열차)</td><td></td><td></td></tr>
<tr><td>나이로[内路] 도착 (오후 4시)</td><td></td><td>3197.7km</td><td></td></tr>
<tr><td>나이로 출발(오후 4시)</td><td>광업소 트럭</td><td></td><td></td></tr>
<tr><td>에스토루 도착(저녁 8시)</td><td></td><td>3277.7km</td><td></td></tr>
</table>

남사할린으로 동원된 한인들은 낯선 환경과 매서운 추위를 함께 견뎌야 했다. 눈이 한번 내렸다 하면 20리 앞이 모두 눈 속이고, 2층 건물 아래채가 다 파묻혔다. 내리는 눈은 맞으면 엉겨서 얼어붙으니 연신 비벼서

〈그림 4-44〉 눈 덮인 산에서 달구지로 나무를 나르는 모습

출처: 대일항쟁기 강제동원 피해조사 및 국외 강제동원 희생자 등 지원위원회 자료

〈그림 4-45〉 샥조로스크에 남은 옛 합숙소(나가야)의 모습(화재로 소실됨)

출처: 정혜경 촬영(2005.8)

털어내야 했다. 갱구까지 가는 사이에 눈에 빠져서 허우적대기도 했다. 눈이 두세 길씩 쌓이니 사람이 폭 빠지는 것인데, 사람이 눈 속으로 '쏙~' 들어가면 움직이지 말고 가만히 서서 고개를 위로 쳐들고 소리를 질렀다. 그러면 사람들이 몰려와 위에서 밧줄을 내려서 끌어내야 나올 수 있지만 자기 힘으로 나오려 하다가는 눈이 무너져 파묻혀 죽을 수 있었다.

탄광에 갈 때는 양말을 두 개 신고, 그 위에 지카타비[165]를 신은 후, 모포로 발싸개를 만들어서 발을 싸고, 다시 고무장화를 신어서 바람을 막았다. 머리에는 선탄모(選炭帽)를 쓰고, 얼굴에 방한대를 하고, 장갑을 두 개 끼고, 눈만 '빵~' 뚫고 나가면, 입김으로 눈앞에 고드름이 매달릴 정도의 추위였다.[166]

---

165 지카타비[地下足袋]: 노동자들이 신는 노동화의 일종. 바닥이 고무로 되어 있으며, 대부분은 엄지발가락과 나머지 발가락이 두 갈래로 갈라져 있고, 발목이 긴 장화 모양이다.

166 정혜경, 2011, 『지독한 이별』, 도서출판 선인, 37쪽.

(3) 직종별 노동실태

『위원회 활동결과보고서』에 의하면, 한인이 동원된 노무동원 작업장은 총 12,095개소였다. 이 가운데 사할린은 77개소이며, 직종은 탄광, 삼림채벌장, 토목건축공사장, 공장이다.[167] 이 직종을 중심으로 직종별 노동실태를 살펴보도록 하겠다.

①탄광산

일제강점기 남사할린에는 56개소의 탄광이 있었는데, 이 가운데 한인이 동원된 곳은 35개소이다.[168]

〈표 4-29〉 한인을 동원한 남사할린 탄광 현황[169]

번호	명칭	소재지	광업권자	계열	가동 기간	한인 동원 관련 주요 내용	휴·폐광⑦	관할 지청
1	豊畑 탄광	⑤名好郡名好村 ⑫⑭名好郡名好町	②⑤⑨⑩⑫⑭ 豊畑炭鑛(주)		②⑨1936. ⑫⑭1937.	⑨한인 취사부 존재 기록 ⑫1943. 한인 갱부 227명, 한인 직원 1명	2차 폐광 1944.8.	惠須取
2	安別 탄광	⑤⑬名好郡名好村 ⑫⑭名好郡西柵丹村	⑬熊谷涉 (~1911.11.) ②⑬新興炭鑛(주) 1935. ②⑩⑫⑭日鐵광업	日鐵	⑬1911.6~11. ⑬⑭1935.6. ②⑩1941. ⑫1936.~	⑫1943. 한인 노무자를 고용하지 않음	2차 휴광 1944.8	惠須取
3	北榮 탄광	⑤名好郡名好村 ⑭名好郡西柵丹村	②③⑤⑭北辰炭鑛(주)	磐城 시멘트	⑭1937.(시굴) 1938.(채굴)	③1943. 휴광		惠須取

167 국무총리 소속 대일항쟁기 강제동원 피해조사 및 국외 강제동원 희생자 등 지원위원회, 2016, 『위원회 활동결과보고서』, 138쪽. 상세한 목록은 〈부록 2〉 참조.

168 정혜경, 2008, 「1944년에 일본 본토로 '전환배치'된 사할린(樺太)의 조선인 광부」, 『한일민족문제연구』 14, 14쪽.

169 국무총리 소속 일제강점하강제동원피해진상규명위원회, 2007, 『사할린 '이중징용' 피해 진상조사』, 13~22쪽.

4	大平 탄광	①⑤⑥⑬名好郡惠須取町 ⑫⑭惠須取郡惠須取町	①②⑤⑨⑩⑫⑬⑭樺太鉱業(주) ⑥樺太工業(주)	王子 제지	①⑥⑨⑫⑬⑭ 1924.	⑨한인 선탄부 노무관리 기록 ⑫1943. 한인 갱부 758명(남 756, 여 2), 한인 직원 2명	생산 보류 1944.8. ②~1944.8 보광	惠須取
5	惠須取 탄광	①⑤⑬⑭名好郡惠須取町 ⑫惠須取郡惠須取町	①⑤⑬惠須取炭鉱㈱③⑫⑭日曹광업(주)	日本 曹達	①⑫⑬1927. ⑭1927.(시굴)	⑫1943.7 한인 갱부 168명	1차 휴광 1943.10	惠須取
6	塔路 탄광	①⑬名好郡惠須取町 ⑤⑫名好郡塔路町	①⑤⑫⑬南樺太炭鉱鉄道㈱(三菱계) ③三菱 ②⑩南樺太 석탄철도	三菱	①⑫⑬⑭1933. ②~1994. ⑨1933~1944.8	②⑨1940.2 한인 집단 입산. 한인 전용 숙사 3개 운영 ⑫1943. 한인 갱부 658명	생산 보류 1944.8	惠須取
7	上塔路 탄광	⑤名好郡塔路町, 惠須取町 ⑫名好郡塔路町 ⑭惠須取郡塔路町	②⑩鐘淵工業 ⑫⑭鐘淵實業(주) ⑤樺太採炭鉱業(주)	鐘紡 하청	⑫⑭1937.	⑫1943. 선인 갱부 881명, 한인 직원 1명	2차 폐광 1944.8	惠須取
8	名好 탄광	①⑬名好郡名好村 ⑫⑭名好郡名好町	①⑬增田亀吉 ②⑩⑫南樺太광업 ⑭南樺太광업(1941.~)		①⑬1934. ②⑩⑫1937. ⑭1936.(채굴권 허가)	⑫1943. 한인 갱부 332명(남 319, 여 13), 한인 직원 1명	2차 폐광 1944.8	惠須取
9	興南 탄광	⑤名好郡名好村 ⑫⑭名好郡西柵丹村大字安別字明石	②⑤⑨⑭大成炭業(주) ②⑩⑫東亞(和)광업		②⑨⑭ 1935~1944.8	⑫1943.7 한인 갱부 208명(남 204, 여 4), 한인 직원 4명 ⑨1940.11.10(皇紀 2600년 기념) 한인 종업원 가족 수십 명을 선탄(選炭)여공으로 채용	2차 폐광 1944.8	惠須取
10	西柵丹 탄광	⑫⑭名好郡西柵丹村西柵丹	⑬熊谷涉 (1911.5~11) ②③⑩⑫⑭ 三井광산	三井	⑬1911.5~11 ⑫1937.	⑫1943.7 한인 갱부 603명 (남 598, 여 5)	생산 보류 1944.8	惠須取
11	白鳥澤 탄광	⑫⑭惠須取郡 塔路町	②⑩⑫⑭樺太광업(주)	王子 제지	⑫1939.	⑫1943. 한인 갱부 170명, 한인 직원1명	2차 휴광 1944.8	惠須取
12	北小澤 탄광	⑫惠須取郡塔路町 ⑭名好郡名好村	②⑩⑫⑭南樺太석탄철도(주)	三菱	1937.	⑫1943.7. 한인 갱부 379명	2차 폐광 1944.8	惠須取

13	三濱 탄광	⑫⑭惠須取郡 珍內町	②三浜鑛業組合 ⑫三浜炭業組合 ③樺太炭業 ⑭樺太三濱광업(주)		② ⑨?~1943.10 ⑫⑭1939~	⑨『특고월보』에 '흘러들어온 사람'이 많다'고 기록	1차 폐광 1943.10	惠須取
14	三福無煙탄광	⑫名好郡名好町	②⑩⑫佐竹喜一郎		⑫1940.	⑫1943. 한인 갱부 16명	2차 폐광 1944.8	惠須取
15	杉森 탄광	⑫⑭惠須取郡 珍內町	③日本發送電氣 ⑫⑭樺太석탄광업(주)		⑭1939. ⑫1940.	③1944. 휴 · 폐갱 ⑫1943. 한인 갱부 141명(남 137, 여 4)	1차 휴광 1943.10	惠須取
16	諸津無煙炭 탄광	⑭名好町남단	②⑩⑫⑭諸津炭業(주)	揖 斐川	②1937~1948. ⑨1937~1944. ⑭1937.	⑨에스토루경찰서 순사부장 지도 훈화 기록 ⑫1943. 한인 갱부 40명	2차 폐광 1944.8	
17	小田州 탄광	⑤⑬久春內郡 三濱村 ⑫惠須取郡珍內町 ⑭久春內郡珍內町	②⑤⑨⑫⑭小田州炭鉱(주) ③北越제지 ⑬松野庄三郎	北越 제지	②⑨⑭ 1934~1943.10 ⑫⑬1935.	③1944. 휴 · 폐갱 ⑨한인 합숙소(함바) 운영 ⑫1943.7 한인은 고용하지 않음	1차 폐광 1943.10	久春內
18	南珍內 탄광	⑤久春內郡三濱村 ⑫惠須取郡珍內町	③⑤山下炭鉱(주) ⑫山下鑛業		1937. ⑫1938.	③1944. 휴 · 폐갱 ⑫1943.7 한인 갱부 350명(남 340, 여 10), 한인 직원 3명	1차 휴광 1943.10	久春內
19	珍內 탄광	①⑤⑬久春內郡三濱村 ⑫惠須取郡珍內町 ⑭久春內郡珍內町	①⑤⑫⑬⑭樺太炭業(주)	森흥업	①⑫⑬⑭ 1934. ④1937.	⑫1943. 한인 갱부 141명(남 125, 여 16), 한인 직원 4명		久春內
20	千諸 탄광		②西樺太鑛業(주) ③⑩三井	三井	②⑨ ?~1944. 8	⑨한인합숙소 2개소 운영	2차 휴광 1944.8	
21	大榮 탄광	①⑥⑫⑬⑭泊居郡名寄村	①⑥⑫⑬⑭樺太鉱業(주)	王子 제지	①⑫⑬1918. ⑭1917.(起業), 1919.(送炭 개시)			眞岡
22	鵜巣 탄광	①⑬野田郡野田町	①⑬樺太炭業(주) ③樺太炭鉱		①⑬1932. ④1937.			眞岡

23	内幌 탄광	①⑤⑥⑬本斗郡内幌村 ⑫本斗郡内幌町	①⑥⑬南樺太炭鉱鉄道(주)(三菱계) ②⑤⑨⑫⑭三菱石炭油化工業(주) ⑪三菱광업(주)	三菱	①⑫⑬1929. ②⑨1930. ⑭1930.(출탄개시)	②1940.4.10 제2차 한인 입산 ⑫1943.7 한인 갱부 325명		眞岡
24	野田 탄광	①⑬野田郡野田町	①⑬堀武治朗(1933.~) ⑬王子제지(~1924.10.)		⑬1917.12~1924.10 ①⑬1933.			眞岡
25	内川 탄광	①⑫敷香郡内路村 ⑤⑥⑬敷香郡内路村, 敷香村(2개소)	①⑤⑨⑪⑫⑬⑭三井鉱山(주) ⑥三井天上鑛業所内川坑	三井	①1930. ②⑨1933. ⑥⑫⑬1929. ⑭1929.(1933년부터 본격 채굴)	⑨한인 기숙사 2개반 운영		敷香
26	知取 탄광	①⑬元泊郡元泊村·知取町(2개소) ⑤⑥⑫⑭元泊郡知取町	①⑤⑥⑫⑬⑭樺太鉱業(주)	王子 제지	①⑫⑬1924. ⑭1924.(개광)			敷香
27	樫保 탄광	①⑫⑬⑭元泊郡元泊村 ⑤元泊郡 泊村	①⑬細入富重 ②⑤⑨⑫⑭樫保炭鉱(주)	吾妻 상회	①⑫⑬1926. ②1923. ⑨⑭1925.	⑨'카시호탄광의 반도노무자 훈련방책안'		敷香
28	泊岸 탄광	⑤⑫⑬⑭敷香郡泊岸村	⑤日本製鐵(株) ⑫日鐵광업(주) ⑬泊岸탄광(주)(~1935.6.) ⑭日鐵광업(주)泊岸광업소(1939.~)	日鐵	⑬1934.12~1935.6 ⑫1939.	⑫1943. 한인 갱부 378명		敷香
29	北辰 (相内) 탄광	⑫⑬⑭元泊郡 知取町	③北日本鑛業 ⑬相内正義 ⑫⑭北日本炭鑛(주)		⑬1934. ⑫1940. ⑭1920년대 중반 시굴, 1940년 채굴	⑦1942. 이후 한인 취로	1차 폐광 1943.10	敷香
30	白浦 탄광	①⑤⑬⑭榮濱郡白縫村 ⑫豊榮郡白縫村	①⑤⑬樺太炭鉱(주) ②⑨⑫⑭南樺太炭鉱(주)	三 菱 (추정)	①⑬⑭1914. ⑫1928.	⑨1940.6 한인 탈주자 발생 기록 ⑫1943. 한인 갱부 176명		豊原

31	川上 탄광	①⑤⑬豊原郡 川上村 · 榮濱郡落合町(2개소) ⑫⑭豊榮郡川上村(豊原 서북지역)	①⑤⑨⑪⑫⑬三井鉱山(주)	三井	① ⑨ ⑫ ⑬ ⑭ 1913.	⑨일반 도일 한인이 강제동원된 한인을 지도하도록 함. 강제동원 한인 처벌을 위한 특별훈련소 운영 ⑫1943. 한인 갱부 482명		豊原
32	內淵 탄광	⑫⑭豊榮郡落合町	②⑨⑫⑭樺太人造石油會社(주)		②⑨⑫⑭ 1939.	⑨『特高月報』에 한인 노무관리에 관한 기록이 있음 ⑫1943. 한인 갱부 121명		豊原
33	美田 탄광	①⑤⑬⑭長濱郡知床村 ⑫大泊郡知床村	①⑬瀧口松太郎 ③⑫石原産業 ⑤樺太産業(주) ⑭石原産業해운(주)	石原産業	①⑫⑬⑭ 1931.		1차 폐광 1943.10	大泊
34	木原 立岩	소재 불상				⑧1940.6월 말 현재 한인 34명 취로		
35	邊計札	소재 불상				⑧1940.6월 말 현재 한인 21명 취로		

출처: ① 1934년 樺太가동광구 일람(http://kam-r.sub.jp/ainu/karakanseki.html)

② 長澤秀, 「戰時下南樺太の被强制連行朝鮮人炭礦夫について」」, 『在日朝鮮人史研究』 16, 1986.

③ 『樺太終戰史』

④ 石炭關聯年表

⑤ 樺太の鑛山(http://www6.airnet.ne.jp/~mura/mine/info/list/09etc/01karafuto.html)

⑥ 樺太の炭鉱(石炭時報 해당 호수)

⑦ 石炭統制會東部支部, 『樺太くしろ轉換關係』(長澤秀, 「戰時下南樺太の被强制連行朝鮮人炭礦夫について」, 29~30쪽, 〈표 7〉, 〈표 8〉 수록).

⑧ 「最近に於ける樺太各炭鑛別勞務者使用狀況」(長澤秀, 『戰時下强制連行極秘資料集-東日本編』 4, 3쪽 수록)

⑨ 樺太鑛業會誌(長澤秀, 「戰時下南樺太の被强制連行朝鮮人炭礦夫について」, 3~10쪽 수록)

⑩ 「樺太釧路整理炭鑛勤勞者轉出先調」, 『戰時下朝鮮人中國人聯合軍俘虜强制連行資料 集』 2, 綠蔭書房, 193~195쪽.

⑪ 久保山雄三, 1942, 『日本石炭鑛業發達史』, 公論社.

⑫ 「經保秘1101號 各炭鑛ノ稼行竝經營狀況ニ關スル件」, 1943.10.22.(長澤秀編, 『樺太廳警察部文書 戰前朝鮮人關係警察資料集Ⅳ』, 綠蔭書房, 148~210쪽)

⑬ 樺太廳, 1973, 『樺太廳施政30年史(上)』, 原書房, 837~841쪽.

⑭ 樺太鑛業會, 1943, 『樺太炭礦案內』.

〈그림 4-46〉 1944년 7월 기준 남사할린 탄광 한인 노무자 분포도

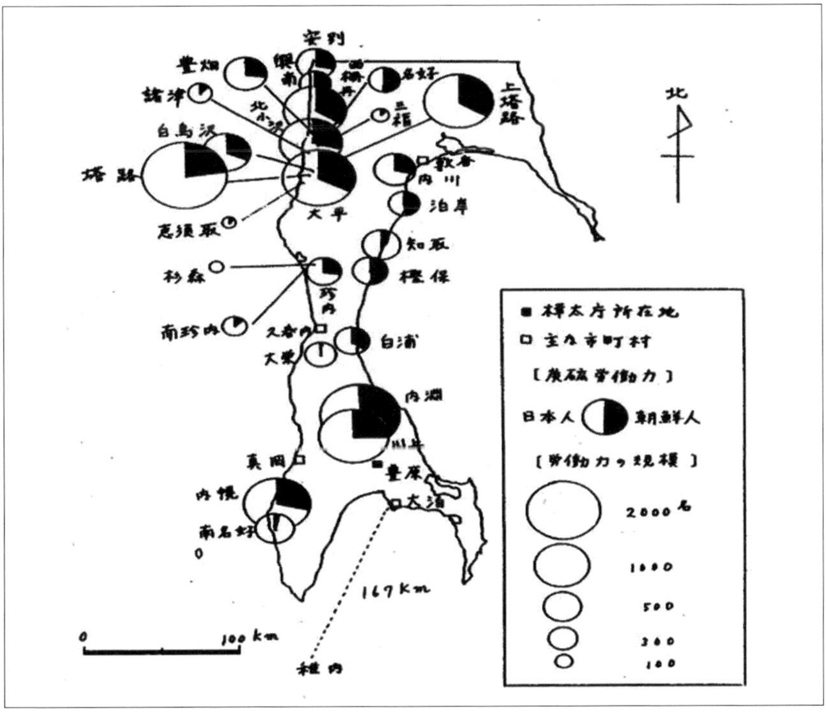

출처: 長澤秀, 「戰時下南樺太の被强制連行朝鮮人炭礦夫について」, 37쪽

서해안 남부에는 4개소, 동해안 북부에는 5개소, 동해안 남부에 4개소 등이다. 서해안 북부 탄전에 해당하는 에스토루와 나요시에 20개소가 위치해 전체의 약 3분의 2를 차지했다.

한인이 동원된 35개 탄광 중 자본 계열이 확인된 곳은 22개소로 3분의 2를 차지했다. 미쓰비시나 미쓰이 등 대자본 계열 탄광도 다수 있었다.

미쓰비시는 미나미가라후토[南樺太]탄광철도(주)를 설립하고, 나이호로[内幌] · 도로[塔路] · 기타코자와[北小澤] · 시라우라[白浦]탄광 등 4개

<그림 4-47> 샤조로스크 미쓰비시 도로[塔路]탄광 선로
(1940년대에 사용했고, 2005년도에도 가동 중)

출처: 정혜경 촬영(2005.8)

<그림 4-48> 웅덩이만 남은 가네보 소속 탄광 갱구
(샤조로스크)

출처: 정혜경 촬영(2005.8)

소를 운영했다. 미쓰이 계열은 4개소인데, 미쓰이광산(주)가 관리했다. 나이카와[內川]·가와카미·니시사쿠탄[西柵丹]·센쇼[千緒]탄광이다. 오지제지(주)는 가라후토광업(주)를 통해 시리토루[知取]·다이에이[大榮]·다이헤이[大平]·하쿠초사와[白鳥澤]탄광 등 4개 탄광을 운영했다. 노다[野田]탄광도 광업권자 중 오지제지가 있었던 것으로 보아 연관 관계를 추정할 수 있다. 닛테쓰광업(주)는 안베쓰[安別]·도마리케시[泊岸]탄광을 운영했다. 가네가후치[鐘淵]방직(주)가 하청한 가미토로[上塔路]탄광에서도 한인 동원을 확인할 수 있다.

노동실태를 살펴보자. 탄광에 동원된 한인들은 대부분 교육을 거치지 않고 곧바로 채탄에 투입되었고, 그 외는 탄광 관련한 일을 하기도 했다. 유유원은 채탄에 투입되었다가 도로건설 작업에도 참여했다. 도로건설은 탄 운송을 위한 탄광철도 공사였다. 채탄이 아닌 다른 일을 한 경우도 있었다. 이문택은 나이부치탄광에서 갱내로 공기를 주입하는 기계를 다루었다. 그가 그 일을 하게 된 이유는 담당하던 일본인이 군에 입대

하게 되었기 때문이었는데, 배우는 데 두 달 반 정도 걸렸다.[170]

면담자: 탄광에서는 어떤 일을 하셨어요?

구술자: 나는 기계 봤어요. 그 기계가 아즉 아래(아침 무렵)에 일바치지요(일으키지요). 이 기계를 여마 기계가 돌죠. 기계가 안 돌마 고나이(갱내) 일을 못해요. 나는 조선에 있을 때는 기계를 몰랐어요. 몰라가지고 여기로 오니께로 사람이 없단 말이야. 그런데 일본 사람인데 날로 기계로 갈케 준단 말이야. 그러니깨 그 일본 사람은 헤타이[兵隊, 군인] 간단 말이야. 헤타이 가이께로 내 갈케 돌라 했지. 그 헤타이 말하는기, 그런기라, 지는 암메(아무래도) 가면 못 올 거 겉다고. 33살 먹었는데 갑삐당(대위)이라. 갑삐당이면 여기 나찰니크(책임자)요.

면담자: 기계를 얼마 동안 배우셨어요?

구술자: 아. 그거? 좀 힘들어요. 내가 그거 배우는데 두 달 반. 그 기계아, 빼루부에(첫 번째), 이치방가다(주간 근무반) 있죠. 그 기계 일 바치고, 불 여코 그라면 이제 이 기계가 돌죠. 그러면 그때는 사람이 없어요. 안즉 안 들어갔어요. 기계 여면, 굴 안에 전부 공기가 다 있어서 사람은 안 죽소.

이문택은 아침 8시부터 시작했고, 3교대였다고 회상했는데,[171] 김동

---

170 국무총리 소속 일제강점하강제동원피해진상규명위원회, 『검은 대륙으로 끌려간 조선인들』, 18, 29~30쪽.

171 국무총리 소속 일제강점하강제동원피해진상규명위원회, 앞의 책, 60쪽.

선의 구술(2교대로 12시간씩 일했다)로 보아 2교대 탄광도 있었던 것으로 보인다. 한인들에게 탄광 일은 힘들었으나 남사할린 탄광은 권양기나 호퍼[172] 등 기계화되어 같은 시기의 일본에 비해 현장 사망률이 낮았다.

급여 지급 방식은 세부 직종에 따라 달랐던 것으로 보인다. 유유원은 급여를 직접 받았고, 마음 내키는 대로 사용했으나 다른 사람들은 직접 받지 못하고, 금액을 적은 내역서만 보았다고 했다. 같은 탄광으로 동원되었던 윤태봉은 직접 받지 못한 경우다.[173] 일본의 여러 탄광과 마찬가지로 급여에서 다양한 명목(지카타비 구입비, 숙식비, 장비 사용료, 각종 세금, 기부금 등)으로 공제하여 실수령액은 많지 않았을 것으로 보인다.

면담자: 월급은 어떻게 받으셨어요?

구술자: 월급도 얼마 받았는지, 요량도 못해요. 월급 받아봐야 주도 않아요. 안 줘요. 얼마 벌었다 카는 그 종이만 주지. 한국에다 부쳐달라 하면 좀 부쳐주지. 보내주고, 지무소에서, 조선말로 사무실에서. 사무실에서 전부 저금을 다 했지. 저금통장도 비주지도 않아요.

면담자: 숙식비는 들지 않았어요?

구술자: 밥값도 얼만지 그것도 모르고, 그냥 저거가 전부 저금한다고 그랬지. 그랬지만, 그래 저금한 것도 해방되고 나서 돈도 전

---

172 호퍼(Hopper): 석탄·자갈·시멘트 등을 임시로 저장해 놓고 필요할 때 아랫구멍을 열어서 조금씩 나오게 하는 깔때기 모양의 장치. 탄광에서는 막장에서 탄을 끌어 올려 막장 외부 탄차에 옮기는 데 사용.

173 국무총리 소속 일제강점하강제동원피해진상규명위원회, 『검은 대륙으로 끌려간 조선인들』, 21, 38쪽.

부 무효가 다 되어버렸어.

15세 소년의 몸으로 남사할린 탄광의 탄부가 되었던 경험자의 구술을 통해 동원과정에서부터 노동실태까지 살펴보자.[174]

1928년 5월 강원도 고성군에서 태어난 손용암은 장전 바다에서 배를 타던 부친을 도우며 중학교 입시 준비를 하고 있었다. 1943년 11월, 아버지 심부름으로 속초에 밧줄과 어망 등을 사러 갔다. 속초역 앞을 지나는데, 모여 있던 경찰 중 한 사람이 불러 세웠다. 조선 사람이었다.

"너, 이리오라. 너 몇 살이니?"

"열다섯 살입니다"

"어디서 왔니?"

"장전에서 왔습니다."

"뭐 하러 왔니?"

"배에 쓸 물건을 좀 사러 왔습니다"

"그래?"

소년을 위아래로 훑어보던 경찰은 잠깐 따라오라고 했다. 잠깐이면 된다고 했다. 어린 나이에 어른이, 더구나 경찰이 가자는데, 내뺄 도리가 없었다. 소년이 따라간 곳은 여관이었다. 여관 마당에 들어서니 사람들이 마당에 옹기종기했다. 소년을 데려간 경찰은 다른 사람들과 이야기를 하더니 방으로 들어가라 했다. 아버지가 기다리시니 물건을 사서 집에 가야 한다고 사정하자 엉덩이를 차며 방에 집어넣었다.

방에는 20대 초반이나 30대 정도의 어른들이 여섯 일곱 명 정도 있었다. 이들은 소년에게 어떻게 왔냐고 묻더니 "너도 걸렸구나!" 했다. 어리둥절한 소

174 정혜경, 2019, 『아시아태평양전쟁에 동원된 조선의 아이들』, 섬앤섬, 277~279쪽.

년에게 어른들은, 세 사람은 영장을 받고 나왔고, 나머지는 영장 없이 납치당한 사람이라고 알려주었다. 그렇게 여관방에 갇혀 시간을 보낸 후 다음 날 오후 일행 모두 속초역에 가서 다른 사람들과 합류했다. 오십 명은 되었다. 기차 앞에서 소년은 아버지에게 가야 한다며 안 타려고 버텼다. 그랬더니 어느새 경찰이 와서 배를 차고 몽둥이질을 했다. 흠씬 두들겨 맞은 후 기차에 실려 부산으로 갔다.

속초역에서 일행을 태운 경찰은 부산에 도착한 후 다른 이들에게 인계하고 돌아갔다. 일행은 새로운 인솔자에 이끌려 연락선을 타고 바다를 건넜다. 시모노세키에 도착해 기차를 타고, 하루 밤낮이 걸려 아오모리(靑森)까지 가서 다시 배를 타고 홋카이도에 도착했다. 삿포로[札幌]에서 여관에 집어넣고 하룻밤을 재운 후 배를 타고 다른 항구로 갔다. 그렇게 도착한 곳은 화태였다. 바다를 세 번이나 건넜다.

11월의 남사할린은 이미 겨울이었다. 길이 얼어서 다른 교통편은 없고 눈썰매 마차가 있었다. 사람들은 스키를 타거나 개썰매를 타고 다녔다. 자동차는 눈 때문에 다닐 수 없다고 했다. 인솔자는 눈썰매 마차에 여덟 명씩 태우더니 이불을 덮으라고 주었다. 얼마나 추운지 눈을 감았다 뜨면 눈이 딱딱 붙어버렸다. 그렇게 추운 땅에서 눈썰매 마차를 타고 산을 넘어 탄광으로 들어갔다. 소년 탄부 생활의 시작이었다.

소년은 아무 교육도 없이 갱에서 탄을 캤다. 화태 탄광은 일본 본토 탄광보다 수월하다고들 한다. 그러나 소년에게는 힘들었다. 채탄도 힘들었지만 입갱 때 허리에 매는 커다란 배터리가 문제였다. 배터리를 매면 몸이 휘청거렸다. 배터리를 맨 허리에 종기가 나서 붓더니 나중에는 혹이 되었다. 갱에서 화약 발파할 때 튀어 오른 탄덩어리에 이마를 다쳤으나 아무 치료도 해주지 않아 지금도 흉터가 남아 있다. '목숨 건지고 받은 훈장'이었다.

남사할린의 석탄은 성냥불로만 불을 붙여도 탈 정도로 화력이 좋았다. 불어오는 바람에 야적장에 쌓아둔 석탄에서 불이 날 정도였다. 탄광에서는 감독 1명이 30~40명 정도의 탄부를 거느렸다. 감독은 탄부들을 여러 조로 나누고 일본인 조장을 두었다. 4명인 조도 있고, 7명이나 8명인 조도 있었다. 조장은 사키야마[先山]라 했다. 조장이 앞장서 들어가면서 표시를 하면 따라가는 사람들이 구멍을 뚫어 폭약을 설치할 수 있도록 하고, 발파전담자가 발파를 한 후 곡괭이로 탄을 캤다. 탄을 캐는 일이 탄부의 몫이었다. 탄부들은 모두 하루에 해야 하는 일의 할당량이 있었다. 소년에게도 있었다. 탄광 이름도 지명도 아무것도 모르고 지냈다. 물어볼 생각도 하지 않았고 가르쳐주는 이도 없었다. 그저 화태라는 것만 알고 지내는 판이니 달아날 생각은 하지도 못했다. 길도 모르는 머나먼 섬에서 달아나봤자 육지로 가지도 못하고 붙잡힐 게 뻔했다. 식사량은 충분치 않았지만 견뎠다.

출처: 정혜경, 2019, 『아시아태평양전쟁에 동원된 조선의 아이들』, 섬앤섬, 277~279쪽

〈그림 4-49〉 샥조로스크(당시 지명 나요시) 사할린 현장에 남은 호퍼

출처: 정혜경 촬영(2005.8)

〈그림 4-50〉 지카타비를 신고 화태 사진관에서 사진을 찍은 탄부

출처: 『끌려간 삶·조각난 기억』(2007년도 위원회 전시회 도록)

② 탄부의 전환배치

중서부 지역 탄광의 탄부들은 1944년 '전환배치'라는 과정을 통해 가족과 이별했다. 사할린 한인들은 두 번 동원되었다는 의미로 '이중징용'이라는 용어를 사용하는데, 전환배치 대상에는 강제동원자 외에 강제동원과 무관한 한인도 포함되어 있었으므로 적절한 용어는 아니다.

당국은 원활한 물자 수급을 위해 수시로 인력의 전환배치를 단행했다. 당국이 전쟁의 심화에 따라 동원된 노무자를 다른 작업장으로 전환배치한 사례는 사할린 지역만이 아니었다. 일본 본토의 공장이나 탄광산에서도 적지 않게 일어났다.[175] 시기적으로는 1943년과 1944년에 집중되었다. 1943년 1월 20일 자 각의 결정(「생산증강근로대책긴급요강」)을 구체화한 1943년도 국민동원계획에는 노무공급원 확충과 적정배치를 기하기 위한 여러 조치 가운데 하나가 '배치 전환의 강제'였다.

남사할린 탄광부의 전환배치는 1944년 8월 11일 각의 결정(「가라후토 및 구시로(釧路)탄광 근로자, 자재 등의 급속 전환에 관한 건」)을 근거로 실시되었다. 이에 따라 동년 9월 당시 남사할린 26개소 탄광 가운데 서해안 탄전지구의 14개소 탄광을 정리하고, 인원(한인 3,000명, 일본인 6,000명) 및 생산 자재를 일본 본토로 긴급 배치했다.

한인들은 1944년 8월 19일부터 3일간 징용령서를 받고, 8월 25일부터 9월 16일까지 일본 본토에 입항했다. 이들은 후쿠오카[福岡] 17개소, 후쿠시마[福島] 1개소, 나가사키[長崎] 4개소, 이바라키[茨城] 4개소 등 총 4개현 26개소 탄광으로 전환배치되었다. 작업장 배치 원칙은 동일 계열

175 1943년 금광산 광부 전환배치에 관한 상세한 내용은 정혜경, 2009, 「전시체제기 일본 본토 조선인 노무자의 '전환배치': 광산명부를 중심으로」, 『한일민족문제연구』 17 참조.

회사였으나 배치 과정에서 변동도 있었다. 3,022명이 징용령서를 받았으나 3,191명을 전환배치했고, 지역을 변경해 배치하기도 했다.

〈표 4-30〉 지역별 전환배치 현황[176] (단위: 명)

입산 탄광	탄광회사	지역	전환배치 한인						전출 탄광 및 계열 관련성	
			① 1944.9.8. 전환배치 실적	② 1944.8.25.~9.23. 입산	③ 1944.10.31. (9.4.~28. 입산)	현지 조사 확인	구술 조사 확인	④ 유가족회 진술서	탄광	계열 관련성
二瀬	日本제철	福岡		130		○			安別	◎
山野	三井광산	福岡	378	370		○	○	○	西柵丹	◎
目尾	古河광업	福岡	148	215		○	○		名好	
平山	明治광업	福岡	271 (204+67)	290		○	○	○	白鳥澤	
嘉穗	日本제철 嘉穗광업	福岡	145	180		○		○	上塔路	
豊國	明治광업	福岡	87			○	○		塔路	
高松	日本탄업	福岡	396	390		○	○		大平	
三池	三井광산	福岡	67							
勝田		福岡	49			○			上塔路	
上山田		福岡	100							
上田	上田長一 소유	福岡		70					上塔路/三福/諸津	
小田	鳳城탄광	福島	148	130	149	○			興南	
關本	關本탄광	茨城	72	70	72	○	○	○	豊畑	

176 국무총리 소속 일제강점하강제동원피해진상규명위원회, 2007, 『사할린 '이중징용' 피해 진상조사』, 45~47쪽.

山一	山一탄광	茨城	73	70	73	○	○	○	豊畑	
*山口	山口탄광	茨城	22	22	22	○			三福	
*櫛形	東邦탄광	茨城	27	27	27	○		○	諸津	
高島	三菱광업	長崎	436 (174+196+66)	435		○	○	○	北小澤/塔路	◎
崎戸	三菱광업	長崎	501 (500+1)	520		○	○		塔路	◎
大島	松島탄광(주) 大島광업소	長崎	136	130		○		○	大平	◎
*鹿町	日本제철	長崎	134			○	○		安別	◎
합계			3,190	3,049	343					

출처: ①「勤勞者輸送計劃表」, 石炭統制會 東部支部, 『樺太くしろ轉換關係』(長澤秀 編, 1992, 『戰時下朝鮮人中國人聯合軍俘虜强制連行資料集』 2, 綠蔭書房, 180~182쪽 수록).

②「供出炭鑛勞務者ノ受入炭鑛別數調」, 石炭統制會 東部支部, 『樺太くしろ轉換關係』(長澤秀 編, 『戰時下朝鮮人中國人聯合軍俘虜强制連行資料集』 2, 185쪽 수록).

③「樺太釧路轉換勤勞者受入數調」, 石炭統制會 東部支部, 『樺太くしろ轉換關係』(長澤秀 編,『戰時下朝鮮人中國人聯合軍俘虜强制連行資料集』 2, 187쪽 수록).

④ 러시아사할린주한인이중징용광부유가족회 회원이 작성한 이중징용피해진술서

비고: 표시는 계획수립 당시 전입 탄광과 실제 입산 탄광이 다른 경우

휴·폐광된 탄광은 채탄 규모가 크고, 탄질도 우수한 탄광이었다. 전환배치의 이유는 두 가지였다. 하나는 출탄 실적이 저조한 탄광에 대한 정리였다. 두 번째는 수송 문제였는데, 출탄 실적이 우수한 탄광이 이에 해당했다. 남사할린의 석탄은 대부분 일본 본토로 보내졌는데, 1942년 후반부터 선박 부족과 연합군의 공격으로 수송선의 피해가 늘어나 석탄 적취선의 배선이 줄어들다가 1944년 8월에는 중단되는 사태를 맞았다. 이 때문에 수송하지 못한 석탄의 저탄율이 급증하자 항구에 쌓아 둔 석탄의 자연 발화 위험과 정부의 재정 부담 등이 문제가 되었다. 당시 일본 정부는 수송하지 못하고 저탄한 석탄에 매입가격보상금을 지급하고, 융

자 및 차입금 이자 지급 등을 조치했는데, 그 비용이 계속 늘어났다. 이 같은 이유로 당국은 탄광을 휴·폐광하고, 탄부들을 일본 본토로 '전환배치'하는 결정을 내렸다.

급작스럽게 이뤄진 전환배치는 회유와 경찰관 승선이라는 감시와 통제를 통해 진행되었다. 전환배치된 이들에게는 일본 본토 배치 이후에도 열악한 노동조건으로 사고사가 빈번했다. 무엇보다 '전환배치'의 가장 큰 후유증은 가족의 이산이다. 전환배치된 한인들은 대부분 가족을 남겨두고 떠나게 되었다. 당국은 가족을 데려다주겠다고 약속했으나 이행하지 않았다. 나가사와 시게루[長澤秀]의 연구에 의하면, 전환배치 대상 한인 가운데 사할린 잔류 가족은 3,598명이었다.[177] 손용암도 전환배치를 경험했다.[178]

> 1944년 여름이 되었다. 하루는 군인 신분인 사장이 식당으로 모이라고 했다. 사장은 늘 긴 칼을 차고 군복에 군복 망토까지 걸치고 다녔다. 사장은 모인 사람들 가운데 스무 명을 선발하고 나머지는 돌아가라고 했다. 스무 명에 용암도 들어있었다. 사장은 "그동안 추운 곳에서 고생했으니 좀 따뜻한 데 가서 일해라!"고 했다. 가족들과 같이 살던 탄부들에게는 곧 가족을 데려다 준다고 했다. 다들 아무런 대답이 없었다. 무슨 말이 필요하겠는가. 오고 싶어서 온 것도 아니고, 집에 보내준다는 것도 아닌데.
> 날짜에 맞춰 항구에 나가니 경찰이 지키고 있었다. 행여 가족들이 거칠게 항의라고 할까 봐 그런 듯했다. 항의하는 가족도 있었으나 소용없었다. 경찰 호

177 長澤秀, 2005,「ロシアサハリン州の朝鮮人離散家族について」,『海峡』21, 54쪽.

178 정혜경, 2019,『아시아태평양전쟁에 동원된 조선의 아이들』, 섬앤섬, 280~283쪽.

위 아래 배를 타고 처음에 오던 길로 갔다. 홋카이도를 거쳐 아오모리로 해서 규슈로 가는 길이다. 기차가 바다 밑으로 해서 나가사키로 갔다. 신기했다. 나가사키에서 기차를 내려 다시 배를 타고 6~7km를 더 가니 다카시마라는 섬이 나왔다. 고도촌(高島村)이라 부르는 길쭉한 섬이었다. 그곳에 소년이 일해야 하는 탄광이 있었다. 미쓰비시 탄광이었다. 한인도 많았지만, 중국 포로도 있었다. 일본 사람들은 중국 포로를 미개인 취급을 하고 제2국민이라면서 한인들보다 더 무시하고 못살게 굴었다.

거기서도 탄을 캤다. 처음 화태에 갔을 때는 그곳이 제일 힘든 곳이라 생각했는데, 아니었다. 다카시마의 석탄은 무연탄이었는데 덩어리가 아닌 가루탄이어서 눈에 들어가니 여간 불편하지 않았다. 더구나 갱은 바다 아래 깊은 곳에 있어서 엘리베이터를 타고 직선으로 내려갔다가 다시 사방으로 흩어져 걸어 내려가야 했다. 밀차를 끌어 올리는 권양기도, 호퍼도 없이 탄부들이 밀차도 끌어 올리고 퍼 나르고 해야 했다. 좁은 갱에서 밀차에 가루탄을 담는 일도 힘들었지만, 끌어올리는 일은 정말 힘에 부쳤다.

탄광 안에 파이프를 넣어 외부의 공기를 집어넣었는데, 전기가 끊어져 파이프가 돌아가지 않으면 폭발한다고 했다. 화태에서는 갱이 깊지 않아 그렇게 위험하지는 않았는데, 다카시마는 오래된 탄광이어서 그렇다고 했다. 오래된 갱이다 보니 천정이 무너져 깔려 죽는 이도, 다치는 이도 있었다. 이곳에서도 달아날 생각은 하지 않았다. 섬을 벗어날 방법도 없었지만, 간혹 배가 들어올 때는 감시를 철저하게 하니 몰래 타고 가지도 못했다. 간혹 헤엄쳐 달아난 어른들이 잡혀 죽었다는 소문도 들려 왔다.

늘 공습이 있었다. 밤 근무를 하면 바닷가에 나와 바람을 쐬곤 했는데, 툭하면 공습으로 방공호에 들어가야 했다. 미군 비행기는 소이탄이라는 폭탄을 퍼부어 사방천지를 불구덩이로 만들었다. 화염방사기를 뿜은 듯 위험했다. 다카시마에서는 매질이 심했다. 사키야마는 이유 없이 자기 마음에 들지 않으면 때리고 발길질을 했다. 그렇게 탄을 캐며 지내다 원자폭탄이 터졌다. 원자폭탄이 터지던 날, 용암은 낮 근무 날이어서 갱에 있었다. 밤 근무를 하고

낮에 해변에서 쉬던 다른 탄부 한 사람은 원자폭탄이 터질 때 쳐다보았다가 이내 사망했다. 등허리가 까맣게 타서 병원에 데려갔으나 며칠 못 버티고 세상을 떠났다.
해방이 되면서 소년의 탄부 생활은 끝났다. 일하지 않고 보름 정도 지나자 한인을 모두 내보낸다는 소리가 들렸으나 내보내지도 않고 먹을 것도 주지 않았다. 당시 나가사키 조선소에는 중국 포로도 있었고 미국 포로도 많았는데, 미군들이 이들을 위해 상공에서 물건을 떨어뜨렸다. 그런데 조준을 잘못해서 많은 물건이 다카시마까지 떠 밀려왔다. 열어보니 옷도 있고 먹을 것도 있었다. 그것으로 두 달 이상 버티면서 계속 고향에 보내 달라고 했다. 회사에 열심히 졸라댄 결과, 10월에 배를 구해 고향으로 갈 수 있었다. 100명 정도 타는 작은 배였으나 감지덕지하며 서둘러 고향길에 나섰다. 2년간 편지 한 장 보내지 못했던 고향이었다.
고향으로 돌아갈 때 소년은 15원을 받았다. 2년간 일한 대가였다. 남사할린에서는 매달 3원 정도 받았다. 3원을 받으면 어른들 틈에 끼어 청어 말린 것이나 돼지고기를 사 먹곤 했다. 그나마 남사할린에서 경험한 추억이었을 뿐, 일본에서는 그런 일도 없었다. 회사에서는 모두 은행에 예금해준다고 했다. 물론 통장을 본 적은 없지만, 회사에서 예금했다고 하니 그런가 보다 할 뿐이었다. 고향에 가려니 예금한 돈이 생각나 회사에 돈을 돌려달라고 했다. 그러자 '은행이 문을 닫아 돈이 없으니 우선 이것이라도 장만해 준다'며 15원을 주었다. 다른 어른들도 모두 15원씩 받았다. 열다섯 살에 속초역 앞에서 끌려갔던 소년은 열일곱 살에 고향으로 돌아왔다.

출처: 정혜경, 2019, 『아시아태평양전쟁에 동원된 조선의 아이들』, 섬앤섬, 279~283쪽

전쟁이 끝난 후 해방을 맞아 일본에서 일하던 한인 가운데 일부는 가족을 만나기 위해 사할린으로 돌아가기도 했으나 대부분은 고향으로 귀국함으로써 평생토록 만나지 못하거나 수십 년이 지나서야 해후할 수

〈그림 4-51〉 전환배치 지역 중 하나인 하시마 해저 탄광

출처: 정혜경 촬영(2017.11)

〈그림 4-52〉 하시마에서 세상으로 나가는 창구

출처: 정혜경 촬영(2017.11)

있었다. 한인들이 가족이 있는 사할린이 아니라 한국을 택한 이유는, 당시 철도 등 수송기관이 파괴되어 사할린으로 돌아가기 어려웠고, 사할린 상황에 대한 정보가 부족했기 때문이었다. 당시 일본에서는 사할린이 폭발했다는 소문이 횡행했다.[179]

③ 토목건축 작업장과 제지공장

재무국 자료에 의하면 석탄광산에 이어 다수의 한인이 동원된 작업장은 토목건축 작업장이었다. 토목건축은 적용 범위가 넓었다. 사할린에서는 주요 산업인 탄광개발을 위해 여러 시설공사를 동시다발적으로 실시했다. 직원 숙소 등 탄광산에 부속된 각종 시설 건축은 물론, 탄광 철도와 도로를 정비하는 일도 시급했다. 탄광 이외의 산업시설이나 기타 기반시설 건축도 활발하였다. 이러한 토목건축 작업장에서 노무자의 하층을 구성하고 있던 것은 한인 노무자들이었다.

179 정혜경, 2008, 「1944년에 일본 본토로 '전환배치'된 사할린(樺太)의 조선인 광부」, 『한일민족문제연구』 14, 65쪽.

〈그림 4-53〉 한인의 손으로 만들어
지금도 사용 중인 철도

출처: 정혜경 촬영(2005.6)

일반 산업시설 이 외에 비행장이나 군사기지 구축에도 많은 한인이 동원됐다. 군사시설물 구축에는 군무원뿐 아니라 토건 청부업자인 구미[組] 소속 노무자들도 다수 동원됐다. 남사할린의 비행장은 10개소 정도로 알려져 있다.

〈표 4-31〉 남사할린 소재 비행장 현황

연번	명칭	현재 지명	활주로 수/ 구미	길이(m)/ 폭	포장재
1	게톤[氣屯]비행장	스미르늬흐[구 敷香郡]	1	1200/ 100	콘크리트
2	쇼토이[初問]비행장	마트로소보[구 敷香郡]	2	1200/ 100	콘크리트
3	가미시스카[上敷香] 비행장	레오니도보[구 敷香郡]	1/ 엔도구미 [遠藤組](1944)	1300/ 200	아스팔트
4	나이로[內路]비행장	가스텔로[구 敷香郡]	1/ 엔도구미 [遠藤組](1944)	1200/ 150	콘크리트
5	도로[塔路]비행장	샤조로스크[구 惠須取郡]	1	1200/ 100	콘크리트
6	오타니[大谷]비행장	소콜[구 豊榮郡]	2	1000/ 100	콘크리트
7	오사와[大澤]비행장	유즈노사할린스크 [구 豊原市]	1	1200+/ 100	아스팔트

8	오도마리[大泊] 비행장	코르사코프[구 大泊郡]	2	1200/ 100, 1150/ 150	콘크리트
9	이케즈키[池月] 비행장	타라나이[구 留多加郡]	1/ 엔도구미[遠藤組]	1000/ 80	불명
10	고노토로[小能登呂] 비행장	코스트롬스코예[구 眞岡郡]	1/ 하야카와구미[早川組]	1200/ 100	콘크리트

출처: 鈴木康生, 1987,『樺太防衛の思い出: 最終の総合報告』.

남사할린은 풍부한 삼림자원을 기반으로 일찍부터 오지제지가 진출해 여러 곳에 공장을 설립했다. 제지공장을 건설한 지역은 도요하라, 시리토루, 시스카, 에스토루, 노다, 마오카, 오도마리, 오치아이 등 8개 지역이다. 이들 지역은 몇 가지 공통점을 갖고 있다. 첫째, 모두 정(町)이 설치된 곳으로서 남사할린에서 도시로 간주한 지역이다. 둘째, 지역 배후지에 탄광이 발달해 공장 운영에 필요한 자원 조달이 용이했다. 셋째, 도요하라와 오치아이를 제외한 나머지는 주요 항구가 있었고, 도요하라·오치아이도 철도가 지나가는 길목으로 내륙 거점도시였다. 이러한 입지는 노동력 확보에 유리하고, 공장 가동에 필요한 석탄자원 조달이 원활한 지역이었다.

남사할린 각지에 제지공장을 건설한 것은 제지산업 발달에 적당한 삼림이 있기 때문이었다. 각지에서 벌목한 목재는 각지의 제지공장으로 운송했다. 제지산업과 벌목은 뗄 수 없는 관계였으므로 제지산업이 성장할수록 벌목산업의 규모도 커졌다. 따라서 벌목지 및 석탄 산지와 공장을 연결하는 수송로 확보도 중요했다. 이처럼 제지산업은 벌목, 채탄, 토목건축 등 당시 남사할린의 모든 생산 및 노동과 연관되었다.[180]

180 국무총리 소속 대일항쟁기 강제동원 피해조사 및 국외 강제동원 희생자 등 지원위원회, 2011,『사할린 강제동원 조선인들의 실태 및 귀환』, 43쪽.

<〈그림 4-54〉 남사할린 비행장 및 제지공장 분포도

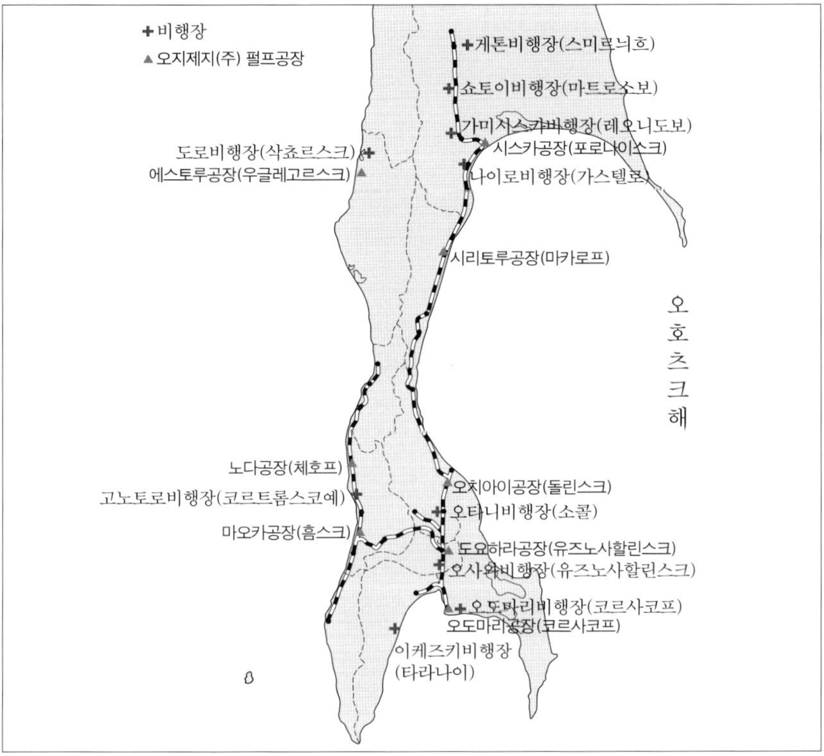

출처: 국무총리 소속 대일항쟁기 강제동원 피해조사 및 국외 강제동원 희생자 등 지원위원회, 2011, 『사할린 강제동원 조선인들의 실태 및 귀환』, 44쪽.

(4) 화태청 경찰 문서로 본 남사할린 한인 통제

일본의 강제병합 직후부터 한인은 당국의 감시와 통제의 대상이었다. 감시와 통제는 식민지 역사와 동시에 시작되었다는 표현이 적절하다. 1943년까지 한인은 기류제도[181]의 적용을 받지 않았으므로 당국의

181 기류는 '90일 이상 거주할 목적으로 본적 외 일정한 장소에 주소(개인 거주 생활의 중심 장소)와 거소(居所, 특정 목적을 위해 다소 기간 체류하는 장소)를 정하는 것'을 말한다.

입장에서 한인의 이동을 추적하는 것은 쉬운 일이 아니었다. 따라서 당국은 경찰조직을 통해 통제와 감시 체제를 갖추고 한인의 이동을 세세히 주시했다. 특히 1938년 국가총동원체제를 가동한 후 일본 본토와 사할린 등지에서 한인의 수가 늘어남에 따라 집단 소요를 우려해 당국의 대응 강도도 높아졌다.

경찰은 기능에 따라 일반경찰·보통경찰·고등경찰·특별고등경찰(특고)로 나누었다. 고등경찰과 특고는 주로 공산주의와 무정부주의 사상이나 독립운동을 단속하는 업무를, 일반경찰과 보통경찰은 일상적으로 관할 지역 한인의 동태를 파악하고 감시하는 업무를 담당했다.[182] 한인을 대상으로 업무를 수행한 경찰이 남긴 기록은 특고기록과 일반경찰기록이다.

남사할린 한인들도 이러한 경찰의 감시와 통제 시스템에 속해 있었다. 위원회가 2014년 한·러 정부 합의에 따라 남사할린에서 발굴한 화태청(樺太廳) 소장 경찰서 기록물(사할린주역사기록보존소GIASO, 사할린 개인기록보존소GADLSSO 등 소장 기록물, 총 7,472명분의 명부 자료 포함)을 통해 알 수 있다. 화태청 소장 경찰서 기록물은 화태청 도요하라 경찰서가 생산해 일본 본토와 조선 등 제국 일본 영역에 배포한 문서이다. 사할린

기류제도는 거주자의 이주 상황을 파악할 수 있는 '주민등록제도'. 본적을 떠나 거주하는 자, 또는 본적이 없거나 불분명한 자의 거주·신분관계를 공부(公簿)에 기재하는 제도. 일본인은 「기류법(1914년 공포, 1952년에 주민등록법이 시행되면서 폐지)」에 근거해 기류부를 작성하도록 했다. 한인은 1943년 조선기류령에 따라 기류부를 작성하게 되었다.

182 萩野富士夫, 2012, 『特高警察』, 岩波新書, 34쪽; 허광무, 2018, 「일제 말기 경찰기록으로 본 일본지역 강제동원 조선인노무자의 관리와 단속-'도주'노무자 수배가 갖는 역사적 의미를 중심으로」, 『한일민족문제연구』 35, 73쪽.

에서 거주지를 이탈한 한인은 물론, 일본 18개 도도부현의 강제동원 작업장에서 탈출한 한인들을 수배할 목적으로 발송했다. 수배문서이므로 수배 대상자의 기본 인적사항 외에 '신장, 인상, 체격, 목소리' 등 인상 특징을 꼼꼼히 기재했고, 신장은 ○척(尺) ○촌(寸) ○분(分) 단위나 미터법 1/10cm 단위에 이르기까지 실측치에 가깝게 정확도를 기했다.

당국은 무단으로 관할 지역을 이탈한 한인에 대해서는 일본 본토와 남사할린, 조선 등지에 수배 요청을 내리는 등 꼼꼼하고 철저했다. 동일인에 대해 소재가 파악될 때까지 여러 차례 수배령을 내렸다. 국가총동원체제 이전 시기에는 한위건·홍도·송성철·박춘화 등 조선, 일본, 중국 상하이·베이징, 블라디보스토크 등지에서 활동한 독립운동가에 대해서도 여러 차례 수배령을 발송하며 감시와 통제를 소홀히 하지 않았다. 강제동원 실시 후에는 한인을 집중 감시 대상으로 설정했다. 이 가운데 한 사람(김현식)의 자료를 살펴보자.

남사할린의 북쪽 국경 부근 토목공사장에서 일하던 19세 청년 김현식은 30명의 한인 노무자와 함께 집단 탈출을 감행했는데, 이들을 적발했다는 보고서는 찾을 수 없다. 집단 탈출이 가능했던 것은 북사할린으로의 탈출이 쉬운 지리적 조건 때문이었을 것이다.

• 1943년 6월 27일 자 기록(GIASO 1i-1-154-148, 72~78쪽)
문서 제목: 「이주 반도노무자 도주의 건(豊協 99호)」
이름: 김현식(金光鉉植)
본적: 전북 고창군 고창면 229
주소: 시스카군[敷香郡]
소속: 우치카와[內川] 미쓰이광업소 初間(天德組 소속 철도공사장)

직업: 외잡부
연령: 1923년 9월 25일생
인상 특징: 키 5척 3촌 6푼, 안색이 검고, 두발은 둥글게 잘랐고, 국방색 작업복을 입었으며, 키가 큰 편.
소재 불명 시기: 1943년 6월 12일

〈그림 4-56〉 GIASO 소장 문서철 표지

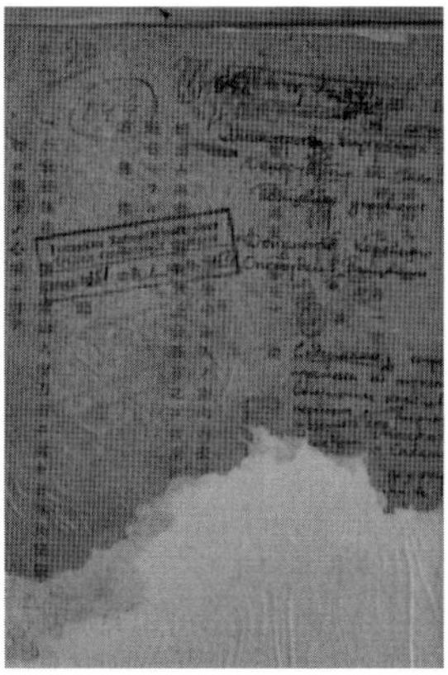

〈그림 4-57〉 이주 반도노무자 도주의 건(豊協 99호)

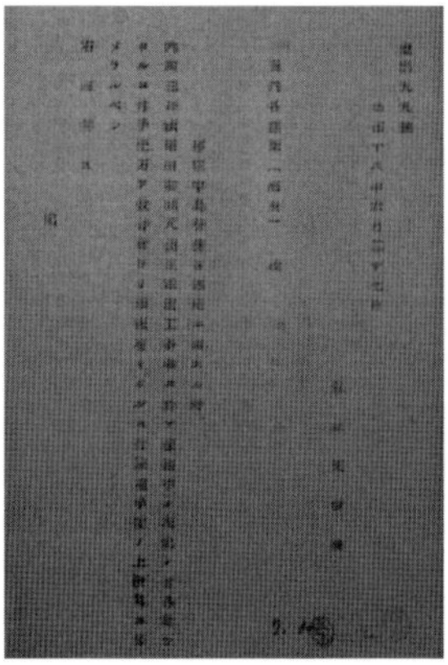

〈그림 4-58〉 김현식 해당 내용

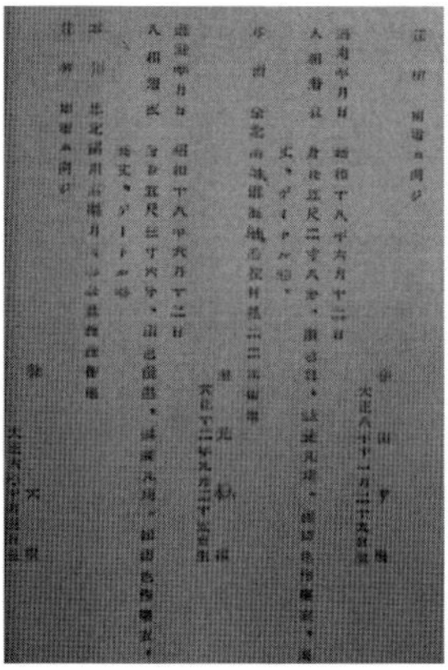

출처: GIASO 소장문서

2015년 5월, 위원회는 화태청 경찰서 기록물 수록 명부 자료 7,472명분 가운데, 846명을 강제동원 피해자 명부로 의결했다. 846명 가운데 278명이 남사할린 한인 노무자였는데, 20명은 2회 이상 중복 수배자였다. 특히, 이인우(1914년 충남 보령군 출신)는 1943년과 1944년에 후쿠시마현 소재 탄광(후루카와광업)과 남사할린의 사사키구미[佐佐木組] 소속 비행장 공사장·공장 등에서 '도주'와 '불온낙서를 산포한 혐의'로 총

3회 수배자 명단에 이름을 올렸다.[183] 화태청 경찰서 기록물을 통해 철저한 통제와 감시 시스템 속에서도 작업장을 탈출하거나 '불온낙서'를 산포하는 등 적극적 저항을 멈추지 않았음을 알 수 있다.

---

183 GIASO-1i-1-154-64, GIASO-1i-1-154-68, GIASO 1i-1-172-29(위원회 상정 문서: 수집자료 〈사할린주역사기록보존소GIASO 소장 조선인노무자명부① 증거인정 결정안〉).

〈부록 1〉 지명 대조표(작성자: 방일권)

일본식 지명	지청	러시아 지명	원어 표기(영문 표기)
가미시스카[上敷香]	시스카[敷香]	레오니도보	ЛЕОНИДОВО(Leonodovo)
가미토로[上塔路]	에스토루[惠須取]	샤조로스크	ШАХТЕРСК(Shakhtersk)
가시호[樫保]	시스카[敷香]	자오제르노예	ЗАОЗЕРНОЕ(Zaozernoye)
가와카미[川上]	도요하라[豊原]	시네고르스크	СИНЕГОРСК(Sinegorsk)
게톤[氣屯]	시스카[敷香]	스미르늬흐	СМИРНЫХ(Smirnykh)
고톤[古屯]	시스카[敷香]	포베디노	ПОБЕДИНО(Pobedino)
구슌나이[久春内]	마오카[眞岡]	일리인스키	ИЛЬИНСКИЙ(Il'inskiy)
기타코자와[北小澤]	에스토루[惠須取]	텔놉스키	ТЕЛЬНОВСКИЙ(Tel'novskiy)
나요시[名好]	에스토루[惠須取]	레소고르스크	ЛЕСОГОРСК(Lesogorsk)
나이로[内路]	시스카[敷香]	가스텔로	ГАСТЕЛЛО(Gastello)
나이붙이[内淵]	도요하라[豊原]	브이코프	БЫКОВ(Bykov)
나이카와[内川]	시스카[敷香]	티흐메네보	ТИХМЕНЕВО(Tikhmenevo)
나이호로[内幌]	마오카[眞岡]	고르노자봇스크	ГОРНОЗАВОДСК (Gornozavodsk)
노다[野田]	마오카[眞岡]	체호프	ЧЕХОВ(Chekhov)
니시사쿠탄[西柵丹]	에스토루[惠須取]	보슈냐코보	БОШНЯКОВО(Boshnyakovo)
다이헤이[太平]	에스토루[惠須取]	우다르느이	УДАРНЫИ(Udarnyi)
도마리오루[泊居]	마오카[眞岡]	토마리	ТОМАРИ(Tomari)
도마리케시[泊岸]	시스카[敷香]	바흐루셰프	ВАХРУШЕВ(Vakhrushev)
도요하라[豊原]	도요하라시[豊原市]	유즈노사할린스크	ЮЖНО-САХАЛИНСК (Yuzhno-Sakhalinsk)
도요하타[豊畑]	에스토루[惠須取]	레소고르스크	ЛЕСОГОРСК(Lesogorsk)
도로[塔路]	에스토루[惠須取]	샤조로스크	ШАХТЕРСК(Shakhtersk)
마오카[眞岡]	마오카[眞岡]	홈스크	ХОЛМСК(Kholmsk)

미나미나요시[南名好]	마오카[眞岡]	셰부니노	ШЕБУНИНО(Shebunino)
미나미친나이[南珍內]	에스토루[惠須取]	크라스노고르스크	КРАСНОГОРСК(Krasnogorsk)
비다[美田]	도요하라[豊原]	노비코보	НОВИКОВО(Novikovo)
시라우라[白浦]	도요하라[豊原]	브즈모리에	ВЗМОРЬЕ(Vzmor'ye)
시리토루[知取]	시스카[敷香]	마카로프	МАКАРОВ(Makarov)
시스카[敷香]	시스카[敷香]	포로나이스크	ПОРОНАЙСК(Poronaysk)
안베쓰[安別]	에스토루[惠須取]	보즈드비줴니예	ВОЗДВИЖЕНИЕ(Vozdvizhenie)
에스토루[惠須取]	에스토루[惠須取]	우글레고르스크	УГЛЕГОРСК(Uglegorsk)
오도마리[大泊]	도요하라[豊原]	코르사코프	КОРСАКОВ(Korsakov)
오타니[大谷]	도요하라[豊原]	소콜	СОКОЛ(Sokol)
오치아이[落合]	도요하라[豊原]	돌린스크	ДОЛИНСК(Dolinsk)
진나이[珍內]	에스토루[惠須取]	크라스노고르스크	КРАСНОГОРСК(Krasnogorsk)
하쿠초사와[白鳥澤]	에스토루[惠須取]	샥쵸르스크	ШАХТЕРСК(Shakhtersk)
혼토[本斗]	마오카[眞岡]	네벨스크	НЕВЕЛЬСК(Nevel'sk)

〈부록 2〉 남사할린 한인 노무동원 작업장

종류	작업장	기업	계열	현재 지명
공장	敷香공장	王子제지㈜	王子	포로나이스크
공장	知取공장	王子제지㈜	王子	마카로프
공장	野田공장	王子제지㈜	王子	체홉
공장	眞岡공장	王子제지㈜	王子	홈스크
공장	大泊공장	王子제지㈜	王子	코르사코프
공장	落合공장	王子제지㈜	王子	돌린스크
공장	豊原공장	王子제지㈜	王子	유즈노사할린스크
공장	恵須取공장	王子제지㈜	王子	우글레고르스크
탄광	木原立岩			
탄광	泊榮	東滿산업		
탄광	邊計札			
탄광	小恩內탄광	南樺太석탄철도(주)		
탄광	南珍內탄광	山下炭鉱(주)/山下鑛業		크라스노코르스크
탄광	幌岸탄광	增田鉱業(주)		
탄광	落帆三上탄광	中村茂樹		
탄광	落帆탄광	中村茂樹		
탄광	彌滿탄광	瀧口松太郎		
탄광	古丹岸탄광	森田喜一郎		
탄광	茶釜탄광	(資)茶釜탄광		
탄광	東海탄광	寺島藤兵衛		
탄광	登帆탄광	登帆탄광(주)		
탄광	馬群潭탄광	山谷進一郎		
탄광	北樫保탄광			자오제르노예

탄광	北辰(相内)탄광	北日本鑛業/相内正義/北日本炭鑛(주)		
탄광	三富士탄광	五十*貞藏		
탄광	内路탄광	(資) 内路炭鉱/田坂市次郎		
탄광	幌内保탄광	吉川繁太郎		
탄광	久良志탄광	白井爽風		
탄광	泊居탄광	樺太廳		
탄광	北泊帆탄광	梅野良蔵		
탄광	野田탄광	堀武治朗(1933.~)/ 王子제지(~ 1924.10.)		체홉
탄광	鶫巣탄광	樺太炭業(주)/樺太炭鉱		체홉
탄광	内淵탄광	樺太人造石油會社(주)		브이코프
탄광	西内淵탄광	樺太人造石油會社(주)		브이코프 (자고르스크)
탄광	千歲탄광	(資)白浦千歲炭鉱		
탄광	名好탄광	增田亀吉/南樺太광업/ 南樺太광업(1941.~)		레소고르스크
탄광	三福無煙탄광	佐竹喜一郎		레소고르스크
탄광	三濱탄광	三浜鑛業組合/三浜炭業組合/ 樺太炭業/樺太三濱광업(주)		크라스노코르스크
탄광	杉森탄광	日本發送電氣/樺太석탄광업(주)		크라스노코르스크
탄광	知内탄광	新興탄광(주)		
탄광	豊畑탄광	豊畑炭鑛(주)		레소고르스크
탄광	興南탄광	大成炭業(주)/東亞(和)광업		
탄광	北榮탄광	北辰炭鑛(주)	磐城시멘트	보슈냐코보
탄광	小田州탄광	小田州炭鉱(주)/北越제지/松野庄三郎	北越제지	파르스노예
탄광	内幌탄광	南樺太炭鉱鉄道(주)(三菱계)/ 三菱石炭油化工業(주)/三菱광업(주)	三菱	고르노자봇스크

탄광	北小澤탄광	南樺太석탄철도(주)	三菱	텔놉스키
탄광	塔路탄광	南樺太炭鉱鉄道㈱(三菱계)/三菱/南樺太석탄철도	三菱	삭쵸르스크
탄광	白浦탄광	樺太炭鉱(주)/南樺太炭鉱(주)	三菱(추정)	브즈모리예
탄광	千諸탄광	西樺太鑛業(주)/三井	三井	
탄광	内川탄광	三井鉱山(주)/三井天上鑛業所内川坑	三井	티흐메네보
탄광	川上탄광	三井鉱山(주)	三井	시네고르스크
탄광	西柵丹탄광	熊谷涉(1911.5.~11.)/三井광산	三井	보슈냐코보
탄광	珍内탄광	樺太炭業(주)	森흥업	크라스노코르스크
탄광	美田탄광	瀧口松太郎/石原産業/樺太産業(주)/石原産業해운(주)	石原産業	노비코보
탄광	樫保탄광	細入富重/樫保炭鉱(주)	吾妻상회	자오제르노예
탄광	北名好탄광	王子제지(주)	王子	
탄광	知取탄광	樺太鉱業(주)	王子제지	마카로프
탄광	大榮탄광	樺太鉱業(주)	王子제지	토마리
탄광	大平탄광	樺太鉱業(주)/樺太工業(주)	王子제지	우르다느이
탄광	白鳥澤탄광	樺太광업(주)	王子제지	삭쵸르스크
탄광	諸津無煙炭탄광	諸津炭業(주)	揖 斐川	카멘카
탄광	恵須取탄광	恵須取炭鉱㈱/日曹광업(주)	日本曹達	소볼
탄광	泊岸탄광	日本製鐵㈱/日鐵광업(주)/泊岸탄광(주)(~1935.6.)/日鐵광업(주)泊岸광업소(1939.~)	日鐵	바흐루셰프
탄광	安別탄광	熊谷涉(~1911.)/新興炭鑛(주)1935./日鐵광업	日鐵	보즈드비줘니예
탄광	上塔路탄광	鐘淵工業/鐘淵實業(주)/樺太採炭鉱業(주)	鐘紡하청	삭쵸르스크
탄광	南名好탄광	樺太개발(주)		셰브니노

토목	氣屯비행장	藤田組,美澤組		스미르늬흐
토목	內路비행장	遠藤組		가스텔로
토목	上敷香비행장	遠藤組,天德組		레오니도보
토목	철도공사장[樺太東線]			스미르늬흐
토목	初問비행장			마트로소보
토목	小能登呂비행장	早川組		코스트롬스코예
토목	大谷비행장			소콜
토목	大泊비행장			코르사코프
토목	池月비행장	遠藤組		타라나이
토목	大澤비행장			유즈노사할린스크
토목	塔路비행장			샥쵸르스크

2. 중국

1) 중국에 동원된 한인 노무자

(1) 중국 관내

위원회 조사 결과에 따르면, 한인 노무동원 작업장은 총 12,095개소였다. 이 가운데 중국과 만주의 작업장은 315개소(탄광, 군 공사장, 토목건축 공사장, 농장)다. 이를 중국과 만주로 구분해 보면, 중국이 17개소이고, 297개소는 모두 만주에 있었고, 1개소는 중국과 만주에 걸쳐 있었다.[184]

중국으로 한인이 강제동원된 것은 중일전쟁 후 전선의 고착과 깊은 관련이 있다. 1937년 7월 7일 밤, 중국 베이징 부근 루거우차오[蘆溝橋]에서 중·일 양군의 충돌을 계기로 일어난 중일전쟁은 8월 15일 일본 내각이 전면 전쟁 개시를 선언함으로써 멈출 수 없게 되었다. 개전 초기에 일본 육군은 전쟁을 3개월 만에 끝낸다며 호언장담했으나 1938년이 되어도 끝날 기미는 보이지 않았고, 지구전이 되었다.

중국 전선은 남쪽인 하이난섬[海南島]에서 시작해 윈난성[雲南省], 쓰촨성, 푸젠성[福建省] 등 중국 16개성에 걸쳐 있었다. 중국 서부 지역을 제외한 대부분의 중국 본토가 전선이었던 셈이다. 일본군은 갑자기 넓어진 전선을 감당하기 힘들었고, 중국 내륙까지 물자와 무기를 공급하기도 버거웠다. 중일전쟁 초기에는 한반도와 만주국에서 보급했으나 전선이 넓어지면서 어쩔 수 없이 현지 조달할 수밖에 없게 되자 중국 관내의 노

---

184 국무총리 소속 대일항쟁기 강제동원 피해조사 및 국외 강제동원 희생자 등 지원위원회, 2016, 『위원회 활동결과보고서』, 138쪽.

〈그림 4-58〉 중국의 영역

출처: 국무총리 소속 강제동원피해진상규명위원회, 『강제동원명부해제집』 1

무동원 작업장을 가동하였다. 중국 관내 노무동원 작업장은 중국인 노동력의 의존도가 높았고, 한인은 소수로 추정된다. 위원회 목록 17개소(하이난섬 10개소 포함) 가운데 하이난섬을 제외한 목록을 보면, 토목공사장이 4개소, 광산이 1개소, 공장이 2개소이다.

〈표 4-32〉 중국 관내 한인의 노무동원 작업장 목록(하이난섬 제외)

작업장	소재지	계열
만선철도공장 사하구(沙河口) 공장	관동주[關東州] 대련	
대화(大華)광업	관동주[關東州] 대련 甘井子	
만주선거㈜ 대련조선소	관동주[關東州] 대련(雨森造船, 小金丸造船)	만주선거㈜

만선철도공장	관동주[關東州] 대련/ 만주국 요양, 안동, 여순, 봉천, 무순, 공주령	
빈정(浜町)발전소	관동주[關東州] 대련시 빈정	
남만주철도㈜	관동주[關東州] 대련시[大連市]	닛산, 만주중공업회사, 소화제강소, 화북교통회사 등 출자(1935.4)
만주화학공업㈜	관동주[關東州] 대련시[大連市] 椒房屯 83-2(본사 및 공장)	만철 중앙시험소 연구위탁 기업

현재 중국 관내 노무동원 작업장과 한인 강제동원 실태에 대해서는 하이난섬을 제외하면 학계의 연구성과를 찾을 수 없다.

(2) 하이난섬[海南島]

위원회가 조사한 한인이 동원된 노무동원 작업장, 중국 관내 17개소 가운데 10개소는 하이난섬에 자리하고 있다. 하이난섬은 김정미 등 일본의 연구자를 통해 피해자 현황이 알려진 곳이다.[185]

하이난섬은 중국 광둥[廣東]성 남쪽에 있는 중국에서 가장 큰 섬이다. 면적은 제주도의 18배가 넘는다. 1988년 광둥성에서 분리되기까지 줄곧 광둥성의 행정 관할에 속했다. 아열대 기후이며, 광산, 해양, 삼림 등 자원이 풍부해 일본이 줄곧 전략적 관심을 가진 지역이었다. 북쪽으로는 광둥성 레이저우[雷州]반도, 서쪽으로는 베트남 북부, 남쪽으로는 중국 남해의 시사[西沙]·중사[中沙]군도, 동쪽으로는 필리핀 등에 접한 요충지로서, 일본이 태평양을 통제하고 동남아시아를 포섭하는 군사기지이자 철광석과 목재를 확보하는 원료 보급기지로서 중요한 지역이었다. 일본

185 대표 연구성과는 김정미, 1999, 「일본 점령하 중국 해남도에서의 강제노동-강제연행·강제노동 역사의 총체적 파악을 위해」, 『근현대 한일관계와 재일동포』, 서울대 출판부.

은 1900년대 초부터 광산에 주목하고 타이완총독부와 같이 조사했다.

일본군은 1939년 2월 하이난섬 점령 후 1940년 4월 해남경비사령부를 발족해 '명실상부한 남진(南進)의 주요 중계기지'로 삼았다. 해군 해남경비부는 하이난 최고의 식민통치기구로서 시설부, 특무부, 군수부, 육전대, 특공대 등을 두었는데, 특히 특무부는 경제 관련 사항을 관장했다. 1939~1945년까지 하이난섬에 일본주해구총영사관(日本駐海口總領事館)을 두고 일본인과 한인, 타이완인 등을 관리했다. 통계에 따르면, 1941년 4월 기준 한인은 189가구 198명(남 79명, 여 119명), 1942년 10월에 395가구 455명(남 376명, 여 79명), 1943년 10월에 879가구 903명(남 767명, 여 136명)이다.

당국은 전쟁물자 조달을 위해 일본 및 타이완의 농·공·상 기업들을 전쟁경제 이윤이라는 점을 내세워 유치하고, 해남경비사령부의 비호 아래 개발에 나섰다. 해군과 결탁해 하이난섬에 들어온 이시하라[石原]산업, 닛치쓰(주), 미쓰비시광업, 아사노[淺野]시멘트 등 일본 주요 기업은 하이난섬의 자원을 약탈하면서 수송 인프라도 구축했다.

〈표 4-33〉 하이난섬 한인 노무동원 작업장 목록

작업장	소재지	계열	비고
남붕도(南朋島) 중석광	하이난섬	미쓰비시[三菱] 광업	
동방(東方) 수력발전소	하이난섬	닛치쓰(주)	1943.10 준공. 1944년 2월 24일부터 스루 지역에 전기 공급
포파령(抱坡領) 석회산	하이난섬	아사노[淺野]시멘트	
반각령(羊角領) 수정광	하이난섬	미쓰비시[三菱] 광업	

토건공사장 (八所港)	하이난섬 빠소[八所]항	닛치쓰(주)	1941.5. 공사 개시
해군비행장	하이난섬 링수이현[陵水縣]	니시마쓰구미 [西松組]	
닛치쓰(주) 해남흥업 스루[石碌]철광	하이난섬 바이사현[白沙縣]	닛치쓰(주)	노천광산, 1942.1. 채광 개시, 39만 톤 철광석을 팔소항을 통해 반출
군사시설물구축 공사장	하이난섬 산야(三亞)시	니시마쓰구미 [西松組]	1945년 초 미군의 공습으로 철광수송이 어려워지자 해안선 진지공사, 동굴 굴착공사 등에 동원
산야[三亞] 해군비행장	하이난섬 산야시	니시마쓰구미 [西松組]	
이시하라산업(주) 텐두[田獨]철광	하이난섬 창장현[昌江縣]	이시하라[石原] 산업	노천광산. 1940.4~1944년간 240만 톤을 유린(楡林)항을 통해 반출

일본군은 1939년 점령 후 광산·철도·항구·발전소 건설에 현지민을 충당했으나 한계가 있었으므로 1941년 9월부터 중국에서 인력을 동원했다. 동원 인원은 최대 4만 5,600명에 이르렀고, 이 가운데 스루광산에 동원된 규모는 1만 8,000명에 달했다. 텐두[田獨]에 세운 텐두만인갱사난광공기념비(田獨萬人坑死難鑛工紀念碑) 비문 내용이나 지역별 분포 상황을 볼 때, 일부는 모집 형태로 동원된 것으로 보인다. 1942년 4월에 하이난섬 최대도시인 하이커우[海口]에 100여 명, 간은[感恩]에 239명이 있었고, 1943년 10월 하이커우 79명, 산야[三亞] 27명, 산야와 가까운 유린[楡林]에 61명, 베이리[北黎] 269명, 빠소[八所] 250명, 철광산 지역인 텐두에 3명이 있었다.

하이난섬 강제동원 한인의 중심은 남방파견조선보국대라는 이름으로 동원한 형무소 수감자들이었다. 1943년 3월, 일본 각의 결정(「조선총독부 수형자 하이난섬 진출에 따른 감독 직원 증원에 관한 건」)에 따라 경성과 평양 형무소 등 수감자 2천 명을 파견했다. 각의 결정 첨부 문서(「조선총독부 수형자 해남도 출역 실시요강」)를 보면, 출역 목적은 하이난섬의 인력 부족과 조선의 형무소 수용 여력 부족이었다. "출역자 수는 전체 약 2천 명으로서 4월에 200명, 5월에 800명, 6월에 1,000명을 송출할 예정이며, 기간은 1년으로 하되 필요하면 연장할 수 있다"고 기재했다. 이러한 당국의 방침에 따라 한인 수형자들이 하이난섬으로 출발했다.

남방파견조선보국대 제7중대장으로서 조선보국대 본부 서무주임을 했던 기누가키[衣笠一] 간수장이 쓴 회고록(『해남도 파견 조선보국대 시말기』)에 따르면, 일본인 200여 명을 포함한 2,200명이 출발했다. 한인 2,000 명은 당시 조선의 수감자 10%에 해당하는 규모였다. 이들은 1943년 3월 30일(도착 4월 17일)부터 1944년까지 8차에 걸쳐 하이난섬으로 출발했다. 각의 결정 첨부물(해남도 출역자 이송계획표, 1943년 2월 말 작성)의 형무소별 수형자 현황을 보면 〈표 4-34〉와 같다.

〈표 4-34〉 형무소별 하이난섬 한인 수형자 현황

형무소 이름	동원한 수형자 규모	형무소 이름	동원한 수형자 규모
경성	100	신의주	300
서대문	350	해주	50
대전	100	대구	100
함흥	250	부산	150
원산	50	광주	100
청진	100		
평양	350	총계	2,000

출처: 각의결정 첨부물(해남도 출역자 이송계획표, 1943년 2월말 작성)

〈그림 4-59〉 조선총독부 수형자 해남도 출역 실시요강을 근거로 한 남방파견조선보국대 편제

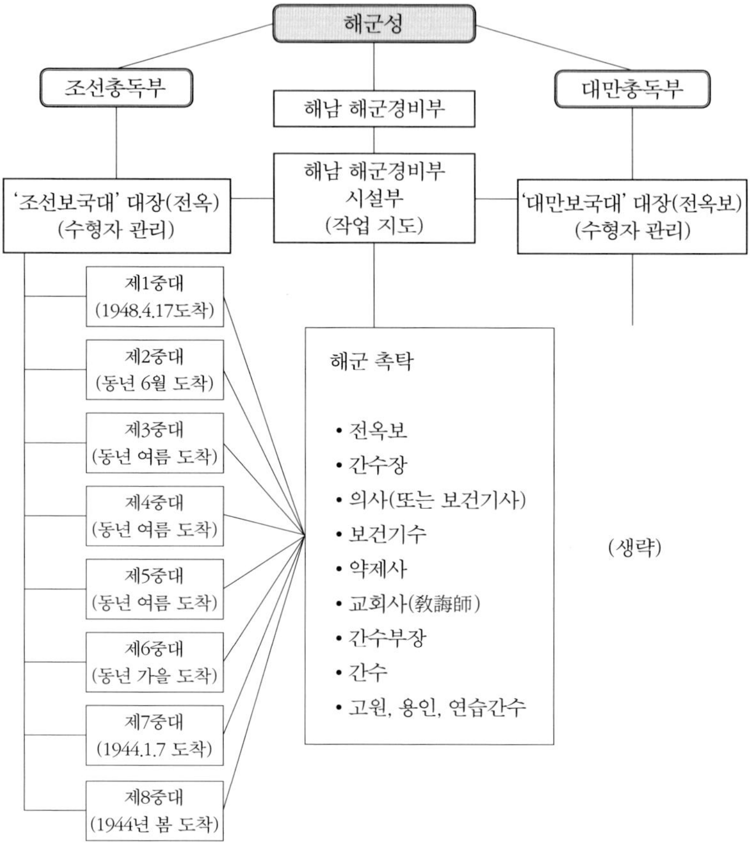

출처: 국무총리 소속 일제강점하강제동원피해진상규명위원회, 2007, 「남방파견보국대 진상조사보고서」, 미공개, 39쪽

이들은 수형자였으므로 동원과정도 일반인과 달랐다. 선정 조건은 형기가 1년 6개월 이상 3년 미만 남아 있는 수형자로서 20세 이상 40세 미만의 신체가 강건한 사람이 대상자였다. 형식은 지원이었지만 내용은 할당이었다. 당시 경험자들의 이야기를 들어 보면, 개인 의사를 물어보는 과정 없이 '명단을 가지고 와서 쭉 데리고 갔다'고 한다. 당국은 이 기

준에 따라 선발한 대원을 지정한 각 주관 형무소로 이송해 별도 훈련을 실시했다. 당국자의 표현대로 '눈이 팽팽 돌아갈 정도'의 심한 군대식 훈련을 1주일 동안 받았다.

고복남의 구술에 따르면, '6개월간 일을 하면, 가출옥을 시켜주고, 밥도 하루에 6홉씩 양껏 먹도록 해준다'고 약속했다. 이 약속은 총독이나 조선총독부의 책임자가 여러 차례 공개적인 자리에서 한 약속이었다. 그래서 철석같이 믿었으나 현지에 도착하자 약속은 물거품처럼 사라졌다. 현지 중국인들까지 경악할 정도의 참혹한 중노동과 폭행이 기다리고 있었다. 이들 중 가출옥으로 귀국한 이는 5%(112명) 정도였다.

"일제 때 삼재진(三才鎭)의 비행장에서 일했는데, 몇십 명가량의 한인을 봤다. 남색 옷을 입고 있었고, 밥 먹을 때 무릎을 꿇고 먹었다. 먼 데서 봐서 뭘 먹는지 보지는 못했다. 늦게까지 일하던 모습이 기억난다. 한인의 숙소는 초가집 같은 것이었다. 손에 잡히는 대로 막무가내로 때리는 걸 봤다. 한인 외에 인도 사람도 있었다."

"일본인들이 산아비행장 만들 때 조선 사람들이 왔는데, 처음 여기에 도착할 때 내가 봤다. 일본 사람이 하이난섬에 처음 상륙한 후 4년 반 뒤의 일이다. 2백 명 정도 되었는데, 전부 남색 옷을 입었다. 조선말을 하고 있었다. 인솔하고 온 사람은 흰색 옷을 입고 있었다. 군복이었다. 나중에 전체적으로 1,000여 명 가까이 되었다. 숙소는 임시로, 천 같은 것으로 간단하게 만든 것들이다. 일하는 도중에 일을 안 하거나 안 좋게 생각하는 사람에 대해선 조용히 끌어내 죽였다. 그런 것을 직접 보기도 했다. 조선 사람들은 조금밖에 먹지 못

〈그림 4-60〉 남방파견조선보국대 배치 지역

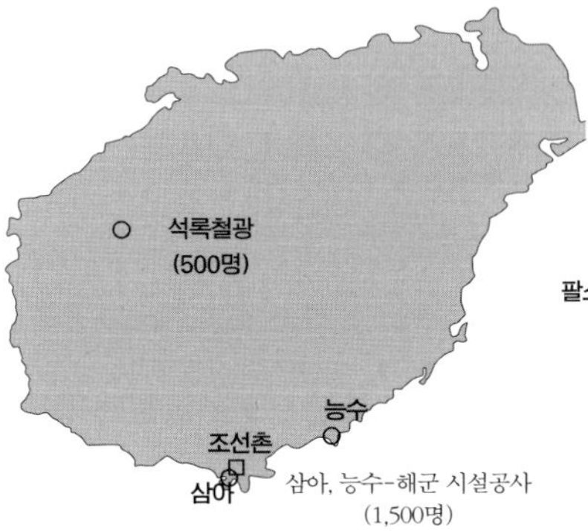

출처: 제86회 제국의회 설명자료

〈그림 4-61〉 1945년 초 한인노무자의 이동배치 현황

출처: 「남방파견보국대 진상조사보고서」, 미공개, 46쪽

했다. 가까이 가서 보지 못하게 때문에 뭘 먹는지 볼 수는 없었다. 불쌍하게 여겨서 고구마 같은 것을 줬는데, 주는 것을 감독자들에게 들키면 못 주게 했다. 조선 사람들은 여기에서 1년 넘게 있었는데, 비행장을 거의 완성했으며, 한쪽으로 수로(水路)도 팠다. 조선 사람을 죽이는 것을 직접 본 적은 없고, 죽은 사람을 끌어내는 것은 봤다. 비행장에서 일하다가 죽은 사람을 저 멀리 산언덕에도 묻었고, 이쪽 부근에도 묻었다고 한다. 직접 묻는 것을 보지는 못했으나 딴 사람들이 묻은 곳을 알려주었다."

출처: 국무총리 소속 일제강점하강제동원피해진상규명위원회, 2007, 『남방파견보국대 진상조사보고서』, 비공개, 40쪽

위원회가 2005년과 2006년에 현지 조사에서 채록한 중국 현지민들의 구술 내용이다. 참혹한 실상을 알 수 있다.

참혹한 폭행과 힘든 노동실태 속에서 한인들의 대응 방법은 탈출이

었다. 소수민족의 거주지여서 중국어 표준어가 통하지 않는 오지(奧地)였으므로 말도 통하지 않고 길도 모르니 모두 붙잡혔고, 처절한 응징을 당했다. 그래도 탈출은 그치지 않았다. 탈출하지 않아도 강제노역과 전염병, 영양실조 등으로 죽음을 피할 수 없다고 생각했기 때문이다.

구사일생으로 살아난 고복남은 비교적 어렵지 않은 어린 시절을 보냈는데, 사소한 일로 일본 순사를 폭행했다가 2년 형을 받고 평양형무소에 수감되었다. 그는 하이난섬에서 탈출을 시도했다가 함께 탈출한 동료 3명과 함께 붙잡혀 구타를 당하고, 100일간 손목이 묶인 채 매달려 있었다. 옆에 매달린 동료들은 죽었으나 본인은 손목의 뼈가 보일 정도로 심한 상처를 입고도 살아났다. 100일간이나 매달아도 살았다고 일본 사람들이 '독하다'며 살려주었다. 그러나 다시 탈출을 감행해 성공했다. 당시 하이난섬에는 영양실조와 풍토병으로 사망하는 사람이 많았는데, 병이 옮을 것을 걱정해 꺼리는 일이었으므로 고복남이 자원했다. 일본인의 매질도 피할 수 있는 데다가 사자밥이라고 해서 밥을 많이 준다고 생각했기 때문이다. 고복남은 탈출에 성공해 타이완 사람 마을에 숨었다가 해방을 맞았다.

2) 중국 동북부 지역(만주)의 한인 노무동원

(1) 만주 지역 노무동원 작업장 현황

『위원회 활동결과보고서』에 제시한 만주 지역 노무동원 작업장 298개소(중국과 만주에 걸쳐 있었던 1개소 포함)의 직종별 현황을 보면 총 7개의 직종(기타 포함)임을 알 수 있다. 이 가운데 다수를 차지하는 것은 탄광산이고, 다음은 공장과 토건이다.

탄광산에서는 구리, 금, 마그네사이트, 석탄, 아연, 철광, 유화, 유황

〈그림 4-62〉 만주 지역 노무동원 작업장 직종별 현황

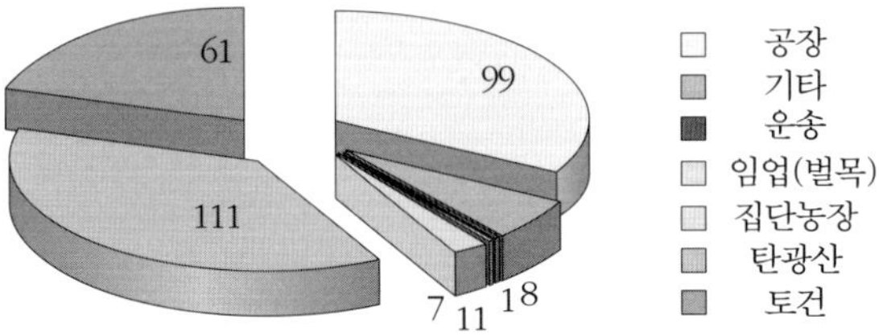

출처: 국무총리 소속 일제강점하강제동원피해진상규명위원회 활동보고서

〈그림 4-63〉 현재 벽돌공장으로 사용 중인 동성용(東盛涌)비행장 활주로 자리

〈그림 4-64〉 벽돌공장 반대편에서 바라본 동성용비행장 활주로

출처: 정혜경 촬영(2006.7)

〈그림 4-65〉 훈춘비행장 활주로

〈그림 4-66〉 훈춘비행장 활주로

출처: 정혜경 촬영(2006.7)

등 다양한 광물을 채광했다. 펑톈성[奉天省] 푸순시[撫順市]에 있었던 푸순탄광은 1900년대 초부터 채광해 역사도 오래되었지만, 갱내굴과 노천굴을 합해 총 17개 갱과 3개 발전소, 전기철도, 타르증류·유황·석탄액화·제철·가스·제유 공장 등을 구비한 대규모 단지였다.

비행기, 조선소, 기계, 방직, 제지 등 공장의 세부 직종도 다양했다. 남만주철도(주)나 만철과 같은 국책회사가 다수였으나 미쓰비시와 스미토모, 쇼와[昭和]제강소 등 일본 대기업도 있었다. 만주국의 수도인 신징[新京]특별시에는 만주국 정부와 만철·미쓰이·미쓰비시·스미토모가 자본을 출자해 설립한 비행기공장인 만주항공(주)이 있었다. 펑톈시에는 화신산업의 박흥식(朴興植)이 설립한 만주비행기제조(주)가 두 군데 공장을 운영했고, 경성방직이 설립한 남만방적도 자리하고 있었다. 만주 노무동원 작업장은 298개소에 이르지만 한인이 집중적으로 동원된 직종은 집단농장(개척민)이었다.

(2) 만주국의 성격과 한인 강제동원

2019년 여름 발간된 『반일종족주의』에서 노무동원을 부정하는 근거의 하나는 '부풀려진 통계'였다. 학계가 강제성을 강조하고자 의도적으로 강제동원 규모를 부풀렸다는 주장이다. 이에 대해 정혜경은 통계의 오류를 인정하고, '통계 수치보다 중요한 것은 통계 기준이 되는 인력 동원의 성격과 범주에 대한 고민'임을 강조했다. 만주나 중서부 태평양 지역에 '이민'이라는 명목으로 간 한인의 성격에 대한 고민과 연구를 축적해 강제성 여부를 판단하는 것이 선행작업이라는 지적이다.[185]

그러한 고민과 연구를 반영한 강제동원 통계가 『위원회 활동결과보고서』(2016)에 수록된 한인 강제동원 규모다. 이 통계는 일본 정부 통계를 분석한 결과인데 일본 정부의 자료에서 찾을 수 없는 노무동원 항목이 있다. 만주와 남양군도(중서부 태평양)이다. 일본 정부 자료에서 이들 지역의 동원 규모를 찾을 수 없었던 것은 노무동원 범주에 포함하지 않았기 때문이다. 이에 반해 위원회가 이를 통계에 포함한 것은 이들에게 가해진 강제성을 인정했기 때문이다.

그렇다면 위원회는 어떤 과정과 방식으로 이들을 피해자로 판정했는가. 중국 동북부 지역(만주)은 '만주 노무동원 피해처리 계획 보고(2009.10.14)'(내부 문서, 위원회 의결)를 통해 알 수 있다. 이 보고서에 따르면, 위원회는 만주 지역 강제동원 피해 2,434건의 피해신고서를 처리하기 위해 2006~2009년간 현지조사, 문헌자료조사, 연구용역, 생존자 조사, 연구자 의견 청취 등을 통해 피해판정의 기준을 마련했다. 위원회가 마련한 기준은 두 가지였다. 첫째, ① 1941년 이후 조선총독부가 알선한 노무자 ② 1942년 이후 개척민으로 동원된 한인 ③ 1938년 이후 조선에서 강제동원되어 만주에 배치된 한인 노무자 등을 피해자로 판정했다. 둘째, 기주자·1940년 이전 동원된 개척민·개척민 동반 가족·유소년 및 특수동원 사례(만주근로봉사대·국민근로봉공대·교정보도원 등) 등에 대해서는 위원회에서 개별 심사하는 것이었다. 만주개척청년의용대의 강제성 여부는 제50차 위원회(2008.10.31)에서 '준군사조직 형태로 동원되었다고 판단해 광의의 강제동원 피해사례로 간주'했다.

위원회가 이런 기준을 의결한 배경에는 만주국의 성격과 동원 관련 법령, 동원 방법, 동원 실태 등에 대한 다년간의 조사와 고민이 있었기

186 정혜경 외, 2019, 『반대를 논하다-'반일종족주의'의 역사부정을 넘어』, 도서출판 선인, 189쪽.

때문이다. 만주국은 강덕황제(康德皇帝)가 즉위해 1932년 3월 1일 만주국 성립을 선언했고, 독일·이탈리아·교황청·에스파냐·헝가리·폴란드 등이 승인한 국제법상의 독립국가였다. 그러나 실상은 관동군의 무력이 지배하는 일본의 괴뢰국이었다. 또 일본, 조선, 타이완, 남사할린 등과 비교해 물자와 인력 동원 관련 법령 제정을 시기적으로 선도한 곳이었다. 중국 국민당 정부나 소련과 국경을 마주하고 있었기 때문이다. 대표적인 사례는 「군수공업동원법」과 「국가총동원법」이다. 일본은 「군수공업동원법(법률 제38호)」을 1918년 공포하고, 1937년 9월 18일 일본, 조선, 타이완, 남사할린 등에 적용했는데, 만주국은 일본보다 약 4개월 앞선 5월 13일 「군수징발법(칙령 제86호)」을 공포하고, 제16조를 통해 인력과 물자의 '징발'을 일본군이 직접 운영하고, 결정할 수 있게 했다. 중일전쟁을 일으키기 전 공포했고, 만주국 정부가 아닌 일본군이 모든 동원 업무를 통제하도록 규정했다는 점에서 주목된다. 「국가총동원법」도 일본에 앞섰다. 만주국이 1938년 2월 26일 「국가총동원법」을 제정·공포한 후, 일본 육군은 제국의회에 압력을 가해 일본에서 4월 1일 제정·공포했다.

(3) 일본인 집단이민

만주의 영속적 지배를 위해 식민(殖民)의 필요성을 인식한 관동군은 1932년 2월 특무부 중심으로 일본인·한인·중국인의 순서로 이민정책을 수립했다. 원래 일본 정부는 일본인 100만 호 이주를 달성하기 위해 한인들의 이주를 제한했다. 1934년 특무부는 '일본인 개척민은 장려하고, 한인은 통제 지도한다'는 입장을 공식적으로 밝힌 후 1935년에 이민을 담당할 만주척식회사를 세웠다.

당국이 이민정책을 추진한 이유는 첫째, 만주의 농업 약탈이었다. 만주국의 국토 면적은 130만㎢로 당시 일본·조선· 타이완·남사할린을 합한 면적의 두 배였고, 세계에서 몇 안 되는 농업 지역이었다. 둘째, 국내 토지문제와 인구문제의 해결이었다. 셋째, 중국인에 대한 통제와 감시를 강화하고 일본인 중심의 만주국 건설을 위해서였다. 넷째, 소련을 침공하기 위한 전진기지 확보 목적이었다.[187]

관동군 특무부 정책에 따라 일본인들의 시험이민을 시작했다. 1932년 8월, 일본 각의에서 '제1차 천명 이민'을 결정하고, 9월에 '척무성 제1차 무장이민단' 492명이 자무쓰[佳木斯]에 도착해 남쪽으로 50km 정도 떨어진 마을[永豊鎭]에 짐을 풀었다. 이전에는 홍창회(紅槍會)라는 중국 비적의 소굴이었는데, 일본군이 토벌한 후 중국인 주민들의 땅을 강제로 수용한 곳이다. 이곳을 이야사카무라[彌榮村]로 바꾸고 일본인의 이민촌을 만들었다. 시험이민단은 1934년까지 세 차례 들어왔는데, 둔전병(屯田兵) 성격을 띤 무장이민단이었다. 재향군인이거나 훈련소에서 훈련을 받은 사람들로 자격을 제한했다. 이렇게 시작된 일본인 집단이민은 1943년까지 13차례 실시되었는데, 당초 목표에 미치지 못했다.

> 1940년 12월 3일, 중부지방의 산간에는 몇 번인가 눈이 내려 긴 혹한이 시작되었다. 나가노[長野]현 하니시나[埴科]군, 온천으로 유명한 도구라[戶倉] 마을의 역장 회의실에는 정장(町長)과 촌장(村長), 조역(助役)들이 모였다. 군내 300호의 농가를 이민시켜 '만주 하니시나향(鄕)'으로 만들기 위한 회의다. 만주 농업이민의 국책사업에 기초

187 손춘일, 1999, 「일제의 재만한인에 대한 토지정책 연구-만주국시기를 중심으로」, 한국정신문화연구원 한국학대학원 박사학위논문, 168~173쪽.

하여 전국적으로 이민 송출이 이루어지고 있었다. 그러나 나가노현의 강력한 행정지도에도 불구하고 성과는 별로 없었다. 하니시나 마을은 10월 중순에 선발대 45명 선발을 끝내게 되어 있었으나 적극적으로 지망하는 자가 없고, 11월 초순이 되어 겨우 15명이 정해졌을 뿐, 그 후는 전혀 늘어나지 않았다. 선조로부터 물려받은 좁은 땅이나마 열심히 경작하여 생활하던 농민에게 외국으로 이주는 전혀 환영받을 만한 일이 아니었다. 그래서 회의를 소집한 것이다. 3년 넘게 계속하고 있는 중국과 전쟁 때문에 석탄도, 장작도, 탄도 어쩔 수 없이 제한되어서 회의실은 추웠다. 고가촌의 조역인 미야모토의 얼굴은 창백하고 몸은 떨렸다. 그러나 이것은 단지 방의 추위 때문만은 아니었다.

미야모토는 왜 그리 창백하게 몸을 떨었을까? 촌장이 선발대 단장으로 미야모토를 지명했기 때문이다. 마을의 올곧은 관리로 만 50세를 맞은 지금, 먼 해외로 어려운 개간을 하기 위해 괭이를 가지고 몇백 명이나 되는 농민을 직접 지도하는 역할은 버거웠다. 개인의 인생 설계를 보더라도 불안하기 짝이 없었다. "능력이 안 된다"는 이유로 여러 번 고사했으나 결국 단장 자리를 맡아 12월 26일, 미야모토는 15명의 선발대를 이끌고 미지의 대륙으로 출발했다.[188]

1940년 만주로 간 일본인들의 현실이었다. 초기와 달리 국책사업으로 진행 중인 만주 이민 송출에 응하는 사람이 없자 억지로 지원자를 만들어 보냈으나 실패했다. 군인 출신이거나 훈련을 받은 사람들이었지만 중국 동북부 지역의 환경에 적응하기 힘들었다. 추위와 척박한 토지도 어

---

188 오카베 마키오 지음·최혜주 옮김, 2009, 『만주국의 탄생과 유산』, 어문학사, 11~14쪽.

려웠지만 소련과 국경을 접한 지역에서 활동하던 항일세력들의 공격도 심했기 때문이다. 일본인들은 대부분 집단 마을에서 후퇴했다. 토지를 개간해 식량을 생산하고 재산을 늘린다는 계획은 이루어질 수 없었다. 일본인들의 이주가 계획대로 이루어지지 못하자 대안은 한인이었다.

(4) 일본 정부의 국책으로 수행한 한인 집단이민

이러한 방침에 따라 한인들은 일본인 개척단이 철수한 지역으로 들어가 공백을 메우게 되었다. 일본이 한인 이민을 실시한 계기는 1933년 지린성 경무청이 조선총독부·간도영사관의 협조를 받아 실시한 3개 현(延吉, 和龍, 琿春) 8개 집단부락이 치안 확보에 효과를 거두었고, 쌀농사에 능력을 발휘했기 때문이다. 당국은 만주처럼 춥고, 토질이 척박한 곳에서 쌀농사를 성공시키는 것을 보고 활용도를 평가했다. 한인들이 미간지를 개간해 수확한 식량은 관동군이 사용할 수 있고, 마을을 이루어 항일세력의 습격을 저지할 수 있다고 생각한 것이다. 이를 위해 한인들은 마을에 높은 토성을 쌓고 망루에서 보초를 섰으며, 일정한 시간에 무장한 청년들의 호위를 받으며 논에 나갈 수 있었다.

1934년 1월, 조선총독부는 세부 준비를 한 후 동아(東亞)권업(주)를 통해 집단이민을 실시했다. 1934년 10월 30일, 각의 결정(「조선인 이주대책의 건」)은 한인의 일본 도항을 저지하기 위해 만주와 조선 북부로 대량 이주를 실시하는 정책이었다. 이에 따라 1936년 6월 선만척식(주)를 설립(만주국은 만선척식주식회사 설립)하고, 1938년 1월에 강원도 평강군에 중견 인물 양성을 위한 세포이민훈련소를 설치했다. 1938년부터 한인들은 세포훈련소에서 40일, 또는 10개월까지 훈련을 받고 떠났다. 1939년부터는 호칭도 '이민'이 아니라 '개척민'으로 변경해 국책 시행에 따른

〈그림 4-67〉 한인이 집단농장에 쌓았던 토성[투먼시(圖們市) 정암촌(亭岩村)]

〈그림 4-68〉 투먼시 정암촌 바위산에 일본군 초소가 있던 곳

출처: 정혜경 촬영(2006.7)

동원이라는 점을 명확히 했다.

1939년 12월, 관동군은 「만주개척정책기본요강」을 제정하고, 일본과 만주국 각의 결정을 거쳐 공표했다. 이 요강은 관동군의 행정기구 개혁과 이민 문제 재검토 일환으로 제정했는데, "동아신질서 건설을 위한 도의적 신대륙 정책의 거점 확립"을 목표로 했다. 부속서류인 「만주개척정책기본요강」부속서에 따르면, 당국은 한인 개척민의 종류를 농민·반농(半農)적 개척민(임업, 목축업, 농업 등)·상공광업 기타 개척민으로 구분하고, 1941년부터 "국토개발에 의한 인구와 기술자 배치 문제를 고려"해 상업·공업 방면의 사람들도 알선하기로 했다. 이는 1941년부터 조선총독부 알선으로 농업 이외의 노동력도 공급한다는 의미였다.

부속서 내용에 따라 1941년 6월 선만척식과 만선척식은 만주척식공사로 병합해 개척민 담당 기구를 일원화했고, 한인 만주개척청년의용대 제도를 시행했다. 만주개척청년의용대는 강제동원의 보편성과 특수성을 동시에 가진 사례다. 제도와 운영 조직, 동원과정 등에서 나타난 성격이 당국이 조선에서 시행한 인력 동원체제의 일부분이라는 점이 보편성이라면, 준군사조직이라는 역할은 특수성이기 때문이다.[189] 위원회가 1941년 조선총독부 알선노무자와 만주개척청년의용대의 강제성을 인정해 피해자로 의결한 배경에는 당국의 정책 운용이 있었다.

만주국은 국방 강화, 산업 개발, 북변 진흥 등 3대 국책을 수행하기 위해 1937년부터 두 단계로 만주개척5개년계획을 수립했다. 제1기(1937~1941년)에 5개년 입식계획과 만주개척청년의용대, 만주건설근로봉사대 동원을 실시했다. 1942년에는 만주개척5개년계획의 제2기를 시작했다. 대미전쟁 직후인 1941년 12월 13일 일본 각의는 「만주개척 제2기 5개년계획요강」을 결정했다. 제1기에서 설정한 일본인 30만 명 개척민 배치를 50%도 달성하지 못했으므로, 제2기는 적극적인 한인 동원 정책을 시행하게 되었다.

각의 결정 후 조선총독부는 1942년부터 개척민 5만 호를 송출한다는 제2기 5개년계획을 수립했다. 조선총독부는 제2기 5개년계획이 「대동아전쟁에서 북방의 진호(鎭護) 강화를 위해 시행한 정책」이었음을 강조하고, "1942년부터는 특히 현하의 전시태세에 즉응(卽應)할 제2기 5개년계획을 확립해 개척정책의 강력한 추진을 도모함으로써 시국의 요청"에 따를 것이라고 설명했다. 개척민 동원과 관련해 1942년부터 경기, 충청, 전라, 경상, 강원 등 8개 도 읍·면 중 경지가 협소해 영농 조건이 불리한 읍·면을 지정해 해당 농가를 선정하는 할당모집 방식을 적용했다. 이러한 점을 감안해 위원회는 '개척민이더라도 1941년 이후 동원된 경우 알선 및 할당모집에 의한 것이 확인되므로 강제동원 성격이 인정된다'고

189 김윤미, 2010, 「전시체제기 조선인 만주개척청년의용대에 관한 연구」, 『한일민족문제연구』18, 190쪽.

〈그림 4-69〉 관동군이 둥닝(東寧)에 구축한 지하 군사시설지 입구

〈그림 4-70〉 견고한 둥닝 지하호 내부

출처: 정혜경 촬영(2006.7)

판단한 것이다.

한인 집단이민은 당국의 계획과 통제 아래 이루어졌다. 정책은 관동군과 일본의 척무성, 조선총독부, 만주국 등의 합작품이었다. 만주 집단이민 업무를 담당한 만주의 최고결정기관이자 감독기관은 관동군 사령부 내에 관동군참모장을 대표로 설치한 이민사무처리위원회(1937)였다. 만주 집단이민 업무를 담당한 조선총독부 부서는 이민위원회(1939.2.22 설치)·외사부 척무과(1939.8.3)·만주개척민지원자훈련소(1940.4.10)·사정국 척무과(1941.11.19) 및 외무과(1942.12.1)·농상국 농무과(1943.12.1)·농상국 농상과(1944.11.20) 등이다.[190]

특히, 일본은 중국 동북 지방이 소련과 접경 지역이므로 이민정책에 주의를 기울였다. 동북 3성은 소련과 경계 지역이기도 해서 일본의 경계는 더욱 심했다. 일본군은 1934년부터 소련의 군사작전을 대비해 국경에 진지를 구축했다. 1934~ 1938년까지 둥닝[東寧]을 비롯해 헤이허[黑

190 정혜경, 2011, 『일본제국과 조선인 노무자 공출』, 도서출판 선인, 145~153쪽.

河], 수이펀허[绥芬河] 등 7개 지역에, 1938~ 1940년까지 훈춘[琿春]과 오가자(五加子) 등 6개 지역에 진지를 구축했다. 1940년 이후부터 1945년까지 5개 지역에 진지를, 14개 지역에 국경수비대를 설치하고, 54개 지하 요새와 165개 야전 진지를 구축했다. 손춘일은 오가자와 훈춘지역 군사시설지에 다수의 한인이 동원됐다고 추정했다. 현재 둥닝의 지하 군사시설 가운데 한 곳을 박물관으로 공개하고 있는데, 대규모 지하 군사시설로서 10년간 수만 명의 군인이 주둔했던 곳이다.[191]

3) 중서부 태평양(남양군도)에 동원된 한인 노무자[192]

(1) 독일령에서 일본령 '남양군도'가 된 중서부 태평양

일제강점기 중서부 태평양 지역 623개 섬의 이름은 '남양군도'였다. 남양군도는 일본이 제1차 세계대전에 참전해 차지한 구 독일령(마셜·캐롤라인·마리아나 군도)이며, 주요 섬은 사이판(Saipan), 팔라우(Palau), 추크(Chuuk), 포나페(Pohnpei, 폰페이), 콰절레인(Kwajalein) 등이다. 동서 약 4,900km, 남북 약 2,400km에 이르는 광활한 지역이지만 육지 면적은 2,149km²에 불과해 일본 도쿄도 면적과 비슷하다.[193]

일본이 구 독일령 점령지를 남양군도라 부른 것은 1880년대 후반부터 일본 사상가와 정책 담당자들 사이에서 불기 시작한 '남양경영론' 때

---

191 정혜경, 2010,『조선 청년이여 황국신민이 되어라』, 서해문집, 207쪽.

192 남양군도의 한인 이주 및 노무동원에 대해서는 정혜경, 2019,『팩트로 보는 일제말기 강제동원1-'남양군도'의 조선인 노무자』, 도서출판 선인, 참조

193 大藏省管理局, 1947,『日本人の海外活動に關する歷史的調査』通卷第20冊 南洋群島篇 第1分冊, 25쪽.

〈그림 4-71〉 남양군도

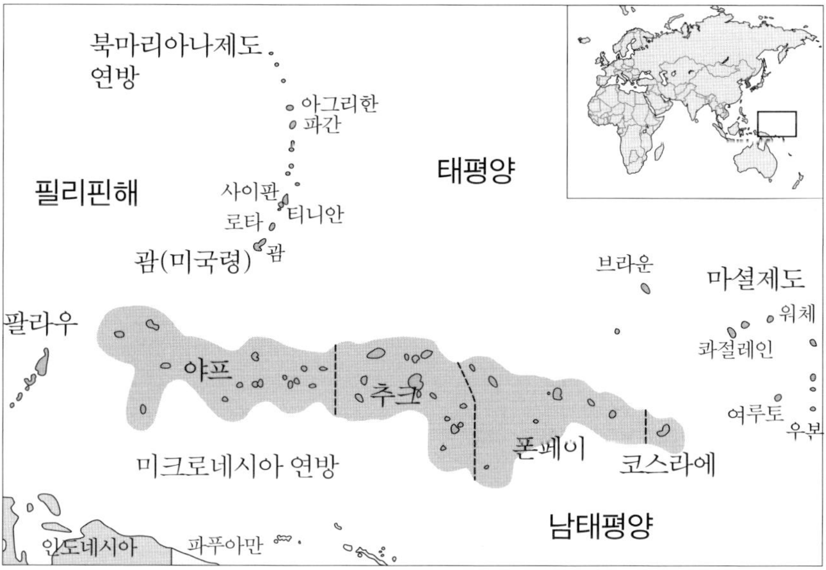

출처: 국무총리 소속 일제강점하강제동원피해진상규명위원회, 2009, 『명부해제집』, 64쪽

문이었다. 이 시기 남양(South Sea)은 서구에서 태평양을 가리키는 용어였다. 그래서 처음에는 태평양을 지칭하다가 19세기에 '일본을 중심으로 한 남쪽 바다'로 넓어졌다. 남방이라고도 불렀다. 1880년대 후반 일본 지식층이 부르던 남양도 동남아와 태평양을 아우르는 곳이었다. 이들은 남양을 '꿈의 땅'이라 생각했다. 무궁무진한 천연자원을 개발하고, 경제적 이득을 취할 수 있는 곳, 미 대륙으로 연결되는 통로라 생각했다. 이런 생각은 남양 열풍으로 이어졌다.

열풍을 일으킨 주인공은 에노모토 다케야키[榎本武揚, 1836~1908]다. 에노모토는 막부 정권에 끝까지 충성하며 홋카이도에서 신 정부군에 맞서다 항복했다. 1872년 사면된 후 해군성 장관을 역임했다. 그는 남양섬을 사들여 죄수들의 유형지로 사용하자고 주장하며 마리아나 군도와 팔라우섬을 특정했다. 태평양을 해군의 훈련 순항코스에 포함하고 널리 알렸다. 이 과정에서 탐험가와 정치가, 문필가 등이 모였고, 이들의 탐험과 견문 소식이 알려지면서 일본 사회는 열대 태평양 환상에 휩싸였다.[194]

1895년, 일본이 타이완을 식민지로 삼으면서 태평양 열풍은 실현 가능한 듯 보였으나 현실적 어려움이 있었다. 독일 등 서구 열강이 지배하고 있었고, 항로도 개척해야 했다. 이런 이유로 남양 열풍은 수그러들었다가 일본이 제1차 세계대전에 참전해 남양군도를 점령함으로써 현실이 되었다. 비록 국제연맹 위임통치 지역이기는 하지만 남양은 일본인이 통치하고 일본어가 통용되는 땅이 되었다.

제1차 세계대전이 발발하자 일본은 1914년 8월 23일 연합군에 가담해 독일에 선전포고를 하고, 중국과 태평양의 독일령을 공격했다. 9월 30일, 마셜제도의 잴루잇(Jaluit)에 상륙한 후 10월 7일 점령했고, 12일, 일장기를 게양함으로써 점령을 공식화했다.

이후 구 독일령 중서부 태평양을 점령한 일본은 곧바로 임시 남양군도 「방비대조령(防備隊條令)」을 발표하고, 사령부를 동캐롤라인제도 축에 두고 군정을 실시했다. 전 군도를 사이판, 팔라우, 추크, 포나페, 잴루잇 등 5개 민정구로 나누고[1915년 4월 야프(Yap) 민정구 추가 설치] 수비대를 배치했다. 해군은 1915년 1월 남양군도 시정방침을 수립했는데, 9년간에 걸친 점령통치의 골격이 되었다. 시정방침 총칙에 '군사상의 편리를 중심으로 남양군도의 치안척식을 도모할 것, 현지 주민을 통치에 복귀시

194 Mark R. Peattie, 1988, *Nanyo-The Rise and Fall of the Japanese in Micronesia*, 1885~1945, University of Hawaii Press. Honolulu. pp.5~9.

킴과 동시에 일본인 세력을 부식할 것' 등을 명시했다.[195]

1918년 6월에 공포한 칙령(「민정직원 설치에 관한 건」)을 근거로 임시 남양군도 방비대조령을 개정해 7월 1일 민정부를 설치하고, 일반 시정사무를 민정부가 통할(統轄)하도록 했다. 이에 따라 6개 민정 구에 설치되었던 군정청은 민정서로 개칭됐다.

〈표 4-35〉 '남양군도' 지청별 현황

지청	섬의 수(개)	면적(㎢)	주요 섬
사이판 지청	14	639	사이판, 티니언, 로타
야프 지청	85	226	야프
팔라우 지청	109	478	바벨타오브, 앙가라우르
추크 지청	245	132	春島, 夏島, 水曜島
포나페 지청	138	504	포나페, 쿠사이
잴루잇 지청	32	170	잴루잇
합계	623	2,149	

출처: 南洋廳, 1932, 『南洋廳施政十年史』, 3쪽.

1920년 12월 17일, 국제연맹 이사회가 일본을 수임국(受任國)으로 남양군도에 C식 위임통치조항을 결정한 후 일본은 1922년 4월 1일 위임통치 시정관청인 남양청(南洋廳)을 개설하고, 623개 섬의 추장을 남양청의 하급 직원으로 부렸다. 이로써 남양은 일본 제국의 영역 확장에 교두보가 되었다. 석유와 고무, 주석이 풍부한 동남아와 미국으로 가는 길목이

195 今泉裕美子, 2005, 「南洋發株式社、南洋拓殖株式社: 南進政策を支えた二大業」, 『ミクロネシ アを知るための58章』, 明石書店, 554~555쪽.

기 때문이다.

국제연맹 규정과 위임통치조항에 따라 방비책이 금지되어 있었고, 이와 관련해 국제연맹의 관리를 받아야 했다.[196] 그러나 일본은 남양군도 내 군사기지 건설을 시도했다. 일본 해군은 1933년 사이판 아스리토에 1,000m 길이의 활주로를 건설했다. 이 활주로는 난요[南洋]흥발(주)가 해군의 명령을 받고 아스리토 직영농장 내에 건설한 것이다.[197]

1933년 3월, 일본은 만주국 설립을 계기로 국제연맹을 탈퇴했으나 1935년 남양군도 위임통치국 지위는 유지했다. 통치권 유지 결정 후 일본은 위임통치규약을 어기고 남양군도를 군사기지화하려 했다. 추크·팔라우·마셜제도 등은 태평양전쟁 당시 일본의 남태평양 공략 전진기지로 기능함으로써 지정학적 가치를 입증했다. 1937년부터 남양청과 일본 해군은 비행장과 항만 등 군사시설 토목공사를 본격적으로 벌였다.[198]

남양군도의 군사기지화는 산업과 인구 변동에 큰 영향을 미쳤다. 대규모 토목공사 수행을 위해 많은 인력이 필요했지만 1930년대 말 남양군도의 인구 규모는 수요를 충족하지 못했다. 군사기지 구축의 진전에 따라 1930년대 말에는 남양군도에서 노동력 부족 현상이 두드러졌고, 노동력 재배치를 위한 조치가 필요해지면서 새로운 노동자 조달처를 모

---

196 국제연맹 규약인 위임통치조항의 규정 및 정신에 의하면, 일본은 남양군도에 축성이나 육·해군 근거지를 건설할 수 없었고, 토착민 대상 군사교육과 노예 매매, 강제노동이 금지되었으며, 무기 및 탄약 도입도 할 수 없었다. 矢内原忠雄, 1935, 『南洋群島の研究』, 岩波書店, 476~486쪽.

197 防衛廳防衛研修所戰史室, 1970, 『戰史叢書-中部太平洋方面海軍作戰』 1, 朝雲新聞社, 62쪽.

198 今泉裕美子, 2004, 「南洋群島經濟の戰時化と南洋興發株式會社」, 『戰時下アジアの日本經濟團體』, 日本經濟評論社, 313쪽.

색하게 되었다.

일본의 남양군도 통치 원칙은 대규모 척식사업을 통한 경제적 이익 추구, 이민을 통한 인구 이동 효과 제고, 동남아시아 및 남중국과 연계한 태평양상 군사적 거점 등 정치·군사적 목적이 강했다. 이에 따라 남양군도 개발을 위해 여러 회사가 태평양 지역으로 진출했고, 많은 일본인이 이주했다. 1922년 3,210명이었던 일본인은 1926년에 8,395명, 1928년에 1만 2,460명, 1931년에 2만 2,889명이 되었다.[199]

남양군도의 경제적 가치에 가장 먼저 주목한 이들은 타이완에 진출한 일본 기업인들이었다. 그중에서 니시무라척식[西村拓殖](주)는 1917년 사이판에 니시무라제당소(1919년 니시무라척식으로 개칭)를 건설하면서 사탕수수 재배사업을 본격화했다.[200] 같은 해 난요식산[南洋殖産](주)도 사이판에서 제당사업을 시작했다. 난요식산은 시부사와 에이치[澁澤栄一, 1840~1931] 계열의 기업으로 필리핀 등지에서 마를 재배하는 등 동남아 지역에서 활동한 경험이 있었다. 1916년 남양업조합이 문을 닫은 후 조직을 변경해 설립하고, 니시무라척식의 영향을 받아 제당사업에 착수했다. 니시무라척식과 난요식산은 사이판의 관유지와 민유지를 임대해 소작농장과 직영농장을 경영했다.

---

199 南洋廳, 1932, 『南洋廳施政十年史』, 11~12쪽.

200 니시무라척식을 설립한 西村惣四郎은 시모노세키[下關] 일대에서 어업으로 부를 축한 입지적 인물이었다. 그는 일본이 남양군도를 점령하자 1916년 고래어장 탐사를 목적으로 아들 西村一松을 파견했다. 이 과정에서 군정부 소속 기수로부터 사이판이 제당업에 적합한 지역이고, 전쟁 여파로 제당업이 유망하다는 이야기를 듣고 업종을 전환해 제당공장을 설립했다. 日本外事協 編, 1937, 『南方政策を現地に視る』, 高山書院, 249~252쪽(국무총리 소속 일제강점하강제동원피해진상규명위원회, 2009, 『남양군도 지역 한인 노무자 강제동원 실태에 관한 조사(1939~1941)』, 18쪽 재인용).

두 기업은 노동력을 남양군도 외부에서 조달했는데, 니시무라척식(주)는 주로 조선(전남와 평남)과 오키나와[沖縄]에서 단신출가자를, 난요식산(주)는 하치죠시마[八丈島]나 오가사와라[小笠原]에서 가족을 동반한 이민 방법을 사용했다. 1920년도 상반기 두 회사의 사탕 생산량은 124톤이었고, 생산품은 모두 일본에서 소비되었다. 두 회사는 생산시설을 확충하는 등 사업을 확장했으나 곧이어 찾아온 전후 반동공황으로 사업을 포기하기에 이르렀다. 이러한 상황을 타개하기 위해 해군과 외무성은 남양군도 척식사업 전체를 재검토하고, 난요흥발[南洋興發](주) 설립으로 일단락했다.[201]

남양군도 경제를 실질적으로 주도한 것은 난요흥발이었다. 1921년 설립된 난요흥발은 형식상 민간회사이지만 국책기업에 준했다. 회사 설립과정에 해군과 외무성이 깊이 관여했고, 자금 대부분은 동양척식(주)에서 조달했다. 남양청은 사이판 등지에서 제당업을 육성하기 위해 북마리아나제도에서 '당업단일주의(糖業單一主義)'를 관철해 1922년 제당규칙을 만든 후 난요흥발의 사업 확장을 도왔다. 그 결과 1932년에는 난요흥발의 세액만으로 남양청 재정을 충당할 수 있을 정도가 되었다. 난요흥발은 사이판, 티니언(Tinian), 아기간(Agiguan), 로타 등 북마리아나제도 남단의 주요 섬과 동캐롤라인제도 포나페에서 관유지를 임차해 농장을 개발하고, 제당산업을 집중적으로 육성했다. 1930년 들어서는 인광개발이나 수산업에도 진출하여 1942년 7월 1일 난요무역[南洋貿易](주)를 합병해 사세를 확장했다. 동남아 진출도 도모해 하이난섬을 비롯해

201 정혜경, 2005, 「일제 말기 '남양군도'의 조선인 노동자」, 『한국민족운동사연구』 44, 177쪽.

태평양전쟁 발발 후에는 신남(新南)군도, 괌, 자바(Java) 등지에서 군정의 일익을 담당하기도 했다. 난요흥발은 해군과 긴밀한 관계를 유지했으며, 1937년 이후 해군의 특수공작에 회사 소속 노무자들을 투입하는 등 해군에 적극적으로 협조했다.[202]

남양군도의 공식 척식회사는 1936년 11월 설립한 난요척식[南洋拓殖](주)이다. 난요척식은 당국의 남양군도 개발 10개년계획에 따라 제당업에 편중한 남양군도 경제를 수정하고, 동남아 방면으로 진출을 도모하고자 설립됐다. 설립 후 앙가우르(Angaur), 파이스(Fais), 에본(Ebon) 등지에서 인광 채굴사업[203]을, 팔라우제도 바벨다오브(Babeldaob), 야프, 추크, 포나페 등지에서 농장을 개발했고, 필요한 노동력은 대규모 이민으로 충당했다. 설립 당시 난요흥발을 자회사로 두었고, 1938년 11월 자회사로 호난[豊南]산업을 설립해 카사바 등 농작물을 재배하고 가공해서 판매했다. 카사바에서 추출한 전분은 오사카로 보내 무수주정(無水酒精) 원료로 가공했으며, 농장의 채소는 해군부대의 먹거리로 사용했다.

〈표 4-36〉 남양군도의 주요 기업

난요흥발(주)	1920년, 일본 해군과 외무성이 남양군도 척식사업 전체에 대해 재검토를 한 후 필요하다고 판단해 니시무라척식 등 기존 회사들을 흡수해 설립. 조선의 동양척식(주)가 자금과 기술력을 제공하고, 타이완에 있던 마쓰에 하루지[松江春次]를 최고 경영자로 초빙

202 今泉裕美子, 2005,「南洋發株式社、南洋拓殖株式社：南進政策を支えた二大業」,『ミクロネシ アを知るための58章』, 明石書店, 233~236쪽.

203 인광석(燐鑛石, Phosphate rock): 비둘기 배설물이 쌓여서 형성한 광물. 비료의 원료도 되지만, 인산과 의약품, 반도체, 세라믹, 실크, 섬유, 방충제 등을 만드는 원료. 사탕수수를 설탕으로 정련하거나 폭약 제조에도 필요한 광물.

	남양청은 제당업을 기간산업으로 육성하고자 자금과 토지, 노동력 확보나 노동문제 등 난요흥발(주)의 사업을 대대적으로 지원하고, 보호. 사탕수수 농장을 운영하고, 설탕을 가공한 제당업(製糖業)과 주정업(酒精業), 전분, 수산, 제빙 등이 주요 사업 품목 1936년 11월, 일본 정부가 난요척식(주)를 설립할 때 자본을 투자한 후 자회사로 전환
난요척식(주)	칙령 제228호(1936년 7월 27일 자)에 근거해 미쓰이[三井]물산과 미쓰비시[三菱]상사, 동양척식(주) 등의 자본을 합해 척무성 대신을 최고 책임자로 1936년 11월에 창설한 국영기업. 척식사업을 추진하고 기업에 자금을 공급하기 위해 설립 난요흥발과 호난산업 등 총 19개사를 자회사로 거느리고, 직영사업으로 앙가우르·후하이스에서 인광(燐鑛)을 운영했으며, 팔라우, 야프, 포나페 등지에서 농장을 경영

〈그림 4-72〉 티니언의 난요흥발 제당공장

〈그림 4-73〉 팔라우의 난요척식 소속 농장

출처: 정혜경 촬영(2007.6)

〈그림 4-74〉 앙가우르에 흔적만 남아 있는 인광산 터

〈그림 4-75〉 앙가우르의 알루미늄광산 터

출처: 정혜경 촬영(2007.6)

이들 기업은 남양군도 한인사와 깊은 관련이 있다. 니시무라척식은 1917년 한인의 남양군도 입도와 직접적인 관계가 있었고, 난요흥발과 난요척식은 1939년 이후 한인의 강제동원을 주도했기 때문이다.

당국은 남양군도의 교통 관리에 대해 중요성을 인식하고 정기항로를 개설했다. 1922년 일본 본토~남양군도 정기 운항을 위해 명령항로(東廻線, 西廻 메니트선, 서회 앙가우르 선)를 개설했고, 1924년에 동서연락선을 신설했으며, 1928년에는 종래 기점 항구인 요코하마[横浜]를 고베[神戶]로, 종점 항구인 모지[門司]를 요코하마로 변경했다. 1929년에는 사이판선을 신설해 미국령이던 민다나오와 연계했다.[204]

항로가 무역과 관련이 깊다면, 항공로는 군사적 목적과 관련이 깊다. 일본 본토는 물론, 동남아 및 중국 지역과 항공로를 통해 연결하려는 계획은 1933년 항공로 개설 계획으로 확대되었다. 일본은 항공로 개설을 통해 이미 개설한 홍콩과 마닐라 및 남중국과 연결한 미국의 항공로와 연결하고자 꾸준히 시도해 1939년에 이르러 가능해졌다. 1939년 4월 1일부터 조선의 경성에서 팔라우까지 항공우편물을 보낼 수 있었고, 1940년 3월 5일부터 요코하마~팔라우(사이판) 승객을 수송하게 되었다.[205]

---

204 南洋廳, 1932, 『南洋廳施政十年史』, 429~431쪽.

205 「위임통치남양제도에 항공로개설계획」, 『매일신보』, 1933.11.5; 「남양통치령과 본토간 공로 개설」, 『매일신보』, 1936.10.21; 「남양군도행 우편물 快陣」, 『매일신보』, 1939.4.1; 「남양행공로」, 『매일신보』, 1940.2.26

(2) 남양섬의 한인-강제동원 이전 시기

전경운(全慶運)이 남긴 회고록(1981년 『남양살이 40년을 회고』, 1995년 『한족 2세 3세가 천인안도에 살고 있는 혼혈아들』)에 따르면, 남양군도에 한인이 입도한 첫 시기는 1917년이다.

1915년 10월 15일, 평안북도 정주군에서 태어나 오산학교를 다닌 전경운은 도쿄고등척식학교 졸업 후 난요무역(주)에 취직해 남양군도로 갔다. 회사에서는 척식과 소속으로 남양군도 전역에 있던 야자원을 관리했다. 1939년 견습사원으로 사이판 사무소에서 근무하기 시작해 파간섬에서 일본 패전을 맞았다. 견습사원으로 입사한 이듬해 정사원으로 승진했고, 1942년 9월부터 아라마간섬에서 현장관리 책임자로 일했다. 1944년 6월, 인부들을 인솔하고 가족과 함께 파간섬에서 해군비행장 보수 공사를 하던 중 전쟁이 끝났다. 이후 잠시 사이판 수용소 생활도 했다.

전경운은 남양군도에 갈 당시 고향에서 조혼해 자식도 있는 상태였으나 전쟁 기간 중인 1944년 마리아와 결혼해, 해방 후 괌을 거쳐 티니언에 정착했다. 배우자인 마리아는 조선인 아버지인 유성만과 차모로 원주민인 어머니 사이에서 태어난 혼혈인이었다. 유성만은 1917년 사이판에 인부로 왔던 한인 청년 중 한 사람인데, 이후 로타섬에서 면화 재배 인부로 일하다가 스페인계 차모로 여성과 결혼해 마리아를 낳았다. 전경운은 1946년 수용소 동료들이 귀국선을 탈 때, 현지에 남아 마리아나 사회에 정착함으로써 차모로 사회의 일원이 되었다.

전경운 회고록에 따르면, 전남 광주의 감옥 간수였던 기노시타[木下]는 니시무라척식(주)의 의뢰로 남양군도로 갈 노동자를 모집했다. 그는 전국에 "남양 사이판, 로다, 데니안섬은 지상낙원으로 추위를 모르는 상하(常夏)의 섬, 별천지에서 사탕을 만드는 수수 재배는 돈벌이도 좋고 먹

〈그림 4-76〉 전경운 회고록 일부

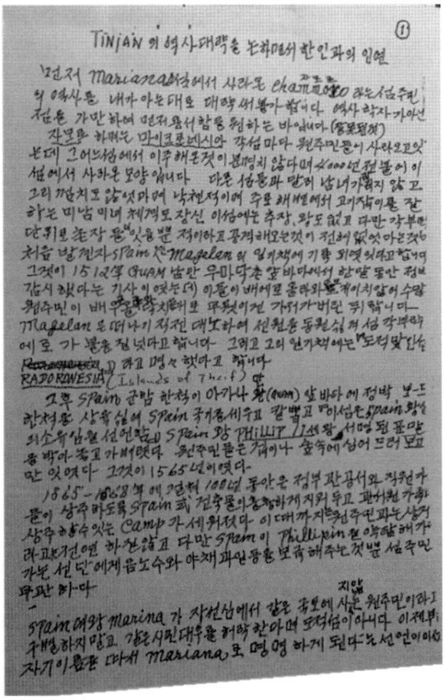
TINIAN의 역사대략을 논하면서 한인과의 인연

출처:『한족 2세 3세가 천인안도에 살고 있는 혼혈아들』

〈그림 4-77〉 쿠사이섬 한인 관련 문서

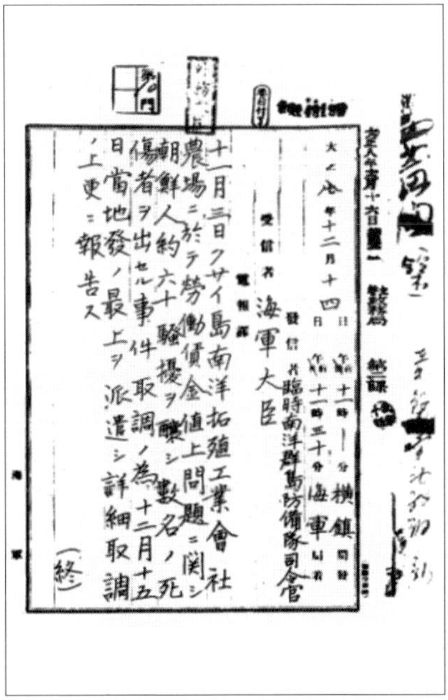
大正八年十二月十四日

受信者 海軍大臣

發信者 臨時南洋群島防備隊司令

十一月三日クサイ島南洋拓殖工業會社農場ニ於テ勞働賃金値上問題ニ關シ朝鮮人約六十騷擾ヲ釀シ數名ノ死傷者ヲ出セル事件取調ノ為十二月十五日當地發ノ最上ヲ派遣シ詳細取調ノ上更ニ報告ス

（終）

출처: 국사편찬위원회

는 것도 천하일품"이라는 광고지를 뿌렸다. 그러나 호응이 없어 한 달이 지나 간신히 200명 목표 인원을 채울 수 있었다. "노동일이란 모르고 잘 사는 어리숙한 젊은 청년들"이었다. 심지어 면서기도 있었다.

사이판 찰란카노아 해변에 도착한 청년들이 맞닥트린 현실은 별천지가 아니라 황무지였다. 청년들은 "견딜 수 없는 무더위에 소·파리·모기 떼 속에서 등불도 없고, 식수도 부족해 소변으로 충당해야 하는" 고약한 상황에 분노하고 항의했다. 그러나 한인에 대한 차별은 심했다. 한인 노동자들이 '내지인과 동등한 권리를 요구'하며 대립하는 가운데 1920년 여름부터 사탕 시장이 폭락하자 회사는 한인의 강제퇴거를 결정해 대부

〈그림 4-78〉「남양야도의 진귀한 풍속」

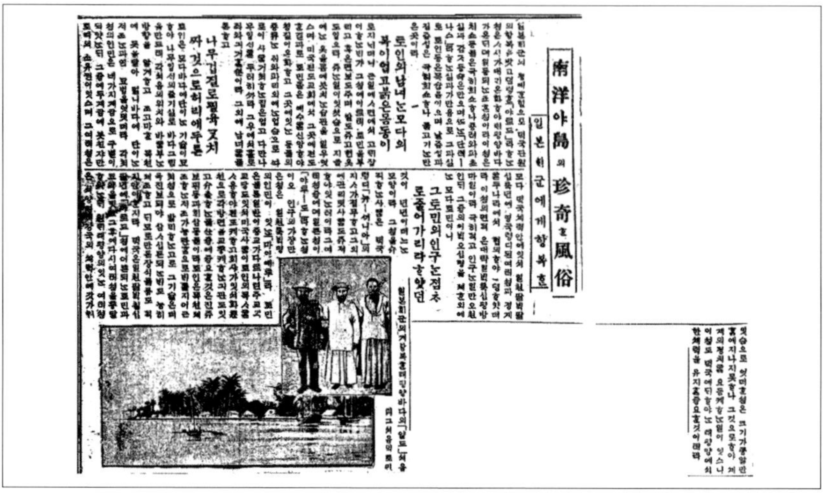

출처:『매일신보』, 1914.10.10.

분 귀국시켰다.[206]

쿠사이[Kusaie, 또는 코스라에(Kosrae)]에 있는 남양척식공업회사 소속 농장에도 한인 청년들이 있었다. 청년 60명은 1919년 11월 '임금 인상을 요구'하며 들고 일어섰다. 여러 명의 사상자가 발생하는 등 투쟁이 격렬해 일본 해군이 나서서 진압할 정도였다. 한인의 반발에 일본 해군이 한인 고용을 재검토하면서 남양군도의 한인은 소수에 머물렀다. 1920년대 한인 인구는 1922년 149명(남 129명, 여 20명), 1927년 148명으로 총인구(5만 1,086명과 5만 8,816명)와 비교하면 미미했다. 1930년대에 증가했으나 여전히 수백 명에 불과했다.[207]

206 今泉裕美子, 2002,「南洋群島」,『貝志川市史-移民.出嫁ぎ 論考編』, 558쪽.

207 그렇다고 일본인이 급증한 것도 아니었다. 1922년 일본인 3,161명에서 1927년에는

1930년대 조선인친목회는 언론과 조선총독부의 협조를 받아 경성과 평양에서 영화 상영회를 개최하여 '산해진미 가득한 남양군도'를 알리며, 남양군도 이민을 장려했다. 조선인친목회 임원들은 남양군도 국책회사에 노동자를 알선하고, 한인 노동자 단속을 주업으로 하며 수입을 높이려 적극적으로 나섰으나 조선 민중의 호응은 냉담했다. 조선 사회의 인식 때문이다. 1910년대 신문기사에 나타난 남양군도는 '벌거벗고 사는 미개한 토인이 우글거리는 야만의 땅(남양야도)'이었다. 1920년대 남양군도에 대한 조선 사회의 인식을 볼 수 있는 신문기사는 『매일신보』 1923년 10월 23일 자(남양아동의 성적품)와 『동아일보』 1923년 10월 22일 자(남양도민 생도 성적품 전람회), 1926년 11월 4일 자[목포교육품전에 서서(瑞西) 남양에서 출품, 우수한 소학생 성적품] 정도다.[208]

일자리라는 유인책도 먹혀들지 않았다. 가까이에 있는 일본을 두고 굳이 먼 태평양까지 갈 필요가 없었다. 그런데 1938년 경남에서 남양군도 이민 바람이 불었다. 1938년 3월 7일, 난요흥발의 모집책을 담당했던 조선인친목회장 임영래(林榮來)는 경남 의령과 함안 농민 83명을 인솔해 남양군도로 출발했다. 이 과정에서 조선총독부는 철도국에 '특별 서비스'로 공식 협조했다. 당시 도항증명서를 발급받기 위해서는 여러 수속 절차가 있었으므로 비공식 협조도 있었을 것으로 보인다. '관청의 허가를 얻어 떠났다'는 가족의 발언을 보면, 농민들에게 관청이 크게 작용한 것으로 보인다.

9,831명으로 증가했으나 당국의 기대에는 미치지 못했다. 1926년 3월 24일 귀족원 예산위원회에 출석한 요코다[横田] 남양청 장관이 예상한 일본인 이민 규모는 5만 명이었다. 「南洋移民 將來의 有望」, 『조선일보』, 1926.3.26

208 정혜경, 2007, 「1920~30년대 식민지 조선의 신문기사에 투영된 '남양군도'」, 『식민지 동화정책과 협력 그리고 인식』, 두리미디어, 219, 256쪽.

신문기사에 따르면, 난요흥발은 경남의 두 개 군을 지정해 '이민자' 모집에 나섰다. 당시 한발(가뭄) 피해 지역이라는 지역 사정에 대한 정보가 있었던 언론은 남양군도행을 '최초의 남양 진출'이자 '개척'이라며 크게 보도했다. 그러나 이들은 출발한 지 6개월 만에 가족에게 연일 '돈을 보내 사람을 살려 달라'는 전보를 치거나 소식이 끊어져 가족을 노심초사하게 했다. 이후 이들의 소식은 들을 수 없었다.[209]

(3) 중서부 태평양과 한인 노무동원

위원회 조사 결과에 따르면, 한인이 동원된 노무동원 작업장 총 1만 2,095개소 가운데 중서부 태평양 지역의 한인 노무동원 작업장은 112개소(광산, 군 공사장, 항만운수, 토목건축공사장, 공장, 농장)다.[210]

〈그림 4-79〉 중서부 태평양의 직종별 노무동원 작업장

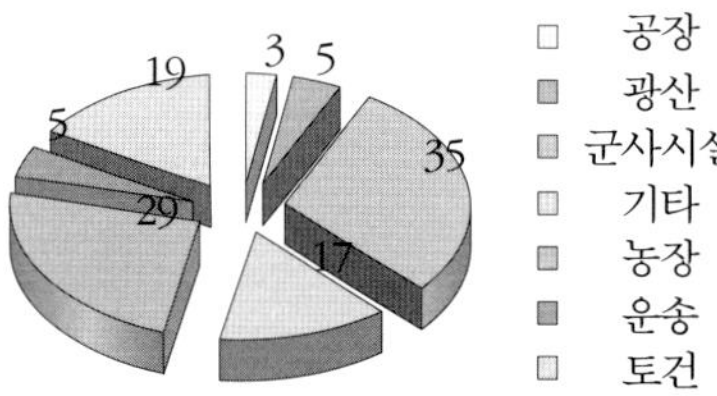

〈그림 4-80〉 지역별(군도별) 노무동원 작업장

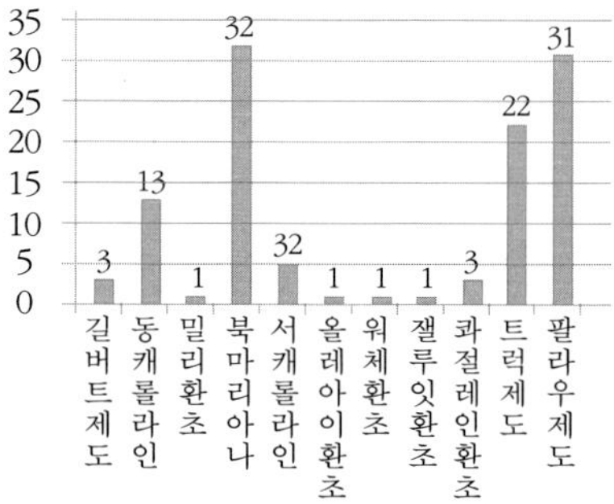

출처: 국무총리 소속 대일항쟁기 강제동원 피해조사 및 국외 강제동원 희생자 등 지원위원회 자료

---

209 「조선노동자 남양 진출, 경남의령서」, 『조선일보』, 1938.3.4; 「南洋群島에까지 朝鮮農軍의 進出, 함안군에서 四十명 선발되어, 鐵道局에서도 特別 '서비스'」, 『매일신보』, 1938.3.4 ; 「南洋行勞働者 뒷 소식, 돈 보내서 사람 살리라는 전보가 집중, 家族들은 焦燥莫甚」, 『동아일보』, 1938.9.3

210 국무총리 소속 대일항쟁기 강제동원 피해조사 및 국외 강제동원 희생자 등 지원위원회, 2016, 『위원회 활동결과보고서』, 138쪽.

지역별로 보면, 북마리아나제도(사이판, 티니언, 로타 등)와 팔라우제도(코로르, 앙가우르, 말라카 등), 당시 트럭이라고 불렸던 추크에 집중되어 있다. 모두 사탕수수와 카사바 농장 밀집 지역이다.

직종별로 보면, 군사시설이 가장 많고, 다음이 농장이다. 농장은 초기에 한인을 동원한 곳이고, 군사시설은 전쟁 말기에 농장 폐쇄로 노동력이 이동한 곳이다. 토건은 군부대가 직접 관리하지 않은 공사가 있었으므로 군사시설 성격의 작업장이 많았을 것이다. 공장은 제당소나 인광제련공장이다(부록 참조).

〈표 4-37〉 남양군도 거주 한인 현황

연도	인원수	연도	인원수
1922	147①/ 143③	1935	360②/ 546③
1923	80①/ 82③	1936	545②③
1924	89①	1937	596②/ 579③
1925	86①	1938	704②③
1926	93③	1939	1,968②③
1931	224③	1940	3,463②/ 2,782③
1932	278③	1941	5,824②/ 4,563③
1933	313③	1942	6,646③
1934	318③	1943	7,899③

출처: ① 南洋廳, 『南洋統計年報-第1回』(今泉裕美子, 1997, 「サイパン島における南洋興發株式會社と社會團體」, 『近代アジアの日本人經濟團體』, 同文館出版株式會社, 68쪽, 재인용).
② 南洋廳, 『南洋群島要覽』, 각 해당연도.
③ 坂本悠一, 「日本帝國における人の移動と朝鮮人」, 日本史研究會 發表文, 2004년 5월.

1938년에 704명이었던 남양군도 거주 한인은 1939년에 1,968명으로 증가해 1940년에는 3,463명으로 급증했다. 이러한 증가 추세는 강제동원과 깊은 관련이 있다. 조선총독부 등 동원 주체가 생산한 자료를 통해 노무동원 현황을 살펴보면 다음과 같다.

① 조선총독부 문서를 통해 본 1939년 남양군도 노무동원

남양군도 노무동원의 기점은 1939년 2월 팔라우로 출발한 농민 500명(경남 거창, 남해, 경북, 전남북 출신) 사례다. 남양청 의뢰에 조선총독부 내무국 주관, 경무국 협조로 동원됐다. 집단농장과 토건공사장의 알선노무자였다. 1939년 2월부터 3월까지 토건노무자를, 1939년 8월부터 1940년 1월까지 농업노무자를 보냈다. 토건노무자는 남양청의 공사 하청을 맡은 기무라구미[木村組]가, 농업노무자는 호난산업(주)과 난요흥발(주), 난요척식(주) 등 국책기업이 담당했다. 1939년 2월은 당국이 일본으로 노무동원을 개시한 10월보다 앞선 시기다. 남양군도에서 1939년 2월 조선총독부 알선노무자를 동원한 배경에는 중일전쟁 이후 전쟁의 장기화가 있었다.

> 우리 회사(남양흥발)는 사업지인 남양군도 각지에서 사업을 확장하고 있으며, 필요한 인력은 종래 오키나와현을 비롯해 일본 동북 각 현으로부터 수시로 입식(入植)시켰습니다. 그런데 이번 사변의 확대와 전시체제 정비로 인해 응소자(應召者)가 늘어나고 군수산업으로 전출하는 이들이 많습니다. … 〈중략〉 … 그러한 이유로 남양군도에 필요한 노동력 보충이 불가능하게 되어 남진국책(南進國策)인 남방 산업의 개발에 공헌하고 있는 우리 회사 사업도 경영상 상당한 곤란에 봉착했습니다.[211]

---

211 東 第250호, 「移民斡旋依賴ニ關スル件」, 昭和14年 7月(『南洋行農業移民關係綴』)(국가기

'설탕왕'이라 불리던 난요흥발 사장 마쓰에 하루지가 1939년 7월에 미나미 지로[南次郎] 조선총독에게 보낸 문서다. 전쟁 확대로 남양군도의 노동력 부족이 심각하니 조선의 농민을 보내 달라는 편지다. 마쓰에 사장의 호소는 엄살이 아니었다. 로타제당소의 일본인 노동자 2천 명이 해군공사장으로 동원되면서 난요흥발은 4개월이나 가동이 중지되었다. 사장이 나서서 각계에 어려움을 호소한 결과 '모(某) 방면으로부터 사업지 내 특정 지역에서 특수공사 시공'을 확보했다. '모 방면'이란 해군을 의미했다.[212]

이러한 어려움은 난요흥발만의 일이 아니라 국책기업과 남양청의 어려움이었다. 일본은 중일전쟁 후 국제연맹규약을 어기고 본격적으로 남양군도에 비행장과 항만을 건설하기 시작했다. 사탕수수 농장과 광산, 비행장에서 일하던 일본 남성들이 중국 전선과 일본 본토 군수공장으로 떠나자 이들을 대신할 노동력이 필요했다. 그래서 주목한 대상이 한발(旱魃)을 입은 조선의 농민들이었다. 그러므로 조선총독부 내무국이 각 도에 하달한 공문에서 '한발 이재민 구제' 목적임을 명확히 하고 한발 피해 지역을 특정했다. 1939년 7월 13일 자 문서「남양농업이민알선방법에 관한 건(남양농업이민관계철 수록)」에서 내무국장은 경북 도지사에게 '경남북 지방의 한발 지역민을 대상으로 선정'을 요청했고, 1939년 9월 11일 자 문서(「남양이민 알선 방법에 관한 건」)에서도 전북·경북 도지사에게 총독부 알선의 목적이 '한발 이재민 구제'임을 강조했다.

한발은 1919년, 1924년, 1929년, 1932년, 1935년, 1936년, 1938년,

록원 소장 자료).

212 「南洋興發(株) 氏家久光이 朝鮮總督府 政務總監 大野綠一郎에게 보낸 문서」, 昭和 14年 8月 4日(『南洋行農業移民關係綴』), (국가기록원 소장 자료)..

1939년 등에 걸쳐 한반도 전역을 쑥대밭으로 만들었다. 계속되는 한발의 피해를 마무리할 새도 없이 피해를 추가하는 상황이었다. 특히 1939년의 한발은 경기 이남 지역의 농토를 모조리 헤집어 놓았다. 이 한발로 전북은 11만 4,984정보(町步)가, 경북은 14만 2,760정보가 농토의 기능을 상실했다. 경북 지역만을 대상으로 본다면, 피해 농가는 25만 9,740호였고, 그 가운데 구조가 시급한 농가는 17만 5,897호로 총 미작 농가 호수(32만 2,212호)의 80%에 달할 정도였다.[213]

조선의 한발 피해에 당국이 해결해야 할 과제는 두 가지였다. 하나는 이재민 대책이었고, 다른 하나는 농토 회복이었다. 조선총독부는 두 가지 과제 가운데 남양군도 송출을 통해 이재민 대책을 해결하고, 노동력을 효율적으로 재배치하고자 했다. 이재민들은 남양군도 외에도 남사할린과 한반도 북부 지역 알선노무자로 동원되었다. 당국은 절박한 상황에 놓인 이재민들이 거부하기 어려운 점을 활용했다.

1939년 남양군도 노무동원의 실상을 알려 주는 자료는 조선총독부가 생산한 3종의 문서철이다. 국가기록원의 데이터베이스 명부에는 총 1,012명(동반 가족을 제외한 세대주)이 담겨 있다. 그러나 정혜경이 확인해 본 결과, 다수의 중복 수록자가 있고, 실제 송출되지 않은 사람들(송출 이전에 취소하거나 승선 직전에 종적을 감춘 경우)도 있다. 이러한 허수(虛數)를 제외한 실제 송출 세대주 인원은 553명(553호)이고, 동반 가족을 포함하면 1,463명이다. 동반 가족에는 성인 여성(296명)과 어린이가 포함되어 있었다.[214]

213 樋口雄一, 2002,「植民地下朝鮮における自然災害と農民移動」,『法學新報』109, 188~191쪽.

214 문서 세부 구성 내용과 목록 등 상세한 내용은 정혜경, 2011,「다시 쓰는 1939~1940년

〈표 4-38〉 남양군도 관련 조선총독부 문서 3종 현황

<table>
<tr><th rowspan="2">자료명</th><th rowspan="2">생산
연도</th><th rowspan="2">생산
기관</th><th rowspan="2">문서정보</th><th rowspan="2">주요 내용</th><th rowspan="2">수록
인원</th><th rowspan="2">국가
기록원
DB</th><th colspan="2">위원회 강제동원
인정 건수</th></tr>
<tr><th>세대주</th><th>12세 이상</th></tr>
<tr><td>남양행
노동자
명부철</td><td>1939년</td><td rowspan="3">조선
총독부
내무국
사회과</td><td>총 133면/
MF</td><td>1939년 2월~3월 토건노무자, 1939년 8월 농업노무자 송출 관련 명부[17건]</td><td>499호
1,226명</td><td>678명</td><td>499명</td><td>333명</td></tr>
<tr><td>남양
농업이민
관계철</td><td rowspan="2">1939년
~
1940년</td><td>총 324면/
MF</td><td>내무국 사회과, 남양청 내무부, 도 내무부 사회과 및 기업[풍남산업(주), 남양흥발(주)], 면의 왕복문서철(기안문 · 시행문 · 전보철 · 서신)[40건]</td><td>52호
231명</td><td>119명</td><td>52명</td><td>80명</td></tr>
<tr><td>남양행
농업이민
관계철</td><td>총 582면/
MF</td><td>1939년 6월 9일~1940년 2월 28일간 문서철[62건]</td><td>2호
6명</td><td>215명</td><td>2명</td><td>3명</td></tr>
<tr><td colspan="5">합계</td><td>553호
1,463명</td><td>1,012명</td><td>553명</td><td>416명</td></tr>
</table>

〈표 4-38〉에서 12세 이상을 강제동원 대상에 포함한 것은 조선총독부 문서에 언급한 '가동능력자' 때문이다. 조선총독부는 가동능력자의 연령 하한을 명시하지 않았으나 인도서 등 문서에서 12세를 기준으로 대인과 소인으로 구분했다. 소인을 12세 미만과 6세 미만으로 구분하거나 12세 미만과 4세 미만으로 구분한 문서도 있다. 이를 근거로 위원회는 2010년 12월, 제8차 위원회에서 안건(유소년 강제동원 인정 범위)을 의결했다. 위원회는 '당시 가족동원이 특정 지역의 개간이나 농장 경작을

간 '남양군도송출조선인관련' 문서철 3종」, 『일본 '제국'과 조선인 노무자 공출』, 도서출판 선인 참조.

위해 격리된 지역에서 생활하며, 유소년들이 교육받을 여건이 충분하지 않았다는 점'과 '지역에 따라 전시 상황 대비 및 공출량을 맞추기 위한 강제적 조치가 있었을 개연성'을 감안해 결정했다. 무작정 나이만 적용한 것은 아니고, 신고내용을 면밀하게 조사한 후 12세 미만의 유소년이라 해도 강제동원 정황이 확인되면 피해자로 판정할 수 있다는 의미다.

3종의 문서철을 통해 1939년 남양군도 노무동원의 송출 과정을 알 수 있다.

• 제1단계: 계획 입안 및 요청
계획 입안→사업주의 요청→남양청 접수→조선총독부에 요청→조선총독부 접수

• 제2단계: 모집
도(道)에 하달→해당 도 내무부, 송출자 선정 및 신원조사→해당 도지사, 조선총독부 내무국에 상신→조선총독부 접수→남양청 내무부에 전달→남양청 내무부 접수

• 제3단계: 수송
해당 도, 수송업무 완료→현지 인수

업무를 주관한 총괄부서는 내무국 사회과와 남양청 내무부이고, 수행기관은 도 내무부 사회과와 기업이며, 대상자 선정업무를 수행한 기관은 행정의 가장 말단인 면이었다. 이처럼 관련 업무는 도의 지시를 받은 군과 면에서 이루어졌으며, 실질적으로는 면서기의 주도 아래 구장과 면 유력자들이 중심이 되어 대상자 선정과 신원조사, 수송 등을 수행했다. 조선의 일반적인 노무동원 송출 과정 및 노무동원 관련 행정조직과 동

일하다.

그러나 남양군도 노무동원 통계는 일본 정부의 통계에서 찾아볼 수 없다. 정혜경의 2002년 논문 이전에는 학계에서도 '이민'의 형태로 인식하고 있었다. 만주 집단농장에 동원된 사례와 마찬가지다.

〈표 4-39〉 남양군도 송출 관련 부서별 담당 업무 현황

담당 부서	업무 내용	참고
총독부 내무국 사회과	관련 문서 출납 남양청으로부터 요청 접수 도에 업무 지시: 송출자 선정·신원조사·수송 현지 기업과 업무 조정: 송출자 선정 조건, 수송절차 및 조건, 비용 정산	송출 총괄
남양청 내무부	사업 요청	송출사업 발주
철도국 영업과	수송업무 수행	
부산해항보호 사무소	수송업무 수행	
도 지사 관방	문서출납	
도 내무부 지방과	내무국으로부터 하달된 업무 접수: 송출자 선정·수송 부에 업무 지시: 송출자 선정·신원조사·수송 내무국에 업무 보고: 송출자 선정 결과, 수송업무 수행 결과	실제 송출 수행 주체
군 서무계	문서 출납	
군 내무계	부로부터 하달된 업무 접수: 송출자 선정·수송 면에 업무 지시: 송출자 선정·신원조사·수송 부에 업무 보고: 송출자 선정 결과, 수송업무 수행 결과	
면(면장→ 면서기→구장)	문서 출납 업무 수행: 송출자 선정, 신원조사, 수송	선정 및 수송 업무 수행

남양군도 현지에 도착한 후 농업노무자와 알선노무자의 구분은 의미가 없었다. 도로와 항만을 닦는 작업을 종료한 후 집단농장으로 전환

된 사례도 있었다.[215] 남양군도의 기업은 1939년 송출한 농업노무자들에게 '10년 후 자작농 전환'이라는 조건을 내걸었으나 약속은 공수표가 되었다. 이들은 군 당국과 기업이 체결한 협정[1944년 4월 난요흥발이 사이판 현지 주둔군과 체결한 야노(矢野)-오하라(小原) 협정]에 따라 군무원으로 전환되거나 미군 공습으로 집단농장이 폐쇄된 후 비행장 등 군 시설지 공사장으로 배치되기도 했다.

② 『반도이민관계자료』를 통해 본 티니언제당소의 조선인 노무자[216]

국가기록원 소장 3종의 문서철은 송출 관련 문서철이므로 한인이 조선을 떠날 때까지의 과정을 상세히 담고 있으나 현지 생활실태에 대해서는 알 수 없다. 현지 생활을 알 수 있는 자료는 미국의회도서관 소장 『반도이민관계자료』(今泉裕美子 제공)이다. 문서철 제목은 '이민'이지만 문서에서는 '반도노무자'나 '조선노무자'를 주로 사용했다. 1941~1944년간 난요흥발(주) 손손농구(티니언제당소)에서 작성한 공문서와 가동상황표, 저금 및 송금 성적조사 등 78건을 담은 자료다. 수신자는 직영농장 이민계를 비롯하여 주재소, 티니언 출장소장, 농구사무소장, 농구주임, 이민주임 등이다. 각종 보고서에는 '개인조사표(명부)'

215 1939년 9월에 발표된 글에 의하면, 1939년 초에 노동자로 모집되어 출발했던 한인들은 팔라우 소재 풍남산업(주) 농장이 경영하는 농장에서 카사바를 재배했다고 한다. 「南洋パラオ諸島に鮮農移民」, 『朝鮮』 292호, 1939년 9월호, 102쪽(김도형, 「중부 태평양 지역 한인의 귀환」 재인용). 이 점은 '남양군도'로 간 한인이 농장이든 토건현장이든 무관하게 동원되었음을 알 수 있게 해 준다.

216 『반도이민관계자료』의 내용에 대해서는 今泉裕美子, 2004, 「朝鮮半島からの南洋移民」, 『アリラン通信』 32 참조.

〈그림 4-81〉 티니언 산호세 소재 난요흥발(주) 티니언사무소

〈그림 4-82〉 난요흥발(주) 티니언사무소 인근의 경찰서 터

출처: 정혜경 촬영(2007.6)

나 '가동일수표', '취로상황보고서' 등을 첨부했다.[217] 이 자료를 통해 1941년 이후 난요흥발(주)이 동원한 한인 노동력의 실태와 이들에 대한 대략적인 관리 내용을 알 수 있다.[218]

티니언제당소 측은 각 농구별로 예취실적보고·예취성적보고·예취출근성적표(일별)·가동상황보고(월별)·취로상황보고(월별)·무단퇴장자보고 등을 통해 한인의 노동실적을 철저하게 관리했다. 아울러 관리자에 대한 조사와 노무자에 대한 조사를 시행하고, 조사 결과는 주재소에 보고했다. 1941년 5월 13일 자 「반도노동자 가동상황 조사의뢰 건」을 보면, 입경수 및 이동상황, 가족호출상황, 가동성적, 임금저금송금상황 등으로 구성되었는데, 가동성적란에는 건강상태를 상세히 기재하도록

217 손손농구 외에 1941년 티니언 소재 츄로순사주재소가 관할한 한인 명부(255명)가 있다.(沖縄縣教育委員會, 2003, 『沖縄縣史』 자료편17, 부록 46~47쪽). 그러나 그 외 지역에 대한 자료는 아직 발굴하지 못했다.

218 상세한 내용은 정혜경, 2005, 「일제 말기 '남양군도'의 조선인 노동자」, 『한국민족운동사연구』 44 참조.

했다. 취로상황보고서에도 가동상태와 저금상황, 송금상황, 사고상황, 이동상황 등을 기재했는데, 특히 부채상황을 상세히 기재하도록 하달했다.

1943년 7월분 보고서(반도이민저금 및 송금상황성적조)에 의하면, 한 달 임금은 평균 31원 32전인데, 가동 인원 104명 가운데 송금을 한 한인은 7명(임금의 6.1%)에 불과하고, 96명은 저금(임금의 27.6%)을 했다. 이러한 송금과 저금 비중은 다른 기간에도 비슷한 수준을 보였다. 손손농구 외 츄로나 카토 등 다른 농구에서도 큰 차이를 보이지 않았다.[219] 송금과 저금을 제외한 금액의 지급 상황은 알 수 없다. 생활에 필요한 물품은 지정 상점인 주보(酒保, PX)를 이용하도록 했다. 1942년 8월 8일 자 「반도노무자 부채조사 보고 건」에서 39건(단신 26명, 가족 동반 13명) 가운데 부채를 가진 12건의 부채 내역(총 부채액 1546원, 1인당 평균 128원)을 보면, 주보대가 1,033원(66.8%)이고, 약값이 523원(33.8%)이었다. 부채액 가운데 약값이 33.8%에 달한다는 점은 노동조건이 가혹했고, 의료지원이 이루어지지 않았음을 알 수 있다.

1944년 1월 기준으로 1개월 평균 가동 일수는 23~24일이고, 취업 일수 대비 가동 비율은 84~87% 정도(어린이를 양육하는 여성을 포함한 비율)인데, 휴업 이유는 상해와 질병이었다. 1943~1944년간 1일 평균 노동시간은 10시간 정도였다. 손손농구는 티니언의 다른 농구에 비해 노동시간이 매우 긴 것으로 나타났다. 다른 농구가 7~8시간이거나 여성은 1일 평균 가동시간이 3시간인 데 비해 손손농구는 남녀를 막론하고 10시간이었다.

---

219 『남양행농업이민관계』에 편철된 「이민알선의뢰에 관한 건」에 의하면, 임금의 1할 이상은 저금하도록 하는 의무규정이 있다. 티니언 손손농구 가동 인원 104명 가운데 대부분인 96명이 임금의 27.6%의 금액을 저금한 것을 볼 때, 이 규정이 1941년 이후 동원된 한인에게도 적용된 것으로 보인다.

〈표 4-40〉 1942년 손손농구 한인 근무시간과 작업 성적

	총인원		출근 인원수/ 비율		평균 시간	작업량(묶음)
12월 25일	남	35	34	97.2	10	2,012
	여	15	13	86.7	10	576
	자녀 동반 여성	17	15	88.2	10	556
12월 26일	남	35	34	97.2	10	1,815
	여	15	13	86.7	10	550
	자녀 동반 여성	17	13	76.5	10	423
12월 27일	남	35	34	97.2	10	3,042
	여	15	14	93.3	10	932
	자녀 동반 여성	17	15	88.2	10	900
12월 28일	남	35	34	97.2	10	4,327
	여	15	14	93.3	10	1,068
	자녀 동반 여성	17	15	88.2	10	940

〈그림 4-83〉 니시하고이 농장 소속 한인이 닦은 하고이비행장 활주로

출처: 정혜경 촬영(2007.6)

티니언 한인 농장노무자들도 전쟁 말기에 비행장 공사장 등 군시설지 공사에 동원되어 공습 피해를 보기도 했다. 농장과 마찬가지로 군사시설 공사장에서도 어린이 동원은 일상적이었다. 농장보다는 연령층이 조금 높았지만 하고이(Hagoi)비행장에서는 열 살 소녀도 일했다.[220]

③ 조선인노무자관계철을 통해 알 수 있는 남양청 소속 한인 토건노무자

조선인노무자관계철(일본 방위성 방위연구소 소장)은 1943~1944년간 남양청 서부지청 토목과가 작성한 자료다. 표지를 포함해 총 90쪽 분량인데, 총 18건의 명부와 서류, 도면 등으로 구성되어 있다.[221]

표지에 한자로 '조선인노무자관계철, 서부지청 토목과(朝鮮人勞務者關係綴, 西部支廳 土木課)'라 기재되어 남양청 서부지청 토목과가 작성했음을 알 수 있다. 또 'Documents pertaining to Korean labourer'라는 제목을 통해 전쟁이 끝난 후 미군이 수습한 문서임을 알 수 있다.

명부는 '소화 19년도 모집 조선인 노무자 명부', '조선인 노무자 명부', '소화 19년 5월 27일 상륙 노무자 명부', '본부(남양청을 의미) 알선 남양행 조선인 노무자 명부' 등 네 종류(한인 761명)다. 네 번째 명부인 '본부 알선 남양행 조선인 노무자 명부'는 출신 지역을 군별로 분류했다. 명부 외에 '조선인 노무자 및 물품 인도서(1943년 5월 20일 자)', '청구서(1944년)' '알선 내지이입 조선인 노무자 인계서(1944년 4월 20일)', '알선 내지이입 조선인 노무자 인계서(1944년 4월 21일)', '반도노무자 배치조',

---

220 어린이 동원에 대해서는 정혜경, 2019, 『아시아태평양전쟁에 동원된 조선의 아이들』, 섬앤섬 참조.

221 상세한 내용은 김명환, 2008, 「1943~1944 팔라우지역 조선인 노무자 강제동원-조선인노무자관계철 분석을 중심으로」, 『한일민족문제연구』 14 참조.

〈그림 4-84〉 조선인노무자관계철 표지와 내용

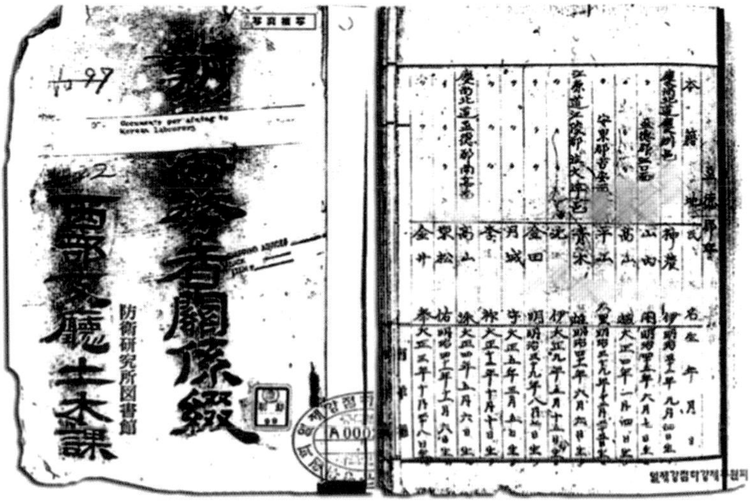

출처: 일본 방위성 방위연구소

'각 군별 노무자 현황표' 등이 있다.

이 자료는 1943년과 1944년에 동원된 조선인 동원 관련 내용이다. 경남 김해·남해·하동군, 경북 청도·상주·영일·영덕·군위군, 전남 광양·순천·보성·고흥·구례군 등에서 남양군도로 갔음을 알 수 있다. 총 427명이 고향을 떠났고, 이 가운데 76명이 사망했다. 내용 중에 '소화 17년도'로 볼 때 1942년에 동원된 한인도 포함한 것으로 보인다.

명부와 각종 서류 내용을 통해 한인들이 어떤 과정을 통해 남양군도로 가게 되었는지 알 수 있다. 한인을 동원한 근거는 남양청이 난요흥발(주)와 체결한 '조선인 노무자 모집에 관한 청부계약'이었다. 계약을 맺은 난요흥발(주)는 한인을 팔라우로 수송해 남양청에 인도했고, 수송에 들어간 비용은 남양청이 지급했다. 남양청 당국은 한인을 주로 해군과 육군, 그리고 남양청 토목과와 경무과 소속으로 남양청 직영 공사장에 배치했다. 이들은 말라카 팔라우항만 소속 도크 공사장이나 각종 군 관련 공사장에서 일했다.

④ 1944년 오사카호 침몰 사건을 통해 본 팔라우 한인 노무자

1942년 6월, 일본은 미드웨이 해전 패배 후 1943년 10월 솔로몬 군도에서 패퇴를 거듭하는 상황 속에서 육군의 남양군도 파견을 결정하고, 1944년 다롄[大連]에 주둔하던 육군 제14사단을 팔라우에 파견했다. 4월 24일 팔라우항에 도착한 제14사단은 바벨다오브, 펠렐리우, 앙가우르 등에 주둔했다. 이후 팔라우는 미·일 간 치열한 전투의 격전장이 되었다. 특히, 1944년 9월부터 11월까지 계속된 펠렐리우 전투에서 일본군 전사자는 10,022명에 달했다. 격렬한 전투를 통해 펠렐리우와 앙가우르를 점령한 미군은 코로르와 바벨다오브 등 제14사단 주력이 주둔하고 있던 지역을 해상으로부터 철저히 고립시켰다. 미군의 고립 작전은 큰 효과를 발휘했다. 외부의 보급이 끊긴 일본군은 자활을 모색하며 비좁은 코로르를 떠나 바벨다오브의 밀림으로 이동했다. 이 같은 긴박한 상황에서 1944년 4월 남양청은 직영사업장 배치 목적으로 한인 노무자를 경북 영덕·군위, 전남 광양·순천·보성·고흥·구례에서 모집 형태로 동원했다.

500명의 할당 인원을 채우지 못하고 경북과 전남을 출발한 일행(455명, 26.59%)은 수송 도중 탈출자가 발생해 334명만이 항구를 출발했다. 팔라우를 향해 출발한 한인들은 5월 25일, 수송선 오사카호[大阪丸][222]의 침몰로 27명(총 사망자 95명)이 목숨을 잃었다. 수송선 침몰 당시

222 오사카호는 1922년 7월 20일 요코하마센쿄[横浜船渠]에서 건조한 화물선이었다. 선

〈그림 4-85〉 오사카호 사망 한인 명부

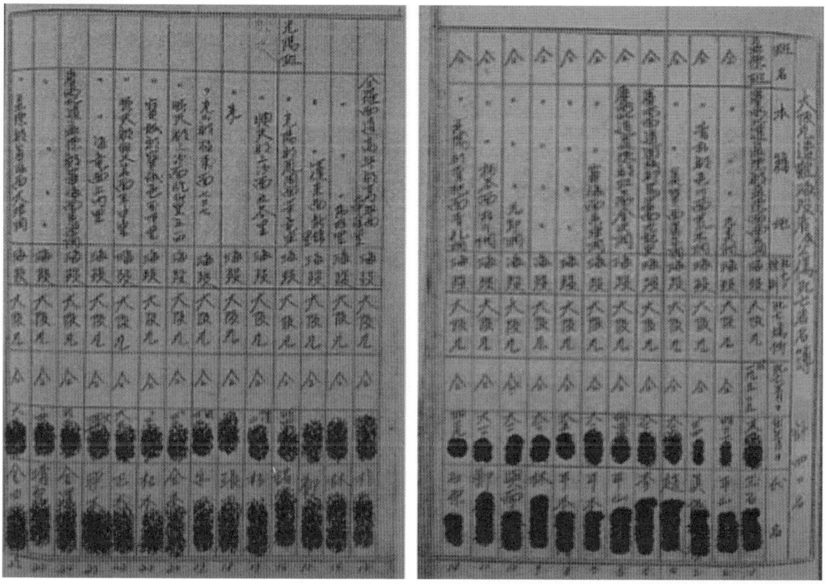

출처: 국무총리 소속 대일항쟁기 강제동원 피해조사 및 국외 강제동원 희생자 등 지원위원회, 2012, 『1944년도 남양청 동원 조선인 노무자 피해실태조사』, 30쪽

구조된 한인들은 5월 27일 팔라우에 도착했으나 도착 후 부상자 가운데 13명이 추가로 사망해 오사카호 침몰 한인 사망자는 40명이 되었다.

박 규모는 총 3,715톤, 길이 105.16m, 속력 11노트에 최고 출력은 3,732마력이었다. 1928년 8월 9일 긴카이유센[近海郵船]에 매각되었고, 1939년 9월 8일 소유권이 니혼유센[日本郵船]으로 넘어갔다. 오사카호는 1937년부터 육군에 징용되어 기간용선으로 사용되다가 민수품 수송이 급박해지자 1943년 6월 22일부터 선박운회 사용선으로 전용되었다(日本郵船株式会社, 『日本郵船戰時船史: 太平洋戦争下の社船挽歌』 上卷, 1971. 683~687쪽; 「大東亞戰爭徵傭船舶行動概見表」 大阪丸 항목(아시아역사자료센터 C08050107600)(국무총리 소속 대일항쟁기 강제동원 피해조사 및 국외 강제동원 희생자 등 지원위원회, 2012, 『1944년도 남양청 동원 조선인 노무자 피해실태조사』, 23쪽 재인용).

이 시기 오사카호는 남양군도와 타이완-일본을 잇는 항로를 운항하고 있었다. 일본군 기록에 따르면 오사카호는 1944년 4월 요코하마에 도착해 약 20일을 머물면서 한인을 태우고 5월 3일 출발해 지바현[千葉縣] 다테야마[館山]를 거쳐 5월 14일 사이판에 도착한 후 5월 20일 사이판을 출발해 팔라우로 향하던 중 5월 25일 9시 20분 북위 11도 12분 동경 135도 15분 지점에서 미 잠수함의 어뢰 공격을 받고 침몰했다.[223]

어렵게 도착한 한인들은 현지에서 군무원과 군 공용(供用) 신분으로 전환되어 육군 제14사단 관리부와 아이라이 소재 해군에 배정받았고, 1944년 8월 펠렐리우 전투 직전에 다시 펠렐리우의 제30건설부와 팔라우 본섬 중부 밀림에서 노역했다. 이 과정에서 전사와 전병사, 공상사, 해몰 등으로 123명이 목숨을 잃고, 183명만 귀국할 수 있었다. 선박 사고로 사망한 27명을 합하면 한인 사망자는 150명으로 45%에 달했다. 격전지에 동원된 한인 노무자의 참상을 보여 주는 사례다. 일본의 패전 후 남양청이나 일본군은 한인의 귀환에 대해 어떠한 조치도 취하지 않아 미군과 직접 교섭해 1946년 초 미군의 도움으로 귀국했다.

위원회 직권조사보고서(「남양군도 지역 한인 노무자 강제동원 실태에 관한 조사(1939~1941)」)에 의하면, 1939~ 1941년 12월 일본의 대미전쟁이 발발하기 전까지 남양군도 한인 노무자는 5천 명 이상이다. 그렇다면 일본 패전 당시 노무동원 한인은 몇 명일까.

〈표 4-37〉의 인구 증가 현황을 보면, 1938년과 1941년간 인구 증가분은 5,120명이다. 1941년 한인 인구 5,824명 가운데 남성은 4,138명이고, 여성은 1,686명이다. 남양군도의 경우에는 여성과 아동의 동원 비

223 아시아역사자료센터, C08050107600.

율이 높았으므로 여성도 다수 동원된 것으로 추정된다. 이를 고려해 1942년과 1943년의 인구수를 적용하면, 약 7,000명이다.[224]

이 추정을 미국립문서기록청(NARA) 소장 남양군도 승선자 명부와 비교해 보자. 이 명부는 아시아·태평양전쟁 종전 후 남양군도 재류 한인의 본국 송환을 위해 미군이 직접 작성하거나 미군의 명령에 따라 일본인이 작성한 자료다. 수록 인원은 1만 1,017명이다. 이 가운데 농업노동자와 일반인 6,895명은 위원회가 검증작업을 완료했다.[225] 이 외에 군무원 및 군노무자 3,751명이 있다. '농업노동자와 일반인 6,895명'은 노무동원 대상자로 볼 수 있다. 1942년 이후 한인이 군노무자나 군용으로 전환된 사례가 있으므로 3,751명 가운데 노무동원에서 전환된 규모가 포함되어 있다고 볼 수 있다. 오사카호 사례에서 본 바와 같이 한인의 현지 사망률은 높았다. 남양청 통계는 1944년을 반영하지 않았고, 사망률이 높은 시기는 전투가 치열했던 1944년이다. 이를 고려하면, 1944년 남양군도의 전쟁이 끝난 시점까지 동원된 한인 노무자는 1만여 명으로 추정할 수 있다.

224 여성과 아동동원에 대해서는 정혜경, 2016, 「일제말기 남양군도 노무동원과 조선 여성」, 『역사와 교육』 23; 정혜경, 2019, 『아시아태평양전쟁에 동원된 조선의 아이들』, 섬앤섬 참조.

225 위원회는 이 가운데 6,370명분(사이판, 티니언, 팔라우)과 158명분(로타 지역), 376명분(추크 지역, 중복 제외한 인원은 253명)을 위원회 인정자료[남양군도귀환자명부1~5]로 의결했다.

<표 4-41> 남양군도 승선자 명부 수록 현황

생산 연도	소장 기관	문서 정보	수집과정	주요 내용
1945~1946년	미국 국립문서청(NARA)	분량 3,799매/이미지파일	- 2006년 국사편찬위원회가 국외사료 조사 과정 중 방선주로부터 수집(미국 NARA 소장 자료) - 2006.8.11 일반 공개 - 2006.8.23 위원회 제공	- 미국 NARA Records Group 313 미해군태평양함대 일본인송환자기록 1945~1946 중 한국인승선자귀환명단자료 - 전체 11,984명 중 한국인 1만 985명(농업노동자와 일반인 6,895명, 군무원 및 군노무자 3,751명, 군인 190명 등) 명단 - 한자와 영어로 병기 - 성명, 성별, 나이, 직업, 귀환지, 소속부대, 동원 전 국내 주소 및 본적지 등 기재

4) 동남아시아의 노무동원

동남아시아는 17세기부터 일본이 남방 또는 외남양이라는 이름으로 일본인의 진출을 독려한 지역이자 남양 열풍의 대상지이기도 했다. 19세기 이전까지는 상인들의 활동 무대였으나 일본이 근대국민국가를 수립한 후에는 군사 전략적 가치와 함께 석유나 고무 등 지하자원이 풍부한 지역으로 주목받았다. 일본은 대미전쟁 개시 이전인 1940년 9월, 일·불령 인도차이나 군사세목협정을 맺고 군대를 주둔시켰다. 그러고 1941년 12월 8일 대미 선전포고 직전에 영국령 말레이반도 공격을 기점으로 동남아를 점령하기 시작했다. '남방 진공'이라 불렀던 일본군의 동남아 점령은 1942년 5월 버마 만달레 점령으로 일단락했다.

그러나 1942년 6월 미드웨이 해전의 참패로 태평양 전선에서 일본군이 불리한 상황이 전개되며 동남아 점령은 안정적이지 않았고, 격렬한 전투가 진행 중인 전방 지역도 많았다. 이 지역에는 일본 대기업 가운데 일본제철과 히타치[日立] 등과 개인 투자로 설립된 회사들이 있었다.

위원회가 파악한 노무동원 작업장은 4개소인데, 피해조사 결과에 나타난 동원 지역을 포함하지 않았다.[226] 피해조사 결과 가운데 선원을 제외하면 〈표 4-42〉와 같다.

〈표 4-42〉 동남아 지역 노무동원 작업장 목록

현재 국가	당시 지명	직종	기업	자본 계열	구분
인도네시아	보르네오 발릭파판(Balikpapan)	공장	일본제철㈜	일본제철	위원회 목록
인도네시아	보르네오 반저르마신(Banjarmasin)	농장	노무라[野村]동인도식산㈜	野村德七, 野村元五郞 등	-
인도네시아	수마트라 팔렘방(Palembang)	농장	도잔[東山]農事㈜	미쓰비시 관계 이와사키(岩澤) 가문 자본	-
말레이시아	북보르네오 사바(Sabah)주	농장	도잔[東山]農事㈜	미쓰비시 관계 이와사키 가문 자본	-
인도네시아	보르네오	비행장			피해조사 결과
파푸아뉴기니	뉴기니아	비행장			-
파푸아뉴기니	바스마르크 뉴브리튼 라바울	비행장			-
파푸아뉴기니	뉴기니아	도로공사장			-
인도네시아	보르네오	공장	히다치[日立] 보르네오 공장	히다치[日立]	-
인도네시아		하역수송			-

한인도 군인과 군무원 동원이 다수였고, 노무동원은 소수였다. 위원회에서 동남아시아 지역 노무동원 피해자로 판정한 사례는 30명이다. 출

226 국무총리 소속 대일항쟁기 강제동원 피해조사 및 국외 강제동원 희생자 등 지원위원회, 2016, 『위원회 활동결과보고서』, 138쪽.

신 지역은 경남, 전남, 전북, 충북 등 다양하지만 다른 동원 지역과 같은 집단동원이 아니라 연고 모집이 대부분이고, 기업의 파견 형식도 있었을 것으로 추정한다. 공장 2명과 하역수송 1명, 선원 1명 등을 제외하면 모두 군사시설 공사장에 동원되었다. 군사시설 공사장 동원 피해자 가운데에는 군무원과 구별이 어려운 사례도 있다.[227]

〈부록〉 남양군도 노무동원 작업장 목록

지청	군도	당시 지명	현재 지명	종류	작업장	기업
사이판	북마리아나	티니언	San Jose	공장	티니언제당소	난요흥발㈜
사이판	북마리아나	사이판	Susupe	공장	사이판제당소	난요흥발㈜
사이판	북마리아나	티니언	North Field	군사시설	비해장 제4비행장 공사장	
사이판	북마리아나	티니언	North Field	군사시설	비행장 제1비행장 공사장	
사이판	북마리아나	티니언	Kahet	군사시설	비행장 제2비행장 공사장	
사이판	북마리아나	로타	Rota Sinapalu	군사시설	비행장 공사장	
사이판	북마리아나	사이판	Saipan I.	군사시설	군사기지구축작업장	
사이판	북마리아나	사이판	As Lito	군사시설	다카부대	
사이판	북마리아나	사이판	As Lito	군사시설	비행장 공사장	
사이판	북마리아나	사이판	Banaderu	군사시설	비행장 공사장	
사이판	북마리아나	사이판	Chalan Kanoa	군사시설	비행장 공사장	
사이판	북마리아나	사이판	Kagman	군사시설	비행장 공사장	
사이판	북마리아나	사이판	Koblerville	군사시설	비행장 공사장	

227 위원회가 군무원과 노무자의 피해조사 구분 기준에 대해서는 정혜경·오일환·허광무, 2020, 『일제강제동원, 정부가 중단한 진상조사』, 도서출판 선인 참조.

사이판	북마리아나	사이판	Susupe	군사시설	비행장 공사장	
사이판	북마리아나	티니언	Tinian I.	기타		난요흥발㈜
사이판	북마리아나	로타	Rota Songsong	기타		난요흥발㈜
사이판	북마리아나	사이판		기타		난요흥발㈜
사이판	북마리아나	사이판		하역수송	부두하역작업장	
사이판	북마리아나	사이판		기타	사이판지점	난요(南洋) 무역㈜
사이판	북마리아나	티니언	North Field	농장	티니언제당소 직영농장 니시하고이농구	난요흥발㈜
사이판	북마리아나	티니언	San Jose	농장	티니언제당소 직영농장 송송농구	난요흥발㈜
사이판	북마리아나	티니언		농장	티니언제당소 직영농장 신미나토농구	난요흥발㈜
사이판	북마리아나	티니언	Chulu	농장	티니언제당소 직영농장 추로농구	난요흥발㈜
사이판	북마리아나	티니언	Kahet	농장	티니언제당소 직영농장 카히농구	난요흥발㈜
사이판	북마리아나	티니언	North Field	농장	티니언제당소 직영농장 히가시하고이농구	난요흥발㈜
사이판	북마리아나	로타		농장	로타제당소 사탕수수농장	난요흥발㈜
사이판	북마리아나	사이판	Chacha / Kagman	농장	사이판제당소 제2농장	난요흥발㈜
사이판	북마리아나	사이판	Kalabera	농장	사이판제당소 제3농장	난요흥발㈜
사이판	북마리아나	사이판	Talafofo	농장	사이판제당소 제5농장	난요흥발㈜
사이판	북마리아나	사이판	Obyan	농장	사이판제당소 직영농장	난요흥발㈜
사이판	북마리아나	사이판	As Perdido	농장	소채원	난요흥발㈜
사이판	북마리아나	아기간	Aguiguan	농장	티니언제당소 직영농장 아기간농구	난요흥발㈜

야프	서캐롤라인	야프	Yap	광산	야프광업소	난요알루미늄광업㈜
야프	서캐롤라인	파이스	Fais	광산	파이스(Fais)광업소	난요척식㈜
야프	올레아이환초	Falalap	Woleai환초 Falalap	군사시설	비행장 공사장	
야프	서캐롤라인	야프	Yap	군사시설	비행장 공사장	
야프	서캐롤라인	야프	Yap	군사시설	해안장애물 설치작업장	
야프	서캐롤라인	야프	Yap	기타	아프(Yap)사업소	난요척식㈜
잴루잇	콰절레인환초	루옷토	Roi/Namur	군사시설	비행장 공사장	
잴루잇	콰절레인환초	콰절레인	Kwajalein	군사시설	비행장 공사장	
잴루잇	워체환초	워체	Wotje	군사시설	비행장 공사장	
잴루잇	밀리환초	밀리	Mili	군사시설	비행장 공사장	
잴루잇	콰절레인환초	콰절레인	Kwajalein	하역수송	하역작업장	
잴루잇	잘우잇환초	잴루잇		기타		난요무역㈜
점령지	길버트제도	타라와	Tarawa환초	군사시설	비행장 공사장	
점령지	길버트제도	마킨	Makin환초	하역수송	군수품운반작업장	
점령지	길버트제도	타라와	Tarawa환초	하역수송	군수품운반작업장	
추크	추크제도	竹島	Etten	군사시설	비행장 공사장	
추크	추크제도	春島	Chuuk제도 Weno	군사시설	비행장 공사장	
추크	추크제도	楓島	Parem	군사시설	비행장 공사장	
추크	추크제도	夏島	Tonoas	군사시설	방공호공사장	
추크	추크제도	夏島	Tonoas	군사시설	비행장 공사장	
추크	추크제도	夏島	Tonoas	군사시설	요코스카해군건설단	
추크	추크제도	夏島	Tonoas	군사시설	해군부대공사장	
추크	추크제도	夏島	Tonoas	기타	Truk사업소	난요척식㈜
추크	추크제도	夏島	Tonoas	기타	Truk영업소	난요흥발㈜

추크	추크제도	夏島	Tonoas	기타		남양청 동부지청
추크	추크제도	冬島	Uman	농장	Truk사업소 농장	난요척식㈜
추크	추크제도	水曜島	Tol	농장	Truk사업소 水曜島농장	난요척식㈜
추크	추크제도	春島	Chuuk제도 Weno	농장	Truk사업소 春島 제1농장	난요척식㈜
추크	추크제도	春島	Chuuk제도 Weno	농장	Truk사업소 春島 제2농장	난요척식㈜
추크	추크제도	夏島	Tonoas	농장	Truk사업소 夏島농장	난요척식㈜
추크	추크제도	春島	Chuuk제도 Weno	토건	교량건설작업장	
추크	추크제도	春島	Chuuk제도 Weno	토건	상수도저수지 축조공사장	
추크	추크제도	夏島	Tonoas	토건	도로공사장	
추크	추크제도	夏島	Tonoas	토건	매립공사장	
추크	추크제도	夏島	Tonoas	토건	채석장	
추크	추크제도	夏島	Tonoas	토건	토건공사장	
추크	추크제도	夏島	Tonoas	토건	하수도공사장	
팔라우	팔라우제도	팔라우 본도	Babeldaob	공장	南一군수공장	
팔라우	팔라우제도	앙가울	Angaur	광산	앙가울(Angaur) 광업소	난요척식㈜
팔라우	팔라우제도	팔라우 본도	Ngardmau	광산	팔라우광업소 가라스마오광구	난요알루미늄광업㈜
팔라우	팔라우제도	팔라우 본도	Babeldaob	군사시설	마쓰모토데루부대	
팔라우	팔라우제도	팔라우 본도	Aimeliik	군사시설	비행장 공사장	
팔라우	팔라우제도	팔라우 본도	Airai	군사시설	비행장 공사장	

팔라우	팔라우제도	펠렐리우	Peleliu	군사시설	군사시설구축작업장	
팔라우	팔라우제도	펠렐리우	Peleliu	군사시설	비행장 공사장	
팔라우	팔라우제도	코로르	Koror	기타		난요무역㈜
팔라우	팔라우제도	코로르	Koror	군사시설		남양청 토목과
팔라우	팔라우제도	코로르	Koror	기타		난요흥발㈜
팔라우	팔라우제도	코로르	Koror	토건	남양지점	난토라구미(南寅組)
팔라우	팔라우제도	코로르	Koror	기타	수축항사무소	난요무역㈜
팔라우	팔라우제도	코로르	Koror	기타	팔라우영업소	난요흥발㈜
팔라우	팔라우제도	코로르	Koror	기타	팔라우지점	난요무역㈜
팔라우	팔라우제도	펠렐리우	Peleliu	토건		난토라구미(南寅組)
팔라우	팔라우제도	팔라우 본도	Babeldaob	농장	우루샤루농장	
팔라우	팔라우제도	팔라우 본도	Ngeremlengui	농장	가루미스칸(ガルミスカン/Ngermeskang)朝日村농장	난요척식㈜
팔라우	팔라우제도	팔라우 본도	Babeldaob	농장	가스판(ガスパン/Ngatpang)농장	난요척식㈜
팔라우	팔라우제도	팔라우 본도	Babeldaob	농장	Airai Ngetkib/ガキップ	난요척식㈜
팔라우	팔라우제도	팔라우 본도	Melekeok	농장	마루쿄쿠(マルキョク/Melekeok)농장	난요무역㈜
팔라우	팔라우제도	팔라우 본도	Babeldaob	농장	아이라이(Airai)농장	난요척식㈜
팔라우	팔라우제도	팔라우 본도	Ngchesar/Babeldaob	농장	제1농장(清水村)	호난(豊南)산업㈜
팔라우	팔라우제도	말라칼	Malakal	토건	도크공사장	남양청 토목과
팔라우	팔라우제도	말라칼	Malakal	토건	팔라우항 수축공사장	

팔라우	팔라우제도	말라칼	Malakal	토건	팔라우항 축수(築修) 공사장	난요무역㈜
팔라우	팔라우제도	말라칼	Malakal	토건	항만공사장	기무라구미(木村組)
팔라우	팔라우제도	코로르	Koror	토건	도로건설공사장	난요무역㈜
팔라우	팔라우제도	코로르	Koror	토건	토건공사장	기무라구미(木村組)
팔라우	팔라우제도	팔라우 본도	Babeldaob	토건	도로공사장	
팔라우	팔라우제도		Palau제도	토건	건선거구(乾船渠溝) 공사장	
포나페	동캐롤라인	포나페		광산	포나페광구	난요알루미늄광업㈜
포나페	동캐롤라인	랑가루	Lenger	군사시설	비행장 공사장	
포나페	동캐롤라인	포나페	Palikir	군사시설	비행장 공사장	
포나페	동캐롤라인	포나페		하역수송	부두하역작업장	난요무역㈜
포나페	동캐롤라인	포나페		기타	포나페사업소	난요척식㈜
포나페	동캐롤라인	포나페	Pohnpei Kolonia	기타		난요무역㈜
포나페	동캐롤라인	포나페		기타		난요흥발㈜
포나페	동캐롤라인	포나페	Madolenihmw	농장	농장	난요흥발㈜
포나페	동캐롤라인	포나페		농장	포나페사업소 농장	난요척식㈜
포나페	동캐롤라인	포나페		농장	포나페사업소 제2농장	난요척식㈜
포나페	동캐롤라인	포나페		농장	포나페사업소 제4농장	난요척식㈜
포나페	동캐롤라인	랑가루	Lenger	토건	토건공사장	
포나페	동캐롤라인	쿠사이	Kosrae	토건	토건공사장	

제5장

여성과 아동동원

전시체제에 들어서면서 일제는 일본뿐 아니라 식민지 조선에서 물자동원 및 인적동원을 본격화했다. 흔히 전시 강제 노무동원이라고 하면 국외로 강제동원된 남성들을 떠올리게 마련이다. 그러나 일제의 침략 전쟁으로 동원된 인력은 비단 남성뿐 아니라 여성과 아동도 그 대상이었다. 전시 노무동원의 문제에서 여성과 아동에 대한 동원 등은 그간 그 무게에 비해 주목되지 못한 측면이 있다. 여기서는 전시 노무자가 된 여성과 아동의 동원 배경과 동원 모습을 통해 그동안 제대로 알려지지 못했던 여성과 아동동원 문제에 관심을 환기하고자 한다.

제1절 노무자가 된 여성

1. 여성동원 정책

일제 말기 여성동원 정책을 살펴보려면 전시기 일제의 노동력 동원 관련 정책과 제도의 틀을 이해할 필요가 있다. 여성동원의 경우 여성을 전면에 내세운 정책과 제도보다는 기존의 관련 정책과 제도 강화 속에서 여성동원 내용이 추가·확대되는 경향을 보인다. 관련 법령과 제도 안에서 조선총독부의 여성동원 관련 부분에 주목해야 하는 이유가 여기에 있다.

1937년 중일전쟁 이후 일제는 전쟁 수행을 위해 식민지의 노동력 및 자원 동원 정책을 추진하며, 전 영역에 '총동원체제'를 구축해 갔다.[1]

---

1 안자코 유카, 2006, 「조선총독부의 '총동원체제(1937~1945)' 형성정책」, 고려대학교 한

전시기 법제 등 정책 강화를 통해 여성동원은 점차 확대되었는데, 여성 노무동원과 관련이 있는 법제는 「국가총동원법(1938)」[2], 「여자광부갱내취업허가제(1941.10)」, 「국민근로보국협력령(1941.11)」, 「생산증강노무강화대책요강(1943.10)」 및 「여자정신근로령(1944.8)」 등을 들 수 있다.

- 국가총동원법(1938.5)과 근로보국대
- 여자광부갱내취업허가제(1941.4)
- 국민근로보국협력령(1941.11)
- 생산증강노무강화대책요강(1943.10) 및 여자정신근로령(1944.8)

1938년 5월 「국가총동원법」 적용으로 조선은 전시 노동정책으로 전환하게 되었고, 일제는 전시 노동 관리 대상으로서 동원 가능한 여성의 현황을 파악하고, 이들을 활용하기 위한 정책을 추진하였다. 1938년 조직된 근로보국대의 경우 20~40세 남녀 모두 참가하도록 규정하여, 농촌 여성들과 여학생들은 각종 작업에 동원되기 시작했다. 「국가총동원법」 이후 여성도 전시 노동력의 대상으로 점차 포함되기 시작한 것이다.

일제는 「국가총동원법」에 근거하여 인적동원을 위한 하위법령들을 시행했다. 「국가총동원법」 제4조에 근거한 「국민징용령」이 1939년 10월 1일 시행되었고, 1945년 4월 1일에는 기존의 「국민징용령 및 국민근로보국협력령」, 「여자정신근로령」 등을 통합하여 「국민근로동원령」을 시

국사학과 박사학위논문.

2 "전시-전쟁에 준하는 사변의 경우를 포함-에 국방 목적을 달성하기 위해 국가의 전력을 가장 유효하게 발휘할 수 있도록 인적, 물적 자원을 통제 운용하는 것"(大同書院編輯部, 1942, 『勞務統制法規總攬』, 1쪽).

행하였다.[3]

「국가총동원법」 제5조와 관련해서 조선에서는 1941년 12월 1일에 「국민근로보국협력령」이 시행되었다. 이후 1943년 9월 13일에 「여자근로동원 촉진에 관한 건」이 각의에서 결정되었고, 1944년 8월 23일에는 「여자정신근로령」과 「학도근로령」이 공포·시행되었다. 「국가총동원법」의 적용을 통해 조선에서도 동원의 법적 근거가 마련되고, 이후 여러 하위법령을 통해 조선인의 노동력을 동원하기 위한 다양한 조치들이 모색되기 시작한 것이다. 당시 관련 법령 등을 통해서도 여성에 대한 노무동원이 강화·확대되고 있음을 확인할 수 있다. 특히, 1941년(「여자광부갱내취업허가제」, 「국민근로보국협력령」)과 1943년(「생산증강노무강화대책요강」), 1944년(「여자정신근로령」) 등은 주요 기점이다.

1941년 4월의 「여자광부갱내취업허가제」는 여성도 갱내에서 일할 수 있도록 허가한 부령(府令)이다. 이러한 부령 시행은 일제가 여성노동력을 활용하는 방안을 적극적으로 모색하기 시작했다는 것을 의미한다. 이와 함께, 같은 해 11월에 공포된 「국민근로보국협력령」은 "근로 능력이 있는 전 국민을 국가의 중요한 업무에 동원"할 목적으로 근로보국대의 동원을 강화하는 조치였다. 1938년부터 근로보국대 동원이 있던 상황에서 인적동원 조치를 정책적으로 강화하는 제도가 등장한 것이다. 특히, 「국민근로보국협력령」의 적용을 받는 여성의 연령은 14세 이상 25세 미만으로 이에 해당하는 여성은 전부 국민근로보국대에 편성되었다. 이러한 「국민근로보국협력령」은 여성노동력 동원이 확대되는 계기가 되었다.

---

3 김윤미, 2007, 「근로보국대 제도의 수립과 운용(1938~1941)」, 부경대 사학과 석사학위 논문.

「국민근로보국협력령」의 경우 근로보국대와 비교하면 적용 대상, 목적, 작업 내용, 작업 기간 등에서 차이가 드러난다.[4] 동원 대상의 연령을 보면 14세에서 25세 미만의 여성은 모두 동원의 대상이 되었다. 또한 '국가의식'에 기반한 '근로보국정신'의 확립을 동원 목적으로 삼았다. 이는 전시체제하에서 중요 산업부문의 노동력 부족 현상을 완화하기 위한 일련의 조치였다. 당연히 여성도 이러한 동원 목적에 부합할 수 있는 자원이 되어야 했다.

「국민근로보국협력령」에 따르면 작업 내용은 '총동원 물자의 생산·수리·배급에 관한 업무 및 국가총동원상 필요한 운반·통신·위생·구호 등에 관한 업무와 군사상 특히 필요한 토목건축 업무 등'이 포함된다. 근로보국대로 동원된 여성들이 농번기 농촌 노무의 보충 수행을 주된 업무로 수행하였다면, 1941년 말 이후 여성들은 광산에서의 갱내외 작업, 군사상 필요한 토목건축 사업 등과 관련한 것까지 수행해야 하는 존재가 된 것이다. 작업 기간은 1년에 30일을 의무화하여, 필요할 때마다 일시적으로 노동력을 동원한 것에서 한층 강화되었다.

이후 1943년 10월에 「생산증강노무강화대책요강」을 통해 "중류계급의 유휴노력(遊休勞力)을 전면적으로 동원"하도록 하였다.[5] 이는 모든 계

---

4 이 장의 제1절은 김미정의 논문 중 여성노동력 동원정책에 대한 내용을 기반으로 하였다(김미정, 2015, 「전시체제기 조선총독부의 여성노동력 동원정책과 실태」, 고려대학교 한국사학과 박사학위 논문은 2021년 단행본으로 발간되었으며 관련 내용은 이를 참고바람. 김미정, 2021, 『잊혀진 여성들, 기억에서 역사로-일제말기 여성노무동원』, 선인).

5 「생산증강노무강화대책요강」의 주요 내용은 다음과 같다.
"국민징용령을 적극적으로 실시해서 놀고먹는 사람이 한 사람도 없도록" 하는 것, "근로보국대 활동을 강화", "부인동원을 강화"하는 것, "학교졸업자 사용을 통제"하는 것, "품팔이 삯꾼들의 통제를 강화"하는 것, "노무자의 이동을 방지하고 중요 물자배급을 증가 또는 원활히" 하고, "연성을 철저히 하는 것"(『매일신보』, 1943.10.9; 김미정, 2015,

층의 여성에 대한 전면적 동원을 선언한 것이다. 「생산증강노무강화대책요강」의 주요 사항 중 하나는 바로 "부인동원을 강화하는 것"[6]이었다. 조선총독부 정무총감은 이 요강에 대해 "남자 노무의 보충 대치로서 적극적인 규제 방도를 강구"할 것이라는 담화를 발표하였고,[7] 『매일신보』에는 "2,500만 동포에게도 완전한 동원령이 내린 것"이라는 내용이 실렸다. 이렇듯 1943년 이후 여성에 대한 동원정책은 점차 전면적인 동원으로 나아가고 있었다.

1944년 8월 23일 「여자정신근로령」이 조선에 공포·실시되었다.[8] 이는 12세 이상 40세 미만의 여성들을 정신대로 편성하여 출동시킬 수 있고, 명령서를 받은 여성에게 원칙적으로 1년간 근로 의무를 부여하는 법적인 근거가 되었다. 「여자정신근로령」 공포와 관련해 이 법령의 목적, 범위, 대상 등 내용과 운영방침에 대한 자세한 설명은 『매일신보』에 문답 형식으로 기사화되기도 하였다.

"종래 조선에서 여자동원을 어떠한 방법으로 실시하여 왔는가"라는 질문에 시오다 광공국장은 다음과 같이 답변하였다. "본인이 자진하여 일터로 나오는 것은 말할 것도 없고, 그 외에 관청에서 알선 장려하는 여자추진대와 국민근로보국협력령에 의하는 근로보국대가 있었다."[9] 이

앞의 논문, 53쪽 재인용).

6 「必勝에 半島勤勞力總動員 生産增强勞務强化對策要綱決定-國民徵用 全的 擴張 女子勞力도 積極活用」, 『매일신보』, 1943.10.9; 「일하자! 일터로 나와라. 各 職場마다 報國隊 勤勞奉仕 積極的으로 動員」, 『매일신보』, 1943.10.10.

7 郭健弘, 1998, 「일제하 조선의 전시 노동정책 연구」, 고려대학교 박사학위 논문, 45쪽.

8 1945.3.31 「여자정신근로령」은 「국민근로동원령」에 통합되었다.

9 「여자근로령」 조선에도 실시, 법 23일부터 공포, 鑛工局長과 一問一答」, 『매일신보』, 1944.8.26.

는 「여자정신근로령」 이전부터 여성동원이 진행되고 있었음을 말해 주는 것이다. "일할 수 있는 자는 남녀를 구별할 것 없이 모조리 멸적 생산전사"로 만드는 것이 「여자정신근로령」의 실시 취지였다. 결국 '모조리', 생산을 위한 전사가 되라는 것이다.

「여자정신근로령」의 실시는 이전의 정책과는 분명히 다른 것이었다. 법령을 근거로 관의 통제가 강력하게 실시되는 제도였기 때문이다. 반강제적인 방식의 '지원'이라는 명분을 강조하며 여성노동력을 활용하고자 했던 이전의 방법과는 확실히 다른 것이었다. 「국가총동원법」에 기반한 처벌규정을 제시함으로써 이를 거부할 수 없도록 강제하였기 때문이다. "정신근로령서 교부 후 출동하지 않은 사람에게는 시칙령서가 계속 교부"되고, "그런데도 명령에 복종하지 않는 사람은 국가총동원법에 의해 1년 이하의 징역 또는 1천 원 이하의 벌금형에 처한다"는 처벌규정이 포함된 것이다.[10]

조선 여성이 이를 피하는 길은 혼인을 통한 소극적 저항뿐이었다. 따라서 부모들은 전쟁 말기에 딸이 '정신대'로 동원되지 않도록 급하게 혼인을 시키거나 다니던 학교를 그만두게 하는 등의 방식으로 딸을 보호하고자 하였다. 일제강점기를 살았던 이들의 구술에서는 종종 '정신대'와 관련한 언급이 등장한다. 여자를 잡아간다는 소문, '정신대'로 데려간다고 하는 소문 등이 있었다는 내용 등이 그것이다. 당시 일제가 '유언비어'라 하며 단속하고자 했던 이러한 이야기들이 과연 단순 소문이었을까. 아마도 이것은 동원과 관련한 현실이 반영된 내용이었을 가능성이 크다.

---

10 「거룩한 皇國女性의 손, 生産戰에 남자와 同列, 조선에서도 여자근로령 실시, 法 23일부로 公布」, 『매일신보』, 1944.8.26.

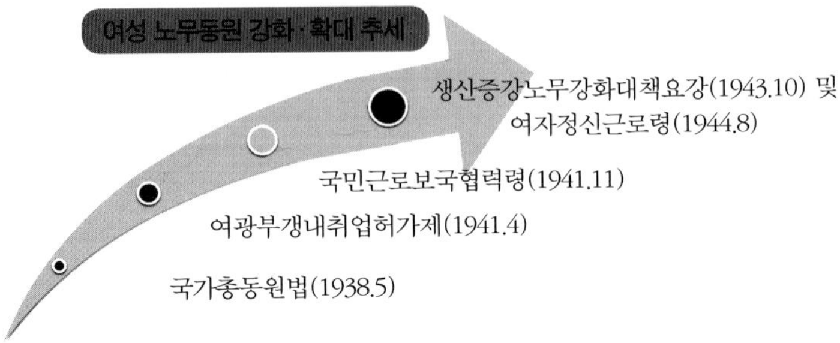

〈표 5-1〉 여성동원 관련 법령 및 동원 대상 연령

관련법령 / 동원 대상 연령(여성)	내용	비고
국가총동원법(1938.5) 근로보국대 20~40세 미만 (지역 실정에 따라 차이 존재)	·전시-전쟁에 준하는 사변의 경우를 포함-에 국방 목적을 달성하기 위해 국가의 전력을 가장 유효하게 발휘할 수 있도록 인적, 물적 자원을 통해 운용하는 것	·노무동원 정책과 관련된 조항: 제4조, 제5조, 제6조, 제21조
여자광부갱내 취업허가제 (1941.4) 16세 이상 부인 (임신이나 산후 3주일 지나지 않은 사람 제외)	·광물자원 획득을 위한 노동자 수요를 확보하기 위하여 1941년 '여자광부갱내취업허가제' 특례를 통해 여성이 갱내에서 작업할 수 있도록 허가	·鑛夫勞務扶助規則(1938.5.12) 府令 제97호 이후 '鑛夫勞務扶助規則' 제9조 特例規定 마련
국민근로보국협력령 (1941.11) 14~25세 미만(1941.11.) 14~40세, 배우자가 없는 여성 (1944.11)	·근로 능력이 있는 국민 전부를 국가의 중요한 업무에 동원시킬 목적 ·적용받는 여성의 범위는 14세 이상 25세 미만 ·"국가의 요구에 따라 중요한 업무에 노무를 동원할 필요가 있는 때" 조선총독의 명령을 받은 도지사가 부윤, 읍·면장과 그 밖에 각 단체의 책임자와 각 학교장에게 근로보국대를 조직하라고 명령하면 이에 해당하는 이들을 동원하는 체계	·칙령 제775호 ·1941.11.23 공포 ·1941.12 조선 실시

<table>
<tr><td>생산증강노무강화대책요강
(1943.10)

14세 이상 미혼여성
(학교출신자 등을 진면적 대상으로 포함하고자 함)</td><td>·노동력 동원을 위해 '유휴노동력(遊休勞動力)', '불요불급노동력(不要不急勞動力)'의 군수산업 배치, '근로보국대' 강화', 징병 검사자의 노동력 동원, 여성노동력의 적극적 동원, 주요 도시 일용노동자의 통제, 죄수·사법보호대상자, 포로에 대한 노동력 동원을 하기 위함</td><td>·1943.10.7 조선총독부 사정국 노무과장
-"중류계급의 遊休勞力을 전면적으로 동원할 계획"이라고 밝힘</td></tr>
<tr><td>여자정신근로령(1944.8)

12~40세 미만</td><td>·수시로 필요한 경우에는 지방 장관(조선에서는 도지사)이 소요 인원에 대한 명령서를 교부하고, 12세 이상 40세 미만의 여자들을 정신대(挺身隊)로 편성하여 출동시킬 수 있게 함
·총동원 물자의 생산·수리·배급·보관 등 여자에 적당한 총동원 업무 수행</td><td>·칙령 제519호
·처벌 제시(국가총동원법에 근거)</td></tr>
</table>

특히, 이 정책들에서 노무동원을 위한 여성동원의 최소 연령이 점차 낮아지고 있다는 점을 주목할 필요가 있다. 여성에 대한 동원 연령을 보면(〈표 5-1〉) 근로보국대의 경우 20~40세 미만, 국민근로보국대는 14~25세 미만, 「여광부갱내취업허가제」의 조선광부부조규칙 특례의 경우 16세 이상의 부인(임신이나 산후 3주일이 지나지 않은 사람 제외), 「여자정신근로령」은 12~40세 미만 여성이 주요 대상이 되었다. 이를 보면 20세→16세→14세→12세로 최소 연령이 점차 낮아지고 있음을 알 수 있다.

여성에 대한 노무동원은 근로보국대 등을 통해 부인회, 부인근로단 등의 방식으로 추진되어 점차 대상의 연령과 범위가 확대되어 진행되었다. 또 어느 시점에만 단기적·일시적으로 적용된 것이 아니라 1938년 이후부터 1945년까지 점차 확대·강화되는 방식으로 추진되었다. 그렇게 식민지 조선 여성은 국내 광산이나 토목건설 현장 등으로, 조선여자근로정신대라는 이름으로 일본으로 동원되었다.

요컨대, 「국가총동원법」 이후 여성동원 정책은 「여광부갱내취업허가제」, 「국민근로보국협력령」, 「생산증강노무강화대책요강」 및 「여자정신근로령」 등이 시행되면서 조선 여성들은 노무자로 각종 산업현장에 동원되었다. 아울러 1943년 이후 여성노동력은 보조적인 수단을 넘어 전면적인 생산 주체가 될 것을 요구받았고, 1944년 「여자정신근로령」이 실시되면서 '법적강제'도 가능해졌다. 이러한 과정에서 일제는 1940년 동원 가능한 대상을 파악하기 위한 노무자원조사를 시행했다.

〈표 5-2〉 지역별 노동출가·노동전업 가능자 수(여성)

지역	가능자 수(단위: 명)
경기도	6,017
충청북도	39,967
충청남도	17,185
전라북도	11,408
전라남도	17,631
경상북도	19,304
경상남도	44,671
황해도	11,030
평안남도	33,179
평안북도	12,667
강원도	4,760
함경남도	10,744
함경북도	3,478
합계	232,041

출처: 朝鮮總督府, 1940, 『昭和15年勞務資源調査に關する件』, 국가기록원 소장.

노무자원조사(勞務資源調査)는 내무국(內務局)의 요청에 따라 각 도지사가 올린 보고서로, 내무국은 각 도지사에게 1939년 7월 말 공문을 통해 조사보고를 하도록 했다. 내무국이 밝힌 조사보고의 목적은 조선 내 노동력 수요와 공급을 원활히 하고, 군수산업을 비롯한 시국산업을 강화하고자 한 것이었다. 조사보고 내용은 노무자원조사서, 이상호수 및 과잉호수조서, 노동자출가 및 노동전업가능자수조서, 노동전업희망자수조서, 노무자원조서표 등이다. 이 내용들은 각각 지정된 양식에 따라 군별, 성별로 작성되었다.[11]

조선총독부는 이러한 지역별 노무자원조사를 통해 노동출가와 전업이 가능한 남녀를 연령별로 조사하였다. 지역별 노무자원조사는 남녀 모두를 대상으로 한 조사였지만 여성의 경우 특정 연령(12~19세)층만 조사되어 있다는 특징을 가진다.

이 조사에서는 12~19세 미혼여성 중 출가 가능한 수, 즉 '유휴노동력'을 총 23만 2,041명이라고 파악했다. 즉, 23만여 명은 언제든지 동원할 수 있는 잠재적인 대상으로 파악한 것이다.

남성의 경우 20~30세, 31~40세, 41~45세의 연령대를 조사 대상으로 하였는데, 여성은 왜 12~19세 연령대만 조사 대상으로 삼았던 것일까. 이는 일제가 조선 여성노동력 동원의 주된 대상을 이 연령층으로 삼아 동원 가능한 여성노동력 규모를 파악하고자 했기 때문이다.

앞서 살펴본 바와 같이(〈표 5-1〉) 당시 1940년 근로보국대의 경우 여성의 대상 연령은 20세였고, 1941년 이후 「국민근로보국협력령」의 동원

11 朝鮮總督府 內務局 社會課, 1940, 『昭和15年 勞務資源調査に關する件』, 국가기록원 CJA0016565.

대상 최소연령은 14세였다. 12세를 동원 최소연령으로 삼은 것은 법령상으로 「여자정신근로령」이 실시된 1944년이다. 그런데 1940년 노무자원조사에서 동원 가능한 여성노동력 규모를 파악하면서 12세 이상을 조사 대상으로 삼은 것은 일제가 1940년대 초부터 이미 동원 가능한 여성의 최소연령을 12세로 염두에 두고 있었다는 점을 시사한다.

2. 여성노동력 동원 양상

일제는 「국가총동원법」을 시행하기 위해 행정체제를 갖추고 조직적으로 대응했다. 당시 조선총독부는 식민지 조선의 실질적인 지배 권력으로서 행정부서가 인력 동원 업무를 직접 담당했다. 조선총독부는 동원과 관련한 행정기구를 갖추고 관과 경찰, 관변단체 등을 포괄하는 총체적 동원시스템을 가동하여, 중앙에서 지방의 읍·면 단위까지 담당직원이 배치되어 동원 업무를 수행하였다.[12]

여성들은 군수공장, 토목사업장 등 산업현장 곳곳에 동원되기 시작했다.[13] 노동자로 알선되는 분야를 확대하여 직종을 가리지 않고 다양한 장소에서 여성노동력을 활용하고자 하였다. 남성이 주로 동원되었던 토목사업장, 광산 등과 같은 산업현장도 예외는 아니었다. 당시 신문기사

12 부평역사박물관, 2016, 『미쓰비시를 품은 여백, 사택마을 부평삼릉』, 68쪽.

13 국무총리 소속 일제강점하강제동원피해진상규명위원회 조사에 따르면 방직공장으로 동원된 여성 가운데 1938년 5월부터 1941년 말에 해당하는 건은 국내 방직공장 동원 전체의 17.3%를 차지했다. 또 국내 공장으로 동원된 여성은 1942년 이후 증가한 것으로 나타났다.

등에는 노동력 부족 현상과 관련해 각 도(道)가 문제 해결 방안 마련에 고심하고 있었음이 드러나 있다.[14] 노동력 부족을 해결하기 위해 농촌의 잉여 노동력을 조사하였다는 내용[15]과 노동력 부족을 해결하는 데 "응모자가 없어서 관력으로 강제"하였다는 기사 등에서 당시 상황을 일부 파악할 수 있다.[16]

여성을 동원하는 방식도 다양했다. 구장, 순사, 면장 등 말단 행정기관을 이용하여 '할당', '차출' 등을 시도하였다. 어느 집 자녀가 몇 명인지, 성별이 무엇인지, 연령은 어떻게 되는지, 서로 잘 알고 있는 마을공동체의 특성을 말단 행정기관에서는 적극적으로 활용하였다. 피해사례를 분석해 보면 전쟁 말기 어느 한 지역에만 국한된 것이 아니라 전국에서 광범위하게 유사한 방식의 동원이 진행되었음을 확인할 수 있다. 1944년 이후 각 도(道) 및 부(府)의 관련 부서(근로동원과, 노무과 등)에서는 여성들을 공장으로 알선하는 데 적극적으로 개입하였다.[17]

일제강점기를 살았던 이들의 구술에서는 '할당', '차출', '공출', '영

---

14 「각 공사장에 반영된 勞力不足의 고민. 국책 공사진척에 지장불무로 강원도에서 근본대책을 考究」, 『조선일보』, 1938.8.2; 「농민 공사장 진출은 영농상 지장 막대. 도 당국 대책에 부심 중」, 『조선일보』, 1939.3.24; 「춘천엔 노동자 기근. 중앙선 공사장에 폭주. 노동력조절에 도당국도 부심」, 『조선일보』, 1939.6.27; 「응모자 없어서 관력으로 강제. 중앙선 공사장에 인부 飢饉. 수원면서도 2백명 이송」, 『조선일보』, 1939.6.5; 「남조선의 勞動部隊 국경 공사장에 진군. 선발대로 2천7백 명이 先着」, 『조선일보』, 1940.5.8.

15 「勞力不足 보충책으로 농촌 剩餘勞力을 조사. 道內 각공사장에 5만 여명 노동자 부족을 예상하고 강원도에서 각 관하에 지시」, 『조선일보』, 1940.3.19.

16 「응모자 없어서 관력으로 강제. 중앙선 공사장에 인부 飢饉. 수원면에서도 2백명 이송」, 『조선일보』, 1939.6.5.

17 「경기 여자정신대, 목적지 안착, 입장식」, 『매일신보』, 1944.7.8; 「직장에 우리들 먼저-징용과 정신대에 자원 殺到」, 『매일신보』, 1944.9.9; 「발랄한 정신대, 특공정신으로 응모하라」, 『매일신보』, 1945.1.25.

〈그림 5-1〉 나고야항공기제작소 노무자 단체 사진

출처: 대일항쟁기 강제동원피해조사 및 국외 강제동원희생자 등 지원위원회, 2012, 『조각난 그날의 기억』, 64쪽.

장' 등과 같이 당시 동원과정에서 피해자들이 들었던 혹은 기억하는 다양한 표현이 등장한다.[18] 각자의 기억에서 꺼낸 용어는 달랐지만, 그것이 의미하는 바는 같았다. 그것은 바로 '거부할 수 없는 것'이라는 의미였다.

박순덕(〈표 5-5〉)은 '정신대'를 뽑아 간다는 소문을 듣고 정신대로 가지 않기 위해 군수물품을 만드는 공장으로 들어갔다. 이는 정신대로 가지 않기 위한 그녀 나름의 자구책이었다. 그러나 결국 그녀는 일본으로 동원되었다.[19] 그의 경우처럼 '정신대'로 동원되지 않기 위해 일을 찾아

18 조선여자근로정신대로 동원된 피해자의 구술자료집에서 '영장'에 대해 언급한 이는 김남이, 박순덕, 성영애, 강영복 등이다(국무총리 소속 일제강점하강제동원피해진상규명위원회, 2008, 『강제동원진상조사구술자료집-조선여자근로정신대 그 경험과 기억』).

19 국무총리 소속 일제강점하강제동원피해진상규명위원회, 2008, 앞의 책, 252쪽.

야 했던 경우는 다음의 사례에서도 확인된다.

인천육군조병창 병원(서무과)에서 일했던 지영례의 경우도 "취직하면, 어디 직장을 가지면 안 끌려간다고 그러니까, 죄들 직장을 다니고 그랬다"라고 증언하였다.[20]

이 밖에도 일제는 학교를 매개로 한 단순 근로, 공장노동 지원에서부터 군속, 종군간호부 등의 모집에 이르기까지 다양한 방식으로 여학생을 노무에 활용하고자 하였다. 매일같이 근로 작업으로 수업시간을 채우고, 위문대(慰問袋)[21]와 천인침(千人針)[22]을 만들도록 하는 등 여성성을 동원하는 일련의 작업에 여학생을 이용하였다.[23]

여학생들을 응원부대로 동원하고, 천인침과 위문대를 만들고 참전군인들에게 전달하도록 하여 이들을 정신적으로 위로하도록 하였다.[24] 여학생뿐 아니라 부인단, 부인단체 등을 통해서도 위문대와 천인침을 모

---

20 지영례는 당시 '정신대'에 대해 이렇게 회상했다. "그때만 해도 뭐 여, 여자들 정신대 끌려간다구 그래서 죄들 그냥 난리들을 쳤지…. 그러니깐 저 동사무실에서 와서 이름 다 적어 가요. 나이, 이름을 적어 가고, 그러고 거기 적히면은 거기서 뽑아 간다 그러구들 그러니까, 학교래두 나가서 댕기구, 직장을 가졌든지, 그러면 그걸 모면한다 그래서…."(국사편찬위원회, 2019, 『구술사료선집 26: 일제의 강제동원과 인천육군조병창 사람들』, 82~83쪽).

21 위문대(慰問袋)는 제일선에 근무하는 군인들에 대한 감사의 뜻과 그들의 사기를 앙양시킬 목적으로 불특정한 군인에게 보내는 물품 주머니를 말한다.

22 천인침(千人針:せんにんばり)은 1m 정도의 흰 천 하나에 붉은 실로 1천 명이 한 땀씩 꿰매어 만드는 것을 말한다. 총탄이 피해 가는 힘을 갖고 있다고 믿어 일종의 부적 같은 역할을 하였다.

23 전주여자고등학교동창회, 1986, 『全州女子高等學校六十年史』, 141~142쪽.

24 일제가 '처녀', '여학생', '소녀'들에게 천인침과 위문대 헌납을 유도한 것은 미혼여성이 가지는 '순결함'이라는 상징성 때문이다. 일제는 전시 여성성의 군사화된 이미지들을–이들이 여성들에게 가정에 머물러 있으며 현모양처가 되어야 한다고 요구하든, '전사(戰士)'가 되어야 한다고 요구하든–선전에 적극적으로 활용하였다.

집하였다.[25] 이러한 헌납은 학교별 혹은 단체별로 이루어졌다.

학교는 동원을 위한 하나의 단위로서 의미가 부여되었다. 운동장을 밭으로 조성해 학년별로 배분하여 고구마를 재배하게 하는 등 식량 증산을 위한 일련의 활동이 학교에서 이루어졌다. 여학생들은 공장, 병원 간호실습 훈련, 군복 단추 달기 등[26] 다양한 형태로 분화된 작업의 노동을 수행하였다. 전쟁 말기로 갈수록 근로 동원이 학교생활의 대부분을 차지하였다.[27]

근로 동원은 일부 학교에서만 이루어진 것이 아니었다. 대부분의 학교에서는 단순 노동력 동원과 여성성을 동원하는 일련의 작업이 점차 일상화되었다. 당시 학교를 다녔던 이들의 회고록이나 학교의 교사(校史)자료 등에는 일제강점기에 다양하게 추진되었던 학생 동원의 모습을 확인할 수 있다.

조선총독부는 조선에서 노동력 확보를 최대 수준으로 높이기 위해 여성까지 갱내 작업을 하도록 하였다. 여성노동력을 가정에서 끌어내기 위해서는 기존에 유지했던 여성노동에 대한 인식을 해체하는 작업이 필요했다. 따라서 전시 노동에 대해 여성들이 직접 노동을 하는 것이 전쟁을 승리로 이끄는 길이라고 강조하였다.[28] 아울러 여성이 총후를 책임져야 한다며 소비 절약, 물자생산 확충 등 후방 전시경제 활동에서 여성의

---

25 「강릉부인단위문대 제작」, 『매일신보』, 1938.7.30; 「영등포국방부인 위문대 백개 헌납」, 『매일신보』, 1939.7.8; 「춘천고녀에서 위문대」, 『매일신보』, 1939.12.8; 「菊水女給들 慰問袋 獻納」, 『매일신보』, 1940.11.2; 「赤誠 담은 慰問袋」, 『매일신보』, 1943.10.10.

26 慶南女高六十年史編纂委員會, 1987, 『慶南女高六十年史』, 79쪽.

27 進明女子中·高等學校, 1980, 『進明七十年史』, 149쪽.

28 박인덕, 1942.3., 「東亞黎明과 반도 여성」, 『大東亞』 제14권 3호.

역할을 요구하였다. 즉, 전시 가정생활을 유지하기 위한 임무에 '노동 전사'가 될 것을 강요한 것이다. 이는 선전에만 그치지 않고 실제 학교에서부터 산업현장, 탄광산에 이르기까지 여성들을 노무자로 동원하는 것으로 이어졌다.

조선총독부가 1941년 10월~1942년 3월에 조사한 광산 여성노동자의 갱내 노동상황을 살펴보면, 허가 광산 42개소·허가 인원 4,000명에 이르렀으며, 이들은 주로 선탄부(選鑛夫), 잡부(雜夫), 운반부(運搬夫), 지주부(支柱夫) 등에 종사했다.[29] 당시 자료나 신문에 제시된 내용을 보면 노동력 부족에 직면한 조선총독부는 여성들을 적극적으로 탄광산 등으로 동원하고자 하였다. 광산 인근에 거주하는 주민 다수는 광산에 동원되기도 하였다.[30] 광산노동에 대한 노무동원의 피해사례를 보면 기혼 여성의 동원 비율이 높게 나타나며, 탄광산 근교에 거주하는 경우 부부가 함께 노역하는 경우도 있었다. 이렇게 동원된 여성들은 광산 갱내외에서 노무작업을 수행하였을 뿐 아니라 광산 내에서 취사, 잡역 등의 작업까지 수행하였다.

1941년 이후 평안남도와 평안북도에서는 갱내로 동원되었던 여성이 다수 있었다. 『매일신보』에는 삼성광산, 순천 금평광산, 평안남도 개천의 일철광산, 자모성광산 등의 여광부에 대해 소개하였다. 다만 이들의 작업은 지역별 상황에 따라 달랐던 것으로 파악된다.[31] 북선지방의 경우

---

29 佐藤漸, 1942.8, 「鑛山にける女子の坑内就業に就て」, 『朝鮮勞務』 2-4, 47~49쪽(곽건홍, 앞의 책, 290쪽 재인용).

30 「추석놀이도 全廢 어린애를 업고 일하는 부인전사」, 『매일신보』, 1943.9.16.

31 「産業의 女子 戰士로 나도 나도 大學 志願, 품삯 厚하니 鑛山으로, 鑛山으로」, 『매일신보』, 1941.8.28.

갱내에서 작업하는 여성이 몇천 명에 이르기도 했는데, 신문에서는 이들을 '여전사(女戰士)'로 표현하였다.[32]

광산의 작업환경은 매우 열악했고, 노동 강도와 비교해 식사 및 의복 등의 문제는 아주 부실했다. 열악한 환경에서 쉬지도 못하고 일해야 했던 이들의 건강 또한 제대로 관리될 수 없었다.

동원된 여성 중에는 앞의 사례와 같이 국내로 동원되면 국외로 동원되지 않을 수 있다고 생각하여 광산 동원에 회유된 경우도 있었다. 전쟁 말기가 되면 남녀 할 것 없이 모두가 징용될 것을 두려워하였다. 일본이나 조선을 벗어난 다른 지역으로 동원될 수 있다는 가능성 때문에 여성들은 국외동원을 피하는 방편으로 국내동원을 선택하기도 하였다. 여성들은 동원(특히 국외동원)되었던 사실만으로 이후 각종 오해와 편견을 감내해야 했다. 이는 피해자에게 이중 삼중의 고통을 남겼을 뿐 아니라 피해자들이 피해 사실을 쉽게 털어놓지 못하게 하는 배경이 되었다.

그동안 강제동원 문제에 대해 국내동원은 국외동원과 비교해 상대적으로 덜 주목받았다.[33] 한국 정부조차 그동안 국내동원의 피해 현황에 대한 조사나 강제동원 피해자들에 대한 조치에 소극적이었다.

전쟁 말기 방직공장은 군복부터 담요, 속옷, 양말 등 군인들에게 필요

---

32 「産業報國에 女戰士, 坑內에서 千二百餘名이 땀의 奮戰」, 『매일신보』, 1941.10.31.

33 1965년 한일청구권협정 체결 당시 제6차 한일회담 일반청구권 소위원회 제7차 회의에서 한국 정부는 징용자 범주에 조선 내 징용자를 포함하지 않는다고 하였다. 그 이유에 대해서 '실제 그 수가 그리 많지도 않았고, 또 자료도 불충분하여 포함하지 않았다'고 하였다(대일항쟁기 강제동원 피해조사 및 국외 강제동원 희생자 등 지원위원회, 2012, 『전라남도 해남 옥매광산 노무자들의 강제동원 및 피해실태 기초조사』, 57쪽.). 이는 정부가 국내동원된 피해자에 대한 실태를 정확히 파악하고 있지 못하고 있었고, 국내동원보다 국외동원 피해에 더 집중하고 있었다는 점을 보여 준다.

한 용품을 주로 생산하였다.[34] 당시 조선에는 137곳의 방적공장이 있었고, 전쟁 말기에는 상당수가 군수공장이 되었다. 가네가후치[鐘淵]전남공장, 도요[東洋]방적, 다이니혼[大日本]방적 등에는 많은 여성이 노무동원되었는데, 전쟁이 끝으로 치달을수록 공장 상황은 더욱 열악해졌고, 동원 연령은 더욱 낮아졌다.

> 떠나자, 떠나자, 어서 떠나자.
> 악마 같은 방직공장 어서 떠나자.
> 집에 계신 부모님이 오신다 해도,
> 내 맘대로 뜨지 못한 금전이로세.
> 동지섣달 긴긴밤에 잠도 못 자고,
> 삼사월 긴긴해에 햇빛 못 보고,
> 오뉴월 더운 날에 바람 못 쐬고,
> …

"악마 같은 방직공장"이라고 표현된 가네가후치의 상황은 다른 공장들과 크게 다르지 않았다. 1944년 가네가후치전남공장으로 동원된 김민재는 광목 짜는 틀을 가지고 실 짜는 일을 하였다. 월급으로 5원 정도를 받았고, 주·야간 교대 근무를 하였다. 공장에 동원된 김씨가 공장에서 동료들과 불렀던 이 노래는 당시의 열악한 공장환경과 이에 노출된 여성들의 고통을 표현한 것으로 수십 년이 지난 후에도 피해자는 이 노래

34 정혜경, 2019, 『아시아태평양전쟁에 동원된 조선의 아이들』, 섬앤섬, 122~123쪽.

를 또렷이 기억하고 있었다.[35]

1943년 12월, 13세에 도요방적으로 가게 된 경북 칠곡군 출신의 한 여성은 마을 구장에 의해 동원되었다. 딸이 많은 집이라는 이유로 제대로 설명도 듣지 못한 채 다른 마을의 여성들과 함께 공장으로 보내졌다.[36] 이처럼 전쟁 말기가 되면 마을별로 여성들을 모아 공장으로 보내는 방식이 나타난다. 같은 지역의 여성들이 집단으로 공장에 동원되기도 하였다. 일제는 각종 전쟁 선전을 하며 이들의 동요를 누르는 한편, 다른 한편에서는 취업사기나 협박 등의 방식 등을 이용하여 여성들을 강제적으로 동원하였다.

이렇게 공장으로 동원된 여성들 가운데는 삶을 펴 보지도 못한 채 공장에서 사망한 예도 있다. 충남 태안군에서 태어난 옥련(1933년 12월생)은 1944년 8월 부산에 있는 조선방직공장에 갔다가 10개월 만에 사망하였다.[37] 무슨 이유로 어떻게 죽게 되었는지 가족조차 그 이유를 알지 못했다. 12년이라는 짧은 삶을 살았던 어린 소녀의 사례는 비단 옥련의 경우만이 아니었다.

정부 조사결과에 의한 동원사례를 정리해 보면, 국내 방직공장으로 동원된 여성들이 처한 작업환경과 생활 등은 매우 열악했다. 그리고 공장으로 동원된 이들 중에는 14세 미만의 여성도 포함되어 있던 것으로 밝혀졌다.[38] 공장의 열악한 환경은 유소녀의 건강에 심각한 위협을 가하

35 김미정, 2015, 앞의 글, 154쪽.

36 김미정, 2015, 앞의 글, 129쪽.

37 정혜경, 2019, 앞의 책, 135쪽.

38 위원회에 노무동원 피해자로 신고한 여성(999명) 중 조선 소재 방적공장 경험자는 296명이었으며, 동원 당시 이들의 평균 연령은 열세 살이었다(정혜경, 2019, 앞의 책,

곤 하였다. 이는 사고로 이어지기도 했는데, 어디서도 이들의 건강을 보호하려는 노력은 찾아볼 수 없다. 그들은 일하는 기계로 취급받았고, 심지어 노동의 대가도 제대로 받지 못했다.

일본의 공장법은 1916년에 시행되어 1923년에 개정되었다. 개정된 공장법에는 14세 미만 아동노동 금지조항이 있으나 조선에서는 공장법이 적용되지 않았다. 14세 미만의 어린 조선 소녀들은 너무나 쉽게 공장으로 동원되었다.

조선의 여성들은 국내의 다양한 산업현장뿐 아니라 일본 등 국외로 동원되기도 하였다. 국외, 특히 일본으로 동원된 사례는 조선여자근로정신대가 대표적이다.[39] 국무총리 소속 일제강점하강제동원피해진상규명위원회(이하 위원회)[40]의 피해 사례조사와 기존의 연구를 통해 일본, 남만주, 남양군도[41] 등으로 조선 여성들이 동원되었다는 사실이 확인되

130쪽). 이는 당시 국제노동기구(ILO) 최저 연령 노동 제한 규정(남녀 공통, 1919년 공업부문 협약 14세 미만, 1937년 협약 15세 미만)을 위반한 것이었다.

39 일본으로 동원된 조선여자근로정신대에 대한 것은 다음 절에서 다룬다.

40 2004.3.5,「일제강점하 강제동원피해 진상규명 등에 관한 특별법」제정. 2004.11.10, 국무총리 소속 일제강점하강제동원피해진상규명위원회 발족. 2007.12.10,「태평양전쟁전후 국외 강제동원희생자 등 지원에 관한 법률」제정. 2008.6.10,태평양전쟁전후국외강제동원희생자지원위원회 발족. 2010. 3. 22,「대일항쟁기 강제동원 피해조사 및 국외강제동원 희생자 등 지원에 관한 특별법」제정 이후, 5차에 걸쳐 존속기간 연장이 이루어졌으나 2015.12.31, 대일항쟁기 강제동원 피해조사 및 국외 강제동원 희생자 등 지원위원회는 폐지되었다.

41 일본은 남양군도 농장으로 동원한 조선인을 '남양농업이민자'라고 표현하였다. 1938년 이후「국가총동원법」공포 이후 남양 농업이민은 일본의 국책사업이자 점령지를 대상으로 한 척식사업이다. 조선총독부는 '이민'이라는 명분을 통해 농업노무자를 활용하기 위한 제도를 마련하고, 이를 주관한 것이다. 이러한 정책 속에서 조선인은 만주·남양군도로 동원되었다(정혜경, 2019, 앞의 책, 29~30쪽).

었다. 광산, 군수공장, 군사시설물 구축공사장, 토목공사장, 농장 등 다양한 직종에서 노무동원이 이루어졌던 것이다.

1939년 1월부터 조선총독부와 남양청이 나서서 조선인을 토건노동자와 농업노동자로 보내기 시작했다.[42] 위원회 보고서에 따르면 1939년부터 1941년 12월 일본의 진주만 공격이 일어나기까지 남양군도에 동원된 조선인 노무자는 5천 명 이상이었다.[43] 또 여성 노무피해자의 동원 지역은 일본과 한반도, 남양군도, 중국 만주 등이었고, 일본과 한반도는 공장, 남양군도는 농장과 군사시설물 구축공사장 등으로 동원된 것으로 확인되었다.

아시아·태평양전쟁 이후 남양군도의 일본인 노동력이 전선과 일본 본토의 군수공장으로 이동하면서 노동력 확보가 시급해지자 일제는 남

---

42 일제 말기 조선인의 남양군도 이주와 관련하여 김명환의 연구를 참고하기 바람(김명환, 2010, 「일제 말기 조선인의 남양군도 이주와 그 성격(1939~1941)」, 『한국민족운동사연구』 64).

43 남양군도 조선인 노무동원에 대한 연구는 김명환과 정혜경이 선구적으로 연구를 진행하였으며, 그 밖에 이마이즈미 유미코[今泉裕美子]는 미국립문서청의 문서를 중심으로 남양군도에 대한 연구를 하였다. 조성윤도 남양군도에 대해 지속적으로 관심을 가지고 조사·연구를 하고 있다. 정혜경과 김명환은 남양흥발과 남양척식 등 국책회사의 모집에 의해 1939년 이후 사이판, 티니언으로 이주한 조선인 노동자들이 강제동원된 것으로 파악하고 있다. 이와 달리 조성윤은 1942년 이후 아시아·태평양전쟁이 발발한 이후 일본군의 전투를 위해 조선인을 동원하던 시기부터 강제동원이 본격화한다고 보고 있다. 조성윤은 1939년 이전의 남양군도 이주는 일본 제국의 전체적인 동원 체계 속에서 본다면 강제성이 있지만, 강제동원이라고 보기 어렵다는 입장이다. 자세한 내용은 이 논문들을 참고 바람(정혜경, 김명환, 이마이즈미 유미코, 방일권, 심재욱, 조건, 2012, 『강제동원을 말한다-명부편 2: '제국'의 끝자락까지』, 선인; 정혜경, 2019, 『팩트로 보는 일제 말기 강제동원 1-'남양군도'의 조선인 노무자』, 선인; 김명환, 2010, 「일제 말기 조선인의 남양군도 이주와 그 성격(1939~1941)」, 『한국민족운동사연구』 64; 조성윤, 2019, 『남양군도의 조선인』, 당산서원).

양군도로 조선인을 동원하기 시작했다.[44] 남양군도와 관련한 명부는 총 6종이 존재하는데, 그중 조선인 여성노무자가 수록된 명부는 4종[45]이다. 이 문헌자료로 확인된 여성의 수는 1,324명이지만 명부에 수록되지 않은 여성도 있었다는 점에서 전체 규모로 볼 수는 없다.[46]

1928년 경북 포항에서 태어난 봉선은 어렸을 적 부모님을 따라 남양군도 포나페에 간 것을 어렴풋이 기억한다. 미국 자료에는 봉선의 기록이 남아 있다. 만 10세 때 남양군도로 갔고, 봉선 말고 다른 집의 가족도 함께 갔다. 봉선네 가족은 1939년 10월 고향을 떠나 일본 시모노세키를 거쳐 요코하마에서 배를 갈아타고 이동했다. 포나페에 도착한 봉선네 가족은 고구마같이 생긴 카사바와 사탕수수를 재배하는 농장에서 일했다. 새벽부터 해가 질 때까지 뜨거운 햇볕 아래에서 일했다. 봉선은 열 살 때부터 농장에서 2년 동안 일을 했고, 이후 티니언 설탕공장에서 일했다. 이후 미군이 들어와 1944년 가을, 포로가 되어 2년을 지내다가 고향으로 돌아왔다.[47] 더운 지방에서 어른도 견디기 힘든 노동을 10세 아이가 했던 것이다. 그 노동의 강도가 얼마나 견디기 힘들었을지 차마 가늠이 되지 않는다.

1937년 전북 임실에서 태어난 덕칠은 포나페의 카사바 농장에서 일하다가 티니언 사탕수수 농장으로 갔는데 농장일은 온 가족이 해야

---

44 위원회가 피해자로 판정한 남양군도 동원 조선인 여성 노무동원 피해자는 95건이다. (정혜경, 2016, 「일제 말기 남양군도 노무동원과 조선 여성」, 『역사와 교육』 제23집, 196쪽) 남양군도 여성 노무동원과 관련된 것은 이 논문을 참고 바람.

45 명부 4종은 남양행노동자 명부철, 남양농업이민관계철, 남양행농업이민관계철과 연합군이 생산한 남양군도승선자명부를 말한다.

46 정혜경, 2016, 앞의 글, 213쪽.

47 정혜경, 2019, 앞의 책, 32~37쪽.

했다. 어머니와 누나인 덕순도 사탕수수 농장에서 일했다. 그러다가 전쟁 말기가 되자 비행장 닦는 일을 하게 되었다. 덕순은 당시 10세였는데 하고이(Hagoi)비행장 공사장에서 일하다가 크게 다쳤지만 제대로 치료를 받지 못하였다.

당시 남양군도로 동원된 여성은 봉산과 덕순처럼 주로 농장에서 노무를 하였고, 그 밖에 군부대, 비행장이나 방공호 등 군사시설과 관련한 공사장 등에서도 작업을 하였다. 어린이와 여성들은 영상 40도가 넘는 폭염 속에서 10시간 넘게 사탕수수 예초 작업에 투입되거나, 비행기 공사장 등에서 작업하였다. 이들의 작업 내용을 보건대, 여성은 단순히 남성의 노무에 보조 수준으로 투입된 것이 아니었음을 알 수 있다. 농장과 공장 같은 곳에 동원된 여성들은 남성들이 하는 작업과 거의 같은 노동에 시달렸다.

요컨대, 일제 말기 여성에 대한 노무동원은 국내외를 가리지 않고 모든 직종에서 진행되었으며, 이들 가운데 14세 미만 아동들도 존재했다. 이렇듯 일제는 전쟁을 위해 조선의 남성과 여성은 물론, 심지어 아동까지 전방위적으로 인력을 수탈하였다.

제2절 조선여자근로정신대

1. 제도로 본 조선여자근로정신대

'정신대(挺身隊)'란 '일본 국가(천황)를 위해 솔선해서 몸 바치는 부대'라는 의미로 일제가 만든 용어이다. 당초 성별에 국한된 것이 아니라 모든 계층에 적용되었던 포괄적인 용어였다. '산업정신대(産業挺身隊)', '근로정신대(勤勞挺身隊)', '학생의료정신대(學生醫療挺身隊)' 등 필요에 따라 다양한 수식어를 붙여 사용하였다(〈표 5-3〉 참고). '여자근로정신대'는 이러한 개념에서 여성 노무동원을 의미한다. '여자근로정신대'는 여성노동력 동원의 하나로 여성동원 전부를 포괄하는 것은 아니다. 일제에 의해 아시아·태평양전쟁 말기 노동력 부족을 충당하기 위하여 식민지 조선에서 다수의 미성년 여성들을 군수공장으로 동원하였고, 군수공장 외에 다양한 직종에도 여성을 동원하기 시작하였다.

조선여자근로정신대의 경우 주로 10대 어린 소녀들을 대상으로 학교 교장, 담임 교사 등을 통하여 동원이 이루어진 경우가 많다. 선생님이 직접 지원을 종용하거나, 공부도 하고 돈도 벌 수 있다는 이야기로 소녀들을 속여 군수공장에 보낸 것이다.

동원을 위한 근거인 「여자정신근로령」은 1944년 8월 23일 공포·실시되었지만 『매일신보』 등 당시 신문기사와 정부 조사에 의한 피해사례를 보면 여자근로정신대는 1940년대 초반부터 진행되고 있었다. 이 칙령에 따르면 동원 대상은 12세 이상 40세 미만의 미혼여성으로 제한되었다. 그러나 대상 범위가 아니더라도 동 칙령 제3조 2항은 '지원'하여 대원이 될 수 있다고 규정하였다.

동원규모 등 전체상을 완전히 알 수 없지만, 기존 연구와 위원회 조사 등으로 실체는 어느 정도 확인되었다.[48] 근로정신대로 동원된 피해자와 유족이 일본을 대상으로 소송을 진행하면서 여성 노무동원의 실상은 대중에게 조금씩 알려지게 되었다.

그런데 식민지 조선에서는 앞서 언급한 바와 같이 1944년 8월 23일 「여자정신근로령」 공포·실시 이전부터 여성들이 여자정신대로 동원되고 있었다. 『매일신보』 등의 기사를 보면 1940년대 초반부터 이와 관련된 기사를 확인할 수 있다. 일제는 동원의 법적 근거가 마련되기 전부터 '여자정신대'에 지원할 것을 종용하는 선전 등에 적극적으로 나섰다. '여자정신대' 출정식을 하고, 현지보고회,[49] 좌담회,[50] 미담 등을 신문에 소개하면서 미혼여성의 노무를 강조하였다. 보고회는 경성부가 주최하고, 당시 경성부 출신 여자근로정신대를 인솔한 경기도 노무과장, 방산초등학교장 등이 참석하도록 하였다. 경성부 부청 회의실에서 후지코시 회사의 고문에게 경성부 출신 여자근로대원의 근황을 듣는 좌담회도 열렸다. 참석 대상은 부내 국민학교장, 경기도, 경성부 또는 각 구의 관계 직원

48 조선여자근로정신대에 대한 연구는 1993년 여순주가 선구적이다. 이후 국무총리 소속 일제강점하강제동원피해진상규명위원회에서 구술조사와 이를 바탕으로 진상조사보고서가 발간되었다. 또 2016년에는 나고야 미쓰비시 여자근로정신대 일본 소송 자료집이 간행되었다. 소송과 관련한 내용은 이를 참고하기 바란다(여순주, 1993, 「일제 말기 조선인 여자근로정신대에 관한 실태 연구」, 이화여대 여성학과 석사논문; 국무총리 소속 일제강점하강제동원피해진상규명위원회, 2008, 앞의 책; 근로정신대 할머니와 함께하는 시민모임, 2016, 『법정에 새긴 진실』, 선인).

49 「여자정신대 현지보고회」, 『매일신보』, 1944.8.8,

50 「여자근로정신대의 근황 말하는 좌담회」, 『매일신보』, 1944.8. 22.

등이었다. 여자근로정신대 동원에 학교뿐 아니라 도, 부 등 조선총독부의 행정기관도 적극적으로 개입하고 있었다.

1944년 6월 10일, "내선일체 강화와 여자정신대 협력"이라는 제목의 다나카 다케오[田中武雄] 정무총감의 담화 내용을 보면 여자정신대가 "절대로 징용이 아니고, 부모와 본인의 불타는 애국열에 호소하야 당국이 권장하야 모집하는 것"이라고 강조한다.[51] 이러한 주장에도 불구하고 당시 조선인들은 '여자정신대'를 여성에 대한 징용으로 받아들이고 있었다.

> 종래에는 정부의 지도권장에 의하야 대를 만들어 왓는데, 이번에는 국가총동원법에 의한 법령에 의하기로 된 것으로 이유업시 기피하거나 응치 안는 자에게는 강한 벌측이 잇다.

> 처음에 정신근로령서의 백지가 교부되어 그것을 받아가지고 출동치 않는 자에 대하여서는 시칙령서가 계속하여 교부되고, 그래도 그 명령에 복종치 않는 자는 국가총동원법에 의한 1년 이하의 징역 또는 1천 원 이하의 벌금에 처한다.

이와 같은 「여자정신근로령」 위반에 대한 처벌은 보다 강제된 형태의 여성 노무동원을 가능하게 하였다.[52]

---

51 「내선일체 강화와 여자정신대 협력 田中總監 談」, 『매일신보』, 1944.6.10.

52 「대상은 무배우자로 불복하면 체형·벌금. 여성 근로를 강화한 정신대령 공포」, 『매일신보』, 1944.8.23.

〈표 5-3〉『매일신보』 '정신대' 관련 기사(1941~1945)

일자	제목
1941.2.18	內鮮一體 挺身隊로 技術과 勞力의 交流 六百產業戰士를 內地에 派遣
1941.2.22	學生醫療挺身隊 開拓民에 奉仕運動
1941.2.27	產業挺身隊 일터로 첫걸음-四千名을 順次로 輸送
1941.5.20	邑面을 單位로 勤勞挺身隊 組織
1941.5.23	上下一系로 挺身隊-總力에·翼贊에 各 行政機關과 警察·學校等 連繫
1941.6.8	者-道內 挺身隊를 動員 補充
1941.6.25	內地에 派遣된 農業報國青年隊 現地 報告(10)-內鮮一體의 挺身隊-몸소 實踐함보다 더 感激은 업다
1941.8.14	產業挺身隊 八月 中 四千名 出動
1941.8.28	"땀"에 動員 指令-產業挺身隊 編成·部落마다 는 分隊
1941.9.18	仁術報國의 挺身隊 內外地에 醫師와 看護婦徵用令 實施
1941.9.21	龜城勤勞報國挺身隊
1942.1.4	勞務動員에 一役 銃後挺身隊를 結成-正學會의 義勇奉公團 活動方針 評定
1942.3.17	南方建設의 挺身隊 今日 半島人 勞務動員을 評定 內鮮關係者가 集合
1942.3.22	時局下의 挺身隊로 青年訓練所 內容 擴充
1942.3.22	時局下의 挺身隊로 青年訓練所 內容 擴充-青少年 訓練 徹底 江原道에서도 內容 刷新
1942.3.30	勤勞挺身隊 二千名을 推進 中堅指導 人物로 養成
1942.11.2	挺身隊員 殉職
1943.1.15	國民總訓練을 强化 男女를 不問, 國土防衛의 挺身隊로 十六日 全鮮 一齊히 青年團 訓練 始式
1943.5.10	敎學奉公의 挺身隊-昨日, 一千男女 國民敎員이 結成式
1943.11.26	十八年度 中學卒業者 動員 方針 決定-男子의 動員을 强化-女子는 勤勞挺身隊로 活用
1944.3.20	女子挺身隊-强力 命令으로 結成 强化
1944.3.22	皇國商道遵奉-京城商業仕奉隊와 挺身隊 結成 一萬商人報國大道로 進軍

1944.3.24	女子挺身隊의 職場을 確保
1944.4.19	싸우는 平壤女子勤勞挺身隊-"戰爭 이길 때까지" 軍規 속에 體得하는 奉公의 기쁨
1944.5.11	被徵用者 援護 强化 女子挺身隊 等에도 實施-情報局 發表
1944.5.14	啓導挺身隊 動員 遺漏없도록 通牒
1944.5.18	農村 蹶起를 促進-教員挺身隊에 動員令
1944.5.25	決戰ニ 應ヘル 半島 工員-○○工事挺身隊ニ ホマレノ 表彰狀
1944.6.4	徵用과는 다르다-나가자, 女子挺身隊
1944.6.10	內鮮一體의 强化와-女子挺身隊에 協力-內地 있는 勞務者들 指導에도 萬全-田中總監 談
1944.6.14	中西-半島 女性의 鬪魂 躍動-勤勞의 戰列로 馳參-女子挺身隊에 自願 應募者 殺到
1944.6.14	決然히 生産場에-女子勤勞挺身隊 出願의 美談
1944.6.23	豫想 以下의 成績-內地 派遣에서 歸還한 三氏 感想-女子挺身隊 奮鬪 藤原喜藏 氏 談
1944.6.24	家庭-제반 시설은 완비 국가를 위한 정신대에 안심하고 딸을 보내라-京城府 民生部長 金平聖煥 氏 談
1944.6.25	內地로 가는 女子挺身隊-來月 二日 壯行會와 市街 行進
1944.6.26	軍國 女性의 氣魂, 大成女商서 十名이 정신대 지원
1944.7.1	싸우는 半島 産業戰士 現地報告 實力 向上시키는 길 作業과 黃民化 訓練을 併行시켜라-품앗이 온다는 마음 일만 시키기보다는 戰爭을 모르는 一部
1944.7.1	家庭 자진해서 나섰소. 적성의 소녀정신대원-딸의 순정을 알아줍시다. 길이 멀어 애탈 뿐 안심하고 보낸다
1944.7.4	勤勞奉公 굳게 盟誓 京城, 仁川出身挺身隊合同壯行會
1944.8.8	女子挺身隊 現地 報告會
1944.8.22	女子勤勞挺身隊 近況 말하는 座談會
1944.8.23	女子挺身隊 勤勞令-卄三日公布卽日 實施
1944.8.23	敢鬪 近況듣고 感激-女子勤勞挺身隊 말하는 座談會 盛況
1944.8.23	對象은 無配偶者만 不服하면 體刑, 罰金 根川厚生次官 說明-女子勤勞를 强化하는 挺身隊令 公布

1944.8.23	우렁찬 皆唱의 노래 - 仕奉增産歌, 女子挺身隊歌 普及 運動
1944.8.26	○節마다 가득 찬 熱血의 敢鬪精神 勤勞大員들로부터 現地 消息
1944.8.26	거룩한 皇國 女性의 손 生産戰에 男子와 童列 鑛工局長과 一問一答 - 女子挺身隊 對象
1944.8.27	社說 - 女性이여 蹶起하라
1944.8.29	참지 못할 挺身意○ - 외딸의 志願을 快○한 홀어머니
1944.8.31	女子의 戰場은 일터 - "出征한 勇使에 面目세우려면" - 挺身隊 自願
1944.8.31	女子의 戰場은 일터 - 이 熱意를 보라 - 徵用에 一愛國靑年
1944.9.7	增産一念으로 - 三處 女挺身隊 志願
1944.9.8	應急 建築의 挺身隊 - 空襲에 對備, 京畿 主要 都市에 結成
1944.9.8	"故鄕의 處女들도 오라" - 女子挺身隊員이 熱烈한 片紙와 함께 獻金 寄託
1944.9.9	불타는 增産熱意 - 徵用 自願, 女子挺身隊 志願者 遝至
1944.9.13	職場에 우리를 먼저 - 徵用과 女子挺身隊에 自願 殺到
1944.9.20	"家庭도 나라 있은 뒤에야" 血書로 女子挺身隊 歎願한 有馬 孃
1944.9.23	勤勞에서 새 敎養 女子挺身隊員 金井 孃의 現地 報告
1944.9.23	두 處女挺身隊를 自願
1944.9.30	즐거운 勤勞生活 일도 많이 배웠습니다 - 女子挺身隊員에게서 온 편지
1944.10.2	入魂機를 만드는 高女 出身 女子挺身隊
1944.10.6	十四 歲 少女挺身隊 志願
1944.10.30	싸우는 半島 女子挺身隊 家庭과 같은 寮生活 아침저녁으로 父母 계신 곳을 拜禮 - 오늘도 明朗한 아침 職場으로의 大行進 幸福스러운 寮生活 婦道鍊成의 道場
1944.10.31	싸우는 半島 女子挺身隊 明朗, 職場의 戰友愛 纖手 끝에 피어나는 增産戰 不滅의 꽃 - 特色 있는 集團 訓練 作業 能率 九九.七 커 가는 內鮮一體의 꽃 鐵石의 盟誓로 增産뿐 記者가 附託하는 말
1944.12.11	神鷲의 精神으로 - 每月 給料 一部를 獻金 - 半島 女子挺身隊 京城 府尹에 片紙
1944.12.14	곳곳에 感激의 旋風 - 內地서 絶讚 받는 半島 應徵士, 挺身隊 - 鹽田局長歸任談

1944.12.18	女子救護挺身隊 - 西區大新町會서 結成
1944.12.23	熱烈, 遺言에도 增産 - 두 半島 女子挺身隊員 最初의 殉職
1944.12.24	鬪魂 增産戰에 不滅 - 두 處女의 殉死를 銃後 戰場에 살리라 - 싸우는 女子挺身隊 龜鑑
1944.12.30	增産의 氣魄 - 鑛工局長에 온 女子挺身隊員들 片紙
1945.1.24	第二回 女子挺身隊 募集
1945.1.24	戰列로 나서라 女子挺身隊 募集
1945.1.25	家庭과 文化 - 발랄한 정신대 특공정신으로 응모하라
1945.2.15	松井 小尉 遺族 蹶起 - 어머니는 女工으로 - 누이동생은 女子挺身隊를 志願
1945.2.17	職場에 타는 决意 - 女子挺身隊의 銓○
1945.2.24	處女들의 받치는 赤誠 - 女子挺身隊員 志願 到殺
1945.2.26	壯하다, 女子挺身隊 意氣 - 全南에서 後續 部隊 多數 出發
1945.2.27	勇躍增産場으로 - 女子 勤勞挺身隊員들 出發
1945.3.3	女子挺身隊에 나오라
1945.3.27	增産에 愉快히 奮進 第二回 隊員 引率者 宮田 訓導 歸任談 - 싸우는 半島 女子挺身隊
1945.3.30	鄕土의 消息을 보내자 女子挺身隊員의 熱望
1945.4.5	모두 즐거이 精進 關係者들 歸還報告 싸우는 半島 女子挺身隊
1945.4.27	挺身隊 報告展覽會
1945.6.5	女子挺身隊의 生活 모습 靑年會館에서 展覽會 開催
1945.6.7	內地에서 激讚 받는 半島 女子挺身隊 - 局長會議에 活躍을 報告
1945.6.11	女子 勤勞挺身隊 滿 十五 歲부터 二十五 歲로 組織
1945.6.26	내 고향 따뜻한 위문품 女子 挺身隊員들에게

* 1941~1945년 '정신대' 관련 기사 일부를 목록으로 정리한 것임. 당초 '정신대' 개념은 모든 계층에 적용된 포괄적인 용어로 사용되었으나, 점차 '여자정신대'를 중심으로 사용되는 경향성을 보인다.

〈표 5-3〉을 보면, 1941년 초 읍·면 단위까지 근로정신대를 조직하고, 도내 혹은 부락마다 산업정신대를 동원·보충하고자 하였다. 1943년 11월 26일에는 중학교 졸업자 동원방침을 결정하면서 여자를 근로정신대로 적극적으로 활용하는 방침들이 나타난다. 1940년대 초반, 여자정신대에 지원하라는 내용과 딸을 정신대로 보내라는 선전이 노골적으로 등장한다. 내선일체를 강조하며 여자정신대에 협력할 것을 강요하고, 여자정신대에 대한 각종 미담을 쏟아 낸다.

"싸우는 평양여자근로정신대",[53] "징용과는 다르다",[54] "정신대에 안심하고 딸을 보내라",[55] "고향의 처녀들도 오라",[56] "불타는 증산열의",[57] "싸우는 반도여자정신대",[58] "전열로 나서라",[59] "애국열로 자진 참가하라",[60] "거룩한 황국 여성의 손, 생산전에 남자와 동열",[61] "군국여성의 氣

53 「싸우는 平壤女子勤勞挺身隊-"戰爭 이길 때까지" 軍規 속에 體得하는 奉公의 기쁨」, 『매일신보』, 1944.4.19.

54 「徵用과는 다르다-나가자, 女子挺身隊」, 『매일신보』, 1944.6.4.

55 「家庭-제반시설은 완비 국가를 위한 정신대에 안심하고 딸을 보내라-京城府民生部長 金平聖煥氏 談」, 『매일신보』, 1944.6.24.

56 「故鄕의 處女들도 오라"-女子挺身隊員이 熱烈한 片紙와 함께 獻金 寄託」, 『매일신보』, 1944.9.8.

57 「불타는 增産熱意-徵用自願, 女子挺身隊 志願者 遝至」, 『매일신보』, 1944.9.9.

58 「싸우는 半島 女子挺身隊 家庭과 같은 寮生活 아침저녁으로 父母 계신 곳을 拜禮-오늘도 明朗한 아침 職場으로의 大行進 幸福스러운 寮生活 婦道鍊成의 道場」, 『매일신보』, 1944.10.30.

59 「戰列로 나서라 女子挺身隊 募集」, 『매일신보』, 1945.1.24.

60 「鬪魂增産戰에 不滅-두 處女의 殉死를 銃後 戰場에 살리라-싸우는 女子挺身隊 龜鑑」, 『매일신보』, 1944.12.24.

61 「거룩한 皇國 女性의 손 生産戰에 男子와 同列 鑛工局長과 一問一答-女子挺身隊의 對象」, 『매일신보』, 1944.8.26.

〈그림 5-2〉 여자정신대 노래 보급운동을 전하는 신문 보도

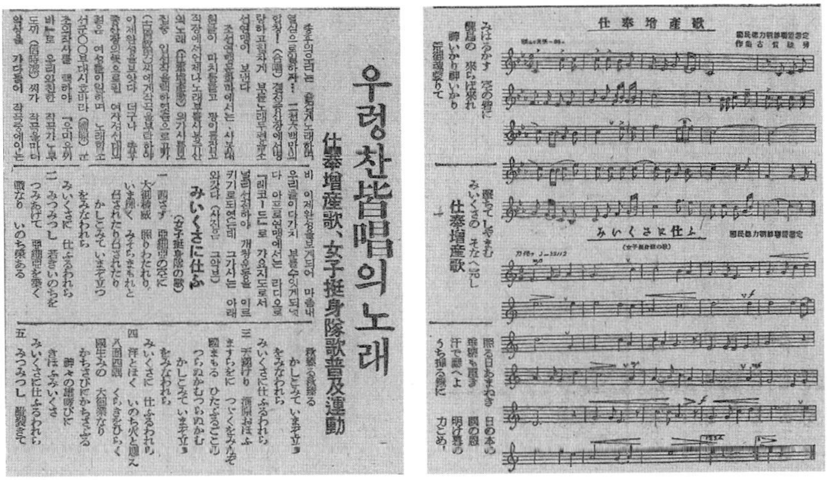

우렁찬 皆唱의 노래

仕奉增産歌、女子挺身隊歌普及運動

みいくさに仕ふ

仕奉增産歌

출처: 『매일신보』, 1944.8.23.

魂"[62] 등 각종 수식어구로 여자정신대를 표현했다. 여성들도 남자와 동등한 자격으로 일할 수 있다고 미화하고, 현장에서 일하는 여성들을 장한 여성으로 포장하였다.

1944년 8월 23일 기사에는 「우렁찬 개창(皆唱)의 노래」라고 하여 여자정신대가(女子挺身隊歌)인 「봉임증산가(奉任增産歌)」 보급운동이 게재되었다.[63] 노래까지 만들어서 증산에 매진하도록 사회적 분위기를 조성하고자 한 것이다.

1944년 8월 「여자정신근로령」 이후 여자정신대 모집과 동원은 더 노골적으로 진행되었다. 학교뿐 아니라 부의 근로동원과 등에서도 모집에

62 「軍國 女性의 氣魂, 大成女商서 十名이 정신대 지원」, 『매일신보』, 1944.6.26.

63 「우렁찬 개창의 노래 仕奉增産歌, 여자정신대가 보급운동」, 『매일신보』, 1944.8.23.

〈그림 5-3〉「싸우는 평양여자근로정신대 작업광경」이라는 제목으로 작업모습을 전하는 사진기사

출처: 『매일신보』, 1944.4.19.

적극 관여하였다. 1945년 1월 24일의 여자정신대 모집 기사를 보면 인천부 근로동원과에서는 "비행기 증산에 나설 여자정신대를 이달부터 모집"하기로 되었다며, "희망자는 출신학교 또는 부근 근로과에 지원하기 바란다"고 하였다.[64]

일본으로 동원된 '조선여자근로정신대'의 경우 동원과정에 직접 개입한 주체는 학교(교장, 교사)와 말단 통치기구(구장, 면 직원, 경찰 등)로 볼 수 있다. 방법은 '지원'과 '응모' 형식이었지만, 거부할 수 없는 경우가 많

64 「전열로 나서라, 여자정신대 모집」, 『매일신보』, 1945.1.24.

았다. 가지 않으면 아버지를 처벌하겠다거나,[65] 배급통장을 주지 않겠다는 등 가족을 대상으로 한 협박[66] 등은 여성을 동원하는 방식 중 하나였다.[67]

당시 조선에서 여성이 상급학교에 진학하는 것은 쉬운 일이 아니었다. 그렇기에 공부를 하고 싶었던 여학생에게 일하며 공부도 할 수 있다는 교사와 교장의 권유는 나쁘지 않은 제안으로 받아들여졌다. 특히, 당시 교사의 권위는 학생들에게 절대적인 것에 가까웠기 때문에 학생들은 교사의 말을 전적으로 신뢰했다. 교사와 학교는 이러한 신뢰조차 동원에 이용하는 기만적인 행위를 하였다.

지금까지 조선여자근로정신대가 동원된 곳으로 밝혀진 곳은 후지코시[不二越]강재공업주식회사(鋼材工業株式會社) 도야마[富山]공장, 도쿄 아사이토[麻絲]방적주식회사(紡績株式會社) 누마즈공장, 미쓰비시[三菱]중공업 나고야[名古屋]항공기제작소 도토쿠[道德]공장, 미쓰비시중공업 나고야항공기제작소 오에[大江]공장, 나가사키[長崎]조선소, 사가미[相模]해군공장, 야하타[八幡]제철소, 조선 내에서는 광주 종방(鐘紡) 전남공장 등이 있다.[68]

---

65 국무총리 소속 일제강점하강제동원피해진상규명위원회, 2008, 앞의 책, 권석순·이상미 구술.

66 국무총리 소속 일제강점하강제동원피해진상규명위원회, 2008, 앞의 책, 강영복 구술.

67 국무총리 소속 일제강점하강제동원피해진상규명위원회, 2008, 앞의 책, 김성주·박진희 등 구술.

68 후지코시 강재공업주식회사 도야마공장은 군수대신과 해군대신 소관의 군수공장이었다. 후지코시 사사(社史)에 따르면 1945년 5월 종업원 총수 3만 6,253명 중 1,089명이 조선여자근로정신대원이었다. 누마즈시지(沼津市誌 1961년 3월)에 따르면 도쿄 아사이토방적주식회사에는 1944년 여자근로정신대를 포함하여 약 400명의 조선인 여자노동자가 있었다고 한다. 1944년 1월 18일 군수회사법에 의해 미쓰비시중공업 등 150사(社)가 군수회사로 지정되었다. 1944년 5월 충청남도와 전라남도 출신의 여자근로정신

〈표 5-4〉 조선여자근로정신대 동원 장소

동원 장소	주요 작업	비고
후지코시강재공업주식회사 도야마공장	·기계부품을 제작 공장-여자근로정신대원은 선반(旋盤) 등 제작	산업재해 다수 발생
도쿄 아사이토방적주식회사 누마즈공장	·군수 관련품 제작 공장-텐트, 대포 등의 커버, 자루, 항공기의 날개천 등에 사용하는 삼베 생산	1945.7.17. 누마즈공습으로 거의 전소
미쓰비시중공업 나고야항공기제작소 도토쿠공장	·항공기 제작 조립 공장-여자근로정신대원은 비행기 부품 제작, 본뜨기, 페인트칠 작업 등 수행	·1944.12.7. 도난카이[東南海] 지진에 의해 붕괴 ·여자근로정신대원 6명 사망
미쓰비시중공업 나고야항공기제작소 오에공장	·해군 제로식 전투기 등의 생산공장	-
나가사키조선소, 사가미해군공장, 야하타제철소, 광주종방 전남공장 등	·조선소, 제철소, 방적공장	일본뿐 아니라 조선 내 군수공장 등에도 동원

출처: 근로정신대 할머니와 함께하는 시민모임 엮음, 2016, 『법정에 새긴 진실』, 선인, 102~105쪽 참고하여 작성

일제는 여자정신대에 대해 징용이 아니라고 주장하였지만, 조선 사람들은 그렇게 받아들이지 않았다.[69] 당시 조선인들은 이를 여자징용이라 생각하고 있었고, 동원을 피하고자 결혼을 서둘렀다. 식민당국은 이를 인지하고 있었다. "최근 부인을 노무자로서 징용한다는 소문에 결혼을 급히 서두르는 경향이 있다고 들었지만, 부인징용은 결코 행해지지 않는다"[70]라며 소문을 부인하였다. 그러나 이미 1940년대 초반부터 여성

대가 동원되었고, 그 인원은 약 300명이었던 것으로 추정된다. 미쓰비시중공업 나고야항공기제작소 오에공장은 해군 제로식 전투기 등의 생산공장이었다(근로정신대 할머니와 함께하는 시민모임 엮음, 2016, 앞의 책, 선인, 102~104쪽).

69 국사편찬위원회, 2013, 『독립운동과 징병, 식민경험의 두갈래 길』, 196~198쪽(김종빈 구술)

70 「싸우는 평양 여자근로정신대, 전쟁 이길 때까지 軍規 속에 체득하는 봉공의 기쁨」, 『매

들이 동원되고 있었던 상황이었기 때문에 대부분의 조선인은 이를 믿지 않았다. 주변에서 직접 경험하거나 혹은 여성을 동원하는 방법에 대해 듣고 보았던 소식 등이 조선인들 사이에 알려져 있었다.

2. 조선여자근로정신대로 동원된 소녀들

이 절에서는 조선여자근로정신대로 동원된 여성에 대하여 기존의 구술자료집을 중심으로 동원과정, 생활과 노동실태, 귀국 후 생활 등을 살펴보겠다.[71]

여성들이 조선여자근로정신대로 동원된 과정은 앞 절에서 간략히 언급한 바 있다. 요컨대, 조선여자근로정신대 동원은 학교와 관을 중심으로 이루어지고 있었으며, 특히 학교에서는 어린 학생들을 대상으로 교사가 동원의 매개 역할을 주도하였다.

강제동원 진상조사 구술자료집에는 23명의 조선여자근로정신대원의 이야기가 실려 있다. 이들은 도쿄 아사이토(4명), 미쓰비시중공업 나고야 항공기제작소(6명), 후지코시 도야마공장(13명) 등으로 동원되었던 여성들이다. 〈표 5-5〉는 구술자료집과 나고야 미쓰비시 여자근로정신대 일본 소송을 진행한 여성들에 대한 동원 방식과 작업 내용을 정리한 것이다.

후지코시 도야마공장으로 동원된 조선여자근로정신대는 1944년 4~5월경, 1945년 2월경에 주로 동원되었으며, 베어링, 드릴 등 기계부품

일신보』, 1944.4.19.

71 조선여자근로정신대에 대한 주요 내용은 위원회의 구술자료집과 기존 연구성과 등을 토대로 정리한 것이다.

을 생산하는 공정에서 일하였다.[72] 미쓰비시중공업 나고야항공기제작소로 조선여자근로정신대가 동원된 것은 1944년 6월경으로 미쓰비시중공업 나고야항공기제작소 도토쿠공장과 오에공장에서 일하였다. 이곳에서는 주로 비행기 부품제작, 페인트칠 작업 등에 종사하였다. 도쿄 아사이토 누마즈공장에서는 주로 텐트, 대포 등의 커버, 자루, 백, 항공기의 날개천 등에 사용하는 삼베를 생산하였다. 동원된 여성들은 공장에서 이러한 작업 등을 수행하였다.

〈표 5-5〉 조선여자근로정신대 동원과정 및 작업 내용

동원 장소	이름(生年)	동원 시기 및 동원과정	작업 내용
후지코시도야마공장	정영자(가명) (1930년생)	(1944년 4월경 동원/ 15세) 경북 달성군 논공국민학교 졸업 후 학교에서 뽑혀 감. 군청에 모여서 이동	베어링 볼의 크기 검사
	성영애 (1929년생)	(1944년 4월경 동원/ 16세) 경북 상산국민학교 졸업 후 영장이 나왔다고 하여 가게 됨	베어링 볼을 만들기 위한 재료를 나르는 일을 함
	김명자(가명) (1929년생)	(1944년경 동원/ 16세) 경북 김천 동부국민학교(남산정공립보통학교) 졸업 직후 학교 선생님들이 가라고 함	기초 부속품 관련 작업(밀링기계 등)
	강영복 (1929년생)	(1944년 동원/ 16세) 경남 진주 봉래국민학교 졸업 후 부청에서 나온 사람이 근로정신대를 안 가면 배급통장을 주지 않는다고 협박. 졸업 며칠 후 동원	베어링 볼을 가공하는 일
	김희경 (1930년생)	(1944년 7월경 동원/ 15세) 서울 덕수국민학교 고등과 2학년 때 동원	밀링기계를 담당
	심연주(가명) (1932년생) *여자정신근로령 이전	(1944년 동원/ 13세) 일본 아이치현 쓰시마시에 살다가 6학년 때 가족들과 한국으로 이주. 서울 장충국민학교 고등과 1학년 편입 2~3개월 다니다가 근로정신대로 동원	선반기계 일

72 국무총리 소속 일제강점하강제동원피해진상규명위원회, 2008, 앞의 책, 274쪽.

	박임순 (1932년생) *여자정신근로령 이전	(1944년 동원/ 13세) 인천 송현국민학교 6학년 때 교장이 근로정신대로 2년 갔다 오면 고등학교 졸업장을 준다고 회유. 인천에서 1차로 50명이 동원	선반기계 일
	권석순 (1930년생)	(1945년 동원/ 16세) 충북 청원군 북이국민학교를 졸업하고 동원. 근로정신대로 안 가면 아버지를 처벌하겠다고 북이지서에서 협박	쇠를 들어다가 기계에 넣는 일
	이봉심 (1930년생)	(1944년 동원/ 15세) 전남 여수동국민학교 졸업을 앞두고 동원. 도청에서 나와 회유	기초부속품 만드는 일
	주금용 (1927년생)	(1945년 동원/ 19세) 전남 나주 대정국민학교 재학 중 동원. 동원된 것은 5학년 겨울	선반기계 일
	이미순(가명) (1931년생)	(1945년 동원/ 15세) 광주 효동국민학교를 졸업하고 와카바야지 제사공장을 다니던 중 지서에서 호출하여 근로정신대로 동원. 선생님이 가라고 함	-
	김정주 (1931년생)	(1945년 동원/ 15세) 전남 순천남국민학교 6학년 재학 중 근로정신대로 동원	선반기계로 가와누키작업. 언니는 미쓰비시 나고야항공기제작소로 동원된 상태.
	이금덕 (1933년생)	(1945년 동원/ 13세) 전남 영산포남국민학교 졸업 당시 담임선생님이 가라고 함	선반기계 일
미쓰비시나고야항공기제작소	박해옥 (1930년생) 소송진행	(1944년 5월경 동원/ 15세) 언니가 남국민학교 선생이었고, 본인은 중학교를 안 가고 쉬고 있었는데 교장의 연락을 받고 학교에 갔더니 일본 가면 공장에서 일할 수도 있고 공부할 수도 있다고 함. 그러면서 언니가 선생님인데 가야 하지 않겠냐고 회유	비행기 부품 도본을 알류미늄판에 그리는 일
	김성주 (1929년생)	(1944년 5월경 동원/ 16세) 졸업 후 선생님이 오라고 해서 갔더니 일본에 가면 공부도 할 수 있고 돈도 벌 수 있다고 회유	비행기 날개에 페인트칠하는 일, 선반기계 일을 하다가 왼손에 부상을 당함
	박진희 (1932년생)	(1944년 동원 /13세) 일본에서 국민학교를 조금 다니다가 조선으로 들어와 미평국민학교를 졸업하고 얼마 후 동원. 군인 중위(곤도시)가 와서 공장에 가면 공부할 수 있다고 해서 가게 됨	프로펠러 닦는 일, 부품 가는 일
	양승자 (1930년생)	(1944년 동원/ 15세) 나고야에 가면 나고야고등여학교 2년 동안에 졸업시키고, 거기서 수료해 준다고 해서 가게 됨	비행기 페인트칠하는 일을 함

미쓰비시나고야항공기제작소	이상미 (1930년생)	(1944년 5월경 동원/ 15세) 학교 졸업 후 5월경 군청과 유성면에서 사람이 나와 근로정신대를 안 가면 아버지를 보국대로 보내겠다고 협박	공장에서 비행기 날개에 천을 씌우는 작업을 함
	박순덕 (1929년생)	(1944년 동원/ 16세) 대전 보문학원을 졸업하고 삼방사라는 공장에 다니던 중 대전직업소개소로 호출. 거기서 여자근로정신대로 동원	나고야항공기제작소에서 일함. 직업소개소 관련
	김혜옥 (1931년생) 소송 진행	(1944년 5월 동원/ 14세) 나주 대정국민학교에서 '재습(再習)'이라는 과정 이수 중 1944년 4월 학교 교실에서 마사키 도시오[正木俊夫] 교장과 곤도 헌병이 일본에 가면 돈도 벌고 여학교에 다닐 수 있다고 함	비행기 부품에 국방색 페인트를 칠하는 작업
	진진성 (1929년생) 소송 진행	(1944년 6월경 동원/ 16세) 나주 대정국민학교를 3월에 졸업하고 같은 해 5월경 동갑내기 조카의 담임이던 일본인 오카 선생이 불러 학교에 감. 거기서 오카 선생, 마사키 교장, 곤도 헌병이 일본에 가면 여학교에 진학할 수도 있고, 돈도 벌 수 있다고 권유	사포로 비행기 부품의 목을 닦아대는 일과 페인트칠
	양금덕 (1931년생) 소송 진행	(1944년 6월경 동원/ 14세) 나주 대정국민학교 6학년이 된 지 얼마 되지 않아 교실에 마사키 도시오 교장과 곤도 헌병이 들어와 체격이 좋고 머리가 좋은 아이가 정신대로 일본에 가면 돈도 많이 벌 수 있고, 여학교에도 보내 주고, 돌아올 때는 집 한 채를 살 수 있는 돈을 가지고 돌아올 수 있게 된다고 하며 근로정신대에 참가할 것을 권함	비행기 부품의 녹을 닦아내고 그 위에 페인트칠, 줄질을 하고 부품을 절단하는 등의 일을 함
	이동련 (1928년생) 소송 진행	(1944년 5월경 동원/ 17세) 나주 대정국민학교 졸업 후 집에서 가사를 돌보고 있다가 학교에 나오라는 전갈을 받고 가니 선생님과 마사키 도시오 교장, 곤도 헌병이 설명하고 있었음. 일본에 가면 여학교에 갈 수 있고, 일하면서 돈도 벌 수 있다고 하며 권유	비행기의 부품에 페인트칠
	김복례 (1929년생) 소송 진행	(1944년 6월 동원/ 16세) 광주 북정국민학교를 졸업한 뒤 가사를 도우며 지내고 있던 1944년 5월 무렵 도나리구미의 조장이던 임씨 집에 불려 가서 군수공장에서 일할 것을 권유받음. 군수공장에서 일하며 공부하면 졸업장을 받을 수 있다고 하였음	긴 파이프를 천으로 꿰매는 일
	김성주 (1929년생) 소송 진행	(1944년 5월 동원/ 16세) 순천 남국민학교 6학년 때 담임이었던 오가키 선생이 학교로 불러 일본에 가면 여학교에 진학할 수 있고 돈도 벌 수 있다며 권유	비행기 형태를 따라 선 긋기, 스프레이로 도장을 찍는 작업

도쿄아사이토누마스공장	김남이 (1929년생)	(1944년경 동원/ 16세) 14세에 간이학교에 다니다가 영장이 나와서 감	실 빼는 공장에서 일함
	김덕전 (1930년생)	(1944년경 동원/15세) 부산 봉래국민학교를 졸업하고 부산부청 서무과에서 급사로 일하던 중 월급도 많이 주고 대우도 좋다고 해서 가게 됨. 일본 시즈오카현 도쿄 아사이토 누마즈 공장으로 가게 됨	처음에는 솜을 개는 일(精紡)을 하다가 실 잇는 작업으로 옮김
	박군자 (1928년생)	(1944년 5월경 동원/ 17세) 학교에 일본 회사 모집인이 와서 야간 중학교도 보내 주고, 공부도 시켜 주고, 좋다고 광고를 하여 이에 속아 감	공장 부속 진료소에서 통역 및 간호보조 일을 함
	오일순 (1928년생)	(1944년 5월경 동원/ 17세) 회사 모집인이 학교로 와서 회사를 소개하고 이에 교장 선생님이 공부하고 돈도 벌 수 있다고 갈 사람은 준비하라고 함	실을 뽑기 위한 솜을 마무리하는 작업

출처: 국무총리 소속 일제강점하강제동원피해진상규명위원회, 2008, 강제동원진상조사 구술자료집 『조선여자근로정신대 그 경험과 기억』, (김미정, 2015, 앞의 논문 일부 재인용) 및 근로정신대 할머니와 함께하는 시민모임 엮음, 2016, 『법정에 새긴 진실』, 선인을 토대로 정리.

이 공장들에서 이루어지는 작업은 일정한 훈련과 숙련이 필요한 일들이었다. 이러한 작업에 어린 소녀들이 투입되었고, 작업의 숙련시간 조차 주지 않은 채 일을 해야만 한 탓에 잦은 사고를 피할 수 없었다. 이들이 작업한 일들은 단순히 남성을 보조하는 수준의 업무가 아니라 오히려 남성의 업무를 대체한 작업이라 할 수 있다. 군수공장의 노동은 중노동이었다. 그렇기에 13~17세 어린 소녀들에게 성인 기준의 공장 설비에 맞춰 일한다는 것 자체가 무리였다. 게다가 강제로 작업량이 할당되어 무리한 작업이 진행되기도 하였다. 다쳤다고 일을 빼 주는 일은 없었고, 치료도 제대로 받을 수 없었다. 강력한 통제와 규율 속에서 생활하였고, 식사는 늘 부족하였으며, 임금도 제대로 받지 못했다. 무엇보다 공부도 할 수 있고, 돈도 벌 수 있다는 말을 믿었던 어린 소녀들은 그것이 사실이 아니라는 현실을 깨닫게 된 후에도 조선으로 쉽게 돌아갈 수 없었다.

"…모데기(모자반, 톳)라꼬, 모데기라는 해초가 있어요. 그런 것도 섞어갖고 소금 좀 여갖고, 인제 된장국에 나무통에다가 한 통 하면, 여섯이가 앉아서 먹게 되는데 한 통 갖다놔줘요. 밥은 자완(茶碗, 그릇)에다가, 조그만하니 이래갖고, 그 요만침 한덩이 요래 주고 주는데, 이게 배가 만날 고파서 죽겠어…."[73]

일본의 공장으로 동원된 소녀들은 배고픔뿐 아니라 공습과 지진 등을 겪기도 하였다. 숙소로 돌아와 잘 때도 공습 시 언제든 뛰어나갈 수 있도록 신발을 신고 자야 했다. 일하지 않는 시간조차 지친 몸을 편히 쉴 수 없는 환경이었다. 지진 같은 재난에 일상적으로 노출되며, 같이 일했던 친구를 잃는 고통도 경험하였다.

1944년 5월경 동원된 김순례는 미쓰비시중공업 나고야항공기제작소에서 일하다가 1944년 12월 7일 도난카이 지진으로 사망하였다. 일본 도난카이 지진이 발생했을 때 미쓰비시중공업 도토쿠공장의 일부도 붕괴되었다. 이때 조선여자근로정신대에서 6명의 사망자가 나왔다. 후지코시 도야마공장의 사망자는 당시 신문에도 보도되었다. 어린 소녀들에게 지진과 계속된 공습은 공장노동만큼 견디기 어려운 경험이었다.

〈표 5-5〉의 조선여자근로정신대의 심연주·박임순 사례를 보면 13세 아동이 동원되었다는 사실을 확인할 수 있다. 심지어 이들이 동원된 것은 1944년 「여자정신근로령」이 조선에서 시행되기 전이었다. 국제노동기구(ILO)에 가입해 있던 일본은 1930년 6월 28일 국제노동기구

73 국무총리 소속 일제강점하강제동원피해진상규명위원회, 2008, 앞의 책, 118쪽, 오일순 구술.

(ILO) 제14회 총회에서 「강제노동에 관한 조약(제29호 조약)」과 권고 제35·36호가 채택되어 1931년 11월 21일 비준 등록하였다(조약 제10호).[74] 당시 조선여자근로정신대로 동원된 13세 아이들을 대상으로 한 동원과 그들의 노동은 일본이 가입하고 비준한 국제기준을 어기는 일이었다. 일제는 강제노동에 관한 조약을 위반하면서 아이들마저 일본의 군수공장으로 동원한 것이다.

양금덕은 나고야 미쓰비시 여자근로정신대 소송 원고 중 한 명으로 그녀의 학적부에는 '정신대에 출동'이라는 내용이 기재되어 있다. 양금덕의 1차 소장 의견진술서에는 동원과정과 노동실태 등이 상세히 기술되어 있다. 공장 생활 중 목격한 죽음의 공포와 배고픔 그리고 일상적인 중노동이 어린 소녀가 겪은 나고야 미쓰비시 여자근로정신대의 실상이었다.

양금덕은 공장에서 시너 또는 알코올로 비행기 부품의 녹을 닦아내고, 그 위에 페인트를 칠하거나, 줄칼로 다듬거나, 부품을 절단하는 일을 주로 하였다. 시너의 강한 냄새 때문에 늘 두통에 시달렸고, 두통에 쓰러질 지경이 된 경우에도 야단을 맞지 않기 위해 어떻게든 견뎌야 했다. 비행기의 기체, 날개 등에 페인트를 칠하기 위해서는 선반을 올려놓은 높은 작업대에서 일해야 했다. 키가 작았던 양금덕은 발돋움을 한 채 작업했고, 그녀는 이를 고통스러운 경험 중 하나로 기억하고 있다. 성인 남성에게도 버거웠을 이러한 노동은 어린 소녀에게 매우 고통스러운 일이었다.

일본 군수공장에서 고향으로 돌아온 소녀들은 귀국 후에도 그 굴레를 벗어날 수 없었다. 그들은 일본으로 노무동원되었던 사실을 감추고 살아야 했다. 왜 그들은 피해 사실을 숨겨야만 했을까.

---

74 근로정신대 할머니와 함께하는 시민모임 엮음, 2008, 앞의 책, 170쪽.

"일본의 패전으로 우리는 해방이 되어 귀국했습니다.… '몸을 더럽힌 여자'라는 오해를 받고, 번번이 혼담이 깨졌습니다. 상대 쪽에서 마을 사람들한테 물어 정신대 출신이라는 것을 알게 된 것입니다. 이렇게 혼담이 깨지기를 세 차례나 경험했습니다. 그 후 나는 21살 때 정신대였다는 사실을 감추고 결혼을 했습니다."[75]

"귀국 후 근로정신대에 간 사실을 완전히 숨기고 남편과 결혼했다. 한국에서는 근로정신대라고 하면 위안부라고 생각한다. 남편은 이해해 줄 사람이 아니었다. 하지만 학교 때 같은 반 동급생으로 남편과 친하게 지내던 기노시타 하루코[木下春子]라는 친구가 남편에게 일본에 다녀온 사실을 알리고 말았다. 그 후 남편으로부터 어떠한 곳이었는지에 대해 집요하게 추궁을 당했다.… 남편으로부터 날마다 구박을 당했는데, 조금도 나쁜 일은 하지도 않았는데도 왜 자신이 남편에게 떳떳하지 못한 입장을 취해야 하는지 납득할 수 없었다. 아들 2명, 딸 2명의 자식이 있는데 지금까지 근로정신대에 관한 얘기는 하지 않았다."[76]

왜냐하면 정신대로 동원되었다는 사실이 알려지면 혼담이 깨지거나 결혼 후에도 온갖 추궁과 구박을 당하였기 때문이다. 가족에게도 말할 수 없었던 이러한 피해 사실을 세상에 드러내는 것 자체가 그녀들에게

75 양금덕 소송 제기 이유서-제1차 소장(근로정신대 할머니와 함께하는 시민모임 엮음, 2016, 앞의 책, 229~230쪽).

76 김성주 소송 제기 이유서 제2차 소장(근로정신대 할머니와 함께하는 시민모임 엮음, 2016, 앞의 책, 261~262쪽).

는 굉장한 용기가 필요한 일이었다. 피해자라 말할 수 없었던 수많은 세월 동안 그들의 상처는 치유되지 못했고, 잊고 싶은 기억의 파편들은 그들의 상처에 계속 생채기를 만들었기 때문이다.

하루 10시간 이상의 중노동에 시달리고 항상 배고픔에 시달려야 했던 한 소녀가 재판장에 제출한 의견진술서의 마지막에는 이러한 내용이 실려 있다.[77]

> "재판장님, 우리는 어린아이들이었습니다. 당신들의 아이들이 우리와 같았다고 한번 처지를 바꾸어 생각해 보십시오. 자기 아이라고 생각하고 깊이 생각해 보십시오. 천진난만했던 우리를 한 번만이라도 불쌍하다고 생각해 보신 적이 있습니까? 어린아이들을 속여 공포와 멸시 속에서 일을 시킨 행위에 대해 재판장님, 한 인간으로서 양심에 따라 판단을 해 주십시오."[78]

이 진술서에는 절규에 가까운 피해자의 목소리가 담겨 있다. 어린아이들마저 전쟁의 소모품으로 이용한 일제. 여전히 사죄와 배상을 하고자 하는 일본의 모습은 찾아볼 수 없다. 우리가 요구하는 것은 인간에 대한 예의를 갖추고 양심에 따른 판단으로 전쟁범죄에 대해 진정한 사죄와 배상을 함으로써 이를 통해 우리가 지향하는 보편적 인권의 가치를 존중하라는 것이다. 아이들마저 전쟁으로 내몰았던 일본 정부와 일본 기업의 책임은 아직 끝나지 않았다.

---

77 근로정신대 할머니와 함께하는 시민모임 엮음, 2016, 앞의 책, 225~230쪽.

78 근로정신대 할머니와 함께하는 시민모임 엮음, 2016, 앞의 책, 231쪽.

제3절 아동동원

1. 전쟁 수행에 소모품이 된 아이들

식민지 조선에서 일본의 전쟁에 동원된 것은 어른만이 아니었다. 어린 소녀와 소년도 일본의 광기에서 벗어날 수 없었다. 국내외로 동원된 수많은 조선인 가운데 아동이 포함되어 있었다는 것이 밝혀진 것은 한국 정부(위원회)의 피해조사를 통해서였다. 군수공장, 광산, 공사장 등에는 식민지 조선의 아이들이 있었다.[79]

아동동원의 가장 극단적인 사례는 위원회가 강제동원 피해자로 판정한 21만 8,639건 가운데 최저 연령 사망자였던 아홉 살 소녀였다. 아홉 살 소녀. 소녀보다는 아이라고 표현하는 것이 더 어울리는 나이가 아닌가. 채 10년을 살아 보지도 못하고 동원되어 사망한 아이. 밝혀지지 않은 아이들이 얼마나 될까. 그나마 확인된 동원사례를 통해 전쟁 수행에 소모품으로 내몰린 조선의 아이들이 처한 상황을 일부 파악할 수 있다. 여러 지역 가운데 아동의 사망 비율이 가장 높은 곳은 조선이었다. 가장 많은 공사장이 있었고, 여성과 아동이 동원되었기 때문이다.[80]

---

79 조선여자근로정신대로 동원된 여성들 가운데 아동동원 피해자도 있다. 조선여자근로정신대로 동원된 아동에 대해서는 전 절에서 다루었기 때문에 여기서는 그 밖의 사례들을 중심으로 정리하였다.

80 아동이란, 아동복지법 제3조에 따르면 '18세 미만인 사람을 말한다'고 정의되어 있고, 청소년보호법에는 "청소년"이란 만 19세 미만인 사람을 말한다고 규정되어 있다. 형사미성년자의 연령은 만14세 미만이다. 일제 말기 아동의 연령 기준은 지금과 다소 차이가 있을 수 있으나 당시 근로보국대, 국민근로보국협력령 규정 등을 볼 때 14세 미

아이들 가운데에도 여성의 경우처럼 일본으로 끌려가지 않기 위해 국내에 있는 군수공장이나 광산을 선택한 경우도 있었다. 선택이라고 할 수 없지만, 최악을 면하기 위한 차선책으로 국내동원을 받아들일 수밖에 없었다. 일본 탄광 등으로 동원되어 돌아오지 못하는 경우가 있었기 때문에 국외로 동원되는 것보다는 상대적으로 나을 것이라는 일말의 기대감도 있었다. 그러나 국내 군수공장의 환경이 더 나은 것은 아니었고, 일의 강도 또한 약하지 않았다. 아동이 일한다고 해서 이들을 위한 별도의 배려 조치는 없었다.

국내 공장에 동원된 경북 출신의 재덕(1930년생)은 국민학교를 마친 후 1944년 3월 만 12세에 함경남도 흥남부의 닛치쓰(주) 소속 용흥공장에 견습공으로 들어갔다. 재덕이 들어간 곳은 닛치쓰 연료공업(주)용흥공장으로 이곳은 1941년에 군수공장으로 지정되었다. 재덕은 면서기가 흥남에 가면 일본 탄광에 가지 않아도 된다고 하는 말에 이곳에서 일하게 되었다.[81] 재덕이 일했던 공장은 황산 등과 같은 유독가스를 취급하는 공장이었다. 이러한 공장에서 보호조치 없이 일하면서 건강을 해치지 않을 방법은 없었다. 재덕은 공장에 들어간 지 얼마 안 되어 늑막염에 걸렸지만, 병을 얻었다고 해서 공장을 벗어날 수는 없었다.

아이들은 공장뿐 아니라 광산으로 동원되기도 하였다. 경북 영양군 입암면에서 태어난 홍렬(1928년생)은 1944년 경북 영양군 일원면과 청

만, 일본이 가입한 국제노동기구(ILO)가 정한 미성년 노동 제한 규정에 따르면 15세 미만(1937년)에게 일을 시켜서는 안 된다는 점, 그리고 1911년에 제정해 1916년에 시행, 1923년 개정한 일본 공장법에는 14세 미만 아동노동 금지조항이 있었다는 점 등을 토대로 아동의 범위를 고려할 필요가 있다.

81 정혜경, 2019, 앞의 책, 89~91쪽.

기면에 걸쳐 있는 금과 은을 캐는 중천가곡광산으로 동원되었다. 홍렬과 친구들은 당시 마을에서 청년 훈련생 교육을 받고 있어서 언제든 전쟁터로 끌려갈 것이라는 불안감을 갖고 있었다. 그래서 그는 광산으로 가는 것을 오히려 다행스럽게 생각했다. 홍렬이 했던 일은 주로 광산 밖에서 집터나 길을 닦는 것이었다. 광산은 집에서 멀지 않은 곳이었지만 숙소에서 단체생활을 해야 했고, 1년 동안 한 번도 집에 갈 수 없었다.[82] 광산의 경우 출퇴근을 하는 곳도 있었지만, 홍렬처럼 단체생활을 하며 노무를 하기도 하였다. 국내동원이라고 해서 통제에서 자유로운 것은 아니었다.

동래군 정안면에 살았던 종원(1930년생)은 열세 살 때인 1944년 4월 일광광산에 끌려갔다. 말이 출퇴근이지 매일 새벽에 광산으로 가서 주야 2교대로 쉬는 날도 없이 일했다. 일하는 와중에 일주일에 두세 번은 정안청년훈련소에서 훈련도 받아야 했다. 종원이 한 일은 갱속에서 광부들이 채취한 철과 아연을 골라내고, 기계에 집어넣는 일이었다. 일한 지 몇 달 되지 않아 작업 중에 발이 기계에 빠지는 사고를 당했다. 그 사고로 오른쪽 발가락 3개를 절단했다. 사고로 제대로 걷지 못하는 발을 가지고도 종원은 해방될 때까지 그곳에서 계속 일을 해야만 했다.[83]

다치고 제대로 치료를 받지 못하면 평생 후유증이 남는다. 특히 아동의 사고 후유증은 성인이 되어서도 신체장애로 이어질 수 있다. 일광광산에서 일했던 종원이 이러한 경우이다. 작업 중에 발가락이 절단되는 부상에도 제대로 치료받지 못하여 영구장애를 얻은 채 살아야 했다. 부

82 정혜경, 2019, 앞의 책, 284~285쪽.

83 정혜경, 2019, 앞의 책, 289쪽.

상을 당한 사람에게 치료도 없이 심지어 계속 일을 시킨다는 것은 그 대상이 성인이라 할지라도 부당한 처우이다. 하물며 아동에게 일을 시키며 사고에 대한 치료를 해 주지 않는 것은 폭력적이며, 반인권적인 행위라 할 수 있다. 그들에게 동원된 식민지 조선의 아이들은 보호를 받아야 할 존재가 아닌 노동력 수탈의 대상이었을 뿐이었다.

공장과 광산뿐 아니라 비행장과 공사장 등에도 아이들은 동원되었다. 아픈 삼촌을 대신해 열네 살에 수원비행장으로 동원된 민용(1930년생)은 비행장 숙소에서 지내며 활주로를 닦는 일을 했다.[84] 아침부터 밤늦은 시간까지 고된 노동을 했고, 늘 배고픔에 시달렸다. 일제는 필요한 노동력을 충원할 수 있다면 어른을 대신한 아이까지도 동원하는 데 개의치 않았다.

비행장에서는 노면 평탄작업, 토사 및 석재 운반, 활주로 정리, 건축 자재 운반 등의 작업이 이루어진다. 아이들의 신체조건과 체력이 성인과 다르기 때문에 성인 기준의 작업량을 채우는 것은 결코 쉬운 일이 아니었다. 그리고 대부분 작업환경이 열악하였기 때문에 사고와 부상에 일상적으로 노출될 수밖에 없었다.

마을마다 할당 인원을 정해 부족한 노동력을 보충하는 경우 동원 대상 연령이 정해져 있었지만, 이러한 기준은 철저히 지켜지지 않았다. 민용같이 삼촌을 대신하는 대리동원도 있었고, 부모와 형제를 대신하여 대상 연령에 못 미치는 아동이 동원되기도 하였다. 이러한 것이 가능했던 이유는 법적으로 정해진 연령보다 정해진 숫자를 채우는 것이 더 중요했기 때문이다.

---

84 정혜경, 2019, 앞의 책, 319~320쪽.

제주도 군사시설 구축을 위한 노무동원 조사결과를 보면 비행장, 진지동굴, 도로공사 등에 많은 조선인이 동원되고 있었다. 조사보고서에 따르면 동원된 이들 가운데 최소 연령은 13세였는데, 이 소년도 부친을 대신하여 동원된 사례였다. 14세인 또 다른 소년은 아버지가 동원지에서 다쳐서 아버지 대신 노무에 동원되었다.[85] 이처럼 대리동원이 가능했다는 것은 당시 연령 제한 규정이 크게 의미가 없었다는 것을 말해 주는 것이다. 동원의 최소 연령 규정은 아동에 대한 최소한의 보호가 가능한 장치였지만, 동원사례를 보건대 이러한 제한 규정은 제대로 준수되지 않았다.

이러한 상황 속에서 한 사람이 여러 차례 동원되는 경우도 있었다. 1927년 전북 익산에서 4형제 중 장남으로 태어난 월섭이 바로 그러한 사례였다. 열네 살이었던 1942년 어느 날, 노무계 사람이 찾아와 군산비행장으로 가라고 했다. 노무계에서는 군산에 가면 일본에 징용을 가지 않아도 된다고 월섭에게 말하였고, 월섭은 이 말을 믿고 군산으로 갔다. 군산비행장 공사장 일이 몇 달 만에 끝나자 월섭은 집으로 돌아왔다. 그런데 노무계는 기다렸다는 듯 다시 김제비행장으로 보냈다. 세 번째는 신태인라는 곳의 발전소 공사장으로 동원되어 두 달 동안 일하고 돌아왔다. 돌아오니 이번에는 평북 강계로 보내졌고, 그곳에서 1년을 보낸 후에야 집으로 돌아올 수 있었다. 노무계는 처음에 일본으로 징용을 가

85 일본은 침략전쟁 과정에서 연합군과의 전투를 대비하기 위하여 제주도에 수많은 군사시설물을 만들면서 제주 도민은 물론이고, 제주 외 지역 주민들도 노무동원하였다. 이와 관련한 동원사례 및 피해 상황 등은 진상조사보고서를 참고 바람(국무총리 소속 일제강점하강제동원피해진상규명위원회, 2007, 『제주도 군사시설 구축을 위한 노무·병력 동원에 관한 조사』).

지 않아도 된다고 하며 공사장에서 일하게 하더니 결국 그를 일본 사가현의 탄광으로 보냈다.[86]

소년은 국내에 있는 공사장과 비행장을 거쳐 결국 일본의 탄광으로 동원되었다. 소년이 동원되었던 공사장과 비행장의 작업은 단기적이고 일시적인 일을 하는 곳이 아니었다. 1년 정도 장기적이고 지속적인 작업으로 집을 떠나 생활을 해야 했다. 이러한 장기 작업에 노무계가 직접 동원에 관여한 것이다. 소년들은 노무계의 요청을 거부할 수 없었다. 노무계는 소년을 작업현장으로 동원할 때 그곳에서 일하면 일본으로 징용을 가지 않아도 된다는 거짓말로 소년을 회유했다. 국내동원 피해자 중 일부는 이렇게 일본 등으로 징용되지 않는다는 말을 믿고 국내의 공장, 공사장, 광산 등에 지원하기도 하였다. 국외로 끌려갈 수 있는 상황에서 그나마 국내에서 일하는 것이 상대적으로 덜 위험하다고 인식했기 때문이다. 당초의 약속을 지키지 않았던 노무계에 대해 소년은 어떠한 저항도 할 수 없었다.

요컨대, 일제의 아동동원은 다음의 특징을 가진다. 첫째, 14세 미만의 아동도 동원 대상이 되었고, 심지어 12세 미만이 동원된 극단적인 사례도 확인되었다. 둘째, 소년·소녀 가릴 것 없이 필요하다면 모두 동원되었다. 셋째, 국내외 할 것 없이 아이들도 전쟁 수행 노무에 동원되었고, 동원 대상의 연령 제한 등은 엄격히 지켜지지 않았다. 즉, 조선의 아동은 보호 대상 범주에 포함되지 않았다고 볼 수 있다. 넷째, 동원된 아이들은 노동현장에서조차 제대로 보호받지 못했다.

86 정혜경, 2019, 앞의 책, 322~327쪽.

2. 아동동원의 양면성

일제 말기에 이루어진 아동동원은 일본제국주의가 침략전쟁을 위해 사회의 보호 대상인 아동까지도 전쟁의 희생양으로 삼았다는 점에서 반인륜성과 폭력성을 보여 주는 사례라 할 수 있다.

강제동원이라는 단어를 떠올릴 때 일반적으로 우리가 생각하는 이미지는 젊은 청장년이 국외로 끌려가는 모습이다. 실제 많은 청장년이 일본, 사할린 등 국외의 탄광산, 공장 등으로 동원되었다. 그들 중 일부는 불행하게도 다시 고향으로 돌아오지 못하였다. 우리가 알고 있는 이러한 내용은 수많은 강제동원 사례의 극히 일부분이다. 사실 국외뿐 아니라 국내로 동원된 이들도 상당했으며, 특히 동원 대상은 청장년뿐 아니라 아동·여성까지 포함되어 있었다.

일제 말기 일본군'위안부'와 같은 여성에 대한 성(性)동원뿐 아니라 조선여자근로정신대 같은 노무동원도 존재했다. 남녀노소 할 것 없이 전쟁에 필요한 인력은 모두 동원 대상이었다. 전시체제가 되면서 조선 내에서는 학생 및 부녀자 등이 다양한 근로 작업에 일상적으로 동원되고 있었다. 또 14세 미만의 아동 가운데서 탄광산, 공장, 토건공사장 등으로 노무동원된 사례도 확인되었다. 어린아이들도 성인과 같은 노동시간과 노동 강도로 일하였고, 동원 당시 이들이 어리다는 사실이 확인된 경우에도 일제는 이들을 공사장 등의 현장으로 보냈다.

일본 내에서는 공장법이 제정되어 아동을 대상으로 한 노동을 할 수 없게 되었던 데 비해, 조선에는 공장법이 제정되지 않았다. 한국 정부의 조사에 따르면 전시기 조선 여성노무자의 평균 동원 연령은 16.46세였으며, 공장으로 동원된 여성으로 한정하면 평균 연령이 13.2세에 불과했다. 이는 14세 미만 아동의 공장노동을 제한한 공장법에 저촉되는 사안이었으나 조선의 아이들은 공장법으로부터 배제되어 법적 보호를 받을 수 없었다.

공장법이 제정되어 있지 않더라도 당시 아동에 대한 강제노동은 불법이었다. 일본은 강제노동을 금지하는 국제조약을 비준하였기 때문에 아동을 대상으로 한 강제노동은 그들이 비준한 조약을 위반하는 일이었다. 이는 반인도적·국제법적 불법 행위였다. 일본은 스스로 정한 법조차 지키지 않았다. 일본이 정한 연령 제한 조항은 조선에서는 제대로 지켜지지 않았다. 일본 내에서는 일반적이지 않았던 아동동원이 조선에서는 아무렇지도 않게 이루어지고 있었고, 그 수가 적지 않았다. 이것은 일본 정부의 통제 아래 이루어진 아동동원이 불법이라는 사실을 알면서도 묵인하였다는 점, 조선 아동에 대해서는 제대로 된 보호조치조차 하지 않은 점에서 정책적·폭력적으로 집행된 비인도적 행위로 규정할 수 있다.

여성과 아동동원의 가장 큰 특징은 불법성이다. 일본은 여전히 동원 사실을 부정하고 있지만 동원된 피해자들은 동원의 불법성을 증명하고 있다.

일제가 원한 가장 이상적인 국민상은 일본 천황을 위해 자발적으로 전장에 나가 목숨을 바칠 수 있는 충성심 가득한 국민이었다. 전쟁이 장기전이 되면서 일제는 조선의 아동을 일본 제국의 전쟁 수행에 필요한 노동력과 병력 자원으로 파악하였고, 아동에 대한 통제·관리도 이러한 방향 속에서 유지되었다.[87]

---

87 학교 등에서는 천황제 이데올로기가 투사된 규율적 생활패턴을 아동에게 반복 수행하

아동동원도 여성동원과 같이 행정기관과 행정 담당자 등이 직접 관계하고 있었다. 효율적인 동원을 위해 지역의 사정을 잘 알고 있는 지역 유지나 구장, 면서기 등을 활용하여 동원 대상을 파악하고 이들을 동원하였다. 전쟁 말기에 이를수록 관의 강력한 정책 지시가 말단 행정기관으로 하달되어 아동, 여성 할 것 없이 노무를 할 수 있는 인력 확보에 주력하였다. 여성에게는 '군국의 어머니'가 될 것을 강조하면서 또 다른 한편에서는 가정 밖으로 나가 '산업전사'가 되라고 강요하였다. 아동에 대해서도 마찬가지로 필요에 따라 활용할 수 있는 인적자원으로 취급하였다. 조선의 여성과 아동에게 요구한 역할은 일본 여성과 아동에게 요구한 역할과는 달랐다. 식민지 조선의 아동은 성인과 같이 주요 노동력의 대상으로 여겨졌으며, 이것은 아동의 전시 노무동원으로 이어졌다.

강제동원 가운데 아동동원 문제는 그동안 제대로 알려지지 않았었다. 아동동원이 알려지기 어려웠던 이유는 동원 대상인 아동이 다치거나 사망한 경우, 그들을 기억하고 있는 이들이 많지 않았고, 주변인들이 동원된 아동의 피해 정도와 동원과정 등을 상세히 알기 어려웠다는 데 기인한다. 생존한 경우에도 어렸을 때 입은 피해 경험을 제대로 인식하지 못했고, 그 시절에 벌어진 일들을 드러내기보다는 목숨까지 빼앗기지 않은 사실에 안도하며 고통스러웠던 경험을 잊으려 했기 때문이다. 다행히 아동동원의 존재가 한국 정부의 조사과정에서 확인됨으로써 일제의 강제동원이 성인 남성·여성뿐 아니라 어린 소녀·소년까지 그 대상으로 삼았다는 사실이 드러나게 되었다. 이를 통해 그동안 잊힌 피해자들을

게 하고, 체제가 제시한 이념에 대한 맹목적인 인간형으로 만들어 가고 있었다(한민주, 2013, 『권력의 도상학』, 소명출판, 155~162쪽).

기억할 수 있는 계기가 마련되었다.

강제동원 문제에서 우리는 일본 정부의 책임뿐 아니라 당시 전쟁 수행을 지원한 일본 기업에 대해서도 주목해야 한다. 〈표 5-6〉은 일본에 현존하는 3대 강제동원 기업 현황이다. 미쓰비시, 미쓰이, 스미토모 등은 현재도 일본의 대표적인 기업이다.

〈표 5-6〉 일본에 현존하는 3대 강제동원 기업 현황

기업명	회사 연혁
미쓰비시	·전쟁 기간 중 일본 3대 재벌 ·일본, 한반도와 사할린, 동남아시아, 태평양 등 일본 제국 영역에 계열사 존재 ·1870년 하급 무사 이와사키 야타로[岩崎彌太郎, 1835~1885]가 창업 ·후쿠시마, 아오모리, 나가사키 등지에 탄광과 광산 운영 ·1887년 미쓰비시는 나가사키조선소를 불하받고 조선, 제지, 상사, 광업, 은행, 전기 등을 차례로 설립 ·1930년에 산하 회사 120개사, 자본금 9억 엔의 재벌로 성장 ·1946년 군수재벌 해체를 거쳐 1964년 재통합
미쓰이	·전쟁 기간 중 일본 3대 재벌 ·일본, 한반도와 사할린, 동남아시아, 태평양 등 일본 제국 영역에 계열사 존재 ·1673년 미쓰이 다카토시[三井高利, 1622~1694] 창업 ·1876년 물산, 은행/ 1892년 광산 설립 ·조선인에 대한 탄광 동원으로 유명 ·1947년 해산 과정을 거쳤으나 1950년대에 재결집 ·현재 50여 개의 직계·방계 기업을 가진 대기업
스미토모	·전쟁 기간 중 일본 3대 재벌 ·일본, 한반도와 사할린, 동남아시아, 태평양 등 일본 제국 영역에 계열사 존재 ·승려인 스미토모 마사토모[住友政友, 1585~1652] 창업 ·동 제련사업으로 재산을 축적: 홋카이도와 동북 지방의 대표적인 광산 운영 ·스미토모그룹은 전시체제기에 120개 기업에 투자했고, 자본금이 100억 엔을 넘을 정도로 큰 기업으로 성장 ·1945년 10월 연합군총사령부(GHQ)가 해산을 공식화했으나 전후 재건하여 현재 스미토모상사, 미쓰이·스미토모은행, 스미토모금속공업 등 20여 개 핵심계열사가 있음

미쓰비시는 나고야 미쓰비시 여자근로정신대 소송을 통해 강제동원과 관련한 대표적인 일본 기업으로 알려졌다. 미쓰비시중공업은 전쟁 전의 미쓰비시중공업과 현재의 미쓰비시중공업은 다른 회사라고 주장하였다. 일본 재판부는 실질적으로 계속성이 있으며, 불법 행위를 책임져야 할 여지가 있다고 판단하였으나 원고가 요구한 사죄와 배상 청구는 받아들이지 않았다.

일본 정부의 책임뿐 아니라 당시 조선인을 동원하여 강제노동을 시킨 일본 기업도 분명 책임에서 벗어날 수 없다. 왜냐면 이 기업들과 관련 있는 공장, 탄광, 광산 등에 수많은 조선인이 동원되어 강제노역하였고, 이 기업들 또한 일제의 침략전쟁 수행을 직간접적으로 지원하였기 때문이다. 그리고 이러한 과정을 통해 이들 기업은 규모를 키워 일본 경제의 중심이 되었다.

미쓰비시, 미쓰이, 스미토모 모두 전쟁 기간 중 일본의 3대 재벌이었을 뿐 아니라 한반도를 비롯해 사할린, 동남아시아, 태평양 등 일본 제국 영역에 계열사를 가지고 있었다. 이 기업들은 한국인들도 잘 알고 있으며, 여전히 일본에서 영향력이 있는 기업이다. 영화〈군함도〉로 한국인들에게 알려진 바 있는 하시마탄광은 미쓰비시 계열사이다.[88] 이곳에 동원된 수많은 조선인 가운데 소년 장섭이 있다.

전북 익산에서 태어난(1929년생) 최장섭은 노무계에서 일한 윤씨에 의해 1943년에 하시마에 끌려갔다. 장섭은 기차를 타고 부산역으로 가

88 1890년 미쓰비시사는 섬을 사들인 후 탄광개발에 착수했고, 1893년 미쓰비시 합자회사를 설립한 후에는 다카시마탄갱의 지갱(支坑)으로 관리했다. 일본 패전 후 미쓰비시는 설비를 복구해 석탄 생산을 계속하였으나 1974년 1월 15일 폐광하였다(정혜경, 2019, 앞의 책, 265~268쪽).

서 하카다역에 도착한 후, 나가사키항으로 가서 1시간 동안 배를 타고 하시마에 도착하였다. 이후 2년 5개월간 하시마에서 소년 탄부로 생활하였다. 하시마탄광은 1890년대 개발 초기부터 노동환경이 열악하고 위험하기로 유명했다. 아시아·태평양전쟁이 본격화한 이후에는 이곳에 조선인과 중국인 포로 등이 동원되었다. '지옥섬'이라 불렸던 그곳에서 어린 장섭은 끔찍한 강제노동에 시달렸다.[89] 그런데 지금 그곳은 근대산업유산에 등재되어 관광지가 되었다. 일본은 유네스코 세계유산위원회의 권고인 강제노동 역사를 기록하겠다는 약속을 제대로 지키지 않고 있다. 권고를 준수하지 않을 뿐 아니라 강제노동을 시킨 사실조차 왜곡하는 상황이다.[90]

전쟁은 우리가 알고 있는 도덕과 일상의 윤리를 파괴한다. 일제가 저지른 전쟁 동원과 전쟁범죄에 대해 관대할 수 없는 이유는 이러한 전쟁이 언제고 다시 반복될 수 있기 때문이다. 전쟁폭력과 전쟁범죄에 대한 책임 있는 반성은 전쟁으로 인해 상실한 보편적 인권의 회복을 의미함과 동시에 다시는 이러한 전쟁을 반복하지 않겠다는 의지를 표명하는 것이다. 다음은 26년 전 일본 무라야마 총리 담화 중 일부분이다.

> 우리나라는 멀지 않은 과거의 한 시기에 국책을 그르치고 전쟁으로 가는 길을 밟아 국민을 존망의 위기에 빠뜨리고 식민 지배와 침

---

89 이혜민, 2018, 『기록되지 않은 군함도』, 선인, 95~130쪽.

90 일본은 2015년 군함도 등 일본 근대산업시설 23곳을 세계유산에 올리면서 1940년대 수많은 조선인이 군함도 등 시설에서 일제에 의해 강제노역을 한 사실을 인정했다. 일반 공개가 시작된 산업유산정보센터 전시물의 내용을 보면, 한반도 출신자가 군함도 등에서 차별적 대우를 받은 적이 없었다는 증언이 소개되는 등 오히려 역사적 사실을 왜곡하고 있다(『한국일보』, 2020.6.16.; 『한겨레』, 2020.6.26.)

략으로 많은 나라, 특히 아시아 국가들의 사람들에게 다대한 손해와 고통을 주었습니다. 나는 미래에 잘못을 범하지 않기 위해 의심할 여지 없는 그 역사적 사실을 겸허하게 받아들이고, 여기에 다시 한 번 통절한 반성의 뜻을 표하면서 마음에서 우러나는 사죄의 마음을 표명합니다.[91]

과연 지금의 일본은 "의심할 여지 없는 그 역사적 사실을 겸허하게 받아들이고" 있는지 되묻고 싶다.

강제동원 문제는 비단 한국의 문제만이 아니다. 국내 동원 지역 가운데에는 북한도 있으며, 일제강점기 북한에 거주하고 있던 다수의 조선인도 강제동원의 피해자이다. 지금은 폐지된 위원회의 조사는 한국에서 피해신고를 한 이들을 중심으로 조사를 진행하였다. 위원회 조사 당시 북한 지역으로 동원되었던 피해자들의 신고도 상당수였다. 위원회에서는 구술조사와 관련 자료 분석 등을 통해 강제동원 피해 여부 등을 조사하였지만 지역조사가 병행되기는 어려웠다.

강제동원이 한반도 전 지역에서 수행되었다는 점에서 이 문제와 관련한 조사 지역과 범주는 반드시 확대되어야 한다. 강제동원 피해자 조사 및 필드조사를 남북이 함께하는 방법에 대한 논의가 필요하다. 남북한이 피해자 사례 및 조사결과 등을 공유하고, 강제동원 관련 지역을 공동조사한다면 일제 말기 한반도 전역에서 이루어진 강제동원의 피해 실상을 보다 구체화할 수 있을 것이다. 이미 많은 피해자가 고령으

91 무라야마 도미이치 내각총리대신 담화 「전후 50주년 종전 기념일을 맞아」, 1995년 8월 15일(서경식·다카하시 데쓰야, 한승동 역, 2019, 『책임에 대하여』, 돌베개, 268쪽 재인용).

로 사망하였고, 남아 있는 피해자의 목소리를 들을 기회가 점점 줄어들고 있는 지금, 우리의 과제를 점검하고 실행할 방법을 다시 한번 모색할 때다.

제2부
끝나지 않은 역사청산: 현안과 과제

제6장
전시 노무동원이 남긴 과제

제1절 광복과 해방, 돌아오지 못한 이들

1. 귀환과 미귀환

1) 귀환의 길

(1) 일본 지역

1945년 8월 15일, 일본은 포츠담 선언 수락을 공식 발표하고, 8월 21일에 '조선인 징용공 징용해제 방침'을 결정했다. 그러나 이 방침이 곧바로 조선인 노무자의 귀국을 의미하는 것은 아니었다. 전선으로 나간 선박들이 돌아오는 시간이 필요했고, 또 노동력 부족을 염려한 기업주가 몇 개월이 지나도록 일본의 패전 소식을 알리지 않기도 했다.

기업의 무책임과 비협조로 강제동원 피해자들은 선박을 구하지 못하거나 귀국 비용을 받지 못해 일본 땅을 떠날 수 없었다. 고향으로 가기 위해서는 망망대해를 건너야 했다.

> 종전으로 혼란한 와중에 재일조선인은 화살과 같이 귀국하려는 마음뿐이었다. 이들은 민족의 해방과 조국 귀환을 외치며, 시모노세키[下關], 센자키[仙崎], 하카타[博多], 사세보[佐世保], 마이즈루[舞鶴], 하코다테[函館], 우라가[浦賀], 미이케[三池], 우스노우라[臼の浦], 모지[門司], 하기[萩], 나나오[七尾], 니가타[新潟], 오타루[小樽], 무로란[室蘭] 등의 항구로 쇄도했다. 그러고는 편선(便船), 전세선 또는 부산, 마산, 여수 등지에서 일본으로 귀환하는 일본인을 태운 배를 잡아 무궤도 상

태로 귀향했다. 그런 배도 타지 못한 사람들은 방황하며 거세게 항의해 매일 관계 당국에 진정을 넣었다. 그중에서도 집단이입 노무자들의 동요가 심해 귀국을 둘러싼 분쟁이 각지에서 발생했다.

일본 외무성 외교사료관이 소장한 자료(태평양전쟁 종결에 의한 구 일본 국적의 보호인양관계잡건 조선인 관계 1) 내용이다. 이 자료에서 '집단이입 노무자'는 '강제동원 한인'을 의미한다. 일본 당국은 한인을 노무자로 송출할 당시에는 트럭과 기차, 선박 등 수송 수단을 갖춰 놓고 신속히 실어 날랐다. 수송과 복귀에 대한 책임은 관련 규정에도 명시되어 있었다. 그러나 전쟁이 끝난 후 수송 수단은 돌아가려는 개인이 확보해야 했다.

일본 정부가 임시열차 증편이나 배선 노력을 전혀 하지 않은 것은 아니지만 선박 부족이라는 현실은 극복할 수 없었다. 일본 당국은 전쟁 중에 군용선은 물론 민간 상선까지 수송선으로 징발했는데, 엄청난 선박 손실로 인해 멀쩡한 선박을 찾기 어려웠다. 전쟁 초기 기획원은 선박의 연간 상실량을 80만~100만 톤으로 억제하는 데 성공한다면 1941년도 물동계획 수준의 물자를 확보할 수 있다고 예측했다.

그러나 1942년도 선박 상실량은 100만 톤을 넘었고, 1943년의 선박 상실량은 전년 대비 두 배가 넘었다. 선박 보유율 지수도 1943년에는 77%, 1944년에는 40%에 이르렀다. 그나마 남은 몇 안 되는 선박도 일본 항구가 아니라 대부분 멀리 떨어진 태평양과 동남아시아 해상에 있었다.

8월 15일 이후 귀국을 희망하는 조선인들이 일본 각지에서 연일 시모노세키로 쇄도했다. 많은 날은 하루에 1만 명에서 2만 명에 달하기도 했다. 시모노세키는 공습의 피해가 커서 항구에는 미군이 투하한 어뢰와 일본군이 부설한 어뢰 잠수함 방어 그물이 방치되어 선박 출입은 불가능했다. 승선을 기다리던 조선인들은 역 부근 폐허가 된 곳에 운집했다. 야마토마치[大和町] 외곽에 100채 이상의 판잣집 음식점과 많은 상점이 생겨났다. 와카마쓰[若松]에서 밀선이 출항한다는 소문을 듣고 한인들이 몰려가기도 했다. 수만 명이 센자키에서 노숙했다. 야마구치현[山口縣]은 5천 명을 수용할 수 있는 판잣집 대합소를 만들었다. 부두 근처의 광장에는 거적을 걸어 놓은 상점들이 들어섰다. 조잡하긴 하지만 번화가가 만들어졌다.

하기하라 신타로[萩原晋太郎]가 『안녕히 센자키 귀환』(マルジュ社, 1985)에서 묘사한 바와 같이 '화살과 같이' 귀국하고자 한 한인들은 수만 명씩 주요 항구에서 노숙하며, 몇 개월 동안 기다리는 혼란을 겪고 있었다. 일본이 이른바 '계획수송'이라 불리는 체계적인 한인 귀환정책을 마련하지 못한 결과였다.[1]

이러한 배경으로 1945년 8월 15일 직후에 귀국선을 탄 강제동원 피해자는 그리 많지 않았다. 니가타현에서 한인이 귀국을 시작한 것은 1945년 9월이었다. 패전 직후 당국(경찰서, 기업주 등)은 '지도회'를 열어 한인에게 계속 일을 시키기로 했다. 그러나 광복 소식을 들은 한인들이 탈주를 감행하고, 현장에 복귀하지 않으며, 단체로 항의를 하는 등 거세게 대응하자 니가타현 경찰서는 9월 30일부터 군수공장에 동원했던 한인들을 귀국시키기 시작했다. 9월 30일부터 10월 2일까지 총 2,254명이

1 정혜경, 2017, 『터널의 끝을 찾아』, 도서출판 선인, 64~65쪽.

〈그림 6-1〉
화인대선인소요사건전말서 표지

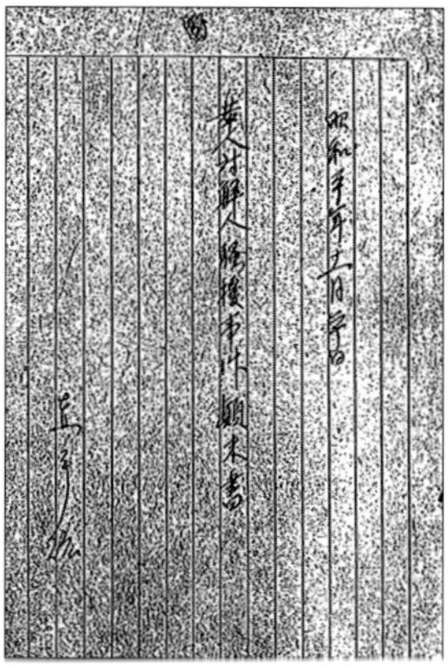

〈그림 6-2〉
진단서(A)

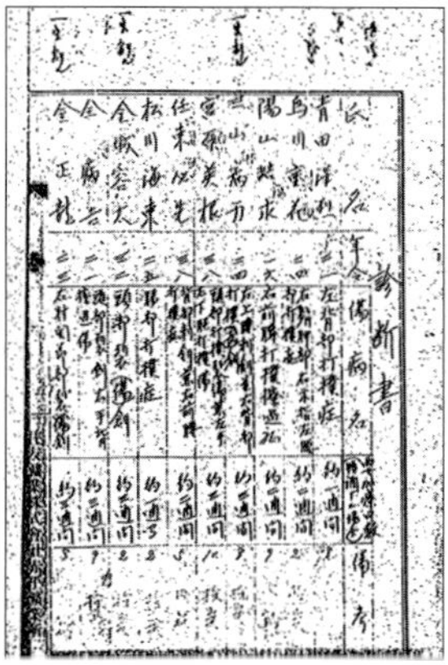

〈그림 6-3〉
명부(B)

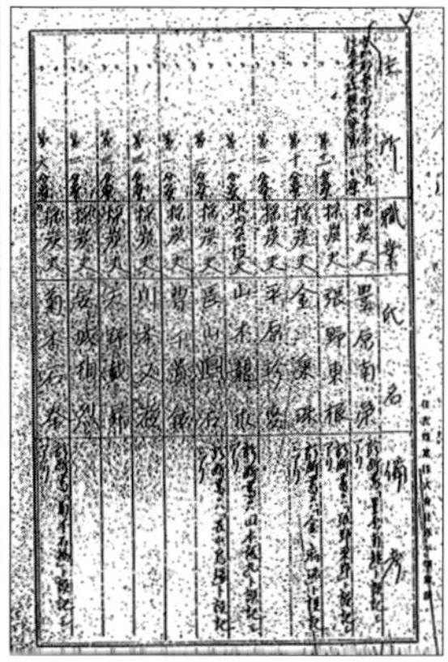

출처: 국가기록원

귀국했다.[2]

후쿠시마와 이바라키의 조반탄전에서도 같은 상황이었고, 특히 일본 동북 지역과 홋카이도의 귀국 시기는 더욱 늦었다. 1945년 10월 홋카이도지사의 '사무인계서'에 의하면, 7만 8천 명의 한인 노무자가 여전히 귀국하지 못했다. 상황은 1946년 2월에도 개선되지 않아 7만 명의 한인 노무자가 귀국을 기다리고 있었다.[3]

국가기록원이 소장한 명부[일제하피징용자명부 중 '화인(華人)과 소요사건에서 조선인피해자명부-스미토모(住友) 아카비라(赤平) 광업소']는 고향으로 돌아가지 못하던 한인과 중국인 노무자들의 불만이 폭발한 사건을 잘

2 広瀬貞三, 2000, 「佐渡鉱山と朝鮮人労働者(1939~1945)」, 『新潟国際情報大学情報文化学部紀要』[人文科学編] 3, 21쪽.

3 朝鮮人强制連行實態調查報告書編輯委員會·札幌學院大學北海道委託調查報告書編輯室, 1999, 『北海道と朝鮮人勞働者』, 北海道廳, 417쪽.

보여 주고 있다. '화인과 소요사건'은 1945년 11월 20~21일 홋카이도에서 사소한 시비로 발생한 중국인과 한인의 충돌로 한인 피해자 51명이 발생한 사건이다.

일본 지역 한인 귀환 현황은 크게 세 시기로 구분할 수 있다. 제1기 조직정비 시기(1945년 8~11월), 제2기(1945년 12월~1946년 3월) 계획준비 시기, 제3기(1946년 4~12월) 계획송출 시기이다. 가장 많은 인원이 귀환한 시기는 제3기이며, 제1기는 제대로 귀환 준비도 시작하지 못한 시기이다.

한인 귀환과 관련한 일본 정부의 최초 통달은 9월 1일 자 「조선인 집단이입 노무자 등의 긴급조치에 관한 건」이지만 귀환의 기본방침만 있을 뿐, 언제부터 몇 명을 어떻게 수송할지 등 구체적 내용은 전혀 없다. 구체적 계획이 나온 것은 9월 12일 철도총국 업무국장이 내린 통달 「관부(關釜, 시모노세키-부산) 및 박부(博釜, 하카타-부산) 항로 경유 여객수송의 건」이 최초이다. 실제로 가장 많은 한인이 귀국선을 탄 시기는 제1기로 90만 명에 달했다.[4]

당국의 준비 부족과 혼잡 속에서 무작정 배를 기다릴 수 없었던 한인들은 밀선 수배에 나섰다. 1인당 100~500엔 정도의 비용으로 승선이 가능했던 100톤 전후의 낙후 어선을 빌리는 것조차 쉽지 않았다. 많은 구술기록에서 '야미배'나 '똑딱선'으로 표현한 열악한 선박이었다.

우여곡절 끝에 귀국선은 출항했다. 어렵게 배를 구한 한인들은 콩나물시루 같았던 배 안에서 노래를 부르며 고향에 가는 기쁨을 나누었다.

그러나 어렵게 귀국선에 승선한 한인들에게 고국산천의 문은 쉽게 열리지 않았다. 간신히 구한 밀선을 타기 전에 부둥켜안고 울 정도로 감

4 최영호, 1995, 『재일한국인과 조국 광복』, 글모인, 23~24쪽, 114~142쪽.

〈그림 6-4〉 하카타항에서 귀환을 기다리며 식사 준비하는 모습

〈그림 6-5〉 밀선을 탄 귀국자들

출처: 재일한인역사자료관 편저, 2008, 『재일한인역사자료관도록-사진으로 보는 재일코리안 100년』

격에 찬 모습은 승선 이후 바다와 격랑(激浪)이라는 벽 앞에서 두려움으로 변했다. 격랑 속에서 열악한 밀선으로 대한해협을 건너는 것은 목숨을 걸어야 하는 일이었다. 쓰시마에서 표류했던 경험이나 바다 한가운데에서 선박사고로 짐 보따리를 모두 바다에 잃고 빈손으로 목숨만 건진 경우는 그나마 다행스러울 정도였다. 밀선에서 떨어진 장막에 한쪽 팔이 떨어져 쓰시마에서 간신히 봉합수술을 받고 돌아온 이도 있었다.[5]

현재 귀환 중 발생한 해난사고에 대해서는 자세히 알 수 없지만, 대표적으로 우키시마호[浮島丸] 폭침사건과 히로시마 미쓰비시중공업 징용공 조난사건 등이 알려졌을 뿐이다.

우키시마호 사건은 군무원·노무자와 가족 일행이 1945년 8월 22일 부산항을 향해 아오모리[青森]현 오미나토[大湊]항을 출발한 후 24일에 마이즈루[舞鶴]항 앞바다에서 침몰한 사건으로 현재까지 침몰 원인은 물

5 정혜경, 2017, 『터널의 끝을 찾아』, 67쪽.

론 피해자 규모조차 파악하지 못하고 있다. 사건 발생 직후 일본은 신속히 한인 승선 규모를 3,735명(일본 해군 255명), 폭발 원인은 미군 기뢰에 의한 촉뢰, 한인 사망자는 524명(일본 해군 25명)이라고 공식 발표했다. 이에 대해 한국 유족들은 승선 인원 규모를 6천~8천 명까지, 폭발 원인은 일본의 폭침으로, 사망자는 3천 명 이상으로 주장하고 있다.

그러나 모두 기억과 회상에 의존할 뿐이다. 일본 정부가 공식 발표에서 근거로 들었던 '편승자 명부'는 존재 여부도 확인할 수 없을 정도로 공신력이 낮다. 승선 규모를 확인할 수 없으니 피해 규모도 알 수 없다.

같은 시기 발생한 해난사고에 대해서는 실태도 파악하지 못하므로 연구 성과를 기대하기 어렵다. 2009년 위원회 진상조사 결과(해방 직후 이끼·대마도 지역의 귀국 조선인 해난사고 및 희생자 유골 문제 진상조사)에 따르면, 9월 17·18일에 발생한 대규모 조난사고는 총 4건이다.

1945.9.17	- 미쓰비시중공업 히로시마공장·미쓰비시조선소에 동원되었던 총 246명(조선인 징용공 241명·인솔자 가족 5명), 민간 기·범선을 타고 기타큐슈의 도바타[戶畑]항을 출발하여 마쿠라자키[枕崎] 태풍에 의한 조난사고로 전원 실종 - 태풍에 의한 쓰시마 귀국선 조난사고 발생(유해 80구 이상 표착) - 태풍으로 와카마쓰항 앞 해상에서 한인을 태운 귀국선이 조난사고를 당해 100여 명 실종. 현재 오다야마[小田山] 공동묘지에 유해 안치, 위령비 건립
1945.9.18	- 태풍으로 조난을 당한 한인 귀국선이 쓰시마 앞 이키[壱岐]섬에 표착. 수십 명이 사망, 200여 명 구조. 유해는 현재 류진자키[龍神崎]에 매장. 1967.3.19 사카모토 가네토시[坂本金敏] 등 일본 주민들이 아시베쵸[芦邊町]에 위령비를 건립하고, 위패를 천덕사(天德寺)에 안치

(2) 명부로 남은 남양군도 귀환 동포

1944년부터, 일본에서 '격전지'라고 불렀던 중부 태평양 지역에서 전쟁의 포화가 그치기 시작했다. 일본군이 전멸했기 때문이다. 하지만 제2차 세계대전은 이듬해까지 끝나지 않았다. 1945년 9월 2일, 아이라이

〈그림 6-6〉 남양군도 승선자 명부 표지 및 명부 일부

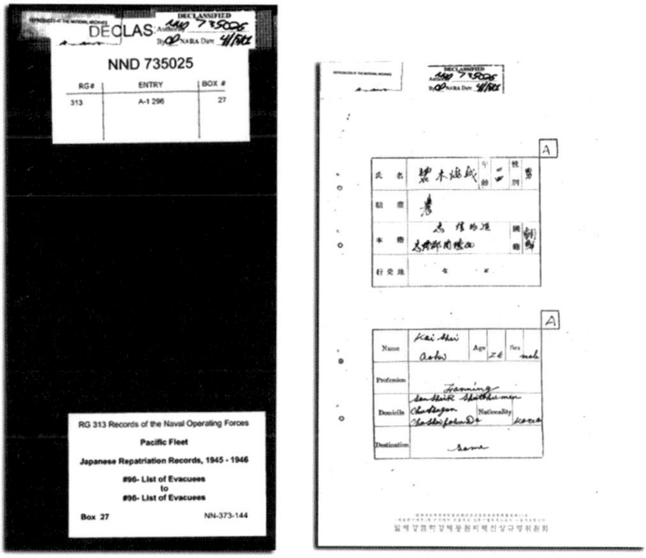

출처: '남양군도 승선자 명부' 표지(국무총리 소속 일제강점하강제동원피해진상규명위원회 소장)

(Airai) 앞바다에 정박한 미군 구축함에서 미·일 정전문서 조인식을 가진 후, 미군은 남양청 본청이 있던 팔라우에 미군정청을 설치했다. 이로써 태평양의 전쟁은 끝났다.

미군정청 설치 후 중부 태평양에 동원된 한인들은 귀국길에 올랐고, 귀국을 담당했던 미군은 관련 자료를 남겼다. 1945년 10월 16일부터 1946년 3월 28일까지 배에 오른 한인들의 명단이다. 자료의 제목이 없으므로 '승선자 명부'나 '귀환자 명부'라고도 부른다.

남양군도 귀환자 명부는 아시아·태평양전쟁 종전 후 연합군이 작성한 자료이다. 남양군도 재류 조선인의 본국 송환을 위해 미군이 직접 작성하거나 미군의 명령으로 일본인이 작성했다고 한다. 현재 미국립문서

〈그림 6-7〉 1,600명 상륙 기사

一千六百名이 上陸

徵用으로南洋에끌려갓든同胞들

출처: 『중앙신문』, 1946.1.31.

기록청(NARA)에 있고, 국내에도 여러 기관이 소장하고 있다. 국내에서는 국사편찬위원회가 입수해 2006년 8월 11일에 일반에 공개했다. '미국 국립문서기록청에 Records Group 313 미해군 태평양함대 일본인 송환자 기록 1945~1946 중 한국인 승선자 귀환 명단자료'라는 이름으로 보관되어 있다. 성명, 성별, 나이, 직업, 귀환지, 소속부대, 동원 전 국내 주소 및 본적지 등이 한자와 영어로 기재되어 있다.

총 39권의 문서철에 11,324명이 등재되어 있다. 이 가운데 민간인(노무자와 가족들)은 7,105명, 군무원은 3,990명, 군인은 229명이다. 출항한 항구는 4개소(사이판, 티니언, 팔라우, 로타, 추크)이다.

남양군도 귀환 동포에 대해서는 당시 국내에서도 관심이 많았다. 『중앙신문』 1946년 1월 31일 자 기사('一千六百 名이 上陸, 徵用으로 南洋에 끌려갔던 同胞들')에 따르면, "일본제국주의 및 그 주구들의 채찍질에 못 이기어 마음에 없는 징용으로 멀리 남양제도 파라오로 끌려갔던 우리 동포 1600명"이 "미국 군무성의 온정으로 미국 군함을 타고 지난 26일, 27일 양일에 걸쳐 부산부두에 상륙"했다. 부두에는 돌아오는 사람을 맞이하려는 친족과 지인들로 일시 혼잡했다고 한다.

(3) 중국 하이난섬의 미귀환 사례

하이난섬 강제동원은 미귀환 사례로 유명하다. 일본 패망 당시 하이난섬에 살아남은 한인 노무자는 600명 정도이다. 이곳에 끌려온 한인 2,000명 가운데 600명 정도가 살아남았다면, 차이는 1,400명이다. 중간에 가출옥으로 돌아온 사람 112명이 있었지만 1,200명이 넘는 사람들의 행방은 찾을 수 없다. 작업 중에 탈출한 사람들도 있으니 그런 숫자를 제외한다 해도, 1천 명을 전후한 조선인이 돌아오지 못한 것이다. 노무자 집단 사망 사례로는 최다를 기록한다. 사라진 1천여 명은 어디로 갔는가?

이들의 미귀환 원인은 정확히 알 수 없다. 위원회가 수집한 현지 중국인의 구술기록에 따르면, 당국은 '일단 풍토병에 걸린 한인들은 공기주사를 놓아서 죽게 하고, 이들을 불태웠'는데 개중에 숨이 끊어지지 않은 사람이 불에 타 죽으면서 고통스러워한 경우도 있었다고 한다. 패전 직후 일본군이 한인들을 구덩이를 파 놓고 잔혹하게 집단학살했다는 중국인들의 전언(傳言)도 있다.[6] 현지 중국인들의 구술을 종합해 보면, 노역 중에 폭행으로 죽은 경우가 많았고, 영양실조, 전염병, 풍토병 등으로 사망한 경우도 있었다.

> 왜 조선촌이라 불리게 됐냐 하면, 많은 조선사람이 죽어서 여기에 묻혀 있으니까 조선촌이라 불렀다고 생각한다. 일본인이 오기 전에는 조선촌이라 부르지 않았다. 일본군이 처음 이 마을에 와서 노

---

6 국무총리 소속 일제강점하강제동원피해진상규명위원회, 2007, 「남방파견보국대 진상조사보고서」, 미공개, 51~52쪽. 위원회는 10여 명의 중국 현지인을 대상으로 구술기록을 수집했다.

무자들에게 시킨 일은 중촌까지 가는 길을 닦는 것이었다. 노무자들은 바구니를 메고 일을 했다. 지금의 학교 자리에 일본군의 본부가 있었다. 한인들은 아침 다섯 시 지나서 일하러 가고, 저녁때는 여섯 시 정도에 돌아왔다. 노무자들은 맘대로 못 돌아다니게 했다. 저녁 점호가 끝나면 못 나가게 했다. 점호할 때 한 사람이 없어지면 그 사람을 다음 날 일도 내보내지 않고 매달아 놓고 때렸다. 밤에 배가 고프니까 몰래 돌아다닌 것이다. 긴 못을 정수리에 박아 죽인 것을 본 적도 있다. 여섯 사람 정도 되었다. 아주 무서웠다. 참수된 머리의 살 껍질을 벗긴 채 길에 나열해 놓은 것도 본 적 있다. 칼이나 총보다 몽둥이로 때려죽이는 게 많았다. 병으로 죽은 경우도 있었다. 설사하다가 죽는 사람도 있었다. 그러고 죽은 사람은 모두 지금의 천인갱터에 묻었다.

2006년 3월 7일 자 중국 현지 중국인(周學權)의 구술을 보면, 조선촌의 지명은 한인의 죽음에서 비롯되었다. 한인 시신은 고국으로 돌아오지 못하고 여전히 묻혀 있다.

2) 사망과 행방불명

일본이 아시아·태평양전쟁을 수행하기 위해 동원한 조선인 노무자의 정확한 통계는 파악할 수 없다. 다만 일본 정부의 공식 통계를 분석한 한국 정부(위원회)의 연인원 추계치만 있을 뿐이다. 일반적으로 피해국 정부는 은폐나 축소를 하려는 가해국 정부와 달리 진상규명에 강한 의지가 있다. 대표적인 국가가 이스라엘이다.

1953년, 이스라엘 정부는 정부 기관 야드바셈(Yad Vashem, 히브리어로 '이름을 기억하라')을 설립했다. 야드바셈은 1935년부터 제2차 세계대전 당시 히틀러와 나치에 학살·희생된 약 600만 명의 유대인을 추념하고, 전 세계와 인류에게 역사적 교훈을 남기기 위한 상설 조사기구와 기념시설이다. 단순한 추도를 넘어 나치의 잔혹 행위에 대한 피해 사실과 진상규명, 기록보존, 학술연구(Yad Vashem Studies) 등 종합적 기능을 하는 곳이다. 이스라엘 정부의 노력으로 유대인 강제수용, 강제노동, 자산몰수, 학대와 집단학살 관련 국가적 조사와 추도·연구·기록보존·교육의 메카이자 세계적 명소로 자리 잡았다. 오랫동안 진상규명 작업 중인 이스라엘도 정확한 피해 규모 파악은 현재진행형이다. 피해국 정부가 정확한 피해 실태를 파악하지 못하는 것은 스스로 자료를 생산할 수 없었기 때문이다.

노무자로 강제동원된 한인들은 대부분 난관을 헤치며 귀환했으나 모두 무사히 돌아온 것은 아니었다. 현재 한국 정부나 학계는 동원된 피해 규모를 정확하게 알 수 없듯이 사망이나 행방불명으로 돌아오지 못한 실태도 정확히 파악하지 못하고 있다. 학계가 추정하는 노무자를 포함한 강제동원 피해자 중 사망·행불자의 규모와 통계는 약 20~60만 명에 이를 정도로 편차가 크다. 재일 한인 사학자인 박경식(朴慶植)은 약 30~50만 명이 목숨을 잃은 것으로 추산했다. 1995년 보건복지부의 용역을 받아 수행한 조사보고서에서는 사망자를 26만 7,600명에서 36만 3천 명으로 추산했다.[7] 김민영은 노무자 사망자 수 43만여 명, 군인·군

7 한국정신문화연구원, 1995, 『1995년도 해외 희생자 유해현황 조사사업 보고서』, 84쪽, 208쪽.

속 사망자 수 12만 1,566명 등 55만여 명으로 추산했다.[8] 지역별로는 모리야 요시히코가 일본 지역 노무자 사망자를 1만 명(원폭 등 재해 사망자 제외)으로 파악한 연구가 있다.[9] 이 가운데 모리야 요시히코의 연구를 제외한 대부분의 통계는 과다 추정으로 보인다.

기존 연구 성과 및 일본 정부 자료를 통해 사망 및 행방불명자 통계를 제시해 보면 다음과 같다. 일본 지역 노무자 1만 명, 재해자 5만 명(원자폭탄 약 4만 명, 도쿄 공습 약 1만 명)이고, 기타 해외 지역의 노무자는 동원 규모 및 공습 피해 정도로 비추어볼 때, 일본 지역 노무자의 수를 넘지 않을 것으로 보인다. 군인과 군무원의 경우, 일본 후생성 통계(조선인 사망 및 행방불명 비율 55.9%)를 군인·군무원(27만 2,591명)에 적용하면 15만 2,378명이 된다. 이를 종합하면, 한인 강제동원 피해 사망·행방불명자 추산치는 최소 21~22만 명이다.[10]

그러나 이 수치는 한반도에서 발생한 사망행불자를 포함하고 있지 않으므로 정확한 사망행불자 통계는 동원 지역별 조사를 완료해야 산출할 수 있다. 이런 사망행불자 추계에서 노무자를 추출하는 것은 의미가 없다.

3) 살아도 돌아올 수 없었던 이들: 사할린-책임과 변명의 인질극

일본이 항복하고 조국은 광복을 맞았다. 그러나 남사할린섬의 한인은 '얼어붙은 땅'에 '억류된 동포'가 되었다. 대일 선전포고를 발령한 소

---

8 김민영, 1995,『일제의 조선인노동력 수탈연구』, 한울출판사, 46쪽, 48쪽.

9 守屋敬彦, 2007,「朝鮮人 被强制連行死亡者の遺骨·遺族扶助料」,『季刊 戰爭責任硏究』55호.

10 해방 직후 귀국 과정에서 발생한 해난사고 사망자는 포함하지 않았다.

련은 1945년 8월 8일 남사할린으로 진격해 23일 도요하라(유즈노사할린스크)에 진주하고, 소야[宗谷]해협을 봉쇄했다. 1946년 3월, 연합국군총사령부(GHQ)는 '귀환(引揚)에 관한 각서'를 공표하고, 이를 기초로 도쿄에서 '소련지구 귀환에 관한 미·소 협정'을 체결(12월 19일)했다. 이에 따라 1947년 봄부터 1948년 여름까지 남사할린과 쿠릴열도에 있던 일본 국민 26만 4,063명(아이누 포함)이 본국으로 돌아갔지만, 한인은 제외되었다.

일본은 자국민 송환에는 적극적이었으나 한인 송환 문제에 대해서는 철저히 외면했다. 일본 정부는 사할린 한인들의 귀환을 미·소 양국에 건의할 책임이 있었으나 어떠한 노력도 하지 않았고, 오히려 미·소 협정에 따라 사할린 거주 일본인의 집단귀환이 결정되자, 귀환대상자를 '일본 호적에 입적된 일본인'으로 한정해 한인을 귀환대상에서 제외했다.

미국은 사할린 거주 한인 문제에 대한 별다른 이의를 제기하지 않고 협정을 소련과 체결함으로써 한인을 송환대상에서 배제하는 데 일정한 역할을 했다. 심지어 한반도 남쪽을 차지하고 있던 미군정은 '한인의 귀환이 사회 안정을 해친다'는 입장을 전하기도 했다. 소련도 한인 귀환에 대해서는 무관심하다가 샌프란시스코강화조약 발효 후에는 한인의 귀국길을 막아버렸다. 모두가 자국의 이익만을 생각할 뿐 한인의 귀국에는 관심이 없었다.[11]

일본은 남사할린에 남은 약 8만 명의 잔류 일본인들을 송환하기 위해 소련 측과 교섭해 '일·소 공동선언'을 발표(1956년 10월 19일)했다. 이 선언으로 사할린 잔류 일본인뿐만 아니라 가족인 한인의 일본 송환길이

---

11 상세한 내용은 방일권, 2015, 「이루어지지 못한 귀환: 소련의 귀환정책과 사할린 한인」, 『동북아연구논총』 48; 이연식·방일권·오일환, 2018, 『책임과 변명의 인질극』, 채륜 참조.

〈그림 6-8〉 박노학이 배달한 편지 중 일부

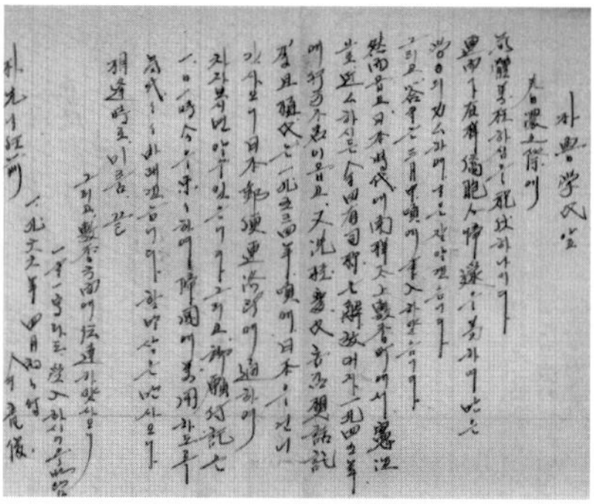

출처: 국무총리 소속 일제강점하강제동원피해 진상규명위원회 소장 자료

〈그림 6-9〉 박노학이 사진을 붙여서 만든 노트

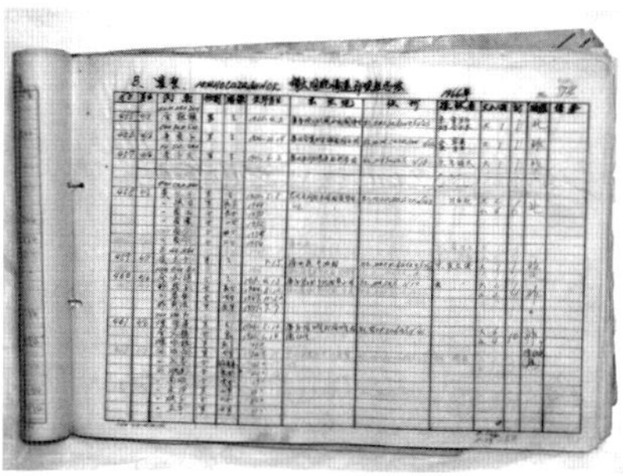

출처: 국무총리 소속 일제강점하강제동원피해 진상규명위원회 소장 자료

〈그림 6-10〉 편지 내용을 기초로 만든 명부, 화태 한국인 귀환 희망자 명단

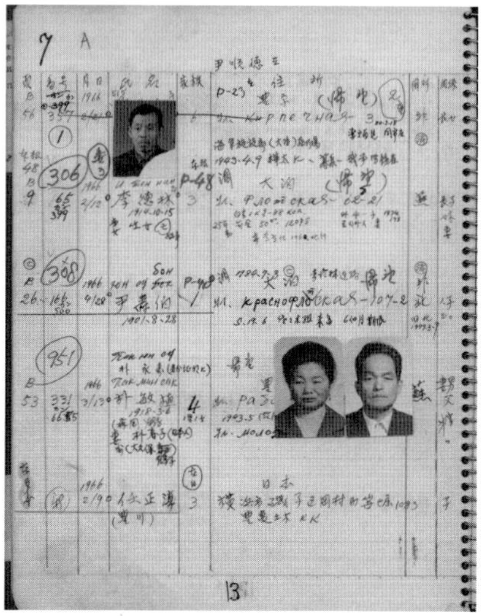

출처: 국무총리 소속 일제강점하강제동원피해 진상규명위원회 소장 자료

열렸다. 그 결과 1957년 8월 1일부터 1959년 9월 28일까지 총 7회에 걸쳐 일본인 766명과 동반 가족인 한인 1,541명이 귀환했다. 이로써 일본인 송환은 완료되었으나 한인의 합법적 귀국길은 막혀 버려 1990년 한·소 수교 체결까지 기다려야 했다.

1977년, 소련 당국이 귀국운동을 하던 한인 40명을 북한으로 강제 추방한 후 얼어붙은 귀국 문제를 풀기 위한 노력은 일본에서 시작되었다. 주인공은 '사할린 동포의 우편배달부'로 불렸던 박노학(朴魯學. 1912~1988)이었다. 박노학이 시작한 귀국운동은 1992년 영주귀국으로 결실을 이루었다.[12]

사할린 한인의 귀국은 1992년에 실현되었으나 영주귀국은 또 다른 과제를 남겼다. 한인 1세(1945년 8월 15일 이전 출생자)만이 귀국 대상이므로 새로운 디아스포라(이산)를 낳았다. 사할린 한인들이 귀국 후 겪는 문화적 이질성 및 괴리감도 해결해야 할 과제다.

▣ 사할린 한인 영주귀국 관련 연표

- 1945년 8월 8일, 소련군이 남사할린 진격. 23일에 도요하라(현재 유즈노사할린스크)에 진주해 소야[宗谷]해협을 봉쇄하기 직전까지 일본인 7만 6,000명 귀환, 2만 4,000명 탈출
- 1946년 한국인 4만 3,000명이 사할린 억류
- 1946년 12월 19일 미·소 귀환협정으로 일본인들 귀환
  ※소련지구에서 귀환에 관한 미·소 협정 결과(소련·미국·일본 3개국 합의)로 1947년 봄부터 1948년 여름까지 아이누족을 포함한 일본 국민이 남사할린과 쿠릴제도에서 일본으로 귀환(26만 4,063명)
- 제1차 송환 시기에 일본이 한인을 송환에서 제외한 이유는 한인의 법적 지위 변환 때문. 강제병합으로 일본의 신민(臣民)이었던 한인은 일본의 패전과 동시에 외국인으로 전환. 일본은 패전과 동시에 일본 거주 한인의 참정권을 정지하고, 1945년 10월부터 시작된 선거법 개정을 통해 한인은 타이완인과 함께 '비국민'으로 간주해 "선거권과 피선거권을 당분간 정지하고,

12 박노학의 노력으로 영주귀국의 길이 열린 사할린 한인들은 '고 박노학 회장 동상 건립준비위원회'를 창립하고 모금을 해 2014년 7월 경기도 안산 고향마을에 흉상을 세웠다.

선거인 명부에 등장할 수 없는 자"로 규정. 일본 국민이 아니라는 이유로 송환의 대상에서 제외

- 일본은 1952년 4월 28일 샌프란시스코조약에 의해 한반도에 대한 일본의 주권이 포기되고, 사할린 거주 한인의 일본 국적이 상실되었다는 이유로 방치
- 1956년 10월 19일 자 소·일 공동선언에 의한 후기 집단귀환사업을 통해 한인과 결혼한 일본인 여성, 한인 남편 및 자녀 등 2,250명(한인 동반자 700여 명)이 귀환(1957년 8월 1일~1959년 9월 28일 총 7회)했고, 기타 개별 귀환 등을 통해 대부분의 일본인이 귀환. '혈통적 일본인 귀환' 후 기타 한인은 귀환 대상에서 제외
- 이후 1977년까지 단 3명만이 한국과 일본으로 귀국. 소련 정부가 귀국을 시도한 한인 8명을 정치적 보복 차원에서 북한으로 강제송환하는 사태가 발생하자 한인들의 출국 시도는 급감
- 1958년 사할린억류한국인회 결성(박노학, 도쿄. 이후 '화태귀환재일한국인회'로 개칭)
- 1965년 일본 정부가 한국으로 영주하는 귀환자를 위해 일부 비용 제공 의사를 밝힘
- 1968년 박노학은 영주귀국 희망 사할린 동포 명부(6,924명)를 국제적십자사와 한국 및 일본 정부에 전달
- 1969년 한국 정부는 귀환 요청자 목록(박노학 작성)을 공식적으로 일본 정부에 제출
- 1970년대에 일본변호사연합회, 사할린잔류한국인문제위원회 결성
- 1975년 '화태귀환재일한국인회'가 일본국을 피고로 '사할린잔류자귀환청구소송'을 일본 도쿄지방법원에 제소
- 1977년 도만상과 가족 등 5가구 총 40명의 한인이 코르사코프시청사 앞에서 시위를 벌이는 등 적극적으로 남한 귀환을 요구하자 북한으로 강제송환
- 1981년 사할린 잔류 한인 일가족 3명이 일시 방일해 한국의 가족과 재회
- 1983년 제네바의 국제연합인권위원회에 차별 방지, 소수자보호소위원회에 소청
- 1989년 한·일 정부 간 영주귀국 결정. 소련 정부, 사할린 한인의 한국 방문 및 영주귀국 허가. 한민족체전 참가를 위해 한인 189명이 한국 방문. 이후

'일시모국방문사업'으로 정착(대한적십자사 주관)

- 1990년 한·러 수교. 한국의 대한변호사협회가 사할린교포법률구조회 결성
- 1992~2004년 한국 정부가 대지를 마련하고, 일본 정부가 아파트 건립자금을 마련하여 안산, 서울, 인천, 춘천, 경북 고령 등 5개소에 정착촌을 건립(1,598명 귀환)

※ 1994년 한일영주귀국시범사업 시행, 2007년 한일영주귀국사업 확대

※ 1994년 대창양로원(경북 고령), 사랑의 집(춘천), 고향마을(안산), 사할린 동포복지관(인천), 서울 등촌동·인천 연수동의 영구임대아파트

- 1995년 11월 이후에는 부모 사망 2세 모국 방문 실시
- 2005년 6~8월에는 정부 최초의 정부조사단 파견(위원회·외교부·적십자사)
- 2014년 12월 말 현재, 19개 영수귀국촌에 4,292명 귀국(2010년 기준 사할린주 거주 한인 24,993명)

2. 유골조사 및 봉환

1) 일본 지역의 유골봉환

아시아·태평양전쟁 기간 중 현지에서 사망하거나 행방불명으로 돌아오지 못한 약 21~22만 위의 봉환은 진상규명의 마지막 단계이다. 귀환의 한 종류이기 때문이다. 강제동원위원회가 발간한 『한·일유골정책자료집』을 통해 한·일 국교정상화 이후 양국 정부가 유골봉환에 합의했던 역사를 알 수 있다.[13]

---

13 일본 지역 유골봉환과 관련한 상세한 내용은 일제강제동원피해자지원재단, 2019, 『2019 학술연구용역보고서-해방 후 일본 지역의 조선인 강제동원희생자 유골봉환 및 시설 등에 관한 현황 실태』 참조.

▣ 한·일 국교정상화 이후

- 1969년 제3차 한·일 정기각료회담에서 양국 정부는 '현재 일본 정부가 보관하고 있는 제2차 세계대전 중 전몰한 한국인 유해의 인도가 조속히 이루어지기를 희망하여 이를 위해 먼저 확인할 수 있는 유족 및 연고자에게 해당 유해를 전달한다'고 합의
- 일본 정부는 한국의 정세 등을 이유로 '전몰자' 유족에게 개별적인 사망 통보를 실시하지 않았는데, 1971년 한국 정부의 요청에 따라 2만 1,919명이 등재된 '구일본군재적조선출신사망자연명부'를 송부함. 그러나 한국 정부는 이 명부를 근거로 유족에게 개별적인 사망 통지는 하지 않음
- 제3차 한·일 정기각료회담의 '전몰자' 유골 송환을 보면, 한국 정부가 유골 수령을 희망하는 유족을 파악해 명단과 신청자의 신상을 증명하는 자료를 일본 정부에 전달하고, 이후 일본 후생성은 유골 수령 신청자의 호적등본(초본)으로 '전몰자'와의 관계를 조사하고, 신청자의 현 거주지를 확인한 후 인도가 적당하다고 인정한 유해를 한국 정부에 송환하여 유족에게 전달하는 것으로 협의

▣ 1974년 주일 한국대사관은

- 일본 후생성이 보관 중이던 조선인 유해 중 한국 출신자는 전부, 북한 출신자는 그 유족이 한국에 거주하는 경우에 한하여 3월 10일까지 한국에 송환하도록 일본 외무성에 신청하였으나, 일본 측은 1969년 제3차 한·일 정기각료회담의 양해사항에 따라 송환해야 한다는 이유로 한국 측의 요구를 거부
- 한국 정부는 유골 인도 후에 파생하는 여러 문제에 대해서는 한국 정부가 책임지고 처리하기로 하고, 같은 해 9월 5일 주일한국대사관을 통해 한국 보건사회부가 작성한 '제2차 세계대전 중 전몰한 한국인 유가족 신고자 명부'를 첨부, 이 명부에 수록된 '전몰자' 유골 인도를 신청, 1974년 12월 20일에 911위의 유골 송환

■ 1984년 이후에는

• 유족 판명이 곤란해져, 개별 송환이 진척되지 않는 실정을 고려해 본적지가 한국인 유골을 일괄 송환하는 방향으로 협상이 이루어짐

■ 1989년에는

• 한·일 정부의 사무 레벨에서 일괄 송환에 대해 기본적인 합의가 이루어졌고, 같은 해 12월 이후 송환 방법 등에 관해 교섭을 거듭했지만, 양국 정부 간 정식 합의에 이르지 못함

■ 1990년대 접어들어서는

• 아시아·태평양전쟁 희생자 관련 유족단체가 일본의 사죄와 부상 없는 유골의 일괄 송환에 반대함에 따라 유골 송환 문제는 더욱 복잡한 양상을 띠게 됨

■ 일본 후생성 주도로 1951년부터 해외 격전지 유골 수습사업 실시

• 후생노동성이 1992~1993년 작성하여 한국 측에 제출한 조선인 징용자 등에 관한 명부에 근거하여 조사.
• 명부와 관련된 회사는 당초 431개였으나 통·폐업으로 현재 108개 회사를 대상으로 외무성이 주관하여 실태를 조사(참여 회사 48개). 유족이 확인되면 전달하고, 유족이 밝혀지지 않으면 치도리카후치에 납골

『한·일유골정책자료집』에 따르면, 강제동원 피해사망자 유골봉환은 1945년 일본 패전 직후부터 있었다. 총 20회에 걸쳐 유골과 위패를 봉환했다. 주로 재일한국인거류민단이나 단체 차원의 봉환이지만 총 19회 가운데 9회는 정부 차원이었다. 그러나 정부 차원의 봉환이라 해도 강제동원위원회가 유골봉환 업무를 시작하기 이전에는 '전달'이었다. 공항에서 양국 정부 담당자 간 '인수·인도'였다. 유족에게 알리지도 않았고, 추도

식도 없었다. 한인 여부를 검증하지 못한 경우도 있었고, 유족을 확인할 수 없는 유골이 다수였다.[14]

〈표 6-1〉 강제동원위원회 봉환 이전 강제동원 피해사망자 유골봉환 현황

날짜	한국	비고
1948.2.3 1948.5.31	유골456, 위패4,141 등 총 4,597 유골330, 위패2,716 등 총 3,046	G.H.Q 지시에 의해 후생성이 송환한 것으로 추정. 일본 외무성 자료에는 한국 정부 발급 영수증을 받았다는 기록이 있으나 현재 행방불명 상태 • 1948년 2월 3일 봉환 건: 1947년 2월 26일 G.H.Q의 지령으로 유족이 남한에 거주하는 자의 유골만 한정. 한국 부산으로 송환된 것으로 추정(출항지: 사세보) • 1948년 5월 31일 봉환 건: 3,046명분은 부산 송환으로 추정. 다만 육군 936명분, 해군 341명분 합계 1,277명분은 G.H.Q 불승인으로 송환되지 못함(출항지: 사세보)
1970.7.1	1	덕적도(德積島) 유골수습단장(일본)이 서울 소재 일본대사관에서 유족에게 인도
1971.3.17	1	일본 외무성 동북아과 직원이 서울 일본대사관에서 유족에게 인도
1971.11.20	246	일본 외무성 직원이 부산 김해공항에서 한국 외무부 직원의 입회 아래 유족대표인 부산 영락공원(永樂公園) 소재 재단법인 부산영원(釜山靈院) 정기영 이사장에게 인도(한국 정부 승인)
1973.11.15	240	나가사키 민단이 한국 목포시에 인도. 재일동포 권구용이 사재를 모아 수습한 유골. 1985년 10월 10일 '국립 망향의 동산'으로 이장
1974.12.20	911	일본 후생성 수송 책임자인 정무차관이 부산공항에서 유해 911위를 한국 보건사회부 차관에게 인도 • 1974년 12월 20일: 유족에게 641위 인도 • 1977년 2월 28일: 잔여 유골 269위는 유족이 부산영원 이사장 정기영에게 위탁해 부산영원 납골당에 보관
1976.10.1	115	기타큐슈와 홋카이도에서 최종수, 배해원 등이 유골을 '국립 망향의 동산'에 이관(기타큐슈 유골은 한국인 여부 미확인)

14 정혜경, 2017, 『터널의 끝을 찾아』, 172~173쪽.

1976.10.28	22	일본 後생성 원호국 조사과장과 2명의 직원 및 외무성 직원 1명 등이 부산공항에서 한국 보건사회부 환경위생과장에게 인도
1977.5.15	5,000여	이용택 등이 중부 태평양 티니언에서 발굴한 무연고 유골로서 '국립 망향의 동산'에 봉안. 일본인 유골 포함 가능성
1977.10.2	253	재일거류민단의 '순난유골봉환위원회'가 일본 홋카이도 지역에서 발굴한 무연고 유골을 한국 '국립 망향의 동산'에 이장
1978.3.30	1	일본 後생성 원호국 조사과장과 직원 1명이 김포공항에서 한국 보건사회부 사회과장에게 인도
1978.5.10	7	일본 외무성 직원이 한국 외무부 직원 입회 아래 부산영원 정기영에게 인도, 유족에게 인도
1982.12.7	5	일본 後생성 원호국 업무제1과장과 직원 1명이 김포공항에서 재한국일본국대사관 관원의 입회 아래 한국 보건복지부 사회과장에게 인도
1984.4.24	1	일본 後생성 원호국 업무제1과장과 직원 1명이 김포공항에서 재한국일본국대사관 관원의 입회 아래 한국 보건복지부 사회과장에게 인도
1987.8.10	-	재일 조계종 소속 스님 중 일부가 유텐사 유골을 교토 소재 고려사(高麗寺)에 이관하여 경내 '한일우호평화의 탑'에 안치했다가 후생성과 재일본조선인총연합회(在日本朝鮮人總聯合會) 항의로 76일 만에 단계별로 복원 조치
1992.3.1	2	일본 홋카이도 소재 시민단체 소라치[空知] 민중사강좌(民衆史講座)가 발굴한 유골 2주를 한국 '국립 망향의 동산'에 이장
1992.5.20	104	재일동포 배해원이 도쿄 대향사에서 봉환한 유골. 태평양전쟁한국인유족회장 김경석이 춘천납골당에 보관
1995	10	일본 홋카이도의 민단본부(2주)와 소라치민중사강좌(8주) 발굴 유골을 한국 '국립 망향의 동산'에 봉환
1998.3.10	4	일본 後생성에서 황해도 출신 학도병 1주, 제주도 출신 3주의 유골을 한국 외교통상부로 인도
2005.6.16	1	일본 외무성 직원이 김포공항에서 보건복지부 직원에게 전달

위원회 발족 이전의 유골 조사 및 봉환은 비공식적이었고, 위원회 폐지 이후에는 유골 조사를 중단한 상태이므로 연구할 수 있는 여건은 미흡하다. 주로 위원회 발간 보고서를 통해 실태를 파악할 수 있다. 위원회

발간물 외에 약간의 연구 성과가 있으나 실태 분석이나 제언, 자료 해제 중심이고, 연구자(남상구, 오일환, 정혜경)도 위원회 관련 업무 담당자였다는 공통점이 있다.[15]

위원회 보고서와 연구 성과를 토대로 유골 조사 및 봉환실태를 살펴보면 다음과 같다.

위원회는 2005년 5월 한·일유골협의체를 출범시켜 한인 피해사망자 유골봉환과 관련해 '인도주의, 현실주의, 미래지향주의'를 3대 기본 원칙으로 수립하고, 일본 지역 한인 피해사망자 유골 조사 및 봉환 작업을 시작했다.[16] 한·일유골협의체는 사망자 유골봉환을 위한 첫 단계로 일본

15 정혜경, 2004, 「구연석(具然錫) 유골송환(遺骨送還) 문제 관련 내용-외무성(外務省) 소장「태평양전쟁 종결에 의한 구 일본국적인의 보호인양(保護引揚) 관계, 조선인 관계, 유골송환관계(遺骨送還關係)」-」, 『한일민족문제연구』 6; 남상구, 2005, 「戰後 日本 政府의 「戰歿者」 遺骨 政策: 「한국인 전몰자」 유골문제를 중심으로」, 『한일민족문제연구』 9; 정혜경, 2005b, 「태평양전쟁 희생자의 유골문제와 일본; 일제 말기 강제동원 희생자 유해문제의 본질과 해결을 위한 제언」, 『한일민족문제연구』 8; 오일환, 2005, 「태평양전쟁 희생자의 유골문제와 일본; 1950년대 재중일본인, 재일화교 및 유골 송환에 대한 연구-재일조선인 북송문제의 거울-」, 『한일민족문제연구』 8; 오일환, 2009, 「강제동원 사망자 유골봉환을 둘러싼 한일 정부 간 협상에 관한 소고-1969년, 제3차 한일각료회의를 중심으로-」, 『한일민족문제연구』 17; 오일환, 2013, 「전후한인유골국내봉환(戰後韓人遺骨國內奉還)을 위한 일본인유골수습(日本人遺骨收拾), 송환(送還)에 관한 연구-1970년대 초까지 일본인유골수습(日本人遺骨收拾), 송환사례(送還事例)를 중심으로-」, 『한일민족문제연구』 24; 오일환, 2014, 「한반도의 일본인 유골 수습, 발굴, 송환에 관한 한일 정부 간 협력 - 1970년 덕적군도 등 서해안 일대 일본인 유골 발굴·송환 사례를 중심으로 - 」, 『한일민족문제연구』 27.

16 한·일유골협의체는 위원회(한국 측 대표)와 일본 외무성(일본 측 대표)으로 한국 측에서는 외교통상부, 주일한국대사관, 보건복지부 등이 참석하였으며, 일본 측에서는 사회보험청, 내각관방, 후생노동성, 법무성, 문화청 등이 참석했다. 2011년 상반기 협의체 한국 측 대표가 위원회에서 외교부 동북아시아국으로 바뀔 때까지 국장급 협의(총 7차)와 실무자급 회의(총 9차)가 열렸다. 한·일유골협의체 출범의 토대는 2004년 12월 17일, 일본 규슈 가고시마[鹿児島]현 이부스키[指宿]에서 개최된 노무현 대통령과 고이

지역 내 실태조사와 실지조사에 합의하고, 지방자치단체와 사찰 등 한인 유골이 있을 것으로 예상되는 단체와 기관을 대상으로 실태조사를 실시하고, 이 가운데 유골의 인적 정보가 있는 유골 보관 시설을 대상으로 직접 현장조사를 실시(실지조사)했다. 이를 토대로 일본 정부는 2015년 4월까지 2,798위의 한인 노무자 등(가족 유골 포함) 유골 현황조사 결과를 제공했다.

실태조사와 실지조사는 노무동원 사망자 유골봉환의 전 단계이다. 이를 대상으로 유골의 신원을 확인한 후 유족을 찾고 봉환 의사를 확인해 정부 차원의 예를 갖추어 봉환하는 것이 바람직한 절차이다. 첫 단계는 도쿄 유텐사[祐天寺][17]의 한인 군인·군무원 유골봉환 작업이었다. 2006년과 2007년에 걸친 논의 끝에 한·일유골협의체는 3대 방침에 근거해 다음과 같은 유텐사 유골봉환 기본방침을 마련하고, 총 4차에 걸쳐 총 423위의 한인 군인·군무원 유골을 봉환했다.[18]

- 한일 양국 간 유해 협의 및 합의에 의거한다.
- 유족이 방일하여 추도식을 거행하고, 유골을 봉안해 귀국한다.
- 유족의 방일과 유텐사 추도식, 한국 공항까지 유족 및 유해봉환에 소요되는 경비는 일본 정부가 부담하고, 한국 내 관련 경비는 한국 정부가 부담한다.

즈미 총리 간 한일정상회담이다.

17 유텐사는 1718년에 건립한 정토종(淨土宗) 사찰인데, 일본 정부가 위탁한 동남아시아와 태평양 지역에서 사망한 한인 군인·군무원 유골과 우키시마호 사망자 유골이 안치되어 있었다.

18 정혜경, 2017, 『터널의 끝을 찾아』, 도서출판 선인, 159~161쪽.

- 귀국 직후 '국립 망향의 동산'에서 추도식을 거행하고, 유골은 유족의 의사에 따라 국립 망향의 동산에 안치하거나 개별 안치한다.

이 방침은 이후 노무자 유골봉환 협의 과정이나 사할린 지역 유골봉환 절차 수립에도 영향을 미쳤다. 남은 작업은 일본 지역 한인 노무자 유골의 봉환이지만 한일관계의 난항 속에서 아직 일본 지역 한인 노무자 유골봉환은 이루어지지 못하고 있다.[19]

2) 사할린 노무자 유골봉환

일본 외 지역의 강제동원 희생자 유골은 중국, 사할린, 시베리아와 중앙아시아, 동남아시아, 태평양 도서 지역, 그리고 한반도 이북 지역 등에 산재해 있는데, 아직까지 한국 정부의 공식조사와 발굴은 시작도 하지 못한 상황이다. 위원회 존속 기간 중 해외에 대한 초보적인 유골 조사가 이루어진 곳은 중국 하이난섬과 사할린 정도인데, 강제동원위원회가 묘지 실태조사와 기록물 입수, 그리고 유해 발굴과 봉환에 성공한 사례는 사할린이 유일하다. 하이난섬의 유골 조사 및 봉환은 실행하지 못했다. 그러므로 관련 연구도 일본 지역 연구 성과에 미치지 못하고 있다.

일제강점기에 약 3만 명 정도의 한인이 노무자로 동원된 것으로 알려진 사할린은 1990년대 이후 사할린 한인의 고국 방문과 영주귀국이 성사되어 현재까지 약 4천여 명이 국내 각지에 살고 있지만, 여전히 국

---

19 노무자 유골봉환이 이루어지지 못한 과정에 대해서는 정혜경·오일환·허광무, 2020, 『일제 강제동원, 정부가 중단한 진상규명』, 도서출판 선인, 229~233쪽 참조.

〈그림 6-11〉 사할린 한인 묘지 검색DB

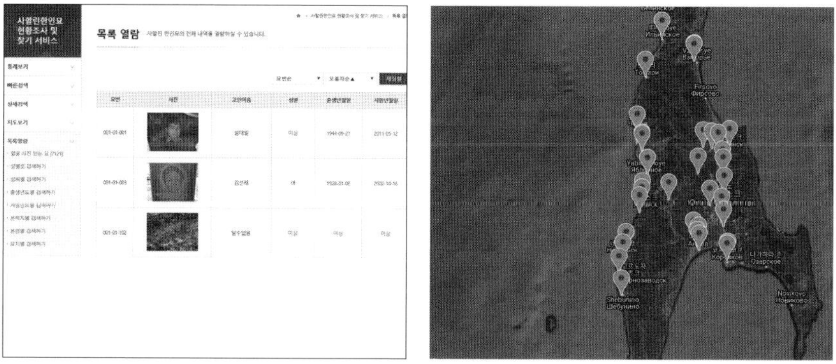

출처: 행정안전부 과거사관련업무지원단(https://pasthistory.go.kr/sahalin_finder2013/index.do)

내 유족들은 사망자의 생사와 묘지 위치도 모르고 유해를 찾아 헤매고 있다. 사할린 현지에서도 한·러 수교 이전에 사망한 희생자들의 묘지가 오랜 풍상에 방치되고 훼손되어 가고 있다.

강제동원위원회는 2005년 정부합동조사단을 꾸려 사할린 현지에서 전후 최초로 사할린 한인에 대한 피해조사를 실행한 후 거의 해마다 조사단을 파견했다. 그 과정에서 2007년에는 유즈노사할린스크 등 주요 도시의 공동묘지에 한인 묘지가 널려 있는 것을 인지하고, 약 5년간 사할린 지역 내 총 66개 공동묘지를 대상으로 실태조사를 해 1만 5,110기의 한인 묘(확정묘 1만 1,705기, 추정묘 3,405기) 데이터를 구축했다. 이를 토대로 2013년부터 사할린 한인 묘를 발굴해 국내로 봉환하는 사업에 착수했다. 이 사업은 강제동원위원회 폐지 이후 과거사업무지원단이 담당하고 있다. 2013~2019년간 봉환한 유골은 총 85위이다.[20]

20 정혜경·오일환·허광무, 2020, 앞의 책, 223~247쪽.

제2절 돌려받지 못한 임금과 권리

1. 미불금 문제와 공탁

1) 「조선인 노동자에 관한 조사 결과」 명부와 미불금 기록

"돈 많으면 가지고 도망간다고. 그래서 돈을 안 줘."

- 유제철, 가고시마현[鹿児島縣] 소재 제련소

"돈도 못 받았어. 안 줘. 뭐 집으로 부쳐준다 어쩐다 말로는 해도 하나도 안 부쳤더만. 부쳐주지도 않고. 용돈도 없어."

- 김상태, 사가현[佐賀縣] 소재 메이지[明治]광업 다테야마[立山]탄광

"돈은 구경도 못 했어. 용돈이 무슨 용돈이야. 밥만 먹고 살아 있는 것만으로 다행으로 생각했어. 무슨 돈이야? 돈이."

- 이천구, 후쿠오카현[福岡縣] 소재 야하타[八幡]제철소[21]

"월급이 없는데 어떻게 돈을 부쳐. 월급을 한 푼도 못 탔는디."

- 이사형, 도쿄 소재 미쓰비시제강소

---

21 이상, 국무총리 소속 일제강점하강제동원피해진상규명위원회, 2006, 『똑딱선 타고 오다가 바다 귀신될 뻔 했네』에 의한다.

"월급이란 건 생각도 못하죠. 우리는 단 한 푼도 못 봤어요."

- 경기철, 도쿄 소재 가메시마[龜島]가스화학공장

"집으로 부쳐 달랬으니까, 집으로 부친 줄만 알았죠. 근데 어버님이 한 번도 안 받았대요. 한 푼도 못 받았죠."

- 엄정섭, 동경 소재 이시카와지마[石川島]조선소[22]

일본 기업으로 노무동원되었던 할아버지들이 이구동성으로 한 말이다. 한국 정부가 강제동원 피해의 진상을 조사한다고 하자 할아버지들은 못 받은 월급을 받을 수 있게 조사해 달라고 희망하기도 했다. 돈 벌게 해 주겠다고 하여 응했던 것이 돈을 벌기는커녕 수중에 단 한 푼도 없어서 귀국선 뱃삯을 집에서 보내 준 돈으로 충당해야 했다. 그것이 한이 되어 가슴에 맺혀 있었던 것이다. 이는 모집, 관 알선, 징용 등 동원 방식이 서로 달라도 마찬가지였다.

할아버지들의 주장대로 받아야 할 급료, 저축 등 미수금(가해 기업 입장에서는 미불금)이라는 것이 과연 있었던 것인가? 있었다면 그 규모는 어느 정도인가? 미수금 내역이 확인되기만 한다면 지금이라도 받을 수 있는 것인가? 할아버지들 또는 할머니들이 강제노동의 대가로 받아야 할 급료, 저축, 수당 등이 지급되지 않은 채 남아 있다면 기업은 당연히 이를 지급해야 할 의무가 있으며, 할아버지·할머니들은 받을 권리가 있다.

패전 직후 일본 정부, 정확히 말하자면 후생성(현 후생노동성)이 조선

22 이상, 국무총리 소속 일제강점하강제동원피해진상규명위원회, 2005, 『구술기록집1-당꼬라고요?』에 의한다.

〈그림 6-12〉'조선인 노무자에 관한 조사' 의뢰에 회신하는 문서

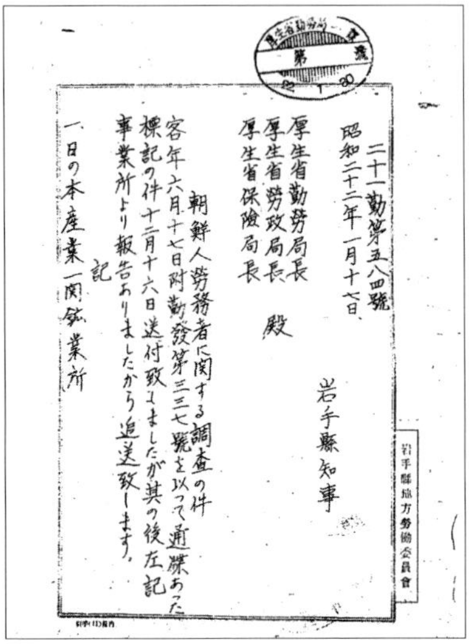
二十一勤第五八四號
昭和二十二年一月十六日
岩手縣知事
厚生省勤労局長
厚生省労政局長
厚生省保険局長 殿
朝鮮人労務者に関する調査の件
客年六月十七日附勤發第三三七號を以って通牒あった標記の件十二月十六日送付致しましたが其の後左記事業所より報告ありましたから追送致します。
記
一、日の本産業一関鉱業所

출처: 일본 후생성, 「조선인 노동자에 관한 조사 결과」 이와테현

인 노무자에게 지급해야 할 미불금이 어느 정도인지 세세하게 조사한 기록이 있다. 일명 '후생성 명부'라고 불리는 「조선인 노동자에 관한 조사 결과」라는 문서철이다. 이 문서철은 모두 명부로 구성되었는데 패전 이듬해인 1946년 6월 17일 후생성 근로국장·노정국장·보험국장이 연명으로 「조선인 노무자에 관한 조사의 건」이라는 제하의 통첩(근발 제337호)을 일본 전국 47개 도·도·부·현에 통달하여 작성한 것이다.

명부는 통일성을 기하기 위해 제1호표~제3호표 양식이 배포되어 이에 따라 기재하게 되어 있었다. 각 기업이 배포된 양식에 해당 내용을 기재하여 해당 근로국에 제출하면 이를 소관하는 도·도·부·현 지사가 취합하여 후생성에 제출하는 형식이었다. 그렇기 때문에 일본 기업들이 적의 판단하에 임의의 내용을 작성한 것이 아니라, 작성 목적과 형식이 분명한 명부라는 점에 특징이 있다. 각각의 작성양식을 보면 다음과 같다.

'제1호'표 작성양식

소관 성(省)별	공장사업장		연도별 고용(징용 포함) 인원수									
	명칭	소재지	昭和12 (1937)	昭和13 (1938)	昭和14 (1939)	昭和15 (1940)	昭和16 (1941)	昭和17 (1942)	昭和18 (1943)	昭和19 (1944)	昭和20 (1945)	計

'제1호'표 양식을 보면, '소관 부처명', '공장사업장 명칭 및 소재지', '연도별 고용 인원수' 등으로 되어 있어서, 해당 지역 사업장 중 조선인 노무자를 사용한 사업장을 한눈에 볼 수 있도록 한 것임을 알 수 있다. 일종의 총괄목록과 같은 성격을 지닌다고 할 수 있는데, 특히 '연도별 고용 인원수'는 노무동원계획에 의한 조선인 노무자 수를 확인할 수 있어서 당초 동원을 계획한 목표수가 어느 정도였는지를 엿볼 수 있다.

'제2호'표 작성양식

① 입소 경로별	② 씨명	③ 생년월일	④ 본적	⑤ 직종	⑥ 입소 연월일	⑦ 퇴소 연월일	⑧ 퇴소 사유	⑨ 미불금		⑩ 퇴소 시 내우	⑪ 후생연금 보험 급부 여부	⑫ 적요
								종별	금액			

'제2호'표 양식은 조선인 노무자의 신상과 각각의 미불금 내역을 명시하도록 만들어졌다. 기재 항목은 ① 입소 경로, ② 성명, ③ 생년월일, ④ 본적지, ⑤ 직종, ⑥ 입소 연월일, ⑦ 퇴소 연월일, ⑧ 퇴소 사유, ⑨ 미불금, ⑩ 퇴소 시 대우, ⑪ 후생연금보험 급부 여부, ⑫ 적요 등 총 12개로 구성되어 있다. 본 서식에서는 해당 조선인 노무자에게 지불해야 할 미불금 총액과 내역뿐만 아니라 강제동원 여부와 관련된 일본 작업장의 배치 경위와 기간, 직종, 신원 등을 명확하게 확인할 수 있다는 점에서 매우 중요하다.

'제3호'표 작성양식

① 연도별 할당 및 고용자 수	② 종전 시 조선인 노무자 수	③ 귀선자 수	④ 종전에 따른 해고자에 대한 처치 대우 상황	⑤ 사망자·부상자·도망자 수	⑥ 징용에 의한 조선인 노무자 수

'제3호'표 서식은 ① 연도별 할당 및 고용자 수, ② 종전 시 조선인 노무자 수, ③ 귀선자(歸鮮者) 수, ④ 종전에 따른 해고자에 대한 처치 대우 상황, ⑤ 사망자·부상자·도망자 수, ⑥ 징용에 의한 조선인 노무자 수 등 총 6개 항목으로 되어 있다. 이것은 작업장별 조선인 노무자의 할당 배치 현황과 귀환 등 패전 후의 조치를 알아볼 수 있도록 구성된 양식이다. 다만 '제3호'표는 표 양식으로 작성된 경우는 드물고, 제2호표 마지막에 '부기(附記)'의 형태로 작성된 경우가 많다.

이와 같이 '제1호'표~'제3호'표를 일독하면, 이것이 당초 목적한 조선인 노무자의 미불금 현황을 넘어서 조선인 강제동원에 관한 상세 정보까지 담고 있다는 사실이 주목된다. 다시 말해서 이 명부는 조선인 노무자의 송출에서 시작하여 귀환에 이르기까지의 전 과정을 세 개의 표로 나누어 기록하고 있음을 알 수 있다. 계획적·조직적·정책적·집단적·폭력적이라고 하는 강제동원의 피해 실태와 조선인 노무자가 겪었던 경제적·신체적 피해를 구체적으로 확인할 수 있다는 점에서 가치와 의의가 크며, 특히 '제2호'표 명부는 개별 피해를 확인할 수 있어서 매우 중요하다. '제2호'표에는 할아버지가 받아야 했던 임금, 저축, 수당 등 미불금 내역이 표시되어 있다.

일본 정부가 아시아·태평양전쟁에서 패한 지 얼마 지나지 않은 1946년 시점에서 이와 같은 조선인 노무자에 대한 대대적인 미불금 조사를 실시하게 된 데는 조선인 노무자의 권리의식과 자발적인 요구가 있었기에 가능했던 것이다. 전시 중 일본 각지 작업장에 동원된 조선인들은 귀환을 서두름과 동시에 임금, 저축, 수당 등 체납된 미불금 지급을 기업 측에 요구하였다. 홋카이도 탄광 등에 동원된 조선인 노무자들이 미불금 지급을 강하게 요구한 데서 비롯한 미불금 지급 요청은 이후 해방 민족의 귀환과 보호 구제, 권리 옹호를 위해 설립된 재일본조선인연맹의 도움으로 전국적으로 확산되었다. 특히 일본제철 가미이시[釜石]제철소를 상대로 한 재일본조선인연맹의 요구는 일본 정부와 기업들로 하여금 조선인들의 배상 요구에 대한 대책 수립을 촉구하게 되었고, 그 결과 후생성이 1946년 6월 17일 자로「조선인 노무자에 관한 조사의 건」을 통첩하게 된 것이다.[23]

〈그림 6-13〉'제2호'표에 작성된 조선인 노무자 명부

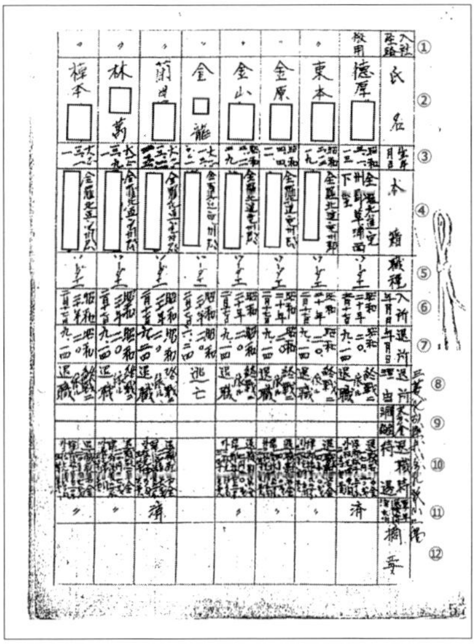

출처: 일본 후생성,「조선인 노동자에 관한 조사 결과」

이 명부는 1990년 5월 노태우 전 대통령이 일본을 국빈 방문했을 때 일본 측에 요구하여 그 복사본을 받아 현재 우리나라 국가기록원에서 열람할 수 있다.

할머니의 경우도 있다. 미쓰비시항공기제작소 나고야 도토쿠[道德] 공장으로 동원된 양금덕 할머니, 김성주 할머니 등은 미쓰비시를 상대로 미불금 등 지급을 요구하며 손해배상소송을 제기하고 있다.[24]

---

23 미불금 조사와 공탁에 이르는 역사적 과정은 이상의, 2015,「해방 후 일본에서의 조선인 미수금 공탁과 남은 과제」,『일제강점기 조선인 피징용 노무자 미수금 문제』, 도서출판 선인을 참조 바란다.

24 미쓰비시중공업을 상대로 피해자와 유족 등 6명이 제소한 손해배상소송에서 한국 대법원은 지난 2018년 11월 29일 원고승소 판결을 내린 바 있다. 그 후 미쓰비시중공업이 배상금 이행에 나서지 않자 원고 측이 미쓰비시중공업의 한국 내 상표권 2건, 특허권

2) 노무자공탁금 명부

「조선인 노동자에 관한 조사 결과」로 제출된 조선인 노무자의 미불금은 일본 법무국에 공탁된 사실이 확인되었다. 국무총리 소속 대일항쟁기 강제동원 피해조사 및 국외 강제동원 희생자 등 지원위원회는 지난 2010년 4월 일본 정부로부터 조선인 노무자 관련 명부 6만 4,279명분을 확보하였다.[25] 공탁금 명부는 ① 공탁카드, ② 공탁서, ③ 위임장, ④ 등기부 초본, ⑤ 공탁서 표지, ⑥ 공탁명세서 등으로 구성되어 있다. 물론 여섯 종류의 서류가 모두 갖추어져 있는 것은 아니고, ② 공탁서와 ⑥ 공탁명세서로 구성된 경우가 다수이다.

개인별 공탁문서는 크게 공탁서와 공탁명세서로 구성된다. 공탁서에는 총 11개의 내용이 기재되어 있는데, ① 공탁자(기업대표) 및 주소, ② 대리공탁자(기업 관계자) 및 주소, ③ 금액, ④ 공탁의 원인된 사실, ⑤ 공탁 근거(법령조항), ⑥ 공탁물 수취자(별지 내역), ⑦ 공탁 일시(기업 공탁일), ⑧ 공탁자(주로 대리인), ⑨ 공탁국, ⑩ 공탁 수리 일시, ⑪ 공탁번호 등이다. 공탁명세서에는 ① 씨명, ② 본적지, ③ 고용 연월, ④ 해고 연월, ⑤ 해고 사유, ⑥ 미불금 내역 등이 기재되어 있다.

공탁은 일본 민법 제494조와 1949년 정령(政令) 제291호 「구 일본 점령 지역에 본점을 둔 회사의 본방(本邦) 내에 있는 재산 정리에 관한 정령」, 1950년 정령 제22호 「국외 거주 외국인 등에 대한 채무 변제를 위

6건을 압류, 현금화 조치에 나섰고, 일본 정부는 2019년 7월 돌연 한국 반도체산업 핵심부품에 대한 수출규제를 결정, 대법원판결에 맞서는 모양새를 연출하였다.

25 금액은 3,517만,613엔 80전.

〈그림 6-14〉 노무자 공탁문서

좌①: 공탁카드　　좌②: 위임장　　좌③: 공탁명세서 표지

우①: 공탁서　　우②: 등기부초본　　우③: 공탁명세서

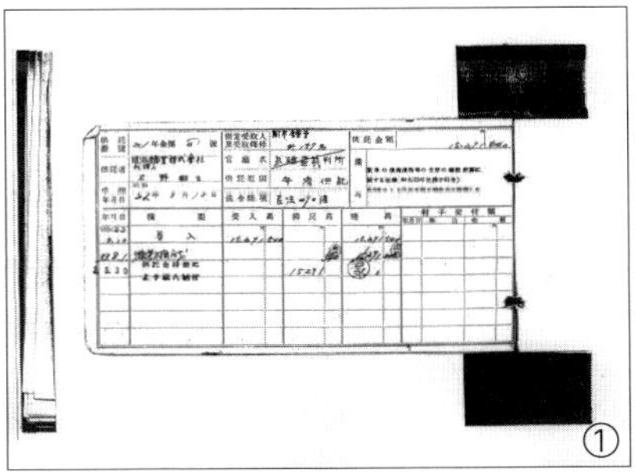

①

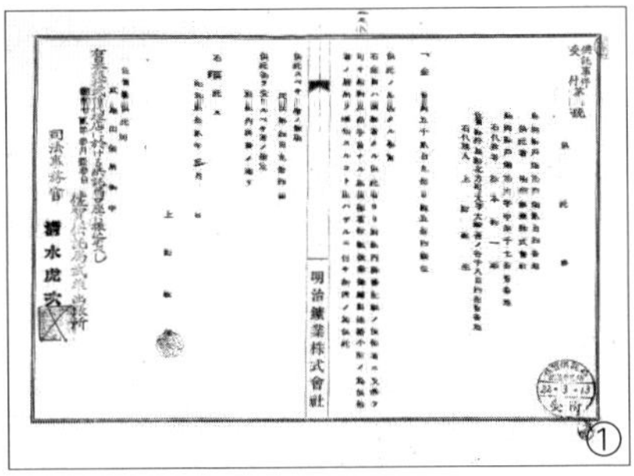

明治鑛業株式會社

①

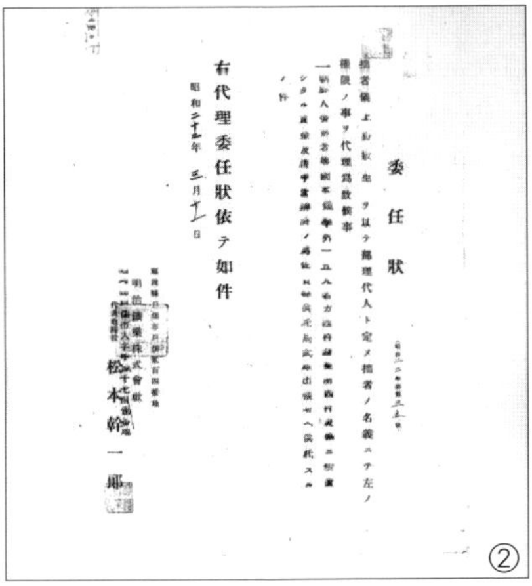

委任狀

有代理委任狀依テ如件

明治鑛業株式會社

松本幹一郎

②

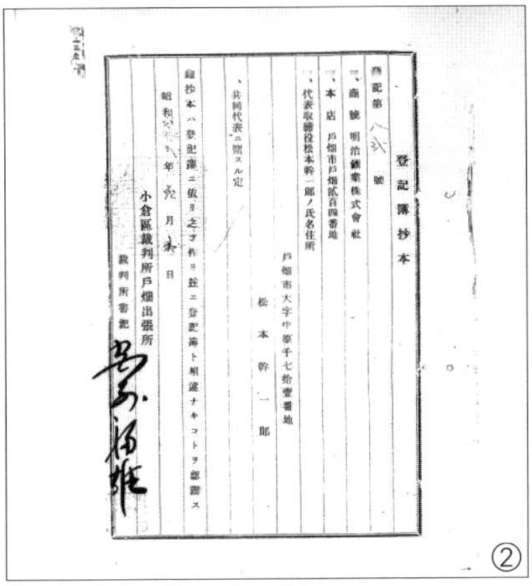

登記簿抄本

商號 明治鑛業株式會社

本店 戸畑市戸畑弐百四番地

代表取締役松本幹一郎ノ氏名住所

戸畑市大字中原千七拾壹番地

松本幹一郎

右抄本ハ登記簿ニ依リ之ヲ作リ茲ニ登記簿ト相違ナキコトヲ認證ス

小倉區裁判所戸畑出張所

裁判所書記

②

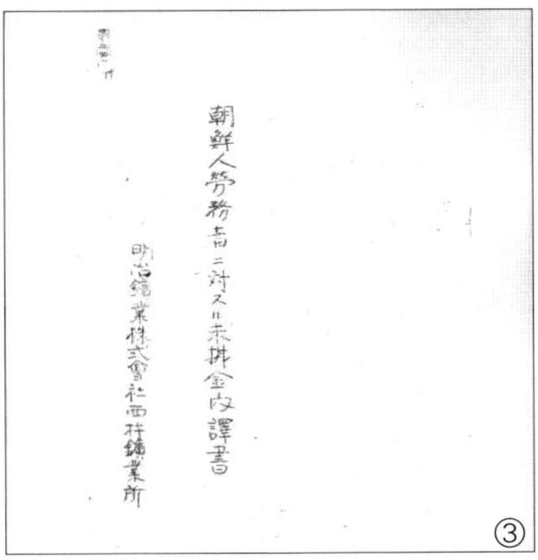

朝鮮人労務者ニ対スル未払金内譯書

明治鑛業株式會社西杵鑛業所

③

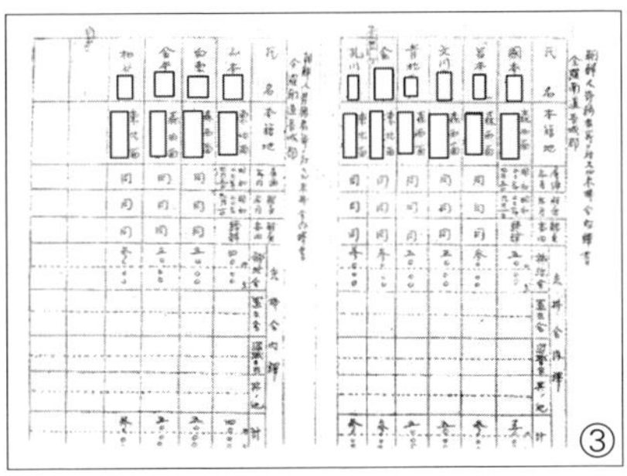

③

출처: 국무총리 소속 대일항쟁기 강제동원 피해조사 및 국외 강제동원 희생자 등 지원위원회 자료

한 공탁 특례에 관한 정령」 등에 의해 이루어졌다. 공탁행위의 원인은 "채권자의 주소 불명 등 채권자에게 교부가 불가능"한 때문인 것으로 기재되어 있다.

2. 공탁제도의 허상

1) 미불금의 신속한 법적 처리, 공탁

조선인 노무자에게 지급해야 할 채무는 실은 채권자인 조선인 한 사람 한 사람을 찾아 돌려주는 노력 없이 일괄적으로 '소재 불명'의 이유로 일본 법무국에 공탁되었다. 조선인 미불금을 전수 조사하라는 1946년 6월의 통첩과 함께 7월의 조사결과 회수를 바탕으로 10월에 공탁에 들어갔다. 조사 지시로부터 3개월의 기간만을 유예한 후 곧바로 공탁에 들어간 것이다.

공탁이란 채권자가 채무금 수령을 거부할 때, 수령이 불가능할 때, 채무자가 채권자를 확정할 수 없을 때 이루어지는 민법상의 행위이다. 공탁되는 순간 채무자는 해당 채무와 관련하여 법적 의무에서 해방된다. 그러나 일본의 경우는 일본 민법 제494조, 정령 제22호에 의해 공탁하도록 일본 정부가 지시했다는 점이 주목된다.

〈표 6-2〉 공탁 시기별 현황

공탁 시기	해당 건수	내용
1942	1	1942.2.28 나가사키[長崎]광업(주)가 조선인 442명분(81,379엔)에 대해 나가사키공탁국에 공탁. 미불금 내역(회사저금, 가족수당, 보급금, 일반원호금, 기타 등)
1946	451	1946.1.30~12.27 27회에 걸쳐 조선인 4,900명분(541,204엔 45전) 공탁
1947	391	1947.1.6.~12.29 62회에 걸쳐 조선인 30,714명분(3,478,945엔 56전) 공
1948	141	1948.1.7~11.16 42회에 걸쳐 조선인 18,511명분(1,435,188엔 94전) 공탁
1949	14	1949.1.25~11.2 8회에 걸쳐 조선인 1,604명분(300,770엔 20전) 공탁
1950	71	1950.2.4~12.19 10회에 걸쳐 조선인 2,325명분(4,403,054엔 72전) 공탁
1951	29	1951.2.26~10.5 23회에 걸쳐 조선인 476명분(7,912,655엔 94전) 공탁
1952	4	1952.8.30~12.17 4회에 걸쳐 조선인 559명분(54,769엔 97전) 공탁
1953	11	1953.1.29~7.24 9회에 걸쳐 조선인 89명분(206,282엔 17전) 공탁
1954	3	1954.3.2~5.25 3회에 걸쳐 조선인 16명분(25,782엔) 공탁
1955	2	1955.5.6~5.23 2회에 걸쳐 조선인 31명분(32,461엔) 공탁
1956	5	1956.7.9~11.16 5회에 걸쳐 조선인 15명분(195,033엔) 공탁
1957	8	1957.2.5~5.15 8회에 걸쳐 조선인 2,625명분(10,983엔) 공탁
1958	1	1958.9.4 1회에 걸쳐 조선인 8명분(43,211엔) 공탁
1959	7	1959.1.27~10.19 7회에 걸쳐 조선인 464명분(3,810,794엔) 공탁
1960	2	1960.7.4~12.12 2회에 걸쳐 조선인 5명분(41,540엔) 공탁
1961	1	1961.8.24 조선인 9명분(8,954엔) 공탁
1962	1	1962.12.27 조선인 175명분(226,774엔) 공탁
1963	1	1963.5.21 조선인 3명분(4,168엔) 공탁
1981	1	1981.3.25 조선인 2명분(12,705엔) 공탁
1986	30	1986.8.12 조선인 30명분(308,353엔) 공탁
1994	1	1994.8.23 조선인 349명분(11,955,600엔) 공탁

출처: 정혜경, 2015, 「일제 말기 조선인 노무자 공탁금 자료, 세 가지-미시적 분석을 통해 본 공탁금문제」, 최영호 외, 『일제강점기 조선인 피징용 노무자 미수금 문제』, 도서출판 선인, 213쪽에 의함.

〈표 6-2〉는 공탁서에서 공탁 시기가 확인되는 총 1,309건 중 군인·군무원을 제외한 1,176건을 공탁 시기별로 정리한 것이다. 이를 보면 1946~1948년에 공탁 건수가 집중된 정황을 확인할 수 있다. 그 후에도 조선인 미불금에 대한 공탁은 꾸준히 이어 오다가 1994년에도 공탁이 있었다는 점을 알 수 있다. 이는 노무자 미불금이 아닌 비노무자 조선인 자산에 대한 공탁임에 유의해야 한다. 사실 일본 정부가 한국 정부에 제공한 노무자 공탁금 3,517만 613.80엔 중에는 노무자 미불금에 해당하지 않거나 지급할 수 없는 자산이 무려 70.29%(2,472만 4,372.22엔)이고, 노무자가 수령할 수 있는 것은 29.75%에 해당하는 1,044만 6,241.58엔이었다.[26] 노무자 공탁금 명부로 제공된 자료이지만 대부분 비노무자 공탁 자료였던 것이다.

공탁이 미불금 조사를 기초로 하여 정확하게 되었는지도 의문이다. 미불금 조사가 후생성이 배포한 양식에 해당 기업 측이 작성하여 제출하는 방식으로 이루어졌기 때문에 기업 측이 은폐 혹은 축소하여도 이를 규제할 장치가 없다. 전적으로 기업 측 대응에 의존할 수밖에 없는 구조이다.

2) '빠른 청산'과 기업 재건

일본 정부의 공탁 지시는 '철저한' 공탁을 위한 것이 아니었다. '빠른 공탁'이 목적이었다. 그 배경에는 일본 기업의 전후 청산과 그 후 평화산업으로 재건이라는 목적이 있었다. 일본 정부는 패전 후 심각한 경제 위기에서 벗어나기 위해 아시아·태평양전쟁 당시 군수 기업들의 생산활

26 정혜경, 2015, 「일제 말기 조선인 노무자 공탁금 자료, 세 가지-미시적 분석을 통해 본 공탁금문제」, 『일제강점기 조선인 피징용 노무자 미수금 문제』, 도서출판 선인, 213~214쪽.

동 재개에 노력하여 1946년 8월에 「회사경리응급조치법」, 같은 해 10월에 「기업재건정비법」을 제정하여, 전후 청산과 경제 부흥의 제도적 틀을 마련하였다. 법안의 핵심 내용은 전쟁채무의 동결과 신·구 계정의 분리, 구 계정의 특별 손실계산 및 처리, 신·구 계정 재합병 등으로 요약되었다.[27] 이 과정에서 구 경리 장부 정리가 기본 전제였기 때문에 조선인 노무자에 대한 미불금 처리가 필요했던 것이다.

조선인 노무자에 대한 채무변제는 「조선인 노무자에 관한 조사 건」으로 확보한 명부가 있으므로 개별적으로 집행할 수 있었다. 더욱이 패전 당시 일본 본토에는 200여만 명의 조선인이 남았다고 보는데, 이를 동시에 귀환시킬 방도가 없어 귀환까지 상당 기간이 소요되고 있었다. 그러나 일본 정부가 취한 조치는 '거소불명'을 이유로 한 일괄 공탁이었다. 공탁은 「조선인 노무자 등에 대한 미불금 등의 공탁에 관한 건(民事甲 제516호, 1946년 8월 27일)」과 후생성 통첩에 의한 미불금 공탁 지시(10월 12일)로 진행되었는데, 앞서 말한 기업 재건을 위한 조치(「회사경리응급조치법」, 「기업재건정비법」)와 같은 시기에 동시에 이루어진 점이 주목된다. 이는 공탁의 목적이 채권자 권리 구제가 아닌 전후 청산과 기업 재건에 방점을 둔 것임을 보여 주기 때문이다.

이와 같은 내용을 확인할 수 있는 문서가 발견되었기에 소개해 본다. 이 문서는 이와테현 소재의 일본제철주식회사 가마이시[釜石]제철소가 이와테현 지사에게 조선인 미불금을 지시에 따라 공탁했음을 알리는 문서이다. 가마이시제철소는 앞서 말한 바와 같이 조선인 노무자의 미불금 문제로 전수조사의 계기가 되었던 기업이다. 가마이시제철소는 「조선인

---

27 배석만, 2015, 「일본 기업재건 정비 과정과 조선인 노무자 미수금 문제」, 『일제강점기 조선인 피징용 노무자 미수금 문제』, 도서출판 선인, 92쪽.

〈그림 6-15〉 가마이시제철소 측이 이와테현에 보낸 공문

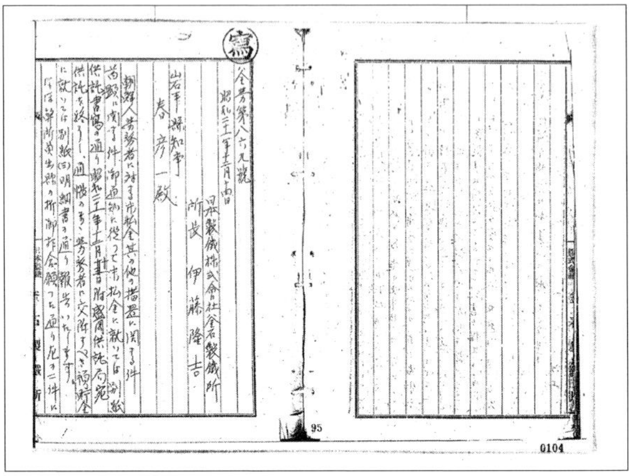

출처: 국가기록원, 「소위 조선인 징용공 등에 관한 명부」

노무자에 대한 미불금 기타 조치에 관한 건」이라는 제하의 보고서에서 다음과 같이 적시하였다.

> 제하 건에 대해 통지에 따라 미불금에 대해서는 별지 공탁서 사본대로 쇼와 21년(1946년) 12월 11일 자로 모리오카[盛岡]공탁국에 공탁을 완료했고, 노무자에게 교부해야 할 예·저금에 대해서는 별지 (3)명세서대로 보고합니다. 한편, 폐사 직원이 현청을 방문하여 협의했던 바와 같이 좌측의 2건에 대해서는 채무이행기가 도래할 때마다 별도로 공탁할 예정입니다. **장래에 오랜 기간 현안 사항을 남기는 것은 기업 재건 정비 등이 예정되는 오늘날 당사로서도 사무 관계상 바람직하지 않기에**….[28](강조점 - 인용자)

28 국가기록원 소장, 「소위 조선인 징용공 등에 관한 명부」, 문서철 CTA0000050.

공탁행위가 채권자의 권리를 보호하기 위해 법적으로 행해진 것이 아닌, 기업 재건 정비에 대비한 단순한 채무변제 행위였음을 여실히 드러내고 있다.

3. 미불금 공탁의 문제점

1) 부실한 공탁 기록

미불금의 미해결 과제를 돌이켜볼 때 가장 크게 지적할 점은 첫째, 관련 자료가 극히 일부에 지나지 않는다는 점이다. 앞서 말한 조선인 노무자에 대한 미불금 조사 결과는 47개 도·도·부·현 중 1부(오사카부) 15현의 기록만 수록되어 있다. 일본 행정구역 중 3분의 1에 지나지 않는다. 어이없게도 통첩을 발신한 후생성 본부가 있는 도쿄도도 누락되어 있다. 게이힌[京浜]공업지대를 형성하는 가나가와현도 없다. 규슈 지역 지쿠호[筑豊]탄전과 함께 전시기 에너지산업을 지탱했던 홋카이도와 조반[常磐]탄전의 후쿠시마현[福島縣]도 없다. 제로센으로 유명한 미쓰비시 항공기제작소의 아이치현[愛知縣]도 없다. 아이치현 나고야시[名古屋市]에는 육군조병창도 있었다. 러일전쟁 당시 전시 최고 통수기관인 대본영(大本營)이 설치되었던 히로시마시와 구레[吳]해군공창 등 군수회사가 즐비했던 히로시마현[廣島縣]도 없다.[29] 47개 도·도·부·현 중 누락된 1도

29 「조선인 노무자에 관한 조사 건」 통달의 계기가 된 일본제철 가마이시[釜石]제철소가 이와테현에 있었음에도 조선인 명부가 없다는 것이 의아할 따름이다. 조선인 노무자의 명부 작성이 어려운 이유에 대해 이 책 제4장에서도 나가노현의 설명을 예로 설명한 바

(도쿄도) 1도(홋카이도) 1부(교토부) 28현에 대해 명부를 제공한 일본 정부로부터는 이해할 만한 설명이 없다. 현재로서는 1부 15현의 자료라도 있다는 것에 만족해야 할 판이다.[30]

〈표 6-3〉은 「조선인 노동자에 관한 조사 결과」와 노무자 공탁금 명부에 수록된 조선인 명부의 도·도·부·현 현황을 작성한 것이다.

〈표 6-3〉 조선인 노무자 명부의 지역별 현황

지역	A	B	비고
홋카이도[北海道]		○	
아오모리현[青森県]			
이와테현[岩手県]	○	○	松尾鉱業(1035)
아키타현[秋田県]	○		
미야기현[宮城県]	○		
야마카타현[山形県]			
후쿠시마현[福島県]		○	古河鉱業(株) 好間鉱業所(1019) 常磐炭鉱(株) 磐城鉱業所(867)
도쿄도[東京都]		○	
가나가와현[神奈川県]		○	日本鋼管(株) 浅野船渠(506)
사이타마현[埼玉県]			
군마현[群馬県]			

있는데, 결국은 소실(燒失), 분실(紛失), 망실(亡失) 등으로 대별할 수 있겠다.

30 2020년 제주대학교 조사에 의하면, 「조선인 노동자에 관한 조사 결과」 6만 8,042명, 「소위 조선인 징용자 등에 관한 명부」 2만 7,814명, '일제하 피징용자 명부' 1만 4,752명으로 「조선인 노동자에 관한 조사 결과」에 수록된 명부가 가장 많다. 제주대학교, 2020, 『국가기록원 소장 강제동원 명부 현황 조사분석 연구용역 결과보고서』.

도치기현[栃木県]	○	○	
이바라키현[茨城県]	○	○	
지바현[千葉県]			
나가노현[長野県]	○		
야마나시현[山梨県]			
시즈오카현[静岡県]	○	○	
기후현[岐阜県]	○		
아이치현[愛知県]			
니가타현[新潟県]		○	
도야마현[富山県]		○	일본카바이드 魚津공장(499)
이시카와현[石川県]			
후쿠이현[福井県]			
교토부[京都府]			
오사카부[大阪府]	○	○	
시가현[滋賀県]	○		
효고현[兵庫県]	○	○	
나라현[奈良県]	○		
와카야마현[和歌山県]		○	
미에현[三重県]	○		
오카야마현[岡山県]		○	三菱鉱業(株) 直島製錬所(508)
히로시마현[広島県]		○	三菱重工業 広島造船所(1903)
야마구치현[山口県]			
돗토리현[鳥取県]			
시마네현[島根県]			
도쿠시마현[徳島県]			

가가와현[香川県]			
에히메현[愛媛県]			
고치현[高知県]			
후쿠오카현[福岡県]	○	○	貝島炭鉱(株) 大之浦鉱業所(9479) 古河鉱業(株) 大峰鉱業所(1579) 三井鉱山(株) 田川鉱業所(1404) 明治鉱業(株) 赤池鉱業所(1182), 豊国炭鉱(575) 三菱鉱業(株) 勝田鉱業所(727)
사가현[佐賀県]	○	○	山口鉱業(株) 小城炭鉱(1509) 杵島炭鉱(726)
나가사키현[長崎県]	○	○	中島鉱業(株) 江口炭鉱(1213)
오이타현[大分県]			
구마모토현[熊本県]			
미야자키현[宮崎県]		○	
가고시마현[鹿児島県]			
오키나와현[沖縄県]			
지역 총수	**16**	**19**	
수록 인원	**69,766**	**64,279**	

출처: 허광무, 2015,「일제 말기 강제동원 조선인 노무자의 미불금 피해 실태」, 최영호 외,『일제강점기 조선인 피징용 노무자 미수금 문제』, 도서출판 선인, 57~58쪽에 의함.

비고: *A는『조선인 노동자에 관한 조사 결과』, B는『노무자 공탁금명부』.

**비고란의 작업장은 '조사 결과'에서 확인되지 않는 작업장으로서 인원수 상위 20위에 해당하는 기업을 의미함. 단, 괄호 안 숫자는 건수임.

〈표 6-3〉을 보면, 자료 A와 자료 B가 동시에 존재하는 지역이 있는가 하면 어느 한쪽만 존재하는 지역이 있다. 자료가 동시에 있는 지역은 자료 간 교차분석을 통해 심도 있는 실태 파악에 도움이 될 것이며, 한쪽 자료만 있는 지역은 결락된 강제동원 작업장을 보완하는 데 도움이 될

수 있다. 비고란에서 보는 바와 같이 양쪽 자료가 모두 있다 하더라도 당초 A의 명부에는 없었던 새로운 작업장이 B에 수록된 경우도 있다. 두 자료 모두 조선인 노무자의 신원을 확인할 수 있는 명부라는 점에서 가치가 크다.

그러나 조선인 미불금 조사 A는 결국 B의 미불금 공탁이라는 형태로 신속하게 처리된 양태로 보았을 때 'A=B'이어야 정상이다. 'A≠B'와 같이 둘 사이에 엇박자가 난 경우 이 상황을 이해할 수 있는 자료가 현재로서는 없으며, 이런 상황이 지속하는 한 조선인 노무자 미불금 문제는 미결 과제로 남을 수밖에 없다.

2) 공탁금액의 문제점

둘째, 제대로 공탁한 것인지 불분명하다. 사가현[佐賀縣]에 소재한 아소[麻生]광업주식회사 구바라[久原]탄광은 기타규슈[北九州]에 군림하던 8개 아소광업 중 유일하게 사가현에 소재한 탄광이다. 구바라탄광에 동원된 조선인 노무자 명부가 후생성 작성의 「조선인 노동자에 관한 조사 결과」와 법무국의 공탁금 기록에서 모두 확인되었다. 전자의 명부에는 강원 출신 70명을 시작으로 경남 45명, 경기 38명, 황해 28명, 평안 7명, 경북 5명, 충청 3, 전라 2명 등 총 198명분의 미불금 내역이 기록되어 있다. 한편 후자의 공탁금 기록, 즉 공탁금명세서(명부)에도 구바라탄광 조선인 노무자의 미불금 내역이 기록되어 있는데, 단 140명분뿐이다. 무슨 이유로 198명의 미불금이 아니라 그중 70.7%에 해당하는 140명만 미불금이 공탁되었는지 그 내용을 알 수 없다. 「조선인 노동자에 관한 조사 결과」가 1946년 7월 17일에 보고되었고, 미불금 공탁은 이듬해인 1947년 4월 16일의 일로 그 사이에 상당 기간 공백이 있다. 이 기간에 누락된 58명은 공탁 사유가 해소된 것인지 현재로서는 알 수 없는데, 주목할 점은 공탁금 내용이다.

〈표 6-4 〉「조선인 노동자에 관한 조사 결과」상 미불금액을 기준으로 한 공탁금액과의 편차

공탁금액의 편차	+20	+10	0	- 10	- 20	- 30	- 40
해당 건수	1	1	17	-	56	48	17

출처: 허광무, 2015, 「일제 말기 강제동원 조선인 노무자의 미불금 피해 실태」, 최영호 외, 『일제강점기 조선인 피징용 노무자 미수금 문제』, 도서출판 선인, 73쪽에 의함.

〈표 6-4〉는 미불금을 신고한 「조선인 노동자에 관한 조사 결과」상의 미불금과 실제 법무국에 공탁된 금액과의 차이를 비교한 것이다. 신고한 미불금액과 공탁금액이 일치한 건은 17건에 불과하고, 나머지 123건 중 121건은 공탁금액이 적다. 더구나 그 액수가 20엔, 30엔, 40엔 등으로 10단위에서 정확하게 떨어지고 있어 인위적으로 공제한 흔적이 역력하다. 법무국 공탁행위에 의문을 갖게 되는 사례이다.[31] 마땅히 지불해야 할 조선인 미불금을 은폐·축소했을 가능성이 이와 같은 사례에서 보이기 때문이다.

미불금 공탁은 일본 기업의 채무 책임을 면해 주는 데 기여했을지언

---

31 한편, 한국 정부 진상조사보고서는 "강제동원한 조선인 수가 소규모인 구바라탄광 관련 자료들만 제출하고, 다수의 조선인을 동원한 '아소탄광' 관련 자료를 누락시켰을 가능성이 크다"고 보았는데, 미불금이 축소된 경향을 천착할 때 시사하는 바가 크다고 볼 수 있다. 대일항쟁기 강제동원 피해조사 및 국외 강제동원 희생자 등 지원위원회, 2011, 『전시체제기 규슈[九州]지역 '아소[麻生]광업(주)' 강제동원 피해자에 대한 진상조사』, 43쪽,심재욱 작성.

정 조선인 노무자의 권리 구제에 대해서는 의문이 남는다. 조선인 미불금은 공탁하지 않더라도 제도적으로 이를 규제할 수 없었는데, 오히려 조선인 미불금을 축소·은폐하여 적립금에 포함시킴으로써 기업이 전쟁 손실을 보전하는 데 사용할 수도 있었다.

공탁되지 않은 수많은 조선인 노무자의 권리 구제는 어떡할 것인가. 한·일 양국이 해결하지 못한 숙제이자 피해자 권리 구제를 위해 노력해야 할 의무이다.

제3절 전시 노무동원의 강제성을 말한다

1. 전시 노무동원 강제성 부정의 허구

1) 모든 것을 부정한다

2007년 3월 일본 아베 신조[安倍晋三] 수상은 '좁은 의미의 강제성'을 내세워 일본군'위안부'의 강제동원을 부정하기 시작했다. '좁은 의미의 강제성'이란 '유괴범처럼 끌고 가는 방식'의 강제연행이다. 아베 수상이 '보편적 의미의 강제성' 대신 '좁은 의미의 강제성'을 내세운 것은 강제성을 희석하기 위한 정치적 의도였다.

그런데 2018년 한국 대법원판결 이후 일본 정부 입장은 일본군'위안부' 강제동원 부정을 넘어 '징용공'의 존재나 노무동원의 부정으로 이어졌다. 당시 용어인 징용공이나 노무자는 사라지고 노동자가 등장했다. 일본 국가총동원기에 있었던 실상을 왜곡하거나 부정하고, 노동자의 권리를 박탈당한 노무자가 아니라 권리와 의무를 가진 노동자가 있었던 시기로 둔갑시킨 것이다.

이러한 역사 왜곡과 부정은 일본 정부 입장에 국한하지 않는다. 2019년에 출간한 『반일종족주의』(노무동원 분야: 이우연)에서도 볼 수 있다. 그보다 앞서 2003년 12월 국회에서 열린 강제동원·친일 진상규명 특별법 공청회에서 『친일파를 위한 변명』(2002)의 작가(김완섭)의 발언도 있었다.

독일 국민이 제2차 세계대전 피해를 입었다고 정부를 상대로 무엇을 요구하지 않는다. 국민이 자기 나라 전쟁에 협조하는 것은 당연하기 때문이다. 식민지 조선인은 일본 국민이었으므로 자국의 전쟁을 도운 것은 당연하다.

이우연과 김완섭의 주장을 종합하면, '한일강제병합의 강제성 부정', '강제동원 피해의 역사 및 강제성 부정'이다. 즉 첫째, 일본 국적을 가졌으니 법적으로 평등한 관계였으며 둘째, 일제 말기 동원이 합법적이었으므로 문제가 없으며 셋째, 결론적으로 강제성은 인정할 수 없다는 주장이다. 일제의 식민 지배를 합법적 과정의 산물로 인정하는 인식을 토대로 강제동원 피해의 역사 자체와 강제성을 부정한 것이다.

양자의 차이점은 김완섭이 한일강제병합의 강제성 부정에 집중한 데 비해 이우연은 노무동원의 강제성 문제에 집중하고 있다. 이 글의 주제에 따라 이우연의 주장을 중심으로 살펴보면, 노무동원의 강제성 부정이다. 『반일종족주의』의 해당 내용을 보면, 주로 일본 지역의 탄광을 중심으로 당시 일본의 탄광실태가 근대적이라는 전제 아래, 1944년 9월 이전에는 자발적으로 일자리를 선택한 자유로운 상태의 노동자들이 적정한 임금을 받으며, 노동자로서의 삶을 영위했다는 것이다.[32]

이러한 주장을 입증하는 방법으로 기존의 연구 성과를 모두 '악의적'인 의도로 '거짓말'과 '날조'를 일삼은 '조작'과 '선전·선동'의 '가짜'라 규정하는 것에서 출발했다. 그러나 기존의 논의와 연구를 가짜로 규정하

32 다만, 이우연은 1944년 9월 이후 국민징용령에 의해 동원된 경우에는 강제성을 인정했다. 그러나 이전 시기의 동원에 대해서는 인정하지 않았다.

는 것은 연구자들의 영역이 아니다. 연구자들에게 가짜와 진짜 논의는 무의미하다. 학계가 취해야 할 의미 있는 자세란 실증적 연구의 중요성을 인식하고, 연구 성과를 시민사회와 공유하는 노력의 필요성을 인식하는 계기를 마련하는 것이다. 아울러 객관성과 보편성의 관점에서 연구자의 역할에 대해서도 되돌아보는 기회로 삼는 것이다. 나아가 한국을 넘어 일본 사회가 객관적인 사실과 인류의 보편적 가치관을 접하도록 하는 노력이다.[33]

『반일종족주의』나 김완섭의 주장에 대해 일대일로 대응하는 것도 생산적이지 않다. 다만, 그들의 주장이 갖는 허구성만은 명확히 지적할 필요가 있다.

2) 일제강점하, 법적으로 평등한 관계?

1910년 8월 29일, 일본은 조선을 강제병합하고, 조선을 식민지로 삼았다. 일본은 조선을 타이완·남사할린(1944년에 내지로 편입)과 함께 외지로 설정해 제국 일본 체계에 포함했다. 그렇다면 식민 본국민과 식민지민들은 평등한 관계였을까.

1910년 8월 29일 반포한 「한일병합조약(8월 22일 조인)」은 한국이 일본에 병합된다는 것(제1조, 한국 황제 폐하는 한국 정부에 관한 일체의 통치권을 완전, 또 영구히 일본 황제 폐하에게 양여한다)만 명기했을 뿐, 주민의 국적 규정은 없다. 법적 지위와 권리에 대한 기준도 없었다. 물론 당국의 내부

33 정혜경 외, 2019, 『반대를 논하다-'반일종족주의'의 역사부정을 넘어』, 도서출판 선인, 4쪽.

방침은 있었다. 한인은 "외견상 일본 국적을 얻지만, 국내적으로는 차별 취급이 가능하며, 외국에 대해서만 일본인"인 이중적인 법적 지위를 부여한다는 방침이었다.

규정은 없고 방침만 있었다? 무슨 의미일까. 1909년, 강제병합을 앞두고 당국은 병합 후 한인의 국적 문제를 검토하기 시작했다. 1909년 7월, 조선 통감 데라우치 마사타케[寺內正毅]는 공법학자 야마다 사부로[山田三郞]에게 자문을 구했다. 야마다의 답변은 차별을 전제로 한 국적 부여였다.

> 지금까지 한국 신민이었던 자가 병합에 따라 당연히 일본 국적을 얻었다 하더라도 이 때문에 한국인이 전적으로 일본인과 같게 되는 것이 아니고, 다만 외국에 대해 일본 국적을 얻었다는 것에 지나지 않는다는 것을 주의해야 한다.

야마다가 생각하는 한인의 국적은 "외국에 대한", 대외용 국적이었다. 야마다의 견해는 개인 의견으로 그치지 않고, 이후 식민지 조선 통치의 주요한 지침으로 작용했다. 이후 어정쩡한 한인의 법적 지위는 3·1운동 발발 후 지역적(地域籍) 채택으로 일단락되었다.

지역적은 호적에 의한 구별 체계이다. 지역적에 따라 내지와 외지를 구분하고, 지역민을 각각의 법역(法域)에 의해 규정했다. 내지에 본적을 가진 사람은 내지인, 외지에 본적을 가진 사람은 외지인이었다. 이 구분법에 따르면, 한인은 '외지인 중에 조선에 본적을 가진 자'이다.[34]

---

34 이승일, 2000, 「일제시기 조선인의 일본국민화 연구-호적제도를 중심으로」, 『한국학논

이처럼 식민지 조선의 민중은 의무상으로는 일본인이지만 권리에서는 일본인이 아니었다. 지역적에 따라 구별되는, 차별받는 존재였다. 한인의 법적 지위와 권리에 대한 규정은 없었다. 그러므로 동등한 권리를 누렸다는 생각은 오해일 뿐이다. 더구나 호적에 따른 법적 구별뿐만 아니라 생활 속에서 민족 차별은 그치지 않았다.

"내가 아홉 살 때 할머니하고 어머니하고 내 밑의 동생 둘을 데리고 부산에서 시모노세키까지 가는 관부연락선을 탔습니다. 배 맨 밑의 홀에, 배가 제일 흔들리는 곳에.… 조선 여자들이 많더라구요. 봇짐 짊어지고 남편·아들 찾아가는 여자들. 배가 밤새도록 요동을 치니까 다들 파김치가 될 거 아닙니까.… 내가 국민학교 1학년을 다녀서 일본말을 할 정도가 되니까 가족들을 인솔했습니다. 아버지 주소만 들고 이래 찾아가는데, 시모노세키 선착장에 내려서 길 가는 사람에게 주소 적힌 종이를 주면서 플랫폼을 물어보니까 길을 가르쳐주더라고요. 그런데 그 사람이 알려준 곳으로 가도 가도 허허벌판만 나오는 겁니다. 할머니는 지쳐있고, 어린 동생은 어머니가 업고, 동생 하나는 내가 손을 잡고 걷고. 그러다가 원래 왔던 곳으로 다시 와 보니까 플랫폼이 바로 옆에 있는 겁니다.… 그때 일본 사람에 대한 증오를 느꼈습니다. 아직 그 일은 지워지지 않습니다.

할머니가 가다가 먹으려고 떡하고 엿을 만들었어요. 조선사람들 인정이란 게 옆에 사람들 두고 그냥 못 먹잖아요. 할머니가 떡을 옆

집』, 한양대학교 한국학연구소, 80쪽; 遠藤正敬, 2010, 『近代日本の植民地統治における國籍と戶籍-滿洲, 朝鮮, 臺灣』, 明石書店, 124~137쪽.

사람에게 나눠주라고 해서 일본 여자에게 갖다 주니까 '더러운 조선 인들'이라면서 내 손을 '탁' 칩디다. 바닥에 음식이 널렸을 것 아닙니까. 나도 민망해서 주섬주섬 주었지. 참, 그때 내 가슴에, '아! 같은 민족인데, 같은 사람인데, 왜 저럴까' 싶었습니다. 학교에서 내선일체를 배워 일본 사람과 우리는 같은 민족이라고 생각했는데, 이 일로 일본에 대한 감정이 악화했습니다. 어린 내 인격, 우리 가족, 조선인의 인격을 모독한 것 아닙니까."[35]

소년 구연철은 나가사키 하시마[端島]에서 탄부로 일하던 아버지를 찾아가던 길에 당혹스러운 일을 겪었다. 당시 일본에서 맞닥트린 일본 사람들은 소년에게 차별과 멸시를 각인시켰다. 학교에서는 '같은 민족'이라고 배웠으나 현실은 달랐다. 일본 사람들에게 한인은 '더럽고' 무시의 대상이었다.

차별은 생활상 불편함에 그치지 않고 한인의 목숨까지 위협했다. 1922년 니가타현 신에쓰[信越]수력발전소 공사장 한인 노동자 학살, 1923년 관동지진 한인 학살, 1926년 미에[三重]현 학살 사건 등 일본 전역에서 학살 사건은 그치지 않았다. 차별의식이 원인이었다. 이렇게 일제 35년간 한인은 일본인과 동등한 권리를 행사할 수도, 같은 대우를 받을 수도 없었다. 같은 부류가 아니었다. 그러면서 한인을 전쟁에 동원했다. 모순이 아닐 수 없다. 이런 모순은 어떻게 설명할 것인가.[36]

---

35 https://brunch.co.kr/@dolphinhohoho/7

36 정혜경, 2019, 『일본의 아시아태평양전쟁과 조선인 강제동원』, 동북아역사재단, 102~108쪽.

2. 국제노동기구 강제노동협약과 전시 노무동원

1) 전시 강제노동은 국제질서에 부합한 행위?

> …1940년대 일부 지역에서 그들의 의지에 반하여 가혹한 조건에서 일하도록 강요당한 많은 한국인과 다른 사람들이 있었고, 제2차 세계대전 동안 일본 정부 또한 요구 정책을 시행했다.
>
> …there were a large number of Koreans and others who were brought against their will and forced to work under harsh conditions in the 1940s at some of the sites, and that, during World War II, the Government of Japan also implemented its policy of requisition.

2015년 7월 5일, 독일 본에서 열린 제39회 유네스코 세계유산위원회에서 '메이지 일본의 산업혁명유산, 제철 · 제강 · 조선 · 석탄산업' 등재와 관련한 사토 구니[佐藤地] 주 유네스코 일본대사의 공식 발언 중 일부이다. 영문 발언록 원문은 현재 유네스코 세계유산위원회와 각국의 유네스코 위원회 공식 홈페이지에 있다.

이 발언은 일본 최초로 국제기구에서 아시아 · 태평양전쟁의 강제동원을 공식 인정한 사례이다. 국제노동기구(ILO)가 1999년 보고서를 통해 일본이 1932년 11월 21일 체결한 강제노동에 관한 협약(제29호)을 위반했다고 결론 내린 적은 있으나 일본 정부는 공식적으로 인정하지 않았다. 물론 일본 정부는 단 하루 만에 강제성을 부정했다. 일본 정부 스스로 발언의 무게감을 인정했기 때문이다.

기시다 외무상(현 총리대신)은 지난 5일 일본 메이지 산업혁명 시설의 세계문화유산 등재가 결정된 직후 기자들과 만난 자리에서 사토 구니 주 유네스코 대사가 언급한 '강제징용'이라는 표현을 "강제노동을 의미하는 것은 아니라" '강제가 아니라 일하게 됐다'라는 자발적 노동 의미로 번역했다. 아베 총리도 10일에 열린 중의원 안보법제 특별위원회에서 "(세계유산위원회) 일본 대표단의 성명에 포함된 'forced to work'는 대상자의 의사에 반해 징용된 경우도 있다는 의미"라며, "일본 정부가 강제노동 사실을 인정한 게 아니다"라고 강조했다.

이 같은 입장은 현재에도 이어져 유네스코 세계유산위원회 권고에 따라 2020년 6월 일본이 도쿄에 설치한 일본산업유산정보센터에 별도 전시 패널을 설치한 '진실의 역사를 추구하는 하시마 도민회'의 관계자는 2015년 7월 사토 구니 일본대사가 "조선인이 가혹한 조건에서 강제로 노역했다"고 인정한 것은 사토 대사가 잘 알지 못해 잘못 얘기한 것이라고 주장했다.[37]

2) 국제질서가 규정한 전시 강제노동: 국제노동기구 강제노동협약

제1차 세계대전 종전 직후, 오랜 전쟁에 따른 피해와 1917년 러시아 혁명 성공 여파로 영국과 프랑스 등 승전국에서도 혁명의 전운이 감돌았다. 이에 4대 주요 연합국이었던 일본을 비롯해 1919년 파리 평화회담에 모인 승전국들은 노동기준 설정, 정책 개발 등을 위해 국제노동기구

---

37 「日 산업유산정보센터에 일제강점기 '내선일체' 주장까지」, 『연합뉴스』, 2020.7.2 (https://www.yna.co.kr/view/AKR20200701169700073?input=1179m)

(International Labour Organization, ILO)를 창설했다.

ILO는 지금도 ILO의 8개 기본협약 중 하나로 남아 있는 1930년 강제 또는 의무 노동에 관한 협약(강제노동협약, 29호)을 채택했고, 1932년 일본은 ILO 강제노동협약을 비준했다.[38] 강제노동협약은 총 178개국이 비준했을 정도로 보편적 최소 노동기준을 제시하고 있다고 할 수 있다.[39]

이에 따르면, 일본은 ILO 강제노동협약 제1조 제1항에 따라 "가능한 한 조속히 모든 형태의 강제 또는 의무 노동 사용을 억제할" 법적 의무를 져야 했다.

ILO 강제노동협약 제2조 제1항은 '강제 또는 의무 노동'을 '어떤 사람이 처벌의 위협하에서 강요받아 자발적으로 제공하지 않은 모든 노동이나 서비스'라 정의했다. 제2조 제2항은 '순전히 군사적 성격의 일을 위하여 의무 병역법에 따라 강요되는 노동 또는 서비스', '긴급한 경우, 즉 전쟁… 일반적으로 주민 전부 또는 일부의 존립이나 안녕을 위태롭게 하는 상황과 같은 재해나 재해 우려가 있는 경우에 강요되는 노동 또는 서비스'를 강제 또는 의무 노동의 정의에서 배제하고 있지만 수십, 수백만 명에 이르는 한인 동원을 "순전히 군사적 성격의 일(work of a purely military character)"이나 전시 필요(wartime necessity)로 정당화하기는 어렵다.[40]

---

38 한국은 현재 비준하지 않고 있다.

39 ILO, Conventions and Recommendations, 〈https://www.ilo.org/global/standards/introduction-to-international-labour-standards/conventions-and-recommendations/lang—en/index.htm〉; ILO, Ratifications of C029-Forced Labour Convention, 1930. (No. 29), 〈https://www.ilo.org/dyn/normlex/en/f?p=NORMLEXPUB:11300:0::NO:11300:P11300_INSTRUMENT_ID:312174:NO〉(신희석 제공).

40 신희석, 2020, 「토론문-국제법과 일제의 전시 아동 노동 동원」(국가기록원·국립중앙도서관·동북아역사재단 3개 기관 공동 포럼 발표 자료집. '일제의 전쟁에 동원된 아동과 여

ILO 강제노동협약은 예외적으로 강제노동이 허용되는 경우에도 강제노동은 외견상 나이가 18세 이상 45세 이하인 신체 건강한 성인 남성에게만 요구될 수 있고(제11조 제1항), 12개월 기간 중 모든 종류의 강제노동에 동원될 수 있는 최장기간은 작업장을 오가는 시간을 포함하여 60일을 초과하면 안 된다(제12조 제1항)고 규정하고 있다.

그 외, 자발적인 노동의 통상적인 노동시간과 동일한 노동시간, 초과노동시간에 대해서는 통상 요율에 따른 보수 지급(제13조), 통상적으로 지급되는 것보다 낮지 않은 현금 보수 지급(제14조 제1항), 노동자 개별 임금 지급(제14조 제3항), 산재 보상(제15조 제1항), 노동자의 건강 보호와 가족에게 송금 허용(제17조), 강제노동의 광산 갱내 노동 사용 금지(제21조), 강제노동의 불법적인 강요 처벌 의무(제25조) 등을 규정하고 있다. 이 같은 기준에 근거해 당시 한인 강제동원·강제노동의 실태를 적용해보면, 일본이 ILO 강제노동협약 규정들을 광범위하고 체계적으로 위반했음을 알 수 있다.

ILO가 회원국들의 국제노동기준 적용에 대해 공정하고 객관적인 평가를 하기 위해 ILO 이사회에서 임명한 20인의 저명한 법조인으로 구성된 협약 및 권고 적용 전문가위원회(CEACR)는 일본 당국의 전시 노무동원에 관한 소견을 1998년에 채택한 후 1999년 제87차 ILO 총회(ILC)에서 공표했다. 소견은 '제2차 세계대전 중 개탄스러운 조건 아래에서 "사부문 통제하의 광산, 공장, 공사장에서 일하게 만든" 약 70만 명의 한인, 4만 명의 중국인 징용 노동자(conscripted labourers)에 관한 진정'의 결과로서, "이같이 개탄스러운 조건으로 일본의 사부문 산업에서 일할 노동

성', 2020.8.13., 국립중앙도서관 국제회의장), 54쪽.

자를 대량 징용한 것은 강제노동협약 위반"이라는 내용이었다.[41]

이같이 국제노동기준은 2015년 유네스코 세계유산위원회 등재 이후 지금까지 일본이 보이는 입장과 큰 차이가 있다. 이 차이는 전시에 일본이 취한 노무동원 정책이 명확히 당시 국제노동기준을 위반했음을 입증한다.

강제노동협약[42]

전문

국제노동기구 총회는, 국제노동기구 사무국 이사회가 1930년 6월 10일 제네바에서 소집한 제14차 회기를 개최하고, 회기 의제의 첫 번째 안건에 포함된 강제노동에 관한 제안을 채택하기로 결정하며, 이 제안이 국제협약 형식을 취할 것을 결의하여, 「국제노동기구헌장」 규정에 따라 국제노동기구 회원국이 비준할 수 있도록 1930년 강제노동협약이라고 부를 다음의 협약을 1930년 6월 28일 채택한다.

제1조

1. 이 협약을 비준하는 국제노동기구 회원국은 가능한 한 조속히 모든 형태의 강제노동 사용을 금지할 것을 약속한다.
2. 이러한 완전한 금지를 위하여, 강제노동을 사용하는 것은 과도기 동안 공공의 목적을 위해서만 예외적 조치로서 할 수 있으며, 아래에 규정하는 조건 및 보장사항에 따른다.

---

41 신희석, 2020, 「일제의 한국인 강제동원·강제노동에 따르는 법적 책임-ILO 강제노동협약, 반인도범죄 등 당시 국제법을 근거로-」(비공개).

42 정혜경 외, 2019, 『반대를 논하다-'반일종족주의'의 역사부정을 넘어』, 도서출판 선인, 231~271쪽. 번역 및 자료제공: 신희석

3. 이 협약의 발효 후 5년의 기간이 만료되고 국제노동기구 사무국 이사회가 이 협약 제31조에 규정된 보고서를 작성할 때, 이사회는 추가적인 과도기를 두지 않고 모든 형태의 강제노동을 금지할 수 있는지 그리고 이 문제를 총회 의제로 상정하는 것이 바람직한지를 고려한다

제2조

1. 이 협약의 목적상 강제노동은 어떤 사람이 처벌의 위협하에서 강요받았거나 자발적으로 제공하지 않은 모든 노동이나 서비스를 의미한다.
2. 그럼에도, 이 협약의 목적상 강제노동은 다음을 포함하지 않는다.
   가. 전적으로 군사적 성격의 작업에 대해서 의무 병역법에 따라 강요되는 노동 또는 서비스
   나. 완전한 자치국 국민의 통상적인 시민적 의무의 일부를 구성하는 노동 또는 서비스
   다. 법원 유죄 판결의 결과 강요되는 노동 또는 서비스. 다만, 이러한 노동 또는 서비스는 공공기관의 감독 및 관리하에서 실시되며, 민간인, 민간회사 또는 민간단체에 고용되거나 그 지휘 아래에 있지 않다.
   라. 긴급한 경우, 즉 전쟁이나 화재, 홍수, 기근, 지진, 극심한 전염병이나 가축 전염병, 동물이나 곤충류 또는 식물 해충의 침입과 일반적으로 주민 전체 또는 일부의 존립이나 안녕을 위태롭게 하는 모든 상황과 같은 재해나 그러한 재해의 우려가 있는 경우 강요되는 노동 또는 서비스.
   마. 공동체의 직접적인 이익을 위하여 공동체 구성원이 수행하고, 따라서 공동체 구성원이 부담해야 하는 통상적인 시민적 의무라고 고려될 수 있는 소규모 공동체 서비스. 다만, 공동체의 구성원 또는 공동체의 직접적인 대표자는 이러한 서비스의 필요성에 대하여 상의할 권리를 갖는다.

제3조

이 협약의 목적상 권한 있는 기관은 본국의 정부기관 또는 해당 영역에서의 최고 중앙기관을 의미한다.

제4조

1. 권한 있는 기관은 민간인, 민간회사 또는 민간단체의 이익을 위하여 강제노동을 부과하거나 이를 허가하지 않는다.
2. 국제노동기구 사무국 사무총장이 회원국의 이 협약 비준을 등록한 시점에 민간인, 민간회사 또는 민간단체의 이익을 위한 강제노동이 존재하는 경우, 해당 회원국은 이 협약이 그 회원국에 대하여 발효하는 날부터 그 강제노동을 완전히 금지한다.

제5조

1. 민간인, 민간회사 또는 민간단체에 주어진 영업권은 그 민간인, 민간회사 또는 민간단체가 이용하거나 거래하는 제품의 생산 또는 수집을 위한 어떠한 형태의 강제노동도 수반하지 않는다.
2. 이와 같은 강제노동과 관련된 규정이 포함된 영업권이 존재하는 경우, 이 협약 제1조를 준수하기 위하여 그 규정을 가능한 한 조속히 폐지한다.

제6조

행정기관의 직원은 자신의 책임하에 있는 주민에 대하여 어떠한 형태의 노동에 종사하도록 장려할 임무가 있는 경우라 하더라도, 이러한 주민 또는 그중 어떠한 개인에 대해서도 민간인, 민간회사 또는 민간단체를 위하여 노동하도록 제약을 가하지 않는다.

제7조

1. 행정적 기능을 수행하지 않는 기관장은 강제노동을 사용하지 않는다.
2. 행정적 기능을 수행하는 기관장은 이 협약 제10조의 규정에 따라 권한 있는 기관의 명시적 허가를 받아 강제노동을 사용할 수 있다.
3. 적법하게 인정된 기관장으로서 다른 형태로 충분한 보수를 받지 않는 사람은 개인적인 서비스를 이용할 수 있다. 다만, 적절한 규칙을 준수해야 하며, 남용을 방지하기 위하여 모든 필요한 조치를 취한다.

第8条

1. 강제노동을 사용하기 위한 모든 결정에 대한 책임은 해당 영역의 최고 행정기관에 있다.
2. 그럼에도 그 기관은 노동자에게 상거소로부터 이전하게 하지 않는 강제노동을 강요할 권한을 지역 최고기관에 위임할 수 있다. 그 기관은 직무 수행 중인 행정기관 직원의 이동을 용이하게 하고 정부 물품을 운송하기 위하여, 노동자에게 상거소로부터 이전하게 하는 강제노동을 강요할 권한을 이 협약 제23조에 명시된 규정에 나열된 그러한 기간과 조건에 따라 지역 최고기관에 위임할 수 있다.

第9条

이 협약 제10조에 달리 규정된 경우를 제외하고는 강제노동을 강요할 권한 있는 기관은 강제노동을 사용하기로 결정하기에 앞서 다음의 사항을 충족해야 한다.

가. 수행될 노동이나 제공될 서비스가 이러한 노동을 수행하거나 서비스를 제공하도록 요청받은 공동체에 중대하고 직접적인 이익을 가져다주는 것일 것.

나. 이러한 노동이나 서비스가 현재 필요한 것 또는 그 필요가 임박한 것일 것.

다. 이러한 노동을 수행하거나 서비스를 제공하기 위해서 유사한 노동 또는 서비스에 대한 해당 지역의 통상적인 임금이나 노동조건보다 불리하지 않은 임금률과 노동조건을 제공하더라도 자발적인 노동력을 구할 수 없을 것.

라. 이용 가능한 노동력 및 노동 수행 능력을 고려할 때, 이러한 노동이나 서비스가 현재 주민에게 과도한 부담이 되지 않을 것.

第10条

1. 조세로서 강요되는 강제노동과 행정적 기능을 수행하는 기관장이 공공사업 이행을 위해 사용하는 강제노동은 점진적으로 폐지한다.

2. 한편, 강제노동이 조세로서 강요되는 경우 및 행정적 기능을 수행하는 기관장이 공공사업 이행을 위해 강제노동을 사용하는 경우, 관련 기관은 우선 다음의 사항을 충족한다.
   가. 수행될 노동이나 제공될 서비스가 이를 필요로 하는 공동체에 중대하고 직접적인 이익을 가져다주는 것일 것.
   나. 이러한 노동이나 서비스가 현재 필요하거나 그 필요가 임박한 것일 것.
   다. 이용 가능한 노동력 및 노동 수행 능력을 고려할 때, 이러한 노동이나 서비스가 현재 주민에게 과도한 부담이 되지 않을 것.
   라. 이러한 노동이나 서비스가 노동자로 하여금 상거소로부터 이전하게 하지 않을 것.
   마. 이러한 노동수행이나 서비스 제공이 종교, 사회생활 및 농사의 긴급성에 따라 지시될 것.

제11조

1. 강제노동은 외견상 나이가 18세 이상 45세 이하인 신체 건강한 성인 남성에게만 요구될 수 있다. 이 협약 제10조에서 규정한 종류의 노동에 관한 것을 제외하고는 다음의 제한과 조건이 적용된다.
   가. 가능한 모든 경우 해당 개인이 전염병에 걸리지 않았으며, 요구되는 업무와 그 업무가 수행될 여건에 신체적으로 적합한지를 행정기관이 임명한 의사가 사전에 결정할 것.
   나. 일반적으로 학교 교사와 학생, 행정기관 직원을 제외할 것.
   다. 각 지역사회에 가족생활 및 사회생활에 필수적인 신체 건강한 성인 남성 수를 유지할 것.
   라. 부부 및 가족 간 유대관계를 존중할 것.
2. 위 항 다호의 목적상, 이 협약 제23조에서 정한 규정은 한 번에 강제노동에 동원될 수 있는 신체 건강한 성인 남성 주민의 비율을 정한다. 다만, 이 비율은 어떤 경우에도 25%를 초과하지 않는다. 이 비율을 결정할 때 권한

있는 기관은 인구 밀도, 주민의 사회적·신체적 발달, 계절 및 해당 개인들이 그들의 지역에서 자신의 이익을 위해 수행해야 하는 작업을 고려하고, 일반적으로 해당 지역사회의 정상적인 생활의 경제적·사회적 필요성을 고려한다.

제12조

1. 어떤 사람이라도 12개월 기간 중 모든 종류의 강제노동에 동원될 수 있는 최장기간은 작업장을 오가는 시간을 포함하여 60일을 초과하지 않는다.
2. 강제노동을 강요받은 모든 노동자는 그가 완료한 강제노동의 기간이 명시된 증명서를 제공받는다.

제13조

1. 강제노동을 강요받은 사람의 정상 노동시간은 자발적인 노동의 통상적인 노동시간과 동일하며, 정상 노동시간을 초과한 노동시간에 대해서는 자발적인 노동의 초과노동에 대한 통상적인 요율에 따라 보수를 지급한다.
2. 어떤 종류든 강제노동을 강요받은 사람에게는 주당 1일의 휴일이 부여되며, 이 휴일은 가능한 한 해당 영역 또는 지역의 전통이나 관습으로 정해진 날과 일치한다.

제14조

1. 이 협약 제10조에서 정하는 강제노동을 제외하고는, 노동력이 고용된 지역 또는 노동력이 동원된 지역에서 유사한 작업에 통상적으로 지급되는 요율 중 어느 쪽이든 더 높은 것보다 낮지 않게 현금으로 보수를 지급한다.
2. 기관장이 행정적 기능 수행에 사용하는 노동의 경우, 위 항의 규정에 따른 임금 지급을 가능한 한 조속히 도입한다.
3. 임금은 각 노동자에게 개별적으로 지급하며, 노동자가 속한 집단의 장 또는 그 밖의 기관에 지급하지 않는다.

4. 임금 지급의 목적상, 작업장을 오가는 데 걸리는 일수는 노동일수로 계산한다.
5. 이 조는 일상적인 배급식량을 임금의 일부로 지급하는 것을 금지하지 않으며, 이러한 배급식량은 그에 상응한다고 간주한 금액과 적어도 동일한 가치가 되도록 한다. 다만, 세금 납부 또는 고용의 특수한 여건에서 작업수행에 적합한 상태로 유지하기 위하여 노동자에게 공급하는 특별한 음식, 의복 또는 숙박이나 공구류 공급 비용은 임금에서 공제하지 않는다.

제15조
1. 노동자 고용에서 발생하는 재해 또는 질병에 대한 노동자 보상에 관한 법령 및 사망하거나 정상적인 생활을 할 수 없게 된 노동자의 피부양자에 대한 보상을 규정하는 법령으로서 해당 영역에서 시행되고 있거나 시행될 것은 강제노동을 강요받은 개인과 자발적 노동자에게 동등하게 적용된다.
2. 어떠한 경우에도 고용으로 인한 재해 또는 질병에 의하여 스스로를 부양할 능력을 완전히 또는 일부 상실한 노동자의 생계를 보장하고, 해당 노동자가 고용으로 인해 정상생활이 불가능한 상태가 되거나 사망하는 경우 이 노동자가 실제로 부양하는 사람의 생활을 보장해 주기 위한 조치를 취하는 것은 노동자를 강제노동에 동원한 기관의 의무이다.

제16조
1. 특별히 필요한 경우를 제외하고는 강제노동을 강요받은 사람은 그들에게 익숙한 음식과 기후와 현저히 달라서 건강을 위태롭게 할 수 있는 지역으로 이동되지 않는다.
2. 노동자를 해당 환경에 적응시키고 그의 건강을 보호하기 위해 필요한 위생 및 숙박에 관한 모든 조치가 엄격히 적용되지 않는 한, 어떠한 경우에도 이러한 노동자의 이동은 허용되지 않는다.
3. 이러한 이동이 불가피한 경우, 권한 있는 의료 권고에 따라 새로운 식사 및 기후 여건에 대한 점진적인 적응 조치를 도입한다.

4. 이러한 노동자가 익숙하지 않은 정기적인 작업을 수행해야 하는 경우, 특히 점진적인 훈련, 노동시간, 휴식 제공, 필요한 식사의 추가 공급이나 개선과 관련하여 노동자의 작업 적응을 위한 조치를 취한다.

제17조

노동자가 작업장에 상당 기간 체류해야 하는 건설 또는 보수 작업을 위한 강제노동의 사용을 허가하기에 앞서, 권한 있는 기관은 다음 사항을 충족한다.

가. 노동자의 건강을 보호하고 필요한 의료 서비스를 보장하는 모든 필요한 조치를 취할 것. 특히, ① 노동자가 작업을 개시하기 전, 그리고 노동기간 중 일정한 간격으로 의료 검진을 받도록 할 것. ② 모든 요구사항을 만족시키기 위해 필요한 조제실, 진료소, 병원 및 설비 등을 갖춘 적절한 의료진이 있을 것. ③ 작업장의 위생 상태와 식수, 식량, 연료 및 취사도구 공급, 필요시 거주지 및 의복의 공급이 만족스러울 것.

나. 특히 노동자의 요청이나 동의에 따라 안전한 방법으로 임금의 일부를 가족에게 송금하는 것을 용이하게 하여 노동자 가족의 생계를 보장하기 위한 분명한 합의를 할 것.

다. 노동자의 작업장 출퇴근은 행정기관의 비용으로 행정기관의 책임하에 이루어지며 행정기관은 이용할 수 있는 모든 운송수단을 최대한 활용하여 출퇴근을 용이하게 할 것.

라. 일정 기간의 노동 불가능을 초래하는 질병 또는 재해의 경우, 행정기관의 비용으로 노동자가 송환되도록 할 것.

마. 강제노동 만료 시점에 자발적 노동자로 남으려는 노동자는 무료 송환 권리를 2년간 상실하지 않고 그렇게 할 수 있도록 허용될 것.

제18조

1. 짐꾼이나 뱃사공의 노동과 같이 여객 또는 화물 운송을 위한 강제노동은 가능한 한 단기간 내에 폐지한다. 그동안에 권한 있는 기관은 특히 다음의 사항을 정하는 규정을 공포한다.

가. 직무 수행 중인 행정기관 직원의 이동을 용이하게 하거나 정부 물품을 운송하기 위하여, 또는 아주 긴급한 필요가 있는 경우 직원 외의 사람을 운송하기 위해서만 강제노동을 이용할 것.
나. 의료 검진이 가능한 경우 강제노동에 고용된 노동자의 신체적 적합성을 의학적으로 증명할 것. 이러한 의료 검진이 실행 불가능한 경우, 노동자가 신체적으로 적합하고 전염병을 앓고 있지 않음을 보장할 책임을 해당 노동자의 사용자가 부담할 것.
다. 노동자가 운반할 수 있는 최대 하중.
라. 노동자의 가정에서 동원된 곳까지의 최대 거리.
마. 노동자가 가정으로 귀환하는 데 필요한 일수를 포함해 한 달 또는 그 밖의 기간 중 동원될 수 있는 최대 일수, 그리고
바. 이러한 형태의 강제노동을 요구할 수 있는 사람 및 강제노동을 요구할 수 있는 정도.

2. 위 항 다호, 라호 및 마호에서 규정한 최대한도를 정할 때 권한 있는 기관은 해당 노동자가 속한 인구의 신체적 발달, 노동자가 통행해야 하는 국가의 상태 및 기후 여건을 포함한 모든 관련 요소를 고려한다.
3. 권한 있는 기관은 더 나아가, 운반하여야 할 중량과 통행거리뿐만 아니라 도로 상태, 계절 및 다른 모든 관련 요소까지 고려해서, 노동자의 통상적인 하루 통행이 하루 평균 8시간 노동에 상당하는 거리를 초과하지 않고, 통행시간이 통상적인 하루 통행시간을 초과하는 경우에는 일반 요율보다 높은 요율로 보수를 지급한다고 규정한다.

제19조

1. 권한 있는 기관은 기근이나 식량 공급 부족에 대한 예방수단으로서만 강제 경작을 허용하되, 항상 식량이나 생산물이 이를 생산하는 개인이나 공동체의 소유로 남아 있는 것을 조건으로 한다.
2. 생산이 법이나 관습에 따라 공동체 단위로 조직되고 생산물이나 그 생산

물의 판매로부터 발생하는 이익이 그 공동체의 소유로 남는 경우, 이 조는 그 공동체의 구성원이 법이나 관습에 따라 공동체에 의해 요구되는 작업을 수행할 의무를 폐지하는 것으로 해석되지 않는다.

제20조

구성원이 범한 범죄에 대하여 공동체가 처벌될 수 있다고 규정하는 단체처벌법은 처벌 수단의 하나로서 공동체에 의한 강제노동 규정을 포함하지 않는다.

제21조

강제노동은 광산의 갱내 노동에 사용되지 않는다.

제22조

이 협약을 비준하는 회원국이 협약의 규정을 이행하기 위하여 취한 조치에 관하여 '국제노동기구헌장' 제22조의 규정에 따라 국제노동기구 사무국에 제출하기로 동의한 연례보고서는 각 관련된 영역에 대해서 강제노동이 그 영역에서 사용된 정도, 강제노동이 사용된 목적, 질병 및 사망률, 노동시간, 임금 지급 방법 및 임금률에 관한 가능한 한 완전한 정보와 그 밖의 모든 관련 정보를 포함한다.

제23조

1. 이 협약의 규정을 이행하기 위하여 권한 있는 기관은 강제노동 사용을 규율하는 완전하고 명확한 규정을 공포한다.
2. 이러한 규정은 특히 강제노동을 강요받은 사람이 노동조건에 관한 모든 진정을 정부 당국에 제기할 수 있도록 허용하고, 이러한 진정이 심사되고 고려되도록 하는 규정을 포함한다.

제24조

자발적인 노동을 감독하기 위해 설치된 기존 근로감독관 조직의 임무가 강제노동 감독을 포함하도록 확장하거나 그 밖에 적당한 방법으로, 강제노동 사용을 규율하는 규정이 엄격하게 적용되도록 하기 위해서 적절한 조치를 취한다. 또한, 강제노동을 강요받은 사람이 이러한 규정을 알 수 있도록 하기 위한 조치도 취한다.

제25조

강제노동의 불법적인 강요는 형사 범죄로 처벌되며, 법에 따라 부과되는 형벌이 실제로 적절하고 엄격하게 집행되도록 하는 것이 이 협약을 비준하는 회원국의 의무이다.

제26조

1. 이 협약을 비준하는 국제노동기구 회원국은, 회원국이 국내 관할권 문제에 영향을 미치는 의무를 수락할 권리를 가지는 한, 해당 국가의 주권, 관할권, 보호, 종주권, 감독 또는 지휘하에 놓여 있는 영역에 대하여 이를 적용하기로 약속한다. 다만, 회원국이 '국제노동기구헌장' 제35조의 규정을 원용하려는 경우, 비준 시 다음의 사항을 명시하는 선언을 첨부한다.
   가. 해당 회원국이 수정 없이 이 협약 규정을 적용하려는 영역.
   나. 해당 회원국이 이 협약 규정을 수정하여 적용하려는 영역 및 수정의 구체적인 내용.
   다. 해당 회원국이 결정을 유보하는 것과 관련한 영역.
2. 위 선언은 비준의 필수적인 부분으로 간주되며, 비준의 효력을 가진다. 모든 회원국은 원래의 선언에서 이 조 나호 및 다호의 규정에 따라 한 유보의 전부 또는 일부를 추후 선언으로 취소할 수 있다.

제27조

'국제노동기구헌장'에 규정된 조건에 따른 이 협약 공식 비준은 등록을 위해 국제노동기구 사무국 사무총장에게 통보한다.

제28조

1. 이 협약은 국제노동기구 사무국에 비준이 등록된 회원국에만 구속력이 있다.
2. 이 협약은 2개의 국제노동기구 회원국이 사무총장에게 비준을 등록한 날 후 12개월째 되는 날에 발효한다.
3. 그 이후 이 협약은 회원국에 대하여 그 회원국의 비준이 등록된 날 후 12개월째 되는 날에 발효한다.

제29조

국제노동기구 2개 회원국의 비준이 국제노동기구 사무국에 등록되는 즉시 국제노동기구 사무국 사무총장은 국제노동기구의 모든 회원국에 이를 통보한다. 사무총장은 추후에 통보받는 다른 회원국의 비준 등록도 마찬가지로 모든 회원국에 통보한다.

제30조

1. 이 협약을 비준한 회원국은 협약이 처음 발효한 날부터 10년이 경과된 후 국제노동기구 사무국 사무총장에게 등록을 위하여 통보하는 행위를 통하여 협약을 폐기할 수 있다. 그러한 폐기는 국제노동기구 사무국에 등록된 날부터 1년이 될 때까지 발효하지 않는다.
2. 이 협약을 비준하고 위 항에서 언급된 10년의 기간이 만료된 후 1년 내 이 조에 규정된 폐기권을 행사하지 않는 각 회원국은 다시 5년간 이 협약에 귀속되며, 각 5년의 기간이 만료되었을 때에 이 조에서 규정한 조건에 따라 협약을 폐기할 수 있다.

제31조

국제노동기구 사무국 이사회는 필요하다고 인정하는 경우, 이 협약 운용에 관한 보고서를 총회에 제출하고, 전체 또는 일부 개정 문제를 총회 의제로 상정하는 것이 바람직한지를 검토한다.

제32조

1. 총회에서 이 협약의 전체 또는 일부를 개정하는 새 협약을 채택하는 경우, 새 개정 협약이 발효한 경우, 위 제30조의 규정에도 불구하고 회원국의 새 개정 협약 비준은 지체할 필요 없이 법률상 이 협약의 폐기를 수반한다.
2. 이 협약은 새 개정 협약이 발효하는 날부터 더는 회원국의 비준을 위해 개방되지 않는다.
3. 그럼에도 이 협약을 비준하였으나 개정 협약은 비준하지 않은 회원국에 대하여 이 협약은 현재의 형식 및 내용으로 계속 유효하다.

제33조

이 협약의 프랑스어본 및 영어본 모두 정본이다.

3. 전시 노무동원의 강제성을 말한다

1) 일본 국가권력이 수행한 전시 강제동원

일본이 일으킨 아시아·태평양전쟁은 만주사변(1931)·중일전쟁(1937)·태평양전쟁(1941)으로 이어졌다. 일본은 일본 본토와 식민지 및 점령지, 전쟁터 등에서 다수의 인적·물적 자원과 자금을 강제로 동원했다. 강제동원은 전시동원이며, 당시 일본이 점유한 모든 지역을 대상으로 했다.[43]

---

43 일본 학계에서는 1931년 만주사변 이후를 포함한 15년 전쟁을 '광의의 아시아태평양전쟁'으로, 1941년 12월 태평양전쟁 이후를 '협의의 아시아태평양전쟁'이라 구분한다. 요시다 유타카 지음, 최혜주 옮김, 2013, 『아시아·태평양전쟁』, 어문학사, 12쪽.

〈그림 6-16〉 국가총동원법의 조선 적용 과정

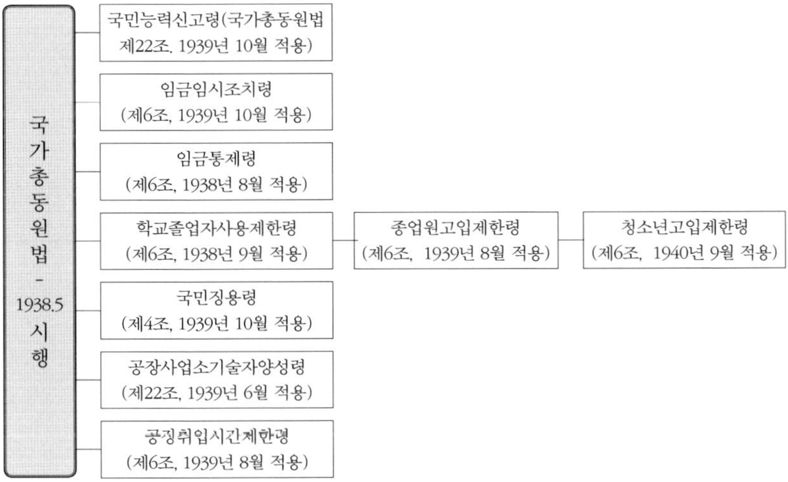

출처: 小林英夫, 1988, 「총력전 체제와 식민지」, 최원규 엮음, 『일제 말기 파시즘과 한국사회』, 청아출판사

강제동원을 위해 당국은 국가총동원법을 제정했다. 국가총동원법은 법조문 자체만으로 구체적인 내용을 확정하기 어렵게 되어 있었으므로 당국은 국가총동원법을 모법으로 각종 통제법령을 통해 국가총동원체제를 운용했다.[44]

국가총동원체제는 총력전을 수행할 수 있는 체제를 의미한다. 총력전은 식민지를 포함한 제국의 모든 인력과 물자, 자금 등을 총동원하는 전쟁이다. 일본은 제1차 세계대전 참전 과정에서 근대 전쟁관인 총력전 사상을 접했다.

총력전은 동원 대상의 범위가 비약적으로 늘어나므로 동원 대상을

44 일본의 국가총동원체제 형성에 관한 상세한 내용은 본서 제1장 제1절 참조

유사시에 효과적으로 동원하는 체제를 평상시부터 준비하고 구축해야 한다. 정부는 군사를 비롯해 경제, 정치, 사회, 사상 등 국가의 모든 요소(총력)를 동원 대상으로 삼고, 국가의 모든 힘을 동원하기 위해서는 기존의 국가체제를 개편해 완전히 새로운 전쟁체제를 형성해야 한다.

총력전체제 구축에 필요한 국가적 과제는 군대와 군수산업으로 국민동원과 군수 생산능력의 질적·양적 충실화를 동시에 높이는 것이었다. 제1차 세계대전에 참전한 유럽 국가들은 향후 이 체제 구축 없이 대규모 전쟁은 불가능하다고 생각했다. 제1차 세계대전 직후 일본 등 세계 각국에서 총력전 사상은 급속도로 확산했다.

1918년 12월, 일본 육군임시군사조사위원회 제2반은 '국가총동원'의 개념을 담은 문서(교전 제국의 육군에 대하여)를 만들었다. 국가총동원체제 만들기는 육군의 영역을 넘어 내각은 1918년 4월, 육군의 독려 아래 군수공업동원법을 제정했다. 총력전 수행을 위해 평상시부터 전 국가의 자원을 조사하고, 전쟁이 일어났을 때 보급 계획을 세울 수 있는 법이었다. 1919년 12월에는 군수조사령을 제정하고 '조선과 타이완'을 대상 지역에 포함했다. 특히, 일본 정부는 1929년 6월 18일 각의 결정 문서에서 공식적으로 '국가총동원'이라는 용어를 사용하고, 1930년에 총동원기간계획을 처음 마련했다.[45]

일본의 국가총동원체제 수립 행보는 아시아 침략을 거치면서 더욱 빨라졌다. 중일전쟁을 일으킨 후, 1938년 2월 만주국에 이어 일본에서 4월 1일 「국가총동원법」을 제정하고, 5월 5일에 공포해 국가총동원체제

---

45 防衛廳防衛研修所戰史室, 1967, 『戰史叢書 陸軍軍需動員(1)計劃編』, 朝雲新聞社, 254쪽.

를 확립했다. 「국가총동원법(법률 제55호)」은 전쟁 수행을 위해 총동원을 규정한 「전시수권법(전문 50개조, 부칙 4개항)」이다. 조선과 관동주, 화태(남사할린), 남양군도(중서부 태평양) 등에도 적용하도록 했다.[46]

이같이 전시 강제동원은 몇몇 정책 수행자들의 자의적 행위가 아니라 일본 국가권력이 정책적·조직적·집단적·폭력적·계획적으로 수행한 업무였다. 당국은 행정체계를 갖추고, 조직적으로 동원했다. 동원 대상에는 한반도와 민중이 포함되어 있었다.

이러한 점에서 한인 동원과 관련한 강제성 문제는 논란이 필요 없으나 앞에서도 언급한 바와 같이 논란이 있다. 논란의 주인공들이 제기하는 내용 가운데 하나는 피해자들이 인신 구속 상태, 즉 포승줄로 꽁꽁 묶여 가지 않고 '자기 발로 걸어갔는데 무슨 강제'냐는 주장이다. 당시 일본이 운영한 체제에 대한 이해가 있다면 필요 없는 문제 제기일 것이다.

납치당하듯 끌려간 사람이 많았으나 나오라는 날짜에 맞추어 자기 발로 집을 떠난 사람도 있었다. 항구와 역에 경찰이 나오기는 했으나 포승줄로 묶지는 않았다. 군대에 가겠다고 자원한 사람도 있었다. 이들도 강제로 동원된 이들일까.

한국과 일본 학계, 그리고 일본변호사협회는 이들을 모두 전시에 강제로 동원된 사람으로 규정했다. 한국과 일본 학계에서 규정한 강제성이란, '신체적 구속이나 협박은 물론, 황민화 교육에 따른 정신적 구속, 회유, 설득, 본인의 임의결정, 취업 사기, 법적 강제 등에 의한 동원'이다. 2002년 일본변호사협회는 '강제란 육체적·정신적 강제를 포함하며, 이

---

46 칙령을 통해 남양군도에 대해서는 5월 4일 자 「남양군도에서 국가총동원에 관한 건」으로, 조선에 대해서는 5월 5일 자 「국가총동원법을 조선, 타이완 및 가라후토에서 시행하는 건」을 공포해 시행했다.

개념은 19세기 말에는 국제적으로, 20세기 초에는 일본 국내적으로 확립'되었다는 내용의 조사보고서를 발표했다.[47]

2) 국제법을 통해 본 일제의 한인 전시 노무노동의 위법성

역사부정론자들은 일본의 국가총동원체제가 법에 의해 집행되었음을 들어 전시 노무동원은 합법이라고 주장한다. 당시 국제법과도 부합한다고 주장한다. 정말 그러한가.

제1차 세계대전 후 일본을 포함하여 승전한 연합국은 '전쟁 책동자 책임 및 형벌집행에 관한 위원회'를 만들었고, 이 위원회는 "전쟁의 법과 관습, 그리고 인도의 법에 반한(against the laws and customs of war and of the laws of humanity)" 32개의 범죄 목록을 도출했다. 범죄 목록은 "④민간인의 고의적인 굶주림,… ⑦민간인의 추방, ⑧비인도적 조건 아래에서 민간인 수용, ⑨적의 군사작전과 관련한 민간인의 강제노동,… ⑪점령지 주민을 대상으로 한 의무 입대,… ⑮부당하거나 과도한 분담과 징발의 강요, ⑯화폐가치 저하 및 위폐 발행, ⑰집단 처벌의 부과" 등이었다.

제1차 세계대전에서 패전한 독일·오스트리아·헝가리·불가리아·터키와의 평화조약에서 패전국들은 "전쟁의 법과 관습을 위반한 행위를 저지른 혐의가 제기된 사람들을 군사재판소에 회부할" 연합국의 권리를 인정했다. 당시 일본은 연합국의 일원으로서 이러한 국제형사법 원칙에 동의했다.

제2차 세계대전 후 독일 주요 전범 처벌을 위해 뉘른베르크 국제군사재판소(IMT)와 일본 주요 전범 처벌을 위해 도쿄 극동 국제군사재판

---

47 조선인강제연행진상조사단, 2002, 『자료집14-조선인강제연행 강제노동-일본변호사연합회 권고와 조사보고』

소(IMTFE)를 설치했다. 두 재판소의 관할 범죄는 평화에 반한 죄(침략범죄), 전쟁범죄, 인도에 반한 죄(반인도범죄)가 있다. 이 가운데 '전쟁범죄'를 전쟁 중 적국 군인이나 민간인을 상대로 한 헤이그 육전협약 등 전쟁법 위반행위 처벌을 규정하고, '반인도범죄'는 국적과 무관하게, 즉 자국민을 상대로 한 잔학행위까지 처벌하도록 규정했다.[48] 이는 일본의 한반도 식민지 지배의 합법성과 무관하게 일본군'위안부', 강제노동 등 한인에 대한 잔학행위를 '반인도범죄'로 처벌할 수 있음을 의미한다.[49]

국제군사재판소 IMT 헌장 제6조 (b)호는 전쟁범죄(war crimes)에 "점령지의 또는 점령지에 있는 주민 살해, 학대, 노예노동 등이나 다른 어떠한 목적을 위한 추방"이 포함된다고 규정했다. IMT 헌장 제6조 (c)호 및 극동국제군사재판소 IMTFE 헌장 제5조 (c)호는 반인도범죄(crimes against humanity)의 예로 "살해, 절멸, 노예화, 추방 및 다른 비인도적 행위"와 "인종적 이유에 따른 박해"를 들고 있다.

1947년 유엔 총회 결의 177(II)호에 따라 유엔 국제법위원회(ILC)가 정리한 뉘른베르크 IMT 헌장과 판결의 내용을 정리한 7개의 뉘른베르크 원칙(Nuremberg Principles)에서 규정한 전쟁범죄와 반인도범죄는 다음과 같다.[50]

---

48 '반인도범죄'는 제2차 세계대전 중 나치 독일이 학살한 유대인 600만 명 중 프랑스, 폴란드 등 연합국 국적의 유대인 학살은 '전쟁범죄'로 처벌이 가능하지만, 독일, 이탈리아 등 추축국 국적의 유대인 학살은 '전쟁범죄'로 처벌할 수 없는 모순을 극복하기 위하여 도입했다. 신희석, 2020, 「토론문-국제법과 일제의 전시 아동 노동동원」, 58쪽.

49 '반인도범죄'의 적용 범위는 당시 연합국 전범위원회 UNWCC에서 한인, 대만인뿐만 아니라 일본의 정치범, 신사참배 거부로 탄압받은 종교인까지 피해자로 보고 수사, 기소를 검토했을 정도로 넓다. 신희석, 2020, 「토론문-국제법과 일제의 전시 아동 노동동원」, 58쪽.

50 신희석, 2020, 「토론문-국제법과 일제의 전시 아동 노동동원」, 59쪽.

전쟁범죄	점령지의 또는 점령지에 있는 주민의 살해, 학대, 노예노동이나 다른 어떠한 목적을 위한 추방; 전쟁포로나 해상 인원의 살해나 학대, 인질 살해, 공유 또는 사유 재산의 약탈, 도시, 읍이나 촌락의 악의적 파괴, 또는 군사적 필요로 정당화되지 않는 유린을 포함하지만 이에 국한되지 않는 전쟁의 법과 관습 위반[51]
인도에 반한 범죄	어떠한 평화에 반한 죄나 전쟁범죄의 수행 중에 또는 평화에 반한 죄나 전쟁범죄와 관련하여 행해진 민간인 주민에 대한 살해, 절멸, 노예화, 추방 및 다른 비인도적 행위 또는 정치적, 인종적 또는 종교적 이유에 따른 박해[52]

뉘른베르크 원칙에 따른 전범 재판 사례는 두 가지를 들 수 있다. 하나는 아키타현[秋田縣] 가지마[鹿島]건설 소속 하나오카[花岡]사업장에서 발생한 중국인 강제 노동자 113명 학살 사건이다. 전후 요코하마[橫浜] 전범 재판은 전쟁범죄를 적용해 현장 책임자들에게 사형을 포함한 중형을 선고했다. 또 다른 사례인 연합국의 나치 전범 재판에서는 독일 국적의 유대인이나 반체제 인사들의 수용소 격리, 강제노동, 학살 등을 반인도범죄로 처벌했다. 이는 독일인이라는 피해자의 법적 신분 때문에 가해자를 전쟁범죄 대신에 반인도범죄로 기소한 대표 사례이다. 이 같은 사례와 뉘른베르크 원칙을 살펴보면, 일제의 한인 전시 노무동원은 당시 국제

---

51 영어 원문은 다음과 같다: "Violations of the laws or customs of war which include, but are not limited to, murder, ill-treatment or deportation to slave labor or for any other purpose of civilian population of or in occupied territory; murder or ill-treatment of prisoners of war or persons on the Seas, killing of hostages, plunder of public or private property, wanton destruction of cities, towns, or villages, or devastation not justified by military necessity."(신희석 정리)

52 영어 원문은 다음과 같다: "Murder, extermination, enslavement, deportation and other inhumane acts done against any civilian population, or persecutions on political, racial, or religious grounds, when such acts are done or such persecutions are carried on in execution of or in connection with any crime against peace or any war crime."(신희석 정리)

법상 '전쟁범죄' 및 '반인도범죄'로서 처벌 대상이었음을 알 수 있다.[53]

1946년 12월 11일, 유엔 총회는 1946년 10월 1일 자 뉘른베르크 IMT 판결 이후 결의 95(I)호를 만장일치로 채택해 IMT 헌장과 1946년 1월 19일 도쿄 IMTFE 헌장에서 비슷한 원칙들이 채택된 사실에 주목하고, 뉘른베르크 재판소 헌장과 판결에서 인정된 국제법 원칙들을 확인했다. 더구나 일본은 1951년 샌프란시스코 평화조약 전문(前文)에서 "모든 상황에서 유엔 헌장의 원칙을 따르고, 세계인권선언의 목적을 실현하기 위하여 노력할… 의사를 선언했고", 제11조에서 "극동국제군사재판소와 다른 일본 국내와 국외 소재 연합국 전쟁범죄 법원의 판결을 수락한다"고 했다.[54]

전후 연합국 전범 재판에서 한인 전시 노무동원을 실제 기소한 사례는 없다. 그렇다고 면죄부를 줄 수 있는 것은 아니다. 뉘른베르크 재판소는 침략범죄의 소급 처벌 주장에 대해 죄형법정주의는 정의의 원칙이라고 일갈했다. 일제의 한인 전시 노무동원과 같은 명백한 국제법 위반에 대해 과연 일본 정부가 항변할 수 있는 여지가 있을까.[55]

---

53 신희석, 2020, 「일제의 한국인 강제동원·강제노동에 따르는 법적 책임-ILO 강제노동 협약, 반인도범죄 등 당시 국제법을 근거로-」(미공개).

54 신희석, 2020, 「토론문-국제법과 일제의 전시 아동 노동동원」, 57, 59쪽.

55 신희석, 2020, 「일제의 한국인 강제동원·강제노동에 따르는 법적 책임-ILO 강제노동 협약, 반인도범죄 등 당시 국제법을 근거로-」(미공개).

부록

일제 강제동원 관련 주요 연표

일시	주요 법규 및 정책·사건
1918.4.17	일본 정부, 군수공업동원법 제정 *시행 보류
1931.9.18	일본의 만주침략 *만주사변 발발. 아시아태평양전쟁 개시
1931.10. 8	일본 관동군, 진저우(錦州) 폭격 *제1차 세계대전 종결 후 최초의 도시 폭격. 1932.1.3. 점령
1931.11.10	중국의 한국독립당, 각 군구에 총동원령을 발포하고 소집과 징모 실행
1931.12. 29	조선총독부, 군수구호법 시행세칙 개정
1932.1. 28	일본 해군, 상하이(上海) 사변 일으킴
1932.2.5	일본 관동군, 하얼빈(哈爾濱) 점령
1932.3.1	일본 관동군, 만주국 수립
1933.1.1	일본 관동군, 중국 허베이성(河北省) 북쪽 산하이관(山海關) 진공
1933.2.14	국제연맹, 일본군의 만주철퇴권고안 채택
1933.2.17	일본 각의, 르어허(熱河) 진공 결정
1933.3.27	일본 정부, 국제연맹 탈퇴 조서 발표
1933.4.10	일본 관동군, 중국 화베이(華北)지역 침입
1933.5.30	일본 관동군, 중국군과 탕구(塘沽) 정전협정 체결, 화베이 점령
1934.12.29	일본 정부, 미국에 워싱톤해군군축조약 폐기를 통고
1934.12.29	국제연맹, 일본의 남양위임통치 계속 승인
1935.3.19	평안북도 경찰부, 외사계 설치
1935.4.6	조선총독부와 일본 척무성, 80만 조선 농민의 만주이민 원안 결정
1935.10.3	조선총독부, 조선징발사무세칙 제정 · 시행
1936.1.15	일본 정부, 런던군축회의 탈퇴 결정 *1.16. 공표
1936.5.4	조선총독부 학무 · 내무 · 농림 · 경무국장, 각도에 통첩 '청년단 보급 및 지도에 관한 건' 하달
1936.6.4	조선총독부, 선만척식주식회사령 공포. 만주 조선인 척식사업 운영 전담 회사

일시	주요 법규 및 정책·사건
1936.6.8	일본 육군, 제국국방방침 제국 국방에 요하는 병력 및 제국군용병강령 제3차 개정
1936.7.13	조선총독부, 각도에 외사과 신설하고 외사경찰제 실시
1936.7.27	일본 정부, 남양척식주식회사령 공포 *척무성 대신을 최고 책임자로 한 국영기업
1936.8.28	일본 각의, 제2차총동원기간계획강령설정의 건 결정
1936.11.25	독일과 일본, 방공(防共)협정 조인
1937.2.25	일본 정부, 중요산업의 통제에 관한 법률(1931년 법률 제40호로 제정, 1936.5.28. 법률 제25호로 개정)의 조선 시행을 공포
1937.3.6	조선총독부, 조선중요비료업통제령 공포 *유산암모니아·석회질소·과인산석회의 수출입 허가 규정
1937.3.10	조선총독부 주관 제1차 간도 이민 11,000명 출발 *조선총독부가 설립한 선만척식주식회사 수행
1937.4.2	일본 정부, 방공법 공포
1937.5.13	조선총독부, 3남 지방민 7천 명을 서북지방 토건작업장으로 이송 개시
1937.7.2	조선군사령부, 6월 일본 육군성이 요청한 조선인지원병제도와 관한 의견서 제출
1937.7.7	중국 루거우차오(蘆溝橋)에서 중일 양군 충돌. 중일전쟁 시작. 일명 중국항일전쟁
1937.7.12	조선총독부, 조선중앙방공위원회 규정 제정
1937.7.15	일본 정부, 만주개척청년의용대 운영을 위한 청년훈련소안·청년농민훈련소창설요강안 확정
1937.7.16	조선총독부, 외사과를 외사부로 개칭
1937.7.27	대한민국임시정부, 중국 전장(鎭江)에서 개최한 국무회의에서 군무부에 군사위원회 설치 결정
	조선총독부, 중일전쟁 발발에 즈음해 각도에 전시체제령 통첩
1937.7.28	일본 각의, 총동원계획의 일부 실시 결정
1937.8.1	한국광복운동단체연합회 결성 *중일전쟁 발발을 계기로 한국국민당·한국독립당·조선혁명당·한인애국당·미주 5개 단체가 연합
1937.8.2	조선총독부, 일본 긴급 각의 결정에 따라 조선재정을 전시체제로 전환
1937.8.7	조선총독부, 후방 안전을 위해 조선에 육군형법을 적용 실시하기로 결정
1937.8.12	조선총독부, 조선북지(北支)사건특별세령 제정·시행
	일본 정부, 제철사업법 공포 *시행일은 칙령으로 정함

일시	주요 법규 및 정책·사건
1937.8.14	일본 정부, 병역법 개정 공포
1937.8.24	일본 각의, 국민정신총동원실시요강 결정
	조선총독부, 일본 척무차관 통첩에 따라 국민정신총동원운동 개시
1937.9.2	일본 각의, 지나사변에 적용해야 할 국가총동원계획 요강 결정
1937.9.4	일본 육군차관, 조선군 참모장에게 조선인 지원병 문제에 관한 의견 조회 요청
1937.9.9	일본 정부, 군수공업동원법(1918.4.17. 제정) 적용에 관한 법률 공포·시행 *조선에 적용 시행
	일본 정부, 임시선박관리법 공포 *시행기일은 칙령으로 정함
	일본 정부, 국민정신총동원에 관한 내각대신의 고유
	국민정신총동원에 관한 조선총독의 유고
1937.9.10	일본 정부, 임시자금조정법 공포 *전시금융통제기본법의 성격
1937.9.12	조선총독부, 국민정신총동원 실시요강 발표
1937.9.17	일본 정부, 군수공업동원법(1918.4.17. 제정) 적용에 관한 법률(법률 제88호)을 조선에 적용 시행
1937.9.23	조선총독부, 전선(全鮮)농산어촌진흥관계관회동 개최 *개최일을 농산어민보국일로 정하고, 중일전쟁 후 증산과 동원체제 운영 방침 제시
1937.9.25	일본 정부, 공장사업장관리령 공포·시행 *군수공업동원법 규정에 근거
1937.9.29	일본 정부, 방공법 시행령 공포
	일본 육군성, 야전주보규정 개정 *군대 내 매점인 주보(酒保)가 위안시설을 운영하도록 규정
	일본 석탄광업연합회, 상공대신에게 '탄광노동자 보충 증원에 관한 진정서' 제출 *심각한 노동력 부족 현상을 개선하기 위해 조선인 노동력 이입을 요망
1937.10.1	일본 정부, 방공법 시행령과 방공법시행기일의 건, 관청방공령 시행
1937.11.6	일·독·이, 3국방공협정 조인
1937.11.10	국가총동원실시에 관한 건 *내각총리대신의 훈령
	일본 기획원, 국가총동원법안준비위원회 설치
1937.11.14	조선군 참모장, 육군차관에게 '조선인 지원병 문제에 관한 건 회답' 보고
1937.11.18	일본 정부, 방공법 조선시행령·방공법 시행규칙 공포·시행 *조선 적용
1937.11.30	일본 각의, 척무성이 제출한 '만주에 대한 청년이민송출에 관한 건' 승인 *만주개척청년의용대 제도 실현. 1940년부터 조선인 포함

일시	주요 법규 및 정책·사건
1937.12.13	일본군, 중국 난징(南京)점령, 이 과정에서 대학살 자행
1937.12.24	일본 각의, 조선통치에 관한 방침 결정 *미나미 지로(南次郎) 조선 총독의 제안을 수용해 조선에서 지원병 제도를 실시하고, 이를 위해 학교 교육을 쇄신해 황국신민의식을 함양한다는 내용
1938.1.4	조선총독부, 조선광업경찰규칙 공포
1938.1.5	미나미 지로 조선 총독, 쇼와(昭和)천황에게 조선의 지원병 제도 실시를 상주
1938.1.12	조선총독부, 철·금·석탄·전력·기타 등 4개년 생산확충계획안 결정
1938.1.16	일본 각의, 1938년도 물자동원계획 결정
1938.1.18	일본 각의, 1938년 중요물자공급확보에 관한 건 결정
1938.1.21	조선총독부, 강원도 평강군 고삽면 세포리에 만주개척의용대 양성을 위한 세포(洗浦)이민훈련소 개소 *청장년 105명 수용
1938.2.1	일본 육군대신, 내각총리대신에게 칙령안(육군특별지원병령안에 관한 건)을 제출하고 각의 결정을 청원
1938.2.22	일본 정부, 조선인육군특별지원병령 공포
1938.2.23	일본 내무성 경보국장, 각 지방 장관에게 공문 '지나(支那)도항부녀의 취급에 관한 건' 발송
1938.3.3	일본 정부, 조선교육령 개정(제3차 교육령) 공포
1938.3.4	조선 총독, 조선교육령개정 및 육군특별지원병시행에 관한 유고 발표
	일본 육군성 부관, 북지나방면군·중지나파견군 참모장에게 통첩 '군위안소 종업부 등 모집에 관한 건' 발송
1938.3.16	일본군 독립공성중포병 제2대대, 위안소 사용규정 작성
1938.3.19	일본 척무성, 내각총리대신에게 조선총독부 육군특별지원병훈련서관제 개정의 건을 청원
1938.3.23	미나미 조선 총독과 경무국장, 척무대신·척무성 조선부장 앞으로 전문(電文) '조선인의 내지도항 제한에 관한 건' 송달
1938.3.28	일본군, 중국 난징에 중화민국 유신정부 수립
1938.3.29	일본, 조선총독부육군병지원자훈련소 관제 제정 공포
1938.3.30	일본 육군, 육군특별지원병령 시행규칙 제정 공포
1938.3.31	조선총독부, 청년훈련소 규정 개정
1938.4.1	일본, 국가총동원법 제정 *5.3. 조선에 공포
1938.4.4	일본 정부, 조선총독부육군병지원자훈련소 관제 제정

일시	주요 법규 및 정책·사건
1938.4.16	일본 난징병참사령관·영사관 총영사 등, 난징 군위안소 설치 관련 협의 *일반인 대상 위안소는 영사관이 관리 담당하고 군전속 특수위안소는 헌병대가 단속
1938.4.18	조선총독부 정무총감, 통첩 '야스쿠니(靖國)신사 임시대제 때 전 국민 묵도 및 전몰장병 위령제 집행에 관한 건' 하달. 전국적인 신사참배 실시 강요
1938.5.3	일본 정부, 국가총동원법 조선에 공포
	일본 정부, 공장사업장관리령 공포 *조선 적용
1938.5.12	조선총독부, 조선중요광물증산령 공포
1938.5.12	조선총독부, 조선광부노무부조규칙 제정
1938.5.19	일본 육군, 중국 쉬저우(徐州) 점령
1938.6.7	조선총독부, 조선중요광물증산령 시행규칙 공포
1938.6.11	조선총독부 정무총감, 통첩 '학생생도의 근로봉사 작업 실시에 관한 건' 발동
1938.6.15	육군특별지원병 임시훈련소 개소
1938.6.21	경기도 중등학교장 회담을 통해 학도근로보국대 조직 결의
1938.6.22	경기도 내무부장, 통첩 '근로보국단 설치에 관한 건' 하달
1938.6.23	조선총독부, 지방 각도에 산업부 신설 *그간 내무부가 담당하던 업무 중 농업·상업·공업·삼림·수산·광산 등 물자동원 관련 업무와 토지개량·도량형 업무 등을 담당하도록 함
	조선총독부, 도사무분장규정 개정 *제2조 제3호에 국가총동원에 관한 사항 추가
1938.6.26	조선총독부 내무부장, 각도에 국민정신총동원 근로보국운동 관련 통첩 발동
1938.6.28	조선총독부 내무부장, 각도에 근로보국대 실시요강 발표
1938.7.1	조선총독부 내무부장, 각 부윤 대상으로 '국민정신총동원근로보국운동에 관한 건' 통첩 발동
	조선총독부, 국민정신총동원 조선연맹 결성 결정
1938.7.13	일본 내무성 경보국장, 각청 부현에 통첩 '조선인 노동자 증명에 관한 건' 송달 *일시귀선증명서 제도 완화
1938.8.24	일본 정부, 학교졸업자사용제한령 공포
1938.9.8	조선총독부, 학교졸업자사용제한령 시행규칙 공포·시행
1938.9.14	일본 주 상하이총영사 대리, 한커우(漢口) 공략 후 일본인 진출에 대한 응급처리 요강 작성 *군위안소 개설을 위해 진출하는 자에게 우선적으로 거류 인정
1938.9.15	만주국, 치안부 산하 부대인 간도특설대 창설

일시	주요 법규 및 정책·사건
1938.10.27	일본군, 중국 한커우(漢口)·우창(武昌)·칸요(漢陽) 등 우한(武漢) 3진 점령
1938.11.9	조선총독부, 경제경찰제도 도입 결정 *경찰이 노동문제 전반과 노동행정을 관장하도록 함
1938.11.11	일본 정부, 국가총동원법에 따른 국민등록제 실시 결정
1938.11.12	일본 정부, 조선총독부 부내 임시직원설치제 개정 경제경찰 제도 신설
	조선총독부, 조선총독부 사무분장 개정을 통해 경무국 경무과 경제경찰계 설치
1939.1.1	조선총독부, 물자동원계획 수립 *폐품회수운동에서 강제동원으로 전환
1939.1.6	일본 정부, 국민직업능력신고령 공포 *국가총동원법 제21조 의거. 국민직업능력등록제도 실시
	독일, 일본 정부에 3국동맹을 정식 제안 *1940.9.27. 베를린에서 3국동맹 체결
1939.1.14	조선총독부, 조선군사령관과 협의해 조선징발사무세칙 개정·시행
1939.1.24	조선총독부, 경남 거창과 김천 지역 농민 108명, 농업노무자로 송출 *팔라우로 출발
1939.1.25	일본 정부, 경방단령(警防團令) 공포
1939.1.26	조선총독부, 경남 거창 지역 농민 100명, 농업노무자로 사이판으로 송출
1939.1.28	일본 정부, 선원직업능력신고령 공포·시행
1939.2.2	만주척식㈜, 충남에서 조선총독부가 알선한 농민 3천 명을 만주국으로 수송 개시
1939. 2 .3	조선총독부, 방호과 설치
1939.2.7	조선총독부, 내무국 사회과에 노무계 신설 *최초의 노무동원 전담 부서
1939.2.10	일본군, 중국 하이난섬(海南島) 상륙
1939.2.22	조선총독부, 조선총독부이민위원회규정 공포
1939.3.1	만주국, 치안부 산하 부대인 간도특설대 발족
1939.3.24	일본 정부, 군용자원비밀보호법 공포
1939.3.30	일본 정부, 종업자고입제한령 공포 *조선 시행
	일본 정부, 공장취업시간제한령 공포 *조선 시행
	일본 정부, 임금통제령 공포 *조선 시행
	일본 정부, 학교기능자양성령 공포 *조선 시행
	일본 정부, 공장사업장기능자양성령 공포 *조선 시행
	일본 정부, 대학에서 군사교련이 필수과목이 됨 *9.1. 조선의 사립전문학교 연희전문·보성전문·불교전문 등에서도 실시

일시	주요 법규 및 정책·사건
1939.4.20	조선총독부, 중견청년훈련소규정 제정 · 시행
1939.5.6	조선총독부, 조선총독부사무분장규정 중 개정 · 시행 *국민정신총동원운동 추가
1939.5.12	만주국 · 몽골인민공화국 국경인 노몬한(Nomonhan)에서 만주와 외몽골 양국 군대 출동. 노몬한 사건 발단
1939.5.13	일본 정부, 조선총독부 부내 임시직원설치제 중 개정 · 시행 *국민직업능력등록 담당자 3명 추가
1939.5.15	조선총독부, 국민직업능력신고령 시행규칙 공포
	조선총독부, 국민직업능력등록사무취급규정 제정 · 시행
	조선총독부, 국민직업능력신고령 제2조 제1호에 따른 직업의 지정
1939.6.8	조선총독부, 학교졸업자사용제한령 시행규칙 중 개정 · 시행
1939.6.14	일본군, 중국 텐진(天津)의 영국 · 프랑스 조계 봉쇄
1939.7.3	조선총독부, 경방단규칙 공포
1939.7.8	일본 정부, 국민징용령 공포 *10.1 조선 시행
1939.7.14	일본 정부, 국민징용령에 의해 육군에 징용된 자의 급여에 관한 건 제정
1939.7.16	조선총독부, 144명의 흥아근로보국 조선부대 송출
1939.7.28	일본 내무성 · 후생성 차관, 정책 통첩 '조선인 노무자 내지 이주에 관한 건' 송달 *일본지역 노무동원 개시
	관동군, 재만조선인지도요강(수정)및 선농(鮮農)취급요강에 관한 건 발표 *조선인 개척민을 만주 구성원으로 정착시키고 국방상의 역할을 부여. 조선인 입식지역과 입식 호수의 확대
1939.7.31	일본 정부, 종업자고입제한령 공포 *조선 적용
	일본 정부, 공장취업시간제한령 공포 *조선 적용
	일본 정부, 임금통제령 공포 *조선 적용
	조선총독부, 종업자고입제한령 시행규칙 공포
	조선총독부, 공장취업시간제한령 시행규칙 공포
	조선총독부, 임금통제령 시행규칙 공포
1939.8.2	일본 정부, 조선총독부 관제 개정 *외무부를 외사부로 개칭
1939.8.3	조선총독부, 외무부를 외사부로 개칭하고 외무과와 척무과 설치
1939.9.1	독일, 폴란드 침공 *유럽에서 제2차 세계대전 발발
1939.9.4	조선총독부, 방공훈련법에 따라 전국적으로 방공훈련 실시

일시	주요 법규 및 정책·사건
1939.9.22	일본군, 북부 불령 인도차이나 진주
1939.9.30	조선총독부, 국민징용령 시행규칙 공포
1939.10.3	일본 정부, 조선인 노무자 이입허가 조치에 따라 제1회 조선인 이입노무자 398명을 홋가이도(北海道)의 홋가이도단광기선㈜에 배정
1939.10.12	일본 스미토모(住友)광업㈜ 고노마이(鴻之舞)광산, 충남도청에 조선인노무자모집 허가신청서 제출 *1940.10.7. 조선인 302명을 동원한 후 1942.9.22까지 총 23차례에 걸쳐 2,563명 동원
1939.11.11	경기도 안성 이재민, 화태개척근로대라는 이름으로 남사할린으로 출발
1939.11.28	일본 정부, 조선총독부기획부임시설치관제 공포·시행 *1937년 9월에 신설한 자원과와 1938년 8월에 신설한 임시자원조정과 통합
1939.11.29	조선총독부사무분장규정 중 개정 *기획부 사무분장 규정
1939.12.12	일본 육군성, 군기보호법시행규칙 개성 *대상에 조선 포함
1939.12.21	일본 정부, 효고현(兵庫縣) 미쓰비시(三菱)광업 이쿠노(生野) 광산에 제1차로 조선인 노무자 150명 배치
1940.1.4	조선총독부, 조선영화령 공포 *영화 검열 및 국민정신 함양 목적으로 제작과 배급 상영 등을 통제하는 법령
1940.1.11	일본 정부, 조선직업소개령 공포
1940.1.19	일본 정부, 조선총독부직업소개소관제 공포·시행
1940.1.30	일본 정부, 조선총독부기획부임시설치제 개정·시행
1940.1.31	일본 정부, 청소년고입제한령 공포
1940.1.31	일본 정부, 육군통제령 공포
1940.1.31	일본 정부, 해운통제령 공포·시행
1940.2.3	조선총독부, 식산국과 각 도청에 물가조정과·식량조사과(식산국), 경제경찰과 설치
1940.2.11	조선총독부, 조선인 씨명변경에 관한 건 공포. 창씨개명 실시
1940.2.15	조선총독부, 조선해운통제령 시행규칙 공포·시행
1940.2.20	조선총독부, 총동원물자사용수용령 시행규칙 공포
1940.2.25	조선총독부, 육군통제령 시행규칙 제정·시행
1940.3.31	조선총독부, 조선물품세령 공포
1940.3.31	조선총독부, 조선유흥음식세령 공포
1940.3.31	조선총독부, 조선통행세령 공포
1940.3.31	조선총독부, 조선입장세령 공포

일시	주요 법규 및 정책·사건
1940.4.1	조선총독부, 농업노동자 임금통제 실시
	일본 홋카이도 쇼와(昭和)공업㈜ 신호로나이(新幌內)광업소 소속 조선인 노무자 328명 파업 돌입
1940.5.3	만주국, 개척단법 공포
	경성식량배급조합, 식량배급 구매장(購買帳) 제도 실시
1940.6.4	일본 정부, 조선총독부만주개척민지원자훈련소관제 공포 · 시행
	조선총독부, 제1차 조선농업보국청년대원 136명을 일본 4개 현 농가에 파견
1940.7.15	조선총독부, 각 전문학교생 100여 명을 만주국건설봉사학생보국대로 만주국에 파견
1940.8.31	일본 정부, 청소년고입제한령 공포
	조선총독부, 청소년고입제한령 시행규칙 제정
1940.9.22	일 · 불령 인도차이나, 군사세목협정 성립. 일본군, 북부 불령 인도차이나 진주
1940.9.27	일본 내각, 일독이(日獨伊) 삼국조약 체결 고유
1940.10.14	조선총독부, 조선 국민조직 신체제 요강 발표 *국민총력연맹 결성 지침
1940.10.16	일본 정부, 국민직업능력신고령 개정 *청년국민등록제 신설. 조선 적용
	일본 정부, 국민징용령 개정 · 시행 *조선 적용
	일본 정부, 선원급여통제령 공포 *조선 적용
	일본 정부, 지대가임통제령 공포
	일본 정부, 회사경리통제령 공포 *조선 적용
	일본 정부, 은행등자금운용령 공포
1940.10.19	조선총독부, 국민직업능력신고령 개정 공포
	조선총독부, 국민징용령 시행규칙 개정 공포
	일본 정부, 임금통제령 개정
	일본 정부, 선원징용령 공포 *조선 적용
1940.10.20	수이양(綏陽)국경경찰대 한충허(寒葱河) 대장, 쑤이펀허(綏芬河) 대장에게 공문 '일군 전용 조선인 요리점 개설에 관한 건' 발송 *일본군 대륙파견부대 전용위안부로 조선에서 모집한 조선 여성 2천 명 중 약 10명을 한충허의 남천문(南天門)에 배치
1940.10.21	조선총독부, 도사무분장규정 개정 *제1조에 국민총력운동에 관한 사항 추가
1940.11.2	조선총독부 농림국, 목탄증수량급속증산계획 결정

일시	주요 법규 및 정책·사건
1940.11.4	조선총독부, 회사경리통제령 시행규칙 제정
1940.11.5	조선총독부, 선원급여통제령 시행규칙 제정·시행
1940.11.8	일본 정부, 선원사용등통제령 공포
	일본 정부, 종업자이동방지령 공포
1940.11.9	조선총독부, 선원징용령 시행규칙 제정
1940.11.15	조선총독부, 선원사용등통제령 시행규칙 제정·시행
1940.11.19	일본 정부, 해군징용공원규칙 공포 *국민징용령 근거한 규정. 최초의 해군 군무원 동원의 근거
1940.12.5	조선총독부, 종업자이동방지령 시행규칙 제정·시행
1940.12.9	수이양(綏陽)국경경찰대, 한충허(寒葱河)에 군위안소 개설 *조선 여성 13명 배치
1941.1.14	조선총독부 경무국장, 각 경찰서에 통첩 '조선인노동자의 내지도항 단속에 관한 건' 하달 *조선인들이 조선과 일본의 시국산업방면에 취로할 수 있도록 권장
1941.2.1	일본 기획원, 석탄증산을 위한 조선인 노무자 이주에 관한 긴급 조치 하달 *조선인 노무자를 석탄광업과 금속광산에 집중
	만주국, 조선인개척홍농회설립 및 조성에 관한 건 제정
1941.2.27	일본 내무성 경보국장, '조선인 노무자 이주 촉진에 관한 긴급조치' 통첩을 경시청 특고과장 및 각 부현 경찰부장에 하달
1941.3.1	일본 정부, 국가총동원법 개정 공포 *정부 권한 대폭 확장
1941.3.6	일본 정부, 국방보안법 공포
1941.3.7	일본 정부, 국민노무수첩법 공포
1941.3.8	조선총독부, 농업노무자 임금 전면 통제 *4.1. 임금 통제 실시
1941.3.11	일본 정부, 노동자연금보험법 공포 *1944.2.15. 후생연금보험법으로 개편
1941.3.13	조선총독부, 내무국 산하 노무계를 노무과로 승격
1941.3.30	조선총독부, 전국 대상으로 생활필수품 배급제 시행
1941.4.6	소일불가침조약 조인 *1945.8.8. 소련의 대일선전포고로 파기
1941.4.19	조선총독부, 조선광부노무부조규칙 제9조 특례에 관한 건 공포 *16세 이상 여성 갱내작업 가능 규정
1941.4.22	독소전 개시
1941.5.6	일본 정부, 국방보안법 시행령 공포·시행

일시	주요 법규 및 정책·사건
1941.6.16	조선총독부, 조선광업령 개정 *시행기일은 조선총독이 지정. 7.18 시행규칙 제정·시행
	조선총독부, 중요광물증산령 개정·시행
1941.6.27	조선총독부, 석유배급통제규칙 제정
1941.6.28	조선노무협회 창립 *조선총독부 노무과가 설립한 행정보조단체
1941.6.30	조선총독부, 임금통제령시행규칙 개정·시행
1941.7.2	일본 어전회의, 제국국책요강 결정 *영국·미국과 전쟁을 불사하며 소련과 전쟁을 준비
1941.7.5	일본 정부, 방위총사령부령 제정
1941.7.18	조선총독부, 조선광업령 시행규칙 및 조선중요광물증산령 시행규칙 개정·시행
1941.7.23	일본, 프랑스와 인도차이나방위협정 성립 *일본군, 남부 인도차이나 진주
1941.7.25	미국, 자국 내 일본자산 동결
1941.7.27	네덜란드, 자국 내 일본자산 동결
1941.7.28	일본군, 남부 인도차이나 진주
1941.7.30	조선총독부, 국민징용령 제3조 제2항의 규정에 의한 징용자의 조사등록에 관한 건 제정
1941.8.1	미국, 대일석유수출 전면 금지
	경남도, 특별근로보국대 편성
1941.8.29	일본 각의, 노무긴급대책요강 결정
1941.8.30	일본 정부, 중요산업단체령 시행
1941.9.6	일본 어전회의, 제국국책수행요령 결정 *10월 하순을 목표로 미·영·네덜란드와 전쟁 준비
1941.10.2	미국, 일본에 불령 인도차이나와 중국에서 철병을 요구하는 국무장관 헐(Cordell Hull) 노트 전달
1941.11.5	일본 어전회의, 대미교섭 최종안과 제국국책수행요령 결정
	일본 대본영, 미·영·네덜란드를 대상으로 한 작전준비하령 하달
1941.11.14	일본 정부, 육군통제령 개정 공포 *정부 명령에 따라 철도·버스회사 통합이나 매수, 자재나 설비 양도 등을 실시하고 전시통제에 의한 육상운수사업을 관리할 목적의 법령. 12.5. 조선 적용
1941.11.18	일본 정부, 조선총독부관제 중 개정 공포·시행 *사정국과 후생국 설치, 기획부 정식기구화

일시	주요 법규 및 정책·사건
1941.11.19	조선총독부, 조선총독부사무분장규정 개정 *후생국 신설, 내무국 노무과를 후생국 노무과로 개편 등
	조선총독부, '조선총독부 후생국 설치 및 내무국·외사부 폐지에 따른 감액여비 규정 등 규정의 정리에 관한 건' 제정·시행
	조선총독부, 조선총독부도사무분장규정 개정 *국민총력운동 사항 추가
1941.11.23	일본 정부, 국민근로보국협력령 공포 *조선 적용
1941.11.25	일본 정부, 방공법 개정 *방공업무의 범위 확대, 벌칙 조항 신설 등 중앙통제와 국민동원을 강화
1941.12.1	조선총독부, 국민근로보국협력령 시행규칙 제정·시행
	일본 어전회의, 미·영·네덜란드 대상 개전 결정
1941.12.2	일본 후생성, 노무동원실시계획에 의한 '조선노무자 내지이입에 관한 건' 발표 *1942.4.21. 공포
1941.12.3	조선총독부, 육군통제령 시행규칙 개정
1941.12.6	일본 정부, 노무조정령 제정 공포 *종업자이동방지령과 청소년고입제한령에 대한 보완 법령
1941.12.8	일본, 말레이반도와 하와이 진주만 기습 공격 (태평양전쟁 개시) 일본, 미국·영국에 대해 선전포고 일본 정부, 해군작업애국단의 남방(동남아시아·중서부 태평양) 파견 결정
1941.12.9	대한민국임시정부, 제20차 국무회의에서 대일선전포고 단행을 결정하고 대일선전성명서 발표
1941.12.10	일본군, 괌섬 점령, 필리핀 북부 상륙
	일본 정부, 기업허가령 공포
1941.12.12	일본 정부, 전쟁 명칭을 '대동아전쟁'으로 결정
	일본 정부, 국민직업지도소관제 개정 *노무조정령 관련 법령
1941.12.15	일본 정부, 국민징용령 개정 *부조규정 신설
	일본 정부, 물자통제령 공포. 조선에 적용
	일본 정부, 의료관계자징용령 공포 시행
1941.12.19	일본 정부, 포로정보국 관제 공포 시행 *포로수용소 설치 및 포로감시원 동원 근거
1941.12.21	일본·타이국 간 동맹조약 조인

일시	주요 법규 및 정책·사건
1941.12.22	조선총독부, 철제품제조제한규칙 공포
	일본 정부, 국민징용부조규칙 공포
1941.12.25	일본군, 홍콩 점령
1942.1.2	일본군, 필리핀 마닐라 점령
1942.1.5	조선총독부 충남도 내무부장, 각 군수와 부윤에게 '해군공원징용방법에 관한 건' 하달
1942.1.10	조선총독부, 노무조정령 시행규칙 공포·시행
1942.1.14	일본 내각 관방, '조선반도 출신 이른바 종군위안부의 조사결과에 대하여' 작성
1942.1.23	일본군, 비스마르크 제도 라바울 점령
1942.2.3	일본 야마구치현(山口縣) 우베시(宇部市) 조세이(長生) 탄광 수몰사고 *조선인 135명을 포함해 총 183명 사망
1942.2.13	일본 각의, '조선인 노무자 활용에 관한 방책' 결정 *관 알선 제도 개시. 일본 거주 조선인에 대한 징용과 국민근로보국대 동원 규정
1942.2.15	일본군, 싱가포르 점령 *싱가포르 주재 영국군 항복
1942.2.20	일본 정부, 식량관리법 공포 *조선 적용
1942.3.1	일본군, 자바섬 상륙
1942.3.7	조선총독부, 조선마적령(朝鮮馬籍令) 공포
1942.3.24	일본 육군성, 조선군에 '포로수용시설 실시에 관한 건' 하달
	일본 정부, 선원징용령 개정·시행
	일본 정부, 전시해운관리령 공포
1942.3.28	일본 정부, 철강통제규칙 공포 *조선 시행
1942.3.31	일본 기획원, 내무차관 앞으로 통첩 '조선인의 내지도항취급에 관한 건' 송부 *밀항 및 부정도항 단속 강화
	일본 육군성, 포로취급에 관한 규정 제정 *포로 노역에 관한 사항 등 규정
1942.4.18	조선총독부, 저축목표를 9억원으로 결정
	미 육군 B-25 두리틀 폭격대, 도쿄 등 일본 주요 도시 공습 *미군의 일본 본토 최초 폭격
1942.5.1	육군대신 도조 히데키(東條英機) 등, 조선의 징병제 시행 준비의 건 요청
	일본 정부, 대만육군특별지원병제 실시 결정
	일본군, 버마 만달레 점령

일시	주요 법규 및 정책·사건
1942.5.8	일본 각의, 1944년부터 조선에서 징병제 실시 결정
1942.5.9	일본 각의, 조선에 징병제 시행준비의 건 공포
1942.5.11	조선총독부, 조선총독부징병제시행준비위원회 규정 공포
1942.5.22	일본 정부, 병기등제조사업특별조성법시행령 제정
	조선총독부 정보과, 포로감시원 요원 채용 계획 발표
1942.5.29	고이소 구니아키(小磯國昭) 조선 총독 부임
1942.6.5	미일간, 미드웨이 해전 발발 *6.7. 일본군 패전
1942.6.7	일본군, 기스카섬 점령
1942.6.8	일본군, 아투섬(아츠섬) 점령
1942.6.15	조선인 포로감시원 지원자 3,223명 임시군속교육대 입소(부산 서면)
1942.7.18	조선총독부 정보과, 조선인 해군군속 채용 발표 *남방파견해군설영대
1942.8.7	미군, 과달카날 상륙 개시 *8.21, 일본군 전멸
1942.8.22	조선총독부, 일본 행정간소화 정책에 따라 행정간소화안 발표
1942.8.26	일본 해군, 조선인을 해군 시바우라(芝浦) 보급부 소속 공원(工員)으로 미크로네시아 중부 코스라에(Kosrae)섬 배치 시작 *11월 26일까지 총 319명 배치
1942.9.16	조선인 포로감시원 1,408명, 인도네시아 제16군 소속 포로수용소 배치 *일본군 지휘 아래 대만 포로감시원과 함께 연합군 포로 50,344명 관리
1942.9.26	일본 육군성, 육군방위소집규칙 제정
	조선총독부, 조선기류령 공포
1942.10.1	조선총독부, 조선청년특별연성령 공포 *17~21세까지 국민학교 초등과를 수료하지 못한 조선 청년을 대상으로 훈련 실시
1942.10.2	조선총독부, 선원징용부조규칙 제정·시행
1942.10.15	조선총독부, 의료관계자징용령 시행규칙 제정·시행
	조선총독부, 의료관계자징용령에 의한 지방공공단체, 방공계획설정자 또는 공장 사업장에 징용된 자의 여비에 관한 건 제정·시행
1942.10.22	일본 각의, '금광업 및 석광업 정비에 관한 건' 결정 *금광산정비령의 시초
1942.10.26	조선총독부, 조선청년특별연성령 시행규칙 공포
	일본군, 과달카날섬 공방을 둘러싼 남태평양해전에서 총공격 실패 *12.31. 일본 대본영, 과달카달섬 철퇴 결정하고, 1943.2.1~2.7 1만 1천여 명 과달카날 철수 완료

일시	주요 법규 및 정책·사건
1942.11.1	일본 정부, 조선총독부 관제 개정
	조선총독부, 행정간소화안에 따라 인원 삭감 및 기구 정비 단행 *총동원 업무 담당 부서인 기획부와 후생국을 폐지하고 후생국 노무과를 사정국 노무과로 개편하며, 총무국을 신설해 총동원계획관련 사무를 총괄하게 함. 8.22자 조선총독부의 행정간소화안 발표 후 후속 조치
1942.11.4	조선총독부, 피징용선원복무규율 제정·시행
1942.11.27	일본 각의, 중국인 노동력 동원 결정
1942.11.30	일본 상공성, 금광산정비령에 의한 금광산의 보·휴·폐광과 설비 및 노동력 배치 전환 등에 관한 내시(內示) 발표 *당국의 금광업정비방침
	조선총독부, 국민총력운동지도위원회규정 개정 *국민총력운동연락위원회로 변경 확충
1942.12.1	조선총독부, 조선청년특별연성령에 따라 조선청년특별연성소 개설 *미취학 징병 대상자 교육시설
1942.12.8	조선총독부, 조선농지개발영단령 공포
	일본군, 뉴기니아 바사부아에서 전멸 *사망 800명
1943.1.9	중국 왕자오밍(汪兆銘)정권, 일본 전쟁협력 공동선언·조계 환부·치외법권철폐 등에 관한 협정 조인·미영에 선전포고
1943.1.20	일본 각의, '생산증강근로긴급대책요강' 결정 *징용제도 강화·여성노동력 동원 관련 방침 규정
1943.1.22	일본 각의, '금광업 정비에 관한 건' 결정 *금광산 정비령에 대한 제2차 각의 결정
1943.2.2	경성부, 징병제 운영에 대비한 호적정비동원령 발표
1943.3.1	조선총독부, 조선기류령 운영을 위해 조선인 호적 기류자 일제 조사
	일본 정부, 병역법 개정 공포 *조선에 징병제 시행
1943.3.3	일본 정부, 전쟁사망상해보험법 공포
1943.3.12	조선총독부, 전시형사특별법 개정 공포
1943.3.17	일본 정부, 전시행정특례법 공포·시행 *철강·석탄·경금속·선박·항공기 등 5대 중점산업 명시
	일본 정부, 전시행정직권특례 공포 *총리대신의 독재권 강화
1943.4.20	조선총독부, 식량공출 사전 할당제 발표
	일본 해군, 해군소집규칙 중 개정·시행

일시	주요 법규 및 정책·사건
1943.4.21	일본 각의, 여자근로동원촉진 결정
1943.5.11	일본 각의, '조선인 및 타이완 대상 해군특별지원병제 신설' 결정
1943.5.12	미군, 아투섬(아츠섬) 상륙 *5.29.일본군 수비대 전멸. 전사 2500명
1943.5.22	조선총독부, 근로보국대 정비요강 발표
1943.5.29	조선총독부 사정국장, 대정익찬회 공문에 근거해 각도에 통첩 '근로보국대 출동에 관한 건' 하달
1943.6.1	일본 각의 '전력증강기업정비 요강' 결정
1943.6.3	조선총독부, 해군지원병 모집 요강 발표
1943.6.15	일본 정부, 공장취업시간제한령 폐지·공포 *여성과 연소자의 탄광산 갱내 작업을 보장하는 노동시간의 무제한 연장
1943.6.18	일본 정부, 노무조정령 개정·공포
	일본 정부, 임금통제령 개정·공포
1943.6.25	일본 각의, '학도전시동원체제확립요강' 결정 *군사훈련과 근로동원을 철저히 한다는 내용. 조선에 적용
1943.6.29	조선총독부, 조선석탄배급통제령 공포
1943.7.1	조선총독부, 조선중요광물긴급개발조사단 설치 *술 전매령 실시
1943.7.5	조선총독부, 공장취업시간제한령시행규칙 폐지
1943.7.20	일본 정부, 국민징용령(제3차) 중 개정 공포
1943.7.22	조선총독부 사정국 노무과, 학도전시동원체제확립요강 공포 *학생근로보국대 동원 근거
1943.7.27	일본 정부, 해군특별지원병령 공포
1943.7.28	일본 정부, 해군특별지원병 시행규칙 공포 *조선 시행
1943.7.30	일본 정부, 여자학도동원 결정
1943.7.31	조선총독부, 노무조정령 시행규칙 공포
	조선총독부, 임금통제령 시행규칙 개정 공포
1943.8.1	일본 정부, 조선에 징병제 실시 결정 *개정 병역법 시행. 전 조선 징병적령자 신고
	일본 정부, 조선총독부해군병지원자훈련소 관제 공포
	조선총독부, 조선청년특별연성령에 따라 징병제 실시를 위한 조선인청년특별연성 개시

일시	주요 법규 및 정책·사건
1943.8.9	조선총독부, 조선식량관리령 공포 *식량을 국가관리 아래 두어 수급조정·가격조정·배급통제를 실시하고 조선식량영단 결성
	일본 히로시마현(廣島縣) 구레(吳) 해군시설부 소속 징용공 김선근(金善根), 조선인 징용공 700명을 이끌고 취역 거부하며 봉기했으나 해군이 진압 *김선근 등 주모자 29명 해군군법회의에 회부
1943.8.10	일본 후생성, 응징사복무기율 공포 *1944.2.8 조선 적용
1943.8.13	조선총독부, 전쟁사망상해보험법 시행규칙 제정·시행
1943.9.21	일본 차관회의, 여자근로정신대 제도 결정
	일본 정부, 선원보험법 개정 *조선 적용
1943.9.23	일본 각의, '국내필승근로대책' 결정 *17개 직종에 남자취업 금지, 25세 미만 미혼여성의 근로정신대 동원
1943.9.27	조선총독부 보물고적명승천연기념물보존회, 황해도 봉산군 휴류산성 석회석 채굴 결정 *전쟁용 시멘트 생산 목적
1943.9.30	조선총독부, 국민징용령 시행규칙 개정 *응징사 제도 채택
	조선총독부, 국민징용부조규칙 제정·시행
	조선총독부, 조선선원보험법시행규칙 개정
	조선총독부, 가계조사요강 제정
	일본 어전회의, '금후의 전쟁지도대강 및 당면에 긴급 조치에 관한 건' 결정 *절대방위선 후퇴
1943.10.1	제1기 해군지원병훈련소(진해) 입소 *1944.3.23 수료
	일본 정부, 재학징집연기임시특례 공포 *학생의 징병유예 정지. 12.1. 제1회 학도병 입대
1943.10.2	일본군, 솔로몬군도 코로반가라섬에서 퇴각
	일본 육군성, 소화18년도 임시징병검사규칙 제정·시행
1943.10.5	조선총독부, 조선식량관리령에 따라 조선식량영단 설립
	조선총독부, 금속회수본부 설립
	부관연락선 곤론마루(崑崙丸), 미국잠수함 공격으로 격침되어 승선객 544명 사망
1943.10.6	일본군, 솔로몬군도 배라리배라섬 철퇴
1943.10.7	조선총독부, 사정국 노무과장, 중류계급유휴노동력의 전면적 동원 계획 수립 *국민학교·여학교·여자전문학교출신자로서 14세 이상 미혼여성을 전면 생산전에 동원

일시	주요 법규 및 정책·사건
1943.10.8	조선총독부, 생산증강노무강화대책요강 발표 *여성 적극 활용 방안 포함
	일본 각의, 군수성설치요강 결정
1943.10.12	일본 각의, '교육에 관한 전시비상조치 방책' 공포 *이공계와 교원양성학교 제외한 학생 징병유예 정지. 조선에 적용
1943.10.15	조선총독부, 애국채권규칙 제정·시행
1943.10.20	일본 육군성, 육군특별지원병 임시채용시행규칙 공포 *학도지원병 실시 근거, 일본 거주 조선인 학생의 징병유예 폐지. 조선 적용 일본 육군성, 수학계속을 위한 입영 연기 등에 관한 건 제정·공포
1943.10.25	일본 정부, 학도지원병 징병검사 실시 *1944.1.20 입대 조선군, 육군특별지원병(학도지원병) 지원서 접수(~11.20)
1943.10.29	일본 정부, 식량관리법시행령 개정
1943.10.31	일본 정부, 방공법 개정 *방공업무에 분산소개 등 전국 악화와 본토 공습 위험에 따른 대응 내용 추가
	일본 정부, 군수회사법 제정 공포 *민간군수공업의 직접 관리. 1944년 1월·4월·12월에 총 3차례 군수회사 지정
1943.11.1	미영소 연합국 수뇌, 잔학행위에 관한 성명서 발표 *BC급전범 포로학대 처벌 근거
	미군, 솔로몬군도 부겐빌섬 상륙
	일본 정부, 병역법 개정 공포 *국민병역을 45세로 연장
1943.11.7	일본군 남방통감부, 군억류자취급규정 발령 *네덜란드 민간인 억류 근거
1943.11.11	일본군 말레이 군정감부, 위안시설 및 여관 영업 관리 규정 제정 *군위안소의 유형을 '군전용'과 '군이용'으로 구분
1943.11.21	미군, 길버트제도 마킨·타라와섬 상륙 *11.25. 일본군 수비대 5400명 전멸. 조선인 해군 설영대원 포함
1943.11.22	조선총독부 학무국장, '조선인학도가 징병검사에 응하지 않을 경우, 즉일 공장 등에 징용령서를 보낸다'는 담화 발표 직후 일제징용령을 발동하고 비지원자 검거
1943.11.27	미·영·중 수뇌, 카이로 선언 발표 *조선 독립 보장 내용 포함
1943.11.28	조선총독부, 도지사 명의로 학도지원병 비참여자 대상 징용장 발부
1943.11.30	일본 정부, 조선총독부 관제 중 농상국·광공국·교통국 신설
1943.12.1	조선총독부, 도제 개정 *행정기구정비실시 후속 조치
	조선총독부, 조선총독부해군지원병자훈련소훈련생채용 신체검사규격에 관한 전시특례 제정·시행

일시	주요 법규 및 정책·사건
	조선총독부, 교통국 관제 제정 *비행장 관리 등 업무
	조선총독부, 지방교통국 제출 서류에 관한 사항 제정·시행
	조선총독부, 조선총독부사무분장규정 개정 *사정국 노무과를 광공국 노무과로 개편하고, '국민근로' 업무 개시
	조선총독부, 조선총독부 교통국 사무분장규정 제정·시행
	조선총독부, 조선총독부 도사무분장규정 개정 *국민등록·국민근로교육·국민징용 항목 추가
1943.12.5	조선총독부, 학도지원병 미참여검거자 육군지원병훈련소 수용 *2주간 훈련 후 응징학도라는 이름으로 채석장 등 국내 각 작업장 배치
1943.12.9	경성의 무학고녀생(조선인 포함), 해군봉사대(군속) 결성
1944.1.1	남사할린 닛테쓰(日鐵)㈜ 도마리케시(泊岸)광업소에 동원된 조선인 노무자 863명이 지도원의 일상적인 폭행에 봉기해 사무소를 습격
1944.1.5	조선총독부, 학도지원병 비지원자 대상으로 태릉 훈련소에서 2주간 훈련 실시한 후 채석장 등 작업현장 배치
1944.1.7	일본 정부, 방공법 시행령 개정
	일본 정부, 방공법조선시행령 중 개정
1944.1.8	조선총독부, 용산 관내 요리영업관계 만 16세 이상 고녀(雇女)들로 특별여자청년정신대 결성 *17일 결성식
	일본 각의, '긴급학도동원방책요강' 결정 *학도근로대원을 연간 4개월 계속 동원. 3.7. 연중 계속 실시로 변경
1944.1.17	일본, 제1회 군수회사 지정 *미쓰비시중공업 등 150개사
1944.1.19	일본 각의, 긴급국민근로동원방책요강 결정 *여자근로동원 정책 수행을 위한 근거
1944.1.20	조선인 학도지원병 입영
1944.2.1	조선총독부, 조선총독부 방위총본부규정 공포
1944.2.4	미군, 마샬제도 콰절레인·리에트 상륙 *2.6. 일본 수비대 전멸. 조선인 포함 6,800명 사망
1944.2.8	조선총독부, 국민징용령 제16조에 따른 응징사복무기율 공포·시행
	조선총독부, 광산·군수공장에 대한 현원징용 단행
1944.2.10	조선총독부, 조선여자청년연성소규정 공포 *16세 이상 국민학교 초등과 미필자
1944.2.14	일본 정부, 조선에서 재판수속의 간소화를 위한 국방보안법 및 치안유지법의 전시 특례 공포

일시	주요 법규 및 정책·사건
1944.2.15	조선총독부, 조선총독부재판소령 전시특례 공포
	조선총독부, 조선전시민사특별령 제정 공포
	조선총독부, 조선전시형사특별령 제정 공포 *일제 말기의 대표적 치안법
1944.2.16	일본 정부, 후생연금보험법 공포 *조선인 포함
1944.2.17	미군, 태평양 축심 공습 *2월 공습 피해 사망 13만 명 · 비행기 8천 기 · 함정 70척 · 선박 115척. 조선인 사망자 포함
1944.2.18	일본 정부, 국민직업능력신고령 개정 공포 *2.22. 임시인구조사와 국민등록 실시
	일본 정부, 국민징용령 개정
1944.2.28	일본 각의, '화인(華人) 노무자 내지이입의 추진에 관한 건' 결정 *중국인 노동력의 본격 동원. 1945.5월까지 38,939명 동원
1944.3.18	조선총독부, 학도군사교육강화요강 · 학도동원비상조치요강 발표
	일본 각의, 여자정신대제도 강화방책요강 결정 *여자정신대 동원 근거
1944.3.20	평양여자근로정신대 제1대, 군소속 공창(평양조병창)으로 출동
1944.4.1	조선총독부, 조선여자청년연성소 훈련 개시
	조선총독부, 군수광공업 군수생산책임제 실시 *주요 광산과 기업에 적용
	조선군, 제1회 징병검사 실시(~8.20)
	조선군, 해군지원병 해병단 입대 실시
	사이판 주둔 일본군, 남양흥발㈜과 군민협정인 '야노(矢野) - 오하라(小原) 협정' 체결 *회사 소속 조선인 노무자를 군무원으로 동원하는 근거
1944.4.21	일본 해군성, 해군방위소집규칙 제정 · 시행
1944 .4. 25	일본 정부, 제2회 군수회사(424개사) 지정
1944.4.28	조선총독부, 학도동원체제의 정비에 관한 건 발표
	조선총독부, 학도동원본부규정 공포
1944 .5. 8	조선총독부, 제1회 동원생도(인천고녀 · 소화고녀 등)를 인천육군조병창에 동원
1944.5.9	일본 정부, 해군특별지원병령 개정 *해군지원병을 징모제로 변경
	조선여자정신대 경남반, 일본 도야마현(富山縣) 후지코시(不二越)강재(주)에 동원
1944.5.25	팔라우를 향해 출발한 경북 군위군 출신 남양행 노무자(남양청 토목과 주관) 427명, 연합군의 어뢰 공격으로 수송선 오사카호(大阪丸)가 침몰해 승선자 334명 중 조선인 27명 사망
1944.6.3	제1회 해군병 징모검사 개시

일시	주요 법규 및 정책·사건
1944.6.6	일본 정부, 여자정신대에 관한 칙령안 요강 결정 *12~40세 미혼여성을 강제적으로 총동원 업무에 종사하도록 하는 내용
1944.6.8	경북 여자정신대, 도야마현 후지코시강재㈜로 출발
1944.6.12	전남 여자근로정신대, 미쓰비시(三菱)중공업 나고야(名古屋)항공기제작소 도도쿠(道德) 공장에 입소하기 위해 광주 출발
1944.6.15	미군, 마리아나제도 사이판섬 상륙 *일본 수비대 3만명 전멸
1944.6.16	미군, 중국기지에서 발진한 B-29폭격기, 일본 기타규슈(北九州) 지역 최초 폭격
1944.6.17	조선총독부, 조선선원령전시특례 공포
	조선총독부, 조선선원령전시특례 시행규칙 제정·시행
	조선총독부, 미곡강제공출제 할당제 실시
1944.6.19	일본군, 마리아나해전 패전
1944.7.2	경기도 여자정신대, 도야마현 후지코시강재㈜로 출발
1944.7.7	일본군, 미군 공격으로 사이판섬 수비대 3만 명(조선인 포함)과 주민 1만 명 사망
1944.7.14	조선총독부, 의료관계자징용부조규칙 제정·시행
1944.7.16	타이완 근해에서 일본군 수송선단 23척 중 6척이 미군 잠수함 어뢰 공격으로 침몰 *군위안부로 동원 중이던 조선 여성 등 사망
1944.7.19	일본 육군, 헌병 및 경방단을 동원해 귀환을 요구하는 홋카이도 해군공사장 소속 조선인 노무자 87명과 군 관리 채석장 소속 조선인 노무자 317명을 진압
1944.7.20	제3어뢰정부대, 홋카이도 구시로(釧路) 시내의 해군지정 식당·유곽 중 6개소를 병원(兵員)위안소로 지정
1944.7.21	미군, 괌섬 상륙 *일본군 수비대 18,000명 전멸
1944.7.24	미군, 티니언섬 상륙 *일본군 수비대 8,000명 전멸, 일본 본토 공습 기지 확보
1944.7.25	대왕산결사대, 대왕산죽창의거
1944.8.4	미중 연합군, 버마 무도키나 점령
	일본 각의, 국민총무장 결정 *죽창훈련 등 개시
1944.8.8	일본 정부, 해병단입단 등에 즈음한 취급특례 제정·시행
	미군, 일본 사세보(佐世保) 군항 공습
	일본 각의, 반도인 노무자의 이입에 관한 건 결정 *이입노무자에 대한 징용 적용 정책
1944.8.11	일본 각의, '화태(樺太) 및 구시로(釧路)탄광근로자,자재 등의 급속 전환에 관한 건' 결정

일시	주요 법규 및 정책·사건
1944.8.13	미군, 괌도 점령 발표
1944.8.15	일본 각의, '총동원경비요강' 결정 *일본 국내방위태세 강화. 10월에 조선총독부도 '조선의 총동원경비요강' 책정
1944.8.22	일본 정부, 학도근로령 공포·시행 *대학·고등전문학교 2년 이상 이과계 학생 1천 명을 근로동원에서 제외
	일본 정부, 여자정신근로령 공포 *만 12~40세 배우자 없는 여성의 근로동원 규정
1944.9.1	현역 징병자 입대 *전조선 제1회 징병자 입영행사 개최
	조선총독부 정무총감, 통첩 '농업요원설치요강' 하달 *전국 순수농가 남성의 68%를 농업요원으로 지정하고 식량공출을 촉구
1944.9.8	미군 B-29 전투기 100여 대, 남만주 공습
1944.9.10	일본군, 중국 운난성(雲南省)에서 수비대(1400명) 전멸
1944.9.15	일본군, 중국 덩위에(騰越)에서 수비대(1500명) 전멸
1944.10.10	미군, 일본 오키나와(沖繩)·미야코지마(宮古島) 공습
1944.10.12	조선총독부, 조선징발사무세칙 개정
1944.10.14	일본 정부, 육군특별지원병령 개정 *조선총독부육군병지원자훈련소 훈련과정 없이 일본군대에 편입하도록 간소화, 17세 미만인 자는 전형 후 제2국민병역으로 복무
1944.10.15	조선총독부, 조선총독부 사무분장 규정 개정 *광공국 노무과를 광공국 근로동원과·근로조정과·근로지도과 확대하고 부서명과 업무 내용에서 '노무'를 '근로'로 대체
	조선총독부, 도사무분장규정 개정 *국민근로원호와 국민근로관리 사항 추가
	조선총독부, 근로동원본부규정 제정 *10.15. 각도에 근로동원본부 설치
1944.10.17	일본 정부, 군수회사법을 조선·대만에 시행하기로 결정
	조선총독부, 경북 칠곡군 출신 농민 40명을 응징사로 동원해 효고현(兵庫縣) 소재 가와사키(川崎)조선소로 송출
	미군, 타이완 공습
1944.10.18	일본 육군성, 병역법 시행규칙 개정 공포 *17세 이상 19세 미만 일본인과 17세 이상 20세 미만 조선인
1944.10.19	조선총독부, 일본 병역법 시행규칙 개정에 따라 17세 이상 남자를 제2국민병 병적신고 결정
1944.10.20	미군, 필리핀 중부 레이티섬 상륙

일시	주요 법규 및 정책·사건
1944.10.21	일본 정부, 국민징용령 개정
1944.10.25	미군, 제주도 공습
	미군 B-29, 일본 기타큐슈(北九州)·오무라(大村) 해군 제21항공창·나가사키(長崎)·오무타(大矛田) 공습
	일본 해군 자살특공대(일명 가미카제(神風)), 레이티만에서 최초로 미군함 공격
1944.10.27	조선총독부, 매일신보 1면 광고란에 '군위안부 급모' 광고 게재 *18~30세 이하 대상
1944.10.28	조선총독부, 군수회사운영에 관한 특례 등에 관한 건(1911년 법률 제30호 근거) 공포
	조선총독부, 군수회사법시행규칙 제정·시행
1944.10.30	조선총독부, 학도근로령시행규칙 공포·시행
1944.11.11	미군, 제주도 공습
	미군, 일본 기타큐슈·오무라 지구 공습
1944.11.17	일본 정부, 노무조정령과 국민근로보국협력령 개정
1944.11.21	조선총독부, 노무조정령과 국민근로보국협력령 시행규칙 개정
	미군, 일본 기타큐슈·오무라 지구 공습
1944.11.24	미군, 일본 도쿄지구 최초 공습. 기타큐슈·오무라 지구 공습(~25)
1944.12.5	조선총독부, 문화통제령에 의한 백금제품 등 양도에 관한 통제령 시행 *거부자는 10년 이하 징역
1944.12.7	일본 동남해 지진 발생, 미쓰비시중공업 나고야항공기제작소 도도쿠(道德)공장에 동원된 여자근로정신대원 6명 사망 *조선인 2명 포함
1944.12.13	미군, 나고야 최초 공습
1944.12.18	미군, 나고야 공습 *미쓰비시중공업 나고야항공기제작소 도도쿠공장에 동원된 반도여자정신대원 1명 사망
1944.12.19	미군, 일본 오사카·기타큐슈·오무라 지구 공습
1944.12.22	미군, 일본 나고야 공습
	일본 각의, '조선 및 대만동포에 대한 처우개선에 관한 건' 결정 *조선인의 일본 도항제한 제도 철폐
1944.12.27	조선총독부, 군수회사징용규칙 제정·시행
	미군, 도쿄 공습
1944.12.29	일본 정부, 군수회사법에 따라 109개 기업을 군수회사로 지정(제3차)

일시	주요 법규 및 정책·사건
1945.1.11	진해진수부, 해군특별지원병과 해군공작병 임시 모집
1945.1.19	일본 정부, 선원동원령 공포 *선원직업능력신고령 · 선박운항기능자양성령 · 선원징용령 · 선원사용 등 통제령 폐지
	일본 각의, '공습대책긴급강화요강' 결정
1945.1.25	일본 최고전쟁지도회의, 결전비상조치요강 결정
1945.1.26	일본 정부, 조선총독부 관제 중 개정 *광공국에 근로부 설치
	일본 정부, 군수충족회사령 공포 *비군수산업인 건설 · 운수업 등에서 군수 충족상 필요한 사업에 대해 군이 관리하도록 함. 7.2. 조선 적용
1945.1.27	조선총독부, 광공국 근로동원과를 광공국 근로부 동원과 · 조정과 · 지도과로 개편
1945.2.9	일본 정부, 병역법 중 개정 공포 · 시행
	대한민국임시정부, 독일과 일본에 선전포고
1945.2.10	조선총독부, 선원동원령 시행규칙 제정 · 시행
1945.2.13	일본 정부, 전시민사특례법 개정 · 시행 *조선 적용 3.31
1945.2.15	미군, 일본 나고야 · 하마마쓰(浜松) 공습
	미 기동부대 함재기, 최초로 일본 관동지역 공습
1945.2.19	미군, 일본 이오지마(硫黄島) 상륙 *일본군 수비대 23,000명 전멸
1945.2.21	조선총독부, 조선중요산업지정규칙 제정
	조선총독부, 해군특별지원병 임시모집 실시
1945.3.5	일본 정부, 국민근로동원령 공포 *국민징용령 등 5개 칙령 폐지 통합
1945.3.9	일본 정부, 해군특별간부연습생규칙 제정 · 시행
	미군, 도쿄대공습 *사상자 12만 명 발생. 조선인 포함
	미군 공습으로 이오지마 요코스카해군시설부에 동원되었던 조선인 군무원 1천여 명 대부분 사망
	일본군, 불령인도네시아에서 무력행사하고 군정 실시
1945.3.13	조선총독부, 응징선원급여규칙 제정
	조선총독부, 응징선원예비원급여규정 제정
	미군, 일본 오사카 대공습 *조선인 사망자 포함
1945.3.17	미군, 일본 고베 대공습 *조선인 사망자 포함
1945.3.18	일본 각의, '결전교육조치요강' 결정 *국민학교 초등과 이외의 수업을 4월 1일부터 1년간 정지. 조선에 적용

일시	주요 법규 및 정책·사건
1945.3.20	일본 정부, 육군소집령 중 개정 공포·시행 *17세 이상 조선 청년 적용
1945.3.23	일본 각의, '국민의용대 조직에 관한 건' 결정 *본토결전에 대비해 방공과 공습피해복구 등에 전 국민을 동원하기 위해 만든 국민조직. 조선 적용
1945.3.29	일본 육군성, 육군소집령 시행세칙 중 개정·시행 *지역 제한 철폐, 17세 이상 조선 청년의 징집 가능
1945.4.1	조선총독부 광공국장, 여성노무통제에 관해 '12~20세 미만 여성의 동원을 할당제와 인가제로 하고 여자징용은 하지 않는 것이 원칙이나 금후 정세에 따라 활용할 수 있다'고 밝힘
	미군, 일본 오키나와 본섬 상륙
1945.4.5	소련외상 몰로토프, 소련주재 일본대사에게 일소중립조약 불연장 통고 *중립조약 유효기한 1946.4.25.
1945.4.13	일본 각의, '국민의용대 조직에 관한 건'·'상세급박한 경우에 따른 국민전투조직에 관한 건' 결정
1945.4.17	조선총독부, 광공국을 근로부 제1과·제2과로 개편
1945.4.27	일본 각의, '국민의용대 조직 운영지도에 관한 건' 결정
1945.4.28	조선총독부, 조선총독부학도근로표창규정 제정
1945.4.30	일본 내무성, 각 도도부현에 '국민의용대조직에 관한 요강' 하달
1945.5.7	독일, 연합국에 무조건 항복
1945.5.8	미국, 일본에 무조건 항복 권고
1945.5.9	일본 정부, 독일항복 후에도 전쟁을 계속한다고 천명
1945.5.14	일본 최고전쟁지도회의구성원회의, 소련을 중개로 하는 화평교섭 방침 결정
1945.5.25	미군, 도쿄의 오다와라(小田原)·하치오지(八王子)·보소(房總) 지구 공습. 공습으로 황거 표궁전(表宮殿) 등 소실
1945.6.6	일본 최고전쟁지도회의, 본토결전방침 채택 *6.8. 어전회의에서 채택
1945.6.16	조선총독부, 국민의용대 조직요강 발표 *국민총력조선연맹 폐지
1945.6.21	일본 정부, 전시긴급조치법 공포 *내각에 강력한 독재권한 부여
	일본 정부, 칙령을 통해 전시긴급조치법을 조선과 대만에 시행
	일본 정부, 전시긴급조치법 시행령 제정
1945.6.22	조선총독부, 징용기피방지를 위한 취체지도요항 결정
	일본 쇼와 천황, 최고전쟁지도회의 구성원에게 종전(終戰) 의지 표명
	일본 정부, 의용병역법 및 시행령 공포 시행

일시	주요 법규 및 정책·사건
1945.6.23	미군과 전투 과정에서 오키나와 주둔 일본군 수비대 전멸 *주민 10만 명과 강제동원 조선인을 포함해 총 20만 명 사망
	일본 해군육군, 국민의용전투대 통솔령 공포
1945.7.2	조선총독부, 군수충족회사령시행규칙 공포·시행
1945.7.7	조선총독부, 국민의용대 조선총사령부 결성
1945.7.8	조선총독부, 국민의용대 연합의용대 결성
1945.7.9	쿠릴열도 북단 인근 해역에서 다이헤이호(太平丸) 사고 발생
1945.7.10	일본 최고전쟁지도회의, 소련에 화평중개를 요청하는 사절 파견 결정
	일본 각의, '공습격화에 따른 긴급방위대책요강' 결정
1945.7.24	미군, 아이치현(愛知縣) 나카지마(中島)비행기 한다(半田)제작소 공습 *조선인 48명 등 사망자 발생
1945.7.26	연합국 수뇌, 포츠담 선언 발표 *일본의 무조건 항복 요구 등 13개조
1945.7.28	일본 총리, 담화를 통해 포츠담 선언을 묵살
1945.8.2	만주국, 일본 무조건 항복설 보도한 『만주일보』에 대해 발매금지 처분
1945.8.6	미군, 일본 히로시마에 원폭 투하 *조선인 사망자 약 3만 명 추정
	미군, 제주도·함북 나남에 총격과 폭격하고, 부산 공습
1945.8.7	미군 공습으로 일본 이시카와현 도요카와(豊川) 해군공창에 동원된 여자정신대원과 소학생 등 2,400명 폭사
1945.8.8	19개 연합국, 중대전쟁범죄인의 소추 및 처벌에 관한 협정(런던협정) 공표
	소련, 대일선전포고
1945.8.9	미군, 일본 나가사키에 원폭 투하 *조선인 약 1만 명 사망 추정)
	소련군, 경흥 일대로 진격
	일본 내각, 포츠담선언 수락 결정
	조선총독부, 지역의용대와 해군무관부 의용대 편성
1945.8.10	일본 정부, 스위스 등 중립국을 통해 미·영·중·소 4개국에 포츠담 선언 수락 통고 *8.12. 각의에서 수락 여부 의견 대립
1945.8.11	소련군함 2척, 웅기항 입항
1945.8.13	소련군, 함북 청진 상륙
	조선총독부, 국민의용대 훈련요강 발표
	남사할린, 의용소집과 의용전투대 편성 발령

일시	주요 법규 및 정책·사건
1945.8.14	일본 어전회의, 포츠담 선언 수락 결정하고 쇼와 천황 재결(裁決)
	일본 정부, 육군성 등 정부기관의 중요기밀 소각 결정
1945.8.15	일본, 연합국에 무조건 항복. 쇼와 천황, 종전 조서 발표
1945.8.16	일본 대본영, 육해군에 전쟁중지(정전명령) 하달
	소련군, 일본 관동군에 대한 무장해제와 억류 개시
1945.8.17	일본 정부, 국민의용전투대 해산
	일본, 히가시쿠니노미야 나루히코(東久邇宮稔彦) 내각 성립
	남사할린 가미시스카(현재 지명 레오니도보) 한인 학살 사건 발생
	일본군, 서울 요지에 바리케이트 구축
1945.8.20	청산도 앞바다에서 옥매광산 광부 집단 사망
	남사할린 미즈호(현재 지명 포자르스코예) 한인 학살 사건
1945.8.21	일본 정부, 조선인 징용공 징용해제 방침 결정
	일본 각의, 국민의용대 해산. 결정
1945.8.22	일본 본토 전투 정지
1945.8.23	소련, 스탈린 극비 지령 제9898호 발령 *중국 만주 지역 일본군 포로 50만 명을 대상으로 소련으로 연행·배치·노동에 관해 논의. 이 지령에 따라 조선인 1만여 명을 포함한 57만 명 이상의 관동군과 남사할린·지시마 주둔 제5방면군 포로를 시베리아 등 수용소에 억류해 강제노동에 투입
1945.8.24	우키시마호(浮島丸) 사건 발생 *아오모리현 시모키타(下北)반도에 강제동원되었던 조선인 군무원과 가족들이 탄 귀국선이 교토부 마이즈루(舞鶴)만에서 폭침으로 조선인 약 4천명 사망
1945.8.25	일본군, 홋카이도와 외지부대 전투 정지
1945.8.26	일본 관동군사령부, 소련 바실레프스키 원수에게 '군인·만주에 생업이나 가정을 가지고 있는 자·희망자는 소련군의 경영에 협력하게 하고, 나머지는 일본에 귀환시키기를 원한다'는 문서 전달
1945.8.28	연합국군 최고사령관 총사령부(GHQ), 연합군 총사령부 설치(요코하마橫濱)
1945.9.2	일본, 항복문서 조인(미주리호), 항복조서 발표 *제2차 세계대전 종결
1945.9.7	오키나와 주둔 일본군, 항복문서 조인
1945.9.9	조선 주둔 일본군 및 총독, 항복문서 조인
1945.9.13	GHQ가 발령한 대일사령(対日司令, SCAPIN-17)에 따라 일본 대본영 폐지

일시	주요 법규 및 정책·사건
1945.9.17	미쓰비시중공업 히로시마공장·미쓰비시조선소에 동원되었던 총 246명(조선인 징용공 241명·인솔자 가족 5명), 민간기범선을 타고 기타큐슈의 도바타(戶畑)항을 출발했으나 마쿠라자키(枕崎)태풍에 의한 조난사고로 전원 실종
	태풍에 의한 쓰시마(對馬島) 귀국선 조난사고 발생 *유해 80구 이상 표착
	태풍으로 와카마쓰(若松)항 앞 해상에서 한인을 태운 귀국선이 조난사고를 당해 100여 명 실종 *현재 오나야마(小田山)공동묘지에 유해 안치, 위령비 건립
1945.9.18	태풍으로 조난당한 한인 귀국선이 쓰시마 앞 이키(壱岐)섬에 표착 *수십 명이 사망하고 200여 명 구조. 유해는 현재 류진자키(龍神崎) 지역에 매장. 1967.3.19.사카모토 가네토시(坂本金敏) 등 일본 주민들이 아시베쵸(芦邊町)에 위령비 건립하고 위패를 천덕사(天德寺)에 안치
1945.10.10	일본 정부, 국민근로동원령·의료관계자징용령·의료관계자직업능력신고령·공장사업장기능자양성령·중요사업장노무관리령·학도근로령·학교기능자양성령·국민근로동원위원회관제 폐지
	가고시마현(鹿兒島縣) 아쿠네(阿久根)시 부근에 상륙한 아쿠네 태풍으로 다수의 한인 귀국선 해난 사고 발생 *쓰시마 해안에 표착. 유해는 현지 매장
1945.10.23	일본 정부, 군사특별조치법폐지등에 관한 건 공포(의용병역법 폐지)
1945.12.20	일본 정부, 국가총동원법 및 전시긴급조치법 폐지 법률 제정
1945.12.28	일본 각의, '이입화인(移入華人) 및 조선인노무자 취급에 관한 건' 결정
1946.4.1	일본 정부, 국가총동원법 폐지
1946.5.3	극동국제군사재판소 개정 *1948.11.12. A급 전범 용의자 25명에게 유죄판결. 11.23. 도조 히데키 등 7명 교수형 집행
1946.6.14	일본 정부, 육군지원병령 등 폐지
1946.12.19	미·소, 소련 점령지구 송환에 관한 미소협정 합의. 일본인 귀환 가능. 한국인 제외
1947.10.26	사할린동포구출위원회, 맥아더 장군에게 사할린 동포의 남한 귀국 요청서 제출 *1948.2월, 주한미군정은 사할린 한인의 남한 귀환에 대해 부정적 결론 내림
1951.9.8	샌프란시스코강화조약 체결. 1952.4.28. 발효

참고문헌

자료

국무총리 소속 일제강점하강제동원피해진상규명위원회, 2007,「남방파견보국대 진상조사보고서」(미공개)

__________, 2009,「만주 노무동원 피해처리 계획 보고(2009.10.14.)」(내부 문서)

『동아일보』

『매일신보』

『朝鮮』

『朝鮮地方行政』

『조선총독부관보』

조선토목건축협회,『朝鮮土木建築協會報』

南洋廳, 1932,『南洋廳施政十年史』

矢內原忠雄, 1935,『南洋群島の研究』, 岩波書店,

樺太廳, 1936,『樺太廳施政30年史』

朝鮮總督府, 1940,『昭和15年勞務資源調査に關する件』

__________, 1941,『施政30年史』

慶尙北道, 1942,『邑面行政例規』

大同書院編輯部, 1942,『勞務統制法規總攬』

久保山雄三, 1942,『日本石炭鑛業發達史』, 公論社

前田一, 1943,『特殊労働者の労務管理』, 山海堂

朝鮮総力朝鮮聯盟, 1944,『国民徴用の解説』

宮孝一 저, 上田龍男 역, 1944,『朝鮮徵用問答』, 每日新報社

단행본

곽건홍, 2001,『일제의 노동정책과 조선노동자』, 신서원

국립민속박물관, 2001, 『러시아 사할린·연해주 한인동포의 생활문화』
국무총리 산하 한일수교회담문서공개등대책기획단, 2005, 『한일청구권협정 해석 참고자료』(비공개)
국무총리 소속 일제강점하강제동원피해진상규명위원회, 2005, 『강제동원구술기록집1 - 당꼬라고요?』
__________, 2006, 『한·일유골정책자료집』
__________, 2006, 『용역보고서 - 만주 지역 조선인 강제동원 등에 관한 기초 연구(손춘일)』
__________, 2006, 『소록도 한센병환자의 강제노역에 관한 조사』
__________, 2006, 『강제동원구술기록집2 - 검은 대륙으로 끌려간 조선인들』
__________, 2006, 『용역보고서 - 일본국 후쿠오카현 지역의 조선인 강제동원에 관한 기초조사(요코가와 테루오[横川輝雄])』
__________, 2007, 『강제동원구술기록집8 - 지독한 이별: 사할린 이중징용 진상조사 구술기록』
__________, 2007, 『사할린 '이중징용' 피해 진상조사』
__________, 2007, 『사할린 가미시스카[上敷香] 조선인 학살 사건 진상조사』
__________, 2007, 『우키시마호 사건 소송자료집 I』
__________, 2007, 『제주도 군사시설 구축을 위한 노무·병력동원에 관한 조사』
__________, 2008, 『구술기록집: 일하지 않는 자는 황국신민이 아니다 - 제주도 군사시설 구축에 동원된 민중의 기억』
__________, 2008, 『내 몸에 새겨진 8월』
__________, 2008, 『연구용역 - 전시기(戰時期) 「군수회사법」에 의한 노무동원 기초연구(川口 學)』
__________, 2008, 『강제동원진상조사구술자료집 - 조선여자근로정신대 그 경험과 기억』
__________, 2009, 『강제동원명부해제집1』
__________, 2009, 『남양군도 지역 한인 노무자 강제동원 실태에 관한 조사(1939~1941)』
__________, 2009, 『해방직후 이끼·대마도 지역의 귀국 조선인 해난사고 및 희생자 유골문제 진상조사』

__________, 2009, 『용역보고서 - 만주 노무관련 법령 기초조사 - 개척정책 관련 법령을 중심으로(김윤미)』
__________, 2009, 『사진으로 보는 강제동원 이야기 - 일본 홋카이도(北海道)편』
국무총리 소속 대일항쟁기 강제동원 피해조사 및 국외 강제동원 희생자 등 지원위원회, 2011, 『사할린 강제동원 조선인들의 실태 및 귀환』
__________, 2011, 『히로시마·나가사키 조선인 원폭피해에 대한 진상조사: 강제동원된 조선인 노무자를 중심으로』
__________, 2012, 『1944년도 남양청 동원 조선인 노무자 피해실태조사』
__________, 2012, 『전라남도 해남 옥매광산 노무자들의 강제동원 및 피해실태 기초조사』
__________, 2012, 『사망기록을 통해 본 하시마[端島]탄광 강제동원 조선인 사망자 피해실태 기초조사』
__________, 2013, 『학술연구용역보고서 - 일제강제동원 동원규모 등에 관한 용역』
__________, 2016, 『위원회 활동결과보고서』
국사편찬위원회, 2006, 『구술사료선집3 - 지방을 살다: 지방행정, 1930년대에서 1950년대까지』
__________, 2013, 『독립운동과 징병, 식민경험의 두갈래 길』
__________, 2019, 『구술사료선집26: 일제의 강제동원과 인천육군조병창 사람들』
근로정신대 할머니와 함께하는 시민모임, 2016, 『법정에 새긴 진실: 나고야 미쓰비시 여자근로정신대 일본 소송 자료집』, 도서출판 선인
기무라 미쓰히코·아베 게이지, 2009, 『전쟁이 만든 나라, 북한의 군사 공업화』, 미지북스
김미정, 2021, 『강제동원을말한다: 잊혀진 여성들, 기억에서 역사로 - 일제말기 여성노무동원』, 도서출판 선인
______, 2021, 『일제침탈사바로알기10 - 일제말기 여성동원 선전논리』, 동북아역사재단
김봉식, 2019, 『인물로 보는 일본 역사11 - 고노에 후미마로: 패전으로 귀결된 야망과 좌절』, 살림
김현석, 2019, 『우리 마을 속의 아시아태평양전쟁유적 - 인천광역시 부평구』, 도서출판 선인
도노무라 마사루 저, 김철 역, 2018, 『조선인 강제연행』, 뿌리와 이파리
리영희, 1983, 『역정 - 나의 청년시대』, 창작과비평사

문화재청, 2013, 『태평양전쟁유적(부산·경남·전남지역) 일제조사 연구용역 보고서』
________, 2014, 『태평양전쟁유적(대구·경북·충북지역) 일제조사 연구용역 보고서』
민족문제연구소, 2001, 『日帝下戰時體制期政策史料叢書』, 한국학술정보총서
부평사편찬위원회, 2007, 『부평사』
________________, 2021, 『부평사』 전 8권
부평역사박물관, 2016, 『학술총서3 - 미쓰비시를 품은 여백, 사택마을 부평삼릉』
서경식·다카하시 데쓰야저, 한승동역, 2019, 『책임에 대하여』, 돌베개
서울특별시 시사편찬위원회, 2013, 『서울역사구술자료집6 - 영등포 공장지대의 25시』
신주백 편, 1997, 『戰時體制下 朝鮮總督府外廓團體資料集』, 高麗書林
아나톨리 쿠진 저, 문준일·강정하 역, 2014, 『사할린한인사: 19세기 후반기에서 21세기 초반까지』, 한국외국어대학교 지식출판원
안자코 유카 편, 2000, 『朝鮮勞務』 총4권, 綠陰書房(복각판)
오미일, 2017, 『제국의 관문: 개항장 도시의 식민지 근대』, 도서출판 선인
오카베 마키오 저, 최혜주 역, 2009, 『만주국의 탄생과 유산』, 어문학사
요시다 유타카 저, 최혜주 역, 2005, 『일본의 군대』, 논형
________________, 2012, 『아시아·태평양전쟁』, 어문학사
우창한·김인호, 2006, 『역사의 경계를 넘는 격정의 기억』, 국학자료원
윤지현, 2013, 『강제동원&평화총서감동2 - 파도가 지키는 감옥섬』, 도서출판 선인
이상의, 2006, 『일제하 조선의 노동정책 연구』, 혜안
이상의 외, 2015, 『강제동원&평화총서감동8 - 강제동원을 말한다 - 일제강점기 조선인 피징용 노무자 미수금 문제』, 도서출판 선인
이연식 외, 2018, 『전쟁과평화 학술총서2 - 1 - 책임과 변명의 인질극』, 채륜
_________, 2020, 『서울역사중점연구08 - 일제 말기 경성지역의 강제동원과 일상』, 서울역사편찬원
이완희, 2014, 『한반도는 일제의 군사요새였다』, 나남
이치바 준코 저, 이제수 역, 2003, 『한국의 히로시마』, 역사비평사
이혜민, 2018, 『군함도: 기록되지 않은 기억』, 도서출판 선인
일제강제동원피해자지원재단, 『2019 학술연구용역보고서 - 해방 후 일본지역의 조선인 강제동원희생자 유골봉환 및 시설 등에 관한 현황 실태』

정혜경, 2003, 『조선인 강제연행의 역사』, 경인문화사

______, 2006, 『조선인 강제연행 강제노동1: 일본편』, 도서출판 선인

______, 2010, 『조선 청년이여 황국신민이 되어라』, 서해문집

______, 2011, 『강제동원 &평화총서2 - 지독한 이별: 1944년 에스토르』, 도서출판 선인

______, 2011, 『일본제국과 조선인 노무자 공출: 조선인 강제연행·강제노동연구2』, 도서출판 선인

______, 2017, 『1945년 국민의용대 제도: 패배의 종착역에서』, 도서출판 선인

______, 2017, 『강제동원&평화총서9 - 터널의 끝을 향해: 아시아 태평양 전쟁이 남긴 대일역사문제 해법 찾기』, 도서출판 선인

______, 2018, 『강제동원&평화총서12 - 일제강점기 조선인 강제동원 연표』, 도서출판 선인

______, 2019, 『아시아태평양전쟁에 동원된 조선의 아이들』, 섬앤섬

______, 2019, 『팩트로 보는 일제말기 강제동원1 - '남양군도'의 조선인 노무자』, 도서출판 선인

______, 2019, 『동북아역사재단교양총서12 - 일본의 아시아태평양전쟁과 조선인 강제동원: 우리가 지켜야 할 인류 보편의 가치!』, 동북아역사재단

정혜경 외, 2012, 『강제동원을 말한다 - 명부편2: '제국'의 끝자락까지』, 도서출판 선인

________, 2019, 『반대를 논하다 - '반일종족주의'의 역사부정을 넘어』, 도서출판 선인

정혜경·오일환·허광무, 2020, 『강제동원&평화총서16 - 일제강제동원, 정부가 중단한 진상규명』, 도서출판 선인

제주대학교 탐라문화연구소·한라일보사, 2008, 『일제하 제주도 주둔 일본군 군사유적지 현장조사보고서1』, 제주대학교 탐라문화연구소

조성윤 외, 2007, 『빼앗긴 시대 빼앗긴 시절: 제주도 민중들의 이야기』, 도서출판 선인

조성윤, 2008, 『일제말기 제주도의 일본군 연구』, 보고사

______, 2019, 『남양군도의 조선인』, 당산서원

최영호, 1995, 『재일한국인과 조국 광복』, 글모인

한국정신문화연구원, 1995, 『1995년도 해외 희생자 유해현황 조사사업 보고서』

한민주, 2013, 『권력의 도상학: 식민지시기 파시즘과 시각문화』, 소명출판

허광무 외, 2015, 『강제동원&평화총서감동5 - 일제 강제동원 Q&A①』, 도서출판 선인

허광무, 2019, 『강제동원&평화총서13 - 일본지역 강제동원 현장을 가다』, 도서출판 선인

大藏省管理局, 1947, 『日本人の海外活動に關する歷史的調査』
森田芳夫, 1955, 『在日朝鮮人処遇の推移と現状』, 法務研修所
徳田欣次, 1958, 『石炭鉱業の鉱員充足事情の変遷』, 北海道立労働科学研究所,
朴慶植, 1965, 『朝鮮人強制連行の記録』, 未来社
防衛廳防衛研修所戰史室, 1967, 『戰史叢書 陸軍軍需動員(1)計劃編』, 朝雲新聞社
____________, 1970, 『戰史叢書 - 中部太平洋方面海軍作戰』 1, 朝雲新聞社
河野司, 1974, 『海南島石碌鐵山開發誌』, 石碌鉄山開発誌刊行会
深川宗俊, 1974, 『鎮魂の海峡: 消えた被爆朝鮮人徵用工246名』, 現代史出版會
朴慶植 編, 1976, 『在日朝鮮人關係資料集成』제4권, 三一書房
________, 1976, 『在日朝鮮人關係資料集成』제5권, 三一書房
進明女子中·高等學校, 1980, 『進明七十年史』
慶南女高六十年史編纂委員會, 1987, 『慶南女高六十年史』
Mark R. Peattie, 1988, *Nanyo-The Rise and Fall of the Japanese in Micronesia, 1885~1945*, University of Hawaii Press. Honolulu
北河賢三, 1989, 『国民総動員の時代』, 岩波書店
守屋敬彦 編, 1991, 『戰時外國人强制連行關係史料集3 - 朝鮮人2, 下』, 明石書店
長澤秀 編, 1992, 『戰時下朝鮮人中國人聯合軍俘虜强制連行資料集』2, 綠蔭書房
広島の強制連行を調査する会, 1992, 『地下壕に埋もれた朝鮮人強制労働』, 明石書店
長澤秀, 1996, 『戦時下強制連行極秘資料集 I 』, 緑蔭書房
森田芳夫, 1996, 『数字が語る在日韓国·朝鮮人の歴史』, 明石書店
アナトーリー·チモフェーエヴィチ·クージン 著, 岡奈津子·田中水絵 共訳, 1998, 『沿海州·サハリン近い昔の話: 翻弄された朝鮮人の歴史』, 凱風社
朝鮮人强制連行實態調査報告書編輯委員會·札幌學院大學北海道委託調査報告書編輯室, 1999, 『北海道と朝鮮人勞働者:朝鮮人强制連行実態調査報告書』, 北海道廳
ミハイル·スタニスラヴォヴィチ·ヴィソーコフ他著, 板橋政樹 訳, 2000, 『サハリンの歴史: サハリンとクリル諸島の先史から現代まで』, 北海道撮影社
樋口雄一 편, 2000, 『戰時下朝鮮人勞務動員基礎資料集 II 』, 綠蔭書房(복각판)

松尾武, 2002,『私が朝鮮半島でしたこと928年 - 1946年 架橋 · 農地改良 · 道路建設 · 鉄道工事』, 草思社
山田昭次 · 古庄 正 · 樋口雄一, 2005,『朝鮮人戦時労働動員』, 岩波書店
金英達, 2003,『朝鮮人強制連行の研究』, 明石書店
長澤秀, 2006,『戰時下强制連行極秘資料集 - 東日本編 - (全4卷)』, 綠蔭書房
遠藤正敬, 2010,『近代日本の植民地統治における國籍と戶籍 - 滿洲, 朝鮮, 臺灣』, 明石書店
荻野富士夫, 2012,『特高警察』, 岩波新書
金光烈, 2013,『「内鮮融和」美談の真実:戦時期筑豊 · 貝島炭礦朝鮮人強制労働の実態』, 綠蔭書房
文京洙 · 水野直樹, 2015,『在日朝鮮人ー歴史と現在』, 岩波書店
纐纈 厚, 2018,『總力戰體制研究(增補版)』, 社會評論社
佐々木啓, 2019,『「産業戦士」の時代ー戦時期日本の労働力動員と支配秩序』, 大月書店

연구논문

곽건홍, 1998,「일제하 조선의 전시 노동정책 연구」, 고려대학교 박사학위논문
김도형, 2005,「중부태평양지역 한인의 귀환」,『제48회 전국역사학대회 발표요지』
김명환, 2008,「1943~1944 팔라우지역 조선인 노무자 강제동원 - 조선인노무자관계철 분석을 중심으로」,『한일민족문제연구』 14
______, 2010,「일제말기 조선인의 남양군도 이주와 그 성격(1939~1941)」,『한국민족운동사연구』 64
김미정, 2015,「전시체제기 조선총독부의 여성노동력 동원정책과 실태」, 고려대학교 대학원 박사학위논문
______, 2019,「일제강점기 조선여성에 대한 노동력 동원 양상: 1937~1945년을 중심으로」,『아세아연구』 62 - 3
김미현, 2010,「전시체제기 인천 지역 학생 노동력 동원」,『인천학연구』 1 - 12
김민영, 2000,「사할린 한인의 이주와 노동, 1939 - 1945」,『국제지역연구』 4 - 1
______, 2003,「식민지시대 노무동원 노동자의 송출과 철도 · 연락선」,『한일민족문제연구』 4
김민철, 2003,「전시체제하(1937~1945) 식민지 행정기구의 변화」,『한국사학보』 14호

김영미, 2005, 「일제시기~한국전쟁기 주민 동원·통제 연구-서울지역 町·洞會조직의 변화를 중심으로」, 서울대학교 대학원 박사학위논문

김웅기, 2010, 「일본질소에 의한 압록강 본류 전원개발과 조선총독부·만주국 간의 공조」, 『근대 열강의 식민지 통치와 국민통합』, 동북아역사재단

김윤미, 2006, 「근로보국대 제도의 수립과 운용(1938~1941)」, 부경대학교 대학원 석사학위논문

______, 2008, 「총동원체제와 근로보국대를 통한 '국민개로'-조선에서 시행된 근로보국대의 초기 운용을 중심으로(1938~1941)」, 『한일민족문제연구』 14

______, 2010, 「전시체제기 조선인 만주개척청년의용대에 관한 연구」, 『한일민족문제연구』 18

김정미, 1999, 「일본점령하 중국 해남도에서의 강제노동-강제연행·강제노동 역사의 총체적 파악을 위해」, 『근현대 한일관계와 재일동포』, 서울대학교 출판부

남상구, 2005, 「戰後 日本 政府의 「戰歿者」 遺骨 政策: 「한국인 전몰자」 유골문제를 중심으로」, 『한일민족문제연구』 9

노영종, 2016, 「일제강점기 노무자원 조사와 충남지역 강제연행」, 『한국근현대사연구』 제78집

박이택, 2002, 「식민지기 부역의 추이와 그 제도적 특질」, 『경제사학』 33

방일권, 2015, 「이루어지지 못한 귀환: 소련의 귀환정책과 사할린 한인」, 『동북아연구논총』 48

서현주, 2002, 「조선말 일제하 서울의 하부 행정제도 연구-町·洞제와 총대를 중심으로」, 서울대학교 대학원 박사학위논문

손춘일, 1998, 「일제의 재만한인에 대한 토지정책 연구-만주국시기를 중심으로」, 한국정신문화연구원 한국학대학원 박사학위논문

신희석, 2020, 「토론문-국제법과 일제의 전시 아동 노동 동원」(국가기록원·국립중앙도서관·동북아역사재단 3개 기관 공동 포럼 발표 자료집 '일제의 전쟁에 동원된 아동과 여성', 2020.8.13, 국립중앙도서관 국제회의장)

______, 2020, 「일제의 한국인 강제동원·강제노동에 따르는 법적 책임-ILO 강제노동협약, 반인도범죄 등 당시 국제법을 근거로-」(비공개)

심재욱, 2011, 「'공원명표'를 통해 본 전시체제기 구일본육군조병창의 조선인 군속동원」,

『한국민족운동사연구』 66

안자코 유카, 2006, 「조선총독부의 총동원체제(1937~1945) 형성 정책」, 고려대학교 대학원 박사학위논문

여순주, 1993, 「일제말기 조선인 여자근로정신대에 관한 실태 연구」, 이화여대 대학원 석사논문

오일환, 2005, 「태평양 전쟁 희생자의 유골문제와 일본: 1950년대 재중일본인, 재일화교 및 유골 송환에 대한 연구-재일조선인 북송문제의 거울-」, 『한일민족문제연구』 8

______, 2009, 「강제동원 사망자 유골봉환을 둘러싼 한일 정부 간 협상에 관한 소고-1969년, 제3차 한일각료회의를 중심으로-」, 『한일민족문제연구』 17

______, 2013, 「전후 한인유골 국내봉환을 위한 일본인유골 수습 송환에 관한 연구-1970년대초까지 일본인 유골수습 송환사례를 중심으로-」, 『한일민족문제연구』 24

______, 2014, 「한반도의 일본인 유골 수습,발굴,송환에 관한 한일 정부 간 협력-1970년 덕적군도 등 서해안 일대 일본인 유골 발굴·송환 사례를 중심으로-」, 『한일민족문제연구』 27

이병례, 2005, 「일제하 전시체제기 경성부의 노동력 동원구조」, 『사림』 24

이승일, 2000, 「일제시기 조선인의 일본국민화 연구-호적제도를 중심으로」, 『한국학논집』 34

이종민, 2017, 「태평양전쟁 말기의 수인동원연구(1943~1945)-형무소 보국대를 중심으로」, 『한일민족문제연구』 33

정혜경, 2002, 「공문서의 미시적 구조 인식으로 본 남양농업이민(1939~1940)」, 『한일민족문제연구』 3

______, 2004, 「구연석 유골 송환 문제 관련 내용-외무성 소장 「태평양전쟁 종결에 의한 구일본 국적인의 보호인양 관계, 조선인 관계, 유골송환 관계」-」, 『한일민족문제연구』 6

______, 2005, 「일제말기 '남양군도'의 조선인 노동자」, 『한국민족운동사연구』 44

______, 2005, 「태평양전쟁 희생자의 유골문제와 일본: 일제말기 강제동원 희생자 유해문제의 본질과 해결을 위한 제언」, 『한일민족문제연구』 8

______, 2007, 「1920~30년대 식민지 조선 사회의 화태(樺太) 인식」, 『식민지 동화정책과 협력 그리고 인식』, 두리미디어

_____, 2008, 「1944년에 일본 본토로 '전환배치'된 사할린의 조선인 광부」, 『한일민족문제연구』 14
_____, 2009, 「전시체제기 일본 본토 조선인 노무자의 '전환배치': 광산명부를 중심으로」, 『한일민족문제연구』 17
_____, 2009, 「전시체제기 죠반탄전 관련 명부자료를 통해 본 조선인 노무자의 사망실태」, 『한국민족운동사연구』 59
_____, 2012, 「식민지 시기 조선사회의 외지 인식-대만과 남양군도 신문기사 논조 분석」, 『한일민족문제연구』 22
_____, 2016, 「일제말기 남양군도 노무동원과 조선 여성」, 『역사와 교육』 23
_____, 2018, 「일제말기 제주도 군사시설공사에 전환배치된 조선인 광부의 경험 세계-한반도 내 강제동원 피해에 대한 인식과 배경을 중심으로」, 『한일민족문제연구』 35
한긍희, 2000, 「일제하 전시체제기 지방행정 강화 정책」, 『국사관논총』88, 국사편찬위원회
허광무, 2004, 「한국인 원폭피해자에 대한 제연구와 문제점」, 『한일민족문제연구』
_____, 2018, 「일제말기 경찰기록으로 본 일본지역 강제동원 조선인노무자의 관리와 단속-'도주'노무자 수배가 갖는 역사적 의미를 중심으로」, 『한일민족문제연구』 35
허수열, 1985, 「조선인 노동력의 강제동원의 실태」, 『일제의 한국식민통치』, 정음사

田村紀之, 1981, 「内務省警保局調査による朝鮮人人口(Ⅰ)」, 『経済と経済学』
長澤秀, 1986, 「戰時下南樺太の被强制連行朝鮮人炭礦夫について」, 『在日朝鮮人史研究』 16
守屋敬彦, 1995, 「朝鮮人强制連行における募集·官斡旋·徵用方式の一貫性」, 『道都大學紀要』 14
樋口雄一, 2002, 「植民地下朝鮮における自然災害と農民移動」, 『法學新報』 109
廣瀬貞三, 1995, 「'官斡旋'と土建勞動者-'道外斡旋'を中心に」, 『朝鮮史研究會論文輯』 29
廣瀬貞三, 2000, 「佐渡鉱山と朝鮮人労働者(1939~1945)」, 『新潟国際情報大学情報文化学部紀要』
今泉裕美子, 2002, 「南洋群島」, 『貝志川市史4: (移民·出嫁ぎ) 論考編』
洪祥鎭, 2003, 「朝鮮人强制連行の概念」, 『季刊 戰爭責任研究』39
今泉裕美子, 2004, 「南洋群島經濟の戰時化と南洋興發株式會社」, 『戰時下アジアの日本經濟團體』, 日本經濟評論社

_________, 2004,「朝鮮半島からの南洋移民」,『アリラン通信』32
_________, 2005,「南洋發株式社 · 南洋拓殖株式社：南進政策を支えた二大業」,『ミクロネシ アアを知るための58章』, 明石書店
長澤秀, 2005,「ロシアサハリン州の朝鮮人離散家族について」,『海峽』21
佐々木 啓, 2006,「徵用制度下の勞資關係問題」,『大原社會問題硏究所雜誌』568
守屋敬彦, 2006,「朝鮮人强制連行の實態と强制性」, 强制動員眞相究明Network 주최 연구 집회 자료집(2006.11.3.)
守屋敬彦, 2007,「朝鮮人 被强制連行死亡者の遺骨 · 遺族扶助料」,『季刊 戰爭責任硏究』55
小林知子, 2008,「日韓外交交涉にみる壱岐朝鮮人海難事故」,『在日朝鮮人史硏究』38
樋口雄一, 2013,「戰時末期朝鮮邑面の機能と朝鮮人民衆との乖離について」,『地域社會から見る帝 國日本と植民地』, 思文閣出版

웹사이트

국가기록원 소장자료(https://www.archives.go.kr)
아시아역사자료센터 소장 자료(http://www.jacar.go.jp)
한국역사정보통합시스템(www.koreanhistory.or.kr)
https://brunch.co.kr/@dolphinhohoho/7

찾아보기

ㄴ

ㄹ

ㅁ

ㅇ

ㅊ

ㅌ

동북아역사재단 일제침탈사 연구총서 34

일제의 전시 조선인 노동력 동원

초판 1쇄 인쇄 2021년 11월 10일
초판 1쇄 발행 2021년 11월 30일

지은이 허광무·정혜경·김미정
펴낸이 이영호
펴낸곳 동북아역사재단

등 록 제312-2004-050호(2004년 10월 18일)
주 소 서울시 서대문구 통일로 81 NH농협생명빌딩
전 화 02-2012-6065
팩 스 02-2012-6189
홈페이지 www.nahf.or.kr
제작·인쇄 청아출판사

ISBN 978-89-6187-670-4 94910
978-89-6187-669-8 (세트)